CHONGWENGUAN

读古人书　友天下士

百余年前，崇文书局于武昌正觉寺开馆刻书，成晚清四大书局之一。所刻经籍，镌工精雅，数量众多，流布甚广，影响巨大。为赓续前贤，昌明国学，弘扬文化，本社现致力于传统典籍的出版。既专事文献整理，效力学术，亦重文化普及，面向大众。或经学，或史论，或诸子，或诗词，各成系列，统一标识，名之为"崇文馆"。

崇文馆

中华经典全本译注评

吕氏春秋

黄　鸣
　　　　等　评注
乐　云

长江出版传媒｜崇文书局

中华经典全本译注评丛书
编委会

主　　编　冯天瑜
编　　委　（以姓氏笔画为序）

阮　忠　杨　华　杨合鸣　杨逢彬

何晓明　陈文新　周国林

前　言

　　《吕氏春秋》是战国末期出现的一部杂家著作。在那个时期,战国时代思想领域的百家争鸣已近尾声,这个辉煌的时代,即将在秦始皇统一六国后结束。时代需要一部著作,来为战国思想做一个总结,这份历史责任,就落在了《吕氏春秋》的身上。

　　吕不韦,生年不详,卒于秦王政十二年(前235年)。他是卫国濮阳(今河南濮阳西南)人,在邯郸经商时,遇到在赵国为质的秦公子子楚,认为"此奇货也,不可失",于是出力助子楚回秦国即位,是为秦庄襄王。后来吕不韦被任命为相国,封文信侯。他执政时,攻灭东周,建三川郡,又占领韩、魏上党郡,北略赵地,建太原郡。秦王政立,继任相国,被尊为"仲父"。又攻韩、魏,建置东郡。其家有家僮万人,门下宾客三千。秦王政亲政后,吕不韦被免职徙蜀,忧惧自杀。他的思想倾向是杂家思想,曾令宾客编撰《吕氏春秋》。据说他编好此书之后,在咸阳市门,悬千金于其上,宣称有能增损一字者,即给予千金。但时人没有能增损者,高诱认为"时人非不能也,盖惮相国,畏其势耳",应该说高诱的说法是有道理的,时人畏惧吕不韦作为秦相国的赫赫声势,不敢轻易指摘其书的问题,当是题中应有之义。

　　杂家博采各家学说,主张"兼儒墨,合名法"。《吕氏春秋》也鲜明地体现出了杂家的特色。它的思想是百家杂糅的,其书设十二纪、八览、六论,共26卷,160篇。该书兼融儒、道、墨、法、兵、农、纵横、阴阳诸家观点，为先秦时代各家思想的融会贯通之作。司马迁称其"备天地万物古今之事"，东汉高诱为之作注，称其"大出诸子之右"。其文风严整峻洁，是先秦时代诸子散文的名著，在中国思想史与文学史上具有重要地位。

十二纪每一纪的篇首构成了完整的体系，以阴阳五行学说为主导，说明人类社会的行事作为，衣食住行等生活细节，各个方面始终与天地之间阴阳五行之气的运动变化吻合统一，反映的是中华民族"天人合一"的理想追求。其下各纪按四季与五行的配属关系，来分主题阐释。春季属木，是万物滋生的季节。《孟春》《仲春》《季春》三纪所收文章都是以讲养生为主。夏季属火，是万物生长繁荣的季节。《孟夏》《仲夏》《季夏》三纪所列的文章，主要是有关教育和音乐的内容。秋季属金，是万物成熟而凋落的季节。因秋之德主肃杀，所以《孟秋》《仲秋》《季秋》三纪所收文章都是有关战争或与战争有联系的论述。冬季属水，是万物收敛闭藏的季节。《孟冬》《仲冬》《季冬》三纪所列的文章，多是节丧、安死之类的内容，以及阐述人的忠信、廉洁相关的品质（此类品质重内敛，与冬气相应）。十二纪最后是《序意》一篇，类似于后序的性质，主要是对十二纪的总结。从这里我们也可以看出《吕氏春秋》的成书具有集体编撰而又各有分工的性质，十二纪以《序意》结束，而八览与六论则另俟他人。

八览进一步阐述《吕氏春秋》的思想，除《有始览》为七篇外，其他每览八篇，共六十三篇，着重点在于论述君道和治术。《有始览》主要阐述了作者的自然观，其目的是进一步总结万物变化，从而推知得失，最终来指导为政和治国。《孝行览》主要论述孝道是治国之本的道理，并推及修身治国诸方面。《慎大览》旨在告诫君主在强大之时和在胜利面前应该谨慎，强调了因时顺势的思想。其中《察今》一篇，辞锋精悍，讲"变法者因时而化"而先王之法不足凭恃的道理，是历来传诵的名篇。《先识览》八篇，主要论述以小见大、见机而作的道理，并从观世、察微、去宥、正名等方面加以深入阐述。《审分览》八篇,论述的都是君道,确定名分在政治生活中的重要性,比较集中地体现了法家之法、术、势三派的学说。《审应览》八篇,指出君主重于出言,要善于观察,反对饰非遂过的淫辞辩说以及不知所谓的游辞。《离俗览》八篇,主要论述离俗、高义、上德之道,也展开论述了君主役下的心术与方法,可谓是将君主治理的对象分门别类,分而治之。《恃君览》八篇,主要论述君主制度的历史以及其必然性、合理性。

六论是杂论的性质,包括《开春论》《慎行论》《贵直论》《不苟论》《似顺论》《士容论》,每论六篇,共三十六篇。《开春论》讨论了观察臣下贤否的方式方法。《慎行论》主要强调言行要谨慎,要以“义”为准则,并讨论了求取人才与分辨传言的方式方法。其中《察传》一篇,讲传言之不可恃,也是历来传诵的名篇。《贵直论》主要探讨了君主虚心纳谏的问题,指出直谏的可贵,以及耳目壅塞之弊。《不苟论》讲不苟且的道理,遇事有所为而有所不为,其中有中国士人传统中独立自尊的精神在。论中各篇对处事、为人、行政、修养方面不苟且行事的要求,直到今天都还具有很深的现实意义。《似顺论》所论为君主的度量行事、设官分职、处事态度等方面的问题。《士容论》讲士人的气度,但其后《上农》《任地》《辩土》《审时》诸篇,叙述了农业生产、农业政策和丰富的农业生产经验。《吕氏春秋》全书的最后几节以重农为本,与其为封建时代的政书性质有关,更与秦国的国情有关。农家在战国时代是重要的一家,秦国就是“上农”的最大受益者。商鞅在秦国变法,重农事,尚首功,将纯朴的农民征发为军队,以严厉的纪律约束他们,锻造出战国时代第一流的强军,最终征服了六国。

这样,《吕氏春秋》通过十二纪、八览、六论,构筑了一个兼容各家的结构谨严的知识体系,战国各家思想均涵括于其中,相互包容而无冲突之感,遂使此书成为总结战国时代思想成就的集大成之作。

《吕氏春秋》现存最早的版本是元至正年间嘉兴路儒学刊本。明清两代刻本不断出现，清乾隆年间有灵岩山馆刊毕沅校正本，流行较广。近人许维遹撰《吕氏春秋集释》，亦流传较广。

本书对《吕氏春秋》进行注释、翻译与评析，以使这部集先秦时代思想之大成的古典名著普及化，能让读者方便地阅读及理解此书。书中正文的文本主要依据《吕氏春秋集释》，所作注释主要解释难词难句，亦对难字进行注音。翻译以现代普通话语体译出，务求文从字顺，切合原意。评论赏析则要言不繁，着重梳理该篇主要内容及文字脉络，以及篇中道理在传统与现实中的体现。

参与本书注、译、评工作的，有黄鸣、乐云、吴晓蔓、陈俊艳、李瑞珩、叶武鑫、辜超敏、胡名钒等人，全书由黄鸣负责统稿并最后修改定稿。本书的出版，时间跨度较长，当初参加译注评的人员，现在都走上了各自的工作岗位。《吕氏春秋》是一部以政治与国家治理问题为核心的著作，而本书编写人员，几乎都去了西部地区和民族地区，或为公务员，或为教师，关注并服务于社会。他们在各自的岗位上，都取得了颇为不俗的成绩，可以说，他们以自身的实践，践行了《吕氏春秋》中的治世箴言。我想，从明清之际实学的兴起开始，这样的学问及其实践，可说是一条绵延不断的传统，它还有赖于高校与出版社等文化单位，共同努力，将它延续下去，以秉此初心，不负韶华。

黄　鸣

于海淀家图四壁斋

2023 年 7 月 7 日

目　录

孟春纪第一 ·· 1

　孟　春 ··· 1

　本　生 ··· 7

　重　己 ·· 11

　贵　公 ·· 14

　去　私 ·· 18

仲春纪第二 ··· 22

　仲　春 ·· 22

　贵　生 ·· 26

　情　欲 ·· 30

　当　染 ·· 34

　功　名 ·· 39

季春纪第三 ··· 43

　季　春 ·· 43

　尽　数 ·· 47

　先　己 ·· 50

　论　人 ·· 55

　圜　道 ·· 58

孟夏纪第四 ································· 63

孟　夏 ································· 63

劝　学 ································· 66

尊　师 ································· 70

诬　徒 ································· 74

用　众 ································· 78

仲夏纪第五 ································· 81

仲　夏 ································· 81

大　乐 ································· 84

侈　乐 ································· 87

适　音 ································· 90

古　乐 ································· 93

季夏纪第六 ································· 99

季　夏 ································· 99

音　律 ································· 102

音　初 ································· 105

制　乐 ································· 108

明　理 ································· 112

孟秋纪第七 ································· 117

孟　秋 ································· 117

荡　兵 ································· 120

振　乱 ································· 124

禁　塞 ································· 127

怀　宠 ································· 131

仲秋纪第八 ··· 136

　仲　秋 ··· 136

　论　威 ··· 141

　简　选 ··· 146

　决　胜 ··· 151

　爱　士 ··· 155

季秋纪第九 ··· 161

　季　秋 ··· 161

　顺　民 ··· 165

　知　士 ··· 169

　审　己 ··· 173

　精　通 ··· 176

孟冬纪第十 ··· 181

　孟　冬 ··· 181

　节　丧 ··· 185

　安　死 ··· 190

　异　宝 ··· 195

　异　用 ··· 200

仲冬纪第十一 ··· 204

　仲　冬 ··· 204

　至　忠 ··· 208

　忠　廉 ··· 213

　当　务 ··· 217

　长　见 ··· 221

季冬纪第十二 ……………………………………………………… 227

　季　冬 …………………………………………………………… 227

　士　节 …………………………………………………………… 231

　介　立 …………………………………………………………… 234

　诚　廉 …………………………………………………………… 238

　不　侵 …………………………………………………………… 241

　序　意 …………………………………………………………… 245

有始览第一 …………………………………………………………… 249

　有　始 …………………………………………………………… 249

　应　同 …………………………………………………………… 253

　去　尤 …………………………………………………………… 258

　听　言 …………………………………………………………… 262

　谨　听 …………………………………………………………… 266

　务　本 …………………………………………………………… 270

　谕　大 …………………………………………………………… 274

孝行览第二 …………………………………………………………… 278

　孝　行 …………………………………………………………… 278

　本　味 …………………………………………………………… 284

　首　时 …………………………………………………………… 291

　义　赏 …………………………………………………………… 296

　长　攻 …………………………………………………………… 301

　慎　人 …………………………………………………………… 307

　遇　合 …………………………………………………………… 312

　必　己 …………………………………………………………… 317

慎大览第三 ·· 324

  慎　大 ·· 324

  权　勋 ·· 332

  下　贤 ·· 339

  报　更 ·· 345

  顺　说 ·· 351

  不　广 ·· 356

  贵　因 ·· 363

  察　今 ·· 369

先识览第四 ·· 375

  先　识 ·· 375

  观　世 ·· 380

  知　接 ·· 385

  悔　过 ·· 390

  乐　成 ·· 394

  察　微 ·· 400

  去　宥 ·· 405

  正　名 ·· 409

审分览第五 ·· 413

  审　分 ·· 413

  君　守 ·· 418

  任　数 ·· 423

  勿　躬 ·· 428

  知　度 ·· 432

  慎　势 ·· 437

不　二 …………………………………………………… 443

执　一 …………………………………………………… 444

审应览第六 ………………………………………… 449

审　应 …………………………………………………… 449

重　言 …………………………………………………… 454

精　谕 …………………………………………………… 459

离　谓 …………………………………………………… 464

淫　辞 …………………………………………………… 469

不　屈 …………………………………………………… 474

应　言 …………………………………………………… 480

具　备 …………………………………………………… 486

离俗览第七 ………………………………………… 492

离　俗 …………………………………………………… 492

高　义 …………………………………………………… 498

上　德 …………………………………………………… 503

用　民 …………………………………………………… 509

适　威 …………………………………………………… 513

为　欲 …………………………………………………… 517

贵　信 …………………………………………………… 521

举　难 …………………………………………………… 526

恃君览第八 ………………………………………… 532

恃　君 …………………………………………………… 532

长　利 …………………………………………………… 537

知　分 …………………………………………………… 541

召 类 ················· 546

达 郁 ················· 551

行 论 ················· 556

骄 恣 ················· 563

观 表 ················· 568

开春论第一 ················· 573

开 春 ················· 573

察 贤 ················· 578

期 贤 ················· 580

审 为 ················· 583

爱 类 ················· 587

贵 卒 ················· 591

慎行论第二 ················· 595

慎 行 ················· 595

无 义 ················· 600

疑 似 ················· 604

壹 行 ················· 608

求 人 ················· 611

察 传 ················· 616

贵直论第三 ················· 620

贵 直 ················· 620

直 谏 ················· 627

知 化 ················· 631

过 理 ················· 635

　雍　塞 ⋯⋯⋯⋯⋯⋯⋯⋯⋯⋯⋯⋯⋯⋯⋯⋯⋯ 640

　原　乱 ⋯⋯⋯⋯⋯⋯⋯⋯⋯⋯⋯⋯⋯⋯⋯⋯⋯ 645

不苟论第四 ⋯⋯⋯⋯⋯⋯⋯⋯⋯⋯⋯⋯⋯⋯⋯⋯ 650

　不　苟 ⋯⋯⋯⋯⋯⋯⋯⋯⋯⋯⋯⋯⋯⋯⋯⋯⋯ 650

　赞　能 ⋯⋯⋯⋯⋯⋯⋯⋯⋯⋯⋯⋯⋯⋯⋯⋯⋯ 655

　自　知 ⋯⋯⋯⋯⋯⋯⋯⋯⋯⋯⋯⋯⋯⋯⋯⋯⋯ 660

　当　赏 ⋯⋯⋯⋯⋯⋯⋯⋯⋯⋯⋯⋯⋯⋯⋯⋯⋯ 664

　博　志 ⋯⋯⋯⋯⋯⋯⋯⋯⋯⋯⋯⋯⋯⋯⋯⋯⋯ 669

　贵　当 ⋯⋯⋯⋯⋯⋯⋯⋯⋯⋯⋯⋯⋯⋯⋯⋯⋯ 673

似顺论第五 ⋯⋯⋯⋯⋯⋯⋯⋯⋯⋯⋯⋯⋯⋯⋯⋯ 678

　似　顺 ⋯⋯⋯⋯⋯⋯⋯⋯⋯⋯⋯⋯⋯⋯⋯⋯⋯ 678

　别　类 ⋯⋯⋯⋯⋯⋯⋯⋯⋯⋯⋯⋯⋯⋯⋯⋯⋯ 683

　有　度 ⋯⋯⋯⋯⋯⋯⋯⋯⋯⋯⋯⋯⋯⋯⋯⋯⋯ 687

　分　职 ⋯⋯⋯⋯⋯⋯⋯⋯⋯⋯⋯⋯⋯⋯⋯⋯⋯ 691

　处　方 ⋯⋯⋯⋯⋯⋯⋯⋯⋯⋯⋯⋯⋯⋯⋯⋯⋯ 697

　慎　小 ⋯⋯⋯⋯⋯⋯⋯⋯⋯⋯⋯⋯⋯⋯⋯⋯⋯ 702

士容论第六 ⋯⋯⋯⋯⋯⋯⋯⋯⋯⋯⋯⋯⋯⋯⋯⋯ 707

　士　容 ⋯⋯⋯⋯⋯⋯⋯⋯⋯⋯⋯⋯⋯⋯⋯⋯⋯ 707

　务　大 ⋯⋯⋯⋯⋯⋯⋯⋯⋯⋯⋯⋯⋯⋯⋯⋯⋯ 713

　上　农 ⋯⋯⋯⋯⋯⋯⋯⋯⋯⋯⋯⋯⋯⋯⋯⋯⋯ 716

　任　地 ⋯⋯⋯⋯⋯⋯⋯⋯⋯⋯⋯⋯⋯⋯⋯⋯⋯ 721

　辩　土 ⋯⋯⋯⋯⋯⋯⋯⋯⋯⋯⋯⋯⋯⋯⋯⋯⋯ 727

　审　时 ⋯⋯⋯⋯⋯⋯⋯⋯⋯⋯⋯⋯⋯⋯⋯⋯⋯ 732

孟春纪第一

孟　春

一曰：孟春之月①，日在营室②，昏参中③，旦尾④中。其日甲乙⑤，其帝太皞⑥，其神句芒⑦，其虫鳞⑧，其音角⑨，律中太蔟⑩，其数八⑪，其味酸⑫，其臭膻⑬，其祀户⑭，祭先脾⑮。东风解冻，蛰虫始振，鱼上冰⑯，獭祭鱼⑰，候雁北⑱。天子居青阳左个⑲，乘鸾辂⑳，驾苍龙㉑，载青旂㉒，衣青衣，服㉓青玉，食麦与羊，其器疏以达㉔。

是月也，以㉕立春。先立春三日，太史谒㉖之天子，曰："某日立春，盛德在木。"天子乃斋㉗。立春之日，天子亲率三公、九卿、诸侯、大夫㉘，以迎春于东郊。还，乃赏卿、诸侯、大夫于朝。命相布德和令㉙，行庆施惠，下及兆民。庆赐遂行，无有不当。乃命太史㉚守典奉法，司天日月星辰之行，宿离不忒㉛，无失经纪㉜，以初为常㉝。

是月也，天子乃以元㉞日祈谷于上帝。乃择元辰，天子亲载耒耜㉟，措之参于保介之御间㊱，率三公、九卿、诸侯、大夫，躬耕帝籍田㊲，天子三推㊳，三公五推，卿、诸侯、大夫九推。反，执爵于太寝㊴，三公、九卿、诸侯、大夫皆御㊵，命曰劳酒㊶。

是月也，天气下降，地气上腾，天地和同，草木繁动。王布农事,命田⑫舍东郊,皆修封疆⑬,审端径术⑭,善相⑮丘陵阪险原隰⑯,土地所宜,五谷所殖,以教道民,必躬亲之。田事既饬⑰,先定准直⑱,农乃不惑。

是月也,命乐正⑲入学习舞⑳。乃修祭典,命祀山林川泽,牺牲无用牝㉑。禁止伐木,无覆巢㉒,无杀孩虫、胎夭㉓、飞鸟,无麛无卵㉔,无聚大众,无置㉕城郭,掩骼霾髊㉖。

是月也,不可以称兵㉗,称兵必有天殃。兵戎不起,不可以从我始。

无变天之道,无绝地之理,无乱人之纪。孟春行夏令㉘则风雨不时,草木早槁㉙,国乃有恐;行秋令则民大疫,疾风暴雨数㉚至,藜莠蓬蒿㉛并兴;行冬令则水潦㉜为败,霜雪大挚㉝,首种不入㉞。

【注释】

①孟春之月:夏历正月。

②营室:营宿,北方星宿,卫地分野。

③昏参中:昏,黄昏。参,参宿,西方星宿,晋地分野。中,南方天空的正中。

④尾:尾宿,东方星宿,燕地分野。

⑤甲乙:天干的木日。

⑥太暤:伏羲氏,以木德王天下,死托祀于东方,为木德之帝。

⑦句芒:少暤氏的裔子,名重,辅佐木德之帝,死为木官之神。

⑧鳞:鱼类之属,其长为龙。

⑨角:宫商角徵羽五音的一种。

⑩律中太蔟:律,音律,古代吹竹管或铜管定律。中,相应。蔟,音cù。太蔟为阳律,孟春之时,太阴气衰,少阳气发,万物萌生,破地而出,故称太蔟。

⑪其数八：五行之数为八。

⑫酸：木味酸。

⑬其臭膻：臭，音 xiù，气味。膻，音 shān，春天草木的香味。

⑭祀户：春天蛰伏的虫类开始萌生，从门户爬出去，所以要祀户。

⑮先脾：脾属土，木克土，先食所克，所以先以脾祭。

⑯鱼上冰：春天已至，水中的鱼上浮到冰面之下。

⑰獭祭鱼：獭，音 tǎ，水兽。獭常捕鱼置于水边，如同陈列祭品，又称獭祭。

⑱候雁北：雁为候鸟，春天由南方飞往北方。

⑲青阳左个：指明堂东向之堂的北室。青阳即明堂，中方外圆，四方有出口，东出谓之青阳。个，明堂四方各有左右室，称"个"。

⑳鸾辂：辂，音 lù，车辕前端的横木。与车厢前立乘的扶手上设有铜铸的鸾鸟，以金饰之，谓之鸾辂，是天子王侯所乘的车。

㉑苍龙：马八尺以上为龙。此指青色的马。

㉒青旂：旗名，旗上有龙相交。

㉓服：佩戴。

㉔其器疏以达：宗庙所用的器具，皆疏镂通达，以象征阳气的溢出。

㉕以：连词，而。

㉖谒：告。

㉗斋：古人在祭祀之前洁净身心，清心寡欲，以示庄敬。

㉘三公、九卿、诸侯、大夫：三公，古代中央三种最高官衔，周代一般指太师、太傅、太保。九卿，古代中央政府的九种高级官职，周代一般指少师、少傅、少保、冢宰、司徒、宗伯、司马、司寇、司空。诸侯，天子所封诸侯国的国君。大夫，周代职官名，国君之下有卿、大夫、士三级。

㉙命相布德和令：相，三公之职可为相。布德，发布德政，施予人仁德。和令，宣布节令时禁。

㉚太史：周代职官，掌天文、历法、巫卜、星相、历史记载之职。

㉛宿离不贷：宿离，天上星辰的宿度。贷，差错。

㉜经纪:天文进退迟速的度数。

㉝以初为常:历法制定,冬至十一月中起牵牛一度。以此为初,以为常道。

㉞元:善,吉。

㉟耒耜:音 lěi sì,古代耕地翻土的农具。

㊱措之参于保介之御间:措之,将耒耜置于。“参于”为“参乘”之误。保介,车右警卫。御,御者,即马夫。整句意为将耒耜放在陪乘一车的车右警卫与御者之间。

㊲躬耕帝籍田:意为天子亲自耕作帝籍田。躬,亲自。帝籍田,天子籍田千亩,供祭祀上帝之用,所以称作“帝籍田”。

㊳三推:三次推动耒耜翻动土。

㊴太寝:祖庙。

㊵御:侍从。

㊶劳酒:慰劳的酒。

㊷田:农大夫,田官。

㊸封疆:田界。

㊹审端径术:意为审察端正田间的道路,不让其淆乱田界。径术,指道路。

㊺相:审视,考察。

㊻丘陵阪险原隰:丘陵,低缓的山地。阪险,险峻的山坡。原,平地。隰,低洼潮湿的地方。

㊼饬:古同“敕”,整顿。

㊽准直:准绳。田的边界,道路的广狭,均定下相关标准,以为准绳。

㊾乐正:乐官之长。

㊿入学习舞:入太学,教导讲习祭祀舞乐。

(51)牝:音 pìn,指雌性的鸟兽。

(52)覆巢:倾毁鸟巢。

(53)孩虫、胎夭:孩虫,幼虫。胎夭,刚出生或尚未出生的小动物。

(54)无麛无卵:不要捕捉幼兽,不要掏鸟卵。麛,泛指幼小的野兽。

(55)置:立,修建。

(56)掩骼霾髊:髊,同"骴",音 cī。白骨曰骼,有肉曰髊。霾,同"埋",覆藏。

(57)称兵:举兵,进行军事行动。

(58)孟春行夏令:孟春属木,夏属火,春行夏令,在春天发布夏天的命令。其意有二:一为天时不正,春天似夏,故草木枯槁,不得其生;二是统治者在春天发布与宽仁相悖的政令,其令迅疾猛烈,民将不堪。这里主要指后者,春行夏令,行秋令,行冬令,均为非时之令。

(59)槁:枯干败落。

(60)数:多次,经常。

(61)藜莠蓬蒿:荒秽的杂草。

(62)水潦:水灾。

(63)挚:至,到。

(64)首种不入:春天始播的五谷不能成熟。首种,稷麦。

【译文】

一曰:孟春正月,太阳在营室的位置,黄昏与拂晓时刻,参宿与尾宿均位于南方中天。此月的天干是甲乙,主宰之帝是太皞,佐帝之神是句芒,代表动物是有鳞的龙鱼,对应五音中的角音,十二律中的太蔟,对应的五行之数是八,味道是酸,气味是膻,祭祀的对象是门户,祭品以脾为先。此月东风解冻,冬眠的动物开始苏醒,鱼向上游至冰层之下,水獭捕鱼陈放在岸边,大雁北飞。此月天子行令于明堂的东堂北房,乘金鸾车,驾苍龙马,上载青旗,穿青衣,佩青玉,吃麦子与羊肉,所用礼器纹理镂空疏通。

此月立春。立春前三天,太史禀告天子说:"某日立春,盛德在木。"天子于是开始斋戒。立春当天,天子亲自率领三公、九卿、诸侯、大夫,在东郊迎春木气。礼毕归来,在朝堂赏赐卿、诸侯、大夫爵禄。命令三公发布国家的德政，宣布节令时禁，行善施恩，下及百姓。褒奖赏赐，无有不当。于是命令太史尊奉典法，掌管观测天象日月星辰的运行，星辰运行的位置没有差错失误，历法冬至以牵牛初度为准则。

此月，天子在吉日向上帝祈求五谷丰登。于是择取良辰，天子亲自用车装载着耒耜等农具，置于参乘的车右和御者之间，率领三公、九卿、诸侯、大夫，亲自耕种籍田，天子亲自推耒耜三次，三公推五次，卿、诸侯、大夫推九次。礼毕归来，在祖庙饮酒庆贺，三公、九卿、诸侯、大夫皆侍从，名为"劳酒"。

此月天气下降，地气上升，天地之气混同一体，草木繁盛萌动。君王发布农政之事，命令田官住在东郊，监督农人修治田地疆界，端正田间径路，考察丘陵、高山、平原、湿地等各种地形，分辨不同的土壤土质所适合种植的五谷作物，用这些知识教导百姓耕种，事事亲力亲为。农政之事既已整顿，首先确定相关准则，农人才不会疑惑。

此月，命乐正入太学教导国子乐舞。于是修订祭典，命人祭祀山林川泽之神，祭品不用母牲。禁止伐木，不得翻覆鸟巢，不得杀害幼虫、幼小动物与飞鸟，不得捕捉小兽、掏取鸟卵，不得聚集大众、建立城郭，要掩埋道路上的枯骨尸骸。

此月不可以举兵征伐，举兵必有天灾。战争不起，此事不可从我开始。

不要违背天道，不要断绝地理，不要扰乱人之纲纪。君王若在孟春行夏季政令则会导致风雨不顺，草木过早枯萎，国人惶恐不安；若在孟春行秋季政令则会导致民间大疫病流行，狂风暴雨多袭，野草茂盛；若在孟春行冬季政令则会导致水涝灾害，霜雪大至，五谷不能成熟收获。

【评析】

《吕氏春秋》开篇十二纪，与一年十二月相对应。《孟春》篇首，先从天文历法、自然物候两方面描述了夏历正月天地万物的细微变化，进而指向人类社会的种种行事作为。与《礼记·月令》《诗经·豳风·七月》

参照读来,宛如生动细腻的自然与社会风情画卷。其中提到的许多上古礼仪风俗,于后世影响深远。如立春日东郊迎春,躬耕帝籍,天子三推,等等,直至晚清时代仍有传承。而孟春月禁止伐木,不杀母兽幼仔,保护鸟巢鸟卵,更是当今依然提倡的文明习俗。此外,春季与五音、十二律、数字、气味、颜色等的对应关系,也受到了中国阴阳五行哲学的影响。《吕氏春秋》十二纪篇首构成了完整的体系,说明人类社会的行事作为,衣食住行等生活细节,各个方面始终与天地之间阴阳五行之气的运动变化吻合统一,反映的是中华民族"天人合一"的最高追求。

本　生

二曰:始生之者,天也;养成之者,人也。能养天之所生而勿撄①之,谓之天子。天子之动也,以全天为故②者也。此官之所自立也,立官者以全生③也。今世之惑主,多官而反以害生,则失所为立之矣。譬之若修兵者,以备寇也。今修兵而反以自攻,则亦失所为修之矣。

夫水之性清,土者抇④之,故不得清。人之性寿,物⑤者抇之,故不得寿。物也者,所以养性也,非所以性养也。今世之人,惑者多以性养物,则不知轻重也。不知轻重,则重者为轻,轻者为重矣。若此,则每动无不败。以此为君,悖;以此为臣,乱;以此为子,狂。三者国有一焉,无幸必亡。

今有声于此,耳听之必慊⑥己,听之则使人聋,必弗听。有色于此,目视之必慊己,视之则使人盲,必弗视。有味于此,口食之必慊己,食之则使人暗⑦,必弗食。是故圣人之于声色滋味也,利于性则取之,害于性则舍之,此全性之道也。

世之贵富者,其于声色滋味也多惑者。日夜求,幸而得之则遁⑧焉。遁焉,性恶得不伤? 万人操弓,共射其一招⑨,招无不中。万物章章^⑩，以害一生，生无不伤；以便一生，生无不长。故圣人之制万物也，以全其天也。天全则神和矣，目明矣，耳聪矣，鼻臭^⑪矣，口敏矣，三百六十节^⑫皆通利矣。若此人者，不言而信，不谋而当，不虑而得；精通乎天地，神覆乎宇宙；其于物无不受也，无不裹^⑬也，若天地然；上为天子而不骄，下为匹夫而不惛^⑭，此之谓全德之人。

　　贵富而不知道，适足以为患，不如贫贱。贫贱之致物也难，虽欲过之，奚由？出则以车，入则以辇^⑮，务以自佚^⑯，命之曰招蹶之机^⑰。肥肉厚酒，务以自强^⑱，命之曰烂肠之食。靡曼皓齿^⑲，郑卫之音^⑳，务以自乐，命之曰伐性之斧。三患者，贵富之所致也，故古之人有不肯贵富者矣，由重生故也。非夸以名也，为其实也，则此论之不可不察也。

【注释】

①樱：戕，摧残。

②故：事，目的。

③全生：保全天性。

④抇：音 gǔ，使混浊，使混乱。

⑤物：外物。

⑥慊：音 qiè，满足，畅快。

⑦喑：音 yīn，嗓子哑。

⑧遁：放纵，失去自制力。

⑨招：箭靶。

⑩章章：明亮美丽的样子。

⑪臭：音 xiù，嗅，闻。

⑫三百六十节：古人认为人体骨节有三百六十节。

⑬裹：包裹。

⑭惽：同"闷"，音 mèn，烦闷。

⑮辇：人拉的车。

⑯佚：安逸，安乐。

⑰招蹶之机：指招致蹶痿病的祸机。蹶，音 jué，足疾。机，诱因。

⑱强：勉强。

⑲靡曼皓齿：靡曼，纤弱柔美。皓齿，洁白的牙齿，这里指美女。

⑳郑卫之音：古称郑、卫两国的音乐奢靡淫佚，为靡靡之音。

【译文】

二曰：初始创造万物的是天，使万物长养成熟的是人。能养育上天创造的生命而不摧残它们，这样的人称作天子。天子的举动，是以保全万物天性为要的。这就是设立职官的缘故，设立职官的目的是保全天性。当今那些昏惑的君王，多设职官反倒伤害群生，这就失去了设立职官的意义了。如同练兵是为了防备敌寇。现在练兵反倒自相攻伐，那也失去练兵的意义了。

水的本性是清澈的，土来搅浑它，因此不能清。人的天性是长寿的，外物来扰乱他，因此不得长寿。世间万物，是用来长养人的天性的，不能反过来损耗天性长养它们。现在的人，迷惑者大多损耗天性而长养外物，这是不知轻重的体现。不知轻重，则以重为轻，以轻为重了。像这样，则凡有举动，没有不失败的。持此态度，为君则昏庸迷惑，为臣则犯上作乱，为子则狂放无礼。三者有其一，国家则无可幸免，必定灭亡。

假如有一种声音，耳朵听到了很畅快，但听到了会使人耳聋，人们一定不去听它。假如有一种颜色，眼睛看见了很畅快，但看见了会使人眼盲，人们一定不去看它。假如有一种味道，嘴巴尝到了很畅快，但尝到了会使人声哑，人们一定不去尝它。因此圣人对于声音、颜色和味道，有利于天性的则取用，有害于天性的则舍弃，这是保全天性的方法。

世间的富贵之人，对于声色滋味的态度大多是迷惑的。日夜追求，有幸得到了则放纵而不能自制。放纵而不能自制，天性怎能不受伤害呢？譬如万人持弓，共射同一箭靶，箭靶没有不被射中的。万物鲜明美丽，共同去戕害一个生命，生命没有不受伤的；共同去长养一个生命，生命没有不长久的。因此圣人制约万物，是为了保全它们的天性。天性保全则神智平和，耳聪目明，嗅觉味觉都敏锐，一身三百六十关节都通达舒畅了。像这样的人，不用说话而有信誉，不需谋划而处事得当，不必思虑而有所得；精气通达天地，神明被覆宇宙；他对于世间万物无不承受，无不包容，如同天地一般；上为天子而不傲慢，下为匹夫而不忧闷，这就是所谓的全德之人。

富贵而不懂得自制之道，恰恰足以成为祸患，尚不如贫贱之人。贫贱之人难以得到声色享乐之物，就算想要奢侈放纵，又怎么有机会呢？出门乘车，入门乘辇，务求安逸，这是招来蹶痿病的祸机。肥肉美酒，贪吃不足，这是使肚肠腐烂的毒食。纤柔美色，靡靡之音，务求欢乐，这是砍伐天性的利斧。以上的三种祸患，都是富贵所导致的，因此古人有不愿意富贵的，是因为看重生命。他们并不是轻视富贵以求虚名，而是为了保全性命的实效，那么以上的道理是不可不明察的。

【评析】

"本生"者，以生为本也，看重性命而轻视物欲享受。《老子》曰："五色令人目盲，五音令人耳聋，五味令人口爽，驰骋畋猎令人心发狂，难得之货令人行妨。"《庄子》曰："物物而不物于物。"此黄老虚静无为，养生之道也。

汉代枚乘《七发》中说："故曰纵耳目之欲，恣支体之安者，伤血脉之和。且夫出舆入辇，命曰蹶痿之机；洞房清宫，命曰寒热之媒；皓齿蛾眉，命曰伐性之斧；甘脆肥脓，命曰腐肠之药。今太子肤色靡曼，四支委随，筋骨挺解，血脉淫濯，手足堕窳，越女侍前，齐姬奉后，往来游宴，纵恣于曲房隐间之中。此甘餐毒药，戏猛兽之爪牙也。所从来者至深远，淹滞永久而不废。虽令扁鹊治内，巫咸治外，尚何及哉！"文意由本篇最后一段引出，而赋体之辞则更为华美，其全生保性的思想则是一致的。

今天我们处在物质高度丰富的社会,物欲享受也极具诱惑力,对人们的健康造成了很大的影响。《本生》篇就像一剂清凉药,如能服下,则能对穷奢极欲的现实起到降温的作用。

重　己

三曰:倕①,至巧也,人不爱倕之指,而爱己之指,有之利故也。人不爱昆山之玉②、江汉之珠③,而爱己之一苍璧小玑④,有之利故也。今吾生之为我有,而利我亦大矣。论其贵贱,爵为天子,不足以比焉;论其轻重,富有天下,不可以易之;论其安危,一曙⑤失之,终身不复得。此三者,有道者之所慎也。

有慎之而反害之者,不达乎性命之情也。不达乎性命之情,慎之何益? 是师者⑥之爱子也,不免乎枕之以糠;是聋者之养婴儿也,方雷而窥之于堂。有殊弗知慎者。夫弗知慎者,是死生存亡可不可未始有别也。未始有别者,其所谓是未尝是,其所谓非未尝非。是其所谓非,非其所谓是,此之谓大惑。若此人者,天之所祸也。以此治身,必死必殃;以此治国,必残必亡。夫死殃残亡非自至也,惑召之也。寿长至常⑦亦然。故有道者不察所召,而察其召之者,则其至不可禁⑧矣。此论不可不熟。

使乌获⑨疾引牛尾,尾绝力勯⑩而牛不可行,逆也。使五尺竖子引其棬⑪,而牛恣所以之,顺也。世之人主贵人,无贤不肖,莫不欲长生久视⑫,而日逆其生,欲之何益? 凡生之长也,顺之也,使生不顺者欲也,故圣人必先适欲。

室大则多阴,台高则多阳;多阴则蹶,多阳则痿⑬。此阴阳不适之患也。是故先王不处大室,不为高台。味不众珍,衣不燀⑭热。燀热则理塞⑮,理塞则气不达;味众珍则胃充,胃充则中大鞔⑯,中大鞔而气不达。以此长生可得乎?昔先圣王之为苑囿园池⑰也,足以观望劳形⑱而已矣;其为宫室台榭也,足以辟燥湿而已矣;其为舆马衣裘也,足以逸身煖骸而已矣;其为饮食酏醴⑲也,足以适味充虚而已矣;其为声色音乐也,足以安性自娱而已矣。五者,圣王之所以养性也,非好俭而恶费也,节⑳乎性也。

【注释】

①倕:尧时的巧匠。

②昆山之玉:出于昆山的美玉。

③江汉之珠:出于江水和汉水的夜光珠。

④苍璧小玑:指不贵重的玉珠。苍璧指石多玉少的玉,珠之不圆为玑。

⑤曙:早上。

⑥师者:瞽师,目盲的人。

⑦常:当作"当"。

⑧禁:阻挡。

⑨乌获:秦武王力士,能举千钧。

⑩勚:同"殚",尽。

⑪桊:音 juàn,牛鼻环。

⑫长生久视:谓长久地活着。视,活。

⑬痿:足疾,跛足不能行。

⑭燀:音 chǎn,很热。

⑮理塞:脉理堵塞。

⑯鞔:同"懑",肚胀,消化不良的病。

⑰苑囿园池:指园囿游览之处。大曰苑,小曰囿,树果曰园,有水曰池。

⑱观望劳形:观望,游目极览。劳形,适当的运动。

⑲酏醴:酒浆。

⑳节:节制。

【译文】

三曰:倕,是天下最手巧的人,人们不爱惜倕的手指,而爱惜自己的手指,是因为它们为我所用,有利于自己。人们不爱惜昆山的美玉、江汉的明珠,却爱惜自己的次等石璧小玑,是因为它们为我所用,有利于自己。现在我的性命为我所有,给我带来的利益是极大的。从地位上来说,就算贵为天子也不足以与我自己相比较;从轻重上来说,就算拥有整个天下也不能拿我自己来交换;从安危上来说,一朝失去,就再也不能得到。因为以上三点,有道之人对性命的态度特别谨慎。

可是却有态度谨慎反而伤害性命的,这是因为他们不能通晓性命之情。不能通晓性命之情,谨慎又有什么用呢? 就好像盲人爱他的儿子,却不免用秕糠给小儿做枕头,反而迷了眼睛;又好似聋子养育婴儿,正在打雷的时候怀抱婴儿,出室窥堂,令婴儿越发恐惧。这两种人与不懂得谨慎的人又有什么区别呢? 不知谨慎的人,对于生死、存亡、可与不可是不能区别的。不能区别的话,他们认为正确的反倒不正确,他们认为错误的反倒不错误。把错误当成正确,把正确当成错误,这就是所谓的“大惑”。像这种人,正是上天降祸的对象。以此态度修身,必定死亡,必定遭殃;以此态度治国,必定残破,必定灭亡。死亡、遭殃、残破、灭亡,都不是自己来的,而是惑乱招致的。就好像年寿长久也是仁义招来的一样。因此有道之人不看招致而来的结果,而审察招致而来的原因,则其所能达到的成就是不可阻挡的。以上的道理不可以不熟知。

假如让力士乌获用力拽牛尾巴,就算把牛尾拽断,把力气用尽,也不能让牛跟着走,这是因为违反牛的习性。假如让五尺孩童牵着牛鼻环,牛则会顺从地听任所之,这是因为顺从牛的习性。世间的王者诸侯、公卿大夫,无论贤能或者不肖,没有不想年寿长久的,但他们每天都在违背生命的天性,就算有这样的愿望又有什么用呢? 生命之所以能够长久,是因为顺从了它的天性,而使天性不顺的是欲望,因此圣人一定首先节制欲望。

房室太大则多阴,台榭太高则多阳;多阴则导致蹶病,多阳则导致痿病。这些都是阴阳不调招来的祸患。因此先王不住大屋,不起高台。先王饮食不求丰盛珍异,衣着不求过暖。因为衣着过暖会导致脉理阻塞,脉理阻塞则气不通达;饮食太过丰盛珍异会导致肠胃充胀,肠胃充胀则不胜食气,不胜食气则气不通达。以此求长生,又怎么能得到呢?过去的圣王建造苑囿园池,大小足以游览观望、锻炼身体就够了;他们建造宫室台榭,高度足以躲避干燥潮湿就够了;他们的车马衣服,足以安身保暖就够了;他们的食物酒水,足以合口充饥就够了;他们的歌舞音乐,足以安适情性、自娱自乐就够了。以上五个方面,是圣王用以长养性命的,他们并不是喜好节俭而厌恶浪费,只是节制情性而已。

【评析】

本篇运用比喻、类比的手法,指出养生重己之道,在于顺应天性,节制欲望。

首段指出谨慎为有道者的特点,次段又从反面说,指出光是谨慎还不够,还需通晓性命之情。下一段又指出须顺性命之情,引出节制欲望和情性的重要性。举凡先王的衣食住行、生活细节诸方面莫不如此。这与《周易》节卦之义相通。节卦象辞曰:"当位以节,中正以通。天地节而四时成,节以制度,不伤财,不害民。"六三爻曰:"不节若,则嗟若。"节之时义大矣哉!

<h2 style="text-align:center">贵　公</h2>

四曰:昔先圣王之治天下也,必先公,公则天下平矣,平得①于公。尝试观于上志②,有得天下者众矣,其得之以公③,其失之必以偏。凡主之立也生于公,故《鸿范》④曰:"无偏无党,王道荡荡⑤。无偏无颇⑥,遵王之义⑦。无或作好⑧,遵王之道。无或作恶,遵王之路。"

天下非一人之天下也，天下之天下也。阴阳之和，不长一类；甘露时雨，不私一物；万民之主，不阿一人。伯禽⑨将行，请所以治鲁。周公曰："利而勿利⑩也。"荆⑪人有遗弓者而不肯索，曰："荆人遗之，荆人得之，又何索焉？"孔子闻之曰："去其'荆'而可矣。"老聃闻之曰："去其'人'而可矣。"故老聃则至公矣。天地大矣，生而弗子，成而弗有，万物皆被其泽，得其利，而莫知其所由始，此三皇五帝之德也。

管仲有病，桓公往问之，曰："仲父之病矣，渍甚⑫，国人弗讳⑬，寡人将谁属国⑭？"管仲对曰："昔者臣尽力竭智犹未足以知之也。今病在于朝夕之中，臣奚能言？"桓公曰："此大事也，愿仲父之教寡人也。"管仲敬诺，曰："公谁欲相？"公曰："鲍叔牙可乎？"管仲对曰："不可。夷吾善鲍叔牙。鲍叔牙之为人也，清廉洁直，视不己若者不比于人，一闻人之过，终身不忘。勿已，则隰朋⑮其可乎。隰朋之为人也，上志而下求⑯，丑不若黄帝而哀不己若者。其于国也，有不闻也；其于物⑰也，有不知也；其于人也，有不见也。勿已乎，则隰朋可也。"夫相，大官也。处大官者不欲小察，不欲小智，故曰："大匠不斫⑱，大庖不豆⑲，大勇不斗，大兵不寇⑳。"桓公行公去私恶，用管子而为五伯㉑长；行私阿所爱，用竖刀㉒而虫出于户㉓。

人之少也愚，其长也智。故智而用私，不若愚而用公。日醉而饰服㉔，私利而立公㉕，贪戾而求王，舜弗能为。

【注释】

①得：出。

②上志：古代的书。

③得之以公：当作"得之必以公"，与下句相应。

④《鸿范》:《尚书》中的一篇,本作《洪范》。

⑤荡荡:平易的样子。

⑥颇:不平。

⑦义:法。

⑧作好:曲公意,成私好。

⑨伯禽:周公之子,封于鲁。

⑩利而勿利:利于民,而不要自利。

⑪荆:楚国。

⑫溃甚:病得很重。

⑬弗讳:不讳,指去世。

⑭属国:托付国家。

⑮隰朋:齐桓公时大夫。隰,音 xì。

⑯上志而下求:以上古贤人为楷模,而不耻下问。

⑰物:事。

⑱斫:大锄头,引申为用刀、斧砍。

⑲豆:同"刌",裂,宰割。

⑳寇:寇害。

㉑伯:即霸。

㉒竖刀:又作"竖刁",齐桓公宠臣,诣媚事公。

㉓虫出于户:齐桓公死,五子争立,无人收葬桓公,六十天后才葬,尸虫流出门外。

㉔饰服:饰,同"敕",整顿。服,丧服丧纪。

㉕立公:立同"位",公即君,在君位上之意。

【译文】

四曰:过去的圣王治理天下必然以公正为先,公正不偏,那么天下就太平了,天下太平是因为公正不偏。试考察古书中的记载,得到天下的人有很多,因为公正不偏而得到的,必然因为偏私不正而失去。大凡立君之本意,皆是出于公正不偏,因此《鸿范》说:"不要偏私,不要结党,王道平易宽广。不要偏私,不要倾侧,遵循先王的法则。不要私心偏好,遵循先王之道。不要作威发怒,遵循先王之路。"

天下并非君王一人的天下,而是天下之人的天下。阴阳二气相和,不偏长一类事物;甘露霖雨润泽,不偏利一种生命;君王万民之主,不偏袒一个臣民。伯禽将要到鲁国去做诸侯的时候,向父亲周公请教治国的方法。周公说:"利于百姓,而不要自私自利。"有个楚人遗失了弓却不肯去找回来,他说:"遗失了弓的是楚人,捡到了弓的还是楚人,又何必去寻找呢?"孔子听了说:"把'楚'字去掉就合适了。"老聃听了说:"再把'人'字去掉就更合适了。"因此老聃是最为公平无私的人了。天地广大,生育百姓而不以己子,化成万物而不据为己有,世间万物皆披蒙天地的恩泽,得其利益,但又自然而然,不知这恩泽利益是从哪里来的,这也是三皇五帝的美德。

管仲生了病,齐桓公去探视他,问道:"仲父的病很严重呢,一旦您病势加深,与世长辞,我该把国家托付给谁来治理呢?"管仲回答说:"过去身体健康的时候,我尽心竭力尚不足以找到这样一个人。如今病重,危在旦夕,我又能说些什么呢?"齐桓公说:"这是国家大事,希望仲父能告诉我。"管仲恭敬地答应了,问道:"您打算用谁为国相?"齐桓公说:"鲍叔牙怎么样?"管仲回答说:"不可以。我非常了解鲍叔牙。他为人清廉正直,不如自己的人则不屑与之为伍,一旦听说了别人的过失,则终身不忘。不得已的话,用隰朋大概还行吧。隰朋这个人,以上古贤人为楷模,而不耻下问,以品德不如黄帝为耻,而怜悯品德不如自己的人。对于国政,不求全面听闻;对于事物,不求全面了解;对于人民,不求全面考察。不得已的话,用隰朋大概还行吧。"国相,是大官。居于大官之位则不应在小处苛察,不当在小处用智,所以说:"大匠只需设计规划,是不用亲自去砍斫的;大厨只需调和五味,是不用亲自去宰割的;大勇之人不必战斗,文明之师不为寇害。"齐桓公早年行公正之道去除私恶,用管仲为国相,成为五霸之长;晚年偏私不正,袒护所爱,任用竖刀等奸臣,导致死后五子争位，不得殡殓，尸虫流出户外。

人在年少的时候愚笨，长大了之后聪明。与其聪明的时候偏私不正，不如愚笨的时候公正不偏。自己每日醉酒而欲整顿丧纪，自私自利而欲盘踞君位，贪婪残暴而欲称王天下，这样的事情就算连圣王舜也办不到。

【评析】

此篇之"公"，实有二义。道家说公平无私，此天地化育万物之德也。《老子》曰："天地不仁，以万物为刍狗；圣人不仁，以百姓为刍狗。"此之谓也。儒家云公正不偏，此先王得天下治天下之本也。《洪范》曰"无偏无颇""无偏无党"，此之类也。此篇推老聃为至公，而夫子略逊一筹，则视儒、道一体，而以道为尊也。

无私与不偏，为同一事物的两个侧面。前者注重天道的本质，后者注重治理的方法。前者重点在于天道，后者在于人事。当今社会，更注重人事的这一层意义，与儒家思想对后代影响更大更广泛有关。

去　私

五曰：天无私覆也，地无私载也，日月无私烛①也，四时无私行也，行其德而万物得遂②长焉。

黄帝言曰："声禁重③，色禁重，衣禁重，香禁重，味禁重，室禁重。"

尧有子十人，不与其子而授舜；舜有子九人，不与其子而授禹，至公也。

晋平公④问于祁黄羊⑤曰："南阳⑥无令，其谁可而为之？"祁黄羊对曰："解狐⑦可。"平公曰："解狐非子之仇⑧邪？"对曰："君问可，非问臣之仇也。"平公曰："善。"遂用之。国人称善焉。居有间，平公又问祁黄羊曰："国无尉⑨，其谁可而为之?"对曰:"午可。"平公曰:"午非子之子邪?"对曰:"君问可,非问臣之子也。"平公曰:"善。"又遂用之。国人称善焉。孔子闻之曰:"善哉!祁黄羊之论也,外举不避仇,内举不避子。"祁黄羊可谓公矣。

墨者有钜子腹䵍⑩居秦,其子杀人。秦惠王曰:"先生之年长矣,非有它子也,寡人已令吏弗诛矣,先生之以此听寡人也。"腹䵍对曰:"墨者之法曰:'杀人者死,伤人者刑。'此所以禁杀伤人也。夫禁杀伤人者,天下之大义也。王虽为之赐⑪,而令吏弗诛,腹䵍不可不行墨者之法。"不许惠王而遂杀之。子,人之所私也,忍所私以行大义,钜子可谓公矣。

庖人调和而弗敢食,故可以为庖。若使庖人调和而食之,则不可以为庖矣。王伯之君亦然,诛暴而不私,以封天下之贤者,故可以为王伯。若使王伯之君诛暴而私之,则亦不可以为王伯矣。

【注释】

①烛:照。

②遂:成。

③禁重:严禁。

④晋平公:春秋时晋国国君,公元前 557 年至前 532 年在位。

⑤祁黄羊:即祁奚,字黄羊,晋臣。按祁奚举贤为晋悼公(公元前 573 年至前 558 年在位)时事,此处为晋平公时事,当为误记。

⑥南阳:晋国地名,在今河南省黄河以北、太行山以南的济源、焦作、新乡地域。

⑦解狐:晋臣。

⑧仇:仇敌。

⑨尉:军尉,春秋武官职名。

⑩钜子腹䵍:钜子,先秦墨家学派首领的称呼。腹,姓。䵍,音tūn,名。

⑪赐:爱。

【译文】

五曰:上天覆盖万物,没有偏私;大地承载万物,没有偏私;日月照耀万物,没有偏私;四季交替运转,没有偏私;天地、日月、四时行其德泽,而万物得以成长。

黄帝说:"音乐的享受严禁过度,美色的享受严禁放纵,服装的穿着严禁过厚过暖,香料的使用严禁过多过重,饮食严禁过饱过量,建造宫室严禁过高过大。"

尧有十个儿子,不把天下传给儿子却传给了舜;舜有九个儿子,不把天下传给儿子却传给了禹,尧和舜都是最公正无私的人。

晋平公问祁黄羊说:"南阳缺个县令,谁能担任这个职务?"祁黄羊回答说:"解狐可以。"平公说:"解狐不是你的仇人吗?"祁黄羊回答说:"您问的是谁可以担任这个职务,并非问谁是我的仇人啊。"平公说:"很好。"于是任用解狐为南阳令。百姓对此都说好。过了一段时间,平公又问祁黄羊说:"国家缺个军尉,谁能担任这个职务?"祁黄羊回答说:"午可以。"平公说:"午不是你的儿子吗?"祁黄羊回答说:"您问的是谁可以担任这个职务,并非问谁是我的儿子啊。"平公说:"很好。"于是又任用午为军尉。百姓对此都说好。孔子听了称赞说:"祁黄羊的言论真好啊!举荐外人不避仇敌,举荐家人不避儿子。"祁黄羊可算是公正无私了。

墨家有位首领腹䵍,住在秦国,他的儿子杀了人。秦惠王说:"先生年纪大了,也没有其他的儿子,我已命令狱吏不要杀他,在这件事上先生听从我的安排吧。"腹䵍回答说:"墨家的法律规定:'杀人者偿命,伤人者受刑。'这样做是为了禁止杀人伤人。而禁止杀人伤人,是天下的正道。大王虽然施予恩惠,命令狱吏不要杀他,我却不可以不对他施行墨家之法。"他没有接受秦惠王的好意,最后杀掉了儿子。儿子,是每一个人所亲所爱的,压抑住自己的亲爱之情而施行正道,这位大学者可算是公正无私了。

厨师调和五味却不敢私自食用,因此可以当厨师。假如厨师调和五味而私自食用了,他就不能再当厨师了。王霸之君也是如此,诛除暴君却不私自占有土地,把它分封给天下贤德之人,因此可以称王称霸。假如王霸之君诛除暴君而私自占有了土地,他就不能再称王称霸了。

【评析】

本篇中"黄帝言曰:'声禁重,色禁重,衣禁重,香禁重,味禁重,室禁重。'"这一段与全文关系不大,疑系由他处阑入本篇之中。

私者,小我也。抛却一己之私而拥抱天地,以天下为大我,这是古圣贤修炼心性,为人处世的终极目标。尧与舜能够避免家天下的传承,而传之于贤者,所以成为古代举贤政治的最高理想。

祁奚举贤是春秋时代著名的历史故事,外举不避仇,内举不避亲,只有胸中洒落、摒除私欲的人,才能为此光风霁月之行。祁奚可以当之,遂令天下后世千古以来对他加以赞扬和尊敬。

墨家钜子腹䵍杀子之行,虽说是坚持了原则,但似与儒家亲亲之义不合,却合于法家的道德。这种大义灭亲的行为,也被认为是"去私"的体现。

私之为物,是难以彻底去除的,《吕氏春秋》提出"去私"的观念,与前面提出的"本生""重己""贵公"诸观念一脉相承,孟春之季,生命发萌,以生为重,欲全性葆真,则须顺应天性,节制欲望,以己为重,崇尚不偏不党的公正,去除私欲,这条行文脉络,正是一脉相承下来的。

仲春纪第二

仲　春

一曰：仲春①之月，日在奎②，昏弧③中，旦建星④中。其日甲乙，其帝太暤，其神句芒，其虫鳞，其音角，律中夹钟⑤，其数八，其味酸，其臭膻，其祀户，祭先脾。始雨水，桃李华，苍庚⑥鸣，鹰化为鸠⑦。天子居青阳太庙⑧，乘鸾辂，驾苍龙，载青旂，衣青衣，服青玉，食麦与羊，其器疏以达。

是月也，安萌牙⑨，养幼少，存诸孤。择元日，命人社⑩。命有司⑪，省囹圄⑫，去桎梏⑬，无肆掠⑭，止狱讼。

是月也，玄鸟⑮至，至之日，以太牢⑯祀于高禖⑰。天子亲往，后妃率九嫔御，乃礼天子所御，带以弓韣⑱，授以弓矢，于高禖之前。

是月也，日夜分⑲，雷乃发声，始电，蛰虫咸动，开户⑳始出。先雷三日，奋铎㉑以令于兆民曰："雷且发声，有不戒其容止㉒者，生子不备㉓，必有凶灾。"日夜分则同度量，钧㉔衡石，角斗桶㉕，正权概㉖。

是月也，耕者少舍㉗，乃修阖扇㉘，寝庙㉙必备。无作大事㉚，以妨农功。

是月也，无竭川泽，无漉㉛陂㉜池，无焚山林。天子乃献羔开冰㉝,先荐寝庙。上丁㉞,命乐正入舞舍采㉟,天子乃率三公、九卿、诸侯亲往视之。中丁㊱,又命乐正入学习乐。

是月也,祀不用牺牲,用圭璧,更皮币㊲。

仲春行秋令则其国大水,寒气总㊳至,寇戎来征;行冬令则阳气不胜㊴,麦乃不熟,民多相掠;行夏令则国乃大旱,暖气早来,虫螟为害。

【注释】

①仲春:夏历二月。

②奎:西方宿,鲁之分野。

③弧:星宿名,在鬼宿之南。

④建星:星宿名,在斗宿之上。

⑤夹钟:阴律,万物去阴夹阳,聚地而生。

⑥苍庚:黄鹂。

⑦鸠:布谷鸟。

⑧太庙:明堂中央室。

⑨萌牙:即"萌芽"。

⑩社:社祭后土,所以为民祈谷也。

⑪有司:主管的官吏。

⑫囹圄:牢狱。

⑬桎梏:刑具,在足曰桎,在手曰梏。

⑭掠:笞。

⑮玄鸟:燕子。

⑯太牢:牛、羊、猪。

⑰高禖:配合男女之神。

⑱韣:弓袋。

⑲分:等,昼夜平均。

⑳户:穴。

㉑奋:振动。铎:木铎,以木为舌的大铃。

㉒容止:此处指男女房中之事。

㉓备:完备,此处指所生的孩子先天残疾。

㉔钧:铨,衡量轻重。

㉕角:平。斗桶:量器。

㉖概:平斗斛之器。

㉗舍:休息。

㉘阖扇:门户。

㉙寝庙:古代宗庙中前面祭祖的部分叫作庙,后面住人的叫作寝。

㉚大事:兵戎征伐之事。

㉛漉:干涸。

㉜陂:水池。

㉝献羔开冰:献羔,先献上羔羊祭祀主管冰寒之神,才能打开冰窖取冰。开冰,冬天凿冰块,藏入冰窖。

㉞上丁:一个月之中的第一个丁日。

㉟舍采:置彩帛于神前,祭先师之礼。

㊱中丁:一个月中旬的丁日。

㊲更皮币:更,同"梗",小祀。皮币,鹿皮、玄𫄸、束帛之属。

㊳总:通"忽",忽然。

㊴胜:经受得住。

【译文】

一曰:仲春二月,太阳在奎宿的位置,黄昏与拂晓时刻,弧星与建星各位于南方中天。此月的天干是甲乙,主宰之帝是太暤,佐帝之神是句芒,代表动物是有鳞的龙鱼,对应五音中的角音,十二律中的夹钟,对应的数字是八,味道是酸,气味是膻,祭祀的对象是户,祭品以脾为先。此月春雨始降,桃李开花,黄鹂啼鸣,老鹰化为鸠鸟。天子行令于明堂中室,乘金鸾车,驾苍龙马,上载青旗,穿青衣,佩青玉,吃麦子与羊肉,所用礼器纹理镂空疏通。

此月要保护植物的嫩芽,长养幼少,存恤孤寡。择取吉日,命百姓祭祀后土,祈求五谷丰登。命令狱官省视监狱,去除刑具,不得恣意用刑,禁止诉讼争执。

此月燕子飞来,燕子来日,用太牢祭祀高禖之神。天子亲自前往,后妃带领九嫔侍从,于是在高禖神前礼见天子御幸的女子,为她们带上弓袋,授予弓箭,祈求孕育得男。

此月昼夜平分,开始打雷闪电,冬眠的动物都苏醒了,从蛰伏的巢穴里出来。打雷前三日,天子命人摇着铜铃号令百姓说:"将要打雷了,假如有人不谨慎容止,在雷电时行房,则生下的孩子不健全,必有凶灾。"昼夜平分则同一度量单位,平正度量工具。

此月农人稍事休息,于是整治门户,修缮寝庙。不要兴兵征伐,以免妨碍农事。

此月不得抽干河流、湖泊、水陂、池塘,不得焚烧山林。天子向司寒之神献上羊羔,打开冰窖,取新冰先献宗庙。上旬丁日,命乐正入太学教导国子舞蹈,举行祭先师之礼,天子率领三公、九卿、诸侯亲自前往观看。中旬丁日,又命乐正入太学教导国子音乐。

此月祭祀不用牺牲,改用圭璧玉器,小型祭祀则用鹿皮丝帛。

君王若在仲春行秋季政令则会导致其国大水,寒气突然来袭,寇害之兵征伐其国;若在仲春行冬季政令则会导致阳不胜阴,麦子不能成熟,百姓多相劫掠;若在仲春行夏季政令则会导致国家大旱,暖气提早到来,螟虫伤害庄稼作物。

【评析】

春天是万物生长的季节。仲春则是美丽的二月,春雨迷蒙,桃李花发,黄鹂啼鸣,燕子归来。仲春月的礼俗更是令人心驰神往。《诗经·豳风·七月》云:"春日载阳,有鸣仓庚。""二之日凿冰冲冲,三之日纳于凌阴,四之日蚤,献羔祭韭。"在此时也。而高禖祈子在后世则演变为汉民族的上巳节俗。本篇总说仲春时的物候、时令、礼俗、政事,宛如在我们面前展开一幅上古时代春天的图画。

贵　生

二曰:圣人深虑天下,莫贵于生。夫耳目鼻口,生之役也。耳虽欲声,目虽欲色,鼻虽欲芬香,口虽欲滋味,害于生则止。在四官者不欲,利于生者则弗①为。由此观之,耳目鼻口不得擅行,必有所制。譬之若官职不得擅为,必有所制。此贵生之术也。

尧以天下让于子州支父②,子州支父对曰:“以我为天子犹可也。虽然,我适有幽忧之病,方将治之,未暇在③天下也。”天下,重物也,而不以害其生,又况于他物乎?惟不以天下害其生者也,可以托天下。

越人三世杀其君,王子搜④患之,逃乎丹穴⑤。越国无君,求王子搜而不得,从之丹穴。王子搜不肯出,越人薰之以艾,乘之以王舆。王子搜援绥登车,仰天而呼曰:“君乎,独不可以舍我乎?”王子搜非恶为君也,恶为君之患也。若王子搜者,可谓不以国伤其生矣,此固越人之所欲得而为君也。

鲁君闻颜阖⑥得道之人也,使人以币⑦先⑧焉。颜阖守闾⑨,鹿⑩布之衣,而自饭⑪牛。鲁君之使者至,颜阖自对之。使者曰:“此颜阖之家邪?”颜阖对曰:“此阖之家也。”使者致⑫币,颜阖对曰:“恐听缪⑬而遗使者罪,不若审之。”使者还反审之,复来求之,则不得已。故若颜阖者,非恶富贵也,由重生恶之也。世之人主多以富贵骄得道之人,其不相知,岂不悲哉?

故曰:道之真⑭以持身,其绪余以为国家,其土苴⑮以治天下。由此观之,帝王之功,圣人之余事也,非所以完身养生之道也。今世俗之君子,危身弃生以徇⑯物,彼且奚以此之也? 彼且奚以此为也?

凡圣人之动作也,必察其所以之与其所以为。今有人于此,以随侯之珠⑰弹千仞之雀,世必笑之。是何也? 所用重,所要轻也。夫生,岂特随侯珠之重也哉! 子华子⑱曰:"全生⑲为上,亏生次之,死次之,迫生⑳为下。"故所谓尊生者,全生之谓。所谓全生者,六欲皆得其宜也。所谓亏生者,六欲分㉑得其宜也。亏生则于其尊之者薄矣。其亏弥甚者也,其尊弥薄。所谓死者,无有所以知㉒,复其未生也。所谓迫生者,六欲莫得其宜也,皆获其所甚恶者,服是也,辱是也。辱莫大于不义,故不义,迫生也。而迫生非独不义也,故曰迫生不若死。奚以知其然也? 耳闻所恶,不若无闻;目见所恶,不若无见。故雷则掩耳,电则掩目,此其比㉓也。凡六欲者,皆知其所甚恶,而必不得免,不若无有所以知。无有所以知者,死之谓也,故迫生不若死。嗜肉者,非腐鼠之谓也;嗜酒者,非败㉔酒之谓也;尊生者,非迫生之谓也。

【注释】

①弗:"弗"字衍。

②子州支父:古贤人。

③在:察。

④王子搜:战国时期越王无颛。

⑤丹穴:山洞。

⑥颜阖:战国时期鲁国隐士。

⑦币:币帛。古人互相赠送的礼物。

⑧先:事先致意。

⑨阎：住所。

⑩鹿：同"粗"。

⑪饭：动词，给……吃。

⑫致：送。

⑬缪：通"谬"，错误。

⑭真：实质，根本。

⑮苴：草芥。

⑯徇：通"殉"，舍弃生命去追求外物。

⑰随侯之珠：传说随侯曾见一条大蛇受伤，给它敷药，后来大蛇给他衔来一颗明珠作为报答。

⑱子华子：古体道之人。

⑲全生：保全生命的天性。

⑳迫生：苟且偷生。

㉑分：半。

㉒无有所以知：丧失生命。

㉓比：相似。

㉔败：腐败变质。

【译文】

二曰：圣人深思天下之事，没有比生命更宝贵的。耳朵、眼睛、鼻子、嘴巴，是受生命支配的。耳朵虽然想听到声音，眼睛虽然想看到美色，鼻子虽然想闻到芳香，嘴巴虽然想尝到滋味，如果有害于生命则被禁止。而这四种感官不想要的事物，如果有利于生命则必须去做。由此看来，耳朵、眼睛、鼻子、嘴巴不得擅自行动，一定由心来约束。就好像朝廷职官不得独断专行，一定由君王来制约一样。这就是珍惜生命的方法。

尧打算把天下让给子州支父，子州支父回答说："让我做天子也可以。可是，我恰好得了深忧之病，正要去治疗，无暇治理天下。"天下，是最重大的事物了，子州支父却不因为天下而伤害自己的生命，又何况其他呢？唯有不因为天下而伤害自己生命的人，才可以把天下托付给他。

越国人杀掉了三代的君王，王子搜很忧惧，于是逃到了丹穴。越国没有君王，大家到处寻找王子搜而不得，最后找到了丹穴。王子搜不肯出来，越国人燃烧艾草把他熏了出来，让他乘坐君王的马车。王子搜拉着绳子登上车，仰天痛呼道："国君啊，这个位子就不能不让我来坐吗？"王子搜并非厌恶做国君，而是厌恶做国君而招来的祸患。像王子搜这样的人，可算是不因为国家而伤害自己的生命了，这也是越国人一定要王子搜做君王的缘故。

鲁国的君王听说颜阖是个得道之人，派人带着丝帛作为礼物先去致意，想请他出来做官。颜阖住在陋巷里，穿着粗布衣服，自己在喂牛。国君的使者到了，颜阖亲自接待他。使者问："这是颜阖的家吗？"他回答说："这是我颜阖的家。"使者献上丝帛，颜阖回答说："恐怕您弄错了人而给自己招来惩罚，不如查问清楚再说。"使者回去查问清楚了，再来请他，颜阖早已越墙逃走了。像颜阖这样的人，本来并不厌恶富贵，只是因为看重生命才厌恶它。世间的君王大多因为富贵傲视得道之人，他们对得道之人这样不了解，难道不是可悲的事吗？

所以说：用大道的精华来养身，用大道的剩余来治国，用人道的渣滓来治天下。由此看来，帝王的丰功伟业，不过是圣人的余事，不是用来保全身体、养护生命的方法。当今世俗所谓的君子，危害身体、抛弃生命来追求外物，他们以什么为目的呢？他们又以什么为手段呢？

大凡圣人有所动作，一定要审察目的是什么，手段是什么。假如现在有个人，用随侯宝珠去弹高空的鸟雀，世人一定会嘲笑他。这是什么缘故呢？他付出的代价太重，他得到的收获太轻。而生命的贵重，哪里是随侯宝珠能相比的呢！子华子说："保全生命为上等，亏损生命为次等，放弃生命又次，逼迫生命为下等。"因此所谓的尊生，就是保全生命的意思。所谓的保全生命，是指六欲各得其宜。所谓的亏损生命，是指六欲半得其宜。亏损生命，对于应当尊重的则轻视了。亏损得越厉害，对于应当尊重的则越发轻视。所谓的放弃生命，是指无知无觉，回到未生之前的样子。所谓的逼迫生命，是指六欲不得其宜，得到的都是它们所厌恶的，例如屈服，例如耻辱。耻辱没有比不守道义更大的了，因此不守道义，是逼迫生命的举动。而逼迫生命的举动并非只有不守道义而已，所以说逼迫生命不如放弃生命。这个道理是如何得知的呢？耳朵听到了讨厌的声音，还不如什么也听不见；眼睛看到了讨厌的事物，还不如什么也看不见。所以打雷的时候就捂住耳朵，闪电的时候就挡住眼睛，是同样的道理。大凡六欲，都清楚它们厌恶的是什么，假如必定不能避免，还不如无知无觉。无知无觉，就是放弃生命的意思，所以说逼迫生命不如放弃生命。爱吃肉的人，喜欢的一定不是腐臭的鼠肉；爱饮酒的人，喜欢的一定不是变质的劣酒；尊重生命的人，也一定不会去逼迫它。

【评析】

　　本篇言重生之道，列举尧让天下于子州支父，越人以王子搜为君，鲁使请颜阖等三个事例，来说明天下虽重，终不及个体生命之重，这是较为典型的道家思想。文中又提出“迫生”的概念，指出迫生是辱，是不义，得出“尊生者，非迫生之谓也”的结论。

　　道家认为完身养生是圣人的大业。尧、舜、禹、汤之治天下，黧黑瘦瘠，过家门而不入。在道家看来并不可取。此种思想，置之现代，在讲求养生之道的今天，也有一定的合理性。人们追求生命的长久和生活的质量，也是生活的目的之一，无可厚非。

情　欲

　　三曰：天生人而使有贪有欲。欲有情，情有节，圣人修^①节以止欲，故不过行其情也。故耳之欲五声，目之欲五色，口之欲五味，情也。此三者，贵贱、愚智、贤不肖欲之若一，虽神农、黄帝^②其与桀、纣^③同。圣人之所以异者，得其情也。由贵生动则得其情矣，不由贵生动则失其情矣。此二者，死生存亡之本也。

俗主亏情，故每动为亡败。耳不可赡④，目不可厌，口不可满；身尽府种⑤，筋骨沉滞，血脉壅塞，九窍寥寥，曲失其宜，虽有彭祖⑥，犹不能为也。其于物也，不可得之为欲，不可足之为求，大失生本；民人怨谤，又树大仇；意气易动，跷然⑦不固；矜⑧势好智，胸中欺诈；德义之缓，邪利之急。身以困穷，虽后悔之，尚将奚及？巧佞之近，端直之远，国家大危，悔前之过，犹不可反。闻言而惊，不得所由，百病怒⑨起，乱难时至，以此君人，为身大忧。耳不乐声，目不乐色，口不甘味，与死无择。

古人得道者，生以寿长，声色滋味，能久乐之，奚故？论早定也。论早定则知早啬⑩，知早啬则精不竭。秋早寒则冬必暖矣，春多雨则夏必旱矣。天地不能两⑪，而况于人类乎！人之与天地也同。万物之形虽异，其情一体也。故古之治身与天下者必法天地也。

尊⑫，酌者众则速尽，万物之酌大贵之生者众矣，故大贵之生常速尽。非徒万物酌之也，又损其生以资⑬天下之人，而终不自知。功虽成乎外，而生亏乎内。耳不可以听，目不可以视，口不可以食，胸中大扰⑭，妄言想见⑮，临死之上⑯，颠倒⑰惊惧，不知所为。用心如此，岂不悲哉！

世人之事君者，皆以孙叔敖⑱之遇荆庄王为幸。自有道者论之则不然，此荆国之幸。荆庄王好周游田⑲猎，驰骋弋⑳射，欢乐无遗，尽傅㉑其境内之劳与诸侯之忧于孙叔敖。孙叔敖日夜不息，不得以便㉒生为故㉓，故使庄王功迹著乎竹帛㉔，传乎后世。

【注释】

①修：当作"循"。

②神农、黄帝:都是传说中的远古帝王,古人把神农、黄帝看作是圣王的代表。

③桀、纣:桀是夏代最后一个君主,纣是商代最后一个君主,古人把桀、纣作为暴君的代表。

④赡:充足。

⑤府种:同"胕肿"。

⑥彭祖:殷之贤臣,清净无欲,寿七百岁。

⑦跷然:流行速疾不坚固之貌。

⑧矜:夸耀。

⑨怒:猛烈。

⑩啬:爱。

⑪两:两全。

⑫尊:即"樽",酒器。

⑬资:提供。

⑭扰:搅乱。

⑮想见:此处指因病胡思乱想而见到各种幻影。

⑯上:前。

⑰颠倒:指神经错乱。

⑱孙叔敖:楚令尹。

⑲田:即"畋",打猎。

⑳弋:用绳系箭射出去。

㉑傅:同"付",托付。

㉒便:利。

㉓故:事。

㉔竹帛:竹简和白绢,用来书写文字。

【译文】

三曰:上天创造了人而使他有了贪爱和欲望。欲望产生感情,而感情是有节度的,圣人遵循节度来克制欲望,因此不会使自己的感情过分放纵。例如耳朵想要听五声,眼睛想要看五色,嘴巴想要尝五味,这些都是情欲。以上三者,对于尊贵、卑贱、愚笨、聪明、能干、不肖的人来说,都是一样的,即使是圣人神农、黄帝,也与暴君桀、纣相同。圣人的不同之处在于,他们能够节制自己的情欲。珍惜生命则情欲能够适度,不珍惜生命则情欲就会放纵。以上二者,是生死存亡的根本原因。

世俗的君主不能节制情欲,因此动辄招来失败灭亡。耳朵的欲望不能满足,眼睛的欲望不能满足,嘴巴的欲望不能满足,以至于全身浮肿,筋骨沉滞不畅,血脉堵塞不通,九窍寥寥空虚,丧失了正常的生理机能,到了这种地步,就算有彭祖的清净无欲之术,也无能为力了。他们对于外物的欲望不可皆得,需求不可满足,大失养生的根本;百姓因此怨怒毁谤,又给自己树下仇敌;他们意志容易动摇,变化迅速而不坚定;他们夸耀权势,好弄智谋,欺诈不诚;他们以道德大义为后,以邪术私利为先。最后导致危险困厄,虽然后悔,又哪里来得及呢? 善巧便佞的小人亲近他们,正直端方的君子疏远他们,国家处在巨大的危险之中,此时就算后悔以前的过错,也无法挽回了。世俗的君主听将要危败灭亡了才开始惊怖,却又不明白造成这种后果的原因,因此百病暴发,内乱寇难不时发生,以此之道治理百姓,只能给自身带来极大的忧患。到了这种地步,耳闻乐音也不觉得快乐,目视美色也不觉得美好,口尝珍味也不觉得香甜,与死人已经没有区别了。

上古得道之人,天生长寿,以终天年,声色滋味都能够长久地享受,这是什么缘故呢? 因为他们早行贵生之道。早行贵生之道则懂得及早珍爱性命,懂得及早珍爱性命则精力不会穷竭。就好像秋季早寒则冬季必然温暖,春季多雨则夏季必然干旱一样。天地自然尚且不能两全,更何况人类呢! 人与天地同样不能两全。万物形体虽异,珍爱生命之情是相同的。因此古代修身与治天下的人必定效法天地之道。

樽中有酒,倒酒的人多了,酒就去得快,万物消耗君王宝贵的生命多了,君王宝贵的生命也结束得快。不仅万物在消耗它,君王又损耗自己的生命来治理天下,而自己始终没有察觉。功业成就于外而生命亏损于内,导致耳朵听不见了,眼睛看不见了,嘴巴吃不下了,胸中烦扰不安,胡言乱语,梦想幻觉,临死之前,精神错乱,惊惧恐怖,不知所为。耗费心力到了这样的地步,难道还不够悲哀吗?

世上侍奉君王的人,都认为孙叔敖得到楚庄王的重用是幸运。从有道者的角度来看则不然,这是楚国的幸运而已。楚庄王爱好周游田猎,骑马射箭,欢乐无余,把治理国家的辛劳和担任诸侯的忧虑都交给了孙叔敖。孙叔敖日夜不得休息,无暇去做养生之事,因此才使楚庄王的功迹著于史书,流传于后世。

【评析】

本篇依然从贵生的角度出发,讲述节制情欲的道理。人天生皆有情欲,圣人贵生,节制情欲故长寿;俗人亏生,放纵情欲而败亡。又有世之所谓贤人,呕心沥血铸造丰功伟业,功成名就之时,亦是身死命断之日。全篇依然是以道家思想来立论。

当　染

四曰:墨子见染素丝者而叹曰:"染于苍则苍,染于黄则黄,所以入者变,其色亦变,五入而以为五色矣,故染不可不慎也。"

非独染丝然也,国亦有染。舜染于许由①、伯阳②,禹染于皋陶③、伯益④,汤染于伊尹、仲虺⑤,武王染于太公望⑥、周公旦⑦。此四王者,所染当,故王天下,立为天子,功名蔽天地。举天下之仁义显人,必称此四王者。夏桀染于干辛、歧踵戎⑧,殷纣染于崇侯、恶来⑨,周厉王染于虢公长父⑩、荣夷终⑪,幽王染于虢公鼓⑫、祭公敦⑬。此四王者,所染不当,故国残身死,为天下僇⑭。举天下之不义辱人,必称此四王者。齐桓公染于管仲⑮、鲍叔⑯，晋文公染于咎犯⑰、郄偃⑱，荆庄王染于孙叔敖、沈尹蒸⑲，吴王阖庐染于伍员⑳、文之仪㉑，越王句践染于范蠡、大夫种㉒。此五君者，所染当，故霸诸侯，功名传于后世。范吉射染于张柳朔、王生㉓，中行寅染于黄藉秦、高强㉔，吴王夫差染于王孙雄㉕、太宰嚭㉖，智伯瑶染于智国、张武㉗，中山尚染于魏义、椻长㉘，宋康王染于唐鞅、田不禋㉙。此六君者，所染不当，故国皆残亡，身或死辱，宗庙不血食，绝其后类，君臣离散，民人流亡。举天下之贪暴可羞人，必称此六君者。凡为君，非为君而因荣也，非为君而因安也，以为行也。行理生于当染，故古之善为君者，劳于论⑳人而佚于官事，得其经也。不能为君者，伤形费神，愁心劳耳目，国愈危，身愈辱，不知要故也。不知要故，则所染不当；所染不当，理奚由至？六君者是已。六君者，非不重其国、爱其身也，所染不当也。存亡故不独是也，帝王亦然。

非独国有染也。孔子学于老聃、孟苏、夒靖叔㉛。鲁惠公㉜使宰让请郊庙之礼于天子，桓王使史角㉝往，惠公止之。其后在于鲁，墨子学焉。此二士者，无爵位以显人，无赏禄以利人，举天下之显荣者，必称此二士也。皆死久矣，从属弥众，弟子弥丰，充满天下。王公大人从而显之；有爱子弟者，随而学焉，无时乏绝。子贡、子夏、曾子㉞学于孔子，田子方㉟学于子贡，段干木㊱学于子夏，吴起㊲学于曾子。禽滑釐㊳学于墨子，许犯㊴学于禽滑釐，田系㊵学于许犯。孔、墨之后学显荣于天下者众矣，不可胜数，皆所染者得当也。

【注释】

①许由：阳城人，尧聘之不至。

②伯阳：舜七友之一。

③皋陶：舜之贤臣，掌管刑法，以正直闻名天下。

④伯益：助大禹治水有功，让帝位于大禹之子夏启。

⑤伊尹：汤相。仲虺：汤之左相。皆贤德。

⑥太公望：佐武王伐纣，成王封之于齐。

⑦周公旦：武王之弟，辅成王，封之于鲁。

⑧干辛、歧踵戎：桀之邪臣。

⑨崇侯、恶来：纣之谀臣。

⑩虢公长父：卿士，不义之人。

⑪荣夷终：卿士，好专利而不知大难。

⑫虢公鼓：卿士，谗谄巧佞之人。

⑬祭公敦：卿士，善于乖佞阿谀，建议周幽王废申后及太子宜臼。

⑭僇：辱。

⑮管仲：齐相，辅佐齐桓公称霸诸侯。

⑯鲍叔：齐大夫，推荐管仲当上齐相，帮助齐桓公九合诸侯，成就霸业。

⑰咎犯：狐偃，晋文公之舅，帮助文公改革内政，平定叛乱。

⑱郄偃：当为郭偃。晋国大夫，主导社会改革。

⑲沈尹蒸：当为沈尹筮，楚大夫。推荐孙叔敖，帮助楚庄王成就霸业。

⑳伍员：伍子胥，吴大夫，率吴军大破楚国，营造姑苏城。

㉑文之仪：吴大夫。

㉒范蠡、大夫种：越国谋臣，辅佐越王勾践灭吴。

㉓范吉射：晋范献子鞅之子昭子。张柳朔、王生：吉射家臣。

㉔中行寅：晋大夫中行穆子之子荀子。黄藉秦、高强为其家臣。

㉕王孙雄：当为王孙雒，吴大夫。

㉖太宰嚭：善逢迎，深得吴王宠信，受越贿赂，许越媾和，屡进谗言，谮杀伍子胥。

㉗智伯瑶：宣子申之子襄子。智国、张武为其家臣。

㉘中山尚：魏公子牟之后。魏义、椻长为其臣。

㉙唐鞅、田不禋：宋康王之二臣。

㉚论：选择。

㉛老聃、孟苏、夔靖叔：三人皆古之得道者。

㉜鲁惠公：春秋前鲁君，公元前768年至前723年在位。

㉝桓王使史角：桓王，周桓王，公元前719年至前697年在位。按周桓王在鲁惠公之后，此处当为周平王之误。史角，周王室史官。

㉞子贡、子夏、曾子：皆孔子弟子。

㉟田子方：战国人，子贡弟子。

㊱段干木：战国人，子夏弟子。

㊲吴起：战国魏人，军事家，曾子弟子。

㊳禽滑釐：墨子弟子。

㊴许犯：禽滑釐弟子。

㊵田系：许犯弟子。

【译文】

四曰：墨子看见染素丝的人而感叹说："放进青色染料就变成了青色丝，放进黄色染料就变成了黄色丝，放进去的染料变了，颜色也跟着变，放进五种染料就变成了五色丝。由此看来，染丝的工作不可以不谨慎。"

非独染丝如此，君王治理国家也会受到熏染。舜受到许由、伯阳的熏染，大禹受到皋陶、伯益的熏染，商汤受到伊尹、仲虺的熏染，周武王受到太公望、周公旦的熏染。这四位君王所受的熏染得当，所以称王天下，被立为天子，功名覆盖天地。凡举天下仁义显德之人，必然会提到这四位君王。夏桀受到干辛、歧踵戎的熏染，商纣受到崇侯、恶来的熏染，周厉王受到虢公长父、荣夷终的熏染，周幽王受到虢公鼓、祭公敦的熏染。这四位君王所受的熏染不得当，所以国破身死，为天下人羞辱。凡举天下不义耻辱之人，必然会提到这四位君王。齐桓公受到管仲、鲍叔的熏染，晋文公受到咎犯、郭偃的熏染，楚庄王受到孙叔敖、沈尹筮的熏染，吴王阖庐受到伍员、文之仪的熏染,越王勾践受到范蠡、大夫种的熏染。这五位君王所受的熏染得当,因此称霸诸侯,功名传于后世。范吉射受到张柳朔、王生的熏染,中行寅受到黄藉秦、高强的熏染,吴王夫差受到王孙雒、太宰嚭的熏染,智伯瑶受到智国、张武的熏染,中山尚受到魏义、椹长的熏染,宋康王受到唐鞅、田不禋的熏染。这六位君王所受的熏染不得当,因此国家残破灭亡,自身或送命或受辱,宗庙祖先不再享受祭祀,子孙断绝,君臣离散,百姓流亡。凡举天下贪婪残暴可羞之人,必然会提到这六位君王。大凡做君王的人,不是因为做了君王而荣耀,不是因为做了君王而安逸,做君王是为了施行大道。施行大道决定于熏染得当,因此古代擅长做君王的人,费心于选拔官吏,国家政务则不必亲自操劳,这是正确的为君之道。不擅长做君王的人,伤害身体,耗费精神,心情愁苦,耳目疲劳,可是国家愈发危险,自身蒙受愈多的耻辱,这是不明白为君关键所在的缘故。不明白为君关键所在,则所受的熏染不得当;所受的熏染不得当,大道怎么能够施行呢?上面提到的六位君王就是这种情况。这六位君王,并非不重视自己的国家,不珍惜自己的身体,只是受到的熏染不得当。不独国家的生死存亡与熏染相关,帝王也是如此。

非独君王治理国家受到熏染,士也是如此。孔子向老聃、孟苏、夔靖叔三人学习。鲁惠公命宰让向天子请示郊庙之礼,周桓王派史角前往鲁国,鲁惠公把他留了下来。史角的后代住在鲁国,墨子向他学习。孔子、墨子这两位贤士,自身并无爵位使人显耀,并无赏禄使人获利,但凡举天下显赫荣耀之人,必然会提到他们。他们已去世很久了,但从属越来越多,弟子越来越盛,充满天下。王公大人因而显扬他们;爱护子弟的人,让子弟跟随他们学习,从来没有中断。子贡、子夏、曾子向孔子学习,田子方向子贡学习,段干木向子夏学习,吴起向曾子学习。禽滑黎向墨子学习,许犯向禽滑黎学习,田系向许犯学习。孔子、墨子的后学中显荣于天下的人有很多,不可胜数,是因为他们熏染得当。

【评析】

本篇讲择臣择友之道,先引墨子见染丝兴叹,拈出"当染"的主题,指出无论是治国还是求学，都有相互影响的效果，如有贤臣，则君亦有功，如有贤师，则弟子亦有学。反之则身死国灭，为天下笑。所谓"蓬生麻中，不扶而直。白沙在涅，与之俱黑"。治国择官，求学拜师，朱墨之别，可不慎乎？

##　　功　　名

五曰：由其道，功名之不可得逃，犹表①之与影，若呼之与响②。善钓者，出鱼乎十仞之下，饵香也；善弋者，下鸟乎百仞之上，弓良也；善为君者，蛮夷反舌③殊俗异习皆服之，德厚也。水泉深则鱼鳖归之，树木盛则飞鸟归之，庶草茂则禽兽归之，人主贤则豪桀④归之。故圣王不务归之者，而务其所以归。

强令之笑不乐；强令之哭不悲；强令之为道也，可以成小，而不可以成大。缶⑤醯黄⑥，蚋⑦聚之，有酸，徒水则必不可。以狸⑧致鼠，以冰致蝇，虽工不能。以茹⑨鱼去蝇，蝇愈至，不可禁，以致之之道去之也。桀、纣以夫之之道致之也，罚虽重，刑虽严，何益？

大寒既至，民暖是利；大热在上，民清是走⑩。是故民无常处，见利之聚，无之去。欲为天子，民之所走，不可不察。今之世，至寒矣，至热矣，而民无走者，取则行钧⑪也。欲为天子，所以示民，不可不异也。行不异，乱虽信⑫今，民犹无走。民无走，则王者废矣，暴君幸矣，民绝望矣。故当今之世，有仁人在焉，不可而不此务；有贤主，不可而不此事。

贤不肖不可以不⑬相分⑭，若命之不可易，若美恶之不可移。桀、纣贵为天子，富有天下，能尽害天下之民，而不能得贤名之。关龙逢⑮、王子比干⑯能以要⑰领⑱之死争⑲其上之过，而不能与之贤名。名固不可以相分,必由其理。

【注释】

①表:古代用来测量日影、定时刻所立的标杆。

②响:回声。

③蛮夷:东方曰夷,南方曰蛮。反舌:戎、狄言语与中国相反,因谓反舌。一说南方有反舌国,舌本在前,末倒向喉,故曰"反舌"。

④豪桀:才过百人曰豪,千人曰桀。

⑤缶:瓦器。

⑥醯黄:即好醋。醯,音 xī,醋。黄,酿醋黄衣法,其味美。

⑦蚋:蠛蠓。

⑧狸:猫。

⑨茹:臭。

⑩走:奔向。

⑪钧:通"均"。

⑫信:当为"倍"。

⑬不:"不"字衍。

⑭分:与。

⑮关龙逢:夏末大臣。

⑯王子比干:纣之叔父。

⑰要:同"腰"。

⑱领:脖子。

⑲争:同"诤",诤谏。

【译文】

五曰:行事遵循正道,获取功名是无法阻挡的事,就好像立起圭表会投下影子,高声大呼会传来回音。擅长垂钓的人,能把鱼从十仞深渊下钓上来,是因为诱饵香美;擅长射箭的人,能把鸟从百仞高空上射下来,是因为弓箭精良;擅长做君王的人,四方蛮夷、遥远异国的人都来归服,是因为品德仁厚。水泉深邃则鱼鳖来归依,树木茂盛则飞鸟来归依,百草丰茂则禽兽来归依,君王贤能则豪杰来归依。因此圣王不务必使人归依,而务必让自己具备使人归依的美德。

强迫出来的笑不快乐;强迫出来的哭不悲哀;强迫君王施行大道,可以成就虚名而不能成就大业。坛子里装了好醋,蠛蠓就聚集过来,是因为有酸味,要是只有清水则必定不可使蠛蠓聚集。想要用狸猫招来老鼠,用冰块招来苍蝇,就算能工巧匠也做不到。想要用臭鱼赶走苍蝇,结果苍蝇却越来越多,不可禁止,这是因为用了吸引苍蝇的方法来赶走它。夏桀、商纣想要用赶走百姓的方法招徕他们,即使惩罚再重,刑法再严,又有什么帮助呢?

严寒已到,百姓追求的是温暖;酷热当头,百姓往清凉的地方避暑。因此百姓没有固定的居处,有利则聚集,无利则离去。想要做天子的人,对于百姓奔赴的方向,不可以不了解。当今之世,世道最为严寒,最为酷热了,可是百姓却没有奔赴哪位君王,是因为所有君王的举动都差不多。想要做天子的人,展示给百姓的所作所为,不可以与他们没有差别。要是所作所为没有差别的话,就算严寒酷热加倍于今,百姓还是没有奔赴的方向。百姓没有奔赴的方向,王者的大业就废弃了,残暴的君王就庆幸了,百姓就绝望了。因此当今之世,仁德之士不可不以仁义为要务,贤明君主不可不以仁义为大事。

贤能与不肖的名声是不能由别人给予的,就好像寿命的长短不可改易,品德的善恶不可转移一样。夏桀、商纣虽然贵为天子,富有天下,能残害天下所有的百姓,却不能得到贤能的名声。关龙逢、王子比干虽然能以一身之死谏净君王的过失,却不能带给君王贤能的名声。名声固然是不能由别人给予的,只能通过遵循善恶之道来得到它。

【评析】

本篇讲君主取得功名之道,主要是儒家的观点。文中认为仁义贤德是上古圣王归服百姓，建功立业的正道，提出了君主要遵循善恶之道。按儒家本不讳言功名，只要循义而得之即可。建功立业，正是儒者本色。本文即指出了其途径与方法。

　　《仲春纪》五篇，既有道家贵生节欲的思想，也有儒家当染功名的思想，统系于《仲春纪》之下，皆重其在个人与社会层面上发萌生机的作用。

季春纪第三

季　春

一曰：季春①之月，日在胃②，昏七星③中，旦牵牛④中。其日甲乙，其帝太暤，其神句芒，其虫鳞，其音角，律中姑洗⑤，其数八，其味酸，其臭膻，其祀户，祭先脾。桐始华，田鼠化为鴽⑥，虹始见，萍始生。天子居青阳右个⑦，乘鸾辂，驾苍龙，载青旂，衣青衣，服青玉，食麦与羊，其器疏以达。

是月也，天子乃荐鞠衣⑧于先帝。命舟牧⑨覆舟，五覆五反⑩，乃告舟备具于天子焉。天子焉始乘舟。荐鲔⑪于寝庙，乃为麦祈实。

是月也，生气方盛，阳气发泄，生⑫者毕出，萌者尽达，不可以内。天子布德行惠，命有司发仓窌⑬，赐贫穷，振乏绝⑭；开府库，出币帛，周⑮天下；勉诸侯，聘名士，礼贤者。

是月也，命司空⑯曰："时雨将降，下水上腾，循行国邑，周视原野，修利堤防，导达沟渎，开通道路，无有障塞；田猎罼⑰弋，罝罘罗⑱网，喂兽之药，无出九门。"

是月也，命野虞⑲无伐桑柘⑳，鸣鸠拂其羽，戴任㉑降于桑。具栚曲篆筐㉒，后妃斋戒，亲东乡㉓躬桑。禁妇女无观㉔，省妇使，劝㉕蚕事。蚕事既登，分茧称丝效功，以共郊庙之服，无有敢堕㉖。

是月也，命工师㉗令百工审五库㉘之量，金铁、皮革筋、角齿、羽箭干、脂胶丹漆，无或不良。百工咸理，监工日号，无悖于时，无或作为淫巧㉙，以荡上心。

是月之末，择吉日，大合乐。天子乃率三公、九卿、诸侯、大夫，亲往视之。

是月也，乃合累牛腾马㉚游牝于牧。牺牲驹犊㉛，举书其数。国人傩㉜，九门磔禳㉝，以毕春气。

行之是令，而甘雨至三旬。季春行冬令则寒气时发，草木皆肃，国有大恐。行夏令则民多疾疫，时雨不降，山陵不收。行秋令则天多沉阴，淫雨㉞早降，兵革㉟并起。

【注释】

①季春：夏历三月。

②胃：西方宿，赵之分野。

③七星：南方宿，周之分野。

④牵牛：北方宿，越之分野。

⑤姑洗：阳律。姑，故。洗，新。阳气发生，去故就新。

⑥鵙：鹌鹑。

⑦青阳右个：东向明堂的右侧室。

⑧鞠衣：古代王后六服之一，九嫔及卿妻亦服之。其色如桑叶始生。

⑨舟牧：主舟之官。

⑩反：翻转。

⑪鲔：鲟鱼。

⑫生：当为"牙"，同"芽"。

⑬仓窌：方者曰仓，穿地曰窌。

⑭乏绝：行而无资曰乏，居而无食曰绝。

⑮周:周济。

⑯司空:主土之官。

⑰罦:音 bì,掩网。

⑱罝:兔网。罜:鹿网。罗:鸟网。

⑲野虞:主材之官。

⑳柘:柘树,叶子可以养蚕。

㉑戴任:戴胜鸟。

㉒栚:架蚕箔的横木。曲:蚕箔。圆底为篓,方底为筐。

㉓东乡:即"东向",向东方。

㉔观:游观。

㉕劝:鼓励。

㉖堕:同"惰"。

㉗工师:统领百工的官。

㉘五库:储藏器材的五种仓库。

㉙淫巧:非常诡怪之物。

㉚累牛:公牛。腾马:雄马。

㉛驹犊:驹,小马。犊,小牛。

㉜傩:击鼓大呼,驱逐不祥的仪式。

㉝磔禳:分裂牲体祭神,以除不祥。

㉞淫雨:久雨。

㉟兵革:战争。

【译文】

　　一曰:季春三月,太阳在胃宿的位置,黄昏与拂晓时刻,七星与牵牛各位于南方中天。此月的天干是甲乙,主宰之帝是太皞,佐帝之神是句芒,代表动物是有鳞的龙鱼,对应五音中的角音,十二律中的姑洗,对应的数字是八,味道是酸,气味是膻,祭祀的对象是户,祭品以脾为先。此月梧桐开花,田鼠化为鹌鹑,彩虹开始出现,浮萍开始生长。此月天子行令于明堂右房,乘金鸾车,驾苍龙马,上载青旗,穿青衣,佩青玉,吃麦子与羊肉,所用礼器纹理镂空疏通。

此月,天子向先帝进献鞠衣,祈求蚕事顺利。命令舟牧视察舟船,反复检查五次,才向天子报告舟船具备。天子于此开始乘船。向宗庙祖先进献鲔鱼,祈求麦子丰收。

此月生养之气正盛,阳气布散,萌芽尽发,不可赋敛财货。天子颁布德泽,施行恩惠,命令官员打开粮仓,赈济贫穷困乏之人;打开府库,拿出财帛,遍赐天下;劝进诸侯,聘问名士,礼遇贤者。

此月,天子命令司空说:"雨季将要到来,地下水上涌,应当巡行城郭,视察原野,修缮堤坝,疏导沟渎,开通道路,不要让它们阻碍堵塞;打猎的弓箭网罗、捕兽用的药物,不得带出城门。"

此月,命令野虞禁止百姓砍伐养蚕的桑柘,斑鸠振翅高飞,戴胜鸟降落在桑树枝上。此时准备好横木、蚕箔与盛桑叶的竹筐,后妃斋戒,亲自到东乡采摘桑叶。禁止妇女游手好闲,减少她们其余的工作,致力于蚕桑之事。蚕事完成之后,分剥蚕茧,称量蚕丝轻重来考核功效,用这些蚕丝制成天子祭祀上天先祖的礼服,不得懈怠。

此月,命令工师号令手下工匠,审察五库物料的数量,金铁、皮革筋、角齿、羽箭干、脂胶丹漆这些材料无不精良。工匠各司其职,监工每日督促,不要错过制器的天时。不得制造非常诡怪之物,以迷惑主上的心志。

此月之末,挑选吉日,合奏音乐。天子率领三公、九卿、诸侯、大夫,亲自前往观看。

此月在牧场配合雌雄牛马,把用作祭品的小马、小牛数量登记在册。国人举行傩仪驱除不祥,在城门分裂牲体祭神,结束春季之气。

君王行此月之令,则三旬之内普降甘霖。若在季春行冬季政令则会导致寒气早发,草木肃杀,国人大为惶恐。若在季春行夏季政令则会导致百姓多病,干旱无雨,山陵庄稼失收。若在季春行秋季政令则会导致气候阴沉,淫雨早降,战争并起。

【评析】

夏历三月亦称蚕月，故以蚕事为先。《诗经·豳风·七月》曰："蚕月条桑，取彼斧斨，以伐远扬，猗彼女桑。"《周礼》曰："诏后帅外内命妇始蚕于北郊，以为祭服。"在此时也。

尽　数

二曰：天生阴阳、寒暑、燥湿，四时之化，万物之变，莫不为利，莫不为害。圣人察阴阳之宜，辨万物之利以便生，故精神安乎形，而年寿得长焉。长也者，非短而续之也，毕其数也。毕数之务，在乎去害。何谓去害？大甘、大酸、大苦、大辛、大咸，五者充形则生害矣。大喜、大怒、大忧、大恐、大哀，五者接神则生害矣。大寒、大热、大燥、大湿、大风、大霖、大雾，七者动精则生害矣。故凡养生，莫若知本，知本则疾无由至矣。

精气之集也，必有入也。集于羽鸟，与为飞扬；集于走兽，与为流行；集于珠玉，与为精朗①；集于树木，与为茂长；集于圣人，与为夐②明。精气之来也，因轻而扬之，因走而行之，因美而良之，因长而养之③，因智而明之。

流水不腐，户枢不蝼④，动也。形气亦然，形不动则精不流，精不流则气郁。郁处头则为肿、为风，处耳则为挶、为聋，处目则瞙⑤、为盲，处鼻则为鼽⑥、为窒，处腹则为张⑦、为疛⑧，处足则为痿⑨、为蹷⑩。

轻水所多秃与瘿⑪人，重水所多尰⑫与躄人，甘水所多好与美人，辛水所多疽与痤⑬人，苦水所多尪⑭与伛⑮人。

凡食，无强厚味，无以烈味重酒，是以谓之疾首。食能以时⑯，身必无灾。凡食之道，无饥无饱，是之谓五藏之葆。口必甘味,和精端容,将之以神气⑰。百节虞⑱欢,咸进受气。饮必小咽,端直无戾⑲。

今世上⑳卜筮祷祠,故疾病愈来。譬之若射者,射而不中,反修于招,何益于中?夫以汤止沸,沸愈不止,去其火则止矣。故巫医毒药,逐除治之,故古之人贱之也,为其末也。

【注释】

①精朗:当作"精良"。

②复:远大。

③长而养之:当作"善而长之"。

④蝼:当作"蠹"。

⑤瞙:眼眶红肿。

⑥衄:鼻子堵塞不通。

⑦张:同"胀"。

⑧疛:腹水。

⑨痿:蹩不能行。

⑩蹶:逆寒疾。

⑪瘿:颈瘤。

⑫尰:肿足。

⑬疽、痤:恶疮。

⑭尪:指胸、胫、背等处骨骼的弯曲症。

⑮伛:驼背。

⑯时:节。

⑰神气:当为"冲气",和气。

⑱虞:同"娱"。

⑲戾:身体屈曲。

⑳上:同"尚"。

【译文】

二曰:天生阴阳、寒暑、燥湿,四季推移,万物变化,顺应它们则无不有利,违背它们则无不为害。圣人考察阴阳得宜之处,辨别万物有利的一面来长养生命,因此精、神安守于形体之中,而年寿得以长久。长久的意思,并非指本来短暂而延长它,而是让寿命尽其天数。让寿命尽其天数的关键,在于去除有害的事物。什么是去除有害的事物呢?过甜、过酸、过苦、过辣、过咸,这五种食物摄入太多则产生危害了。大喜、大怒、大忧、大恐、大哀,这五种感情影响神志则产生危害了。太冷、太热、太燥、太湿、大风、大雨、大雾,这七种环境使精气动摇则产生危害了。因此大凡养生之道,没有比了解这个根本更重要了,了解了根本道理,那么疾病就无法产生了。

精气的聚集,必定有所寄托。聚集在禽鸟上,则体现为飞翔;聚集在野兽上,则体现为奔走;聚集在珠玉上,则体现为精致美好;聚集在树木上,则体现为茂盛生长;聚集在圣人上,则体现为远大高明。精气的到来,因为轻盈而飞翔,因为奔跑而流走,因为美好而精良,因为茂盛而生长,因为睿智而高明。

流动的水不会腐臭,门户的枢机不会生虫,是因为一直在运动。人的形体精气也是如此,形体不动则精血不流畅,精血不流畅则元气郁积。郁积在头部则导致头肿头风,郁积在耳朵则导致耳掮耳聋,郁积在眼睛则导致眼眶红肿、眼盲,郁积在鼻子则导致鼻塞不通,郁积在腹部则导致腹胀腹水,郁积在足部则导致瘸腿寒腿。

水轻的地方多出秃子和长颈瘤的人,水重的地方多出肿足人和瘸腿之人,水甜的地方多出美人,水辛的地方多出长恶疮的人,水苦的地方多出突胸和驼背的人。

大凡饮食,不要过于肥厚,勿食重味,饮烈酒,这是导致疾病的开端。饮食有节,一定不会得病。饮食之道,不要过饥过饱,这是安养五脏的方法。只吃可口的食物,进食的时候精神平和,容仪端正,用冲和之气长养身体。这样四肢筋骨都舒畅，都能受到冲气的长养。饮水一定要小口吞咽，身体端正不扭曲。

今世之人崇尚占卜占筮，祈祷神明，所以疾病愈来愈多。就好像射箭的人，射而不中，反倒去修整箭靶，这对于射中又有什么益处呢？用热水来制止沸腾，结果沸腾愈发不止，把火灭掉就行了。所以用巫医毒药来去除疾病，是被古人轻贱的手段，是枝末而不是根本。

【评析】

尽数是尽其天年的意思，所以本篇讲的是养生之道。古人顺应自然，清心寡欲，饮食有节，所以能长生久视，寿尽天年，无疾而终。今之人形滞气郁，百病丛生，却舍本逐末，求助于巫医毒药、卜筮祷祠，寿短夭折，又岂能避免？

文中强调精气的通畅与运动的关系，对于今天很多得城市病、富贵病的人们来说，也不啻为一剂良药。

先　己

三曰：汤问于伊尹曰："欲取①天下，若何？"伊尹对曰："欲取天下，天下不可取。可取，身将先取。"

凡事之本，必先治身，啬其大宝②。用其新，弃其陈，腠理③遂通，精气日新，邪气尽去，及其天年。此之谓真人④。

昔者，先圣王成其身而天下成，治其身而天下治。故善响者不于响于声，善影者不于影于形，为天下者不于天下于身。《诗》曰⑤："淑人⑥君子，其仪不忒⑦。其仪不忒，正⑧是四国。"言正诸身也。故反其道而身善矣；行义则人善矣；乐备君道而百官已治矣，万民已利矣。三者之成也，在于无为。无为之道曰胜⑨天，义曰利身，君曰勿身⑩。勿身督⑪听，利身平静，胜天顺性。顺性则聪明寿长,平静则业进乐乡⑫,督听则奸塞不皇⑬。故上失其道,则边侵于敌;内失其行,名声堕于外。是故百仞之松,本伤于下而末槁⑭于上。商、周之国,谋失于胸,令困于彼。故心得而听得,听得而事得,事得而功名得。五帝先道而后德,故德莫盛焉;三王先教而后杀⑮,故事莫功⑯焉;五伯⑰先事而后兵,故兵莫强焉。当今之世,巧谋并行,诈术递用,攻战不休,亡国辱主愈众,所事者末也。

夏后伯启⑱与有扈⑲战于甘泽而不胜,六卿⑳请复之,夏后伯启曰:"不可。吾地不浅㉑,吾民不寡,战而不胜,是吾德薄而教不善也。"于是乎处不重席㉒,食不贰味㉓,琴瑟不张,钟鼓不修,子女不饬㉔,亲亲长长,尊贤使能。期年㉕而有扈氏服。故欲胜人者,必先自胜;欲论人者,必先自论;欲知人者,必先自知。

《诗》曰:"执辔㉖如组。"孔子曰:"审此言也,可以为天下。"子贡曰:"何其躁也?"孔子曰:"非谓其躁也,谓其为之于此,而成义于彼也。"圣人组修其身而成文于天下矣。故子华子曰:"丘陵成而穴者安矣,大水深渊成而鱼鳖安矣,松柏成而涂之人㉗已荫矣。"孔子见鲁哀公,哀公曰:"有语㉘寡人曰:'为国家者,为之堂上而已矣。'寡人以为迂言也。"孔子曰:"此非迂言也。丘闻之,得之于身者得之人,失之于身者失之人。不出于门户而天下治者,其唯知反于己身者乎!"

【注释】

①取:治理。

②大宝:身体,性命。

③腠理:指皮下肌肉之间的空隙和皮肤的纹理。

④真人：能存养本性的得道之人。

⑤《诗》曰：引诗见《诗经·曹风·鸤鸠》。

⑥淑人：善良的人。

⑦忒：差误。

⑧正：使……正。

⑨胜：任、顺。

⑩勿身：不用亲自去做。

⑪督：正。

⑫乡：同"向"。

⑬皇：同"惶"。

⑭槁：枯干。

⑮先教而后杀：当作"先德而后事"。

⑯功：坚美精好。

⑰五伯：即春秋五霸。

⑱夏后伯启：启，禹的儿子，禹死后继承王位。

⑲有扈：古国名。

⑳六卿：天子有六军，六军的主帅称六卿。

㉑浅：偏。

㉒重席：两层席子。

㉓贰味：多种菜肴。

㉔饬：同"饰"。

㉕期年：一周年。

㉖辔：驾驭牲口的缰绳。

㉗涂之人：行路人。

㉘语：告诉。

【译文】

三曰：商汤问伊尹说："我想要取得天下，应该怎么办呢？"伊尹回答说:"大王想要取得天下,但天下是不可取得的。一定要取的话,还是首先修身吧。"

大凡做事的根本,首先在于修身,爱惜自己的性命。吐故纳新,肌理于是通畅无碍,精气每日更新,邪气尽数除去,得以寿尽天年。这就是所谓的真德之人。

过去,先代的圣王通过成就自身来成就天下,通过修正自身来治理天下。因此善弄回音的人,不致力于回音而致力于声响;善弄影子的人,不致力于影子而致力于形状;治理天下的人,不致力于天下而致力于自身。《诗经》说:"淑德的君子,容仪没有过差。容仪没有过差,因此整治四国。"说的就是修正自身的道理。因此君王回心向道则自身完善了;施行仁义则人民善良了;乐于实行君王的无为之道,则百官称职了,百姓得利了。以上三方面的成就,关键在于无为。无为之道在于听任自然,施行仁义在于完善自身,为君之道在于不要自私自利。不自私自利则听闻就端正了,完善自身则心灵就平静了,听任自然就能顺应天性了。顺应天性则耳聪目明,年寿长久;心灵平静则百姓事业精进,乐于接受教化;听闻端正则奸邪闭塞,不至惶惑。因此君王无道则边境受到敌国侵略,国内失其德行,名声败于国外。好像百仞高的松树,下面的根受伤了,上面的枝叶就会枯萎。商、周末年,君王内失谋算,政令则不得推行于外。因此心有所得则听闻有得,听闻有得则事业成就,事业成就则功成名立。五帝先讲大道而后修德行,因此德行的美好无人能及;夏、商、周三王先修德行而后做事业,因此事业的坚精无人能及;春秋五霸先做事业而后练兵马,因此兵马的强壮无人能及。当今之世,善巧之谋并用,诡诈之术迭出,互相攻战不止,亡国受辱的君王越来越多,是他们本末倒置的缘故。

夏朝的君王启和有扈在甘泽交战,不能取胜,手下的六卿要求重新再战,启说:"不可以。我们国家的土地不算偏远,人民的数量不少,战争不能取胜,是因为我恩德太薄,教化不善。"于是他回国之后居处不用两层以上的席子,吃饭不用两道以上的菜,不设琴瑟钟鼓等乐器,子女不修饰打扮,亲近亲族,敬爱长老,尊重贤者,任用人才。过了一年,有扈氏就来归服了。因此想要战胜别人首先要战胜自己,想要批评别人首先要批评自己,想要了解别人首先要了解自己。

《诗经》说:"手握缰绳驾驭马车,好像编织花纹一般。"孔子说:"认真审察此言,可以治理天下。"子贡问:"这种做法不是很浮躁吗?"孔子回答说:"这句话并不是说他浮躁,是说他在此处用功,而能成就于彼处。"就好像圣人修治自身,最后成就于天下。因此子华子说:"丘陵形成了,穴居的动物就安身了;水潭积成了,鱼鳖等动物就安身了;松柏长成了,行人就在下面遮阴了。"孔子去见鲁哀公,哀公说:"有人对我说:'治理国家,只要搞好堂上的礼仪就行了。'我认为这是迂腐之论。"孔子说:"这并非迂腐之论。我听说,自身有得者能得到人,自身有失者则失去人。不出门户而能把天下治理好的,大概只有懂得反求于己的人吧!"

【评析】

本篇讲修己之要。社会的最小个体是个人,个人的修养,是所有社会理想和政治理想的开始。《孟子》说:"爱人不亲,反其仁;治人不治,反其智;礼人不答,反其敬。行有不得者,皆反求诸己,其身正而天下归之。"《大学》说:"古之欲明明德于天下者,先治其国;欲治其国者,先齐其家;欲齐其家者,先修其身;欲修其身者,先正其心;欲正其心者,先诚其意;欲诚其意者,先致其知。致知在格物。物格而后知至,知至而后意诚,意诚而后心正,心正而后身修,身修而后家齐,家齐而后国治,国治而后天下平。自天子以至于庶人,壹是皆以修身为本。其本乱而末治者否矣。"由此观之,修治其身,正心诚意,是走向更广阔世界的第一步。生活中我们常见有人不培养自己的良好习惯,而将错误全部归咎于他人,看似自己没有责任,殊不知其恰恰失去了"先己"的先手,对于其将来的发展有害无益。先己并不是让自己享乐在前,而恰恰相反,是修养在前,吃苦在前。读本篇者,能不感慨?

论　人

四曰：主道约^①，君守近。太^②上反诸己，其次求诸人。其索之弥远者，其推之弥疏；其求之弥强者，失之弥远。

何谓反诸己也？适耳目，节嗜欲，释智谋，去巧故，而游意乎无穷之次^③，事心乎自然之涂。若此则无以害其天矣。无以害其天则知精，知精^④则知神，知神^⑤之谓得一^⑥。凡彼万形，得一后成。故知一，则应物变化，阔大渊深，不可测也；德行昭美，比于日月，不可息也。豪士时之，远方来宾，不可塞也；意气宣通，无所束缚，不可收^⑦也。故知知一则复归于朴^⑧，嗜欲易足，取养节薄，不可得也；离世自乐，中情洁白，不可量^⑨也；威不能惧，严不能恐，不可服也。故知知一则可动作当务^⑩，与时周旋，不可极^⑪也；举错^⑫以数，取与遵理，不可惑也；言无遗者，集肌肤，不可革也。逸人困穷，贤者遂兴，不可匿也。故知知一则若天地然，则何事之不胜，何物之不应！譬之若御者，反诸己则车轻马利，致远复食^⑬而不倦。昔上世之亡主，以罪为在人，故日杀僇^⑭而不止，以至于亡而不悟。三代之兴王，以罪为在己，故日功^⑮而不衰，以至于王。

何谓求诸人？人同类而智^⑯殊，贤不肖异，皆巧言辩辞以自防御，此不肖主之所以乱也。凡论人，通^⑰则观其所礼，贵则观其所进^⑱，富则观其所养，听则观其所行，止则观其所好，习则观其所言，穷则观其所不受，贱则观其所不为。喜之以验其守，乐之以验其僻，怒之以验其节，惧之以验其特^⑲，哀之以验其人^⑳，苦之以验其志。八观六验，此贤主之所以论人也。论人者，又必以六戚四隐^㉑。何谓六戚？父、母、兄、弟、妻、子。何谓四隐？

交友、故旧、邑里^㉒、门郭^㉓。内则用六戚四隐，外则用八观六验，人之情伪、贪鄙、美恶无所失矣。譬之若逃雨，污^㉔无之而非是。此先圣王之所以知人也。

【注释】

①约：简约。

②太：最。

③次：所在之处。

④精：精微。

⑤神：事理的玄妙。

⑥一：道，道家认为"一"是万物之始，故称为"道"。

⑦收：当作"牧"，守。

⑧朴：本性。

⑨量：当作"墨"，污。

⑩当务：与事合宜。

⑪极：穷。

⑫错：通"措"，安放。

⑬复食：当为"履险"。

⑭僇：同"戮"。

⑮功：同"攻"，治。

⑯智：下脱"愚"字。

⑰通：显达。

⑱进：举荐。

⑲特：当作"持"，持守。

⑳人：同"仁"。

㉑四隐：指四种亲近的人。

㉒邑里：乡亲。

㉓郭：当作"郎"，同"廊"，堂下四周屋。

㉔污：同"濡"。

【译文】

四曰：人主奉行的大道简约，君王遵守的法则近易。上等圣王反求于己，次等则有求于人。越向远处寻求，则离开得越远；求索的力度越大，则失去得越远。

怎样是反求于己呢？调适耳目之娱，节制嗜好欲望，放弃谲智权谋，去除善巧伪诈，而游意于无穷之境，立心于自然之道。像这样做则不会损害自己的天性了。不会损害天性则洞察精微，洞察精微则明鉴神妙，明鉴神妙就是所谓的得道。大凡世间万物，都是通过得道而后成形。因此得道则顺应万物变化，博大渊深，不可极尽；德行光明美好，如同日月，不可熄灭。豪杰之士不时依附，远方异国前来归服，不可阻挡；意气宣发，无所束缚，不可默守。因此明白得道则返朴归真，嗜好欲望易于满足，所取养身之物有所节制，不可为人支配；超脱世俗，怡然自乐，内心洁白，不可污染；威武不能使他恐惧，严厉不能使他害怕，不可屈服。因此明白得道则可行动得宜，与时周旋，不可穷尽；举止符合礼数，取与遵循道理，不可迷惑；言语没有过失，集于肌肤，不可更改。谗佞的小人穷困，贤能的君子兴盛，不可匿藏。因此明白得道则如同天地，那么何事不胜任，何物不得当呢！就好像驾车的人，反求于己则车轻马快，跋山涉险也不会疲倦。昔日上古的亡国之君，认为罪过在他人，因此每日杀戮不止，以至于灭亡而不觉悟。夏、商、周三代建国的君王，认为罪过在自己，因此每日修身不止，以至于称王天下。

怎样是有求于人呢？人同类而聪明愚笨有别，贤能不肖各异，都用花言巧语来替自己防范，这是不肖的君王迷惑的缘故。大凡评价一个人，通达的时候观察他所礼敬的对象，显贵的时候观察他所举荐的对象，富有的时候观察他所赡养的对象，听言的时候观察他所采纳的对象，居止的时候观察他所喜好的对象，学习的时候观察他所谈论的对象，困厄的时候观察他不接受的对象，贫贱的时候观察他不作为的对象。使他喜

悦来考验他的操守,使他快乐来考验他的邪念,使他愤怒来考验他的节
操,使他恐惧来考验他的持守,使他悲哀来考验他的仁爱之心,使他困苦
来考验他的意志。以上的八观六验,是贤明的君王评价人的方法。评价
人又一定要根据六戚四隐。六戚是什么呢?父、母、兄、弟、妻、子。四隐
是什么呢?朋友、故人、同乡、邻居。在内则根据六戚四隐,在外则根据
八观六验,人情的真伪、贪鄙、善恶就无所遗失了。好像避雨一般,到处
皆是雨水,无处可逃。这是上古圣王了解人的方法。

【评析】

反求于己,最高境界是得一。《老子》云:"昔之得一者,天得一以清,
地得一以宁,神得一以灵,谷得一以盈,万物得一以生,侯王得一以为天
下贞。"此之谓也。然而除了古代传说的圣君贤王外,一般的君主一人不
能治理国家,必须得到贤明的辅佐,所以知人识人就提上了日程。本篇
末段的"六戚四隐"以及"八观六验"的方法,对挑选出人才来有很大的帮
助,是上古时代的人用人行政的方法的总结。

圜　道

五曰:天道圜^①,地道方^②。圣王法之,所以立上下。何以
说天道之圜也?精气一上一下,圜周复杂,无所稽^③留,故曰天
道圜。何以说地道之方也?万物殊类殊形,皆有分职,不能相
为,故曰地道方。主执圜,臣处方,方圜不易,其国乃昌。

日夜一周,圜道也。月躔^④二十八宿,轸与角属^⑤,圜道也。
精^⑥行四时,一上一下,各与遇,圜道也。物动则萌,萌而生,生
而长,长而大,大而成,成乃衰,衰乃杀,杀乃藏,圜道也。云气
西行,云云^⑦然,冬夏不辍;水泉东流,日夜不休,上^⑧不竭,下^⑨
不满,小为大,重为轻,圜道也。黄帝曰:"帝无常处也,有处者

乃无处也。"以言不刑蹇⑩，圜道也。人之窍九，一有所居⑪则八虚⑫，八虚甚久则身毙。故唯⑬而听，唯止；听而视，听止。以言说⑭一，一不欲留，留运为败，圜道也。一也齐⑮至贵，莫知其原，莫知其端，莫知其始，莫知其终，而万物以为宗⑯。圣王法之，以令⑰其性，以定其正⑱，以出号令。令出于主口，官职受而行之，日夜不休，宣⑲通下究，澺⑳于民心，遂㉑于四方，还周复归，至于主所，圜道也。令圜，则可不可、善不善无所壅矣。无所壅者，主道通也。故令者，人主之所以为命也，贤不肖、安危之所定也。人之有形体四枝㉒，其能使之也，为其感㉓而必知也。感而不知，则形体四枝不使矣。人臣亦然，号令不感，则不得而使矣。有之而不使，不若无有。主也者，使非有者也，舜、禹、汤、武皆然。

先王之立高官也，必使之方，方则分定，分定则下不相隐。尧、舜，贤主也，皆以贤者为后，不肯与其子孙，犹若立官必使之方。今世之人主，皆欲世㉔勿失矣，而与其子孙，立官不能使之方，以私欲乱之也。何哉？其所欲者之远，而所知者之近也。今五音之无不应也，其分审也。宫、徵、商、羽、角，各处其处，音皆调均㉕，不可以相违，此所以无不受㉖也。贤主之立官有似于此。百官各处其职，治其事以待主，主无不安矣；以此治国，国无不利矣；以此备患，患无由至矣。

【注释】

①圜：通"圆"，指周而复始，运转不穷。

②地道：关于地的道理、法则。方：端平正直。

③稽：留止。

④躔：舍。

⑤轸与角属：二十八宿始于角终于轸，轸角相接，周而复始。

⑥精：星。

⑦云云：周旋运布。

⑧上：指水泉。

⑨下：指海。

⑩刑倨：同"形倨"，颠仆障碍、不能行进，踬碍。

⑪居：壅闭。

⑫虚：病。

⑬唯：应答之词。

⑭说：同"锐"，专精。

⑮齐：当为"者"。

⑯宗：本源。

⑰令：当作"全"。

⑱正：当作"生"。

⑲宣：普遍。

⑳瀸：洽。

㉑遂：达。

㉒四枝：即"四肢"。

㉓感：触动。

㉔世：父死子继叫作世。

㉕均：调和。

㉖受：应。

【译文】

　　五曰：天道圆，地道方。圣王效法天地之道，所以立君臣上下。为什么说天道圆呢？精气一上一下，周而复始，无所停留，所以说天道圆。为什么说地道方呢？万物种类不同，形象各异，皆有分工，不相兼容，所以说地道方。君主执圆道，臣民处方道，方圆之道不可改易，国家于是兴隆昌盛。

日夜循环,是天圆之道。月亮运行所经二十八宿,轸与角相接,是天圆之道。星辰运行于四季,一上一下各与相遇,是天圆之道。万物触动而萌芽,萌芽而生发,生发而长大,长大而茂盛,茂盛而成熟,成熟后衰落,衰落后枯萎,枯萎后潜藏,生命的周期是天圆之道。云气西行,周旋运布,冬夏不止;水泉东流,日夜不休,上游不枯竭,下游不满溢,积小流为大海,化重水为轻云,是天圆之道。黄帝说:"上帝没有固定的居处。如果有了固定的居处,则不能无所不在了。"说的就是不滞碍的天圆之道。人有九窍,一窍壅闭则八窍皆病,八窍久病则身亡。因此应答的同时要听闻,应答就停止了;听闻的同时要看视,听闻就停止了。说的就是专精于一种感官的道理,意识在一官一窍皆不得滞留,滞留则败坏,是天圆之道。大道至贵,不知其起源,不知其发端,不知从哪里开始,不知在哪里结束,而万物以之为根本。圣王取法大道,来保全自己的天性,安定自己的生命,用它来发号施令。号令出于君王之口,百官接受而实行它,日夜不休,遍布下达,合于民心,通于四方,周而复还,回到君王那里,这也是天圆之道。号令如同天圆之道,那么不合适的可以改为合适,不美好的可以变成美好,无所壅塞。号令无所壅塞,君王之道就通达了。因此号令,是君王当作生命的东西,君王的贤能与不肖、国家的安危都由此决定。人有形体四肢而能使用它们,是因为有感觉而能够知晓。如果不能知晓感觉,那么形体四肢就不能用了。人臣也是如此,对君王的号令无动于衷,君王就不能支使他们了。有臣子而不能支使,还不如没有。所谓的贤主,就是能够支使本非其所有的臣民,舜、夏禹、商汤和周武王都是这样。

先王设立高官,一定要使他品格方正,品格方正则职分确定,职分确定则臣下就不会私相壅蔽了。尧、舜,是贤明的君主,他们都以贤者为继承人,不肯把天下传给子孙,然而设立职官也一定要使他们品格方正。当今世上的君主都希望君位世袭不要失去,而把天下传给子孙,设立职官却不能使他们品格方正,这是私欲扰乱的缘故。为什么呢?他们希望传之久远，而他们所了解的过于浅近。五音无不应和，是因为律调审定。宫、徵、商、羽、角各得其位，音高皆已调适，不会互相干扰，因此而无不应和。贤明的君主设立职官就好像五音应和一般，百官各司其职，各治其事以待主上之命，主上就无所不安了；以此治理国家，国家就无往不利了；以此防备灾患，灾患就无由而至了。

【评析】

天圆地方是上古先民朴素的宇宙观。君王的号令效法天圆之道，通于四方，周而复还；臣下的职分效法地方之道，品格方正，各司其职。君执圆道，臣处方道，反映了先秦时代"天人感应"的学说。

孟夏纪第四

孟　夏

一曰：孟夏①之月，日在毕②，昏翼③中，旦婺女④中。其日丙丁⑤，其帝炎帝⑥，其神祝融⑦，其虫羽，其音徵，律中仲吕⑧，其数七，其性礼，其事视，其味苦⑨，其臭焦⑩，其祀灶⑪，祭先肺⑫。蝼蝈⑬鸣，丘蚓出，王菩⑭生，苦菜秀。天子居明堂左个，乘朱辂，驾赤骝⑮，载赤旂，衣赤衣，服赤玉，食菽与鸡，其器高以粗⑯。

是月也，以立夏。先立夏三日，太史谒之天子曰："某日立夏，盛德在火。"天子乃斋。立夏之日，天子亲率三公、九卿、大夫，以迎夏于南郊。还，乃行赏、封侯、庆赐，无不欣说。乃命乐师习合礼乐。命太尉赞杰俊⑰，遂贤良，举长大；行爵出禄，必当其位。

是月也，继长增高，无有坏隳。无起土功，无发大众，无伐大树。

是月也，天子始绤⑱。命野虞出行田原，劳农劝民，无或失时。命司徒循行县鄙，命农勉作，无伏于都。

是月也，驱兽无害五谷，无大田猎，农乃升麦。天子乃以彘尝麦，先荐寝庙。

是月也，聚蓄百药。糜草⑲死，麦秋至。断薄刑，决小罪，出轻系。蚕事既毕,后妃献茧,乃收茧税,以桑为均,贵贱少长如一,以给郊庙之祭服。

是月也,天子饮酎⑳,用礼乐。

行之是令㉑而甘雨至三旬㉒。孟夏行秋令,则苦雨数㉓来,五谷不滋,四鄙㉔入保;行冬令,则草木早枯,后乃大水,败其城郭;行春令,则虫蝗为败,暴风来格㉕,秀草不实㉖。

【注释】

①孟夏:夏历四月。

②毕:西方宿,秦之分野。

③翼:南方宿,楚之分野。

④婺女:北方宿,越之分野。

⑤丙丁:天干火日。

⑥炎帝:少典之子,姓姜氏,号神农,以火德王天下,死祀于南方,为火德之帝。

⑦祝融:颛顼氏后裔,老童之子,名吴回,为高辛氏火正,死为火官之神。

⑧仲吕:阴律。阳散在外,阴实在中,所以旅阳成功。

⑨苦:火味。

⑩焦:火气。

⑪祀灶:吴回为火神,托于灶,故祀灶。

⑫先肺:肺属金,火克金,先食所克。

⑬蝼蝈:蛤蟆。

⑭菩:当作“瓜”。

⑮骝:赤马黑鬣。

⑯其器高以粗:器形高大以象火性。

⑰赞杰俊:赞,禀白。才过千人为俊,万人为杰。

⑱绤:音 chī,细葛布。

⑲藤草:荠、葶苈之类的药草。

⑳酎:音 zhòu,醇酒。

㉑行之是令:实行应该在这个月实行的政令。

㉒三旬:三十日,十日为一旬。此句是说十日一雨,三旬三雨。

㉓数:屡次。

㉔鄙:边邑。

㉕格:到。

㉖实:结果。

【译文】

一曰:孟夏四月,太阳在毕宿的位置,黄昏与拂晓时刻,翼宿与婺女各位于南方中天。此月的天干是丙丁,主宰之帝是炎帝,佐帝之神是祝融,代表动物是有羽毛的凤鸟,对应五音中的徵音,十二律中的仲吕,对应的数字是七,五常是礼,五事是视,味道是苦,气味是焦,祭祀的对象是灶,祭品以肺为先。此月蛤蟆鸣叫,蚯蚓爬出,王瓜生长,苦菜开花。此月天子行令于明堂左房,乘朱红车,驾赤骝马,上载红旗,穿红衣,佩红玉,吃豆子与鸡肉,所用礼器又高又大。

此月立夏。立夏前三日,太史禀告天子说:"某日立夏,盛德在火。"天子于是开始斋戒。立夏当天,天子亲自率领三公、九卿、大夫,在南郊迎夏火气。礼毕归来,于是颁行赏赐,分封诸侯,举行庆贺,无不欢欣喜悦。于是命令乐师练习合演礼乐。命令太尉推举引荐俊杰贤良的人才,授予的爵位和俸禄,一定要与他们的地位相当。

此月物类继长增高,不要有所毁坏。不得大兴土木,不得劳烦大众,不得砍伐大树。

此月,天子开始穿凉爽的细葛布衣服。命令野虞出行田野,犒劳农夫,教导民众,不失农时。命令司徒巡行县邑,让农夫勉力耕作,不得藏伏于国都之内。

此月驱逐野兽不令伤害五谷庄稼,不得大兴田猎,农夫收获麦子。

天子于是搭配猪肉来品尝麦子,食用之前首先进献宗庙祖先。

此月聚积百种药草。靡草枯死,麦子成熟的季节到来。断决轻刑小罪,释放罪不至刑的犯人。蚕事结束之后,后妃献上蚕茧,于是向养蚕的人收取茧税,根据桑树的多少来均分,无论贵贱长幼,标准同一,用茧税收入供给天子祭天祭祖穿着的祭服。

此月,天子饮用春酿,行礼作乐。

君王行此月之令,则三旬之内普降甘霖。若在孟夏行秋季政令则会导致苦雨频降,五谷不生,四境之民畏惧寇贼而入城郭以自保;若在孟夏行冬季政令则会导致草木过早枯萎,其后大水洪涝,败坏城郭;若在孟夏行春季政令则会导致蝗虫为害,暴风来袭,草木华而不实。

【评析】

人间四月芳菲尽,花事已了,麦子成熟,故四月亦有"麦月"之名。文中描写时令节气物候,均简练有致。

劝　学

二曰:先王之教,莫荣于孝,莫显于忠。忠孝,人君人亲之所甚欲也;显荣,人子人臣之所甚愿也。然而人君人亲不得其所欲,人子人臣不得其所愿,此生于不知理义。不知理义,生于不学。

学者师达而有材,吾未知其不为圣人。圣人之所在,则天下理①焉。在右则右重,在左则左重,是故古之圣王未有不尊师者也。尊师则不论其贵贱贫富矣。若此则名号显矣,德行彰矣。故师之教也,不争②轻重尊卑贫富,而争于道。其人苟可,其事无不可。所求尽得,所欲尽成,此生于得圣人,圣人生于疾学。不疾学而能为魁士③名人者,未之尝有也。

疾学在于尊师。师尊则言信矣，道论④矣。故往教者不化，召师者不化；自卑者不听，卑师者不听。师操不化不听之术，而以强⑤教之，欲道之行、身之尊也，不亦远乎？学者处不化不听之势，而以自行，欲名之显、身之安也，是怀腐而欲香也，是入水而恶濡⑥也。

凡说⑦者，兑⑧之也，非说之也。今世之说者，多弗能兑，而反说之。夫弗能兑而反说，是拯溺而硾⑨之以石也，是救病而饮之以堇⑩也。使世益乱、不肖主重惑者，从此生矣。故为师之务，在于胜理⑪，在于行义。理胜义立则位尊矣，王公大人弗敢骄也，上至于天子，朝之而不惭。凡遇合也，合不可必。遗理释义以要不可必，而欲人之尊之也，不亦难乎！故师必胜理行义然后尊。

曾子⑫曰："君子行于道路，其有父者可知也，其有师者可知也。夫无父而无师者，余若夫何哉！"此言事师之犹事父也。曾点⑬使曾参，过期而不至，人皆见曾点曰："无乃⑭畏⑮邪？"曾点曰："彼虽畏，我存，夫安敢畏？"孔子畏于匡，颜渊⑯后，孔子曰："吾以汝为死矣。"颜渊曰："子在，回何敢死？"颜回之于孔子也，犹曾参之事父也。古之贤者与其尊师若此，故师尽智竭道以教。

【注释】

①理：指政治清明。

②争：计较。

③魁士：贤能之士。

④论：明。

⑤强：勉强。

⑥濡:沾湿。

⑦说:说教。

⑧兑:即"悦"。

⑨硾:使物下沉。

⑩堇:毒药。

⑪胜理:依循事理。

⑫曾子:曾参,字子舆,春秋时期鲁国人,孔子弟子。

⑬曾点:字皙,曾参之父,孔子弟子。

⑭无乃:恐怕,大概。

⑮畏:遇难,遭祸。

⑯颜渊:名回,字子渊,孔子的弟子。

【译文】

二曰:先王的教化,没有比孝顺双亲更荣耀的了,没有比忠于君王更显扬的了。忠心孝顺,是为人君为人亲者最想要的;显扬荣耀,是为人子为人臣者最希望的。然而为人君为人亲者不能得到他们想要的,为人子为人臣者不能实现他们希望的,是由于不懂理义。不懂理义是因为不学习。

向通达而有才的老师学习,没有不成为圣人的。圣人所在之处,天下大治。圣人在右则以右为尊,圣人在左则以左为重,因此上古的圣王没有不尊重老师的。尊重老师则不计较他的贵贱贫富,像这样做则名号显扬了,德行昭彰了。因此老师对学生的教育,也不在于轻重、尊卑、贫富,而在于道义。孺子可教,则所教无不得当。所要求的皆可得到,所希望的皆可达成,是因为得到了圣人,而圣人产生于勤勉的学习。不勉力求学而能成为高士名人的,从来就没有过。

勉力求学的关键在于尊重老师。老师受到尊重则言论就听从了,道义就明晰了。因此屈尊前往的老师不能教人,召师而来的学生不可教化;自卑身份的老师无人听从,轻视老师的学生不会听讲。老师怀抱不能教人、无人听从之术而勉强教育，希望大道施行，身份尊贵，难道不是舍近求远吗？学生身处不可教化、不会听讲的情势而专断自行，希望扬声显名，安身立命，就好像身怀腐烂之物而欲芳香，入水而厌恶沾湿一样不可实现。

大凡为师说教之人，首先要使学者喜悦，而并非强行说教。当今世上的说教之人，大多不能使学者喜悦，反而强行说教。不能使学者喜悦而强行说教，就好像拯救溺水之人却给他绑上石头，救治病人却给他喝毒药一样。使世间愈发混乱，不肖君王愈发迷惑的根源，就是由此产生的。因此为师的要务，在于遵循事理，在于施行道义。事理得遵，道义得行，则老师的地位就尊贵了，王公大臣也不敢轻慢，上至于接受天子的朝拜也不会惭愧。大凡天子与老师的际遇融洽，并非常有之事。假如老师遗失了事理，丢弃了道义来要求并非常有之事，希望别人尊重自己，这不是困难的事吗？因此做老师的人一定要遵循事理，施行道义，然后才受到尊重。

曾子说："君子在道路上行走，其中父亲在世的可以看出来，其中有老师教的也可以看出来。对于那些没有父亲也没有老师的，别人还能把他怎样呢？"说的就是侍奉老师如同侍奉父亲的道理。曾点派儿子曾参出去办事，过了约定期限儿子还没回来，人们见到曾点都说："曾参大概是遇难了吧？"曾点说："他就算遭遇了祸难，我还在世，他哪敢先死呢？"孔子被困于匡地，颜渊后到，孔子说："我还以为你死了呢。"颜渊说："夫子您还在世，颜回哪里敢死呢？"颜回侍奉孔子，就好像曾参侍奉父亲一样。上古的贤人尊重老师到了这样的地步，因此老师也尽心竭力地教导他们。

【评析】

本篇写劝学的主题，而其旨在于尊师。战国时代是处士横议的时代，也是百家争鸣的时代，各个学派都有老师、弟子相随，为了推行各自的学说而仆仆于道路之上。孔子于春秋后期致力教育，使得学术下移，在战国时代遂开出了璀璨的花朵。

为师者必先得学者之欢心，而后其说乃可行也。《释名》曰："兑，物得备足，皆喜悦也。"《文心雕龙》曰："说者悦也。兑为口舌，故言咨悦怿。"《周易》兑卦象辞曰："丽泽兑，君子以朋友讲习。"此之谓也。然而文中也强调为师者不能徒逞口舌，须"胜理行义然后尊"，则论述更加全面，无偏执之弊。

尊　师

三曰：神农师①悉诸，黄帝师大挠，帝颛顼师伯夷父，帝喾师伯招，帝尧师子州支父，帝舜师许由，禹师大成贽，汤师小臣②，文王、武王师吕望、周公旦，齐桓公师管夷吾，晋文公师咎犯、随会，秦穆公师百里奚、公孙枝，楚庄王师孙叔敖、沈尹巫，吴王阖闾师伍子胥、文之仪，越王句践师范蠡、大夫种。此十圣人、六贤者③，未有不尊师者也。今尊不至于帝，智不至于圣，而欲无④尊师，奚⑤由至哉？此五帝之所以绝，三代之所以灭。

且天生人也，而使其耳可以闻，不学，其闻不若聋；使其目可以见，不学，其见不若盲；使其口可以言，不学，其言不若爽⑥；使其心可以知，不学，其知不若狂。故凡学，非能益⑦也，达天性也。能全天之所生而勿败之，是谓善学。子张⑧，鲁之鄙⑨家也；颜涿聚，梁父之大盗也；学于孔子。段干木，晋国之大驵⑩也，学于子夏⑪。高何、县子石⑫，齐国之暴者也，指⑬于乡曲⑭，学于子墨子。索卢参⑮，东方之钜狡也，学于禽滑黎。此六人者，刑戮死辱之人也。今非徒免于刑戮死辱也，由此为天下名士显人，以终其寿，王公大人从而礼之，此得之于学也。

凡学，必务进业，心则无营⑯。疾⑰讽诵，谨司闻⑱；观欢愉，问书意;顺耳目,不逆志;退思虑,求所谓;时辨说,以论道;不苟辨,必中法。得之无矜,失之无惭,必反其本。

　　生则谨养,谨养之道,养心⑲为贵;死则敬祭,敬祭之术,时节为务。此所以尊师也。治唐⑳圃,疾灌浸,务种树;织葩㉑屦,结罝网,捆蒲苇;之田野,力耕耘,事五谷;如山林,入川泽,取鱼鳖,求鸟兽,此所以尊师也。视舆马,慎驾御;适衣服,务轻暖;临饮食,必蠲洁;善调和,务甘肥;必恭敬,和颜色,审辞令;疾趋翔,必严肃,此所以尊师也。

　　君子之学也,说义必称师以论道,听从必尽力以光明。听从不尽力,命之曰背;说义不称师,命之曰叛。背叛之人,贤主弗内之于朝,君子不与交友。故教也者,义之大者也;学也者,知之盛者也。义之大者,莫大于利人,利人莫大于教;知之盛者,莫大于成身,成身莫大于学。身成则为人子弗使而孝矣,为人臣弗令而忠矣,为人君弗强而平矣,有大势可以为天下正㉒矣。故子贡问孔子曰:"后世将何以称夫子?"孔子曰:"吾何足以称哉!勿已者,则好学而不厌,好教而不倦,其惟此邪。"天子入太学祭先圣,则齿尝为师者弗臣,所以见敬学与尊师也。

【注释】

　①师:以……为师。

　②小臣:伊尹。

　③十圣人:指神农、黄帝至武王等十位帝王。六贤者:指齐桓公、晋文公至越王勾践等六位诸侯。

　④无:不。

　⑤奚:何。

　⑥爽:当作"暗"。

　⑦益:增加。

⑧子张:姓颛孙,名师,字子张,孔子的弟子。

⑨鄙:鄙陋。

⑩驵:音 zǎng,古时集市贸易中为买卖双方撮合从中取得佣金的人。

⑪子夏:姓卜,名商,字子夏,孔子的弟子。

⑫高何、县子石:均为墨子的弟子。

⑬指:指责。

⑭乡曲:乡里。

⑮索卢参:墨家学派禽滑黎的弟子。

⑯营:惑。

⑰疾:努力。

⑱司:同"伺"。闻:当作"间"。

⑲养心:指使老师心情愉快。

⑳唐:同"场"。

㉑苴:当为"萉",麻。

㉒正:长、主。

【译文】

三曰:神农以悉诸为师,黄帝以大挠为师,颛顼以伯夷父为师,帝喾以伯招为师,尧以子州支父为师,舜以许由为师,夏禹以大成赟为师,商汤以小臣伊尹为师,周文王、周武王以吕望、周公旦为师,齐桓公以管夷吾为师,晋文公以咎犯、随会为师,秦穆公以百里奚、公孙枝为师,楚庄王以孙叔敖、沈尹巫为师,吴王阖闾以伍子胥、文之仪为师,越王句践以范蠡、大夫种为师。以上的十位圣人、六位贤者,没有不尊重老师的。今世之人尊贵不及帝王,智慧不及圣贤,而不尊重老师,又怎能达到帝王与圣贤的高度呢? 这就是上古五帝、三代圣王之所以灭绝的缘故。

上天生人,使他的耳朵可以听闻,如果不学习,还不如聋子无所听闻;使他的眼睛可以看见,如果不学习,还不如盲人目无所见;使他的嘴巴可以言说,如果不学习,还不如哑巴不会说话;使他的心灵可以认知,如果不学习,还不如疯子无所知晓。因此大凡学习,并非是能给自己增添些什么,而是使自己通达天性。能保全天性而不要毁坏它,这就是所谓的擅长学习。子张,本是鲁国的粗鄙小人;颜涿聚,本是梁父山上的大盗;他们都向孔子学习。段干木,本是晋国的大市侩,他向子夏学习。高何、县子石,本是齐国的暴虐之人,他们的暴行为乡人所指责,后来都向墨子学习。索卢参,本是东方著名的狡诈之人,他向禽滑黎学习。以上六人,本是应当接受刑戮,该死蒙辱之人。如今不但免于刑戮死辱,反而从此成为天下的名士达人,寿终天年,王公大人追随他们,礼敬他们,都是因为学习。

大凡求学,务必精进学业,心中则不会迷惑。勉力诵读诗书,等候老师有空时请教;看到老师高兴时,趁机求问书中之意;举动顺从老师的耳目,而不违背自己求学的志向;退下后仔细思考,求得老师所言的大道;不时与他人论辩,分别大道义理;论辩不求取胜,言谈必合法度。有所得不要自满,有所失不要惭愧,务必返归于本性。

老师活着的时候谨慎奉养,谨慎奉养之道,以养心为上;老师去世之后恭敬祭祀,恭敬祭祀之术,以按时为要。这就是尊重老师的做法。修治场圃,勉力灌溉,种植庄稼;编织麻鞋,编结罗网,捆扎蒲苇;前往田野,致力耕耘,种植五谷;前往山林,进入川泽,捞取鱼鳖,捕捉鸟兽,这就是尊重老师的做法。视察车马,谨慎驾驭;增减衣服,务使轻暖;检查饮食,务必清洁;擅长调和五味,务必甘美肥厚;态度务必恭敬,脸色和顺,言语审慎;举动轻快,严肃庄重,这就是尊重老师的做法。

君子求学,谈论大义必称引师说以明道,听从教诲必竭尽全力以发扬。听从教诲不竭尽全力叫作背,谈论大义不称引师说叫作叛。背叛之人,贤明的君主不接纳于朝廷,君子不与他交朋友。因此教育是道义当中最大的,求学是闻知当中最盛的。道义之大莫过于有利他人,有利他人莫过于教育;闻知之盛莫过于成就自身,成就自身莫过于求学。自身成就,那么为人子者不待使唤就孝顺了,为人臣者不待命令就忠诚了,为人君者不待强大就平安了,大势所趋可以为天下之主了。因此子贡问孔子说:"后世将如何称赞夫子您呢?"孔子说:"我哪里值得称赞呢? 一定要称赞的话,爱好学习而不厌烦,爱好教育而不疲倦,大概就这些了吧。"天子入太学祭祀先圣的时候,与曾经做老师的人并列,不把他们当作臣子,也是为了体现敬重学术和尊重老师的态度。

【评析】

本篇所讲为尊师,亦为尊崇学问。战国时代士阶层兴起,很大的原因就是他们拥有专业的知识,能够辅佐君主治国理政。而这些知识,由专门的老师教导而来。士人既然为君主所重,则师道亦尊。

战国时的魏文侯以卜子夏、田子方为师,其子魏击曾逢田子方于路,下车伏谒。田子方不为礼。子击怒,谓子方曰:"富贵者骄人乎? 贫贱者骄人乎?"子方曰:"亦贫贱者骄人耳,富贵者安敢骄人! 国君而骄人则失其国,大夫而骄人则失其家。失其国者未闻有以国待之者也,失其家者未闻有以家待之者也。夫士贫贱者,言不用,行不合,则纳履而去耳,安往而不得贫贱哉!"子击乃谢之。看了这则故事,则战国时代士的自我意识已经觉醒,并且能以布衣傲王侯,具有精神上的独立性。

一日为师,则终身为父。视上古圣人贤者尊师之道,今世之人可不愧乎?

诬　徒

四曰:达师①之教也,使弟子安焉、乐焉、休焉、游焉、肃焉、严焉。此六者得于学,则邪辟之道塞矣,理义之术胜矣;此六者不得于学,则君不能令于臣,父不能令于子,师不能令于徒。人之情,不能乐其所不安,不能得于其所不乐。为之而乐矣,奚待贤者,虽不肖者犹若劝之;为之而苦矣,奚待不肖者,虽贤者犹不能久。反诸人情,则得所以劝学矣。子华子②曰:"王者乐其所以王，亡者亦乐其所以亡。故烹兽不足以尽兽③，嗜其脯④则几矣。"然则王者有嗜乎理义也，亡者亦有嗜乎暴慢也。所嗜不同，故其祸福亦不同。

不能教者，志气不和，取舍数变，固⑤无恒心，若晏⑥阴喜怒无处；言谈日易，以恣⑦自行；失之在己，不肯自非，愎过自用，不可证⑧移；见权亲势及有富厚者，不论其材，不察其行，驱⑨而教之，阿⑩而谄之，若恐弗及；弟子居处修洁，身状出伦，闻识疏达，就学敏⑪疾，本业几终者，则从而抑之，难⑫而悬之，妒而恶之。弟子去则冀终，居则不安；归则愧于父母兄弟，出则惭于知友邑里，此学者之所悲也，此师徒相与异心也。人之情，恶异于己者，此师徒相与造怨尤也。人之情，不能亲其所怨，不能誉其所恶，学业之败也，道术之废也，从此生矣。善教者则不然。视徒如己，反己以教，则得教之情也。所加于人，必可行于己，若此则师徒同体。人之情，爱同于己者，誉同于己者，助同于己者，学业之章⑬明也，道术之大行也，从此生矣。

不能学者，从师苦⑭而欲学之功也，从师浅而欲学之深也。草木、鸡狗、牛马，不可谯诟⑮遇之，谯诟遇之，则亦谯诟报人，又况乎达师与道术之言乎？故不能学者，遇师则不中⑯，用心则不专，好之则不深，就业则不疾，辩论则不审，教⑰人则不精。于师愠⑱，怀⑲于俗，羁⑳神于世，矜势好尤㉑，故湛㉒于巧智，昏于小利，惑于嗜欲；问事则前后相悖，以章则有异心，以简则有相反；离则不能合，合则弗能离，事至则不能受㉓。此不能学者之患也。

【注释】

①达师：通达事理的老师。

②子华子：道家人物。

③尽兽：吃尽所煮的野兽。

④脯：肉干。

⑤固：本来。

⑥晏：天晴。

⑦恣：放纵。

⑧证：谏。

⑨驱：驰。

⑩阿：迎合。

⑪敏：疾速。

⑫难：诘难。

⑬章：即"彰"。

⑭苦：粗陋。

⑮谯诉：不如其分，草率。

⑯中：得。

⑰教：效。

⑱愠：恼怒。

⑲怀：安。

⑳羁：束缚。

㉑尤：罪过。

㉒湛：同"沉"，沉溺。

㉓受：成。

【译文】

四曰：通达之师的教化，能使学生安心、快乐、美好、从容、谨慎、严肃。如果以上六者能从学习中得到，那么奸邪之路就断绝了，理义之道就施行了；如果以上六者不能从学习中得到，那么君王不能命令臣子，父亲不能支使儿子，老师也不能使唤学生。人之常情，不安心则不快乐，不快乐则不能有所得。如果做一件事很快乐,不待贤者,就算是不肖之人也会不停地努力;如果做一件事很痛苦,不待不肖之人,就算是贤者也不能坚持长久。反观人情,那么劝学之道也可以得知了。子华子说:"称王之人以称王之道为乐,亡国之人也以亡国之道为乐。因此烹煮野兽不足以使它灭绝,要是人们喜欢吃它的肉,那么灭绝的日子就快到了。"称王之人爱好的是施行义理,亡国之人爱好的是残暴轻慢,他们爱好的东西不同,因此招来的祸福也不相同。

不能教化的老师,志气不平,取舍多变,没有恒心,好似阴晴不定,喜怒无常;观点每日改变,放纵专断;过失在己,不肯自我批评,刚愎自用,不听劝谏;对于学生中关系亲近、有权有势、富有尊贵者,不论其才能,不察其德行,趋附而往教,阿谀奉承,唯恐不及;对于学生中举止修洁,身貌出众,闻见通达,勤勉求学,快要毕业者,则打击他们,为难他们,妒忌且厌恶他们。学生要离开则希望自己能完成学业,要留下则厌恶不安;学生归家则有愧于父母兄弟,外出则有愧于朋友乡亲,这是求学者的悲哀,也是师生异心的缘故。人之常情,厌恶与自己不同的人,这是师生之间相互埋怨的原因。人之常情,不能亲近自己埋怨的人,不能赞美自己厌恶的人,学业的败坏,道术的废失,根源就由此产生了。擅长教化的老师则不然。看待学生如同自己,设身处地,施行教育,则能得教化之情理。要求别人的,自己一定也可以做到,像这样做则师生同心一体。人之常情,喜欢跟自己相同的人,赞美跟自己相同的人,帮助跟自己相同的人,学业的彰明,道术的盛行,根源就由此产生了。

不会学习的学生,从师粗陋而欲学问精好,从师浅薄而欲学问深厚。自然界的草木、鸡狗、牛马尚且不可草率对待,若草率对待则它们也以草率来报答人,又何况通达的老师与道术之论呢?因此不会学习的人,遇师则无所得,用心则不专一,爱好而不深入,求学而不急速,辩论则不分明,仿效则不精审。埋怨老师,安于世俗,精神萦扰于世务,夸大权势,好为过失,因此沉湎于巧诈之智,迷惑于蝇头小利、嗜好欲望;问事则前后矛盾,问整章则有异义,问单句则有改易;分别者不能综合,综合者不能分别，事情开始而不能完成。这些都是不会学习的祸害。

【评析】

　　本篇讲弟子求学之道，从通达之师说起，说到不善教化的老师与不善学习的学生，列举其表征，可谓淋漓尽致。

　　《庄子》曰："昔予为禾，耕而卤莽之，则其实亦卤莽而报予；芸而灭裂之，其实亦灭裂而报予。"何况从师问道乎？《晏子春秋》曰："牛马不可穷，穷不可服。"何况从师问道乎？

用　众

　　五曰：善学者，若齐王之食鸡也，必食其跖①数千②而后足；虽不足，犹若有跖。物固莫不有长，莫不有短，人亦然。故善学者，假③人之长以补其短，故假人者遂有天下。

　　无丑④不能，无恶不知。丑不能，恶不知，病⑤矣。不丑不能，不恶不知，尚矣。虽桀、纣犹有可畏可取者，而况于贤者乎？故学士⑥曰："辩议⑦不可不为。"辩议而苟可为，是教⑧也，教大议也。辩议而不可为，是被褐⑨而出，衣锦⑩而入。

　　戎⑪人生乎戎、长乎戎而戎言，不知其所受之；楚人生乎楚、长乎楚而楚言，不知其所受之。今使楚人长乎戎，戎人长乎楚，则楚人戎言，戎人楚言矣。由是观之，吾未知亡国之主不可以为贤主也，其所生长者不可耳。故所生长不可不察也。

　　天下无粹⑫白之狐，而有粹白之裘，取之众白也。夫取于众，此三皇、五帝之所以大立功名也。凡君之所以立，出乎众也。立已定而舍其众，是得其末而失其本。得其末而失其本，不闻安居。故以众勇无畏乎孟贲⑬矣，以众力无畏乎乌获⑭矣，以众视无畏乎离娄⑮矣，以众知无畏乎尧、舜矣。夫以众者，此君人之大宝也。田骈⑯谓齐王曰："孟贲庶乎患术,而边境弗患。"楚、魏之王辞言不说,而境内已修备矣,兵士已修用矣,得之众也。

【注释】

①跖:足踵。

②千:当作"十"。

③假:凭借。

④丑:以……为耻。

⑤病:困窘。

⑥学士:有学问的人。

⑦下脱"不可为"三字。

⑧下脱"大辩"二字。

⑨被褐:被,披。褐,粗麻制成的短衣,多为贫贱之人所穿。

⑩锦:丝织衣裳,富贵之人所穿。

⑪戎:泛指我国西部的少数民族。

⑫粹:纯粹。

⑬孟贲:古之大勇士。

⑭乌获:有力之人,能举千钧。

⑮离娄:黄帝时明目之人,能见针末于百步之外。

⑯田骈:战国时期齐国人,属道家学派。

【译文】

五曰:擅长学习的人,就好像齐王吃鸡一样,每次要吃几十只鸡脚才满足;就算一次不满几十只,也要像还有鸡脚一般保持食欲。世间万物莫不有长处,莫不有短处,人也是如此。因此擅长学习的人,借别人的长处以补自己的短处,因此借用别人长处的人能够取得天下。

不要以不能为耻辱,不要以不知为羞恶。以不能为耻辱,以不知为羞恶，就困顿了。不以不能为耻辱，不以不知为羞恶，就上进了。即使暴君夏桀、商纣也有可敬畏可取法之处，何况是贤人呢？因此学士说："人物评论不可为，也不可不为。"假如人物评论可为，是有意而为的评价，是有意而为的议论。假如人物评论不可为，贤人就会埋没，好像穿着粗布衣服外出，穿着锦绣衣服入内一样。

戎人生于戎地，长于戎地，说的是戎语，却不知是从哪里学来的；楚人生于楚地，长于楚地，说的是楚语，却不知是从哪里学来的。假如让楚人生长于戎地，戎人生长于楚地，那么楚人就说戎语，戎人就说楚语了。由此看来，亡国之主未必不能成为贤明的君王，只是他所生长的环境不行罢了。因此对生长的环境不可以不谨慎。

天下没有纯白的狐狸，却有纯白的狐皮袍子，是积累众狐的白皮制成的。积累众人的力量，这是三皇、五帝建功立名的方法。大凡君王之所以得立，是众人推选的结果。君位已定就舍弃众人，是舍本逐末的行为。舍本逐末的人，没有能够安居乐业的。因此积累众人的勇气则不必畏惧勇士孟贲了，积累众人的力量则不必畏惧力士乌获了，积累众人的视力则可超越离娄了，积累众人的智慧则可超越尧、舜了。依靠众人的力量，这是君王最大的法宝。田骈对齐王说："勇士孟贲虽然是个祸患，但积累众人的力量，齐国的边境则不以为患。"楚、魏的君王，虽然不贵言辞，但国内的设施已经修整完善了，兵士已经训练有素了，这都是积累众人力量的缘故。

【评析】

本篇讲用众之道，即君主不能是孤家寡人，他需要任用有才能的人，借助他们的智慧以为己用。文中所说的"吾未知亡国之主不可以为贤主也"具有辩证的观念。《淮南子》云："终日之言必有圣之事，百发之中必有羿、逢蒙之巧。"《文子》云："积力之所举即无不胜也，众智之所为即无不成也。千人之众无绝粮，万人之群无废功。"此上古圣王用众之道也。

仲夏纪第五

仲　夏

一曰：仲夏①之月，日在东井②，昏亢③中，旦危④中。其日丙丁，其帝炎帝，其神祝融，其虫羽，其音徵，律中蕤宾⑤，其数七，其味苦，其臭焦，其祀灶，祭先肺。小暑至，螳螂生，鵙⑥始鸣，反舌⑦无声。天子居明堂太庙，乘朱辂，驾赤骝，载赤旂，衣朱衣，服赤玉，食菽与鸡，其器高以粗，养壮狡⑧。

是月也，命乐师修鞀鞞⑨鼓，均⑩琴瑟管箫，执干戚戈羽⑪，调竽笙埙篪，饬钟磬柷敔⑫。命有司为民祈祀山川百原⑬，大雩⑭帝，用盛乐。乃命百县雩祭祀百辟卿士有益于民者，以祈谷实。农乃登⑮黍。

是月也，天子以雏尝黍，羞以含桃⑯，先荐寝庙。令民无刈⑰蓝⑱以染，无烧炭，无暴⑲布。门闾无闭，关市无索⑳。挺㉑重囚，益其食。游牝别其群，则絷腾驹，班马正㉒。

是月也，日长至，阴阳争，死生分。君子斋戒，处必掩㉓，身欲静无躁，止声色，无或进，薄滋味，无致和，退嗜欲，定心气，百官静，事无刑㉔，以定晏阴之所成。鹿角解，蝉始鸣，半夏生，木堇荣。

是月也，无用火南方。可以居高明，可以远眺望，可以登山陵,可以处台榭。

仲夏行冬令,则雹霰伤谷,道路不通,暴兵来至;行春令,则五谷晚熟,百螣㉒时起,其国乃饥;行秋令,则草木零落,果实早成,民殃于疫。

【注释】

①仲夏:夏历五月。

②东井:南方宿,秦之分野。

③亢:东方宿,卫之分野。

④危:北方宿,齐之分野。

⑤蕤宾:阳律。阴气蕤蕤在下,象主人;阳气在上,象宾客。

⑥鵙:伯劳。

⑦反舌:百舌鸟,叫声如百鸟之音。

⑧壮狡:力大矫健之人。

⑨鞀:有柄的小鼓。鞞:同"鼙",小鼓。

⑩均:调节。

⑪干戚戈羽:干,盾。戚,斧。干戚戈羽都是舞具。

⑫柷敔:柷如漆桶,中有木椎,左右击以节乐。敔如木虎,脊上有龃龉,以杖刮奏以止乐。

⑬原:同"源"。

⑭雩:旱祭。

⑮登:献。

⑯含桃:樱桃。

⑰刈:割。

⑱蓝:蓼蓝,可以提炼青色。

⑲暴:即"曝",晒。

⑳索:征税。

㉑挺:缓。

㉒正：同"政"。

㉓掩：深。

㉔刑：同"径"，疾、速。

㉕螣：蝗虫。

【译文】

一曰：仲夏五月，太阳在东井的位置，黄昏与拂晓时刻，亢宿与危宿各位于南方中天。此月的天干是丙丁，主宰之帝是炎帝，佐帝之神是祝融，代表动物是有羽毛的凤鸟，对应五音中的徵音，十二律中的蕤宾，对应的数字是七，味道是苦，气味是焦，祭祀的对象是灶，祭品以肺为先。此月小暑到来，螳螂出生，伯劳鸣叫，反舌无声。此月天子行令于明堂中室，乘朱红车，驾赤骝马，上载红旗，穿红衣，佩红玉，吃豆子与鸡肉，所用礼器又高又大，豢养力大矫健之士。

此月，命令乐师修正鼗鼓鼙鼓，均平琴瑟笛箫，营造舞蹈所执盾牌、斧钺、戈戟、羽幢，调适竽笙埙篪，饬整钟磬柷敔等乐器。命令主管官员为百姓祭祀名山大川、江河泉源，祭祀五帝以求雨，用最盛大的乐典。命令各县大夫祭祀前代有功于民的君王卿士以求雨，祈祷谷物成熟。农夫于是献上黍子。

此月，天子搭配鸡雏来品尝黍子，食用樱桃，首先进献宗庙祖先。命令百姓不得割取蓝草染布，不得烧炭，不得曝晒布料。此月城郭之门、里巷之门不关闭，关津集市不征税。宽缓重刑囚犯，增加他们的饮食。怀孕的母马别群放养，拘系活跃的马驹，颁布养马政教。

此月夏至到来，阴阳之气相争，万物死生分别。君子斋戒，深居简出，自身安静不躁动，节止声色享受，不得进御嫔妾，减损饮食滋味，不求调和，减退嗜好欲望，安定心气，感官清静无为，做事不得急速，以定阴阳所成。此月鹿角脱落，知了鸣叫，半夏生长，木槿开花。

此月不得在南方用火。可以居处高显之地，可以眺望远方，可以登上山陵，可以住在台榭。

君王若在仲夏行冬季政令,则会导致冰雹霰雪伤害五谷,道路不通,暴害之兵来袭;若在仲夏行春季政令,则会导致五谷晚熟,蝗虫为害,其国饥馑;若在仲夏行秋季政令,则会导致草木零落,果实早熟,民间疾疫流行。

【评析】

夏至一阴生,则十二消息卦中之《姤》卦也。此月阳气已盛,阴气始萌,是阴阳相争,死生分别的关键时刻,因此古人深居简出,节制嗜欲,以待阴阳之定。此外夏属火,火为心,故夏至亦当清净无为,安定心气。

大　乐

二曰:音乐之所由来者远矣,生于度量,本于太一①。太一出②两仪,两仪出阴阳。阴阳变化,一上一下,合而成章③。浑浑沌沌,离则复合,合则复离,是谓天常④。天地车轮⑤,终则复始,极则复反,莫不咸当。日月星辰,或疾或徐。日月不同,以尽其行。四时代兴,或暑或寒,或短或长,或柔或刚。万物所出,造⑥于太一,化于阴阳。萌芽始震,凝寒以形⑦。形体有处,莫不有声。声出于和,和出于适。和适,先王定乐,由此而生。

天下太平,万物安宁,皆化其上⑧,乐乃可成。成乐有具⑨,必节嗜欲。嗜欲不辟⑩,乐乃可务。务⑪乐有术,必由平出。平出于公,公出于道。故惟得道之人,其可与言乐乎!亡国戮民,非无乐也,其乐不乐。溺者非不笑也,罪人非不歌也,狂者非不武⑫也,乱世之乐,有似于此。君臣失位,父子失处,夫妇失宜,民人呻吟,其以为乐也,若之何哉?

凡乐,天地之和,阴阳之调也。始生人者天也,人无事焉。天使人有欲,人弗得不求;天使人有恶,人弗得不辟。欲与恶,所受于天也,人不得与焉,不可变,不可易。世之学者有非乐者矣,安由出哉?

　　大乐,君臣、父子、长少之所欢欣而说也。欢欣生于平,平生于道。道也者,视之不见,听之不闻,不可为状^⑬。有知不见之见^⑭、不闻之闻、无状之状者,则几于知之矣。道也者,至精也,不可为形,不可为名,强为之谓之太一。故一也者制令,两也者从听。先圣择^⑮两法一,是以知万物之情。故能以一听政者,乐君臣,和远近,说黔首,合宗亲;能以一治其身者,免于灾,终其寿,全其天;能以一治其国者,奸邪去,贤者至,成大化;能以一治天下者,寒暑适,风雨时,为圣人。故知一则明,明两则狂。

【注释】

①太一:"道"的别称。

②出:生。

③章:形。

④天常:自然规律。

⑤轮:转动。

⑥造:开始。

⑦形:同"刑",杀。

⑧上:当为"正"。

⑨具:准备。

⑩辟:放纵。

⑪务:致力于。

⑫武:当为"舞"。

⑬为状:描绘出形状。

⑭不见之见:不见中包含着见。

⑮择：同"释"，弃。

【译文】

二曰：音乐的由来非常久远，产生于度量，起源于太一。太一生天地，天地生阴阳。阴阳变化，一上一下，合而成形。阴阳之气浑浑沌沌，离而复合，合而复离，这是天之常道。天地像车轮一样转动，终而复始，穷极复返，无不得当。日月星辰的运行，有快有慢。日月运行的轨道不同，皆以周尽行度。四季更迭，或暑或寒，或短或长，或柔或刚。万物的产生，造始于太一，化成于阴阳。阳气萌芽发动，阴气凝寒肃杀。有形体之处，无不有声音。声音出于和谐，和谐出于适宜。先王制定音乐，由和谐与适宜出发。

天下太平，万物安宁，一切归化于正道，音乐才可制成。想要制成音乐有条件，一定要节制嗜好欲望。嗜好欲望不邪恶，音乐才能制成。想要制成音乐有方法，一定由平和而来。平和出于公正，公正出于大道。因此只有得道之人，才可以和他谈论音乐！被灭亡的国家，受屠戮的百姓，并非没有音乐，但他们的音乐不快乐。就像溺水的人虽然也会笑，判刑的人虽然也唱歌，狂乱的人虽然也舞蹈，但他们的笑容、歌声和舞蹈不快乐，乱世的音乐与此相似。君臣关系颠倒，父子关系不亲，夫妇关系不合，百姓痛苦呻吟，以此制定音乐，该会怎么样呢？

大凡音乐，是天地和谐、阴阳调适的结果。初始生人的是天，人不得参与其事。天使人有贪欲，人不得不索求；天使人有憎恶，人不得不远避。贪欲与憎恶是受之于天的，人不得做主，不可更改，不可变易。世上的学者有非议音乐的，他们的理由又从哪里来呢？

大乐，是君臣、父子、长幼之所欢欣喜悦的东西。欢欣生于平和，平和生于大道。所谓的大道，视而不见，听而不闻，不可形状。有了解看不见的所见，听不到的所闻，无法形容的形状的人，则接近于了解大道了。大道至为精微，不可形容，不可命名，勉强给它命名为太一。因此"一"是发号施令的，"两"是屈服听从的。先代的圣人弃两用一，是以了解万物之情。因此能用一来听断政事者，可使君臣喜乐，远近和平，民众欣悦，宗亲团结；能用一来修治其身者，免于灾害，终其年寿，保全天性；能用一来治理国家者，小人奸邪离去，君子贤者到来，成就国家大治；能用一来治理天下者，寒暑和适，风雨及时，成为圣人。因此了解"一"则圣明，执着"两"则狂乱。

【评析】

　　此篇讲音乐之始，是先秦有名的乐论。乐者，中正平和，教化人心。《毛诗》以治世之乐为"正风""正雅"，乱世之乐为"变风""变雅"。《诗大序》云："至于王道衰，礼义废，政教失，国异政，家殊俗，而变风变雅作矣。""亡国戮民，非无乐也，其乐不乐"，此之谓也。则本篇与《礼记》《毛诗》中的乐论相近，均强调音乐的教化功能。西周是礼乐社会，乐用来使各个阶层和谐统一起来，所以这种教化观点，可谓渊源有自。

侈　乐

　　三曰：人莫不以其生生，而不知其所以生①；人莫不以其知知，而不知其所以知。知其所以知之谓知道；不知其所以知之谓弃宝。弃宝者必离②其咎。世之人主，多以珠玉戈剑为宝，愈多而民愈怨，国人愈危，身愈危累，则失宝之情矣。乱世之乐与此同。为木③革之声则若雷，为金石之声则若霆④，为丝竹歌舞之声则若噪。以此骇心气⑤、动耳目、摇荡生则可矣，以此为乐则不乐。故乐愈侈，而民愈郁，国愈乱，主愈卑，则亦失乐之情矣。

　　凡古圣王之所为贵乐者，为其乐也。夏桀、殷纣作为侈乐，大鼓、钟、磬、管、箫之音，以巨为美，以众为观；俶诡殊瑰⑥，耳所未尝闻，目所未尝见，务以相过，不用度量。宋之衰也，作为千钟⑦;齐之衰也,作为大吕⑧;楚之衰也,作为巫音⑨。侈则侈矣,自有道者观之,则失乐之情。失乐之情,其乐不乐。乐不乐者,其民必怨,其生必伤。其生之与乐也,若冰之于炎日,反以自兵⑩。此生乎不知乐之情,而以侈为务故⑪也。

乐之有情,譬之若肌肤形体之有情性也,有情性则必有性养矣。寒、温、劳、逸、饥、饱,此六者非适⑫也。凡养也者,瞻非适而以之适者也。能以久处其适,则生长⑬矣。生也者,其身固静,感而后知,或使之也。遂⑭而不返,制乎嗜欲;制乎嗜欲无穷⑮,则必失其天矣。且夫嗜欲无穷,则必有贪鄙悖乱之心、淫佚奸诈之事矣。故强者劫弱,众者暴⑯寡,勇者凌怯,壮者慠⑰幼,从此生矣。

【注释】

①所以生:赖以生存的根本。

②离:通"罹",遭遇。

③木:八音之一。

④霆:疾雷。

⑤心气:人的精神。

⑥俶诡殊瑰:奇异。

⑦千钟:钟律之名。

⑧大吕:齐国钟名。

⑨巫音:以舞降神的音乐。

⑩兵:灾。

⑪故:缘故。

⑫适:适中。

⑬长:久。

⑭遂:顺心。

⑮"无穷"二字衍。

⑯暴：损害。

⑰慠：同"傲"。

【译文】

三曰：人无不依靠生命以生存，却不知道生存的依靠是什么；人无不凭借感知以知觉，却不知道知觉的凭借是什么。懂得知觉的凭借叫作懂得大道，不懂得知觉的凭借叫作丢弃大宝。丢弃大宝的人必定遭遇灾殃。世间的人主君王，大多以珍珠美玉、干戈刀剑为宝，宝物愈多而民众愈怨恨，国人愈危险，自身愈忧患，这就失去了宝物本来的意义了。乱世的音乐与此相同。演奏木革乐器的声音则像打雷，演奏金石乐器的声音则像霹雳，演奏丝竹歌舞的声音则像喧哗。以此来惊骇心气、动摇耳目、摇荡天性则可以，以此作乐则不快乐。因此音乐愈是淫侈，而百姓愈是怨怒，国家愈是混乱，君王愈是卑微，则也失去了音乐本来的意义了。

大凡上古圣王之所以以音乐为贵，是因为它能使人快乐。夏桀、商纣造作淫侈的音乐，扩大鼓、钟、磬、管、箫等乐器的声音，以大为美，以多为壮；奇异诡谲，耳朵未曾听过，眼睛未曾见过，务必过栻，不合度量。宋国衰落的时候，造作千钟；齐国衰落的时候，造作大吕；楚国衰落的时候，造作巫音。这些音乐淫侈则淫侈，从有道者的角度来看，则失去了音乐本来的意义。失去了音乐本来的意义，音乐则不能使人快乐。音乐不能使人快乐，民众必定怨怒，天性必定受伤。人的天性遇到了淫侈的音乐，就好像冰块遇到太阳一样，反倒伤害自己。这是不懂音乐本来的意义，而以淫侈为务的缘故。

音乐有意义，就好像肌肤形体有情性一般，有情性则必定要长养他们。寒冷、炎热、劳累、安逸、饥饿、饱足，以上六种情况都不得当。所谓长养，就是把不当的改成得当的。能够久处得当，则生命就长久了。生命本身是安定静止的，有感受而后知觉，是外物使它感知的。假如放纵感知而不还，就会被嗜好欲望所制约；被嗜好欲望所制约，则必定失去天性了。而且嗜好欲望无穷,则必有贪婪鄙陋悖乱之心、淫侈放荡奸诈之事。因此以强凌弱、以众欺寡、以勇凌怯、以大欺小的事情就由此出现了。

【评析】

侈乐即淫侈的音乐,在本篇作者看来,这种音乐失去了音乐的本来意义。如《礼记》曰:"夫乐者,乐也。"造作侈乐,奇异诡谲,乱世之音,则失乐之情多矣。文中将音乐比作人体,寒、温、劳、逸、饥、饱六者皆不适宜,淫侈之乐就像这六者,从不同方面激荡人的情感,使人过悲或过乐,则对人身体有害。从某种角度来说,它是符合生理科学的理论的。

适 音

四曰:耳之情欲声,心不乐,五音①在前弗听;目之情欲色,心弗乐,五色②在前弗视;鼻之情欲芬香,心弗乐,芬香在前弗嗅;口之情欲滋味,心弗乐,五味③在前弗食。欲之者,耳目鼻口也;乐之④弗乐者,心也。心必和平然后乐,心必乐然后耳目鼻口有以欲之。故乐之务在于和心,和心在于行适。

夫乐有适,心亦有适。人之情,欲寿而恶夭⑤,欲安而恶危,欲荣而恶辱,欲逸而恶劳。四欲得,四恶除,则心适矣。四欲之得也,在于胜理⑥。胜理以治身则生全以⑦,生全则寿长矣;胜理以治国则法立,法立则天下服矣。故适心之务在于胜理。

夫音亦有适。太巨则志荡,以荡听巨则耳不容,不容则横塞,横塞则振;太小则志嫌⑧,以嫌听小则耳不充,不充则不詹⑨,不詹则窕⑩;太清则志危,以危听清则耳溪极⑪,溪极则不鉴,不鉴则竭;太浊则志下,以下听浊则耳不收,不收则不抟⑫,不抟则怒。故太巨、太小、太清、太浊,皆非适也。

何谓适？衷，音之适也。何谓衷？大⑬不出钧⑭，重不过石⑮，小大轻重之衷也。黄钟之宫，音之本也，清浊之衷也。衷也者，适也。以适听适则和矣。乐无太，平和者是也。故治世之音安以乐，其政平也；乱世之音怨以怒，其政乖⑯也；亡国之音悲以哀，其政险也。凡音乐，通乎政而移风平俗者也，俗定而音乐化之矣。故有道之世，观其音而知其俗矣，观其政而知其主矣。故先王必托于音乐以论⑰其教。清庙⑱之瑟，朱弦而疏越⑲，一唱而三叹，有进乎音者矣；大飨⑳之礼，上玄尊㉑而俎生鱼，大羹不和，有进乎味者也。故先王之制礼乐也，非特㉒以欢耳目、极口腹之欲也，将以教民平好恶、行理义也。

【注释】

①五音：宫、商、角、徵、羽。

②五色：青、黄、赤、白、黑。

③五味：酸、甜、苦、辣、咸。

④之：与。

⑤夭：少壮而死。

⑥胜理：依循事物的规律。

⑦以：当作"矣"。

⑧嫌：同"慊"，不满之貌。

⑨詹：足。

⑩宛：不满密。

⑪溪极：溪，当作"谿"。谿极，疲病。

⑫抟：同"专"。

⑬大：当为"小"。

⑭钧：三十斤。

⑮石：一百二十斤。

⑯乖:乖谬。

⑰论:明。

⑱清庙:文王之庙,肃然清静,故称清庙。

⑲越:瑟底的孔。

⑳大飨:飨上帝于明堂。

㉑玄尊:古代祭礼中当酒用的清水。

㉒特:仅仅。

【译文】

四曰:耳朵想要听见声音,心不快乐,五音在前却听不见;眼睛想要看到颜色,心不快乐,五色在前却看不见;鼻子想要闻到芳香,心不快乐,芳香在前却闻不到;嘴巴想要尝到滋味,心不快乐,五味在前却尝不出。欲求,是耳朵、眼睛、鼻子、嘴巴想要的;快乐或不快乐,是由心来决定的。心必定平和然后才快乐,心必定快乐然后耳朵、眼睛、鼻子、嘴巴才有欲求。因此快乐的关键在于心地平和,心地平和在于行为得当。

快乐要得当,心情也要得当。人之常情,希望长寿而厌恶短命,希望安全而厌恶危险,希望荣耀而厌恶耻辱,希望安逸而厌恶劳累。四种希望实现了,四种厌恶去除了,心情就得当了。四种希望的实现在于遵循理义。遵循理义来修身则天性保全了,天性保全则长寿百岁了;遵循理义来治国则法度确立了,法度确立则天下归服了。因此使心情得当的关键在于遵循理义。

声音也要得当。声音太大则会使人心志动摇,用动摇的心志听巨大的声音则耳朵容纳不下,容纳不下则充塞,充塞则震荡;声音太小则会使人心志不满,用不满的心志听太小的声音则耳朵不充溢,不充溢则不足,不足则不密;声音太清则会使人心志高扬,用高扬的心志听太清的声音则耳朵疲病,疲病则不明察,不明察则倦竭;声音太浊则会使人心志低下,用低下的心志听太浊的声音则耳朵发散,发散则不专一,不专一则惑怒。因此声音太大、太小、太清、太浊都不得当。

什么是得当呢？适中，是声音的得当。什么是适中呢？小不少于钧，重不超过石，这是小大轻重的适中。黄钟律的宫音，是声音的根本，是清浊的适中。适中就是得当的意思。用得当的心情听得当的音乐，就合适了。音乐不要过分，指的是中正平和。因此治世的音乐安详而欢乐，是因为政治清平；乱世的音乐怨恨而愤怒，是因为政治错乱；亡国的音乐悲伤而哀痛，是因为政治危险。大凡音乐都与政教相通，而能够移风易俗，风俗的安定是音乐教化的结果。因此有道之世，听音乐就可以了解风俗如何，看政教就可以了解君王如何。是故先王必定凭借音乐来阐明教化。文王清庙中的瑟乐，张着朱红的弦，疏通底部的孔，一人领唱，三人应和，境界超越了音律，余味隽永；明堂大飨上帝的礼仪，以玄尊为贵，俎中盛着生鱼，肉羹不调和，意义超越了滋味，古朴质素。因此先王制礼作乐，不单是为了耳目欢愉，极尽口腹之欲，也是为了教导百姓平正好恶、遵行理义。

【评析】

有侈音，就有适音。本篇指出适中而得当的音乐，须清浊适中，中正平和，并举文王清庙之乐、明堂之乐为例，这是强调音乐的教化功能的说法。中正的音乐理想，正与儒家的乐论相合。

古　乐

五曰：乐所由来者尚①也，必不可废。有节有侈，有正有淫矣。贤者以昌，不肖者以亡。

昔古朱襄氏②之治天下也，多风而阳气畜积，万物散解，果实不成。故士达作为五弦瑟，以来阴气，以定群生。

昔葛天氏③之乐，三人操牛尾，投足④以歌八阕：一曰《载民》，二曰《玄鸟》，三曰《遂草木》，四曰《奋⑤五谷》，五曰《敬天常》，六曰《建帝功》，七曰《依地德》，八曰《总禽兽之极》。

昔陶唐氏⑥之始，阴多滞伏而湛积，水⑦道壅塞，不行其原⑧，民气郁阏而滞著，筋骨瑟缩不达，故作为舞以宣导之。

昔黄帝令伶伦⑨作为律。伶伦自大夏⑩之西，乃之阮隃⑪之阴，取竹于嶰溪之谷，以生空窍厚钧者，断两节间，其长三寸九分，而吹之以为黄钟之宫，吹曰舍少。次制十二筒，以之阮隃之下，听凤皇之鸣，以别十二律。其雄鸣为六⑫，雌鸣亦六⑬，以比黄钟之宫适合。黄钟之宫皆可以生之，故曰黄钟之宫，律吕之本。黄帝又命伶伦与荣将铸十二钟，以和五音，以施《英韶⑭》。以仲春之月，乙卯之日，日在奎，始奏之，命之曰《咸池》。

帝颛顼生自若水，实处空桑，乃登为帝。惟天之合，正风⑮乃行，其音若熙熙凄凄锵锵。帝颛顼好其音，乃令飞龙作效八风之音，命之曰《承云》，以祭上帝。乃令鱓⑯先为乐倡。鱓乃偃寝，以其尾鼓其腹，其音英英⑰。

帝喾命咸黑作为声，歌《九招》《六列》《六英》。有⑱倕作为鼙、鼓、钟、磬、吹苓⑲、管、埙、篪、鞀、椎、钟。帝喾乃令人抃⑳，或鼓鼙，击钟磬，吹苓，展管篪，因令凤鸟、天翟舞之。帝喾大喜，乃以康帝德。

帝尧立，乃命质为乐。质乃效山林溪谷之音以歌，乃以麋輅㉑置㉒缶而鼓之，乃拊㉓石击石，以象上帝玉磬之音，以致舞百兽。瞽叟乃拌㉔五弦之瑟，作以为十五弦之瑟，命之曰《大章》，以祭上帝。

舜立，命延乃拌瞽叟之所为瑟，益之八弦，以为二十三弦之瑟。帝舜乃令质修《九招》《六列》《六英》，以明帝德。

禹立，勤㉕劳天下，日夜不懈。通大川，决壅塞，凿龙门，降㉖通漻㉗水以导河，疏三江五湖，注之东海，以利黔首。于是命皋陶作为《夏籥》九成，以昭其功。

殷汤即位,夏为无道,暴虐万民,侵削诸侯,不用轨度,天下患之。汤于是率六州以讨桀罪,功名大成,黔首安宁。汤乃命伊尹作为《大护》,歌《晨露》,修《九招》《六列》,以见其善。

周文王处岐,诸侯去殷三淫㉘而翼文王。散宜生曰:"殷可伐也。"文王弗许。周公旦乃作诗曰:"文王在上,于昭于天。周虽旧邦,其命维新。"以绳㉙文王之德。

武王即位,以六师㉚伐殷。六师未至,以锐兵克之于牧野。归,乃荐㉛俘馘㉜于京太室,乃命周公为作《大武》。

成王立,殷民反,王命周公践㉝伐之。商人服㉞象,为虐于东夷。周公遂以师逐之,至于江南。乃为《三象》,以嘉其德。

故乐之所由来者尚矣,非独为一世之所造也。

【注释】

①尚:久远。

②朱襄氏:远古部落名,首领为炎帝。

③葛天氏:远古部落名。

④投足:顿足、踏。

⑤奋:茂盛。

⑥陶唐氏:当是"阴康氏",远古部落名。

⑦水:当作"阳"。

⑧原:当作"序"。

⑨伶伦:黄帝的乐官。

⑩大夏:西方之山。

⑪阮隃:当作"昆仑"。

⑫雄鸣为六:指六阳律,即黄钟、太簇、姑洗、蕤宾、夷则、无射。

⑬雌鸣亦六:指六阴律,即大吕、夹钟、仲吕、林钟、南吕、应钟。

⑭英韶:华美之音。

⑮风:声。

⑯鱓:同"鼍",鳄鱼。

⑰英英:和盛之貌。

⑱有:同"又"。

⑲"吹"字衍。"苓"当为"筦",笙。

⑳抃:两手相击。

㉑鞈:生革。

㉒置:当为"冒"。

㉓拊:击、拍。

㉔拌:分。

㉕勤:忧。

㉖降:大。

㉗潀:流。

㉘三淫:当作"王受"。

㉙绳:誉。

㉚六师:六军,天子有六军。

㉛荐:献。

㉜俘馘:指被歼之敌。

㉝践:往。

㉞服:役使。

【译文】

五曰:音乐的由来非常久远,必定不可废弃。有的适中,有的过侈,有的雅正,有的淫乱。贤能者因此而昌盛,不肖者因此而灭亡。

上古朱襄氏治理天下的时候,多风而阳气积蓄,万物散落,果实不能成熟。因此士达发明了五弦瑟,用以引来阴气,安定群生。

过去葛天氏的音乐,三人手执牛尾,顿足歌唱八章:第一《载民》,第二《玄鸟》,第三《遂草木》,第四《奋五谷》,第五《敬天常》,第六《建帝功》,

第七《依地德》,第八《总禽兽之极》。

　　过去陶唐氏始建国的时候,阴气大多滞留伏藏而沉积,阳气之道壅塞,行不由序,百姓血气郁遏而滞着,筋骨瑟缩不通达,因此发明了舞蹈以通导血气。

　　过去黄帝命令伶伦制作音律。伶伦从大夏山的西面来到昆仑山的北面,在嶰溪之谷选取竹管,竹管天生厚薄均匀,断开两节间,长度是三寸九分,吹出的声音定为黄钟律的宫音,名为"舍少"。然后制作十二根竹管,排在昆仑山的竹管之下,听凤凰的鸣叫,以此分别十二律。雄凤鸣叫了六声,雌凰也鸣叫了六声,比照黄钟律的宫音刚好合适。十二律都可以从黄钟律的宫音衍生出来,所以说,黄钟律的宫音,是律吕的根本。黄帝又命令伶伦和荣将铸造十二乐钟,配合五音,用于乐曲《英韶》。在仲春月乙卯日,太阳在奎宿位置的时刻,演奏这支乐曲,命名为《咸池》。

　　天子颛顼生于若水,居于空桑,登上帝位。德与天合,正声于是得行,发出"熙熙、凄凄、锵锵"的声音。颛顼喜欢这些声音,于是命令飞龙创作仿效八方风声的音乐,命名为《承云》,用以祭祀上帝。命令鳄鱼以皮为鼓,率先演奏。鳄鱼仰面躺下,用尾巴敲击肚皮,发出的声音和美盛大。

　　帝喾命令咸黑创作乐曲,歌唱《九招》《六列》《六英》。又命令倕制作鼙、鼓、钟、磬、笙、笛、埙、箫、鼗、椎等乐器。帝喾于是令人击掌,有的敲鼓鼙,有的击钟磬,有的吹笙,有的奏笛箫,命令凤鸟、天翟起舞。帝喾大喜,以此安康天子之德。

　　尧立为天子,于是命令质创制乐曲。质仿效山林溪谷的声音歌唱,用麋鹿皮蒙在缶上敲打,于是敲击石磬,模拟上帝玉磬的声音,使百兽舞蹈。瞽叟分五弦之瑟为十五弦之瑟,把乐曲命名为《大章》,以祭祀上帝。

　　舜立为天子,命令延分瞽叟所作之瑟,增加八根弦,成为二十三弦之瑟。舜于是命令质修正《九招》《六列》《六英》等乐曲,以彰显天子的美德。

　　大禹立为天子,忧劳于天下,日夜不息。疏通大河,挖开壅塞,凿开龙门,使流水导入黄河,疏通三江五湖,注入东海,以利于百姓。于是命令皋陶创作《夏籥》九章,以彰显他的功劳。

商汤即位,夏桀无道,虐待百姓,侵伐诸侯,不合法度,天下为患。商汤于是率领六州诸侯讨伐夏桀,功成名就,百姓安宁。商汤命令伊尹创作《大护》,歌唱《晨露》,修正《九招》《六列》等乐曲,以彰显自己的功德。

周文王在岐山,诸侯离开商纣王而辅佐文王。散宜生说:"商纣可以讨伐了。"周文王不答应。周公旦于是作诗说:"文王在上,昭显于天。周国虽旧,天命崭新。"以此赞誉文王的美德。

周武王即位,率领六军讨伐商纣。六军还没到达,前锋已在牧野取胜。胜利归来,在京城宗庙献上俘虏,命令周公创作《大武》。

周成王即位,殷商的遗民叛乱,成王命令周公前往讨伐。商人驯养大象,在东夷作乱。周公率领军队驱逐他们,一直到了长江以南。于是创作《三象》乐曲,以嘉赏自己的功德。

因此音乐的由来非常久远,不是一时一世所创作的。

【评析】

本篇历数古代音乐的产生与发展,里面提到了诸多的帝王与他们的音乐,很多出于传闻,并不一定是史实。但上古之乐,多以祭天,或以彰显天子、贤臣之功德,其内涵则可以确定。

本篇的内容相当丰富,有原始的诗乐舞三者的描述,有伶伦作律的传说,有瑟形制的演变,有周王朝史诗的历史背景,是一篇著名的文艺理论文章。

季夏纪第六

季　夏

一曰：季夏①之月，日在柳②，昏心③中，旦奎④中。其日丙丁，其帝炎帝，其神祝融，其虫羽，其音徵，律中林钟⑤，其数七，其味苦，其臭焦，其祀灶，祭先肺。凉风始至，蟋蟀居宇⑥，鹰乃学习，腐草化为蚈⑦。天子居明堂右个，乘朱辂，驾赤骝，载赤旂，衣朱衣，服赤玉，食菽与鸡，其器高以粗。

是月也，令渔师⑧伐蛟取鼍，升龟取鼋⑨。乃命虞人⑩入材苇。

是月也，令四监大夫合百县之秩⑪刍，以养牺牲。令民无不咸出其力，以供皇天上帝、名山大川、四方之神，以祀宗庙社稷之灵，为民祈福。

是月也，命妇官⑫染采，黼黻文章⑬，必以法故，无或差忒；黄黑苍赤，莫不质良，勿敢伪诈。以给郊庙祭祀之服，以为旗章，以别贵贱等级之度。

是月也，树木方盛，乃命虞人入山行木，无或斩伐。不可以兴土功，不可以合诸侯，不可以起兵动众。无举大事，以摇荡于气。无发令而干时⑭，以妨神农之事。水潦盛昌，命神农，将巡功。举大事则有天殃。

是月也，土润溽暑，大雨时行，烧薙⑮行水，利以杀草。如以热汤⑯,可以粪田畴,可以美土疆。

行之是令,是月甘雨三⑰至三旬二日。季夏行春令,则谷实解落,国多风咳⑱,人乃迁徙;行秋令,则丘隰水潦,禾稼不熟,乃多女灾;行冬令,则寒气不时,鹰隼⑲早鸷,四鄙入保。

中央土,其日戊己⑳,其帝黄帝㉑,其神后土㉒,其虫倮㉓,其音宫,律中黄钟㉔之宫,其数五,其味甘㉕,其臭香㉖,其祀中溜㉗,祭先心㉘。天子居太庙太室,乘大辂,驾黄骝,载黄旂,衣黄衣,服黄玉,食稷与牛,其器圜以掩。

【注释】

①季夏:夏历六月。

②柳:南方宿,周之分野。

③心:东方宿,宋之分野。

④奎:西方宿,鲁之分野。

⑤林钟:阴律。林,众。钟,聚。阳气衰,阴气起,万物众聚而成。

⑥宇:屋檐。

⑦蚈:萤。

⑧渔师:掌鱼之官。

⑨鼋:大鳖。

⑩虞人:掌山泽之官。

⑪秩:常。

⑫妇官:主管织麻之类的女官。

⑬黼:白与黑。黻:黑与青。文:青与赤。章:赤与白。

⑭干时:违背农时。

⑮烧薙:指除草后晒干烧掉。

⑯汤:开水。

⑰"三"字衍。

⑱风咳：因受风而咳嗽。

⑲隼：类似鹰的猛兽。

⑳戊己：天干土日。

㉑黄帝：少典之子，号轩辕氏，以土德王天下，死祀于中央，为土德之帝。

㉒后土：共工氏之子句龙能平九土，死为土官之神。

㉓倮：同"裸"。倮虫，麒麟。

㉔黄钟：阳律。

㉕甘：土味。

㉖香：土气。

㉗中溜：室中。

㉘先心：心属火，土胜火，先食所胜。

【译文】

一曰：季夏六月，太阳在柳宿的位置，黄昏与拂晓时刻，心宿与奎宿各位于南方中天。此月的天干是丙丁，主宰之帝是炎帝，佐帝之神是祝融，代表动物是有羽毛的凤鸟，对应五音中的徵音，十二律中的林钟，对应的数字是七，味道是苦，气味是焦，祭祀的对象是灶，祭品以肺为先。此月凉风到来，蟋蟀居于屋内，老鹰练习搏杀，腐败的草化为萤火虫。此月天子行令于明堂右房，乘朱红车，驾赤骝马，上载红旗，穿红衣，佩红玉，吃豆子与鸡肉，所用礼器又高又大。

此月，命令渔师杀蛟龙，捕鳄鱼，献乌龟，捉大鳖。命令虞人收纳木材、芦苇。

此月，命令监管四郡的大夫合并各县按常规交纳的刍草，用以饲养牺牲。命令百姓无不尽出力量，供奉供皇天上帝、名山大川、四方之神，祭祀宗庙社稷的神灵，为百姓祈福。

此月，命令女官染彩布，颜色的搭配必须遵循法度，不得差错；黑、黄、苍、赤等颜色，无不精良，不敢欺诈。以此制成祭天祭祖的礼服，制作旌旗标识，以此区分贵贱等级。

此月树木生长茂盛,于是命令虞人进入山林巡视树木,不得砍伐。不得大兴土木,不得会盟诸侯,不得兴师动众。不得兴兵征伐以动摇土气,不得发布干预时政的命令,以妨碍农事。此月洪水盛行,命令农官,准备巡视堤坝田陇修治的成果。此时兴兵征伐则有天灾。

此月泥土湿润,天气潮热,大雨不时降落,烧掉割下的干草再灌上水,可以杀死野草。如果用热水,可以肥沃田地,可以改良土质。

君王行此月之令,则一月只有两天下雨。若在季夏行春季政令则会导致谷物果实散落,伤风咳嗽流行,百姓迁徙搬家;若在季夏行秋季政令则会导致高下洪水为灾,庄稼不成熟,女子多不生育;若在季夏行冬季政令则会导致寒气不按时节到来,鹰隼过早搏击,四境之民畏惧寇贼而入城郭以自保。

中央在五行中属土,对应的天干是戊己,主宰之帝是黄帝,佐帝之神是后土,代表动物是倮虫麒麟,对应五音中的宫音,十二律中的黄钟,对应的数字是五,味道是甘,气味是香,祭祀的对象是房屋中央,祭品以心为先。天子行令于太庙太室,乘大马车,驾黄骝马,上载黄旗,穿黄衣,佩黄玉,吃稷米与牛肉,所用礼器又圆又深。

【评析】

季夏之月,在六月。按《诗经·豳风·七月》云:"载玄载黄,我朱孔阳,为公子裳。"《史记》云"江南火耕水耨",均在此时也。文中"乃命虞人入山行木,无或斩伐",体现了对自然界资源的保护观念,尽管这种保护是出于畏惧天灾的考虑,但也表现了先民们信奉的天人合一的自然与人的关系准则。

音　律

二曰:黄钟生林钟,林钟生太蔟,太蔟生南吕,南吕生姑洗,姑洗生应钟,应钟生蕤宾,蕤宾生大吕,大吕生夷则,夷则生夹钟,夹钟生无射,无射生仲吕。三分所生,益之一分以上生;三分所生,去其一分以下生。黄钟、大吕、太蔟、夹钟、姑洗、仲吕、蕤宾为上,林钟、夷则、南吕、无射、应钟为下。

大圣至理①之世,天地之气,合而生风。日至则月钟②其风,以生十二律。仲冬日短至则生黄钟,季冬生大吕,孟春生太蔟,仲春生夹钟,季春生姑洗,孟夏生仲吕;仲夏日长至则生蕤宾,季夏生林钟,孟秋生夷则,仲秋生南吕,季秋生无射,孟冬生应钟。天地之风气正,则十二律定矣。

黄钟之月,土事③无作,慎无发④盖,以固天闭地,阳气且泄。大吕之月,数将几终,岁且更起⑤,而农民无有所使。太蔟之月,阳气始生,草木繁动⑥,令农发土,无或失时。夹钟之月,宽裕和平,行德去刑,无或作事,以害群生。姑洗之月,达道通路,沟渎⑦修利,申之此令,嘉气趣⑧至。仲吕之月,无聚大众,巡劝农事,草木方长,无携民心。蕤宾之月,阳气在上,安壮养侠⑨,本朝不静,草木早槁⑩。林钟之月,草木盛满,阴将始刑,尤发大事,以将⑪阳气。夷则之月,修法饬⑫刑,选士厉兵⑬,诘诛不义,以怀⑭远方。南吕之月,蛰虫入穴,趣农收聚,无敢懈怠,以多为务。无射之月,疾断有罪,当法勿赦,无留狱讼,以亟以故⑮。应钟之月,阴阳不通,闭而为冬,修别丧纪,审民所终。

【注释】

①至理:最完美的政治局面。

②钟:聚。

③土事:需要动土的各项工程。

④发:揭开。

⑤更起:重新开始。

⑥繁动:萌动。

⑦渎:沟渠。

⑧趣:急速。

⑨侠:当作"佼",少。

⑩槁:草木枯干。

⑪将:扶助。

⑫饬:整顿。

⑬厉兵:磨砺兵器。

⑭怀:安抚。

⑮故:旧典。

【译文】

二曰:黄钟生林钟,林钟生太蔟,太蔟生南吕,南吕生姑洗,姑洗生应钟,应钟生蕤宾,蕤宾生大吕,大吕生夷则,夷则生夹钟,夹钟生无射,无射生仲吕。把基准律分成三等分,增加其中的一分为上生,减掉其中的一分为下生。黄钟、大吕、太蔟、夹钟、姑洗、仲吕、蕤宾都是由上生得到的,林钟、夷则、南吕、无射、应钟都是由下生得到的。

圣人在位,世道最好的时候,天地阴阳之气会合而生风。太阳每运行到一定度次,就聚集此月之风,以此生出十二律。仲冬十一月冬至生黄钟,季冬十二月生大吕,孟春正月生太蔟,仲春二月生夹钟,季春三月生姑洗,孟夏四月生仲吕;仲夏五月夏至生蕤宾,季夏六月生林钟,孟秋七月生夷则,仲秋八月生南吕,季秋九月生无射,孟冬十月生应钟。天地之间的风气平正,十二律就定准了。

黄钟十一月,不得动土,不得揭盖,以便封闭天地,阳气将要发泄。大吕十二月,残年将尽,新年将始,不得役使农夫。太蔟正月,阳气始生,草木萌发,命令农夫发土耕种,勿失农时。夹钟二月,宽厚和平,施行仁德,去除刑戮,不得兴兵,以害群生。姑洗三月,通畅道路,疏导沟渎,申明此令,嘉气速至。仲吕四月,不得聚集大众军旅,巡行劝导农事,草木正在生长,不要使民离心。蕤宾五月,阳气在上,安养长幼,朝政不宁,则草木过早枯槁。林钟六月,草木茂盛,阴气将开始肃杀,不得起兵,以扶助阳气。夷则七月,修正刑法,简选武士,训练兵马,审讯诛除不义之人,以安抚远方。南吕八月,冬眠的动物入穴,督促农夫收割庄稼,不得懈怠,以多为务。无射九月,迅速审判罪人,当法办者不得赦免,不得稽留狱讼,以速为务。应钟十月,阴阳不通,封闭为冬,修正丧服的规定,审慎对待百姓丧仪。

【评析】

本篇详析音律,讲述了音律的相生、三分损益法以及其与时令相配合的宜忌,可作一篇乐书看。音律与时令及政治均相配合,亦符合教化目的。

音　初

三曰:夏后氏孔甲①田于东阳萯山,天大风晦盲②,孔甲迷惑,入于民室。主人方乳③,或曰:"后来,是良日也,之子是必大吉。"或曰:"不胜也,之子是必有殃。"后乃取其子以归,曰:"以为余子,谁敢殃之!"子长成人,幕动坼橑④,斧斫斩其足,遂为守门者。孔甲曰:"呜呼!有疾,命矣夫!"乃作为《破斧》之歌,实始为东音。

禹行功⑤见涂山之女,禹未之遇⑥而巡省南土。涂山氏之女乃令其妾⑦候禹于涂山之阳,女乃作歌,歌曰:"候人兮猗。"实始作为南音。周公及召公取风焉,以为《周南》《召南》。

周昭王亲将征荆,辛馀靡长且多力,为王右⑧。还反涉汉,梁败,王及蔡公抎⑨于汉中。辛馀靡振⑩王北济,又反振蔡公。周公乃侯之于西翟⑪,实为长公。殷整甲徙宅西河,犹思故处,实始作为西音。长公继是音以处西山,秦缪公取风焉,实始作为秦音。

有娀氏有二佚女^⑫,为之九成^⑬之台,饮食必以鼓。帝令燕往视之,鸣若谥隘^⑭。二女爱而争搏之,覆以玉筐。少选^⑮,发^⑯而视之,燕遗二卵,北飞,遂不反。二女作歌一终,曰:"燕燕往飞。"实始作为北音。

凡音者,产乎人心者也。感于心则荡乎音,音成于外而化乎内。是故闻其声而知其风,察其风而知其志,观其志而知其德。盛衰、贤不肖、君子小人皆形于乐,不可隐匿。故曰:乐之为观也,深矣。土弊^⑰则草木不长,水烦^⑱则鱼鳖不大,世浊则礼烦而乐淫。郑、卫之声,桑间之音,此乱国之所好,衰德之所说。流辟、诮越^⑲、慆滥^⑳之音出,则滔荡之气、邪慢之心感矣,感则百奸众辟从此产矣。故君子反道以修德,正德以出乐,和乐以成顺。乐和而民乡方^㉑矣。

【注释】

①夏后氏孔甲:夏君,禹的第十四代孙。

②盲:暝。

③乳:产。

④燎:柴薪。

⑤功:当作"窃"。

⑥遇:礼。

⑦妾:女奴隶。

⑧右:车右,都由勇士担任,负责御敌。

⑨扤:坠。

⑩振:同"拯",上举出水。

⑪西翟:西方。

⑫佚女：处子，美女。

⑬九成：九层。

⑭谥隘：当作"隘隘"，燕鸣之声。

⑮少选：隔一会儿。

⑯发：打开。

⑰土弊：土质恶劣。

⑱烦：浑。

⑲誂越：声音飞荡。

⑳慆滥：放荡过分。

㉑乡：通"向"。方：道义。

【译文】

三曰：夏朝的君王孔甲在东阳萯山打猎，大风天暗，孔甲迷了路，来到一户百姓家里。主人的儿子刚好出生，有人说："君王来了，今天是个好日子，这孩子将来必定大吉大利。"又有人说："恐怕受不了这福分啊，这孩子将来必定有灾殃。"孔甲于是带着孩子回宫，说："把他当成我自己的儿子来养，谁敢祸害他！"儿子长大成人，有一天风吹帐幕掀翻了柴堆，劈柴的斧头掉下来砍断了他的脚，因为残废了，只好去做看门的人。孔甲说："唉！这灾难是命中注定的吧！"于是创作了《破斧》之歌，这是东阳音乐的开端。

大禹私自去见涂山之女，还没有来得及举行婚礼就奉命巡视南方。涂山之女于是让她的婢女在涂山南面等候大禹，婢女作歌，歌词说："等候人啊。"这是南国音乐的开端。周公和召公选取它作为乐歌，编入《周南》《召南》之中。

周昭王亲自率领军队征伐楚国，辛馀靡因为高大强壮，选为君王的警卫。回来渡过汉水的时候，桥梁毁坏了，周昭王和蔡公坠入汉水中。辛馀靡托起周昭王送上北岸，又回去捞蔡公。因为他的功劳，周公把他分封在西翟，号为长公。殷商的君王整甲把家搬到西河，依然思念故居，于是始创西国音乐。长公继承了这种音乐居于西山,秦穆公选取为乐歌,这是秦国音乐的开端。

有娀氏有两位美女,住在九重高台之上,饮食一定要演奏音乐。天帝派燕子去看察,燕子发出"隘隘"的叫声。两位美女很喜欢,争着捕捉,把燕子盖在玉筐下。过了一会儿,打开来看,燕子留下两枚卵,向北飞走不回来了。两位美女作了一支歌,歌词说:"燕燕往飞。"这是北国音乐的开端。

大凡音乐,是由人心产生的。感动于心则发散于音,音乐形成于外而感化于内。因此听到一国的音乐则可了解它的风俗,考察它的风俗则可了解民众的心志,观察民众的心志则可了解君王的德行。兴盛衰落、贤能不肖、君子小人都表现于音乐,不可隐藏。所以说:音乐的意义多么深远啊。土壤贫瘠则草木不生,水质浑浊则鱼鳖不大,世道黑暗则礼数烦乱、音乐淫邪。郑卫、桑间的音乐,是混乱的国家、衰德的君王所喜好的。淫邪、轻佻、放荡的音乐一旦产生,则放纵的风气、邪慢的思想就感应了,有所感应则各种邪恶就从此产生了。因此君子以道修德,端正品德以创制音乐,平和音乐以成就顺世。音乐平和则百姓就回心向道了。

【评析】

本篇记述音乐的初始,附会于夏商周三代史迹,分南北东西四方之音讲述,即《文心雕龙·乐府》所载:"涂山歌于候人,始为南音;有娀谣乎飞燕,始为北声;夏甲叹于东阳,东音以发;殷整思于西河,西音以兴。"此之谓也。末段颇似《礼记》乐论,大抵先秦时代的音乐理论,都是与风俗与教化联系得较紧密的。

制　　乐

四曰:欲观至乐①,必于至治②。其治厚者其乐治厚,其治薄者其乐治薄,乱世则慢以乐矣。

今室闭户牖③，动天地，一室也。故成汤之时，有谷生于庭，昏而生，比④旦而大拱⑤。其吏请卜其故，汤退卜者曰："吾闻祥⑥者福之先者也，见祥而为不善，则福不至。妖者祸之先者也，见妖而为善，则祸不至。"于是早朝晏⑦退，问疾吊⑧丧，务镇抚百姓，三日而谷亡。故祸兮福之所倚，福兮祸之所伏。圣人所独见，众人焉知其极。

周文王立国八年，岁六月，文王寝疾五日而地动⑨，东西南北不出国郊。百吏皆请曰："臣闻地之动，为人主也。今王寝疾五日而地动，四面不出周郊，群臣皆恐，曰'请移之'。"文王曰："若何其移之也？"对曰："兴事动众，以增国城，其可以移之乎。"文王曰："不可。夫天之见妖也，以罚有罪也。我必有罪，故天以此罚我也。今故兴事动众以增国城，是重吾罪也。不可。"文王曰："昌⑩也请改行重善以移之，其可以免乎！"于是谨其礼秩、皮革以交诸侯，饬其辞令、币帛以礼豪士，颁其爵列、等级、田畴以赏群臣。无几何，疾乃止。文王即位八年而地动，已动之后四十二年，凡文王立国五十　年而终。此文王之所以止殃翦⑪妖也。

宋景公⑫之时，荧惑⑬在心。公惧，召子韦⑭而问焉，曰："荧惑在心，何也？"子韦曰："荧惑者，天罚也；心者，宋之分野也。祸当于君。虽然，可移于宰相。"公曰："宰相所与治国家也，而移死焉，不祥。"子韦曰："可移于民。"公曰："民死，寡人将谁为君乎？宁独死。"子韦曰："可移于岁。"公曰："岁害则民饥，民饥必死。为人君而杀其民以自活也，其谁以我为君乎？是寡人之命固尽已，子无复言矣。"子韦还走，北面载拜曰："臣敢贺君。天之处高而听卑。君有至德之言三，天必三赏君。今昔⑮荧惑其徙三舍，君延年二十一岁。"公曰："子何以知之？"对曰："有三善言,必有三赏,荧惑必三徙舍。舍行七星,星一徙当七⑯年,三七二十一,臣故曰君延年二十一岁矣。臣请伏于陛⑰下以伺候之,荧惑不徙,臣请死。"公曰:"可。"是昔⑱荧惑果徙三舍。

【注释】

①至乐:最和谐、完美的音乐。

②至治:最完美的政治。

③牖:窗户。

④比:等到。

⑤大拱:拱,两手合围。大拱即大如拱。

⑥祥:吉兆。

⑦晏:晚。

⑧吊:对有丧事的人表示哀悼。

⑨地动:地震。

⑩昌:周文王名昌。

⑪翦:灭除。

⑫宋景公:春秋宋国国君,名栾。

⑬荧惑:火星。

⑭子韦:宋国的太史。

⑮昔:当作"夕"。

⑯七:当作"一"。

⑰陛:帝王宫殿的台阶。

⑱昔:当作"夕"。

【译文】

四曰:想要听到最中正平和的音乐,必须在最仁德清平的年代。政治仁厚则重视音乐,政治轻浮则忽视音乐,乱世则轻慢音乐了。

虽然关门闭户,一室之中却可感动天地。商汤在位的时候,有颗谷子生于庭中,黄昏的时候发芽,天亮的时候已经有两手合拢那么粗了。小吏请求占卜询问缘故,商汤让占卜的巫师回去,说:"我听说祥瑞是福气的先兆,看到了祥瑞而做不善之事,福气则不会来。妖异是祸患的先兆,看到了妖异而做善事,祸患则不会来。"商汤于是早起晚退,询问疾苦,吊唁死丧,致力于安抚百姓,三天之后谷子就消失了。因此祸患的旁边靠着福气,福气的底下藏着祸患。这是唯独圣人才能看见的,普通人哪里知道祸福的终极呢。

周文王即位第八年的六月,文王卧病在床五日而地震,震动的范围东西南北不出国都四郊。百官都请求说:"我们听说地震,是因为人主。现在大王您卧病在床五日而地震,震动范围不出周国都城的四郊,臣子们都很恐惧,说'请把灾祸移走吧'。"文王问:"怎样把它移走呢?"回答说:"大兴土木,发动大众,来增筑国都的城墙,大概可以把它移走吧。"文王说:"不可以。上天显现妖异,是为了惩罚有罪之人。我必定有罪过,所以上天以此来惩罚我。如果特意大兴土木,发动大众,来增筑国都的城墙,是加重我的罪过。不可以这样做。"文王说:"请让我姬昌用修正行为、多做善事的方法来移走它,大概可以避免灾祸吧!"文王于是慎重对待礼法、聘问以结交诸侯,修整言辞、礼品以礼遇人才,颁布爵位、等级、田土以赏赐群臣。没过多久,他的病就痊愈了。文王即位第八年地震,地震之后又过了四十三年,共享国五十一年而去世。这是文王用以阻止灾殃、剪除妖异的方法。

宋景公在位的时候,火星在心宿的位置。宋景公很害怕,把子韦叫来询问,说:"火星在心宿的位置,这是什么征兆呢?"子韦回答说:"火星代表上天的惩罚,心宿对应宋国的分野,灾祸会降临在君王您的身上。虽然如此,但可以把灾祸转移给宰相。"宋景公说:"宰相是帮助我治理国家的,灾祸转移给他就死了,不好。"子韦说:"可以把灾祸转移给百姓。"宋景公说:"百姓都死了,我还做谁的君王呢?我宁愿自己死。"子韦说:"可以把灾祸转移给庄稼收成。"宋景公说:"收成损害了,百姓就吃不饱,百姓吃不饱必死。做君王的杀死百姓为了自己活命,谁还会以我为君王呢？我的命数已尽，你不用再说了。"子韦离开自己的位置，向北面拜了两拜，说："请让我祝贺君王。天的位置虽高，却可以听见最低下的声音。君王说了三句至德之言，上天一定赏赐您三次。今晚火星必定会移动三舍的位置，君王您延寿二十一年。"宋景公说："你怎么知道的？"回答说："有三句善言，必有三次赏赐，火星必定移动三舍。每舍行经七颗星，每颗星对应一年，三七二十一，所以我认为君王延寿二十一年。请让我守在台阶下观察等候，火星不移动，我甘愿一死。"宋景公说："可以。"这天晚上火星果然移动了三舍的位置。

【评析】

　　本篇虽题为"制乐"，但实不曾言创制音乐之事，而只是记载了成汤、周文王、宋景公时事，且其事或为谷生于庭，或为国都地震，或为天象中火守心宿，均似乎与音乐没有关系。

　　本篇后面所说成汤、周文、宋景皆为明哲的天子或国君，其政治即使有缺失，都还能挽救，作者赞叹他们勇于改过和承担责任的雅量。

　　又《尚书序》云："伊陟相太戊，亳有桑谷祥，共生于朝。"成汤而下五君则至太戊，此云在汤之时，不亦谬乎？由此观之，曝书咸阳市门，无敢增损一字者，畏吕不韦之权势耳。汉扬子云恨不及其时，否则，车载其金而归矣。

　　　　　　　　　　明　　理

　　五曰：五帝三王之于乐尽①之矣。乱国之主未尝知乐者，是常主②也。夫有天赏得为主，而未尝得主之实，此之谓大悲。是正坐于夕室③也，其所谓正，乃不正矣。

　　凡生非一气之化也，长非一物之任也，成非一形之功也。故众正之所积，其福无不及也；众邪之所积，其祸无不逮④也。其风雨则不适，其甘雨则不降，其霜雪则不时，寒暑则不当，阴阳失次⑤，四时易节，人民淫烁不固，禽兽胎消不殖，草木庳⑥小不滋，五谷萎败不成。其以为乐也，若之何哉？

　　故至乱之化，君臣相贼，长少相杀，父子相忍，弟兄相诬，知交相倒⑦，夫妻相冒⑧，日以相危，失人之纪，心若禽兽，长邪苟利，不知义理。其云状有若犬、若马、若白鹄⑨、若众车；有其状若人，苍衣赤首，不动，其名曰天衡⑩；有其状若悬旟而赤，其名曰云旟；有其状若众马以斗，其名曰滑马；有其状若众植华⑪以长，黄上白下，其名蚩尤之旗。其日有斗蚀⑫，有倍僪，有晕珥⑬，有不光，有不及⑭景，有众日并出，有昼盲，有宵⑮见。其月有薄蚀⑯，有晖珥⑰，有偏盲，有四月并出，有二月并见，有小月承⑱大月，有大月承小月，有月蚀星⑲，有出而无光。其星有荧惑，有彗星，有天棓，有天欃，有天竹，有天英，有天干，有贼星，有斗星，有宾星。其气有上不属天，下不属地，有丰上杀下，有若水之波，有若山之楫⑳；春则黄，夏则黑，秋则苍，冬则赤。其妖孽有生如带，有鬼投其铧㉑，有菟生雉，雉亦生鹯，有螟㉒集其国，其音匈匈，国有游蛇西东，马牛乃言，犬彘乃连，有狼入于国，有人自天降，市有舞鸱，国有行飞，马有生角，雄鸡五足，有豕生而弥㉓，鸡卵多毈㉔，有社迁处，有豕生狗。国有此物，其主不知惊惶亟革，上帝降祸，凶灾必亟。其残亡死丧，殄绝无类，流散循㉕饥无日矣。此皆乱国之所生也，不能胜数，尽荆、越之竹，犹不能书。故子华子曰："夫乱世之民，长短颉䫿㉖百疾。民多疾疠，道多褯褓，盲秃伛㉗尪，万怪皆生。"故乱世之主，乌闻至乐？不闻至乐，其乐不乐。

【注释】

　　①尽：达到极点。

②常主:平庸的君主。

③夕室:斜向之室。

④逮:及。

⑤失次:失去常规。

⑥庳:矮,短。

⑦倒:欺。

⑧冒:嫉。

⑨鹄:天鹅。

⑩衡:当作"冲"。

⑪华:当作"蕹"。植蕹,菌类。

⑫斗蚀:日蚀。

⑬倍僪、晕珥:日旁之气。在两旁反出为倍,在上反出为僪,围绕周匝为晕,两旁内向为珥。

⑭及:当作"反"。

⑮霄:同"宵"。

⑯薄蚀:日月激会相掩。薄,迫。

⑰晖珥:月亮周围的光气。

⑱承:捧着。

⑲月蚀星:月光盖住星光。

⑳楺:当为"橤",风翻木叶。

㉑陴:城上女墙。

㉒螟:螟蛾的幼虫。

㉓弥:蹄甲不分明。

㉔鷇:卵不孵化。

㉕循:大。

㉖頡䫏:错乱。

㉗伛:脊柱弯曲。

【译文】

五曰：五帝三王对于音乐尽善尽美。乱国的君王未尝知晓音乐，因为他是平庸的君主。得到上天的赏赐成为君主，却有名而无实，这是最大的悲哀。就好像正坐在斜向之室里，所谓的正其实是不正。

大凡生命并非一气的化育，生长并非一物的责任，成熟并非一形的功劳。因此众多正气聚积之处，福泽无不到来；众多邪气聚积之处，祸患无不到来。风雨不调，甘霖不降，霜雪不时，寒暑不当，阴阳失位，四季错乱，百姓淫邪销烁不能生育，禽兽胎卵销烁不能繁殖，草木卑小不能生长，五谷枯萎不能成熟。以此为音乐，则会怎么样呢？

因此极端混乱的社会，君臣相互贼害，长幼相互杀戮，父子残忍相待，弟兄相互诬告，知交相互欺负，夫妻相互嫉妒，大家每日相互危害，失去了人的纲纪，心如禽兽，助长邪气，苟且私利，不知义理。那时的云气有的像狗，有的像马，有的像白鹄，有的像众车；有的形状像人，青衣红头，一动不动，名叫天冲；有的形状像悬挂的旌旗，红色，名叫云旌；有的形状像群马相斗，名叫滑马；有的形状像众多菌类生长，上黄下白，名叫蚩尤之旗。太阳有共斗而相蚀，有倍僪、晕珥之气，有不光亮，有不投射影子，有数日并出，有昼暗，有夜明。月亮有与日相蚀，有晕珥之气，有偏蚀，有四月并出，有二月俱现，有小月承载大月，有大月承载小月，有月亮侵蚀星星，有月出而无光。星星有荧惑，有彗星，有天棓，有天欃，有天竹，有天英，有天干，有贼星，有斗星，有宾星。妖气有的上不至天，下不及地，有的上大下小，有的像水面波纹，有的像山上风翻木叶；春天黄色，夏天黑色，秋天青色，冬天红色。妖孽有的生得像带子，有鬼投向女墙，有兔子生出野鸡，野鸡又生出鹦鸟，有蝗虫聚集在国都，飞动发出"匈匈"的声音，国都有蛇东西游走，马牛说话，猪狗交配，有狼进入国都，有人从天而降，集市有跳舞的鸥鸟，国都有横行的禽兽，马头生角，雄鸡五足，有猪生得蹄甲不分明，鸡蛋大多不能孵化，土神移位，有猪生狗。国都出现了这些妖孽，君王却不惊恐，不知道迅速改革，上帝将降下祸殃，凶灾必定很快到来。此时距离摧残死丧,灭绝无遗,流亡饥荒的日子就不远了。以上都是乱国所生的妖异,不可胜数,罄竹难书。因此子华子说:"乱世的百姓,长短无度错乱,百病丛生。民间疾疫暴发,百姓背负子女流亡,盲人、秃子、驼背、突胸,各种怪物都出现了。"因此乱世的君王怎能听到最中正平和的音乐呢? 没有听过最中正平和的音乐,他们的音乐则不快乐。

【评析】

本篇主要讲与混乱社会相配的物象,有着明显的天人感应的色彩。《易·系辞》云:"天垂象,见吉凶。"圣人则之,故能改过而迁善;庸主不悟,遂至灭亡。文章开头和结尾提到音乐,而中间主要是讲云气之象,题为明理,实则具有战国时代阴阳五行家的色彩。

孟秋纪第七

孟　秋

一曰:孟秋①之月,日在翼②,昏斗③中,旦毕④中。其日庚辛⑤,其帝少暤⑥,其神蓐收⑦,其虫毛⑧,其音商⑨,律中夷则⑩,其数九,其味辛⑪,其臭腥⑫,其祀门,祭先肝⑬。凉风至,白露降,寒蝉鸣,鹰乃祭鸟⑭。始用行戮。天子居总章左个⑮,乘戎路⑯,驾白骆⑰,载白旂,衣白衣,服白玉,食麻与犬,其器廉以深⑱。

是月也,以立秋。先立秋三日,太史谒之天子,曰:"某日立秋,盛德在金。"天子乃斋。立秋之日,天子亲率三公、九卿、诸侯、大夫,以迎秋于西郊。还,乃赏军率武人于朝。天子乃命将帅选士厉兵,简练桀俊;专任有功,以征不义;诘诛暴慢,以明好恶,巡彼远方。

是月也,命有司修法制,缮囹圄⑲,具桎梏⑳,禁止奸,慎㉑罪邪,务搏执㉒。命理㉓瞻伤察创,视折审断,决狱讼必正平,戮有罪,严断刑。天地始肃,不可以赢㉔。

是月也,农乃升谷㉕。天子尝新,先荐寝庙㉖。命百官始收敛;完堤防,谨壅塞,以备水潦;修宫室,坿㉗墙垣,补城郭。

是月也,无以封侯、立大官,无割土地、行重币、出大使。

行之是令，而凉风至三旬。孟秋行冬令，则阴气大胜，介虫⑧败谷，戎兵乃来；行春令，则其国乃旱，阳气复还，五谷不实；行夏令，则多火灾，寒热不节，民多疟疾。

【注释】

①孟秋：夏历七月。

②翼：南方宿，楚之分野。

③斗：北方宿，吴之分野。

④毕：西方宿，赵之分野。

⑤庚辛：天干金日。

⑥少暤：黄帝之子青阳，名挚，以金德王天下，死祀于西方，为金德之帝。

⑦蓐收：少暤氏之裔子，名该，有金德，死为金官之神。

⑧毛：如老虎般长有毛发的动物。

⑨商：五音之一，金音，位在西方。

⑩夷则：阳律，太阳气衰，太阴气发，万物肃然，为秋之律。

⑪辛：金味。

⑫腥：金气。

⑬先肝：肝属木，金克木，先食所克。

⑭祭鸟：鹰击杀鸟于大泽之中，四面摆开，世谓之祭鸟。此为行刑戮的征兆。

⑮总章左个：指明堂西堂南室。明堂西向之堂谓之总章。左个，南室。

⑯戎路：天子在军中所乘战车，白色。

⑰骆：白马黑鬣。

⑱廉以深：指有棱角的深腹器皿。廉，利，象金割断。深，象阴闭藏。

⑲囹圄：监狱。

⑳桎梏：束缚罪犯手足的刑具。

㉑慎：戒。

㉒搏执：捕获。

㉓理：司法官。

㉔赢：同"盈"，盛，骄盈。

㉕升谷：进奉谷物。

㉖寝庙：示不忘亲。

㉗坿：培，增厚。

㉘介虫：龟属，有甲壳的动物。

【译文】

一曰：孟秋七月，太阳在翼宿的位置，黄昏与拂晓时刻，斗宿与毕宿各位于南方中天。此月的天干是庚辛，主宰之帝是少暤，佐帝之神是蓐收，代表动物是长毛的老虎，对应五音中的商音，十二律中的夷则，对应的数字是九，味道是辛，气味是腥，祭祀的对象是门，祭品以肝为先。此月凉风到来，白露降落，寒蝉鸣叫，老鹰搏杀禽鸟，四面陈列。此月开始施用刑罚。天子行令于明堂西堂南室，乘白车，驾白马，上载白旗，穿白衣，佩白玉，吃麻子与狗肉，所用礼器有棱而深腹。

此月立秋。立秋前三日，太史禀告天子说："某日立秋，盛德在金。"天子于是开始斋戒。立秋当天，天子亲自率领三公、九卿、诸侯、大夫，在西郊迎秋金气。礼毕归来，在朝堂赏赐军将武人。天子命令将帅拣选士卒，磨砺兵器，选练人才；专任有功之将，征讨不义之人；审讯诛除残暴轻慢之徒，以彰明好恶，巡视天下。

此月，命令主管官员修订法令，修缮牢狱，准备刑具，禁止奸邪，警戒有罪邪恶之人，务必捉拿拘捕。命令狱官视察创伤毁折，审慎断案，判决狱讼一定要公正平直，惩罚有罪之人，从严断刑。天地之气开始肃杀，此时不可骄盈。

此月，农夫进献谷子。天子品尝新谷，首先献给宗庙祖先。命令百官开始收敛谷物；完缮堤防，谨慎疏通壅塞，以备大水灾害；修葺宫室，培实墙基,修补城郭。

此月不得分封诸侯、设立高官,不得割裂土地、使用重礼、派出大使。

君王行此月之令,则三旬之内凉风时至。若在孟秋行冬季政令则会导致阴气大胜,龟类介甲动物败坏谷物,戎兵来袭;若在孟秋行春季政令则会导致其国干旱,阳气复还,五谷不能成熟;若在孟秋行夏季政令则会导致火灾多发,寒热不调,百姓多得疟疾。

【评析】

孟秋七月,天地肃杀,始用刑戮。《左传》云"赏以春夏,刑以秋冬",俗语云"秋后问斩",在此时也。

本篇为《孟秋纪》定下了基调,秋天既是刑杀之时,也是出兵征讨的季节,所以《孟秋纪》主要讲兵家之事。

荡 兵①

二曰:古圣王有义兵而无有偃②兵。兵之所自来者上③矣,与始有民俱。凡兵也者威也,威也者力也。民之有威力,性也。性者,所受于天也,非人之所能为也。武者不能革④,而工者⑤不能移。兵所自来者久矣,黄、炎故用水火⑥矣,共工氏固次作难⑦矣,五帝固相与争矣。递兴废⑧,胜者用事。人曰"蚩尤⑨作兵",蚩尤非作兵也,利⑩其械矣。未有蚩尤之时,民固剥林木以战矣,胜者为长。长则犹不足治之,故立君。君又不足以治之,故立天子。天子之立也出于君,君之立也出于长,长之立也出于争。争斗之所自来者久矣,不可禁,不可止。故古之贤王有义兵而无有偃兵。

家无怒笞⑪,则竖子、婴儿之有过也立见;国无刑罚,则百姓之相侵也立见;天下无诛伐,则诸侯之相暴⑫也立见。故怒笞不可偃于家,刑罚不可偃于国,诛伐不可偃于天下,有巧有拙而已矣。故古之圣王有义兵而无有偃兵。

夫有以噎^⑬死者,欲禁天下之食,悖^⑭;有以乘舟死者,欲禁天下之船,悖;有以用兵丧其国者,欲偃天下之兵,悖。夫兵不可偃^⑮也,譬之若水火然,善用之则为福,不能用之则为祸;若用药者然,得良药则活人,得恶药则杀人。义兵之为天下良药也亦大矣。

且兵之所自来者远矣,未尝少选^⑯不用。贵贱、长少、贤者不肖相与同^⑰,有巨有微而已矣。察兵之微,在心而未发,兵也;疾视,兵也;作色,兵也;傲言,兵也;援推^⑱,兵也;连反^⑲,兵也;侈斗^⑳,兵也;三军攻战,兵也。此八者皆兵也,微巨之争也。今世之以偃兵疾说者,终身用兵而不自知,悖。故说虽强,谈虽辨,文学虽博,犹不见听。故古之圣王有义兵而无有偃兵。兵诚义,以诛暴君而振苦民,民之说也,若孝子之见慈亲也,若饥者之见美食也;民之号呼而走之,若强弩之射于深溪也,若积大水而失其壅堤也。中主^㉑犹若不能有其民,而况丁暴君乎!

【注释】

①荡兵:动兵,动用武力。本篇标题一作"用兵"。

②偃:停止,废除。

③上:上古,久远。

④革:变更。

⑤工者:才能之士。

⑥水火:用水攻或火攻作为战争手段。

⑦次作难:继而发动战争。

⑧递兴废:一作"递兴递废",指王朝相继兴起和灭亡。

⑨蚩尤:黄帝时代的部族首领,曾起兵反黄帝,后被征服。

⑩利：坚锐锋利。

⑪笞：笞打的惩罚。

⑫暴：侵伐。

⑬馈：食物腐败发臭。

⑭悖：惑乱。

⑮夫兵不可偃："夫"或作"矣"，属上。"兵"下或有"之"字。

⑯少选：须臾，一会儿。

⑰同：指皆以胜利为目的。

⑱援推：或拉或推，推推搡搡，指人争执之时互相推攘的情状。

⑲连反："反"当作"拊"。连拊即拊手，以手相搏。或云连拊指用脚相踢互斗。

⑳佟斗："佟"当作"佣"。佣斗，群斗，混战。

㉑中主：一般的平庸的君主，非贤君。

【译文】

二曰：古代的圣王主张正义的战争而并不废止战争。战争的由来非常久远，与人类一同产生。所谓的战争崇尚的是威势，威势依靠的是力量。人类具有威势和力量，这是天性。所谓天性，受之于天，并非人力所能操控。勇武的人不能使它改变，有才能的人不能使它易转。战争的由来非常久远，黄帝、炎帝曾以水火相战，共工氏其次发难，五帝也曾相互争斗。兴废更递，胜者为王。人们说"蚩尤发明了战争"，其实蚩尤并非发明了战争，只是改良了兵器，使其坚利。在蚩尤之前，人类已经砍伐林木为武器作战了，获胜的被立为将帅。将帅仍然不足以治理百姓，于是设立了君王。君王又不足以治理百姓，于是设立了天子。天子的设立出于君王，君王的设立出于将帅，将帅的设立出于战争。战争的由来非常久远，不可禁除，不可废止。因此古代的圣王主张正义的战争而并不废止战争。

一个家庭如果没有怒笞家法让人畏惧，那么小子、婴孩的过失就会立刻显现;一个国家如果没有刑罚可让人畏惧,那么百姓相互侵夺的罪行就会立刻显现;天下如果没有征伐可让人畏惧,那么诸侯相互侵伐的罪行就会立刻显现。因此家法不可废于家,刑罚不可废于国,征伐不可废于天下,只是使用它们有巧拙之别而已。所以古代的圣王主张正义的战争而并不废止战争。

有人吃了腐败的食物而死,因此打算禁除天下所有的食物,这是荒谬的;有人乘船淹死,因此打算禁除天下所有的船只,这是荒谬的;有人发动战争而亡国,因此打算禁除天下所有的战争,这也是荒谬的。战争不可废止,就好像生活中使用的水火一样,善用则为福,不善用则为祸;就好像使用药物一样,得到良药则可救人,得到毒药则可杀人。正义的战争作为天下的良药,意义是十分重大的。

战争的由来非常久远,从未有一刻不曾使用。贵贱、长幼、贤能与不肖的人都是相同的,只是有大小之别而已。最细微的战争,斗志在心中而未发,这是战争;怒目相视,这是战争;面有怒色,这是战争;言语傲慢,这是战争;推搡拉扯,这是战争;以手脚相搏,这是战争;聚众群斗,这是战争;三军攻战,这也是战争。以上八者都是战争,只是大小的差别而已。当今世上那些游说废止战争的人,终身在战争而自己不知道,这是荒谬的。因此他们的理论虽然强大,言谈虽然雄辩,文辞虽然博雅,却没有人听从。所以古代的圣王主张正义的战争而并不废止战争。如果战争是正义的,用以诛除暴君而赈济贫苦百姓,百姓对战争的喜悦,就好像孝子见到了母亲,饥饿的人见到了美食一样;百姓号呼而奔赴战争,就好像强弓射向深溪,积聚了大水而堤坝崩溃一样。在这种情势下,一般的君王尚且不能保有他的百姓,何况是暴君呢!

【评析】

本篇讲战争的由来。作者并没有一般儒者墨者一样的迂腐观点,以为战争是不义的,所以要取消,而是区分了战争的正义与非正义性质,指出战争在人类历史发生以来,就一直存在,且历史的推进,王朝兴废,都是依靠战争来推动的,怎能侈言偃兵息武?

《左传·襄公二十七年》子罕曰:"天生五材,民并用之,废一不可,谁能去兵? 兵之设久矣,所以威不轨而昭文德也。圣人以兴,乱人以废,废兴存亡昏明之术,皆兵之由也。"军事是政治的延续,如果政治解决不了的问题,战争会是解决的最后手段。古往今来,莫不如此。人类历史上大大小小的战争,都有其目的性。一个国家保持强大的武力,也是威慑敌人、维护和平的重要手段。在当今世界多极化的现实中,随着国际上各种矛盾冲突的发展,以及许多地区战乱频仍的现状,读读本篇关于战争的来源和重要性的阐述,当有以古鉴今的作用。

文中关于"八兵"的论述颇为精当,巨细之分,由心到外,颇为细密。

振　乱①

三曰:当今之世浊②甚矣,黔首③之苦不可以加矣。天子既绝④,贤者废伏⑤,世主恣行,与民相离,黔首无所告诉⑥。世有贤主秀士,宜察此论也,则其兵为义矣。天下之民,且⑦死者也而生,且辱者也而荣,且苦者也而逸。世主恣行,则中人⑧将逃其君,去其亲,又况于不肖者乎? 故义兵至,则世主不能有其民矣,人亲不能禁其子矣。

凡为天下之民长⑨也,虑莫如长有道而息无道,赏有义而罚不义。今之世,学者多非乎攻伐。非攻伐而取救守⑩,取救守,则乡⑪之所谓长有道而息无道、赏有义而罚不义之术不行矣。天下之长民⑫,其利害在察此论也。攻伐之与救守一实⑬也,而取舍人异⑭,以辨说去之,终无所定论。固不知,悖也;知而欺心,诬也。诬悖之士,虽辨无用矣。是非其所取而取其所非也,是利之而反害之也,安之而反危之也。为天下之长患、致黔首之大害者,若说为深。夫以利天下之民为心者,不可以不熟察此论⑮也。

夫攻伐之事，未有不攻无道而罚不义也。攻无道而伐不义，则福莫大焉，黔首利莫厚焉。禁之者，是息有道而伐有义也，是穷汤、武之事，而遂桀、纣之过也。凡人之所以恶⑯为无道、不义者，为其罚也；所以蕲⑰有道，行有义者，为其赏也。今无道、不义存，存者赏之⑱也；而有道、行义穷，穷者罚之⑲也。赏不善而罚善，欲民之治也，不亦难乎？故乱天下、害黔首者，若论为大。

【注释】

①振乱：救民于苦难。

②浊：乱。

③黔首：百姓。

④天子既绝：指周王室灭亡，其时在公元前249年。

⑤废伏：废弃不用。

⑥告诉：申诉。

⑦且：将。

⑧中人：平凡的人。

⑨民长：百姓的长官。

⑩救守：防守。

⑪乡：通"向"，原先。

⑫长民：当作"民长"。

⑬一实：其实质一样。

⑭取舍人异：人们的取舍各有不同。

⑮论：辨，别，分别。

⑯恶：畏惧。

⑰蕲：当作"勤"。努力从事。

⑱存者赏之：保全者就相当于奖赏它。

⑲穷者罚之：困厄者就相当于惩罚它。

【译文】

三曰：当今之世极度混乱，百姓的痛苦无以复加。周天子已经绝祀，贤人不受任用，伏藏避世，昏庸的君主恣意妄为，与民众相违背，百姓的怨怒无所控告。世间若有贤明的君主及善治之士，应当考察上述情况，发动正义的战争。天下百姓将要死亡的得到了新生，将要受辱的得到了荣耀，将要吃苦的得到了安逸。昏庸的君主恣意妄为，那么一般的人尚且逃离他的君王，不顾他的父母，又何况不肖之人呢？因此正义的战争到来，那么昏庸的君主就不能保有他的民众了，父母就不能禁制他们的儿子了。

大凡做天下百姓君长的人，思考的大计莫过于助长有道而止息无道，奖赏有义而惩罚不义。当今之世，学者大多非议攻伐。非议攻伐却选择防守，选择了防守，那么上述助长有道而止息无道、奖赏有义而惩罚不义的大计就无法施行了。天下的君长，利害关键在于考察此论。攻伐是为了陷破，救守是为了保全，两者的实质是一样的，学者人人各执一端，非议对方，始终没有定论。如果他们本来不懂这个道理，这是昏悖；如果懂得了却自欺其心，这是诬枉。诬枉昏悖之人，就算能言善辩也不可任用。这是非议他们所选择的却选择了他们所非议的，是希望利民反而害民的言论，是希望安民反而危民的言论。给天下招致长久祸患，为百姓带来巨大损害的，以此言论为最。因此以利于天下百姓为心的君王，不可不仔细审查以上的言论。

攻伐征战之事，没有不讨伐无道而惩罚不义的。讨伐无道而惩罚不义，则福泽最大，百姓获利最多。禁止攻伐，是止息有道而讨伐有义，是穷竭商汤、周武王的大业而助长夏桀、商纣的过失。大凡人们畏惧无道、不义的行为，是为了避开惩罚；人们勤勉于有道、有义的行为，是为了得到奖赏。当今无道、不义之人保全，这种保全就像是对他们的赏赐；有道、行义之人困厄，这种困厄就像是对他们的惩罚。赏赐不善却惩罚善良，想要百姓听指挥，不是困难的事吗？因此扰乱天下、祸害百姓，以此言论为最。

【评析】

此篇讲振救百姓之道，在于攻伐。开篇即指出当今之世为浊世，百姓不得保全，无所告诉，故举义兵者必得民众归心。次段分析攻伐与救守之说，指出攻伐为上，救守之说限制了解民倒悬的义兵的攻伐，是不可取的。末段指出禁止攻伐的实质是奖励无道与不义，而惩罚有道与有义，将会祸乱天下。

这篇的意旨，在于阐明用兵是拯救民众于苦难的手段，主张进攻，反对防守。文章反映了战国末期经过法家改革之后的秦国新兴地主阶级的要求，充满了进取精神，具有鲜明的时代色彩。

禁　塞①

四曰：夫救守之心②，未有不守③无道而救不义也。守无道而救不义，则祸莫大焉，为天下之民害莫深焉。

凡救守者，太上以说④，其次以兵。以说则承从多群⑤，日夜思之，事心任精⑥，起则诵之，卧则梦之，自今单唇干肺⑦，费神伤魂，上称三皇五帝之业以愉其意，下称五伯名士之谋以信⑧其事。早朝晏罢，以告制兵⑨者，行说语众，以明其道。道毕说单而不行，则必反之兵矣。反之于兵则必斗争，之情⑩必且杀人，是杀无罪之民以兴无道与不义者也。无道与不义者存，是长天下之害而止天下之利。虽欲幸而胜，祸且始长。

先王之法曰："为善者赏，为不善者罚。"古之道也，不可易。今不别其义与不义，而疾⑪取救守，不义莫大焉，害天下之民者莫甚焉。故取攻伐者不可,非攻伐不可;取救守不可,非救守不可;取惟义兵为可。兵苟义,攻伐亦可,救守亦可;兵不义,攻伐不可,救守不可。

使夏桀、殷纣无道至于此者,幸也;使吴夫差、智伯瑶⑫侵夺至于此者,幸也;使晋厉、陈灵、宋康⑬不善至于此者,幸也。若令桀、纣知必国亡身死,殄⑭无后类,吾未知其厉为无道之至于此也;吴王夫差、智伯瑶知必国为丘墟,身为刑戮,吾未知其为不善无道侵夺之至于此也;晋厉知必死于匠丽氏⑮,陈灵知必死于夏徵舒⑯,宋康知必死于温⑰,吾未知其为不善之至于此也。此七君者,大为无道不义,所残杀无罪之民者不可为万数。壮佼、老幼、胎殰⑱之死者,大实平原,广堙⑲深溪大谷,赴巨水,积灰填沟洫险阻。犯流矢,蹈白刃,加之以冻饿饥寒之患。以至于今之世,为之愈甚,故暴骸骨无量数,为京丘⑳若山陵。世有兴主㉑仁士,深意念此,亦可以痛心矣,亦可以悲哀矣。

察此其所自生,生于有道者之废,而无道者之恣行。夫无道者之恣行,幸矣。故世之患不在救守,而在于不肖者之幸也。救守之说出,则不肖者益幸也,贤者益疑矣。故大乱天下者,在于不论其义,而疾取救守。

【注释】

①禁塞:禁止雍塞,指反对救守之说。

②心:当作“事”。

③不守:即“守”。不守即守义,如《尚书》:“我生不有命在天。”不有即有。此处类似。

④说:言辞。

⑤承从多群:当为“聚徒成群”。

⑥事心任精：役使本心，费尽精神。

⑦单唇干肺：费尽口舌，肺火干燥。单，尽。

⑧信：明。

⑨制兵：主持军事。

⑩之情：即斗争之情。

⑪疾：争着。

⑫智伯瑶：战国早期晋国知氏家族家主，公元前453年为韩、魏、赵联兵所灭。

⑬晋厉、陈灵、宋康：晋厉公、陈灵公、宋康王。晋厉公为春秋时晋国国君，公元前580年至前573年在位。陈灵公为春秋时陈国国君，公元前613年至前599年在位。宋康王为战国时宋国最后一任国君，公元前286年，宋国为齐、楚、魏等国所灭。

⑭殄：音tiǎn，灭绝。

⑮匠丽氏：晋灵公被栾书、中行偃杀于大夫匠丽氏之家。

⑯夏徵舒：陈灵公与夏徵舒之母夏姬通奸，被夏徵舒射杀于其家。

⑰温：地名，在今河南温县西南三十里。宋康王于此地被杀。

⑱壮佼、老幼、胎殰：壮佼，壮健者。殰，音dú，死于腹中的胎儿。

⑲广埋：大量地填塞。埋，音yīn。

⑳京丘：战争中杀人，合土筑之，以为京观，谓之京丘。

㉑兴主：兴起，兴盛的国君。

【译文】

四曰：救守之事，没有不是保守无道而救护不义的。保守无道而救护不义，则祸患没有比这更大的了，给天下百姓带来的灾害没有比这更重的了。

大凡救守的方法，最上等的以言辞，其次以兵威。用言辞的方法则聚众成群，日夜思虑，劳动心神，任用精力，昼起则陈述它，夜卧则梦见它，以至于唇干肺燥，费神伤魂，上称三皇五帝的功业以愉悦君王之意，下称五霸名士的谋略以彰明救守之事。早起晚退，以告谕主兵之人，宣扬主张，晓谕众人，以说明自己的道理。道理穷尽，言辞殚竭而不被采纳，则一定会回到使用兵威的方法。回到使用兵威的方法则必定引起斗争，斗争的结果则必定杀人，这是杀害无辜的百姓以兴盛无道与不义之人。无道与不义之人保全，这是助长天下的祸害，而禁止天下的利益。就算侥幸取胜，祸患也将由此开始滋长。

先王之法规定："为善者奖赏，为不善者惩罚。"自古之道，不可违背。如果不分别正义与不义，而急切选择了救守，这是最大的不义，残害天下百姓的没有比这更厉害的了。因此一概选择攻伐不可，一概非议攻伐也不可；一概选择救守不可，一概非议救守也不可；只有正义的战争才可以。如果战争是正义的，选择攻伐亦可，选择救守亦可；如果战争是不义的，选择攻伐不可，选择救守亦不可。

使夏桀、商纣无道到了这样的地步，是出于侥幸心理；使吴王夫差、智伯瑶侵夺到了这样的地步，是出于侥幸心理；使晋厉公、陈灵公、宋康王不善到了这样的地步，是出于侥幸心理。假如让夏桀、商纣知道将来必定国亡身死，灭绝无后，我不相信他们会无道到这样的地步；假如让吴王夫差、智伯瑶知道将来必定国都成为荒墟，身受刑戮，我不相信他们会侵夺到这样的地步；假如让晋厉公知道将来必定死于匠丽氏之家，让陈灵公知道将来必定死于夏徵舒之手，让宋康王知道将来必定死于温邑，我不相信他们会不善到这样的地步。以上七位君王，最为无道不义，所残杀的无辜百姓不可胜数，壮少、老幼、胎儿死者遍布平原，填满深溪大谷，流入大河，战火的灰烬填满沟洫险阻。百姓冒着箭雨，踏着白刃，加以冻饿饥寒的忧患。以至于当今之世，愈来愈甚，暴露的骸骨无量无数，战死的尸体堆为京丘，高若山陵。世上若有贤主仁士，深思及此，亦可以痛心悲哀了。

以上情况产生的原因，在于有道之人不被任用，而无道之人恣意妄为。无道之人得以恣意妄为，这是侥幸。因此世上的祸患不在于救守，而在于不肖之人心存侥幸。救守之说产生以后，则不肖之人越发侥幸了,贤能的人越发恐惧了。因此天下大乱的原因,在于不分别正义与不义,而急切选择了救守。

【评析】

本篇继续申论救守之道不可取,须禁止之,故名之曰"禁塞"。文中指出要分别战争为义与不义,义则无论攻伐救守均可,不义则攻伐救守均不可。这里很明确地将战争的性质划分为义与不义,并以攻伐为主,仍然对救守持反对意见。

文中描写战争给人民带来的苦难,"壮佼、老幼、胎殰之死者,大实平原,广堙深溪大谷,赴巨水,积灰填沟洫险阻。犯流矢,蹈白刃,加之以冻饿饥寒之患。以至于今之世,为之愈甚,故暴骸骨无量数,为京丘若山陵",给人触目惊心之感,也反映了战国时代战争的残酷性,并以此为论据,强调攻伐能制止这些无道之人的恣意妄为,为自己的论证添上了浓墨重彩的一笔。

怀　宠①

五曰:凡君子之说也,非苟②辨也;士之议也,非苟语也。必中理③然后说,必当义然后议④。故说义⑤而王公大人益好理矣,士民黔首⑥益行义矣。义理之道彰,则暴虐、奸诈、侵夺之术息也。

暴虐、奸诈之与义理反也,其势不俱胜⑦,不两立。故兵入于敌之境,则民知所庇矣,黔首知不死矣。至于国邑之郊,不虐五谷,不掘坟墓,不伐树木,不烧积聚,不焚室屋,不取六畜。得民虏奉而题归之⑧,以彰好恶。信与民期,以夺敌资⑨。若此而犹有忧恨冒疾⑩、遂过⑪不听者,虽行武⑫焉亦可矣。

先发声出号⑬曰:"兵之来也,以救民之死⑭。子之在上无道,据傲⑮荒怠,贪戾虐众,恣睢⑯自用也,辟远⑰圣制,謷丑⑱先王,排訾⑲旧典,上不顺天,下不惠民,征敛无期,求索无厌,罪杀不辜,庆赏不当。若此者,天之所诛也,人之所仇也,不当为君。今兵之来也,将以诛不当为君者也,以除民之仇而顺天之道也。民有逆天之道、卫⑳人之仇者,身死家戮不赦。有能以家听者禄之以家,以里听者禄之以里㉑,以乡听者禄之以乡㉒,以邑听者禄之以邑,以国听者禄之以国。"故克其国,不及其民,独诛所诛而已矣。举其秀士㉓而封侯之,选其贤良而尊显之,求其孤寡而振恤之,见其长老而敬礼之。皆益其禄,加其级㉔。论㉕其罪人而救出之。分府库之金,散仓廪之粟,以镇抚其众,不私其财。问其丛社大祠,民之所不欲废者而复兴之,曲㉖加其祀礼。是以贤者荣其名,而长老说其礼,民怀其德。

今有人于此,能生死一人㉗,则天下必争事之矣。义兵之生一人㉘亦多矣,人孰不说? 故义兵至,则邻国之民归之若流水,诛国㉙之民望之若父母,行地滋远,得民滋众,兵不接刃而民服若化㉚。

【注释】

①怀宠:指施宠以怀民,用恩宠的手段使百姓归顺。

②苟:随便。

③中理:合乎道理。

④议:说。

⑤义:按上文,应作"议"。

⑥士民黔首:士民,民众中杰出者。黔首,一般的老百姓。

⑦胜:胜出,一方压倒另一方。

⑧奉而题归之:奉,送。"题"字衍。

⑨以夺敌资:敌之百姓为敌人的战争资源,现在被己方怀宠而归于

己,则相当于夺取了对方的战争资源。

⑩忧恨冒疾:忧,当为"复",通"愎",愎恨,固执,乖戾。冒疾,妒忌。

⑪遂过:坚持错误。遂,成。

⑫行武:使用武力。

⑬号:令。

⑭救民之死:救民之命。

⑮据傲:据,通"倨"。倨傲,傲慢不恭。

⑯恣睢:音 zì suī,放纵暴戾。

⑰辟远:屏除疏远。

⑱謷丑:指诋毁丑化。謷,音 áo。

⑲排訾:指排斥诋毁。訾,音 zǐ。

⑳卫:保护,救助。

㉑里:古代制度,二十五家一闾,即一里。

㉒乡:古代制度,一万二千五百家为一乡。

㉓秀士:杰出之士。

㉔级:等级。

㉕论:审理,定罪。

㉖曲:婉曲,曲折,想方设法。

㉗生死一人:掌握对人生杀予夺的权力。

㉘生一人:"一"字疑衍。

㉙诛国:所讨伐诛杀的国家。

㉚若化:指顺化。若,顺。

【译文】

五曰:大凡君子之说,并非随意的论辩;贤士的议论,并非随意的言辞。一定要符合义理然后才陈说,一定要符合义理然后才议论。因此听了合乎道义之说,而王公大臣越发喜好义理,士民百姓越发遵行义理。义理之道彰明,则暴戾恣虐、奸狡诈伪、侵略攘夺的事就会停止。

暴戾恣虐、奸狡诈伪与义理相反，不可同时胜过对方，势不两立。因此正义之师进入敌国境内，百姓就知道有所依庇了，知道不会死亡了。正义之师到达敌国国都的郊外，不损害庄稼，不挖掘坟墓，不砍伐树木，不焚烧粮草，不焚毁房屋，不夺取牲畜。得到了百姓俘虏则送还归家，以彰显对于暴君的厌恶和对顺民的友好。以信义与民相约，以此夺去敌国暴君的支持。像这样而如果还有坚持错误、妒嫉、顽固不化、不听劝阻的人，就算对他们动用武力也是可以的。

进攻之前，先发出这样的声音，下令说："军队的到来，是来拯救百姓的生命。你们的君上是无道之君，傲慢不恭，荒废政务，贪婪残暴，虐待国人，放纵暴戾，师心自用，屏弃圣明的制度，肆意诋毁先圣贤王，排斥诋毁国家成法，上不顺从于天，下不泽惠于民，征敛财富没有定时，求索财物没有满足，以罪杀害无辜之人，喜丧事宜均不得当。如此之君，是上天要诛罚的，百姓所仇恨的，他不应该继续做国君！现在军队的到来，将要诛杀这不应该继续做国君的人，以除掉百姓的仇敌，顺从上天的规律。百姓如果有违逆上天的规律、卫护大家的敌人的，其自身和家族均将被处死，不在赦免之列。军队的到来，有能以家族听命者，给予一家之禄；有能以一里听命者，给予一里之禄；有能以一乡听命者，给予一乡之禄；有能以一邑听命者，给予一邑之禄；有以一国听命者，给予一国之禄。"所以攻克敌国而不罪其百姓，是只诛杀所要诛杀之人而已。战胜之后，举拔其国中的杰出之士，分封其爵位，使其为侯；选拔其国中的贤良之士，使其尊贵显赫；寻找其国中的孤独鳏寡之人，加以赡养抚恤；见到其国中的年长耆旧之人，加以礼敬。增加这些人的禄养，增加其等级。审理监狱中的罪人，将其救出狱外。分掉府库里的藏金，散掉仓库里的粮食，以镇定安抚众人，不私自占有其财物。打听其国中的祭祀地点，老百姓不想废掉的祭祀，就重新恢复它，想方设法使它的祭祀更加隆重。这样贤明的人能够显露他的声名，而年长耆宿喜欢它的礼制，百姓皆安于他的德行。

现在有人在此，他掌握了人的生死权柄，则天下人一定会争着服事他。正义之师,使人全活者多,人们哪有不高兴的? 所以正义之师到后,民众就像流水一样归顺于他,所诛罚之国的百姓像盼望父母到来一样地盼望义军的到来,军队走得越远,得到的百姓就越多,双方的兵器还没碰撞,百姓就歆服,顺从其教化。

【评析】

本篇强调军事行动须以怀柔敌方百姓为前提,做到只诛首恶,而以恩宠怀来远人。

师出有名一向是中国古代军事哲学的核心智慧。利益的攘夺在古人看来,并不是军事行动的首要目标。征伐敌国,首先是敌国君主荒淫无道,为了解民倒悬而动用武力。这是符合古代的王政理想的。如汤伐桀、武王伐纣,均是其例。文中详细地解释了该如何宣布敌方君主的罪状,进入敌国后怎样开展政治攻势,怎样怀柔其百姓,可谓是一篇详尽的军政指导计划。

《孟秋纪》五篇以讲述兵事为主,其中崇尚战争的正义性,反对防守,推崇进攻,生动地表明了正处在上升阶段的秦国新兴地主阶级锐意进取的精神状态。

仲秋纪第八

仲　秋

一曰：仲秋①之月，日在角②，昏牵牛③中，旦觜巂④中。其日庚辛⑤，其帝少皞⑥，其神蓐收⑦，其虫毛⑧，其音商⑨，律中南吕⑩，其数九，其味辛⑪，其臭腥，其祀门⑫，祭先肝⑬。凉风生，候鸟来，玄鸟⑭归，群鸟养羞⑮。天子居总章太庙⑯，乘戎路⑰，驾白骆⑱，载白旂，衣白衣，服白玉，食麻与犬⑲，其器廉以深⑳。

是月也，养衰老，授几杖㉑，行糜粥㉒饮食。乃命司服具饬衣裳㉓，文绣有常㉔，制㉕有小大，度㉖有短长，衣服有量㉗，必循其故㉘，冠带㉙有常。命有司申严百刑㉚，斩杀必当㉛，无或枉桡㉜，枉桡不当，反受其殃。

是月也，乃命宰祝㉝巡行牺牲，视全具，案刍豢㉞，瞻肥瘠，察物色，必比类，量小大，视长短，皆中度㉟。五者备当，上帝其享。天子乃傩㊱，御佐疾㊲，以通秋气。以犬尝麻，先祭寝庙。

是月也，可以筑城郭，建都邑，穿窦窖㊳，修囷仓㊴。乃命有司趣民收敛㊵，务蓄菜，多积聚。乃劝种麦，无或失时，行罪无疑。

是月也，日夜分㊶，雷乃始收声㊷，蛰虫俯户。杀气㊸浸盛，阳气㊹日衰，水始涸。日夜分，则一度量，平权衡，正钧石㊺，齐斗甬㊻。

是月也,易关市㊼,来商旅,入货贿,以便民事。四方来杂,远乡皆至,则财物不匮,上无乏用,百事乃遂。凡举事无逆天数㊽,必顺其时,乃因其类。

行之是令,白露降三旬㊾。仲秋行春令,则秋雨不降,草木生荣,国乃有大恐。行夏令,则其国旱,蛰虫不藏,五谷复生。行冬令,则风灾数起,收雷先行㊿,草木早死。

【注释】

①仲秋:夏历八月。

②角:东方宿,韩、郑之分野。

③牵牛:北方宿,越之分野。

④觜巂:西方宿,魏之分野。

⑤庚辛:天干金日。

⑥少皞:亦作"少昊",金天氏,以金德王天下,为西方金德之帝,为金神。

⑦蓐收:少皞氏之子,名该,为金官。

⑧毛虫:体上多毛的蝶、蛾类幼虫。

⑨商:五音(宫、商、角、徵、羽)之一。古人将五音与四季相配,商音配秋,因以商指秋季。

⑩南吕:古代乐律调名。十二律之一,属阴律。古人以十二律配十二月,南吕配八月。

⑪辛:金味。

⑫门:孟秋始内,由门入,故祀门也。

⑬先肝:肝属木,金克木,先食所克。

⑭玄鸟:燕子。

⑮养羞:储藏食物以备冬。

⑯总章太庙:古代天子明堂之西向室。取西方总成万物而章明之之意。太庙,中央室也。

⑰戎路:古之帝王军中所乘之车。

⑱白骆:白马黑鬃为骆。

⑲麻与犬:麻,五谷之一,芝麻。犬,金畜也。

⑳其器廉以深:宗庙所用之器,皆棱角锋利,以象阴气之闭藏。

㉑几杖:坐几和手杖,皆老者所用,为敬老之物。

㉒糜粥:粥。"糜"与"縻"同。

㉓司服:主衣服之官。饬:整理。衣裳:上曰衣,下曰裳。

㉔文绣:青与赤相配谓之文,五色齐备谓之绣。常:常规、常法。

㉕制:古称布帛长宽的法定尺度为"制"。

㉖度:计算长短的标准和器具。

㉗量:测量物体多少的器具。

㉘故:事理,法则。

㉙冠带:帽子与腰带。

㉚有司:古代设官分职,各有专司。这里指理官。申严:申令严格遵守或执行某种法令、措施。百刑:刑非一,故言百,指各种刑罚。

㉛当:得当。

㉜枉桡:违法曲断,偏私下公,使有理不者不能申。凌弱为枉,违强为桡。

㉝宰祝:宰,太宰。掌养祭祀所用牺牲之官。祝,太祝。掌祭祀祈祷之事。

㉞刍豢:刍,牛羊曰刍。豢,犬豕曰豢。

㉟中度:合乎标准、法度。

㊱傩:傩祭,迎神以驱逐疫鬼,去除不祥。

㊲佐疾:疫病。

㊳窦窌:藏谷物的地窖。

㊴囷仓:粮仓。

㊵趣:促使,监督。收敛:收获农作物。

㊶日夜分:日夜的时刻相等。分,等也,昼漏五十刻,夜漏五十刻。

㊷雷乃始收声:另有作"雷乃始收",指雷声不震。

㊸杀气:寒气,阴气。

㊹阳气:暖气,生长之气。

㊺钧石:古代计量单位。三十斤为钧,一百二十斤为石。

㊻斗甬:皆量器。

㊼关市:位于交通要道的市集。

㊽天数:天道。

㊾降三旬:每十天降落一次。旬,十天为一旬。

㊿收雷先行:雷声提前停止。

【译文】

一曰:仲秋八月,太阳在角星的位置,黄昏与拂晓时刻,牵牛星与觜觽星各运行于南方中天。此月的天干是庚辛,主宰之帝是少暤,佐帝之神是蓐收,与时相应的动物是毛虫之属,对应五音中的商音,十二律中的南吕,对应的数字是九,味道是辛,气味是腥,祭祀的对象是门,祭品以肝为先。此月秋风渐起,候鸟到来,燕子南归,鸟儿储食以备寒冬。此月天子行令于明堂西向室的中央正室,乘戎路之车,驾黑鬃白马,上载白旗,穿白衣,佩白玉,吃芝麻与狗肉,所用礼器棱角锋利。

此月,要赡养年迈衰老的人,授予他们坐几和手杖,赐予他们粥糜软烂之食。要命令司服之官整理准备好衣裳,衣裳颜色要按常法青赤相衬,五色齐备,衣裳布帛的形制大小,法度长短,衣量轻重都要依循历来之法则,冠帽和腰带也要遵循常规。要命令司理之官申令百姓严格遵守各种刑法,斩杀要得当,不要违法曲断,偏私不公,不要让有理者不能申诉,若违法曲断,反会遭到祸患。

此月,要命令掌管祭祀的太宰太祝巡视查看用于祭祀的牺牲,看其是否完整无损,查检用于祭祀的牛、羊、狗、猪肉的厚薄,观察祭祀之肉的肥瘦、毛色、颜色,一定要比照历来的规格,度量牺牲的大小、长短,看其是否合乎标准、法度。这五种条件都具备之后,上帝才可以享用。此月天子要举行驱逐疫鬼不祥的傩祭,以止息疫病,疏通秋日肃杀之气使之不壅闭。此月属金,要吃狗肉,芝麻始熟,可略尝尝,祭祀之时应先祭寝庙。

此月,可以修筑城郭,建设都邑,挖掘地窖,修葺粮仓。要命令主管官吏监督百姓收获农作物,务必要储藏好过冬的干菜,多多积聚过冬的物资。要鼓励百姓种植小麦,不要错过了农时,若有错失农时的,要毫不迟疑地给予处罚。

此月,昼夜的时刻相等了,雷声逐渐消逝,虫豸藏伏到洞穴之中。寒气渐渐旺盛,阳气则渐渐衰微,水也开始干涸了。白昼与黑夜的时刻相等了,要统一度量器具,平衡秤锤秤杆,校正钧石,平齐斗甬。

此月,要免除交通要道上的市集的税收,吸引商旅们来通商互市,纳入财货、货物,以供百姓生产、生活所需。要使四方之民聚集此地,偏远乡村之民都前来集会,这样,财货才不会匮乏,天子才不会缺少用费,所求皆得则事事顺遂。不论做任何事,都不能违背天道,只有顺应天道运行的规律,才能根据事物之类别做出正确的判断。

实行以上这些政令,白露就会每旬降落一次。如果在仲秋之月实行春季之令,那么秋雨无法降落,草木就会生长繁荣,国家恐怕就会有兵象之恐慌。如果在仲秋之月实行夏季之令,那么国家就会发生旱灾,本该蛰伏的虫豸不藏伏,不该复生的五谷会重新萌芽生长。如果在仲秋之月实行冬季之令,那么就会屡次发生风灾,雷声会提前停止,草木也会过早衰亡。

【评析】

此篇描绘了仲秋八月所行之事。此月凉风生,日月分,候鸟来,玄鸟归,秋意渐浓,万物属藏。要赡养年迈的老人,准备好过冬的衣裳,刑罚要公正得当;要巡行牺牲,举行傩祭以通达秋气;还要不失时机地修建城郭仓储,以备严冬;此月要趁着日月等分,校准度量,平衡钧石;此月还应整治市集,吸引商旅以促进贸易往来,储备过冬物资。此篇可与《诗经·豳风·七月》之"八月载绩""八月其获"等对照参看。

论 威

二曰:义也者,万事之纪①也,君臣、上下②、亲疏之所由起也,治乱、安危、过③胜之所在也。过胜之,勿求于他,必反于己。

人情欲生而恶死,欲荣而恶辱。死生荣辱之道④一,则三军⑤之士可使一心矣。

凡军,欲其众⑥也,心,欲其一也。三军一心,则令可使无敌⑦矣。令能无敌者,其兵之于天下也,亦无敌矣,古之至兵⑧。民之重令⑨也,重乎天下,贵乎天子。其藏于民心,捷⑩于肌肤也,深痛执固,不可摇荡,物莫之能动。若此则敌胡足胜矣?故曰:其令强⑪者其敌弱,其令信者其敌诎⑫。先胜之于此,则必胜之于彼矣。

凡兵⑬,天下之凶器也;勇⑭,天下之凶德也。举凶器,行凶德,犹不得已也。举凶器必杀,杀,所以生之⑮也;行凶德必威,威,所以慑之⑯也。敌慑民生,此义兵之所以隆⑰也。故古之至兵,才民未合⑱,而威已谕⑲矣,敌已服矣,岂必用枹鼓干戈⑳哉?故善谕威者,于其未发也,于其未通也,窅窅乎冥冥㉑,莫知其情,此之谓至威之诚㉒。

凡兵欲急疾捷㉓先。欲急疾捷先之道,在于知缓徐迟后而急疾捷先之分也。急疾捷先,此所以决义兵之胜也。而不可久处,知其不可久处,则知所兔起凫举死殣㉔之地矣。虽有江河之险则凌㉕之,虽有大山之塞则陷㉖之。并气专精,心无有虑,目无有视，耳无有闻，一诸武㉗而已矣。冉叔誓必死于田侯㉘，而齐国皆惧；豫让必死于襄子㉙，而赵氏皆恐；成荆㉚致死于韩主，而周人皆畏；又况乎万乘㉛之国而有所诚必乎？则何敌之有矣？刀未接而欲已得矣。敌人之悼惧㉜惮恐、单荡㉝精神，尽矣，咸若狂魄㉞，形性相离，行不知所之，走不知所往，虽有险阻要塞、铦兵㉟利械，心无敢据，意无敢处，此夏桀之所以死于南巢㊱也。今以木击木则拌㊲，以水投水则散㊳，以冰投冰则沉㊴，以涂投涂㊵则陷，以疾徐先后之势也。

夫兵有大要㊶，知谋物之不谋之不禁也，则得之矣。专诸㊷是也，独手举剑至而已矣，吴王一成㊸。又况乎义兵？多者数万，少者数千，密其躅路㊹，开敌之途，则士岂特㊺与专诸议哉！

【注释】

①纪：纲纪，法度。

②上下：长幼。

③过：败。

④道：方法、途径。

⑤三军：周制，诸侯大国三军。中军最尊，上军次之，下军又次之。

⑥众：多。

⑦无敌：没有可与之对抗的。

⑧古之至兵：又有"古之至兵"作"谓之至兵"，作上文之结语，最好的军队之意。

⑨重令：尊重号令。

⑩捷：养也，培养。

⑪令强：不可犯，指号令不可侵犯、违抗。

⑫令信：赏不僭，刑不滥，指号令赏罚得当。诎：折服，屈服。

⑬兵：兵器。古人认为兵器为凶器，当慎用。

⑭勇:勇武,勇猛。

⑮生之:使之生存。

⑯慑之:使之恐惧。

⑰义兵:义师,正义之师。隆:盛也,兴盛。

⑱才民:又作"士民",军民,此偏义于"士"。合:交合。

⑲谕:犹行,传播,散布。

⑳枹鼓:鼓槌和鼓,指战鼓。干戈:兵器,指战争。

㉑宵宵:隐晦貌,幽暗貌。冥冥:昏暗貌。

㉒诚:实也。

㉓捷:敏捷。

㉔起:跑。举:飞。殠:因闷而气绝。

㉕凌:越也,越过。

㉖陷:坏也,使之崩溃。

㉗武:军事征伐。

㉘冉叔:战国义士。田侯:战国时齐国国君。

㉙豫让:战国时晋国人。为晋卿智瑶家臣,赵、韩、魏共灭智氏。豫让以漆涂身,吞炭使哑,暗伏于桥下,谋刺赵襄子未遂,后为赵襄子所捕。临死时,求得赵襄子衣服,拔剑击斩其衣,以示为主报仇,然后伏剑自杀。

㉚成荆:战国时齐国勇士。

㉛万乘:万辆兵车,古时一车四马为一乘。

㉜悼惧:恐惧。

㉝单荡:坦荡,指精神涣散于外。

㉞狂魄:神魂飞荡。

㉟铦兵:锋利的兵器。

㊱南巢:古地名,在今安徽巢湖市西南,因位于古代华夏族活动地区的南方,故名。《史记》载成汤讨伐夏桀之后,放逐夏桀于此地。

㊲拌:析也,通"判",分开,剖割。

㊳散:散开。

㊴沉：没入水中，沉没。

㊵涂：泥。

㊶大要：指关键之处。

㊷专诸：春秋时刺客，吴国人。伍子胥得知吴公子光想杀吴王僚以自立，于是向光推荐了专诸。吴王僚十二年，光布置好埋伏宴请僚，派专诸将匕首藏于鱼腹之中，趁进献之时刺杀僚，僚当时就死了，专诸刺杀之后也被左右侍卫击杀。其后，公子光自立为王，是为阖闾。

㊸吴王一成：一举成就了吴王阖闾。

㊹蹢路：道路。

㊺岂特：岂只。

【译文】

二曰：义，是万物之纲纪，是君臣、长幼、亲疏的根源，是治乱、安危、胜败的分别之所在。胜败的关键在于，不需从其他因素中寻求，而要从自己身上找寻。

人的常情是想要生存而厌恶死亡，想要荣光而厌恶耻辱。生死、荣辱之途径统一于义，那么，就可以使三军之士的思想统一起来了。

凡是军队，人数须要多，军心须要定。只要三军的思想一致，就可以使号令传达没有阻碍，畅行于三军。号令能无阻碍畅行，则这支军队必然于天下都没有能与之抗衡的，这样的军队方可称为最好的军队。百姓尊重号令，将号令看得比天下还重，比天子还尊贵。号令藏在百姓之心中，培养滋长于肌肤，深刻稳固，不可动摇，没有外物能使之改变。如果像这样，敌人如何能取胜于我？所以说：号令能得到强有力的执行而不被违抗的军队，它的敌人必然是软弱的；号令能赏罚得当的军队，它的敌人必然会屈服。在发布号令之时就已经胜于敌人，那么，在战场上战胜敌人也是必然的了。

大凡兵器，是天下的凶器；勇武，是天下的凶德。举起兵器，执行凶德，是由于不得已。举凶器则必导致杀戮，杀掉恶人才能使百姓得以生存;执行凶德必定要显示威力,显示威力才能使敌人恐惧。敌人感到畏惧,百姓得以生存,这就是正义之师兴盛的原因。所以古代最好的军队,士兵尚未交锋,威力就早已经传播开来了,敌人也已经屈服了,哪里还需要击鼓进军发动战争呢? 所以善于显示威力之人,在军队还没有出发,两军还没有交战之时,就营造出一种幽暗隐晦的氛围,让敌军无法探知他的实际情况,这才真正叫作最有威力。

　　凡用兵作战,需要迅速敏捷、先发制人。而迅速敏捷、先发制人的方法,在于明辨缓慢、落后与迅速、敏捷的区别。迅速敏捷、先发制人,这是正义之师取得胜利的原因。因而被困时,不能在某地长时间停留时,要懂得军队不能长时间停留在原地的道理,懂得要像兔跑枭飞那样逃离被围困之地。即使遇上江河的险阻也要越过它,即使面对大山的阻碍也要使之崩塌而攻陷它。要集中注意力,心中没有疑虑,要目不旁视,耳不旁听,把心力、眼力、耳力都统一于军事征伐之上。冉叔发誓一定要杀死齐国国君,而齐国上下都很恐惧;豫让决心要刺杀赵襄子,赵国上下都很恐慌;成荆发誓要杀死韩国国君,周人都很畏惧;又何况是下了必战决心的拥有万辆兵车的大国呢? 哪还有什么敌人能阻挡呢? 兵刃尚未相交而欲望就已经满足了。敌人恐惧害怕,精神涣散,达到了极点,敌人就像神魂飞荡一般,形体和思想相互矛盾,行走不知方向,逃跑不知该往哪儿逃,即使占据了险要之地,拥有锋利的兵器,心里也无所依托,精神也无所归处,这就是夏桀被流放到南巢的原因。现在以木头击打木头,后者必然被击破;把水注入水中,后者就会散开;以冰来投击冰,后者就会下沉;以泥土来投击泥土,后者就会下陷,这就是快慢先后的必然态势。

　　用兵的关键之处在于,懂得出其不意,攻其不备,专诸就是这样。他只不过是独自拿着匕首来到了宴会上,就一举成就了吴王阖闾。又何况是正义之师呢? 正义之师人数多的达到数万,少的也有数千,所到之处足迹密布在道路之上,在敌国畅行无阻,这样的武士,岂只是与专诸相提并论呢?

【评析】

此篇围绕如何用兵方能显威于敌展开论述,认为义是成败的根由。以义行军,方能三军一心,三军一心则号令无阻,战前显威于敌方能不战而胜。并将用兵之道概括为先发制人、出其不意、攻其不备,颇得兵法之要。

简　选

三曰:世有言曰:"驱市人①而战之,可以胜人之厚禄教卒②;老弱罢民③,可以胜人之精士练材④;离散系系⑤,可以胜人之行阵⑥整齐;锄櫌白梃⑦,可以胜人之长铫⑧利兵。"此不通乎兵者之论。今有利剑于此,以刺则不中,以击则不及,与恶剑无择⑨,为是斗因用恶剑则不可。简选⑩精良,兵械铦利⑪,发之则不时,纵⑫之则不当,与恶卒⑬无择,为是战因用恶卒则不可。王子庆忌⑭、陈年⑮犹欲剑之利也。简选精良,兵械铦利,令能将⑯将之,古者有以王者、有以霸者矣,汤、武、齐桓、晋文、吴阖庐是矣。

殷汤良车七十乘,必死⑰六千人,以戊子战于郕⑱,遂禽推移、大牺⑲;登自鸣条⑳,乃入巢门㉑,遂有㉒夏。桀既奔走,于是行大仁慈,以恤黔首㉓,反桀之事,遂㉔其贤良,顺民所喜,远近归之,故王天下。

武王虎贲㉕三千人,简车㉖三百乘,以要甲子之事于牧野㉗,而纣为禽㉘。显贤者之位,进殷之遗老㉙,而问民之所欲,行赏及禽兽㉚,行罚不辟㉛天子,亲殷如周,视人如己,天下美㉜其德,万民说㉝其义,故立为天子。

齐桓公良车三百乘,教卒㉞万人,以为兵首㉟,横行㊱海内,天下莫之能禁，南至石梁㊲，西至酆郭㊳，北至令支㊴。中山亡邢㊵，狄人灭卫㊶，桓公更立邢于夷仪㊷，更立卫于楚丘㊸。

晋文公造五两之士五乘㊹，锐卒千人，先以接敌，诸侯莫之能难。反郑之埤㊺，东卫之亩㊻，尊天子于衡雍㊼。

吴阖庐选多力者五百人，利趾者㊽三千人，以为前阵，与荆㊾战，五战五胜，遂有郢㊿。东征至于庳庐○51，西伐至于巴、蜀，北迫齐、晋，令行中国。

故凡兵势险阻○52，欲其便也；兵甲器械，欲其利也；选练角材○53，欲其精也；统率士民，欲其教也。此四者，义兵之助也，时变之应也，不可为而不足专恃，此胜之一策也。

【注释】

①市人：指集市或城中街道上的人。

②厚禄：大将也，指食禄丰厚之士卒。教卒：受过训练的士兵。

③罢民：疲困之民。

④练材：拳勇有力之材。

⑤系系：束缚，捆绑。指拘囚。

⑥行阵：指军队的行列。

⑦锄櫌：亦作"锄耰"，锄和耰，农具名。白梃：亦作"白挺"，大木棍。

⑧长铫：长矛。

⑨恶剑：不锋利的剑。无择：没有区别，不用挑选。

⑩简选：选择，选用。

⑪铦利：锋利，锐利。

⑫纵：释放。

⑬恶卒：怯兵，怯懦的士兵。

⑭王子庆忌：吴王僚之子，勇捷有力。

⑮陈年：齐国人，勇捷有力。

⑯能将：上将，有才能的将领。

⑰必死：《太平御览》"必死"下有"士"字，敢死的勇士。

⑱郕：古邑名，今山东宁阳东北。

⑲推移、大牺：夏桀之臣。

⑳鸣条：古地名，在今山西运城，相传商汤伐夏桀战于此地。

㉑巢门：即谯门，建有望楼的城门。

㉒有：占有。

㉓黔首：古代称平民，百姓。

㉔遂：举荐。

㉕虎贲：勇士之称。贲，通"奔"。

㉖简车：精选的战车。

㉗牧野：古地名，在今河南淇县南。周武王与反殷诸侯会师，大败纣军于此。

㉘禽：同"擒"，抓捕，擒获。

㉙遗老：指前朝老人或旧臣。

㉚行赏：进行赏赐。禽兽：鸟类和兽类。

㉛辟：同"避"，回避，躲避。

㉜美：赞美。

㉝说：后作"悦"，喜欢，喜爱。

㉞教卒：受过良好训练的士兵。

㉟兵首：军队的前锋。

㊱横行：纵横驰骋，多指征战中所向无敌。

㊲石梁：古地名，彭城也，在今江苏。

㊳鄠郭：古地名，长安西南也，在今陕西西安。

㊴令支：春秋时山戎属国。其地约在今河北滦州迁安间。为齐桓公所灭。

㊵中山：古国名，春秋末年鲜虞人所建，后为赵所灭。在今河北定州、唐县一带。邢：古诸侯国名。周公之子封于此，春秋时为卫所灭。故

地在今河北邢台市境。

㊶狄：我国古代民族名。春秋前，长期活动于齐、鲁、晋、卫、宋、邢等国之间，与诸国有频繁的接触。公元前七世纪时，分为赤狄、白狄、长狄三部，各有支系。卫：古国名。公元前十一世纪周公封周武王弟康叔于卫，先后建都于朝歌、楚丘、帝丘和野王等地。公元前209年为秦所灭。

㊷夷仪：古地名，周代邢国之都，在今河北邢台市西部浆水镇。周惠王十八年，赤狄攻邢，邢溃，迁都于夷仪。

㊸楚丘：古地名，春秋时卫地。僖公元年，齐桓公迁邢于夷仪，封卫于楚丘。后用为迁移之典。

㊹五两：五兵技巧。指能用五兵（矛、戟、弓、剑、戈）技巧的勇士。五乘：兵车一乘，甲士三人，五乘合十五人。

㊺反郑之埤：退师时，拆除郑城之矮墙，废除郑之守备。埤，城上呈凹凸形的矮墙。

㊻东卫之亩：将卫国的田亩改为东西向，以便于行车。

㊼衡雍：古地名，春秋时属郑地。

㊽利趾者：善走者。

㊾荆：古国名，春秋时楚国的旧称。

㊿郢：古邑名，春秋时楚国都城，楚文王定都于此。位于今湖北荆州纪南城。

(51)庳庐：一说古代国名，一说古代地名。高士奇《春秋地名考》疑为晋国的被庐。

(52)兵势：兵力情况。险阻：险要阻塞之地。

(53)角材：考量才能。

【译文】

三曰：世间有一种说法："驱遣市集中的乌合之众作战，可以战胜享有优厚俸禄的大将和受过训练的士兵；驱遣老弱疲困的百姓作战，可以战胜精良的士兵和拳勇有力的勇士;驱遣散乱无纪的拘囚作战,可以战胜行列整齐的军队;驱遣手持农具锄櫌和大木棍的百姓作战,可以战胜手持长矛利剑的士兵。"这是不通晓用兵之道的说法。假若现在有一把锋利的宝剑,用它去刺杀敌人而无法击中,用它去伏击敌人却伏击不到,这和手持不锋利的剑相比并没有什么区别,但为此在战斗时就使用不锋利的剑,这是不可行的。选用精良的士兵,锋利的兵器,但发动它们不合时宜,释放它们不得当,这与选用怯懦的士兵相比并没有什么区别,但为此在战争中就选用怯懦的士兵,这是不可行的。像王子庆忌、陈年这样的勇捷有力之人,尚且还想要使用锋利的宝剑。选用精良的士兵,手持锋利的兵器,命令有才能的将领率领它,古代凭借此而成就王业、称霸天下的,商王汤、周武王发、齐桓公小白、晋文公重耳、吴王阖闾就是这样。

商汤率领精良的战车七十辆,不怕死的勇士六千人,在戊子那天与夏桀在郕地交战,擒获了夏桀之臣推移、大牺;商汤进军鸣条,进入谯门,于是占有了夏的天下。夏桀逃跑之后,商汤实行仁政,抚恤百姓,一反夏桀的所作所为,举荐贤良,顺应民意,远近的百姓都归附于他,所以他称王天下。

周武王率领勇士三千人,精选战车三百辆,在甲子那天在牧野打败了商纣的军队,纣王被擒获。周武王把贤德之人提拔到显耀的地位,举荐前朝老人和旧臣为官,并且询问人民的意愿,进行赏赐推及到了鸟类和兽类,实行惩罚不回避天子,对待殷的百姓就像对待周的百姓一样亲近,对待别人就像对待自己一样,天下之人都赞美他的德行,万民都喜欢他的仁义,所以立武王为天子。

齐桓公率领精良的战车三百辆,受过良好训练的士兵数万人,作为军队的前锋,纵横驰骋于四海之内,天下没有谁能够阻挡,他率领军队南边打到了石梁,西边打到了酆郭,北边打到了令支。中山国亡了邢国,狄人灭了卫国,齐桓公在夷仪重建了邢国,在楚丘重建了卫国。

晋文公训练出具有五兵技巧的士兵十五人,让他们率领精锐的士卒一千人,作为先锋与敌人交战,诸侯没有谁能够抵挡。晋君围郑退师时,拆毁郑城上的矮墙,以便随时攻取;命令卫国的田垄一律改为东西向,以便自己的兵车通行无阻,并在衡雍朝见了周天子。

吴王阖闾挑选大力士五百人,善跑者三千人,以他们为前锋,与楚国交战,五战五胜,于是占领了楚国的国都郢。又率军向东征伐一直打到庫庐,向西征伐一直打到巴、蜀,向北逼近齐国、晋国,号令行于整个中原地区。

所以,凡是兵力情况和险要阻塞之地,用兵的人都希望它能便于自己;兵器铠甲和武器工具,都希望能锋利坚固;选拔武士考量才能,都希望他们精锐强壮;统率士卒,都希望他们训练有素。这四个方面,就是正义之师的辅助,时势的变化是不由人来决定的,但不尽人事,专等待时势的变化也是不足为凭的,这是取胜的一种策略。

【评析】

此篇题为"简选",取选用精兵良将之意,全篇亦围绕着选用精士练材、兵械铦利之重要性展开阐释,并分别列举了商汤、武王、齐桓公、晋文公、吴王阖闾为例,提出"义兵四助"乃兵势险阻、兵甲器械、选练角材、统率士民,指出其中精良的士卒和兵器才是取胜的关键。

决　胜

四曰:夫兵有本干①:必义,必智,必勇。义则敌孤独②,敌孤独则上下虚③,民解落④;孤独则父兄怨,贤者诽⑤,乱内作。智则知时化⑥,知时化则知虚实盛衰之变,知先后远近纵舍之数⑦。勇则能决断⑧,能决断则能若雷电飘风暴雨,能若崩山破溃、别辨賈坠⑨,若鸷鸟⑩之击也,搏攫则殪⑪,中木则碎,此以智得也⑫。

夫民无常⑬勇,亦无常怯。有气则实,实则勇;无气则虚,虚则怯。怯勇虚实,其由⑭甚微,不可不知。勇则战,怯则北⑮。

战而胜者,战其勇者也。战而北者,战其怯者也。怯勇无常,倏忽往来⑯,而莫知其方,惟圣人独见其所由然。故商、周以兴,桀、纣以亡。巧拙之所以相过⑰,以益民气⑱与夺民气,以能斗众⑲与不能斗众。军虽大,卒虽多,无益于胜。军大卒多而不能斗,众不若其寡也。夫众之为福也大,其为祸也亦大。譬之若渔深渊⑳,其得鱼也大,其为害也亦大。善用兵者,诸边㉑之内莫不与斗㉒,虽厮舆白徒㉓,方数百里皆来会战,势使之然也。幸㉔也者,审于战期㉕而有以羁诱㉖之也。

凡兵,贵其因㉗也。因也者,因敌之险以为己固,因敌之谋以为己事。能审因而加㉘,胜则不可穷矣㉙。胜不可穷之谓神㉚,神则能不可胜也。夫兵,贵不可胜。不可胜在己,可胜在彼。圣人必在己者,不必在彼者,故执不可胜之术㉛以遇不胜之敌,若此,则兵无失㉜矣。凡兵之胜,敌之失也。胜失之兵,必隐必微㉝,必积必抟㉞。隐则胜阐㉟矣,微则胜显㊱矣,积则胜散㊲矣,抟则胜离㊳矣。诸搏攫柢噬㊴之兽,其用齿角爪牙也,必托于卑微隐蔽,此所以成胜。

【注释】

①本干:树木的根干。常用以比喻事物的主体。

②孤独:无助。

③虚:心虚,心慌,不踏实。

④解落:散落。

⑤诽:诽谤,毁谤。

⑥时化:时势的变化。

⑦纵舍:追踪与舍弃。数:方法,道数。

⑧决断:作决定,拿主意。

⑨别辨:变异。賈坠:坠落。

⑩鸷鸟:凶猛的鸟。

⑪搏攫:搏击攫取。殪:死亡,灭绝,倒下。

⑫此以智得也:陶鸿庆认为"智"当作"勇",与上文"勇则能决断"一脉相承。

⑬常:永久的,永恒的。

⑭由:原因,缘故。

⑮北:走,逃跑。

⑯倏忽:顷刻,指极短的时间。往来:来去,往返。

⑰相过:互相超越,互相区别。过,绝也。

⑱民气:指民众的精神、气概。

⑲斗众:当作"众斗",万众一心也。

⑳深渊:深潭。

㉑诸边:即都鄙,京都和边邑。

㉒斗:争胜,比赛。

㉓厮舆:厮役。白徒:未经训练、临时征集的壮丁。

㉔幸:当作"势"。

㉕战期:战斗的时机。

㉖羁诱:牵制引诱。

㉗因:凭借,利用。

㉘能审因而加:许维遹案从文意考当作"能因而加审","因"承上"因敌"而言,"审"承上"审于战期"而言,谓善用兵者能因敌而加之以审,则胜不可穷矣。

㉙胜则不可穷矣:作"则胜不可穷矣"。

㉚神:指用兵神妙不可测。

㉛术:方法,手段。

㉜无失:没有失误。

㉝隐:隐藏。微:隐匿,隐藏。

㉞积:聚集。抟:亦作"专",集中,纯一。

㉟阐：显露。

㊱显：公开。

㊲散：分散。

㊳离：分离、离散。

㊴柢噬：谓用角抵，用牙啮。

【译文】

四曰：用兵之道有其根本：一定要合乎正义，一定要有智谋，一定要勇敢。合乎正义，那么敌人就会孤立无助，敌人孤立无助，敌军上下就会心虚而不踏实，人民也会瓦解散落；孤立无助，那么父兄就会埋怨，贤能之人会诽谤，祸乱就会从内部兴起。有智谋，就能把握时势的变化，把握了时势的变化，那么就能知晓虚实盛衰的变化，区别明辨先与后、远与近、追寻与舍弃的方法。勇敢，就能遇事有主意下决断，能决断，那么就能像雷电、旋风、暴雨那样摧毁敌人，像山崩、溃决、异变、坠落那样迅速覆灭敌人，像凶猛的鸟发动攻击一样，搏击攫取并迅速杀死敌人，就算击中树木，树木也会破碎，这就是靠勇敢而实现的。

人民的勇敢不可能会恒久不变，人民的怯懦也不可能会恒久不变。士气饱满时就会充实，充实就会勇敢；士气丧失时就会空虚，空虚就会怯懦。怯懦与勇敢、空虚与充实，它们产生的原因是十分微妙的，不可以不知晓。勇敢就能奋力作战，怯弱就会临阵逃跑。战而能取胜的人，是凭借他的勇敢。临阵逃跑的人，是因为他的怯懦。怯懦与勇敢是不可能永恒不变的，顷刻之间就会发生变化，没有谁能够明白其中的道理，只有圣人知道它这样的缘由。所以商、周得以兴盛，桀、纣因此衰亡。用兵巧和拙之所以相互区别，是因为有的提高民众的精神，有的削弱民众的精神，有的能够万众一心作战，有的不能万众一心作战。后者即使军队庞大，士兵众多，但对于战胜敌人也是无益的。如果军队庞大，士兵众多，而不能战斗，人多还不如人少。人多造福也大，但用不好的话危害也大。这就像在深潭中捕鱼一样，捕到大鱼的可能性大，同时遭到祸患的可能性也大。善于用兵的人,京都和边邑都会与之争胜,即使是厮役或是未受过训练的士兵,方圆数百里的人都会来参加战斗,这是形势使他们这样。所谓形势,就是要审察选择战争的时机,并且能够牵制引导人民作战。

大凡用兵,最重要的是善于凭借。所谓凭借就是利用敌人的险阻来巩固自己,利用敌人的谋略来成就自己。若是能利用敌人并且能加以审察,那么胜利就不可穷尽了。胜利不可穷尽叫作神妙,用兵神妙不可测,那么就是不可战胜的了。大凡用兵,最重要的是不可战胜。不可战胜在于自己,能不能战胜敌人则在于敌人是否失误。圣人一定能掌握自己的主动权,而不必依靠敌人的失误,所以,掌握着不可战胜的方法对待可以战胜的敌人,像这样,用兵就能没有失误了。大凡战争能胜利,都在于敌人有失误。战胜失败的敌人,一定要隐藏,一定要隐匿,一定要聚集,一定要集中。隐藏就能战胜已经显露出来的敌人,隐匿才能战胜公开的敌人,聚集众多就能战胜力量分散的敌人,集中就能战胜兵力分散的敌人。那些搏击攫取、角抵牙啮的野兽,在其利用啮齿、兽角、利爪、尖牙之时,必定依靠隐蔽,这就是实现胜利的原因。

【评析】

本篇旨在论述战争决胜之道。认为"义""勇""谋"为用兵之根本,"义"则敌孤独,"智"则知时化,"勇"则能决断,三者之间缺一不可。同时,勇气与怯懦并不是永恒不变的,"民无常勇,亦无常怯","勇"与"怯"是可以互相转化的,有"气"则"勇",无"气"则"怯"。还提出用兵贵因,只有善于利用敌人的一切为己所用,才能战无不胜。

爱　士

五曰:衣①人,以其寒也。食②人,以其饥也。饥寒,人之大害也,救之,义③也。人之困穷④,甚如饥寒,故贤主必怜⑤人之困也，必哀⑥人之穷也。如此则名号显矣，国士⑦得矣。

昔者，秦缪公⑧乘马而车为败⑨，右服⑩失而野人⑪取之。缪公自往求之，见野人方⑫将食之于岐山之阳⑬。缪公叹曰："食骏马之肉而不还⑭饮酒，余恐其伤女⑮也！"于是遍饮⑯而去。处一年⑰，为韩原⑱之战。晋人已环⑲缪公之车矣，晋梁由靡已扣⑳缪公之左骖㉑矣，晋惠公㉑之右路石奋投而击缪公之甲，中之者已六札㉒矣。野人之尝食马肉于岐山之阳者三百有余人，毕力㉓为缪公疾斗于车下，遂大克晋，反获惠公以归。此《诗》之所谓曰㉔"君君子㉕则正㉖，以行其德㉗；君贱㉘人则宽㉘，以尽其力"者也。人主其胡可以无务行德爱人㉙乎？行德爱人，则民亲其上；民亲其上，则皆乐㉚为其君死矣。

赵简子㉜有两白骡而甚爱之。阳城胥渠㉝处广门之官，夜款㉞门而谒㉟曰："主君之臣胥渠有疾，医教之曰：'得白骡之肝，病则止。不得则死。'"谒者㊱入通。董安于御㊲于侧，愠曰："嘻㊳！胥渠也。期吾君骡，请即刑㊴焉。"简子曰："夫杀人以活畜，不亦不仁乎？杀畜以活人，不亦仁乎？"于是召庖人杀白骡，取肝以与阳城胥渠。处无几何，赵兴兵而攻翟㊵。广门之官，左七百人，右七百人，皆先登而获甲首㊶。人主其胡可以不好士！

凡敌人之来也，以求利也。今来而得死㊷，且以走为利；敌皆以走为利，则刃无与接。故敌得生于我则我得死于敌，敌得死于我则我得生于敌。夫得生于敌与敌得生于我，岂可不察哉！此兵之精者也，存亡死生决于知此而已矣。

【注释】

①衣：给人衣服穿。

②食:拿东西给人吃。

③义:仁义。本作"大义"。

④困穷:艰难窘迫。

⑤怜:哀怜,怜悯。

⑥哀:同情,怜悯。

⑦国士:一国中才能最优秀的人物。

⑧秦缪公:即秦穆公,春秋时秦国君主,为春秋五霸之一。

⑨败:毁坏。

⑩服:古代一车驾四马,居中的两匹称服。

⑪野人:指居住在国城之郊野的人,泛指村野农夫。

⑫方:副词,表示某种状态正在持续或某种动作正在进行,犹正。

⑬岐山之阳:岐山的南面。岐山,山名,在今陕西岐山县境,上古称"岐"。

⑭还:通"旋",立刻。

⑮女:通"汝",你们。

⑯饮:给人喝。

⑰处一年:过了一年。

⑱韩原:春秋时晋地。

⑲环:包围。

⑳骖:古代驾车时位于车前两侧的马。

㉑晋惠公:春秋时晋国国君,名夷吾,晋献公之子。

㉒六札:六层铠甲。穆公七层铠甲被射中六层,情况十分危险。

㉓毕力:尽力,全力。

㉔引诗今本《诗经》未收,当为逸诗。

㉕君君子:为君子作君。前一个君,作动词用。下文"君贱人"用法与之同。

㉖正:端正,公正。

㉗行德:推行仁德。

㉘贱:地位低下,卑贱。

㉙宽:宽大对待。

㉚爱人:爱护百姓。

㉛乐:乐于,乐意。

㉜赵简子:春秋时晋国正卿,原名赵鞅,又名志父,亦称赵孟。晋昭公时,公族弱,大夫势力强,赵简子为大夫,专国事,致力于改革,为后世魏文侯、李悝变法,秦孝公、商鞅变法和赵武灵王改革,首开先河。

㉝阳城胥渠:人名,赵简子家臣,复姓阳城。

㉞款:叩,敲击。

㉟谒:晋见,拜见。

㊱谒者:官名。始置于春秋、战国时,秦、汉因之。掌宾赞受事,即为天子传达。

㊲董安于:赵简子家臣。御:陪侍。

㊳嘻:叹词,表示不满。

㊴刑:惩罚,处罚。这里特指处以死刑。

㊵翟:同"狄",古族名。主要居住在北方,亦为中原人对各少数民族的泛称。

㊶甲首:甲士的首级。

㊷疑下接"是不得利而进"。

【译文】

五曰:给人衣服穿,是因为他寒冷。拿东西给人吃,是因为他饥饿。饥饿和寒冷,是人的大祸患,救助那些饥饿寒冷的人,是仁义的表现。人的艰难窘迫,比饥饿寒冷更为惨重,所以贤明的君主一定会怜悯陷入困苦的人,一定会同情穷困的人。若能像这样,那么君主的名声就显赫了,一国中最优秀的人就会归附了。

从前,秦穆公乘马车出行,车坏了,右边的服马跑了,被村野之人抓住了。穆公亲自去寻找那匹马,看见村野之人在岐山的南面正要吃马肉。穆公叹道:"吃了马肉而不立刻饮酒,我担心马肉会伤了你们的身体。"于是穆公给他们人人都喝了酒才离去。过了一年,秦、晋在韩原交战。晋兵已经包围了穆公的战车,晋国大夫梁由靡已经抓住穆公战车左边的骖马,晋惠公的车右路石举起长戈击中了穆公的铠甲,穆公的七层铠甲已被击穿了六层。此时,曾经在岐山之南吃过穆公马肉的三百多人,用尽全力在穆公车下与晋军奋战,于是秦军大胜晋军,反而还抓住了晋惠公带回了秦国。这就是《诗经》中说的"为君子做君主,就要公正无私,以便能推行仁德;为卑贱的人做君主,就要宽大对待,以便百姓能为君主竭尽全力"的那种国君啊。君主怎么能不推行仁政以爱护百姓呢?如果推行仁政爱护百姓,那么百姓就会亲近君主;如果百姓能亲近君主,那么就都会乐意为君主拼死效力了。

赵简子有两匹白骡,他特别喜爱它们。阳城胥渠在广门任官,一天夜里,他叩门晋见赵简子,说:"主君的家臣胥渠生病了,医生说:'如果能得到白骡的肝入药,病就能好。得不到就会死。'"通报的人进去禀告了赵简子。董安于陪侍在一侧,听了禀报,怒道:"呵,胥渠这个家伙!竟然敢打主君白骡的主意,请主君允许我杀了他。"赵简子说:"为了畜生而杀人,不也太不仁德了吗?杀了畜生能够使人活命,不正是仁德的表现吗?"于是召来厨师杀掉白骡,取出骡肝给阳城胥渠。没过多久,赵简子发兵攻打北狄。广门之官胥渠,左部七百人,右部七百人,都争先恐后地登上城头,斩获敌军甲士的首级。由此看来,君主怎么能不爱士呢?

大凡敌人来犯,目的都是追求利益。如果来攻伐而遭到灭亡,并且将逃走当作有利;如果敌人把逃走当作有利,那就不用交战了。所以,如果敌人从我这里得到生存,那么我就会从敌人那里得到死亡;如果敌人从我这里得到死亡,那么我就会从敌人那里得到生存。从敌人那里得到生存与敌人从我这里得到生存,这其中的道理不值得明察清楚吗?这就是用兵的精妙所在,生死存亡就取决于是否知晓这个道理。

【评析】

此篇题为"爱士",另有一篇题作"慎穷",谓爱士者,宜谨慎对待困穷之士。此篇围绕贤主爱士人,士人方能报答贤主展开论述,列举了野人为秦穆公斗以报其恩,阳城胥渠救赵简子以报答他取白骥肝救自己之恩的例子以说明爱士之重要性。篇末将兵之精者概括为爱士,并认为认识到这一点是生死存亡的关键。

季秋纪第九

季　秋

一曰：季秋①之月，日在房②，昏虚③中，旦柳④中。其日庚辛，其帝少皞，其神蓐收，其虫毛，其音商，律中无射⑤，其数九，其味辛，其臭腥，其祀门，祭先肝。候雁⑥来，宾爵⑦入大水⑧为蛤，菊有黄华，豺⑨则祭兽戮⑩禽。天子居总章右个⑪，乘戎路，驾白骆，载白旂，衣白衣，服白玉，食麻与犬，其器廉⑫以深。

是月也，申严号令。命百官贵贱无不务入⑬，以会⑭天地之藏，无有宣出。命冢宰⑮农事备收，举五种之要⑯，藏帝籍⑰之收于神仓⑱，祗敬必饬⑲。

是月也，霜始降，则百工⑳休。乃命有司曰："寒气总至，民力不堪，其皆入室。"上丁㉑，入学习吹㉒。

是月也，大飨㉓帝，尝牺牲，告备于天子。合诸侯，制百县，为来岁受朔日㉔，与诸侯所税于民轻重之法。贡职之数以远近土地所宜为度，以给郊庙之事，无有所私。

是月也，天子乃教于田猎，以习五戎㉕，狝㉖马。命仆㉗及七驺㉘咸驾，载旌旐㉙舆㉚，受车以级，整设于屏外，司徒搢扑㉛，北向以誓之。天子乃厉服厉饬㉜，执弓操矢以射。命主祠㉝祭禽㉞于四方。

是月也，草木黄落，乃伐薪为炭。蛰虫咸俯在穴，皆墐㊱其户。乃趣㊱狱刑，无留有罪。收禄秩之不当者，共养之不宜者。

是月也，天子乃以犬尝稻，先荐寝庙㊲。

季秋行夏令则其国大水，冬藏殃败，民多鼽室㊳。行冬令则国多盗贼，边境不宁，土地分裂。行春令则暖风来至，民气解堕，师旅㊴必兴。

【注释】

①季秋：夏历九月。

②房：东方宿，宋之分野。

③虚：北方宿，齐之分野。

④柳：南方宿，周之分野。

⑤无射：阳律。

⑥候雁：候时之雁，即等待南迁之雁。

⑦宾爵：老爵，即麻雀，栖于屋檐之下。

⑧大水：海。

⑨豺：兽，似狗而毛长，色黄。

⑩戮：杀。

⑪总章右个：总章，西向之堂。右个，北边头室。

⑫廉：锋利。

⑬务入：从事收敛的工作。

⑭会：合。

⑮冢宰：在《周礼》中为天官，主治万事。

⑯举五种之要：举，设立。五种，五谷。要，账簿。

⑰帝籍：天子征用民力耕种的田。

⑱神仓：于此仓藏谷，以供祭祀上帝神祇，故谓之神仓。

⑲饬：正。

⑳百工：各种工匠。

㉑上丁：上旬丁日。

㉒入学习吹：学，太学。习吹，学习吹笙以习礼乐。

㉓飨：祭祀。

㉔朔日：每月初一。

㉕五戎：五兵，一说指刀、剑、矛、戟、矢。

㉖狩：择。

㉗仆：在《周礼》中为田仆，掌御田辂。

㉘七驺：在《周礼》中当为趣马，掌管王马。

㉙旍旐：音 jīng zhào，均为旌旗一类。

㉚舆：众。

㉛撢扑：撢，插。扑，刑具。

㉜厉服厉饬：厉服，厉猛之服，即戎服。厉饬，指刀剑等所佩带的兵器。饬，通"饰"，配饰。

㉝主祠：掌管祭祀之官。

㉞禽：指田猎所获之禽。

㉟墐：用泥土涂塞。

㊱趣：督促，此处有决断之意。

㊲寝庙：祖庙。

㊳胤室：鼻塞不通。胤，音 qiú。

㊴师旅：军队。

【译文】

　　一曰：季秋九月，太阳在房宿的位置，黄昏与拂晓时刻，虚宿与柳宿各位于南方中天。此月的天干是庚辛，主宰之帝是少皞，佐帝之神是蓐收，代表动物是毛虫，对应五音中的商，十二律中的无射，对应的数字是九，味道是辛，气味是腥，祭祀的对象是门，祭品以肝为先。候鸟从北方来到，麻雀进入大海变成蛤蜊，菊开出黄花，豺开始猎杀禽兽，并排列起来，如同祭祀一般。此月天子行令于西堂北边的头间屋子，乘白色的车，驾白色的马,上载白旗,穿白衣,佩白玉,吃麻和狗,所用礼器棱角分明而深邃。

这个月,要严申号令。命令百官以及无论贵贱之人,都要从事收敛的工作,来收合天地之气,勿使其外泄。命令冢宰完成农事的收获,并设立五谷的账簿进行记录,把天子籍田收获的谷物藏于神仓,态度必须恭正无邪。

这个月,开始降霜,各种工匠都停止工作。于是命令有关部门:"寒气到来,民力不能承受,都进入室内。"上旬丁日,进入太学学习吹奏。

这个月,隆重祭祀上帝,让上帝品尝牺牲,祭祀完成之后,向天子报告。会合诸侯、百县的长官,授予他们来年的历法,给诸侯定下收税轻重的法度。而贡品数量的多少,以距离远近、当地土地适宜生长的物种为标准,来供给郊庙祭祀的相关事宜,不能有所偏私。

这个月,天子用打猎来教习军事战阵之法,以练习各种兵器,并选择好马。命令掌管驾车和良马的官员都来驾车,车上插着旄旗一类的旗子,按照打猎之人的等级授予车辆,整齐地排列在天子屏垣之外,司徒腰上插着刑具,向北告诫打猎之人(务必遵守法度)。天子也穿着戎装,佩带兵器,执弓搭箭射猎。(打猎完毕后,)命令主祠将打猎所获禽兽祭祀四方。

这个月,草木变黄枯落,于是砍伐树木作炭。虫也蛰伏在洞穴中,封住洞口。决断刑狱,不要留下有罪却未判的案件,罢免不称职的官员,没收相关人员不应受到的供养。

这个月,天子就着狗肉品尝稻谷,并先献给祖庙。

如在季秋之月施行夏季的政令,那么国家会受到洪水之灾,冬天准备收藏的东西也会腐坏,民众多会鼻塞不通。如果施行冬季的政令,那么国家会有很多盗贼,边境也不会安宁,国土会遭到分裂。如果施行春季的政令,那么会致使暖风到来,使民众松懈堕落,必然会发生战争。

【评析】

季秋九月是收获之月,因此"百官贵贱无不务入",且"命冢宰农事备收",足见收获是此月举国之大事。而农事作为立国之本,收获之后的喜悦之情,急于与先祖分享,便是祭祀之事。农事皆毕,且将进入严冬,民众也需得到休养,于是"百工休""其皆入室"。百姓虽可休养,然天子身负治国之责,还需"教于田猎",且亲自上阵,"厉服厉饬,执弓操矢以射"。这是因为田猎自古便被视为军事行为,如同今之军事演习,意义不可谓不大。正如《左传·成公十三年》所言:"国之大事,在祀与戎。"季秋可谓备矣!

顺　民

二曰:先王先顺民心,故功名成。夫以德得民心以立大功名者,上世多有之矣。失民心而立功名者,未之曾有也。得民必有道,万乘①之国,百户之邑,民无有不说②。取民之所说而民取矣,民之所说岂众哉?此取民之要③也。

昔者汤克夏而正④天下。天大旱,五年不收,汤乃以身祷于桑林,曰:"余一人有罪,无及万夫。万夫有罪,在余一人。无以一人之不敏⑤,使上帝鬼神伤民之命。"于是翦⑥其发,䪥⑦其手,以身为牺牲⑧,用祈福于上帝。民乃甚说,雨乃大至。则汤达⑨乎鬼神之化、人事之传⑩也。

文王处岐事纣,冤侮雅逊⑪,朝夕必时,上贡必适⑫,祭祀必敬。纣喜,命文王称西伯⑬,赐之千里之地。文王载拜稽首⑭而辞曰:"愿为民请炮烙之刑⑮。"文王非恶千里之地,以为民请炮烙之刑,必欲得民心也。得民心则贤⑯于千里之地,故曰文王智矣。

越王⑰苦会稽之耻,欲深得民心,以致⑱必死于吴。身不安枕席,口不甘厚味,目不视靡曼⑲,耳不听钟鼓。三年苦身劳力,焦唇干肺⑳,内亲群臣,下养百姓,以来其心。有甘脆㉑不足分,弗敢食;有酒流之江,与民同之。身亲耕而食,妻亲织而衣。味禁珍,衣禁袭㉒,色禁二。时出行路,从车载食,以视孤寡老弱之溃㉓病困穷颜色愁悴不赡㉔者,必身自食之。于是属㉕诸大夫而告之曰:"愿一与吴徼天下之衷。今吴、越之国相与俱残,士大夫履肝肺同日而死,孤与吴王接颈交臂而偾㉖,此孤之大愿也。若此而不可得也,内量吾国不足以伤吴,外事之诸侯不能害之,则孤将弃国家,释㉗群臣,服剑臂刃㉘,变容貌,易姓名,执箕帚而臣事之,以与吴王争一旦之死。孤虽知要领不属㉙,首足异处,四枝㉚布裂,为天下戮,孤之志必将出焉!"于是异日果与吴战于五湖,吴师大败,遂大围王宫,城门不守,禽夫差,戮吴相,残吴二年而霸。此先顺民心也。

齐庄子㉛请攻越,问于和子。和子曰:"先君有遗令曰:'无攻越。越,猛虎也。'"庄子曰:"虽猛虎也,而今已死矣。"和子曰㉜以告鸮子。鸮子曰:"已死矣,以为生。"故凡举事,必先审民心,然后可举。

【注释】

①万乘:乘,音 shèng,一辆战车称为一乘。万乘之国属于大国。

②说:通"悦",愉悦。

③要:要领。

④正:治理。

⑤不敏:不才。

⑥剸:同"剪"。

⑦郦:同"枥"。"枥手"为古代刑罚,用绳连接五根小棍,手指伸入其中,然后收紧。

⑧牺牲:祭品。

⑨达：通。

⑩传：事迹。

⑪冤侮雅逊：冤，屈缩。侮，轻慢。雅，正。逊，顺。

⑫适：往。

⑬西伯：古代统治一方的长官称为"伯"，因文王在西，故称为"西伯"。

⑭载拜稽首：载拜，拜两拜。稽首，古人最恭敬的礼节。

⑮炮烙之刑：商纣时的酷刑，大致是将铜柱放在炭火上烧热，命人在铜柱上爬行，人便会因忍不住铜柱之热而落入炭火中被烧死。

⑯贤：多，超过。

⑰越王：勾践，春秋时越国国君，曾被吴国国君夫差大败于会稽。

⑱致：招致。

⑲靡曼：好的颜色。

⑳焦唇干肺：焦，干燥。干肺，肺气枯竭。

㉑甘脆：美味的食物。

㉒袭：重，指衣外再加衣服。

㉓溃：义同病。

㉔赡：足。

㉕属：会。

㉖偾：死。

㉗释：舍弃。

㉘服剑臂刃：服，佩带。臂，以臂持刀。

㉙属：连。

㉚枝：同"肢"。

㉛齐庄子：春秋时齐国人，姓田，名白，谥号庄子。

㉜曰：当为"因"之讹。

【译文】

二曰：历代先王首先要顺应民心，才能成就功名。用德行来得到民心从而建立宏大功业名声的人，之前已经有很多了。丢失民心却能建立功名的，从来没听说过。取得民心是有方法的，拥有万乘兵车的大国，居住着百户人家的城邑，民众无不有所喜悦。做到民众所喜悦的东西，民心也就得到了，民众所喜悦的东西会多吗？这就是获得民心的要领啊。

过去商汤战胜夏朝而治理天下。天候大旱，五年没有收成，汤于是亲自到桑山之林去祈祷，说："如果是我一个人有罪，不要牵连到民众。即使是民众有罪，也算在我一人身上。不要因为我个人没有才能，使上帝鬼神伤害民众的性命。"于是剪掉头发，手受枥刑，把自身当作献给上帝的祭品，用来向上帝祈福。民众（见到国君这样做）就变得很愉悦，大雨也下了。汤真是通晓鬼神的变化与人间之事啊。

周文王在岐山侍奉商纣王，屈缩于纣王的轻慢侮辱而犹能雅正逊顺，早晚按时朝拜，亲往进贡，祭祀一定恭敬。纣王很高兴，诏命文王为西伯，赏赐方圆千里的土地。文王拜了两拜，稽首然后推辞说："（我不想要千里的土地）希望能为民众请求去掉炮烙的刑罚。"文王并不是讨厌千里的土地，那为民众请求去掉炮烙的刑罚，一定是想要得到民心啊。如果能得到民心，那就超过得到千里的土地了，所以说文王是有智慧的。

越王勾践为败于会稽而苦恼，想要深得民心，从而激发国人必死的决心来与吴国争斗。于是他身体不安于枕席，不以肥美之味为享受，眼不看美色，耳不听音乐。三年之中，身受众苦，劳力费心，嘴唇干燥，肺气枯竭，对内亲近群臣，对下抚养百姓，从而招揽他们的心。如果有美味不够分食，不敢吃；如果有美酒，就倒入江里顺江流动，从而能和民众一同享用。吃亲身耕种的食物，穿妻子亲自织出的衣服。不吃美味的食物，不穿多余的衣服，不娶姬妾。经常外出巡视，跟随而出的车上都载着食物，如果看见孤寡老弱中生病的、困苦贫穷的、形容憔悴的、生活不足的人，一定亲自给他们食物。这样做了之后，召集各位大夫然后告诉他们："希望能和吴国争夺天下。使吴、越两国两败俱伤，士大夫踩着死人的肝肺战斗同日而死，我和吴王也臂颈相交而同归于尽，这些都是我最大的愿望啊。如果做不到这样，对内度量我们国家不能够伤害吴国，在外面侍奉的诸侯也不能损害吴国，那么我将舍弃国家，离开群臣，佩剑拿刀，变换容貌，更改姓名，拿着箕帚而作为仆役去侍奉吴王，从而能与吴王决一死战。我虽然知道我会腰领不连，头脚散离，四肢分裂，被天下之人杀死，(但纵然如此)我的志向也要实施！"于是后来果然和吴国在五湖战斗，吴国军队大败，接着包围了吴国王宫，城门失守，擒拿了吴王夫差，杀了吴国国相，在战胜吴国两年之后，越国就得以称霸。这就是首先顺应民心造成的啊！

齐国的田庄子请求攻打越国，求教和子。和子说："先君有遗命说：'不要攻打越国。因为越国是猛虎啊。'"田庄子说："虽然越国是猛虎，但现在已经死了。"和子把田庄子的话告诉了鸮子。鸮子说："虽然已经死了，但人们还以为它活着。"所以只要做事，必须先考察民心，(如果能顺应民心)然后就可以做这件事了。

【评析】

民本思想，亦是先秦较为重要的为政思想之一。《孟子·公孙丑下》说"得道多助，失道寡助"就是说要顺应民心，争取得到民众的支持。这种思想可以说对后世中国产生了极为重要的影响。细数后代的盛世，远如汉之文景之治，不就是因为顺应民心，无为而治？盛如唐之贞观之治，唐太宗更是明白"民，水也，君，舟也。水能载舟，亦能覆舟"的道理，顺应民心，方能造就大唐盛世。而近如解放战争时期，所谓之"人民战争"，不就是顺应民心而得到胜利的最佳诠释么？所以篇末说到："故凡举事，必先审民心，然后可举。"

知　士

三曰：今有千里之马于此，非得良工①，犹若弗取。良工之与马也，相得则然后成，譬之若枹②与鼓。夫士亦有千里，高节死义，此士之千里也。能使士待千里者，其惟贤者也。

　　静郭君③善剂貌辨。剂貌辨之为人也多訾④，门人弗说。士尉以证静郭君，静郭君弗听，士尉辞而去。孟尝君⑤窃以谏静郭君，静郭君大怒曰："划⑥而⑦类，揆⑧吾家，苟可以傔⑨剂貌辨者，吾无辞为也！"于是舍之上舍⑩，令长子御⑪，朝暮进食。数年，威王薨，宣王立。静郭君之交，大不善于宣王，辞而之薛⑫，与剂貌辨俱。留无几何，剂貌辨辞而行，请见宣王。静郭君曰："王之不说婴也甚，公往，必得死焉。"剂貌辨曰："固非求生也。请必行！"静郭君不能止。剂貌辨行，至于齐，宣王闻之，藏怒以待之。剂貌辨见，宣王曰："子，静郭君之所听爱⑬也？"剂貌辨答曰："爱则有之，听则无有。王方为太子之时，辨谓静郭君曰：'太子之不仁，过颐豕视⑭，若是者倍⑮反。不若革太子，更立卫姬婴儿校师。'静郭君泫⑯而曰：'不可，吾弗忍为也。'且静郭君听辨而为之也，必无今日之患也，此为一也。至于薛，昭阳⑰请以数倍之地易⑱薛，辨又曰：'必听之。'静郭君曰：'受薛于先王，虽恶于后王，吾独谓先王何乎？且先王之庙在薛，吾岂可以先王之庙予楚乎？'又不肯听辨，此为二也。"宣王太息⑲，动⑳于颜色，曰："静郭君之于寡人一至此乎！寡人少，殊不知此。客肯为寡人少来静郭君乎？"剂貌辨答曰："敬诺。"静郭君来，衣威王之服，冠其冠，带其剑。宣王自迎静郭君于郊，望之而泣。静郭君至，因请相之。静郭君辞，不得已而受。十日，谢病㉑强辞，三日而听。当是时也，静郭君可谓能自知人矣。能自知人，故非之弗为阻，此剂貌辨之所以外生乐、趋患难故也。

【注释】

　　①良工：此处指善于相马的人。

　　②枹：鼓槌。

③静郭君:田婴,战国时齐国国相。

④訾:毛病。

⑤孟尝君:田文,静郭君之子。

⑥划:残害。

⑦而:通"尔",你。

⑧揆:通"暌",离析。

⑨慊:满足。

⑩舍之上舍:第一个"舍"是动词,意为使之居住;第二个"舍"字是名词,指上等房舍。

⑪御:侍候。

⑫薛:静郭君的封地。

⑬听爱:听从而喜爱。

⑭过颐豕视:过颐,下巴宽。颐,下巴。豕视,像猪一样看人。这两种相貌在古代相人之法中均被认为是不仁之相。

⑮倍:通"背"。

⑯泫:流泪。

⑰昭阳:楚国国相。

⑱易:交换。

⑲太息:长声叹息。

⑳动:变。

㉑谢病:以病辞官。

【译文】

三曰:现在有千里马在这里,如果没有善于相马的人,也好比没有得到这匹千里马。善于相马的人和千里马,只有相互配合才能得以成名,就好比鼓槌和鼓的关系。而在士中也有如同千里马那样的高超人才,高尚的气节、为道义而死的人,就是士中的千里马。能够让士发挥千里马般才能的,大概只有贤能的人吧。

　　静郭君喜欢剂貌辨。剂貌辨做人也有很多毛病，静郭君的门客都不高兴。士尉向静郭君谏言，静郭君不听，士尉告辞然后离开了。孟尝君也私下向静郭君进谏，静郭君大怒，说："如果残害你们这些人，离析我家，而可以满足剂貌辨，我也不会推辞。"于是让剂貌辨住在上等房舍里，让自己的长子侍候他，早晚进献食物。过了几年，齐威王去世，齐宣王即位。而静郭君与齐宣王的关系不太好，于是辞去相国的位置而到了自己的封地薛，而剂貌辨也和静郭君一起到了薛。静郭君的门客没有几个人留下来，剂貌辨就准备辞行去见齐宣王。静郭君说："大王非常不喜欢我，你去，一定会死的。"剂貌辨说："本来就不是去求生的。请一定允许我前往。"静郭君不能阻止。剂貌辨出行，到了齐，宣王听见剂貌辨来了，就怀着怒气等待他。剂貌辨见了齐宣王，宣王说："你，是静郭君言听计从而喜爱的人？"剂貌辨回答说："喜爱我是真的，却没有言听计从。大王你刚成为太子的时候，我对静郭君说：'太子的相貌下巴宽、像猪一样看人，这看起来就不仁，像这样的人会背叛。不如除去太子，更换立卫姬的小儿子校师。'静郭君流着泪说：'不可以，我不忍心做这样的事。'如果静郭君听我的话而更换了太子，一定没有今天的忧患，这是静郭君不对我言听计从的第一个例子。后来静郭君到了薛地，楚国国相昭阳请求用数倍的地方来交换薛，我又对静郭君说：'一定要听从啊。'静郭君说：'薛地是先王封给我的，虽然我被后王厌恶，但是（如果交换了薛地）对先王又该怎么交代呢？而且先王的宗庙在薛，我怎么可以把先王的宗庙给楚国人呢？'静郭君又不肯听我的话，这是第二个例子。"宣王长声叹息，脸上颜色也变得和缓了，说："静郭君竟然对我这样忠心。而我年轻，不知道这些。你愿意花点时间，为我请静郭君来吗？"剂貌辨回答说："遵命。"静郭君来见宣王，穿着威王赏赐的衣服，带着威王赏赐的头冠，佩戴着威王赏赐的宝剑。宣王亲自到郊外迎接静郭君，远远望见静郭君就哭泣。等静郭君到了，就请他继续担任相国。静郭君推辞，最后不得已而接受。过了十天，又以有病为由强烈要求辞去相国之位，宣王过了三日才答应。在那个时候，静郭君可以说是自己能知人了。自己能够做到知人，所以当有人非议剂貌辨时就阻止了非议之人,这也正好是(静郭君在落难时)剂貌辨能够把生的快乐置之度外而为静郭君奔走排忧解难的原因了。

【评析】

人才,与民心一样同是成就事业的基础。而只意识到人才的重要性显然是不够的,只有赏识人才、使用人才才是"知士"的题中之意。正如篇中的静郭君,能够真正知士,才在患难之际得以化险为夷。此外,因"知士"而成就大业的亦不胜枚举。齐桓公赏识管仲,能够"一则仲父,二则仲父",最终成就春秋首霸之业。刘邦赏识韩信,拜为大将,才在楚汉之争中取胜。但与之相反,"怀才不遇"在中国文化中也同样是个重要主题,诸如屈原、贾谊之类,亦比比皆是。或许正如韩愈《马说》中言:"千里马常有,而伯乐不常有。"看来,"知士"确是件难事!

审　己

四曰:凡物之然也必有故①,而不知其故,虽当②,与不知同,其卒③必困。先王名士达师之所以过俗者,以其知也。水出于山而走于海,水非恶山而欲海也,高下使之然也。稼生于野而藏于仓,稼非有欲也,人皆以之也。故子路掩雉而复释之④。

子列子常⑤射中矣,请之于关尹子。关尹子曰:"知子之所以中乎?"答曰:"弗知也。"关尹子曰:"未可。"退而习之三年,又请。关尹子曰:"子知子之所以中乎?"子列子曰:"知之矣。"关尹子曰:"可矣,守而勿失。"非独射也,国之存也,国之亡也,身之贤也,身之不肖也,亦皆有以。圣人不察存亡贤不肖,而察其所以也。

齐攻鲁,求岑鼎,鲁君载他鼎以往。齐侯弗信而反⑥之,为非,使人告鲁侯曰:"柳下季⑦以为是,请因受之。"鲁君请于柳下季,柳下季答曰:"君之赂以欲岑鼎也⑧,以免国也。臣亦有国于此,破臣之国以免君之国,此臣之所难也。"于是鲁君乃以真岑鼎往也。且柳下季可谓此能说⑨矣,非独存己之国也,又能存鲁君之国。

齐湣王亡居⑩于卫,昼日步足⑪,谓公玉丹曰:"我已亡矣,而不知其故。吾所以亡者,果何故哉?我当已⑫。"公玉丹答曰:"臣以王为已知之矣,王故尚未之知邪?王之所以亡也者,以贤也。天下之王皆不肖,而恶王之贤也,因相与合兵而攻王,此王之所以亡也。"湣王慨焉太息曰:"贤固若是其苦邪?"此亦不知其所以也,此公玉丹之所以过也。

越王授有子四人。越王之弟曰豫,欲尽杀之,而为之后。恶其三人而杀之矣。国人不说,大非上。又恶其一人而欲杀之,越王未之听。其子恐必死,因⑬国人之欲逐豫,围王宫。越王太息曰:"余不听豫之言,以罹⑭此难也。"亦不知所以亡也。

【注释】

①故:缘故。

②当:得当。

③卒:最后。

④故子路掩雉而复释之:子路,孔子弟子。掩,罩住并取得。释,放。

⑤常:通"尝",曾经。

⑥反:通"返",归还。

⑦柳下季:即鲁国大夫柳下惠,品性高洁。

⑧君之赂以欲岑鼎也:该句语序疑为"君之欲以赂岑鼎也"。

⑨说:劝说。

⑩亡居:出奔流亡居住。

⑪步足:散步。

⑫已：停止。

⑬因：顺应。

⑭罹：遭遇。

【译文】

四曰：凡是事物成了某个样子，一定有原因；如果不知道成了这个样子的原因，即使（恰好）对了，也和不知道一样，最后还是会陷入困顿。先王、名士、通达的老师能够超过平常人的原因，就是他们知道所以然。水出于山而流向大海，并不是水厌恶山而向往大海，是山与海的高下不同使水这样的。庄稼生长在田野里而收藏在仓库，庄稼并没有什么想法，是人使它这样的。所以子路曾经抓住鸡又把它放了（这就是子路还不知道他抓住鸡的原因）。

列子曾经射中了目标，就向关尹子请教射箭的事情。关尹子说："知道你射中的原因了吗？"列子回答说："不知道。"关尹子说："那还不行。"于是列子退回去又练习了三年，再次向关尹子请教。关尹子说："你知道你射中的原因了吗？"列子说："知道了。"关尹子说："那就可以了，守住这个原因不要失去。"其实不单单是射箭的事，国家的存亡，个人的贤愚，都是有原因的。圣人不理会表面上的存亡贤愚，而考察深层的原因。

齐国攻打鲁国，索要鲁国的岑鼎，鲁国国君载着其他的鼎前往。齐侯不相信并将其归还鲁君，因为确实不是鲁鼎，派遣使者告诉鲁侯："如果柳下惠说这是真的岑鼎，我就收下。"鲁君求助柳下惠（假装说这是真的岑鼎），柳下惠回答说："国君用岑鼎贿赂齐国，是用以免除国家的灾难。而我也有自己的诚信之国，（如果让我说假话）破除我的国家来使你的国家幸免于难，这很使我为难。"于是鲁君才载着真的岑鼎前往。柳下惠这可以算是善于劝说了，不仅仅保存了自己的诚信之国，又能保存鲁君之国。

齐潜王流亡出奔，居住在卫国，白天散步，对公玉丹说："我已经流亡了，但是还不知道原因。我流亡的原因，到底是什么呢？我要停止使我流亡的行为。"公玉丹回答说:"我以为大王已经知道了呢,原来大王还不知道啊。大王之所以流亡外国,是因为大王太贤明了。天下的国君都不贤,而厌恶大王的贤明,所以合在一起攻打大王,这就是大王流亡的原因。"潜王感慨地叹息着说:"贤明原来也是要受这样的苦难啊?"这也是不知道原因啊,这也正是公玉丹能够欺骗他的原因。

越王授有四个儿子。越王的弟弟叫作豫,想要杀了这四人而继承王位。于是豫向越王毁谤其中的三个人而且杀掉了他们。国人因此不高兴,强烈非议国君。豫又毁谤剩下的一人而想杀掉他,但越王没有听他的。这个儿子害怕会被杀,于是顺应着国人的想法驱逐了豫,包围了王宫。越王长声叹息着说:"我不听豫的话,才遭遇了这次灾难啊。"越王这也是不知道灭亡的原因啊。

【评析】

常言道:"知其然,不知其所以然。"大约说的就是像本篇中齐潜王、越王授之类的人,他们至死还不能明白死因,不也是件很悲哀的事吗?因此,"审己"显得尤为重要。曾子说:"吾日三省吾身。"要在这种每日的反省中审视自己,时常问问自己,什么事做对了,什么事做错了,错在了哪里,并知错能改,不亦善莫大焉?正如篇中所言:"先王名士达师之所以过俗者,以其知也。"只有通过不停地自知自审,才能不断进步,达到"名士达师"的层次。不能如齐潜王、越王授之流,贻笑后人。

精　通

五曰:人或谓兔丝无根,兔丝非无根也,其根不属①也,伏苓是。慈石②召铁,或引之也。树相近而靡③,或軵④之也。圣人南面而立,以爱利民为心,号令未出,而天下皆延颈举踵矣,则精通乎民也。夫贼害于人,人亦然。

今夫攻者,砥厉⑤五兵,侈衣美食,发且有日矣,所被攻者不乐,非或闻之也,神者先告也。身在乎秦,所亲爱在于齐,死而志气不安,精或往来也。

德也者,万民之宰也。月也者,群阴之本也。月望⑥则蚌蛤实,群阴盈;月晦⑦则蚌蛤虚,群阴亏。夫月形乎天,而群阴化乎渊;圣人行德乎己,而四荒⑧咸饬⑨乎仁。

养由基射兕⑩,中石,矢乃饮羽⑪,诚乎兕也。伯乐学相马,所见无非马者,诚乎马也。宋之庖丁⑫好解牛,所见无非死牛者,三年而不见生牛,用刀十九年刃若新硎研,顺其理,诚乎牛也。钟子期夜闻击磬者而悲,使人召而问之曰:“子何击磬之悲也?”答曰:“臣之父不幸而杀人,不得生;臣之母得生,而为公家为酒;臣之身得生,而为公家击磬。臣不睹⑬臣之母三年矣。昔为舍氏睹臣之母,量所以赎之则无有,而身固公家之财也,是故悲也。”钟子期叹嗟曰:“悲夫! 悲夫! 心非臂也,臂非椎非石⑭也。悲存乎心而木石应之,故君子诚乎此而谕乎彼,感乎己而发乎人,岂必强说乎哉!”周有申喜者,亡其母,闻乞人歌于门下而悲之,动于颜色,谓门者内⑮乞人之歌者,自觉⑯而问焉,曰:“何故而乞?”与之语,盖其母也。故父母之于子也,子之于父母也,一体而两分,同气而异息。若草莽之有华实也,若树木之有根心也,虽异处而相通,隐志⑰相及,痛疾相救,忧思相感,生则相欢,死则相哀,此之谓骨肉之亲。神⑱出于忠而应乎心,两精相得,岂待言哉?

【注释】

①属:连接。

②慈石:即磁石。

③靡:通“摩”,摩擦。

④軵:挤。

⑤砥厉:磨砺。

⑥月望:月满,即农历每月十五日。

⑦月晦:月光晦暗,即农历每月最后一日。

⑧四荒:四方荒远之地。

⑨饬:整饬。

⑩兕:犀牛类。

⑪饮羽:指弓箭尾部羽毛没入石中。饮,没入。

⑫庖丁:指名叫丁的厨师。庖,厨师。

⑬睹:见。

⑭非椎非石:椎,击磬工具。石,指磬。

⑮内:通"纳",让……进来。

⑯觉:疑当为"见"字。

⑰隐志:隐藏的心志。

⑱神:性。

【译文】

五曰:有的人说兔丝这种植物没有根,但其实兔丝不是没有根,只是它的根和植物没有连在一起,茯苓就是它的根。磁石能招来铁,是有东西在吸引铁。树长得近就会互相摩擦,是有东西在挤它们。圣人面向南边而治理天下,把爱护人民、为人民谋利作为自己的本心,虽然号令还没有发出,但是天下之人都已经伸长脖子、踮起脚跟在盼望了,这就是因为与人民精气相通。如果是暴君残害了人民,人民也会有相应的反应。

现在有人要进攻他人,磨砺好兵器,穿着好衣服,吃着好食物,出发已经有些日子了,所被进攻的人会感到不快乐,并不是已经听到了有人要来进攻的消息,而是因为精神已经先感知到了。自己身在秦国,所亲所爱之人在齐国,如果所亲爱之人死了,(即使远隔千里)自己也会心神不安,这或许就是精气有所往来啊。

德行,是万民的主宰。月亮,是所有阴性之物的根本。每到月满之时,蚌蛤的肉就会充实,阴性之物就会充盈;而每到月光晦暗之时,蚌蛤的肉就会空虚,阴性之物就会亏损。只要月亮表现在天上,阴性之物就会在深渊中变化;就如同圣人自己践行道德,也会使四方荒远之地整饬自己通向仁义。

养由基射兕,却射中了石头,但是箭羽也没入了石头之中,这是因为养由基确实把石头当成了兕,才会那么用力。伯乐学习相马,所看到的就没有不是马的,这也是因为伯乐确实把精神都集中在马上了。宋国的庖丁擅长解剖牛,所看见的没有不是死牛的,三年都看不见活牛,解剖牛的刀用了十九年还像刚刚磨过一样,这是因为他在解剖牛时顺应着牛的肌理,精神都集中在牛上了。钟子期夜晚听见有人击磬,感到悲哀之声,让人把击磬的人召过来问:“你为什么击磬到了如此悲伤的程度呢?”那人回答说:“我的父亲不幸杀了人,没能活命;我的母亲活了下来,但是被惩罚为公家造酒;我也活了下来,但是被惩罚为公家击磬。我已经三年没看见我母亲了。昨晚在舍氏看见了母亲,本想计算我所有的财物去赎她,但是什么都没有,而且我的身体本来都是公家的财物,(我又有什么能力去赎我的母亲呢?)我因此感到悲伤。”钟子期感慨说:“悲伤啊,悲伤!(感到悲伤的)心并不是(用来拿椎击磬的)手臂,手臂也不是椎和磬。但是悲伤存于心却由椎磬之声感应出来,所以君子总是能集中在内心却于外表表现出来,自己感受到的却也让别人有所体会,(这些都是自然而然的)根本不需要勉强用语言说出来啊。”周时有个人叫申喜,丢了母亲,听见乞讨之人在门外唱歌而感到悲伤,脸色也变了,告诉看门的人让唱歌的乞讨之人进来,见了之后问到:“为什么要乞讨呢?”和那个人说话,原来正是他的母亲。所以说,父母对于子女,子女对于父母,本是一个身体,只是分成了两部;本是相同的精气,只是在不同的地方呼吸。就好比草莽有花有果,树木有根有心啊,虽然在不同的地方,但是心灵相通,隐藏的心志也能连系,伤痛疾病就互相救护,忧虑思念就互相感应,对方活着就高兴，死了就悲哀，这就是所谓的骨肉之亲啊。这种天性出于至诚而感应在心中，双方精气相得，难道还需要用语言表明吗？

【评析】

　　本篇所说的"精通"，应是"精气相通"之意，从篇中所举的例子来看，不难明白它的内涵。唐代李商隐诗"心有灵犀一点通"大约即是如此。文中所说的现象，生活中每个人恐怕都有或多或少的体会，这确实很难说清，至少用目前的科学不能解释。而在先秦，当人们试图解释这一现象时，便使用了与"精通"类似的概念，这应当是很有人情味的。当然，就《吕氏春秋》本意而言，用父母子女之类的例子，是为了说明"精通"现象的存在，因之，当统治者在治国理政的时候，就应当"以爱利民为心"，才能"精通乎民"啊。

孟冬纪第十

孟　冬①

一曰：孟冬之月，日在尾②，昏危③中，旦七星④中。其日壬癸⑤，其帝颛顼⑥，其神玄冥⑦，其虫介，其音羽，律中应钟⑧，其数六，其味咸⑨，其臭朽⑩，其祀行⑪，祭先肾⑫。水始冰，地始冻，雉入大水为蜃，虹藏不见⑬。天子居玄堂左个⑭，乘玄辂⑮，驾铁骊⑯，载玄旂，衣黑衣，服玄玉，食黍与彘，其器宏以弇⑰。

是月也，以立冬。先立冬三日，太史谒之天子曰："某日立冬，盛德在水。"天子乃斋。立冬之日，天子亲率三公九卿大夫，以迎冬于北郊。还，乃赏死事⑱，恤孤寡。

是月也，命太卜祷祠龟策占兆，审卦吉凶。于是察阿上乱法者则罪之，无有掩蔽⑲。

是月也，天子始裘⑳。命有司曰："天气上腾，地气下降，天地不通，闭而成冬。"令百官谨盖藏。命司徒循行积聚，无有不敛；附㉑城郭，戒门闾㉒，修楗闭㉓，慎关籥㉔，固封玺，备边境，完要塞，谨关梁㉕，塞蹊径，饬丧纪㉖，辨衣裳，审棺椁之厚薄，营丘垄之小大、高卑、薄厚之度、贵贱之等级。

是月也，工师㉗效功，陈祭器，按度程，无或作为淫巧，以荡上心，必功致为上。物勒工名，以考其诚；工有不当，必行其罪，以穷其情。

是月也,大饮蒸㉘,天子乃祈来年于天宗㉙。大割㉚,祠于公社及门闾㉛,飨先祖五祀,劳农夫以休息之。天子乃命将率讲武,肆㉜射御、角力。

是月也,乃命水虞㉝渔师收水泉池泽之赋,无或敢侵削众庶兆民,以为天子取怨于下。其有若此者,行罪无赦。

孟冬行春令,则冻闭不密,地气发泄,民多流亡。行夏令,则国多暴风,方冬不寒,蛰虫复出。行秋令,则雪霜不时,小兵时起,土地侵削。

【注释】

①孟冬:夏历十月。

②尾:东方宿,燕之分野。

③危:北方宿,齐之分野。

④七星:南方宿,周之分野。

⑤壬癸:天干水日。

⑥颛顼:号高阳氏,以水德王天下,死祀为北方水德之帝。

⑦玄冥:官名。

⑧应钟:阴律,万物聚藏。

⑨咸:水味。

⑩朽:气味若有若无。

⑪祀行:行,门内地也,冬守在内,故祀之。

⑫先肾:肾属水,故先之,自用其藏也。

⑬虹藏不见:虹,阴阳交气也,是月阴壮,故藏不现。

⑭玄堂左个:玄堂,北向之堂。各有左右房谓之个。

⑮玄辂:黑色的车子。

⑯铁骊:黑色的马。

⑰弇:音 yǎn,深。

⑱死事:为王事而死。

⑲掩蔽:掩藏,遮蔽。

⑳裘:穿上皮衣。

㉑附:增高,使牢固。

㉒门闾:城门与里门。

㉓楗闭:锁。

㉔关籥:亦作"关钥",锁匙。

㉕关梁:关口和桥梁。泛指水陆交通必经之处。

㉖丧纪:丧事。

㉗工师:古官名。上受司空领导,下为百工之长。专掌营建工程和管教百工等事。

㉘蒸:祭祀,特指冬祭。

㉙天宗:日月星辰。

㉚大割:杀牲,古时杀割群牲以祭祀。

㉛祠于公社及门闾:祠,祭祀。公社,祭祀土地神之所。门闾,家庭,门庭。先祠公社,后及门闾,先公后私之义也。

㉜肄:练习。

㉝水虞:掌水之官。

【译文】

一曰:孟冬十月,太阳在尾宿的位置,黄昏时刻,危宿位于北方中天,拂晓时刻,星宿位于南方中天。此月天干属壬癸,主宰之帝是颛顼,佐帝之神是玄冥,应时的动物是龟鳖之类的甲族,对应五音之中的羽音,十二律中的应钟,此月对应数字是六,味道是咸,气味是朽,祭祀的对象是行,祭品以肾脏为先。此月水开始结冰,地开始封冻,雉入淮水为蜃蜊,彩虹消失不现。此月天子行令于玄堂左房,乘坐黑色的车,驾黑色的马,上载黑旗,穿黑衣,佩黑色的饰玉,吃的食物是黍米和猪肉,使用的器物宏大幽深。

此月立冬。立冬前三日，太史禀告天子说："某天立冬，盛德在水。"天子于是斋戒。立冬当日，天子亲自率领三公、九卿、诸侯、大夫，在北郊迎接冬季。礼毕归来，赏赐为国捐躯之臣的子孙，抚恤救济大臣遗留之孤儿寡妇。

此月，命令掌管卜筮的太卜，祈祷于龟策，占卜算卦，考察吉凶。此时，察访曲意逢迎上司而扰乱法制之人，判其罪，不能隐瞒。

此月，天子开始穿皮衣。命令主管官吏："天气上腾，地气下降，天地之间不相通，封闭而成冬天。"命令百官谨慎对待仓虞府库之事。命令司徒巡视积聚的情况，不能没有积聚；增高加固城墙，警戒城门里门，修缮门栓门鼻，小心钥匙锁头，坚固印封，守备边境，完备要塞，谨慎关卡桥梁，堵塞田间小路，饬正丧事规格，区别随葬衣服，谨慎审查棺椁的厚薄，考量营建坟冢的大小，身份高贵者高大，低贱者卑小。

此月，命工师献上器物，考核工效，陈列所制作的祭器，依照法度程式，不得制作奇巧之物，动摇上位者之心，一定要以精细为佳。器物上要刻工匠之名，以考察他们的诚信。工匠有不精细之处，一定治罪，来断绝他们的诈巧之心。

此月，天子诸侯与群臣，举行盛大宴饮和蒸祭，向天地之神祈求来年五谷丰登。大杀牺牲，在官社及门闾祭祀，然后飨先祖五祀，慰劳农夫，使其休养生息。天子命令将帅讲习武事，军士练习射箭、驾车，比试体力。

此月，命令掌管水事的官吏征收水泉池泽的赋税，不得侵占或削弱百姓的利益，使天子与百姓结怨。有这样做的人，一定要治罪并不得宽赦。

孟冬实行应在春天发布的政令，则冰封地冻不牢固，地气发散四泄，百姓多有流亡。如行夏令，则国多暴风，正处冬天而不冷，蛰伏之虫会重新出现。如行秋令，则霜雪不能按时气而来，小的战争不断发生，土地被侵扰攻占。

【评析】

《孟冬纪》乃开篇十二纪之十，从天文历法、自然物候两方面描述了农历十月天地万物的细微变化，进而指向人类社会的种种行事作为。

孟冬是冬季的第一个月，寒气至，《古诗十九首·孟冬寒气至》中就有"孟冬寒气至，北风何惨栗"的诗句。自然方面的星象、音律、天干地支等，上至天子的服饰、使用的器物，下至官员、百工、百姓的行为，本篇都给予了详细指导，并且这其中蕴含着祖先们由实践总结出的朴素的生活经验。比如要令官员巡视仓廪府库，不能有没积聚谷物的仓库，这是由于冬季生活资料减少，人类活动也减少，为了生存所进行的必要的储备，这其中也体现出天子以民为本的思想。又如冬季加固城墙，整顿防御工事，是为防止战事。

本篇所述，符合天人合一的哲学思想。人与自然是相互联系的，植物、动物以及人自己都受到天的支配，人应顺应，与自然和平共处。因而按照本篇指导进行种种人类活动，可达和谐的状态，如未顺应，或会导致混乱无常的自然现象。这种不违背天，顺应自然而进行人类活动的认识，正是中国传统的文化精神。

节　丧

二曰：审①知生，圣人之要也；审知死，圣人之极②也。知生也者，不以害生，养生之谓也；知死也者，不以害死，安死之谓也。此二者，圣人之所独决③也。

凡生于天地之间，其必有死，所不免也。孝子之重④其亲也，慈亲之爱其子也，痛于肌骨，性⑤也。所重所爱⑥，死而弃之沟壑，人之情不忍为也，故有葬死之义。葬也者，藏也，慈亲孝子之所慎也。慎之者，以生人⑦之心虑。以生人之心为死者虑也，莫如无动，莫如无发。无发无动，莫如无有可利，则此之谓重闭⑧。

古之人有藏于广野深山而安者矣，非珠玉国宝之谓也，葬不可不藏也。葬浅则狐狸抇⑨之，深则及于水泉。故凡葬必于高陵之上，以避狐狸之患、水泉之湿。此则善矣，而忘奸邪、盗贼、寇乱之难，岂不惑哉？譬之若瞽师⑩之避柱也，避柱而疾触杙⑪也。狐狸、水泉、奸邪、盗贼、寇乱之患，此杙之大者也。慈亲孝子避之者，得葬之情矣。善棺椁⑫，所以避蝼蚁蛇虫也。今世俗大乱，之主⑬愈侈其葬，则心非为乎死者虑也，生者以相矜尚⑭也。侈靡⑮者以为荣⑯，节俭者以为陋⑰。不以便死为故⑱，而徒⑲以生者之诽誉为务，此非慈亲孝子之心也。父虽死，孝子之重之不怠；子虽死，慈亲之爱之不懈。夫葬所爱所重，而以生者之所甚欲，其以安之也，若之何哉？

民之于利也，犯流矢，蹈白刃⑳，涉血抽肝㉑以求之。野人之无闻者，忍亲戚、兄弟、知交以求利。今无此之危，无此之丑㉒，其为利甚厚，乘车食肉，泽及子孙。虽圣人犹不能禁，而况于乱？国弥大，家弥富，葬弥厚。含珠㉓鳞施㉔，夫玩好货宝，钟鼎㉕壶滥㉖，舆马衣被戈剑，不可胜其数。诸养生之具，无不从者。题凑㉗之室，棺椁数袭㉘，积石积炭，以环其外。奸人闻之，传以相告。上虽以严威重罪禁之，犹不可止。且死者弥久，生者弥疏；生者弥疏，则守者弥怠；守者弥怠而葬器如故，其势固不安矣。世俗之行丧，载之以大辒㉙，羽旄旌旗、如云偻翣㉚以督之，珠玉以佩之，黼黻㉛文章㉜以饬㉝之。引绋㉞者左右万人以行之，以军制立之然后可。以此观世，则美矣侈矣；以此为死，则不可也。苟便于死，则虽贫国劳民，若慈亲孝子者之所不辞为也。

【注释】

①审:详细,周密。

②极:准则。

③决:决断。

④重:尊重。

⑤性:人的本性。

⑥所重所爱:尊重、爱护的人。

⑦生人:活着的人。

⑧重闭:特指墓葬节俭不被发掘。重在葬而得安,故称。

⑨扣:音 hú,发掘。

⑩瞽师:盲乐师。

⑪杙:尖锐的小木棍。

⑫棺椁:棺和椁,棺为装殓死人的器具;椁为套在棺材外面的大棺材。

⑬之主:此处当作"生主"。

⑭矜尚:夸耀。这里指活着的人以厚葬互相夸耀。

⑮侈靡:奢侈浪费。

⑯荣:荣誉。

⑰陋:耻辱。

⑱不以便死为故:不把利于死者当回事。

⑲徒:只,仅仅。

⑳犯流矢,蹈白刃:冒着乱飞的或无端飞来的箭,踩着锋利的刀。

㉑涉血抽肝:形容血流遍地,流血多。

㉒丑:耻辱。

㉓含珠:死者口中所含之珠。

㉔鳞施:古代贵族丧葬时给死者穿戴的玉衣。用玉片串缀而成,施于死者之体如鱼鳞状,故名。

㉕钟鼎：钟和鼎。

㉖壶滥：器具名，大口，用来盛冰，置食物于其中来降温。

㉗题凑：古代天子的椁制，也赐用于大臣。

㉘数袭：数层。

㉙輴：灵车。

㉚偻翣：古代出殡时的棺饰。

㉛黼黻：绣有华美花纹的礼服。

㉜文章：错杂的色彩或花纹。

㉝饬：同"饰"，修饰。

㉞引绋：指执绳送葬。绋，古代出殡时拉棺材用的大绳。

【译文】

二曰：详知生命是圣人的要事，详察死亡是圣人的准则。知悉生命，是为了不使外物伤害生命，这就是所谓的养生；详察死亡，是为了不使外物妨害死者，这就是所谓的安死。这两件事，只有圣人才能够决断。

凡是生于天地之间的事物，它们必然会死亡，这是不可避免的。孝子尊重他们的父母，慈亲爱护他们的子女，尊重、爱护之心深入肌骨，这是人的天性。尊重、爱护的人，死后却把他们抛弃到沟壑，这是人所不忍心做的，因此有埋葬死者的道义。葬就是藏的意思，葬死应是慈亲孝子慎重对待的事情。所谓慎重，就是活着的人要为死者考虑。活着的人为死者考虑，没有比不使死者被移动更重要的了，没有比不让坟墓被掘开更重要的了。不挖掘坟墓，不移动死者，没有什么比让坟墓中无利可图更保险的了，这就是重闭。

古代的人有葬于广阔的山野、幽深的山林之中却安好无损的，不是由于有珠玉国宝，而是埋葬不可不隐藏。葬得浅了，狐狸就会掘开它；葬得深了，就会与泉水相接。所以，只要埋葬一定要葬在高高的土山之上，以避免狐狸的危害、泉水的浸湿。这样是好的，但忘了恶人、盗贼、匪乱的祸害，岂不是糊涂吗？比如就像盲乐师躲避柱子一样，避开了柱子，却用力撞到了尖木棍上。狐狸、泉水、恶人、盗贼、匪乱的祸害，这是大大的尖木棍啊！慈亲孝子埋葬死者能够避开这些，就获得葬的本义了。使用好的棺材，是为了避开蝼蚁蛇虫。如今社会风气大坏，活着的人埋葬死者越来越奢侈，他们心中不是为死者考虑，而是活着的人借以互相夸耀，争出人上。奢侈的人以奢靡浪费为荣，俭省的人以此为耻辱。不把利于死者当回事，却只是将活着的人的毁谤、赞誉当作重要的事，这不是慈亲孝子之心。父母虽然死了，孝子对父母的尊重不应懈怠；子女虽然死了，慈亲对他们的疼爱不会减弱。埋葬所疼爱、所尊重的人，却用活着的人十分想得到的东西陪葬，靠这些东西使死者安宁，其结果会怎么样呢？

百姓对于利，是愿意冒着飞箭，踩着利刃，流血残杀去追求它。不知礼义的野蛮人，残忍地对待父母、兄弟、朋友而去追求利。如今，掘墓没有这种危险，没有这种耻辱，而得利十分丰厚，可以乘车吃肉，延及子孙。这种情况即使是圣人尚且不能禁止的，更何况昏乱的国家呢？国越大，家越富，埋葬之物就越丰厚。那些死者口中所含的珍珠、身穿的玉衣，赏玩、嗜好的财物宝器，钟鼎壶滥，车马衣被戈剑，数也数不尽。各种养生的器具无不跟随下葬。放置棺椁的椁室用大木累积而成，好似四面有檐的屋子，里面棺椁数层，并堆积石头、木炭，环绕在棺椁之外。恶人听说这件事，互相传告。尽管君主用严刑重罚禁止他们，仍然禁止不住。况且死者死去的时间越久，活着的人对他的感情就越疏远；感情越疏远，守墓人就越懈怠；守墓人越来越懈怠，可是墓中随葬的器物却和原来一样，这种形势本来就不安全了。世俗之人举行葬礼，用大车载着棺椁，丧车上有各种羽毛旗帜、画有云气的偻翣遮盖，棺椁上佩有珠玉，并用华美花纹修饰。左右执绋送葬的有万人，牵引灵车行进，这些人得靠军法指挥才行。举行这种葬礼给世人看，那是够美够盛大的了；但是用这种葬礼安葬死者，却是不行的。倘若厚葬有利于死者，那么即使这样会使国家贫困、人民劳苦，那些慈亲孝子也是不会拒绝做的。

【评析】

人的生命无论长短，最终都会归于死亡。古人很早就有"事死如事生"（出自《荀子·礼论》）的丧葬原则，因而才有本篇中提到的世俗之人举行的葬礼、陪葬的器物竞豪奢的现象出现。为了表示对死去亲人的重视，对待死者他们认为应让他像生前一样生活，甚至有过之而无不及。然而本篇从另一个角度阐述了如何才算慎重地对待死者。不让死者的坟墓被挖掘，尸体不被移动，才是真正地尊重死者，而要做到这点，就必须在丧葬礼仪方面进行节制。

接下来本文进一步指出，埋葬死者愈发奢侈，只是活着的人之间为了相互夸耀，而非真正为死者着想。过于奢侈的葬礼以及陪葬的器物，对死者来说百害而无一利。本篇所提出的节丧的观点，经层层深入论证，令人信服，同时对于现代的丧葬仪式也有十分重要的意义。

安　死

三曰：世之为丘垄①也，其高大若山，其树之若林，其设阙庭②、为宫室、造宾阼③也若都邑。以此观世示富则可矣，以此为死则不可也。夫死，其视万岁犹一瞬④也。人之寿⑤，久之不过百，中寿不过六十。以百与六十为无穷者之虑，其情必不相当矣。以无穷为死者之虑，则得之矣。今有人于此，为石铭⑥置之垄上，曰："此其中之物，具珠玉、玩好、财物、宝器甚多，不可不抇⑦，抇之必大富，世世乘车食肉⑧。"人必相与笑之，以为大惑。世之厚葬也，有似于此。自古及今，未有不亡之国也；无不亡之国者，是无不抇之墓也。以耳目所闻见，齐、荆、燕尝亡矣，宋、中山已亡矣，赵、魏、韩皆亡矣，其皆故国矣。自此以上者，亡国不可胜数，是故大墓无不抇也。而世皆争为之，岂不悲哉？

君之不令⑨民，父之不孝子，兄之不悌弟，皆乡里之所釜鬲者⑩而逐之。惮⑪耕稼采薪⑫之劳，不肯官⑬人事⑭，而祈美衣侈食之乐；智巧穷屈⑮，无以为之，于是乎聚群多之徒，以深山广泽林薮⑯，扑击遏夺⑰，又视名丘大墓葬之厚者，求舍便居⑱，以微⑲扣之，日夜不休，必得所利，相与分之。夫有所爱所重，而令奸邪、盗贼、寇乱之人卒⑳必辱之，此孝子、忠臣、亲父、交友之大事。

尧葬于穀林，通㉑树之；舜葬于纪市，不变其肆㉒；禹葬于会稽，不变人徒㉓。是故先王以俭节葬死也，非爱㉔其费也，非恶其劳也，以为死者虑也。先王之所恶，惟死者之辱也。发则必辱，俭则不发。故先王之葬，必俭、必合、必同。何谓合？何谓同？葬于山林则合乎山林，葬于阪隰㉕则同乎阪隰。此之谓爱人。

夫爱人者㉖众，知爱人者寡㉗。故宋未亡而东冢㉘扣，齐未亡而庄公㉙冢扣。国安宁而犹若此，又况百世之后而国已亡乎？故孝子、忠臣、亲父、交友不可不察于此也。夫爱之而反危之，其此之谓乎！《诗》曰："不敢暴虎，不敢冯河。人知其一，莫知其他。"㉚此言不知邻类也。故反以相非，反以相是㉛。其所非方其所是㉜也，其所是方其所非也。是非未定，而喜怒斗争反为用矣。吾不非斗，不非争，而非所以斗，非所以争。故凡斗争者，是非已定之用也。今多不先定其是非，而先疾㉝斗争，此惑之大者也。

鲁季孙有丧，孔子往吊㉞之。入门而左，从客也㉟。主人以玙璠㊱收㊲，孔子径庭㊳而趋㊴，历级㊵而上，曰："以宝玉收，譬之犹暴骸㊶中原也。"径庭历级，非礼也，虽然，以救过也。

【注释】

①丘垄：坟冢。

②阙庭：楼阙庭院。

③宾阼：堂前台阶。

④瞚：古同"瞬"，眨眼。

⑤寿：年岁，生命。

⑥石铭：刻有文字的碑石。

⑦抇：音 hú，发掘。

⑧世世乘车食肉：意谓掘墓富而得到爵禄，因此乘车食肉，世代相传。

⑨令：善，好的。

⑩所釜鬲者：用釜鬲的人。釜，古代的一种锅。鬲，古代的一种炊具。

⑪惮：害怕，畏惧。

⑫耕稼采薪：种庄稼，砍柴。

⑬官：从事。

⑭人事：力所能及之事。

⑮智巧穷屈：极尽机谋与巧诈。

⑯薮：泽薮，大泽。

⑰扑击遏夺：指拦路抢劫。

⑱求舍便居：探求便于盗墓的住所。

⑲微：隐蔽地。

⑳卒：最终。

㉑通：普遍，全。这里指到处。

㉒肆：店铺。

㉓人徒：庶民，民众。"不变其肆""不变人徒"都是不扰民的意思。

㉔爱：吝惜。

㉕阪隰：山坡高处与低处。

㉖爱人者：爱护死去的人。

㉗知爱人者寡：意谓能够俭葬的人少。

㉘东冢：宋文公的坟墓。宋文公，春秋时期宋国国君。

㉙庄公：齐庄公，春秋时齐国国君吕购。死后被厚葬，所以其坟墓被发掘。

㉚出自《诗经·小雅·旻天》，意为不敢赤手空拳去打老虎，也不敢徒步涉水渡河，人人都知道面对就在眼前的凶险而不莽撞行事，此即"人知其一"；却不知道戒惕小人的危险，此即"莫知其他"。

㉛反以相非，反以相是：反过来反对，反过来赞同。

㉜所非方其所是：反对的正好是他们赞同的。

㉝疾：快速，迅速。

㉞吊：祭奠死者或对遭到丧事的人家、团体给予慰问。

㉟入门而左，从客也：《礼记·曲礼》："主人入门而右，客入门而左。"入门而向左，这是宾客的礼仪。

㊱玙璠：美玉。比喻美德或品德高洁之人。

㊲收：殓葬。

㊳径庭：从庭中横穿而过，这是不符合当时礼法的。

㊴趋：快走。

㊵历级：越过台阶。

㊶暴骸：暴露尸骸。

【译文】

三曰：世人建造坟墓，高大就像山峰，坟墓上的树木茂密成林，坟墓上修建宫阙庭院，造造宫室、堂前石阶，就像都邑一样。凭此了解世人炫耀财富是可以的，但是用这些安葬死者却不可以。那些死去的人，他们看待一万年就像是一眨眼。人的寿命，长的不超过百岁，一般的不超过六十岁。按照百岁或六十岁寿命来为无限久远的死者考虑，它们的情况必定不一样。按照无限久远来为死者考虑，就掌握了安葬死者的真义了。如果有人在死者的坟墓上立一块石碑，上面写道："这里面的器物，有珠玉、奇珍异宝、财物、宝器，十分丰富，不能不发掘，掘开它一定会大富，可得爵禄而世代相传。"人们一定一起嘲笑他，认为这个人太糊涂。

世上的厚葬与此相似。从古到今，没有不灭亡的国家；没有不灭亡的国家，就没有不被挖掘的坟墓。按照耳闻目睹来说，齐、楚、燕曾经灭亡过，宋、中山已经灭亡了，赵、魏、韩都灭亡了，它们都成了故国。从它们再往前，灭亡的国家数不尽，因此大墓没有不被挖掘的。但是世人都争着建造大墓，这难道不可悲吗？

国君的不善之民，父亲的不孝之子，兄长的不敬之弟，都是乡里百姓所驱逐的人。他们害怕耕种、打柴的劳苦，不愿从事力所能及之事，却希望享受锦衣玉食的快乐；用尽机谋与巧诈，仍无法做到，于是就聚集起很多人，凭借深山、湖泽、树林的地势，拦路打劫，又探察陪葬丰厚的大墓，住到坟墓附近，暗中挖掘，日夜不止，一定要获得宝物，一起瓜分。有爱护、尊重的人，死后却终要遭到小人、盗贼、匪寇的凌辱，这对于孝子、忠臣、慈父、挚友是很严重的事。

尧葬在穀林，坟墓上到处种的是树；舜葬在纪市，不改变纪市上的店铺；禹葬在会稽，不烦扰民众。因此先王以节俭的原则安葬死者，不是吝惜钱财，也不是厌恶使人辛劳，是为死者考虑。先王所厌恶的，仅仅是死者受辱。坟墓如果被盗掘，死者肯定要遭到凌辱，如果俭葬，墓就不会被盗掘。因此，先王安葬死者，一定要做到俭，一定要做到合，一定要做到同。什么叫合？什么叫同？葬在山林就与山林合为一体，葬在山坡高处或低处，就与山坡地势高低相同。这就叫作爱人。

想要爱护死去之人而厚葬的人很多，但真正懂得爱人而俭葬的人很少。所以宋国还没有灭亡，东冢就被盗掘；齐国还没有灭亡，庄公的墓就被盗掘。国家安定时尚且如此，又何况百世之后国家已经灭亡了呢？所以孝子、忠臣、慈父、挚友对此不可不有所察觉。原本是敬爱死者，结果反而害了他们，大概指的就是厚葬这件事吧。《诗经》中说："不敢徒手搏虎，不敢徒步涉水渡过黄河。人们只知此一端，不知还有其他的灾祸。"这是说不知邻类之间相比较啊！所以反过来反对，再反过来赞同。他们所反对的正是他们所赞同的，他们所赞同的正是他们所反对的。是非尚未确定，而喜怒斗争反倒都用上了。我们不反对斗，也不反对争，而是反对斗和争的根源。因此，凡是斗争，都是是非确定以后的方法。如今人们大多不先确定是非，却先急急忙忙地争斗，这是最糊涂的。

鲁国季孙氏举办丧事，孔子去吊丧。进门之后，站到左边，这是宾客的礼仪。主人用美玉收殓死者，孔子从庭中快步跨过台阶穿庭而过，说："用美玉收殓死者，就像是把尸体暴露在原野上一样。"横穿庭中，越过台阶都是不符合宾客礼仪的，即使如此，孔子仍然这样做了，这是为了阻止过失啊！

【评析】

本篇承接上篇《节丧》主旨，主要讲如何安葬死者。孟子在《寡人之于国也》中提出"养生丧死无憾，王道之始"。如何安葬死者不留遗憾，文中提到"以无穷为死者之虑"，即按照无限久远的未来来为死者考虑，才能获得安葬死者的真义。

首先，接上篇阐明厚葬所导致的严重后果，厚葬并不是真正地爱护、尊重死者。其次，列举了尧、舜、禹的例子，说明俭葬的必要。人们看待事物常常只执一端，而忽视其他方面，本意是好，却反而害人。最后用了孔子不顾礼仪而阻止厚葬的做法强调厚葬死者的过失。

本篇所提出的真正敬爱、尊重死者就应俭葬的观点至今仍有其现实意义。

异　宝

四曰：古之人非无宝①也，其所宝者②异也。孙叔敖③疾，将死，戒④其子曰："王数封我矣，吾不受也。为我死⑤，王则封汝，必无⑥受利地⑦。楚、越之间有寝之丘⑧者，此其地不利，而名甚恶。荆人畏鬼，而越人信机⑨。可长有者，其唯此也⑩。"孙叔敖死，王果以美地封其子，而子辞，请寝之丘，故至今不失。孙叔敖之知⑪，知不以利为利矣。知以人之所恶为己之所喜，此有道者之所以异乎俗也。

五员⑫亡⑬,荆急求之,登太行⑭而望郑曰:"盖是国也,地险而民多知⑮;其主,俗主⑯也,不足与举⑰。"去郑而之许,见许公⑱而问所之。许公不应,东南向而唾⑲。五员载拜⑳受赐,曰:"知所之矣。"因如吴。过于荆,至江上,欲涉㉑,见一丈人㉒,刺小船㉓,方将渔,从而请焉。丈人度之,绝江㉔。问其名族,则不肯告,解其剑以予丈人,曰:"此千金之剑也,愿献之丈人。"丈人不肯受,曰:"荆国之法,得五员者,爵执圭㉕,禄万檐㉖,金千镒㉗。昔者子胥㉘过,吾犹不取,今我何以子之千金剑为乎?"五员过于吴,使人求之江上,则不能得也。每食必祭㉙之,祝㉚曰:"江上之丈人!天地至大矣,至众矣,将奚不有为也,而无以为㉛。为矣,而无以为之㉜。名不可得而闻,身不可得而见,其惟江上之丈人乎!"

宋之野人㉝耕而得玉,献之司城㉞子罕㉟,子罕不受。野人请曰:"此野人之宝也,愿相国为之赐而受之也。"子罕曰:"子以玉为宝,我以不受为宝。"故宋国之长者曰:"子罕非无宝也,所宝者异也。"

今以百金与抟黍㊱以示儿子,儿子必取抟黍矣;以和氏之璧㊲与百金以示鄙人㊳,鄙人必取百金矣;以和氏之璧、道德之至言以示贤者,贤者必取至言矣。其知弥㊴精㊵,其所取弥精;其知弥粗,其所取弥粗㊶。

【注释】

①宝:珍贵的东西。

②所宝者:珍爱的东西。

③孙叔敖:名敖,字孙叔,春秋时期楚国令尹。

④戒：告诫。

⑤为我死：如果我死了。

⑥无：通"毋"，不要，别。

⑦利地：肥沃丰饶的土地。

⑧寝之丘：寝丘，陵寝之丘也。古地名，在今河南沈丘东南一带。

⑨荆人畏鬼，而越人信机：荆人即楚人。楚人都害怕鬼神，而越人都相信吉凶之兆。

⑩可长有者，其唯此也：可以长久拥有的土地，恐怕只有这里了。

⑪知：通"智"，智慧。

⑫五员：伍员。即伍子胥，名员，字子胥。

⑬亡：逃亡，流亡。

⑭太行：太行山。在黄土高原与华北平原间。从东北向西南延伸。

⑮知：通"智"，智慧。

⑯俗主：庸俗的君主。

⑰举：举大事（指发动夺取政权的武装起义）。

⑱许公：许国国君。

⑲东南向而唾：面向东南吐唾沫。表示对东南方向轻视、鄙弃，希望他去吴国。

⑳载拜：再拜。

㉑涉：渡河。

㉒丈人：对老人的称呼。

㉓刺小船：撑一支小船。

㉔绝江：横渡江水。

㉕执圭：先秦楚国爵位名。圭以区分爵位等级，使执圭而朝，故名。

㉖禄万檐：有万石的俸禄。"檐"即"儋"。

㉗金千镒：得黄金千镒。镒，古代重量单位，合二十两（一说二十四两）。

㉘子胥：伍子胥。

㉙祭：祭奠，对死者表达追悼、敬意。此处表示对江上丈人的纪念。

㉚祝：祝愿和盼望。

㉛将奚不有为也，而无以为：奚不有为，指无所不为。无以为，指无所求。

㉜为矣，而无以为之：做了，却无所求。

㉝野人：泛指村野之人；农夫。

㉞司城：司空，因宋武公名司空，改名为"司城"。掌管工程。

㉟子罕：乐喜，子姓，乐氏，字子罕，是春秋时期宋国的卿。又称司城子罕。

㊱抟黍：捏成的饭团。

㊲和氏之璧：中国历史上著名的美玉，无价之宝。最早见于《韩非子》。

㊳鄙人：鄙俗的人。

㊴弥：更加。

㊵精：专一，深入。

㊶其知弥粗，其所取弥粗：他们了解得越粗浅，获取的东西就越粗陋。

【译文】

四曰：古人不是没有珍贵的东西，只是他们所珍爱的东西跟现在人的不一样。孙叔敖病了，临死之时，告诫他的儿子说："大王多次赐予我土地，我都没有接受。如果我死了，大王就会赐给你土地，你一定不能接受肥沃丰饶的土地。楚国跟越国之间有一个叫寝丘的地方，这处地方土地贫瘠，而且地名凶险。楚国人都畏惧鬼神，越国人都迷信吉凶之兆。可以长久拥有的土地，恐怕只有这里了。"孙叔敖死了之后，楚王果然要把土壤肥沃的土地赐给他的儿子，而孙叔敖的儿子谢绝了，请求楚王赐封寝丘的土地，因此这块土地至今没有失去。孙叔敖的智慧在于知道不把世俗的利益看作是自己的利益。知道把别人厌恶的东西当作自己喜爱的东西,这就是有道之人不同于世俗之人的原因。

伍员逃亡,楚国紧急追捕他,他登上太行山,远望郑国说:"这个国家,地势险要,百姓多有智慧;他们的国君,是个庸俗的君主,不值得跟他谋举大事。"伍员离开郑国到许国,拜见许公并询问自己应该去的地方。许公不回答,面向东南吐了一口唾沫。伍员再拜,接受赐教,说:"我知道该去哪里了。"于是到吴国去。路过楚国,到长江边上,想要渡江,看到一位老人,撑着小船正要打渔,于是他上前请求老人送他渡江。老人把他横渡过长江。伍员询问老人姓名,老人却不肯告诉他,伍员解下自己的佩剑送给老人,说:"这是一把价值千金的宝剑,我把它送给您。"老人不肯接受,说:"按照楚国的法令,捉到伍员的人将被授予执圭的爵位,享受万石俸禄,得到千镒黄金。从前伍子胥经过这里,我尚且不捉他,如今我接受你价值千金的宝剑做什么呢?"伍员到了吴国,派人到江边寻找老人,却找不到。伍员每次吃饭一定会祭祀那位老人,祝愿说:"江上的老人! 天地极大,其中万物极多,天地有什么不为的呢? 它却无所求。它默默行事,而又无所求。名字无法知道,本人无法见到,这恐怕只有江边的老人了吧!"

宋国的农夫耕地时得到了一块玉,把它献给司城子罕,子罕不接受。农夫请求说:"这是我的宝物,希望相国大人您赏脸把它收下。"子罕说:"你把玉当作宝物,我把不接受别人的东西当作宝物啊。"因此宋国德高望重的人说:"子罕不是没有宝物,只是他看作宝物的东西跟别人不一样啊!"

如今把百两黄金跟捏的饭团给小孩子看,小孩一定会选饭团;把和氏璧和百两黄金给鄙俗的人看,鄙俗的人会选取百两黄金;把和氏璧、关于道德的至理名言给贤明的人看,贤明的人一定会选择听取至理名言。他们了解得越深入,获取的东西就越精细;他们了解得越粗浅,获取的东西就越粗陋。

【评析】

《异宝》篇讲的是不一样的宝物,有的人以珠玉为宝,有的人例如子罕就以不接受他人馈赠为宝。真正有大智慧的人看事物的视角也与众不同，在他人眼中看来是有利的事情，他们却能看到凶险，而人人都厌弃的东西，他们却十分珍视。正由于此，孙叔敖的子孙后代方能保全自己。这些有大智慧而富于远见的人，因珍视的东西与众不同，在世间也甚是稀少，能达到这种境界的恐怕也只有寥寥几人吧。

异　用

五曰：万物不同，而用之于人异也，此治乱、存亡、死生之原①。故国广巨②，兵强富③，未必安也；尊贵高大，未必显④也，在于用之。桀、纣用其材而成其亡，汤、武用其材而成其王。

汤见祝网⑤者，置四面，其祝曰：“从天坠者，从地出者，从四方来者，皆离⑥吾网。”汤曰：“嘻！尽之矣。非桀，其孰为此也？”汤收其三面，置其一面，更教祝曰：“昔蛛蝥⑦作网罟⑧，今之人学纾。欲左者左，欲右者右，欲高者高，欲下者下，吾取其犯命者。”汉南之国闻之曰：“汤之德及禽兽矣。”四十国归之。人置四面，未必得鸟；汤去其三面，置其一面，以网其四十国，非徒网鸟也。

周文王使人抇池，得死人之骸。吏以闻于文王，文王曰：“更葬之⑨。”吏曰：“此无主矣。”文王曰：“有天下者，天下之主也；有一国者，一国之主也。今我非其主也？”遂令吏以衣棺更葬之。天下闻之曰：“文王贤矣！泽及骸骨⑩，又况于人乎？”或得宝以危其国，文王得朽骨以喻其意，故圣人于物也无不材。

孔子之弟子从远方来者，孔子荷杖⑪而问之曰：“子之公不有恙乎？”搏杖⑫而揖之，问曰：“子之父母不有恙乎？”置杖⑬而问曰：“子之兄弟不有恙乎？”杖步⑭而倍之，问曰：“子之妻子不有恙乎?"故孔子以六尺之杖,谕贵贱之等,辨疏亲之义^⑮,又况于以尊位厚禄乎?

古之人贵能射^⑯也,以长幼^⑰养老也。今之人贵能射也,以攻战侵夺也。其细者以劫弱暴寡也^⑱,以遏夺为务^⑲也。仁人之得饴^⑳,以养疾侍老也。跖与企足^㉑得饴,以开闭取椁^㉒也。

【注释】

①原:起源,根本。

②广巨:广大。指幅员辽阔。

③强富:富强。

④显:有权势或名声地位。

⑤祝网:《史记·殷本纪》:"汤出,见野张网四面,祝曰:'自天下四方,皆入吾网。'汤曰:'嘻,尽之矣!'乃去其三面,祝曰:'欲左,左;欲右,右;不用命,乃入吾网。'"后因以"祝网"为帝王施行仁德之典。

⑥离:通"罹"。

⑦蛛蝥:蜘蛛的别名。

⑧网罟:捕鱼及捕鸟兽的工具。这里指蛛网。

⑨更葬之:再安葬他。

⑩泽及髊骨:恩泽及于死者。形容给人恩惠极大。泽,恩泽。髊骨,死去已久的人。

⑪荷杖:背着拐杖。荷,音 hè。

⑫搏杖:拄着拐杖。搏,执持。

⑬置杖:放下拐杖。

⑭杕步:拖着脚步,脚不离地缓步移动。

⑮谕贵贱之等,辨疏亲之义:使人明白高贵低贱的等级,分辨亲疏的区别。

⑯射:射礼,周礼的一种。

⑰长幼:抚养年幼的人。

⑱其细者以劫弱暴寡也：意为那些地位低微的人凭借此抢劫弱者，欺凌失偶的人。细者，指地位低微的人。暴，欺凌。寡，指势孤力单的人。

⑲以遏夺为务也：把拦路抢劫当作应当做的事情。

⑳饴：用麦芽制成的糖浆，糖稀。

㉑跖与企足：跖，传说是春秋战国之际的奴隶起义领袖，先秦古籍中被称为"盗跖"。企足，即庄蹻，传说是战国时期反楚起事领袖和楚国将军，楚庄王之苗裔。

㉒开闭取楗：打开插门闩的孔，取出插在门闩上的木棍。此句意为像盗跖和企足这样的小人，得到饴糖也是为了打开他人的门闩，盗取财物。闭，插门闩的孔。楗，竖插在门闩上使闩拨不开的木棍。

【译文】

五曰：万物不一样，人们使用它们的方法各不一样，这是治乱、存亡、生死的根本。因此，国土广大，国家兵力富强，未必安定；尊贵富有，未必声名显赫，关键在于如何使用。桀、纣使用他们的能力却造成了他们的灭亡，商汤、周武王使用他们的能力而成就了他们的称王之业。

商汤看见捕猎之人四面设网，听他祈祷说："从天上坠落的，从地上生出的，从四方而来的，都到我的网里来吧。"汤说："咦！这样猎物就会被捉尽了。除了夏桀那样的暴君，谁会做这样的事情？"汤收起了三面的网，只在一面设网，重新教那人祈祷说："从前蜘蛛结网，现在人也想跟它学。禽兽想向左去的就让它们向左去，想向右去的就向右去，想向高处去的就向高处去，想向低处去的就向低处去，我只猎取那些违反天命的。"汉水南边的国家听说这件事情后说："商汤的仁德连禽兽都顾及到了。"于是四十个国家归附了汤。别人在四面设网，未必能捕捉到鸟；汤撤去其中三面，只在一面设网，却凭此得到了四十个国家的归附，这不仅仅是捕捉鸟啊！

周文王派人挖掘池塘，挖出了死人的尸骨。官吏把这件事禀告给文王，文王说："重新安葬他吧。"官吏说："这是没有主的尸骨。"文王说："拥有天下的人是天下之主,拥有一国的人是一国之主。现在难道我不是它的主人吗?"于是下令让官吏用衣棺重新安葬那具尸骨。天下百姓听说这件事情后说:"文王真是贤明啊!他的恩泽能及于死去已久的人身上,更何况是活着的人呢?"有的人得到宝物却危害到自己的国家,文王得到一具腐朽的尸骨却能借此表明自己的仁德,因此,对于圣人来说,万物没有无用的。

孔子的弟子从远方来的,孔子就会背着手杖问候他,说:"你的祖父没什么病吧?"然后拄着手杖拱手行礼,问道:"你的父母没有病吧?"然后放下手杖问候道:"你的兄弟没病吧?"最后拖着手杖转身去问:"你的妻儿没病吧?"所以,孔子凭借六尺长的手杖,就使人明白高贵低贱的等级,分辨亲疏的区别,更何况用尊贵的地位、丰厚的俸禄呢?

古代的人重视射艺,用来抚养幼童,赡养老人。现在的人重视射艺,却用来攻占侵夺。那些地位低微的人凭借此抢劫弱者,欺凌孤寡的人,把拦路抢劫当作应当做的事。仁爱的人得到饴糖,用来保养病人,奉养老人。跖与庄蹻得到饴糖,却用来拨闩开门,盗窃别人的财物。

【评析】

本篇讲的是如何善用世间万物。万物对人没有分别心,但不同的人使用它们时却有差别。文中列举的例子如商汤、周文王、孔子都是凭借简单的事情或物而影响甚大。所谓"异用"实际就是在使用万物时做法不同,从而事半功倍。同样的物,心思不同的人使用时也会有不同的作用。所以,对待万物、使用万物都要以恰当合适的做法,方能有大用。

仲冬纪第十一

仲　冬

一曰：仲冬之月，日在斗①，昏东壁②中，旦轸③中。其日壬癸④，其帝颛顼⑤，其神玄冥⑥，其虫介⑦，其音羽⑧，律中黄钟⑨。其数六，其味咸，其臭朽，其祀行，祭先肾。冰益壮⑩，地始坼⑪，鹖鴠⑫不鸣，虎始交。天子居玄堂太庙，乘玄辂，驾铁骊，载玄旂，衣黑衣，服玄玉，食黍与彘，其器宏以弇。命有司曰："土事无作，无发盖藏⑬，无起大众，以固而闭。"发盖藏，起大众，地气且泄，是谓发天地之房。诸蛰⑭则死，民多疾疫，又随以丧。命之曰"畅月"。

是月也，命阉尹⑮申宫令，审门闾，谨房室，必重闭。省妇事，毋得淫⑯，虽有贵戚近习⑰，无有不禁。乃命大酋⑱，秫稻必齐⑲，麹蘖必时⑳，湛饎㉑必洁，水泉必香，陶器必良，火齐必得。兼用六物，大酋监之，无有差忒㉒。天子乃命有司祈祀四海、大川、名原、渊泽、井泉。

是月也，农有不收藏积聚者，牛马畜兽有放佚㉓者，取之不诘。山林薮泽，有能取疏食㉔田猎禽兽者，野虞㉕教导之。其有侵夺者，罪之不赦。

是月也，日短至㉖，阴阳争，诸生荡㉗。君子斋戒，处必弇，身欲宁,去声色,禁嗜欲,安形性,事欲静,以待阴阳之所定。芸㉘始生,荔挺出,蚯蚓结,麋角解㉙,水泉动。日短至,则伐林木,取竹箭。

是月也,可以罢官之无事者,去器之无用者。涂阙庭门闾㉚,筑囹圄㉛,此所以助天地之闭藏也。

仲冬行夏令,则其国乃旱,气雾冥冥㉜,雷乃发声。行秋令,则天时雨汁㉝,瓜瓠不成㉞,国有大兵。行春令,则虫螟为败,水泉减竭,民多疾疠。

【注释】

①斗:星名,二十八宿之一。

②东壁:星宿名,即壁宿。因在天门之东,故称。

③轸:星名,二十八宿之一。

④壬癸:壬,天干的第九位,用作顺序第九的代称。癸,天干的第十位,用作顺序第十的代称。

⑤颛顼:上古帝王名。五帝之一,号高阳氏。相传为黄帝之孙、昌意之子,生于若水,居于帝丘。十岁佐少昊,十二岁而冠,二十登帝位。在位七十八年。

⑥玄冥:神名。冬神。

⑦介:指有甲壳的虫类或水族。

⑧羽:五音之一。五音分别为宫、商、角、徵、羽。

⑨黄钟:乐律十二律中的第一律。

⑩壮:坚实,坚硬。

⑪坼:音 chè,裂开。

⑫鹖鴠:音 hé dàn,亦作"鹖旦"。鸟名,即寒号鸟。此鸟为阳物,此月阴盛,故不叫。

⑬盖藏:储藏。这里指仓库的藏物。

⑭蛰:冬季藏伏起来的动物。

⑮阉尹:宫官,管领太监的官。

⑯省妇事,毋得淫:减免妇女的工作,不能僭越放纵。

⑰贵戚近习:尊贵的亲戚和宠信的人。

⑱大酋:古代酒官之长。

⑲秫稻必齐:此句意为一定选用成熟的糯稻。秫,音 shú,即糯稻,米粒富于黏性的稻。

⑳麹蘖必时:酒曲一定要适时。麹,同"曲",这里指酒曲。蘖,酿酒的曲。

㉑湛饎:亦作"湛炽",指酿酒时浸渍、蒸煮米曲之事。

㉒差忒:差错,误差。

㉓放佚:散失。

㉔疏食:泛指瓜果。疏,通"蔬"。

㉕野虞:古代掌管山林薮泽的官。

㉖日短至:冬至之日到来。

㉗诸生荡:万物开始萌芽。

㉘芸:油菜。

㉙麋角解:麋鹿的犄角脱落。

㉚涂阙庭门间:涂塞宫廷的门户。

㉛筑囹圄:修筑监狱。

㉜气雾冥冥:雾气迷漫。

㉝天时雨汁:天气就会有雨夹雪。

㉞瓜瓠不成:瓜类作物收成不好。

【译文】

一曰:仲冬之月,太阳在斗宿;黄昏,壁宿出现在南方中天;白天,轸宿出现在南方中天。仲冬属天干中的壬、癸,它的主宰之帝是颛顼,佐帝之神是玄冥,对应的是有甲壳的虫类,相应的声音是羽音,音律与黄钟相和。这个月的数字是六,味道是咸味,气味是朽气,要举行的祭祀是行祭,祭祀时祭品以肾为尊。这个月,冰冻得越发坚实,地开始冻出裂缝,鹖鴠不叫了,老虎开始交配。天子居住在朝北的正房的中央之室,乘坐黑色的车,驾黑色的马,车上插着浅黑色的旗帜,穿黑色的衣服,佩戴黑色的饰玉,吃的食物是黍米和猪肉,使用的器物大而深。命令官吏说:"不要兴土木,不要打开储藏东西的仓库,不要发动众多百姓,以此来稳固和闭藏天地。"打开储藏之物,发动众多百姓,地气就会宣泄,这就是打开天地用来闭藏万物的地方。如果这样,冬季藏伏起来的动物就会死去,百姓中会流行疫病,并伴随死亡。这个月被命名为"畅月"。

这个月,命令宫官的首领申明宫中的禁令,周密审视出入宫廷的门,谨慎把守房室,一定要层层紧闭。减免妇女的工作,不能僭越放纵,即使是尊贵的亲戚和宠信的人,也要禁止。命令酒官之长酿酒时,糯稻必须要选用成熟的,酒曲必须要时间适合,酿酒时浸渍、蒸煮米曲之事必须清洁,所用的水泉必须甘美,使用的陶器必须良好,酿制的火候必须恰当。这六件事要完备,酒官之长监督它,不能有差错。天子命令主管官吏对四海、大河、原野、深渊大泽及井泉的水神祭祀祈祷。

这个月,农民有未储藏食物的,散失牛马牲畜的,若被他人取用,并不问罪。有能在山林水泽中获得瓜果、捕猎禽兽的,主管山林泽薮的官员应教导他们。如果有侵犯他人成果的,他们的罪责不能赦免。

这个月,冬至之日到来,阴阳相交,万物开始萌芽。君子沐浴更衣、整洁身心,居处一定深邃,身心要宁静,远离声色,禁绝嗜欲,保养身体和性情,处事要静,以等待阴阳安定。这个月,油菜开始生长,荔草生出,蚯蚓蠕动,麋鹿犄角坠落,水泉开始涌动。冬至之时,可以砍伐林木,割取竹子。

这个月,可以罢免无事可做的官吏,可以除去没有用处的器物。涂塞宫廷的门户,修筑牢狱,这些都是来帮助上天闭藏的措施。

仲冬实行夏天的政令,国家就会出现干旱,雾气就会迷漫,雷声就会震动。如果实行秋天的政令,天气就会有雨夹雪,瓜果不能成熟,国家就有兵事侵扰。如果实行春天的政令,虫螟就会成灾,水泉就会衰减枯竭,百姓中就会流行疫病。

【评析】

本篇是《仲冬纪》的首篇。所谓仲冬,是冬季的第二个月。本篇讲述仲冬时节天地间自然万物的本性及变化,以便指导人类活动。

"秋收冬藏",仲冬之时主行藏。上天闭藏,万物蛰伏,因而不应轻易惊动。宫中国中都应谨慎从事,不能僭越放纵。本篇规定了人类生活的农业、军事等多个方面,对天时的观察细致入微,体现出先秦时期人民的智慧。

至　忠①

二曰:至忠逆于耳,倒于心②,非贤主其孰能听之?故贤主之所说③,不肖主④之所诛⑤也。人主无不恶暴劫⑥者,而日致之,恶之何益?今有树于此,而欲其美⑦也,人时灌之,则恶之,而日伐其根,则必无活树矣。夫恶闻忠言,乃自伐之精者也⑧。

荆庄哀王⑨猎于云梦⑩,射随兕⑪,中之。申公子培劫王而夺之。王曰:"何其暴而不敬也⑫?"命吏诛之。左右大夫皆进谏曰:"子培,贤者也,又为王百倍之臣⑬,此必有故,愿察之也。"不出三月,子培疾而死。荆兴师,战于两棠⑭,大胜晋,归而赏有功者。申公子培之弟进请赏于吏曰:"人之有功也于军旅,臣兄之有功也于车下⑮。"王曰:"何谓也?"对曰:"臣之兄犯暴不敬之名,触死亡之罪于王之侧,其愚心将以忠于君王之身,而持千岁之寿⑯也。臣之兄尝读故记⑰曰:'杀随兕者,不出三月⑱。'是以臣之兄惊惧而争之⑲,故伏其罪而死⑳。"王令人发平府㉑而视之,于故记果有,乃厚赏之。申公子培,其忠也可谓穆行㉒矣。

穆行之意，人知之不为劝，人不知不为沮㉓，行无高乎此矣㉔。

　　齐王疾痏㉕，使人之宋迎文挚㉖。文挚至，视王之疾，谓太子曰："王之疾必可已也。虽然，王之疾已，则必杀挚也。"太子曰："何故？"文挚对曰："非怒王则疾不可治㉗，怒王则挚必死。"太子顿首强请㉘曰："苟㉙已㉚王之疾，臣与臣之母以死争之于王㉛。王必幸㉜臣与臣之母，愿先生之勿患也。"文挚曰："诺，请以死为王㉝。"与太子期㉞，而将往不当者三㉟，齐王固已怒矣。文挚至，不解屦㊱登床，履王衣，问王之疾，王怒而不与言。文挚因出辞以重怒王，王叱而起，疾乃遂已。王大怒不说㊲，将生烹文挚。太子与王后急争之，而不能得，果以鼎生烹文挚。爨㊳之三日三夜，颜色㊴不变。文挚曰："诚欲杀我，则胡不覆之㊵，以绝阴阳之气？"王使覆之，文挚乃死。夫忠于治世易，忠于浊世难。文挚非不知活王之疾而身获死也，为太子行难㊶，以成其义也。

【注释】

①至忠：应为"忠言"。

②逆于耳，倒于心：忠言逆耳，让人不称心。

③说：通"悦"，高兴。

④不肖主：不贤明的君主。

⑤诛：责罚。

⑥暴劫：行凶抢劫。

⑦美：茂盛。

⑧夫恶闻忠言，乃自伐之精者也：厌恶听取忠言，就是自己败坏自己最严重的行为了。

⑨荆庄哀王：楚庄王，又称荆庄王，芈姓，熊氏，春秋时期楚国国君。春秋五霸之一，称霸中原，威名远扬。

⑩云梦:借指古代楚地。

⑪随兕:传说中的恶兽。

⑫何其暴而不敬也:这是多么任意胡为且不敬啊!

⑬百倍之臣:极忠心的臣子。

⑭两棠:地名。两棠之战即"邲之战",是春秋中期晋、楚两个诸侯国争霸中原的一次著名战役。

⑮臣兄之有功也于车下:我兄长的功劳是在王的车下。因夺王随兕,代王而死,因此有功。

⑯持千岁之寿:使您能够长寿。

⑰故记:古书。

⑱杀随兕者,不出三月:杀随兕的人,不出三月必死。

⑲是以臣之兄惊惧而争之:因此我的兄长惊讶害怕于您杀了随兕而死,就从您手中抢夺了过来。

⑳故伏其罪而死:因此遭受了这个灾祸而死。

㉑发平府:周时楚国收藏文书的府库。

㉒穆行:美行。

㉓人知之不为劝,人不知不为沮:不因别人了解自己而感到鼓励,不因别人不了解自己而感到沮丧。

㉔行无高乎此矣:德行没有比这样做还要高的了。

㉕疻:音 wěi,疮。

㉖文挚:战国时期名医。

㉗非怒王则疾不可治:如果不激怒大王,那么他的病就治不好。

㉘顿首强请:顿首,以头叩地即举而不停留。强请,尽力请求。

㉙苟:如果。

㉚已:停止。此处意为治好。

㉛以死争之于王:意为太子和太子的母亲拼死向大王求情。争,力求实现。

㉜幸:宠爱。

㉝请以死为王：请求以死为大王治病。

㉞期：约定。

㉟而将往不当者三：但该来的日子不来有三次。

㊱屦：音 jù，古代用麻葛做成的一种鞋。

㊲说：通"脱"。

㊳爨：音 cuàn，用火烧。

㊴颜色：面容，面色。

㊵诚欲杀我，则胡不覆之：果真想要杀我，为什么不盖上盖子。

㊶为太子行难：为太子而去做此难事。

【译文】

二曰：忠言逆耳，让人不称心，除了贤明的君王，谁能听进去呢？因此，忠言是使贤明君主感到高兴，而使不贤明的君主责罚的。君主没有一个不厌恶行凶抢劫的行为，但是自己的所作所为却每天招致这种行为，厌恶又有什么用呢？如今这里有棵树，如果希望它茂盛，人按时浇灌它，自己却讨厌人的这种行为，并且每天砍伐树根，如此肯定不会有活树了。厌恶听取忠言，就是一种自己败坏自己最严重的行为了。

楚庄王在云梦打猎，射中了一只恶兽随兕，申公子培从楚庄王这里把随兕抢夺走了。楚庄王说："这是多么任意胡为且不敬啊！"于是命令官吏杀掉子培。左右的大夫都劝谏说："子培是贤德之人，又是您极忠心的臣子，这其中一定有缘故，希望您能详察这件事。"不到三个月，子培生病而死。后来楚国兴兵，在两棠与晋国交战，大败晋军，回去后赏赐有功之人。申公子培的兄弟上前向官吏请赏说："别人在行军打仗中有功，我兄长的功劳是在大王的车下。"庄王说："这是什么意思？"回答说："我的兄长在您身边冒着任意胡为而不敬的恶名，犯了死罪，但他的本心是要效忠于君王，让您能够长寿！我的兄长曾读过古书，古书记载说：'杀死随兕的人，不出三月必死。'因此我的兄长惊讶害怕于您杀了随兕而死，就从您手中抢夺了过来。"庄王命人在收藏古籍的府库中查阅，在古书上果然有这样的记载,于是厚赏了子培的兄弟。申公子培的忠诚可以称得上是穆行了。"穆行"意思就是不因为别人了解自己就感到鼓励,也不因为别人不了解自己就感到沮丧,德行没有比这样做更高的了。

齐王生病长疮,于是派人到宋国接文挚去治病。文挚到了后,察看齐王的病,对太子说:"大王的病肯定可以治好。虽然这样,大王的病能够治好,却一定会杀死我。"太子说:"为什么呢?"文挚回答说:"如果不激怒大王,大王的病就治不好,但大王如果真的被激怒,我就必死无疑。"太子以头叩地尽力请求说:"如果治好大王的病,而大王真的要杀您,我和我的母亲一定拼死向父王求情。大王宠爱我和我的母亲,希望先生您不要担忧。"文挚说:"好吧,我请求以死为大王治病。"文挚跟太子约定了看病的日期,三次都不如期前来,齐王本就已经生气了。文挚到了之后,不脱鞋就登上了齐王的床,踩着齐王的衣服,询问齐王的病情,齐王恼怒,不跟他说话。于是文挚就口出狂言来重重激怒齐王,齐王大声斥责站了起来,病于是就好了。齐王十分愤怒不能平复,要把文挚活活煮死。太子和王后为文挚激烈地跟齐王争辩却没有成功,齐王最终用鼎活煮了文挚。用火烧鼎三天三夜,容貌没有改变。文挚说:"果真想要杀我,为什么不盖上盖子,以隔绝阴阳之气?"齐王让人把鼎盖上,文挚才死去。在太平盛世做到忠很容易,在乱世做到忠很难。文挚不是不知道治好齐王而自己就会被杀,他为了太子去做此难事,是为了成全太子的孝义啊。

【评析】

本篇讲述何谓忠。忠言逆耳,不是人人都能听取,贤明的君主才能接受忠言。但有时臣子的某些行为看似不忠,实则大有深意,例如篇中列举的申公子培和名医文挚。子培为君王而死,遭到误解却不解释;文挚为治好齐王的病,明知是死却毅然坚持。做出这种穆行的人是真正忠于自己内心的人,并不为获取他人的赞赏,也不会因他人的误解而感到沮丧或放弃。能做到这一点,才算是真正的忠。

忠　廉

三曰：士议之不可辱者，大之也①。大之则尊于富贵也，利不足以虞其意矣②。虽名为诸侯，实有万乘③，不足以挺其心④矣。诚辱则无为乐生⑤。若此人也，有势则必不自私矣，处官则必不为污矣，将众则必不挠北⑥矣。忠臣亦然。苟便于主利于国，无敢辞违，杀身出生以徇⑦之。国有士若此，则可谓有人矣。若此人者固难得，其患虽得之有不智⑧。

吴王欲杀王子庆忌⑨而莫之能杀，吴王患之。要离⑩曰："臣能之。"吴王曰："汝恶能乎？吾尝以六马逐之江上矣，而不能及；射之矢⑪，左右满把⑫，而不能中。今汝拔剑则不能举臂，上车则不能登轼⑬，汝恶能？"要离曰："士患不勇耳，奚患于不能？王诚能助，臣请必能。"吴王曰："诺。"明旦加要离罪焉，挚⑭执妻子，焚之而扬其灰。要离走，往见王子庆忌于卫。王子庆忌喜曰："吴王之无道也，子之所见也，诸侯之所知也。今子得免而去之，亦善矣。"要离与王子庆忌居有间，谓王子庆忌曰："吴之无道也愈甚，请与王子往夺之国。"王子庆忌曰："善。"乃与要离俱涉于江。中江⑮，拔剑以刺王子庆忌。王子庆忌捽⑯之，投之于江，浮则又取而投之，如此者三。其卒曰："汝天下之国士也，幸汝以成而名⑰。"要离得不死，归于吴。吴王大说⑱，请与分国⑲。要离曰："不可。臣请必死！"吴王止之，要离曰："夫杀妻子，焚之而扬其灰，以便事⑳也，臣以为不仁。夫为故主杀新主，臣以为不义。夫捽而浮乎江，三入三出，特王子庆忌为之赐而不杀耳，臣已为辱矣。夫不仁不义，又且已辱，不可以生。"吴王不能止，果伏剑㉑而死。要离可谓不为赏动矣，故临大利而不易其义，可谓廉矣；廉，故不以贵富而忘其辱。

卫懿公有臣曰弘演，有所于使[22]。翟人攻卫，其民曰：“君之所予位禄者，鹤也；所贵富者，宫人也。君使宫人与鹤战，余焉能战？”遂溃[23]而去。翟人至，及懿公于荣泽，杀之，尽食其肉，独舍其肝。弘演至，报使于肝[24]，毕，呼天而啼，尽哀而止，曰：“臣请为襮[25]。”因自杀，先出其腹实，内懿公之肝[26]。桓公闻之曰：“卫之亡也，以为无道也。今有臣若此，不可不存。”于是复立卫于楚丘。弘演可谓忠矣，杀身出生以徇其君。非徒徇其君也，又令卫之宗庙复立，祭祀不绝，可谓有功矣。

【注释】

①士议之不可辱者，大之也：士大夫的舆论、评价不能受到侮辱，是因为他们十分看重这个。

②大之则尊于富贵也，利不足以虞其意矣：看重名誉就会将其看得比富贵更为尊贵，利益不足以使他们感到快乐。

③万乘：万辆兵车。

④挺其心：动摇他的心。

⑤诚辱则无为乐生：果真受到侮辱，就无法再乐于活下去。

⑥挠北：败北，指打败仗。

⑦徇：同“殉”，为某种目的而牺牲生命。

⑧若此人者固难得，其患虽得之有不智：像这样的人本来就很难得，令人担忧的是即使得到这样的士，却没有有见识的君主赏识他们。智，聪明，见识。

⑨庆忌：春秋时期吴国人。出身将门，自幼习武，力量过人，勇猛无畏，世人都很敬佩他的武功，赞誉他的勇敢。

⑩要离：春秋时期吴国人，刺客。生平事迹主要记载于《吴越春秋》卷四《阖闾内传》。

⑪矢：箭。

⑫满把：拉满弓。

⑬轼：古代车厢前面用作扶手的横木。

⑭挚：攫取，抓取。

⑮中江：到江水中流。

⑯捽：音 zuó，揪，抓。

⑰幸汝以成而名：免去你一死，成全你的名声。

⑱说：通"悦"，高兴。

⑲请与分国：请他和自己一道分享国家。

⑳便事：便于行事。

㉑伏剑：以剑自刎。

㉒有所于使：奉命出使国外。

㉓遂溃：溃散，散乱。

㉔报使于肝：向卫懿公的肝复命。

㉕襮：外表，这里指躯壳。

㉖先出其腹实，内懿公之肝：先把自己的内脏拿出，再将卫懿公的肝放入。

【译文】

三曰：关于士大夫的名誉不能受到侮辱，这是因为他们十分看重这个。看重名誉就会将其看得比富贵更为尊贵，利益不足以使他们感到快乐。即使位列诸侯，拥有万辆兵车，也不足以动摇他们的心。果真受到侮辱，就无法再乐于活下去。有像这样的人，有权势一定不会自私自利，当官一定不会贪赃枉法，率领军队一定不会败北。忠臣也是这样。只要有利于君主、有利于国家的事，决不会推辞违背，一定愿意杀身舍生殉国。国家如有这样的士，就可以称得上有人了。像这样的人本来就很难得，令人担忧的是即使得到这样的士，却没有有见识的君主赏识他们。

吴王想要杀掉王子庆忌，但是没人能杀死他。吴王很担忧这件事。

要离说:"我能够杀死王子庆忌。"吴王说:"你怎么能行呢?我曾经乘六匹马驾的车追赶他,一直追到江边,却赶不上他;用箭射他,左右拉满弓去射他,却射不中。如今你拔剑却举不起手臂,登车却登不上车前的横木,你怎么能行?"要离说:"士只担忧自己不够勇敢,哪里担忧自己不能?大王如果能够相助,我一定能够成功。"吴王说:"好吧。"第二天,吴王假装将要离治罪,抓捕要离的妻子和儿子,处死他们,焚烧了尸体并扬散了骨灰。要离逃跑,跑到卫国去见王子庆忌。王子庆忌高兴地说:"吴王的暴虐无道是你亲眼所见,也是诸侯们众所周知的。如今你得以幸免逃离他,也是一件好事。"要离和王子庆忌住了一段时间,对王子庆忌说:"吴王暴虐无道越发厉害了,我愿跟随您去把国家夺过来。"王子庆忌说:"好。"于是和要离一起渡江。行至江水中流,要离拔剑刺王子庆忌。王子庆忌揪住要离,把他投入江中,等他浮上来,就又把他抓起来投入江中,像这样重复了三次。王子庆忌最后说:"你是天下的国士,免去你这一死,来成全你的名声。"要离得以不死,回到吴国。吴王非常高兴,请他和自己一道共享国家。要离说:"不可以。我请求一定要死。"吴王劝阻他,要离说:"杀死我的妻子和孩子,烧了他们的尸体,扬散了骨灰,为的是便于行事,但我认为这是不仁。为原先的主人杀新的主人,我认为这是不义。王子庆忌揪住我的头发把我投入江中,三次被投入水中,三次又浮出,如今活着,仅仅是因为王子庆忌对我恩赐不杀我罢了,我已经受到屈辱了。不仁不义,而且又已受辱,不可以再活着了。"吴王不能劝阻他,要离最终拔剑自刎而死。要离可称得上不为赏赐所动了,所以面对大利而不改变他的气节,也可称得上廉洁了;正因为廉洁,所以不因富贵而忘记自己的耻辱。

卫懿公有臣子叫弘演,受命出使国外。此时,狄人进攻卫国,卫国的百姓说:"国君给予官位俸禄的是鹤,赐予富贵的是官中的侍从,国君还是让宫中的侍从和鹤去迎战吧,我们怎么能迎战?"于是溃散而去。狄人到了,在荥泽追上懿公,将他杀死,吃光了他的肉,只把他的肝扔在一旁。弘演归来,向懿公的肝复命。复命完毕,他呼叫着上天痛哭,竭尽哀痛而停止，说："我愿给君作躯壳。"于是自杀，先把自己腹中的内脏取出来，再把懿公的肝放入腹中。齐桓公听说这件事说："卫国灭亡，是因为卫君荒淫无道。如今有弘演这样的臣子，不可不让卫国存在。"于是在楚丘复立卫国。弘演可称得上忠了，杀身舍生为他的国君而死。他不只为国君而死，又使卫国的宗庙得以重建，祭祀不断，真可称得上是有功了。

【评析】

　　本篇讲述先秦时期忠诚廉洁对于士大夫的重要性。先秦之士十分看重自己的名节，因而不会做出不忠不廉之事而败坏其名节。所举要离的事例，说明忠与廉的真义，以及对于士的重要。要离为吴王杀王子庆忌，甚至杀死了自己的妻子和孩子，在杀庆忌失败并被庆忌放过后，面对吴王给予高官厚禄，拒不肯受，这是廉洁；弘演为国君舍身而死，同时以其忠行使卫国宗庙得以恢复，这是忠。国家有了这样心志坚定的士，必能有所作为。然而这样的士，却并不常见，即使遇到，也必要有见识的君主去任用。结合《仲冬纪》来看，这只是士立身的一个重要方面，其他见下篇。

当　务

　　四曰：辨①而不当论②，信而不当理③，勇而不当义④，法而不当务⑤，惑而乘骥⑥也，狂而操吴干将也⑦，大乱天下者，必此四者也。所贵辨者，为其由所论也；所贵信者，为其遵所理也；所贵勇者，为其行义也；所贵法者，为其当务也。

　　跖⑧之徒问于跖曰："盗有道乎？"跖曰："奚啻⑨其有道也？夫妄意⑩关内⑪，中藏⑫，圣也；入先，勇也；出后，义也；知时，智也；分均，仁也。不通此五者而能成大盗者，天下无有。"备说非⑬六王、五伯⑭，以为尧有不慈⑮之名，舜有不孝之行，禹有淫湎⑯之意，汤、武有放杀⑰之事，五伯有暴乱⑱之谋。世皆誉之，人皆讳⑲之，惑也。故死而操金椎⑳以葬，曰："下见六王、五伯，将敲其头矣！"辨若此不如无辨。

楚有直躬㉑者，其父窃羊而谒㉒之上。上执而将诛之。直躬者请代之。将诛矣，告吏曰："父窃羊而谒之，不亦信乎？父诛而代之，不亦孝乎？信且孝而诛之，国将有不诛者乎？"荆王闻之，乃不诛也。孔子闻之曰："异哉！直躬之为信也，一父而载㉓取名焉。"故直躬之信不若无信。

齐之好勇㉔者，其一人居东郭㉕，其一人居西郭。卒然㉖相遇于途，曰："姑㉗相饮乎？"觞数行，曰："姑求肉乎？"一人曰："子，肉也；我，肉也；尚胡革求肉而为？于是具染㉘而已。"因抽刀而相啖㉙，至死而止。勇若此不若无勇。

纣之同母三人，其长曰微子启，其次曰中衍，其次曰受德。受德乃纣也，甚少矣。纣母之生微子启与中衍也，尚为妾，已而为妻而生纣。纣之父、纣之母欲置微子启以为太子，太史据法而争之曰："有妻之子，而不可置妾之子。"纣故为后。用法若此，不若无法。

【注释】

①辨：古代"辨"与"辩"相通，辩论。

②不当论：不合道理。

③不当理：不合规律。

④不当义：不讲求正义。

⑤不当务：不合时务。

⑥惑而乘骥：迷乱而骑马。

⑦狂而操吴干将也：精神失常却拿着宝剑。

⑧跖：即盗跖(zhí)，中国民间传说中，春秋时期率领盗匪数千人的大盗。

⑨奚啻:音 xī chì,亦作"奚翅"。何止,岂但。

⑩妄意:臆测。

⑪关内:屋内,室内。

⑫中藏:恰好猜中室内所藏的东西。

⑬非:非难,讥讽其缺点。

⑭六王、五伯:《左传·昭公四年》记载:"夫六王二公之事,皆所以示诸侯礼也。"杜预注:"六王,启、汤、武、成、康、穆也。"即指夏启、商汤、周武王、周成王、周康王、周穆王上古六王。五伯,指中国春秋时期的五个霸主。

⑮不慈:谓不爱其子。

⑯淫湎:沉溺于酒色。

⑰放杀:放逐杀戮。成汤放桀于南巢,周武王杀殷纣于宣室,因此说"有放杀之事"。

⑱暴乱:行凶作乱,以武力破坏社会秩序。

⑲讳:避忌,有顾忌不敢说或不愿说。

⑳金椎:铁铸的捶击具。

㉑直躬:以直道立身。《论语·子路》:"吾党有直躬者,其父攘羊,而子证之。"

㉒谒:告发。

㉓载:又,且。

㉔好勇:好逞勇武。

㉕东郭:东城外。

㉖卒然:突然,忽然。

㉗姑:姑且,暂且。

㉘觞数行:进酒数次。觞,欢饮,进酒。

㉙染:豆豉酱。

㉚相啖:互相吃。

【译文】

四曰:辩说而不合道理,诚实而不合规律,勇敢而不讲求正义,守法而不合时务,就如同精神迷乱却骑马,精神失常却手持宝剑,大乱天下的,一定是以上四种行为。论辩之可贵在于它合乎道理,诚实之可贵在于它遵循规律,勇敢之可贵在于追求公平正义,守法之可贵在于它合于时务。

跖的门徒弟子问跖说:"盗有道义吗?"跖说:"何止有道义啊!臆测室内的藏物,猜中就是圣,先进去就是勇,最后离去就是义,懂得时机就是智,分利均匀就是仁。不知道这五点而能成为大盗的,天下没有。"跖据此非难六王、五霸,认为尧有不慈的名声,舜有不孝的行为,禹有沉溺于酒色的想法,商汤、周武王有放逐杀戮之事,五霸有行凶作乱争夺天下的图谋。世代都赞誉他们,人们忌讳谈论这些,真是让人疑惑。所以跖要自己死后持金锤下葬,他说:"下到黄泉,见到六王、五霸,要用来敲击他们的头。"论辩像这样,不如不辩。

楚国有个直道立身的人,他的父亲偷了羊,他向官府告发了这件事。官府抓住他的父亲,将要处死。这个以直道立身的人请求代替父亲去死。将要行刑的时候,告诉官吏说:"父亲偷羊而告发他,这样的人不是很诚实吗? 父亲将要被诛而代他受刑,这样的人不是很孝顺吗? 诚实又孝顺的人却被杀,那么国家还有不被诛杀的人吗?"楚王听说这件事,就不杀他了。孔子闻知这件事说:"真是奇怪啊! 以直道立身的这个人讲诚实,却利用父亲两次为自己获取声名。"因此像以直道立身这样的人的诚实,不如没有。

齐国有两个好逞勇武的人,一人住在东城外,另一人住在西城外。突然在路上相遇,说:"姑且一起饮酒吧?"欢饮数次,一人说:"姑且找些肉吧?"另一人说:"你身上有肉,我身上也有肉,何必另去弄肉呢? 在这里准备些豆豉酱就好了。"于是两人拔出刀互相割对方身上的肉吃,直到死才停止。勇敢要像这样,不如没有。

纣有同母的兄弟三人,长兄叫微子启,次兄叫中衍,最小的叫受德。受德就是纣,年龄最小。纣的母亲生微子启和中衍的时候还是妾,不久就成为正妻而生下纣。纣的父母想要立微子启为太子,太史依据律法而为这件事争辩说:"有正妻的儿子在,就不可立妾的儿子做太子。"于是立纣为继承人。用法要像这样,不如没有法。

【评析】

能言善辩,诚实守信,勇敢守法,这些品质固然值得提倡,但本篇指出,这些行为如若使用不当,会更加不妥。运用盗跖的论辩来说明当论辩到了强词夺理的地步就不如不论辩。以直道立身的人沽名钓誉,像他一样的诚实不如没有;好勇斗狠而至于像齐国那两人,不如无勇;固守律法而造成不好的结果就不如无法。任何行为一旦过度,就不会收到好的效果,本篇通过这几个例子说明了这一道理,立身中正,行事遵循道义,合乎时务才是世人应该追求的。

长　见①

五曰:智所以相过②,以其长见与短见③也。今之于古也,犹古之于后世也④;今之于后世,亦犹今之于古也。故审知今则可知古,知古则可知后⑤。古今前后一也,故圣人上知千岁,下知千岁也。

荆文王曰:"苋嘻数犯我以义⑥,违我以礼⑦,与处则不安⑧,旷之⑨而不穀⑩得焉。不以吾身爵之⑪,后世有圣人,将以非⑫不穀。"于是爵之五大夫。"申侯伯善持养⑬吾意,吾所欲则先我为之,与处则安,旷之而不穀丧⑭焉。不以吾身远之,后世有圣人,将以非不穀。"于是送而行之。申侯伯如郑,阿郑君之心⑮,先为其所欲,三年而知郑国之政也⑯,五月而郑人杀之。是后世之圣人使文王为善于上世也。

晋平公铸为大钟，使工听之，皆以为调⑰矣。师旷⑱曰："不调，请更铸之。"平公曰："工皆以为调矣。"师旷曰："后世有知音者，将知钟之不调也，臣窃为君耻之。"至于师涓而果知钟之不调也。是师旷欲善调钟，以为后世之知音者也。

吕太公望封于齐，周公旦封于鲁，二君者甚相善⑲也。相谓曰："何以治国？"太公望曰："尊贤上功⑳。"周公旦曰："亲亲上恩㉑。"太公望曰："鲁自此削㉒矣。"周公旦曰："鲁虽削，有齐者亦必非吕氏也㉓。"其后，齐日以大，至于霸，二十四世而田成子有齐国。鲁日以削，至于觐存㉔，三十四世而亡。

吴起治西河之外，王错谮㉕之于魏武侯，武侯使人召之。吴起至于岸门，止车而望西河，泣数行而下。其仆谓吴起曰："窃观公之意，视释天下若释躧㉖。今去西河而泣，何也？"吴起抿泣㉗而应之曰："子不识。君知我而使我毕能㉘，西河可以王。今君听谗人之议㉙而不知我，西河之为秦取不久矣㉚，魏从此削矣。"吴起果去魏入楚。有间㉛，西河毕入秦㉜，秦日益大。此吴起之所先见而泣也。

魏公叔痤疾，惠王往问之，曰："公叔之病，嗟！疾甚矣！将奈社稷何㉝？"公叔对曰："臣之御庶子㉞鞅㉟，愿王以国听之也。为㊱不能听，勿使出境。"王不应，出而谓左右曰："岂不悲哉？以公叔之贤，而今谓寡人必以国听鞅，悖也夫㊲！"公叔死，公孙鞅西游秦，秦孝公听之。秦果用强，魏果用弱㊳。非公叔痤之悖也，魏王则悖也。夫悖者之患，固以不悖为悖㊴。

【注释】

①长见：见识长远。

②相过:相互超越,不相同。

③短见:见识短浅。

④今之于古也,犹古之于后世也:如今对于古代,犹如古代对于后世一样。

⑤故审知今则可知古,知古则可知后:于是详察今天就可以知道古代,知道古代就可以推知未来。

⑥数犯我以义:数次以道义抵触我。

⑦违我以礼:以礼违抗我。

⑧与处则不安:和他待在一起就感到不安。

⑨旷之:时间久了。

⑩不毂:不善。古代王侯自称的谦词。

⑪不以吾身爵之:如果我不亲自授予他爵位。

⑫非:责怪,反对。

⑬持养:迎合。

⑭丧:有所失去。

⑮阿郑君之心:迎合、偏袒郑君的心意。

⑯三年而知郑国之政也:过了三年就掌握了郑国的国政。

⑰调:调和,这里指音律和谐。

⑱师旷:春秋晋国乐师,善于辨音。

⑲相善:彼此交好。

⑳尊贤上功:尊重贤才,崇尚功绩。上,崇尚,提倡。

㉑亲亲上恩:亲近自己的亲属,崇尚深厚情谊。

㉒削:削弱,减弱。这里指国力削弱。

㉓有齐者亦必非吕氏也:占有齐国的也一定不是吕氏了。

㉔觐存:仅仅存在。觐,通“仅”。

㉕谮:音 zèn,说别人的坏话,诬陷,中伤。

㉖视释天下若释躧:把放下天下看得如同放下鞋子一样。释,放开,放下。躧,音 xǐ,鞋。

㉗抿泣：揩拭眼泪。

㉘君知我而使我毕能：君王信任我，从而使我能尽自己所能。

㉙馋人之议：进谗言之人的议论。

㉚西河之为秦取不久矣：秦将不久就攻下西河。

㉛有间：不久。

㉜西河毕入秦：西河全都归入秦国。

㉝将奈社稷何：将要把国家怎么办呢。

㉞御庶子：爵位名。

㉟鞅：公孙氏，名鞅，亦称卫鞅。初为魏相公叔痤家臣，后入秦说服秦孝公变法图强。

㊱为：应为"若"，如果。

㊲悖也夫：这是多么违背常理啊！

㊳秦果用强，魏果用弱：秦国果然由此变得强盛，魏国果然由此变得衰弱。

㊴夫悖者之患，固以不悖为悖：那些违背常理的人的祸患，本来就是把不荒谬当作荒谬。

【译文】

五曰：人们的智力之所以相互超越，是因为有的人见识长远，有的人目光短浅。如今对于古代犹如古代对于后世一样，如今对于未来就像是如今对于古代一样。于是详察今天就可以知道古代，知道古代就可以推知未来。古今前后是一致的，所以圣人能够上知千年，下知千年。

楚文王说："苋嘻数次以道义抵触我，以礼违抗我，和他待在一起就感到不安，但时间久了，我能有所得。如果我不亲自授予他爵位，后代如有圣人，将要因此责难我。"于是授予他五大夫的爵位。文王又说："申侯伯善于迎合我的心意，我想要什么，他就在我之前做好，和他待在一起时间久了，我会有所失去。如果我不疏远他，后代如有圣人，将要因此责难我。"于是送他离开。申侯伯到了郑国，迎合、偏袒郑君的心意，先做好他想要做的事情,三年就掌握了郑国的国政,仅仅五个月郑人就把他杀了。这是后代的圣人使文王在前世做了好事。

晋平公铸成大钟,让乐工审听钟的声音,都认为钟声音律和谐。师旷说:"钟声还不和谐,请重新铸造它。"平公说:"乐工都认为音律很和谐。"师旷说:"后世如有精通音律的人,将会知道钟声是不和谐的,我私下为您感到耻辱。"到了师涓果然认为钟声不和谐。这是师旷想要使钟声音律和谐,是认为后世有精通音律的人啊!

吕太公望封在齐国,周公旦封在鲁国,两国国君彼此交好。他们互相谈论说:"用什么治理国家?"太公望说:"尊敬贤人,崇尚功绩。"周公旦说:"亲近自己的亲属,崇尚深厚情谊。"太公望说:"如果是这样,鲁国从此就要削弱了。"周公旦说:"鲁国虽然会削弱,但占有齐国的也一定不是吕氏了。"后来,齐国日益强大,以至于称霸诸侯,但到二十四世就被田成子占有了。鲁国也日益削弱,以至于仅仅维持存在,到三十四世后也灭亡了。

吴起治理西河,王错在魏武侯面前诋毁他,武侯派人召回吴起。吴起到岸门,停下车,望向西河,流下了数行眼泪。他的仆从对他说:"我私下观察您的心意,把放下天下看得好像放下鞋子一样。如今离开西河,却哭泣,这是为什么呢?"吴起擦拭眼泪回答说:"你不知道。如果君主了解我,使我尽自己所能,那么我可以依靠西河帮助君王称王。如今君主听信了小人的馋言而不信任我,秦国不久就要攻下西河,魏国从此要削弱了。"吴起最后离开魏国,去了楚国。不久,西河全归于秦,秦国日益强大。这正是吴起之前预见到并为之流泪的事。

魏相公叔痤病了,惠王去探望他,说:"公叔您的病,唉!很严重了!将要把国家怎么办呢?"公叔回答说:"我的御庶子公孙鞅很有才能,希望大王您能把国家交给他治理。如果不能,不要让他离开魏国。"惠王没有答应,出来对左右侍从说:"这难道不可悲吗?凭公叔这样的贤明,而今叫我一定要把国政交给公孙鞅治理,这太荒谬了!"公叔死后,公孙鞅向西游说秦国,秦孝公听从了他的意见。秦国果然因此强盛起来,魏国果然因此衰弱下去。并不是公叔痤荒谬，而是惠王自己荒谬啊！那些行事荒谬的人的祸患，就在于把不荒谬当成了荒谬。

【评析】

本篇讲真正的智慧应是有长远的见识。见识长远方能通古今之变而推知了解久远的未来。首先，用楚文王和师旷的例子从正面论证了目光长远对治国的利处；接下来从太公望与周公旦的对话进行论证，双方讨论的治国之道各有利弊，因而都预测到了最后国家的命运，这是他们皆目光长远的缘故。除从正面进行论证以外，本篇还举了反例，例如惠公未听从公叔痤的建议任用公孙鞅，这是他的目光短浅，从而导致魏国削弱。因此，凡事如果能从长远的角度考虑，不计较一时之利或一时的荒唐，最终是能避免祸患而取得成就的，这一观点对于现代人也依然适用。

季冬纪第十二

季　冬①

一曰：季冬之月，日在婺女②，昏娄③中，旦氐④中。其日壬癸，其帝颛顼，其神玄冥，其虫介，其音羽，律中大吕⑤。其数六，其味咸，其臭朽，其祀行，祭先肾。雁北乡⑥，鹊始巢，雉雊⑦鸡乳⑧。天子居玄堂右个，乘玄骆，驾铁骊，载玄旂，衣黑衣，服玄玉，食黍与彘，其器宏以弇。命有司大傩⑨，旁磔⑩，出土牛，以送寒气。征鸟⑪厉疾⑫，乃毕行山川之祀，及帝之大臣、天地之神祇⑬。

是月也，命渔师始渔，天子亲往，乃尝鱼，先荐⑭寝庙⑮。冰方盛，水泽腹，命取冰。冰已入，令告民出五种。命司农计耦耕⑯事，修耒耜⑰，具田器。命乐师大合吹而罢。乃命四监收秩⑱薪柴⑲，以供寝庙及百祀之薪燎⑳。

是月也，日穷于次，月穷于纪，星回于天㉑。数将几终，岁将更始㉒。专于农民，无有所使。天子乃与卿大夫饬国典㉓，论时令㉔，以待来岁之宜㉕。乃命太史次诸侯之列，赋之牺牲㉖，以供皇天上帝社稷之享。乃命同姓之国，供寝庙之刍豢㉗。令宰历卿大夫至于庶民土田之数，而赋之牺牲，以供山林名川之祀。凡在天下九州之民者，无不咸献其力，以供皇天上帝社稷寝庙山林名川之祀。

行之是令，此谓一终，三旬二日㉘。季冬行秋令，则白露蚤㉙降，介虫为妖㉚，四邻入保㉛。行春，则胎夭㉜多伤，国多固疾㉝，命之曰逆。行夏令，则水潦败国㉞，时雪不降，冰冻消释。

【注释】

①季冬：冬季的最后一个月，即农历十二月。

②婺女：星宿名，即女宿。又名须女、务女。二十八宿之一，玄武七宿之第三宿，有星四颗。

③娄：星名，二十八宿之一。

④氐：星名，二十八宿之一。

⑤大吕：古代乐律名。古乐分十二律，阴阳各六，六阴皆称吕，其四为大吕。

⑥北乡：亦作"北向"，朝北，向北。

⑦雉雊：音 zhì gòu，雉鸣叫。

⑧鸡乳：鸡开始孵化。

⑨大傩：岁末禳祭，以驱除瘟疫，消除灾殃。傩，音 nuó。

⑩旁磔：音 páng zhé，谓于四方之门宰牲禳祭。

⑪征鸟：远飞的鸟。指鹰隼等猛禽。

⑫厉疾：迅猛。

⑬神祇：泛指神灵。

⑭荐：进献，祭献。

⑮寝庙：古代宗庙的正殿称庙，后殿称寝，合称寝庙。

⑯耦耕：二人并耕。后亦泛指农事或务农。

⑰耒耜：古代耕地翻土的农具。耒是耒耜的柄，耜是耒耜下端的起土部分。

⑱秩：古代官吏的俸禄。

⑲薪柴：柴火。大者谓薪，小者谓柴。

⑳薪燎：烹饪和照明。燎，音 liáo。

㉑日穷于次，月穷于纪，星回于天：太阳环绕于次宿，日月相合绕天一周，又都回到原来的位置。次，星宿名。

㉒数将几终，岁将更始：一年的天数将近终了，新的一年将要开始。

㉓饬国典：修订国家的典章制度。

㉔论时令：讨论制定有关农事的政令。

㉕以待来岁之宜：用来准备明年应该做的事。

㉖赋之牺牲：让它们缴纳供祭祀用的牲畜。

㉗刍豢：牛羊犬豕之类的家畜。泛指肉类食品。

㉘三旬二日：十日为一旬，三旬二日在新月第二日。疑有脱文。

㉙蚤：通"早"。

㉚介虫为妖：有甲壳的虫类会变得反常成灾。

㉛四邻入保：金气为白，白露早降，金为兵戈，指有兵事，因此四方边境的百姓都进入城郭以求自保。

㉜胎夭：指刚出生及尚未出生的小动物。

㉝固疾：痼疾，长久不愈之病。

㉞水潦败国：大雨侵害国家。

【译文】

一曰：季冬之月，太阳的位置在婺女宿，黄昏娄宿出现在南方中天，早晨氐宿出现在南方中天。季冬天干属壬癸，它的主宰之帝是颛顼，佐帝之神是玄冥，对应的动物是甲壳类的虫子，相配的声音是羽音，音律与大吕相应。这个月的数字是六，味道是咸味，气味是朽味，要举行的祭祀是行祭，祭祀以肾为尊。这个月，大雁将要朝北飞，喜鹊开始筑巢，山鸡鸣叫，鸡开始孵化。天子住在北向明堂的右侧室，乘坐黑色的车，驾黑色的马，车上插浅黑色的旗帜，天子穿着黑色的衣服，佩戴着黑色的饰玉，吃的食物是黍米和猪肉，使用的器物宏大而口敛。这个月，天子命令主管官吏举行禳祭，以驱除瘟疫，消除灾殃，在四方之门宰牲禳祭，并制作土牛，以此来送走冬季寒气。远飞的鸟飞得迅猛，普遍地举行山川的祭祀以及大臣、神灵的祭祀。

这个月，命令负责捕鱼的官吏开始捕鱼，天子亲自前往观看，于是品尝鱼，品尝之前，要先进献给宗庙。冰开始变得坚实，积水的池泽层层冻结，命令取冰。将冰块藏入冰窖，命令有司告诉百姓，拿出五谷。命令负责农业的官吏，谋划农事，修缮农具，准备耕田的器物。命令乐官合奏并结束。命令四郡的大夫收俸禄和薪柴，来供给宗庙及各种祭祀的烹饪照明之用。

这个月，太阳环绕于次宿，日月相合绕天一周，又都回到原来的位置。一年的天数接近终了了，新的一年将要重新开始。使农民专于农事，不要让他们做别的事。天子与公卿大夫修订国家的典章制度，讨论按季节月份制定的政令，用来准备明年应该做的事。命令太史排列诸侯的次序，使他们缴纳供祭祀用的牲畜，以供给对上天及社稷之神的祭祀。命令同姓诸侯国供给祭祀宗庙所用的牛羊犬豕之类的家畜。命令小宰列出从卿大夫到一般老百姓所有土地的数目，使他们缴纳牲畜，以供给祭祀山林河流之用。凡是在天下九州的百姓，都献出自己的力，以供给对皇天上帝、社稷之神、宗庙以及山林河流的祭祀。

实行这些政令，这就算一年终了了，在三旬中第二日。季冬实行应在秋天的政令，那么白露就会过早降临，有甲壳的虫类就会成灾，因此四方边境的百姓都进入城郭以求自保。如果实行应在春天的政令，那么刚出生及尚未出生的小动物大多会受到损伤，国家大多会流行长久不愈的疾病，给这种情况命名为"逆"。如果实行应在夏天的政令，那么大水将侵害国家，雪不能按时降落，冰冻会融化。

【评析】

季冬是冬季的最后一个月。本文作为《季冬纪》的首篇，规定了上至天子、官员，下至百姓的种种农业生产、祭祀等活动。季冬时候开始举行祭祀，消除灾祸，是国家的重要活动。新的一年即将开始，朝廷修订国家典章制度，安排明年的事务。有始有终，周而复始，这是古人朴素的生活智慧。

士　节①

二曰：士之为人，当理不避其难②，临患忘利，遗生行义③，视死如归。有如此者，国君不得而友，天子不得而臣④。大者定天下，其次定一国，必由如此人者也。故人主之欲大立功名者，不可不务求此人也。贤主劳于求人，而佚于治事⑤。

齐有北郭骚者，结罘网⑥，捆蒲苇⑦，织萉屦⑧，以养其母，犹不足，踵门⑨见晏子曰："愿乞所以养母。"晏子之仆谓晏子曰："此齐国之贤者也。其义不臣乎天子，不友乎诸侯，于利不苟取，于害不苟免⑩。今乞所以养母，是说⑪夫子之义也，必与之。"晏子使人分仓粟、分府金而遗⑫之，辞金而受粟。有间，晏子见疑于齐君⑬，出奔⑭，过北郭骚之门而辞。北郭骚沐浴而出，见晏子曰："夫子将焉适⑮？"晏子曰："见疑于齐君，将出奔。"北郭子曰："夫子勉之矣⑯。"晏子上车，太息而叹曰："婴之亡岂不宜哉⑰？亦不知士甚矣。"晏子行。北郭子召其友而告之曰："说晏子之义，而尝乞所以养母焉。吾闻之曰：'养及亲者，身伉其难⑱。'今晏子见疑，吾将以身死白之⑲。"著衣冠，令其友操剑奉笥⑳而从，造㉑于君庭，求复者曰："晏子，天下之贤者也，去则齐国必侵矣㉒。必见国之侵也，不若先死。请以头托白晏子也。"因谓其友曰："盛吾头于笥中，奉以托。"退而自刎也。其友因奉以托。其友谓观者曰："北郭子为国故死，吾将为北郭子死也。"又退而自刎。齐君闻之，大骇，乘驲㉓而自追晏子，及之国郊，请而反之。晏子不得已而反，闻北郭骚之以死白己也，曰：

"婴之亡岂不宜哉？亦愈不知士甚矣。"

【注释】

①士节：士的操守。

②当理不避其难：主持正义不避危难。理，义，正义。

③遗生行义：为正义捐躯献身。

④国君不得而友，天子不得而臣：国君无法使他成为朋友，天子无法使他对自己称臣。

⑤佚于治事：对于政事采取安逸的态度。

⑥罘罔：音 fú wǎng，用绳、线等结成的捕鱼捉鸟的器具。

⑦蒲苇：蒲草与芦苇。

⑧菲屦：织用麻葛制成的一种鞋。

⑨踵门：登门，上门。

⑩于利不苟取，于害不苟免：对于利不随意获取，对于祸害不轻易躲避。

⑪说：悦服。

⑫遗：赠送。

⑬晏子见疑于齐君：晏子被齐君怀疑。

⑭出奔：出走，逃亡。

⑮夫子将焉适：您将要去哪里呢？

⑯夫子勉之矣：您还是尽力为之吧！

⑰婴之亡岂不宜哉：我的逃亡难道不应该吗？

⑱养及亲者，身伛其难：奉养自己亲人的人，要以身承担他的罪难。伛，承当，承担。

⑲以身死白之：用自己的身死来证明他的清白。

⑳奉笥：奉，通"捧"，捧着。笥，音 sì，盛饭或衣物的方形竹器。

㉑造：到，去。

㉒去则齐国必侵矣：他若离开，齐国一定会被侵略的。

㉓驲：古代驿站专用的车。

【译文】

二曰：士的为人，主持正义不避危难，面临祸患忘却私利，舍生取义，视死如归。有如此行为的人，国君无法使他成为朋友，天子无法使他对自己称臣。大到安定天下，其次安定一国，一定要用这样的人。所以君主想要立大功名的，不可不致力于访求这样的人。贤明的君主奔劳于访求贤士，而对于政事采取安逸的态度。

齐国有个叫北郭骚的，靠结网、编蒲苇、织麻鞋来奉养他的母亲，但尚不足以维持生活，于是他到晏子门上求见晏子说："希望在您门下乞讨粮食以奉养母亲。"晏子的仆从对晏子说："这个人是齐国的贤人。他不向天子称臣，不与诸侯交友，对于利不随意取用，对于祸害不轻易躲避。如今他到您这里来乞求粮食以奉养母亲，这是悦服您的道义，您一定要给他。"晏子派人把仓中的粮食、府库中的金钱拿出来分给他，他谢绝了金钱而收下了粮食。不久，晏子被齐君怀疑，出走逃亡，路过北郭骚的门前向他告别。北郭骚沐浴后出来，见晏子说："您将要去哪里呢？"晏子说："我受到齐君的怀疑，将要出走逃亡。"北郭子说："您还是尽力为之吧。"晏子上了车，长叹一声说："我逃亡难道不应该吗？我也太不了解士了。"于是晏子离开。北郭子叫来他的朋友，告诉他说："我悦服于晏子的道义，曾向他乞求粮食来奉养母亲。我听说：'奉养自己亲人的人，要以身承担他的罪难。'如今晏子受到怀疑，我将用自己的身死来证明他的清白。"北郭子穿戴好衣冠，让他的朋友拿着宝剑、捧着竹器跟从他，到国君的朝廷，请求通报的人说："晏子是天下皆知的贤人，他若离开，齐国一定会受到侵略。国家一定会被侵略，不如先死。我愿把头托付给您来证明晏子的清白。"于是对他的朋友说："把我的头盛在竹器中，捧着托付给那个官吏。"然后退下自刎而死。他的朋友于是捧着盛了头的竹匣托付给那个官吏，然后对旁观的人说："北郭子为国家的缘故而死，我将为北郭子而死。"也退下自刎而死。齐君听说这件事，十分震惊，乘着驿车亲自追赶晏子，到国家的边境而追赶上了晏子，请求晏子返回。晏子不得已而返，听说北郭骚用死来证明自己的清白，说："我的逃亡难道不应该吗？我越发地不了解士人了！"

【评析】

本篇讲士的气节，临危不惧，舍生取义，视死如归都是士所坚守的，他们是国君、天子致力访求的人才。文中主要运用北郭骚的事例，他因道义而投奔晏子门下，不被金钱诱惑，后又用自身的死来证明晏子的清白。晏子两次因北郭骚发出"不知士甚矣"的感叹，却前后态度不一，对于士的做法一开始疑惑，到了最后感到愧疚，北郭骚作为士的气节感动了晏子，也令后世之人深深折服。

介　立①

三曰：以贵富有人易，以贫贱有人难②。今晋文公③出亡，周流④天下，穷矣，贱矣，而介子推不去，有以有之也。反国有万乘⑤，而介子推去之，无以有之也。能其难，不能其易，此文公之所以不王也。晋文公反国，介子推不肯受赏，自为赋诗曰："有龙于飞，周遍天下。五蛇从之，为之丞辅。龙反其乡，得其处所。四蛇从之，得其露雨。一蛇羞之，桥死于中野⑥。"悬书公门⑦，而伏于山下⑧。文公闻之曰："嘻！此必介子推也。"避舍变服⑨，令士庶人曰："有能得介子推者，爵上卿，田百万。"或遇之山中，负釜盖簦⑩，问焉，曰："请问介子推安在？"应之曰："夫介子推苟不欲见而欲隐，吾独焉知之？"遂背而行，终身不见。人心之不同，岂不甚哉？今世之逐利者，早朝晏退，焦唇干嗌⑪，日夜思之，犹未之能得。今得之而务疾逃之⑫，介子推之离俗远矣⑬。

东方有士焉，曰爰旌目，将有适也，而饿于道。狐父之盗曰丘,见而下壶餐⑭以铺⑮之。爰旌目三铺之而后能视,曰:"子何为者也?"曰:"我狐父之人丘也。"爰旌目曰:"嘻! 汝非盗邪? 胡为而食我? 吾义不食子之食也。"两手据地而吐之,不出,喀喀⑯然遂伏地而死。郑人之下辖⑰也,庄蹻⑱之暴郢也,秦人之围长平也,韩、荆、赵,此三国者之将帅贵人皆多骄矣,其士卒众庶皆多壮矣,因相暴以相杀⑲,脆弱者拜请以避死,其卒递而相食⑳,不辨其义,冀幸以得活㉑。如爰旌目已食而不死矣,恶其义而不肯不死。今此相为谋㉒,岂不远哉?

【注释】

①介立:操守清高。

②以贵富有人易,以贫贱有人难:靠富贵获取他人的支持容易,靠贫贱获取他人的支持则很难。

③晋文公:春秋时期晋国国君。名重耳。晋献公子,因献公立幼子为太子,他流亡在外十九年。后由秦国送回。即位后整顿内政,增强军队,使国力强盛。

④周流:周游,到处漂泊。

⑤万乘:万辆兵车。

⑥"有龙于飞"诗:此诗中"龙"指晋文公;"五蛇"指最初辅佐文公流亡天下的人,其中有介子推;"四蛇从之,得其露雨"指跟从晋文公流亡的其他四人都得到了晋文公的恩泽;"桥死于中野"指介子推枯槁而死于原野之中。

⑦悬书公门:书写悬于晋文公的门前。

⑧伏于山下:隐居于山下。

⑨避舍变服:退避改变服饰。

⑩负釜盖簦:背着锅,上面覆盖着笠。釜,古代的一种锅。簦,古代有柄的笠,像现在的雨伞。

⑪早朝晏退，焦唇干嗌：早早上朝，很晚才退，口干舌燥。干嗌，喉咙干渴。

⑫务疾逃之：务求快速逃离它。

⑬介子推之离俗远矣：介子推的操守超脱于世俗很远了啊！

⑭壶餐：用壶盛的汤饭或其他熟食。

⑮铺：音 bū，吃。

⑯喀喀：呕吐或吞饮的声音。

⑰辕：地名。

⑱庄蹻：战国时楚国人。曾在楚怀王时起兵反楚。

⑲相暴以相杀：他们相互损害，自相残杀。

⑳递而相食：依次相食（自相残杀）。

㉑冀幸以得活：寄希望于侥幸得以存活。

㉒今此相为谋：如果让三国的将士和爱旌目一起谋划事情。

【译文】

三曰：靠富贵获取他人的支持容易，靠贫贱获取他人的支持则很难。从前晋文公逃亡，周游天下，十分贫穷卑贱，然而介子推一直不离开他，这是获取到了他的支持。晋文公返回晋国后，拥有万辆兵车，然而介子推却离开了他，这是晋文公已经无法再得到他的支持了。困难的事情能做到，容易的事情却做不到，这正是晋文公不能称王于天下的原因啊！晋文公返回晋国，介子推不肯接受封赏，他自己赋诗道："有龙飞天，周游于天下。五蛇追随辅佐，龙返回其故乡，得其归所。有四蛇追随，得到他的恩泽。一蛇羞惭，枯死于原野之中。"他把这首诗书写悬挂在晋文公的门前，自己隐居山下。文公听说这件事说："啊！这一定是介子推。"于是晋文公离开居处，改变服饰，并向官员百姓下令说："有能找到介子推的，赐封上卿爵位，赏百万亩田。"有人在山中遇到介子推，见他背着锅，锅上覆盖着笠，就问他："请问介子推住在哪儿？"介子推回答说："那介子推如果不想出仕而想要隐居，我哪里会知道他？"说完就转身走了，终生不再见他。人心的不同，难道不是十分大吗？如今世上追逐私利的人，尽管早早就上朝，很晚才退朝回来，口干舌燥，日夜思虑，仍然不能得以满足。如今介子推可以得到却务求赶快逃离，介子推的操守超脱于世俗很远了啊。

　　东方有个名叫爰旌目的士人，将要到某地去，却饿晕在路上。狐父这个地方有一个名叫丘的强盗，看见后拿出用壶装的饭食让他吃。爰旌目吃了三口之后眼睛才能看见，他问："你是做什么的？"回答说："我是狐父这个地方的人，名叫丘。"爰旌目说："你不是那个强盗吗？为什么给我吃东西？我信守道义决不吃你的食物！"说罢，两手抓地往外吐那咽下去的饭，吐不出来，呕吐后就趴在地上死了。郑人攻下辙的时候，庄蹻在郢都作乱的时候，秦人围困长平的时候，韩、荆、赵这三个国家的将帅贵族都很自满，他们的士卒百姓都很强壮有力，于是他们相互损害，自相残杀，而脆弱的人跪拜请求避免死亡，他们最终相食，不分辨正义，寄希望于侥幸得以存活。就像爰旌目，已经吃了食物而没有死，但因他憎恶狐父之盗的不义，因而不肯不死。如果让那三国的将士和爰旌目一起谋划事情，那不是相差太远了吗？

【评析】

　　本篇讲述的是士的清高操守。首先运用了介之推与晋文公的事例，晋文公在流亡之时能够得到介之推的支持，却在复国之后失去了这位士人。这固然与晋文公的做法有关，但更应关注的是介之推不追求名利的高洁行为。当世人都汲汲于功名利禄时，介之推却不以为意，甚至想要快速逃离，显得格外可贵。其次以爰旌目的直守道义为例，不惜以死表示对不义之人的憎恶，这种行为在现在看来虽迂腐，却也让我们认识到先秦士人执着于清高操守的一面。最后以韩、荆、赵三国的贵族将帅与士人对比，明显表达出对于贵族的不满，以及对士人的清高操守的推崇。本篇的事例有正有反，通过对比，令士人的品行得到了进一步的彰显。

诚　廉

四曰：石可破也，而不可夺坚；丹可磨也，而不可夺赤。坚与赤，性之有也。性也者，所受于天也，非择取而为之也。豪士①之自好②者，其不可漫以污③也，亦犹此也。

昔周之将兴也，有士二人，处于孤竹，曰伯夷、叔齐。二人相谓曰："吾闻西方有偏伯④焉，似将有道者，今吾奚为处乎此哉⑤？"二子西行如周，至于岐阳，则文王已殁矣。武王即位，观⑥周德，则王使叔旦就胶鬲⑦于次四内，而与之盟曰："加富三等，就官一列。"为三书，同辞，血之以牲，埋一于四内，皆以一归⑧。又使保召公就微子开于共头之下，而与之盟曰："世为长侯⑨，守殷常祀⑩，相奉桑林⑪，宜私孟诸⑫。"为三书，同辞，血之以牲，埋一于共头之下，皆以一归。伯夷、叔齐闻之，相视而笑曰："嘻！异乎哉！此非吾所谓道也。昔者神农氏之有天下也，时祀尽敬而不祈福也；其于人也，忠信尽治而无求焉。乐正与为正，乐治与为治⑬。不以人之坏自成也，不以人之庳自高也⑭。今周见殷之僻乱⑮也，而遽⑯为之正与治，上谋而行货，阻丘而保威⑰也。割牲而盟以为信，因四内与共头以明行，扬梦以说众⑱，杀伐以要利，以此绍⑲殷，是以乱易暴⑳也。吾闻古之士，遭乎治世，不避其任；遭乎乱世，不为苟在。今天下暗，周德衰矣。与其并乎周以漫吾身㉑也，不若避之以洁吾行。"二子北行，至首阳之下而饿焉。人之情，莫不有重，莫不有轻。有所重则欲全之，有所轻则以养所重。伯夷、叔齐，此二士者，皆出身弃生以立其意，轻重先定也。

【注释】

①豪士:指豪放任侠之士。

②自好:自爱自重。

③漫以污:随意败坏。

④偏伯:边远地方的长官。

⑤今吾奚为处乎此哉:如今我们怎么还待在这里呢?

⑥观:显示。

⑦胶鬲:原为贩卖鱼、盐之人,后周文王把他举荐给商纣王,以作为内应。正是孟子所谓"举于鱼盐之中"的人(详见《孟子·告子下》)。

⑧皆以一归:每人都拿一份回去。

⑨长侯:诸侯之长。

⑩守殷常祀:奉守殷的固定的祭祀。

⑪相奉桑林:让你保有桑林之乐。

⑫宜私孟诸:应把孟诸作为你的私邑。

⑬乐正与为正,乐治与为治:乐于正道就去做符合正道的事,乐于维持安定就去做符合安定的事。

⑭不以人之坏自成也,不以人之庳自高也:不利用别人的坏来成就自己,也不用别人的低下来抬高自己。庳,音 bì,低下。

⑮僻乱:邪僻反常,不合正道。

⑯遽:急,仓猝。

⑰上谋而行货,阻丘而保威:崇尚计谋而行贿,依靠军事而保持威势。行货,谓行贿。阻,依靠。丘,疑为"兵",即军事。

⑱扬梦以说众:宣扬武王的吉梦来使百姓悦服。

⑲绍:连续,继承。

⑳以乱易暴:用残暴势力代替残暴势力。指统治者换了,暴虐的统治没有改变。以,用。易,改变,更换。暴,残暴。

㉑与其并乎周以漫吾身:与其与周并存而使自己名声受到随意的

败坏。

【译文】

四曰：石头可以破开，然而不可改变它坚硬的本性；朱砂可以磨碎，然而不可改变它朱红的本色。坚硬和朱红是石头和朱砂所具有的本性。本性这个东西是从上天那里承受而来，不是自己选择而去做的。那些自爱自重的豪放之士，他们的名节不可以随意败坏，也是如此。

从前周朝将要兴起的时候，有两位贤士居住在孤竹国，名叫伯夷、叔齐。两人一起商量说："我听说西方有个官员，似乎将要成为有道之君，如今我们怎么还待在这里呢?"于是两人向西行到周国去，到岐阳，文王已经死了。武王即位，为显示周德，就派叔旦到四内去找胶鬲，和他盟誓说："使你俸禄增加三等，官居一列。"准备三份文辞一样的文书，用牲血涂之，一份埋在四内，每人都拿一份而归。武王又派保召公到共头去找微子开，和他盟誓说："让你世世代代做诸侯之长，奉守殷固定的祭祀，让你保有桑林之乐，应把孟诸作为你的私邑。"准备三份文辞一样的文书，用牲血涂之，一份埋在共头下，每人都拿一份而归。伯夷、叔齐听说这件事，相视而笑说："咦，不一样啊! 这不是我们所说的'道'。从前神农氏治理天下的时候，四时祭祀皆恭敬，但是不为祈福；对于百姓，忠信尽心地治理，而无所求。乐于正道，就去做符合正道的事；乐于维持安定，就去做符合安定的事。不利用别人的坏来成就自己，也不用别人的低下来抬高自己。如今周看到殷邪僻反常，就急于为它纠正与治理，这是崇尚计谋而行贿，依靠军事而保持威势。把杀牲盟誓当作诚信，依靠四内和共头之盟来宣扬德行，宣扬武王之梦来使百姓悦服，靠杀伐来索取利益，依靠这些来使殷得以延续，这是用残暴势力代替残暴势力。我听说古代的贤士，遭逢太平之世，不回避自己的责任；遭逢动乱之世，不会苟活。如今天下黑暗，周德已经衰微了。与其与周并存而使自己名声受到损坏，不如避开它使我们的德行清白。"两人向北走，走到首阳山下饿死在那里。人之常情，无不是有重视的东西，无不是有轻视的东西。重视的东西就想要保全它,轻视的东西就会用来保养自己重视的东西。伯夷、叔齐这两位贤士,都舍弃生命以坚守自己的道义,这是他们心中的轻重早就确定了。

【评析】

本篇承接上篇,士追求清高的操守,坚决不做使自己的声名受到损害的事。文中主要运用了伯夷、叔齐的例子,二人因不赞同周武王的治国方略,并不愿与周并存而使声名受损,因此去首阳山,最终饿死在那里,保全自己的清白。这些士人因为心中有所持守,所以并不把自己的生命看得十分重要,反而为了清白的声名更愿意舍生以求之。他们的行为与人之常情背道而驰,却也难能可贵。

不　侵

五曰:天下轻于身,而士以身为人。以身为人者,如此其重也,而人不知,以奚道相得①?贤主必自知士,故士尽力竭智,直言交争②,而不辞其患。豫让、公孙弘是矣。当是时也,智伯、孟尝君知之矣。世之人主,得地百里则喜,四境皆贺;得士则不喜,不知相贺:不通乎轻重③也。

汤、武,千乘④也,而士皆归之。桀、纣,天子也,而士皆去之。孔、墨,布衣⑤之士也,万乘之主、千乘之君不能与之争士也。自此观之,尊贵富大不足以来⑥士矣,必自知之然后可。豫让之友谓豫让曰:"子之行何其惑也!子尝事范氏、中行氏,诸侯尽灭之,而子不为报;至于智氏,而子必为之报,何故?"豫让曰:"我将告子其故。范氏、中行氏,我寒而不我衣,我饥而不我食⑦,而时使我与千人共其养⑧,是众人畜我⑨也。夫众人畜我者,我亦众人事之⑩。至于智氏则不然,出则乘我以车,入则足我以养,众人广朝,而必加礼于吾所⑪,是国士畜我也。夫国士畜我者,我亦国士事之。"豫让,国士也,而犹以人之于己也为念⑫,又况于中人⑬乎?

孟尝君为从⑭,公孙弘谓孟尝君曰:"君不若使人西观秦王。意者⑮秦王帝王之主也,君恐不得为臣,何暇从以难之⑯?意者秦王不肖主也,君从以难之未晚也。"孟尝君曰:"善。愿因请公往矣。"公孙弘敬诺,以车十乘之秦。秦昭王闻之,而欲丑之以辞⑰,以观公孙弘。公孙弘见昭王,昭王曰:"薛之地小大几何?"公孙弘对曰:"百里。"昭王笑曰:"寡人之国,地数千里,犹未敢以有难也。今孟尝君之地方百里,而因欲以难寡人犹可乎?"公孙弘对曰:"孟尝君好士,大王不好士。"昭王曰:"孟尝君之好士何如?"公孙弘对曰:"义不臣乎天子,不友乎诸侯,得意⑱则不惭为人君,不得意则不肯为人臣,如此者三人。能治可为管、商之师,说义听行,其能致主霸王,如此者五人。万乘之严主辱其使者,退而自刎也,必以其血污其衣⑲,有如臣者七人。"昭王笑而谢⑳焉,曰:"客胡为若此? 寡人善㉑孟尝君,欲客之必谨谕寡人之意也。"公孙弘敬诺。公孙弘可谓不侵矣。昭王,大王也;孟尝君,千乘也,立千乘之义㉒而不可凌,可谓士矣。

【注释】

①以奚道相得:怎么能够道义相投?

②交争:交相谏诤。

③不通乎轻重:不知孰轻孰重。

④千乘:战国时期诸侯国,小者称千乘,大者称万乘。

⑤布衣:指平民。

⑥来:招致。

⑦我寒而不我衣，我饥而不我食：在我感到寒冷时并不供给我衣服，在我感到饥饿时并不供给我食物。

⑧共其养：一同享有一样的给养。

⑨众人畜我：像供养众人一样供养我。

⑩众人事之：像众人一样侍奉他。

⑪加礼于吾所：对我更加礼遇。

⑫犹以人之于己也为念：尚且在意别人对自己的态度。

⑬中人：中等的人；常人。

⑭从：纵，指游说六国诸侯联合拒秦的策略。

⑮意者：表示揣度，大概，或许，恐怕。

⑯何暇从以难之：怎么顾得上联合抗秦？

⑰丑之以辞：用言辞侮辱他。

⑱得意：得志。

⑲万乘之严主辱其使者，退而自刎也，必以其血污其衣：拥有万辆兵车的君主侮辱了他的使者，会退下而自刎，并一定会让自己的血染到对方的衣服上。

⑳谢：认错，道歉。

㉑善：友好。

㉒立千乘之义：奉行诸侯的大义。

【译文】

五曰：天下比自身要分量轻，而士却亲自为他人献身。为他人献身的人是如此难能可贵，如果人们不了解他们，怎么能够道义相投？贤明的君主一定亲自了解士，所以士能竭尽智谋，直言相谏，而不避其祸。豫让、公孙弘就是这样的士。在当时，智伯、孟尝君就是了解他们的君主。世上的君主得到百里的土地就欢喜，四境都来相贺，而得到贤士却并不欢喜，不知相互庆贺，这是不知道孰轻孰重啊。

商汤、周武王是拥有千辆兵车的诸侯，然而士都归附他们。夏桀、殷纣是天子，然而士都离开了他们。孔子、墨子是平民百姓，然而士不归附于拥有万辆、千辆兵车的君主、诸侯，而归于孔子、墨子。由此看来，地位尊贵有财富不足以招致士来归附，君主一定要亲自了解士，然后才行。

豫让的朋友对豫让说："你的行为是多么令人疑惑啊！你曾经侍奉过范氏、中行氏，诸侯把他们都灭掉了，而你并不曾替他们报仇；至于智氏，你一定要为他报仇，这是什么缘故？"豫让说："我来告诉你原因。范氏、中行氏，在我感到寒冷时并不供给我衣服，在我感到饥饿时并不供给我食物，并时常让我和上千门客一同享受一样的给养，这是像供养众人一样供养我。那些像供养众人一样供养我的，我也像众人一样侍奉他。至于智氏就不是这样，出门让我坐车，在家就供给我充足的衣食，在众人广泛聚集的地方，一定对我更加礼遇，这是像供养国士一样供养我。那些像供养国士一样供养我的，我也像国士一样侍奉他。"豫让是国士，尚且在意别人对于自己的态度，更何况是一般人呢？

　　孟尝君合纵抗秦，公孙弘对孟尝君说："您不如派人到西方观察一下秦王。或许秦王就是成就帝王之业的君主呢，您恐怕连做臣子都不可得，哪里顾得上联合抗秦呢？又或许秦王是个不肖的君主，您再联合抗秦也不晚。"孟尝君说。"好。希望请您去一趟。"公孙弘答应了，于是带着十辆车到秦国。秦昭王听说此事，想用言辞侮辱他，来看公孙弘会怎么做。公孙弘拜见昭王，昭王问："薛这个地方有多大？"公孙弘回答说："有百里大小。"昭王笑道："我的国家土地有数千里，尚且不敢凭借此非难谁。如今孟尝君的土地才百里，就想借以抗秦，还可以这样吗？"公孙弘回答说："孟尝君喜好招揽士，大王您不好士。"昭王说："孟尝君好士又怎么样呢？"公孙弘回答说："他们的道义是不向天子称臣，不与诸侯交友，得志之时并不因做人君而惭愧，不得志时连人臣也不肯做，像这样的士，孟尝君有三人。善于治国的，可以做管仲、商鞅的老师，他的道义行为能被接受采纳，就能使君主成就霸王大业，像这样的士，孟尝君有五人。拥有万辆兵车的君主侮辱了他的使者，会退下而自刎，并一定会让自己的血染到对方的衣服上，像我这样的使臣，孟尝君有七人。"昭王笑着道歉说:"您何必如此? 我对孟尝君很友好,希望您一定要向他说明我的心意。"公孙弘答应了。公孙弘称得上不可侵犯了。昭王是秦国国君,孟尝君只是诸侯,公孙弘能够奉行诸侯之大义,不可凌辱,真可称得上是士了。

【评析】

本篇之前讲了士的种种清高操守,因而本篇提出了世人应对士持有尊重的态度,因士是不可凌辱的。必须了解士人,并给予应有的尊重,方能获取士的信任,使其身心悦服。首先开篇列举了商汤、周武王、夏桀、殷纣这些君主,以及孔子、墨子这些百姓,以证士的归附与否与身份、地位无关;其次用了豫让的例子,来说明尊重国士方能获得国士的真心归附;最后,因孟尝君礼贤下士,于是有公孙弘等一批士人拥戴,公孙弘面对国君秦昭王不卑不亢,阐明士的态度,这也令人称道。《礼记·儒行》有言:"儒有可亲而不可劫也,可近而不可迫也,可杀而不可辱也。"这正是他们令人敬畏的地方。

序　意

维秦八年,岁在涒滩①,秋甲子②朔③。朔之日,良人④请问十二纪。文信侯⑤曰:"尝得学黄帝之所以诲颛顼矣,爰⑥有大圜⑦在上,大矩⑧在下,汝能法⑨之,为民父母。"盖闻古之清世,是法天地。凡十二纪者,所以纪⑩治乱存亡也,所以知寿夭吉凶也。上揆之天,下验之地⑪,中审之人,若此则是非可不可无所遁⑫矣。天曰顺,顺维生;地曰固,固维宁⑬;人曰信,信维听。三者咸当⑭,无为而行。行也者,行其理⑮也。行数,循其理,平其私⑯。夫私视使目盲,私听使耳聋,私虑使心狂。三者皆私设精⑰则智无由公。智不公,则福日衰,灾日隆。以日倪而西望知之⑱。

赵襄子游于囿⑲中,至于梁⑳,马却不肯进。青荓为参乘㉑。襄子曰:"进视梁下,类有人。"青荓进视梁下,豫让却寝,佯㉒为死人。叱青荓曰:"去,长者吾且有事㉓。"青荓曰:"少而与子友,子且为大事,而我言之,是失相与友之道;子将贼㉔吾君,而我不言之,是失为人臣之道。如我者惟死为可。"乃退而自杀。青荓非乐死也,重失人臣之节,恶废交友之道也。青荓、豫让,可谓之友也。

【注释】

①涒滩:音 tūn tān,岁阴申的别称,古用以纪年。

②甲子:甲,天干的首位;子,地支的首位。古代以天干和地支递次相配,如甲子、乙丑、丙寅之类,统称甲子。从甲子起至癸亥止,共六十,故又称为六十甲子。古人用以纪日或纪年。

③朔:农历每月初一。

④良人:贤者,善良的人。

⑤文信侯:吕不韦,战国时期著名政治家,因封洛阳,号文信侯。

⑥爰:即曰。"爰有"即"曰有"。

⑦大圜:同"圆",这里指天。

⑧大矩:古人认为天圆地方,故称地为大矩。

⑨法:效法。

⑩纪:记载。

⑪上揆之天,下验之地:向上揣度于天,向下求验于地。揆,音 kuí,揣测。

⑫遁:躲避,隐藏。

⑬天曰顺,顺维生;地曰固,固维宁:要顺天,顺天才能维持生命;要固地,大地牢固才能维持安定。

⑭当：适宜，恰当。

⑮理：事物的规律，是非得失的标准。

⑯行数，循其理，平其私：依照天命而行，遵循其规律，抑止私心。行数，疑为"行其数"。

⑰精：很，十分。

⑱以日倪而西望知之：从太阳移于边际最终日暮中可以知道这个。倪，边际。西望，日暮。

⑲囿：古代帝王养禽兽的园林。

⑳梁：桥梁。

㉑参乘：陪乘或陪乘的人。古代乘车，尊者在左，御者在中，一人在右陪坐，称参乘或车右。

㉒佯：假装。

㉓长者吾且有事：意为我将要做大事了。长者指自己。

㉔贼：伤害。

【译文】

秦始皇八年，太岁在涒滩，秋季甲子初一。初一这天，贤良之人请问十二纪。文信侯吕不韦说："曾经得以学到黄帝教诲颛顼的话，说有皇天在上，大地在下，你如果能够效法它们，就可以做百姓的父母了。"听说古代的太平之世，就效法天地。十二纪，是用来记载国家的治乱存亡，是用来知晓人事的寿夭吉凶的。向上揣度于天，向下求验于地，中间审察于人。这样的话，那么是非对错就无处躲藏了。要顺天，顺天才能维持生命；要固地，大地牢固才能维持安定；人要诚信，诚信才能维持被听从。天、地、人这三者都适宜时，就可以无为而行了。行的意思，就是按照事物本身的规律而行。依照天命而行，遵循其规律，抑止私心。带着私心去看，就会使眼睛看不见；带着私心去听，就会使耳朵听不见；带着私心去考虑问题，就会使心变得任性放恣。眼睛、耳朵和心这三者带着私心去过分使用，就会使见识不公。智力见识不公，那么福就会一天天减少，灾祸就会一天天兴盛,从太阳移于边际最终日暮中可以知道这个。

赵襄子在园林中游玩,到桥上,马却不肯前进。这时青荓做参乘。襄子说:"到前边看看桥下,像有人。"青荓到前边看桥下,豫让正睡觉,假装是死人。他呵斥青荓说:"离去! 我将要行大事。"青荓说:"年少时和你交友,你将要做大事,如果我说出这件事,是失掉了交友之道;你要伤害我的君主,如果我不说出这件事,是失掉了为臣之道。像我这样,只能一死了。"于是退下自杀。青荓不是乐于一死,而是看重人臣的节气,厌恶废弃交友的道义。青荓、豫让,可以算作是朋友了。

【评析】

本篇是《吕氏春秋》的后序,可能是因为错简,而放在十二纪之末。赵襄子事为具体事件的描述,与序文体例不合,疑为错简而放到了序中。文中提到了编排十二纪的目的,"凡十二纪者,所以纪治乱存亡也,所以知寿夭吉凶也。上揆之天,下验之地,中审之人,若此则是非可不可无所遁矣"。其中强调了十二纪中很重要的天人合一的观念,法天立政,遵循天地的规律才能避免灾祸,这在十二纪许多篇章中都反复出现。同时,人的行为受天地时气的指导,按月令安排相应的人事,也是天人相应观念的表现。这是《吕氏春秋》基础的理念。

本篇对八览与六论部分没有序说,这一部分当已亡佚。

有始览第一

有　始①

一曰：天地有始，天微以成，地塞以形②。天地合和，生之大经③也。以寒暑日月昼夜知之，以殊形殊能异宜说④之。夫物合而成，离而生⑤。知合知成，知离知生，则天地平矣。平也者，皆当察其情，处其形。

天有九野，地有九州，土⑥有九山，山有九塞⑦，泽有九薮⑧，风有八等，水有六川。

何谓九野？中央曰钧天，其星角、亢、氐；东方曰苍天，其星房、心、尾；东北曰变天，其星箕、斗、牵牛；北方曰玄天，其星婺女、虚、危、营室；西北曰幽天，其星东壁、奎、娄；西方曰颢天，其星胃、昴、毕；西南曰朱天，其星觜巂、参、东井；南方曰炎天，其星舆鬼、柳、七星；东南曰阳天，其星张、翼、轸。

何谓九州？河、汉⑨之间为豫州，周也；两河之间⑩为冀州，晋也；河、济⑪之间为兖州，卫也；东方为青州，齐也；泗上⑫为徐州，鲁也；东南为扬州，越也；南方为荆州，楚也；西方为雍州，秦也；北方为幽州，燕也。

何谓九山？会稽、太山、王屋、首山、太华、岐山、太行、羊肠、孟门。

何谓九塞？大汾、冥阸、荆阮、方城、殽、井陉、令疵、句注、居庸。

何谓九薮？吴之具区，楚之云梦，秦之阳华，晋之大陆，梁之圃田，宋之孟诸，齐之海隅，赵之钜鹿，燕之大昭。

何谓八风？东北曰炎风，东方曰滔风，东南曰熏风，南方曰巨风，西南曰凄风，西方曰飂风，西北曰厉风，北方曰寒风。

何谓六川？河水、赤水、辽水、黑水、江水、淮水。

凡四海之内，东西二万八千里，南北二万六千里。水道⑬八千里，受水者亦八千里。通谷⑭六，名川六百，陆注⑮三千，小水万数。

凡四极之内，东西五亿有九万七千里，南北亦五亿有九万七千里。极星与天俱游，而天枢不移⑯。

冬至日行远道⑰，周行四极⑱，命曰玄明。夏至日行近道⑲，乃参于上⑳。当枢㉑之下无昼夜。白民㉒之南，建木㉓之下，日中无影，呼而无响，盖天地之中也。

天地万物，一人之身也，此之谓大同㉔。众耳目鼻口也，众五谷寒暑也，此之谓众异㉕。则万物备也。天斟㉖万物，圣人览焉，以观其类。解在乎天地之所以形，雷电之所以生，阴阳材物之精㉗，人民禽兽之所安平。

【注释】

①始：起头，最初。

②天微以成，地塞以形：天为阳，是由微小之物上扬而形成；地为阴，是由实在之物充斥而形成。

③生之大经：天地相合，这是万物生成的常规。大经，常道，常规。

④说：表达，说明。

⑤合而成,离而生:(万物由天地)交合而形成,分离而产生。

⑥土:疆域。

⑦塞:边界上险要地方。

⑧薮:生长着很多草的湖泽。

⑨河、汉:黄河、汉水。

⑩两河之间:东至清水,西至西河。

⑪河、济:黄河、济水,黄河在北,济水在南。

⑫泗上:泛指泗水北岸的地域。

⑬水道:水流的通道。

⑭通谷:往来无阻的山谷。

⑮陆注:内陆河。

⑯极星与天俱游,而天枢不移:北极星与天一起运行,而不移动。极星,即辰星,北极星。《论语》曰:"譬如北辰,居其所而众星拱之。"天枢,星名,北斗第一星。

⑰远道:外道。

⑱四极:四方极远之地。

⑲近道:内道。

⑳参十上:此时为夏至,太阳正值人之上。参,值。

㉑枢:指北斗七星第一星。又称天枢星。

㉒白民:神话中古国名。《山海经·海外西经》:"白民之国,在龙鱼北,白身披发。"

㉓建木:传说中的神木名。

㉔大同:与天地万物融合为一。

㉕众异:各种事物之间的差异。

㉖斟:本义为用壶倒酒或茶水,这里指降下。

㉗阴阳材物之精:意为材物皆由阴阳变化而生。

【译文】

一曰:天地有最初开始的时候,天为阳,是由微小之物上扬而形成;

地为阴,是由实在之物充斥而形成。天地相合,这是万物生成的常规。从寒暑、日月、昼夜交替可以知道这个道理,由万物不同形体、不同性能、不同用处来表达这个道理。万物都是由天地交合而形成,由天地分离而产生。知道交合、知道形成,知道分离、知道产生,那么天地就形成了。要了解天地的形成,都应当详察其实情,置身于其形体之中。

天有九野,地有九州,天下疆域内有九座高山,山上有九处险阻之处,水泽有九处湖薮,风有八种,水流有六条河流。

什么是九野?处在中央的是钧天,星宿是角、亢、氐;东方是苍天,星宿是房、心、尾;东北是变天,星宿是箕、斗、牵牛;北方是玄天,星宿是婺女、虚、危、营室;西北是幽天,星宿是东壁、奎、娄;西方是颢天,星宿是胃、昴、毕;西南是朱天,星宿是觜嶲、参、东井;南方是炎天,星宿是舆鬼、柳、七星;东南是阳天,星宿是张、翼、轸。

什么是九州?黄河、汉水之间为豫州,是周王室的疆域;清河和西河之间为冀州,是晋国的疆域;黄河、济水之间为兖州,是卫国的疆域;东方为青州,是齐国的疆域;泗水北岸为徐州,是鲁国的疆域;东南为扬州,是越国的疆域;南方为荆州,是楚国的疆域;西方为雍州,是秦国的疆域;北方为幽州,是燕国的疆域。

什么是九座高山?就是会稽山、泰山、王屋山、首阳山、太华山、岐山、太行山、羊肠、孟门。

什么是九处险阻之处?就是大汾、冥阨、荆阮、方城、殽、井陉、令疵、句注、居庸。

什么是九处湖薮?就是吴国的具区,楚国的云梦,秦国的阳华,晋国的大陆,梁国的圃田,宋国的孟诸,齐国的海隅,赵国的钜鹿,燕国的大昭。

什么是八种风?东北风叫炎风,东风叫滔风,东南风叫熏风,南风叫巨风,西南风叫凄风,西风叫飂风,西北风叫厉风,北风叫寒风。

什么是六大河流?就是河水、赤水、辽水、黑水、江水、淮水。

所有四海之内,东西长二万八千里,南北长二万六千里。水流通道长八千里,受水的河道也是八千里。往来无阻的山谷有六处,大的河流有六百条,内陆河有三千条,小河流有万数之多。

所有四极之内,东西长五亿零九万七千里,南北长也是五亿零九万七千里。北极星和天一起运行,而不移动。

冬至这天,太阳运行在外道上,绕行四方极远之地,称之为玄明。夏至这天,太阳运行在内道上,太阳正值人的上方。在天枢星之下,没有昼夜。在白民古国的南面,建木的下面,中午没有影子,呼叫时没有声音,因为这里是天地的中心。

天地万物,如同一个人的身体,这就叫作天地万物融合为一。众人有耳目鼻口,天地有五谷寒暑,这些叫作各种事物之间的差异。有差异则万物都具有了。天降下万物,圣人观察它们从而认识它们的分类。他们的见解在于了解天地之所以形成,雷电之所以发生,天地阴阳化生万物,百姓禽兽各得其所乐。

【评析】

本篇是《吕氏春秋》八览的首篇,讨论治国理念,总结历史经验,以求为统治者提供借鉴。《有始》云:"天斟万物,圣人览焉,以观其类。""览"的意思即圣人观察世事,以明治国之道。本篇对天文、地理、物类进行了详尽介绍,蕴含着丰富的天文地理知识,并对所谓"天地之所以形,雷电之所以生,阴阳材物之精,人民禽兽之所安平"进行考察,是为进一步总结万物变化,从而推知得失,最终指导为政治国。

应　同

二曰:凡帝王者之将兴也,天必先见祥①乎下民。黄帝之时,天先见大螾大蝼②。黄帝曰:"土气胜③。"土气胜,故其色尚黄,其事则土④。及禹之时,天先见草木秋冬不杀⑤。禹曰:"木气胜。"木气胜,故其色尚青,其事则木。及汤之时,天先见金刃生于水。汤曰："金气胜。"金气胜，故其色尚白，其事则金。及文王之时，天先见火赤乌⑥衔丹书集于周社。文王曰："火气胜。"火气胜，故其色尚赤，其事则火。代火者必将水，天且先见水气胜。水气胜，故其色尚黑，其事则水。水气至而不知数⑦备，将徙于土。

天为者⑧时，而不助农于下⑨。类固相召，气同则合，声比则应⑩。鼓宫⑪而宫动，鼓角⑫而角动。平地注水，水流湿；均薪施火，火就燥⑬。山云草莽，水云鱼鳞，旱云烟火，雨云水波⑭。无不皆类其所生以示人。故以龙致雨，以形逐影⑮。师之所处，必生棘楚⑯。祸福之所自来，众人以为命，安知其所。

夫覆巢毁卵⑰，则凤凰不至；刳兽食胎⑱，则麒麟不来；干泽涸渔⑲，则龟龙不往。物之从同，不可为记。子不遮⑳乎亲，臣不遮乎君。君同则来，异则去。故君虽尊，以白为黑，臣不能听；父虽亲，以黑为白，子不能从。黄帝曰："芒芒昧昧㉑，因天之威，与元同气。"故曰同气贤于同义，同义贤于同力，同力贤于同居，同居贤于同名。帝者同气，王者同义，霸者同力，勤者同居则薄矣，亡者同名则粗㉒矣。其智弥粗者，其所同弥粗；其智弥精者，其所同弥精。故凡用意不可不精。夫精，五帝三王之所以成也。成齐类同皆有合，故尧为善而众善至，桀为非而众非来。《商箴》云："天降灾布祥㉓，并有其职㉔。"以言祸福人或召㉕之也。故国乱非独乱也，又必召寇。独乱未必亡也，召寇则无以存矣。

凡兵之用也，用于利，用于义。攻乱则脆㉖，脆则攻者利；攻乱则义，义则攻者荣。荣且利，中主㉗犹且为之，况于贤主乎？故割地宝器㉘，卑辞屈服，不足以止攻，惟治为足㉙。治则为利者不攻矣，为名者不伐矣。凡人之攻伐也，非为利则因为名也。

名实不得，国虽强大者，曷为攻矣？解在乎史墨来而辍不袭卫，赵简子可谓知动静矣！

【注释】

①祥：吉凶的预兆。

②大螾大蝼：大蚯蚓、大蝼蛄。螾，同"蚓"，蚯蚓。蝼，蝼蛄，昆虫。

③胜：盛，占优势。

④其事则土：行事遵循土的准则。则，效法，遵循。

⑤杀：凋落。

⑥火赤乌："火"疑为衍字。赤乌，赤色的鸟。古代传说中的瑞鸟。

⑦数：天命，命运。

⑧者：通"诸"，众多，这里指四时。

⑨不助农于下：不勉力帮助完成那些已经落下的农事。农，通"努"，努力，勉力。

⑩类固相召，气同则合，声比则应：同类就互相招引，气味相同的就互相投合，声音相同的就互相响应。

⑪宫：古代五音之一。

⑫角：古代五音之一。

⑬地注水，水流湿；均薪施火，火就燥：在平地上倒水，水先流向潮湿的地方；在均匀的薪柴上点火，火先在干燥的地方燃烧。

⑭山云草莽，水云鱼鳞，旱云烟火，雨云水波：山中的云气似草丛，水中的水汽像鱼鳞，旱时的云气就像烟火，雨时的云气像水波。

⑮以龙致雨，以形逐影：用龙来招致雨水，用形体来追逐影子。

⑯师之所处，必生棘楚：军队所在的地方，一定会生出荆棘。因军队主杀伐，而荆棘亦伤人，喜生长在战地，因此军队所在会生出荆棘。师，军队。棘楚，荆棘。

⑰覆巢毁卵：倾覆其巢，破碎其卵。喻彻底毁灭。

⑱刳兽食胎：剖兽腹而食其胎。

⑲干泽涸渔：使河泽干涸而捕鱼。

⑳遮：遏，阻止。

㉑芒芒昧昧：模糊不清，难以辨识。芒，通"茫"。

㉒亡者同名则粗：亡国者同名不仁不义，就是德行恶劣了。粗，恶，粗陋。

㉓降灾布祥：降下灾祸，布下祥瑞。

㉔职：主。

㉕召：招致。

㉖攻乱则脆：攻打混乱的国家就容易使其折服。脆，易折断，这里指折服。

㉗中主：中等才德的君主。

㉘割地宝器：割让土地，献上宝器。

㉙惟治为足：只有治理好国家才能够制止进攻。

【译文】

二曰：凡是古代的帝王将要兴起时，上天一定先为百姓降下吉凶的预兆。黄帝的时候，上天先显现出大蚯蚓、大蝼蛄。黄帝说："这时土气旺盛。"土气旺盛，所以黄帝时崇尚黄色，行事遵循土的准则。到禹的时候，上天先显现出草木秋冬不衰败的景象。禹说："这时木气旺盛。"木气旺盛，所以夏朝崇尚青色，行事遵循木的准则。到汤的时候，上天先显现出水中出现刀剑的事。商汤说："这时金气旺盛。"金气旺盛，所以商朝崇尚白色，行事取法金的准则。到周文王的时候，上天先显现赤色的鸟衔着丹书停在周的社坛。周文王说："这时火气旺盛。"火气旺盛，所以周朝崇尚红色，行事取法火的准则。代替火的必将是水，上天将先显现水气旺盛的景象。水气旺盛，所以新王朝崇尚黑色，行事取法水的准则。水气到来却不知道已经具备天命，那么将转移到土上去。

天运行四时，但并不勉力帮助完成那些已经落下的农事。同类就互相招引，气味相同的就互相投合，声音相同的就互相响应。敲击宫音，宫音就随之振动;敲击角音,角音就随之振动。在平地上倒水,水先流向潮湿的地方;在均匀的薪柴上点火,火先在干燥的地方燃烧。山中的云气似草丛,水中的水汽像鱼鳞,旱时的云气就像烟火,雨时的云气像水波。这些无不依照它们赖以生成的东西来显示给人们。所以用龙就能招来雨,凭形体就能找到影子。军队所在的地方,一定会生出荆棘。祸福的到来,一般人认为是天命,哪里知道祸福到来的缘由。

　　倾覆其巢,破碎其卵,那么凤凰就不会到来;剖兽腹而食其胎,那么麒麟就不会到来;使河泽干涸而捕鱼,那么龟龙就不会去。万物同类相从,不能一一记录。儿子不阻止父亲,臣子不阻止君主。君臣志同道合就在一起,否则就离开。所以君主虽然尊贵,如果把白当成黑,臣子就不能听从;父亲虽然亲近,如果把黑当成白,儿子也不能依顺。黄帝说:“天地广阔模糊一片,是因为遵循天道,与上天同气。”所以说同气胜过同义,同义胜过同力,同力胜过同居,同居胜过同名。称帝者同气,称王者同义,称霸者同力,勤劳者同居于世间,就是德行不深厚了,亡国者同名,就是德行恶劣了。智慧越是粗陋的人,与之相应的就越是恶劣;智慧越是精微的人,与之相应的就越是精微。因此只要是意图就不可以不精微。精微,是五帝三王之所以成就帝业的原因。万物属同类就都能相合,因此尧行善事而好事就到来,桀干坏事而所有坏事都归到他身上。《商箴》上说:“上天降下灾祸、布下祥瑞,都是各有其主的。”所说的祸福是人招致的。因此国家混乱就不仅仅是混乱,又必定会招来侵略者。仅仅是混乱不一定会灭亡,但招致侵略就无法继续存活了。

　　凡是国家用兵,用于获利,用于符合道义。攻打混乱的国家就容易使其折服,那么进攻的国家就得利;攻打混乱的国家符合道义,符合道义,那么进攻的国家就获得荣耀。既荣耀又得利,中等才德的君主尚且这样做,更何况是贤明的君主呢?因此割让土地,献出宝器,用谦卑的言辞屈服于人,不足以制止进攻,只有治理好国家,才能制止进攻。国家治理好了,那么为利、为名的国家就不来攻伐了。凡是进行攻伐的,不是图利就是图名。名都不能得到,国家即使强大,为什么要进攻呢?这道理的解释体现在史墨去了卫国就停止进攻,赵简子可以算是懂得何时该动何时该静啊。

【评析】

本篇主要阐明了如何将上篇考察到的天文、地理、物类现象与人类生活联系起来,即"类固相召,气同则合"。开篇先言某一现象的出现,预示着其他方面的相对改变,金、木、水、火、土五行对应着人事,人们的行事也当遵循规律并做出调整,顺者生,逆之则亡。文中举黄帝等帝王的例子,就是解释自然界种种现象与现实政治的对应关系。

因而祸患的降临也与人自身的活动有着密切的关系,是人的行为招致的。这种对人类社会以及自然规律的探求是有价值的,尤其善行与恶行同福祸相对,一定程度上是能够促进社会进步的。

<h2 style="text-align:center">去　尤^①</h2>

三曰:世之听者,多有所尤。多有所尤,则听必悖^②矣。所以尤者多故,其要必因人所喜,与因人所恶。东面望者不见西墙,南乡^③视者不睹北方,意有所在也^④。人有亡铁^⑤者,意其邻之子。视其行步,窃铁也;颜色,窃铁也;言语,窃铁也;动作态度,无为而不窃铁也。捆其谷^⑥而得其铁。他日,复见其邻之子,动作态度,无似窃铁者。其邻之子非变也,己则变矣。变也者无他,有所尤也。

邾之故法,为甲裳以帛^⑦。公息忌谓邾君曰:"不若以组^⑧。凡甲之所以为固者,以满窍^⑨也。今窍满矣,而任力者半^⑩耳。且组则不然,窍满则尽任力矣。"邾君以为然,曰:"将何所以得组也?"公息忌对曰:"上用之则民为之矣。"邾君曰:"善。"下令,令官为甲必以组。公息忌知说之行^⑪也,因令其家皆为组。人有伤之者曰："公息忌之所以欲用组者，其家多为组也。"邾君不说，于是复下令，令官为甲无以组。此邾君之有所尤也。为甲以组而便，公息忌虽多为组，何伤？以组不便，公息忌虽无为组，亦何益也？为组与不为组，不足以累⑫公息忌之说。用组之心，不可不察也。

　　鲁有恶者，其父出而见商咄，反而告其邻曰："商咄不若吾子矣。"且其子至恶也，商咄至美也。彼以至美不如至恶，尤乎爱⑬也。故知美之恶，知恶之美，然后能知美恶矣。《庄子》曰："以瓦投⑭者翔⑮，以钩⑯投者战⑰，以黄金投者殆⑱。其祥⑲一也，而有所殆者，必外有所重者也。外有所重者泄，盖内掘⑳。"鲁人可谓外有重矣。

　　解在乎齐人之欲得金也，及秦墨者之相妒也，皆有所乎尤也。老聃则得之矣，若植木而立乎独，必不合于俗，则何可扩㉑矣。

【注释】

①去尤：去除过失。

②悖：谬误。

③南乡：南向，向南的意思。

④意有所在也：这是心思有偏向的一方啊。

⑤铁：铡刀，用于切草。

⑥抇其谷：意为挖坑。抇，挖掘。

⑦为甲裳以帛：用帛来缀甲裳。

⑧组：丝带。

⑨满窍：塞满了缝隙。窍，窟窿，孔洞。

⑩任力者半：使出力量的一半。

⑪知说之行：知道他的主张将要施行。

⑫累：连累。

⑬尤乎爱：因偏爱而认识偏颇。

⑭瓦投：用瓦投注。投，音 zhù，投注。

⑮翔：通"详"，安详。

⑯钩：衣带上的钩。

⑰战：发抖，害怕。

⑱殆：危险。

⑲祥：投注的技巧。

⑳内掘：内心不安详。

㉑扩：扩充，指受到外物干扰，心神不定。

【译文】

　　三曰：世上用耳朵去接受事物的人，大多都有所偏颇。有了偏颇过失，那么他听到的一定会有谬误。有偏颇过失的原因众多，最主要的在于人有所喜爱，也有所厌恶。面向东望的人看不见西面的墙，向南看的人望不见北方，这是心思有偏向的一方啊。有一个丢失了铋刀的人，怀疑他邻居的儿子。观察他走路的样子，像偷铋刀的人；观察他的表情神色，像偷铋刀的人；听他说话，像偷铋刀的人；观察他的举止神情，没有一样不像是偷铋刀的人。有人挖坑的时候，找到了他的铋刀。过了几天，他又看见邻居的儿子，举止神情没有一样像偷了铋刀。他邻居的儿子没有改变，是他自己改变了。他改变的原因没有别的，是因为他的认识有所偏颇。

　　邾国的旧法，用帛来连缀甲裳。公息忌对邾君说："不如用丝带来连缀。甲之所以牢固，是因为帛把缝隙都塞满了。如今虽然塞满了缝隙，可是只使出力量的一半。然而用丝带就不一样，塞满了缝隙，就能使出全部的力量了。"邾君认为是这样，说："将从哪里得到丝带呢？"公息忌回答说："君主使用它，那么百姓就会制造它了。"邾君说："好。"于是下令，命令官吏制作甲一定要用丝带连缀。公息忌知道自己的主张将要施行，于是就让他家里人都制造丝带。有诋毁他的人说："公息忌之所以想用丝带,是因为他家制造了很多丝带。"邾君听了很不高兴,于是再次下令,命令官吏制甲不要用丝带连缀。这是邾君的认识太局限了。制甲用丝带连缀很便利,公息忌即使多做丝带,又有什么损害呢?用丝带不方便的话,公息忌即使没有制造丝带,又有什么好处呢?公息忌制造丝带或不制造丝带,都不足以连累公息忌的主张。使用丝带的本意,不可以不详察啊。

鲁国有个丑陋的人,他的父亲出门看见商咄,回来以后告诉他的邻居说:"商咄不如我儿子。"然而他的儿子是极丑的,而商咄是极美的。他认为极美的不如极丑的,这是因自己有所偏爱而认识偏颇。因此知道了美会被认为丑,丑会被认为是美,然后才能知道美丑。《庄子》说:"用瓦投注的人内心安详,用衣带钩投注的人感到害怕,用黄金投注的人感到危险。他们投注的技巧是一样的,之所以感到害怕,一定是对外物有所看重。对外物有所偏重,内心就会不安详。"那个鲁人可以说是对外物有所看重了。

这道理体现在齐国人想得到金子,以及秦国的墨者互相嫉妒上,都是由于认识偏颇啊。老聃就懂得这个道理,他像直立的木头而独立于世间,一定与世俗不相合,那么还能有什么能使他内心不安呢?

【评析】

本篇承接上篇,考察自然现象等变化,必要端正态度,去除偏见。不以个人好恶来判断是非。文中列举了三个例子来说明个人的偏见所带来的危害,丢钺之人、邾君以及鲁国的丑人之父皆因心中认识有偏颇,而导致判断出现了错误,不辨是非。所举赌博投注一例,为说明贪欲对人之认识形成的障碍。而真正去除偏见就应像老子一样,"若植木而立乎独",不偏不倚,守中持正,方能内心安定立于世间。

听 言

四曰：听言不可不察，不察则善不善不分。善不善不分，乱莫大焉[1]。三代[2]分善不善，故王。今天下弥衰，圣王[3]之道废绝[4]。世主多盛其欢乐[5]，大其钟鼓，侈其台榭苑囿，以夺人财；轻用民死，以行其忿[6]。老弱冻馁[7]，夭瘠壮狡[8]，汔尽穷屈[9]，加以死虏[10]。攻无罪之国以索地，诛不辜之民以求利，而欲宗庙之安也，社稷之不危也，不亦难乎？今人曰："某氏多货，其室培[11]湿，守狗死，其势[12]可穴也。"则必非之矣。曰："某国饥[13]，其城郭庳[14]，其守具寡[15]，可袭而篡之[16]。"则不非之。乃不知类[17]矣。《周书》[18]曰："往者不可及，来者不可待，贤明其世[19]，谓之天子。"故当今之世，有能分善不善者，其王不难矣。善不善本于义，不于爱[20]。爱利之为道大矣。夫流于海者[21]，行之旬月[22]，见似人者而喜矣。及其期年[23]也，见其所尝见物于中国者[24]而喜矣。夫去人滋久，而思人滋深欤！乱世之民，其去圣王亦久矣。其愿见之，日夜无间[25]。故贤王秀士[26]之欲忧黔首[27]者，不可不务也。

功先名，事先功，言先事[28]。不知事，恶能听言？不知情，恶能当言[29]？其与人谷言[30]也，其有辩[31]乎，其无辩乎？造父始习于大豆，蜂门始习于甘蝇，御大豆[32]，射[33]甘蝇，而不徙[34]人以为性[35]者也。不徙之，所以致远追急[36]也，所以除害禁暴[37]也。凡人亦必有所习其心，然后能听说。不习其心，习之于学问，不学而能听说者，古今无有也。解在乎白圭之非惠子也[38]，公孙龙之说燕昭王以偃兵及应空洛之遇也[39]，孔穿之议公孙龙[40]，翟翦之难惠子之法[41]。此四士者之议，皆多故矣，不可不独论[42]。

【注释】

①乱莫大焉:没有什么比这个更混乱了。

②三代:夏、商、周三个朝代。

③圣王:指德才超群达于至境之帝王。

④废绝:废止灭绝。

⑤盛其欢乐:尽情享乐。

⑥以行其忿:以平息自己的愤怒。

⑦冻馁:饥寒交迫。

⑧夭瘠壮狡:强壮的人变得瘦弱过早死去。夭,未成年的人死去。瘠,瘦弱。狡,多力壮健。

⑨汔尽穷屈:极尽穷困的意思。汔尽,音 qì jìn,竭尽。穷屈,困厄。

⑩加以死虏:再加上死亡和被俘虏。

⑪培:屋后墙。

⑫势:表现出来的情况、样子。

⑬饥:饥荒,庄稼收成不好或没有收成。

⑭庳:音 bì,矮。

⑮守具寡:守卫用的战具少。

⑯袭而篡之:偷袭并夺取这个国家。

⑰类:类比,类推。

⑱《周书》:记载周代的训令告命之书。

⑲贤明其世:使世道贤明。

⑳本于义,不于爱:"义"疑为"利","不"疑为"本",与下句"爱利之为道大矣"对应。根本在于利和爱。

㉑流于海者:漂流在海上的人。

㉒旬月:一个月。

㉓期年:一年。

㉔见其所尝见物于中国者:见到自己曾经在中原之地见过的东西。

㉕日夜无间：日夜没有间断。

㉖秀士：德行才艺出众的人。

㉗黔首：老百姓。

㉘功先名，事先功，言先事：功绩先于声名，事情先于功绩，言论先于事情。

㉙当言：正确的话。

㉚谷言：疑为"鸟音"。

㉛辩：通"辨"，分别。

㉜御大豆：向大豆学习驾驶车马。

㉝射甘蝇：向甘蝇学习射箭。

㉞不徙：不改变，指专心于学习。

㉟性：人的本性。

㊱致远追急：指通过学习驾驶车马而达到很远的地方，追赶危急的事情。

㊲除害禁暴：指通过学习射箭而消灭凶暴阴险恶毒的人。

㊳此事见《不屈》篇。

㊴此事见《应言》篇。

㊵此事见《淫辞》篇。

㊶此事见《淫辞》篇。

㊷独论：应为"熟论"，了解辨别。

【译文】

四曰：听话不可以不详察，不详察就不分好坏。好坏不分，没有什么比这个更混乱了。夏、商、周三代能分辨好坏，所以能称王。如今世道更加衰微，德才超群的帝王之道被废止灭绝。当世的君主尽情欢乐，把钟鼓等乐器做得很大，把台榭园林修得很奢侈，抢夺了百姓的钱财；轻率随便地让百姓去死，以平息自己的愤怒。年老体弱的人饥寒交迫，强壮的人变得瘦弱过早死去，极尽穷困，再加上死亡和被俘虏。攻打没有罪的国家以索取土地,诛杀没有罪的百姓以求取利益,这样做却想让宗庙平安,让国家不危险,难道不难吗? 如今有人说:"某人家有许多财物,房屋的后墙很潮湿,看家的狗死了,这个时候是可以挖洞穴的。"那么一定要责备这个人。有人说:"某国遇到饥荒,它的城墙低矮,守卫用的战具很少,可以偷袭并夺取它。"对这样的人却不责备。这就是不知道类比了。《周书》说:"已经逝去的不可追回,未来的不可等待,能使世道贤明的,就可称为天子。"因此在当今世上,能分辨好与不好,他称王是不难的。好和不好的根本在于利,在于爱。爱和利作为原则来说十分重要啊。那漂流在海上的人,漂流了一个月,看到像人的东西就很高兴。等到漂流了一年,看到自己曾经在中原之地见过的东西就很高兴了。这就是离开人越久,想念人就越厉害吧! 乱世的百姓,他们离开圣贤之君也很久了,他们想要见到圣贤之君的心情,白天黑夜都不间断。所以那些想为百姓忧虑的贤明君主和出众之士,不可不务求这样去做啊。

　　功绩先于声名,事情先于功绩,言论先于事情。不了解事情的实质,怎么能听信言论? 不了解实情,怎能说出恰当的话? 那么人言与鸟音,是有分别呢,还是没有分别呢? 造父最初向大豆学习的时候,蜂门最初向甘蝇学习的时候,向大豆学习驾驶车马,向甘蝇学习射箭,专心学习,把这作为自己的本性。专心,这是他们能够通过驾驶车马致远追急的原因,通过射术除害禁暴的原因。凡是人也一定要修养自己的心性,然后才能听取别人的话。不修养自己的心性,就钻研知识,不学习而能正确听取别人的话,古今都没有这样的。这道理的解释体现在白圭非难惠子,公孙龙以消除战争劝说燕昭王以及应付秦赵的空洛盟约,孔穿非议公孙龙,翟翦责难惠子制定的法令这四件事上。这四个人的议论,都有充足的理由,不可以不去了解辨别。

【评析】

　　本篇讲述如何正确听取他人的言论,即听言者必须具备一定的素质,应当明其度,知其理,去除心中的偏见后,客观听取他人的言论。在听取言论时应先分辨善恶好坏，不为一己私利而作恶。正如文中所说"凡人亦必有所习其心，然后能听说"，修养自身的心性，才能客观听取别人的言论。

谨　听

五曰：昔者禹一沐而三捉发①，一食而三起②，以礼③有道之士④，通乎己之不足⑤也。通乎己之不足，则不与物争矣。愉易平静⑥以待之，使夫自得⑦之；因然而然之⑧，使夫自言⑨之。亡国之主反此，乃自贤而少人⑩。少人则说者持容而不极⑪，听者自多⑫而不得。虽有天下，何益焉？是乃冥之昭，乱之定，毁之成，危之宁⑬。故殷周以亡，比干以死，悖而不足以举⑭。故人主之性，莫过乎所疑，而过于其所不疑；不过乎所不知，而过于其所以知。故虽不疑，虽已知，必察之以法，揆之以量⑮，验之以数。若此则是非无所失，而举措⑯无所过矣。

夫尧恶得贤天下而试舜⑰？舜恶得贤天下而试禹？断之于耳⑱而已矣。耳之可以断也，反⑲性命之情也。今夫惑者，非知反性命之情，其次非知观于五帝三王之所以成也，则奚自知其世之不可也？奚自知其身之不逮⑳也？太上㉑知之，其次知其不知。不知则问，不能则学。《周箴》曰："夫自念斯学㉒，德未暮㉓。"学贤问㉔，三代之所以昌也。不知而自以为知，百祸之宗也。名不徒㉕立，功不自成，国不虚存，必有贤者。贤者之道，牟㉖而难知，妙而难见㉗。故见贤者而不耸㉘，则不惕于心㉙。不惕于心，则知之不深。不深知贤者之所言，不祥莫大焉。

主贤世治，则贤者在上；主不肖世乱，则贤者在下。今周室既灭，而天子已绝。乱莫大于无天子。无天子，则强者胜弱，众者暴寡^㉚，以兵相残，不得休息。今之世当之矣。故当今之世，求有道之士，则于四海之内，山谷之中，僻远幽闲之所，若此则幸于得之矣。得之，则何欲而不得？何为而不成？太公钓于滋泉，遭纣之世也，故文王得之而王。文王，千乘也；纣，天子也。天子失之，而千乘得之，知之与不知也。诸众齐民^㉛，不待知而使，不待礼而令。若夫有道之士，必礼必知，然后其智能可尽。解在乎胜书之说周公^㉜，可谓能听矣；齐桓公之见小臣稷^㉝，魏文侯之见田子方也^㉞，皆可谓能礼士矣。

【注释】

①一沐而三捉发：《史记·鲁周公世家》记载："然我一沐三捉发，一饭三吐哺，起以待士，犹恐失天下之贤人。"指一次沐浴须三度握其已散之发，比喻求贤殷切，礼贤下士。

②一食而三起：吃一顿饭要多次站起，以礼贤下士。

③礼：礼遇，表示尊敬的态度和动作。

④有道之十：明白事理的人。

⑤通乎己之不足：了解自己不知道的事。

⑥愉易平静：愉易与平静同义，意为平和。

⑦自得：自己感到舒适。

⑧因然而然之：顺着他们本来的样子，即顺其自然。

⑨自言：自己说话。

⑩自贤而少人：认为自己贤明而轻视他人。

⑪持容而不极：为求自己安身而不竭力劝说。持容，欲保持官位而讨好别人，求得自己安身。极，到。

⑫自多：自贤，认为自己贤明。

⑬冥之昭，乱之定，毁之成，危之宁：以冥为昭，以乱为定，以毁为成，以危为宁。把昏暗当成光明，把混乱当成安定，把毁坏当成就，把危险当

成安宁。

⑭不足以举:不能够一一列举。

⑮揆之以量:用测量来估计揣测。

⑯举措:举动行为。

⑰夫尧恶得贤天下而试舜:尧如何为天下选贤才而用舜? 恶,哪里,何。试,用。

⑱断之于耳:依靠耳朵进行决断。

⑲反:通"返",返回,回归。

⑳逮:及得上。

㉑太上:最上,最高。

㉒自念斯学:自己常思考这些学问。

㉓德未暮:道德修养不晚。暮,晚。

㉔学贤问:学且问,学习且好问。

㉕徒:白白地。

㉖牟:大。

㉗妙而难见:精妙幽微而难以了解。

㉘耸:恭敬。

㉙不惕于心:不在心中小心谨慎。

㉚暴寡:侵害人少的。

㉛诸众齐民:众多平民。

㉜此事见《精谕》篇。

㉝此事见《下贤》篇。

㉞此事见《下贤》篇。

【译文】

五曰:从前禹洗一次头要多次握住头发停下来,吃一顿饭要多次站起身来,以礼貌对待那些懂得事理的人,来了解自己不知道的事。了解了自己不知道的事,就不去争外物了。贤明的君主用平和的态度对待有道之士,让他们自己感到舒适;顺其自然,让他们说自己想说的话。亡国之君却与此相反,认为自己贤明而轻视他人。轻视他人,那么游说的人就会为求自己安身而不竭力劝说了,听取意见的人认为自己贤明,也不会听取别人的话。这样的话,即使享有天下,又有什么益处呢? 这实际上就是把昏暗当成光明,把混乱当成安定,把毁坏当成就,把危险当成安宁。所以殷商、周王朝因此灭亡,比干因此而被处死,这种谬误不能一一列举。所以,君主的本性,是不会因为有所怀疑而犯错,会由于无所怀疑而犯错;不会因为有所不知犯错,会由于有所知而犯错。因此即使是不怀疑的,即使是已经知道的,也一定要用法令仔细调查,用测量来揣测,用数量来验证。如果是这样,那么是非就不会有错,举动行为就没有过错了。

尧如何为天下选贤才而用了舜? 舜如何为天下选贤才而用了禹?只是根据耳朵所听做出决断罢了。依靠耳朵进行决断,是本于人的本性的缘故。如今那些昏庸糊涂的人,不知道这是回归人的本性,其次是不知道观察五帝三王之所以成就帝业的原因,那又怎么知道自己的世道不好呢? 怎么自知自身及不上五帝三王呢? 最上是知道,其次是知道自己有所不知。不知就问,不会就学。《周箴》中说:"只要自己常思考这些学问,道德修养就不算太晚。"学习且好问,这是夏、商、周三代昌盛的原因。不知道而自以为知道,这是各种祸患的根源。声名不会白白地建立,功劳不会自己建成,国家不会凭空存在,一定要有贤德之士。贤德之人的思想博大而难以知晓,精妙幽微而难以了解。所以看到贤德之人而不恭敬,就不能在心中小心谨慎。不在心中小心谨慎,那么了解得就不深刻。不能深刻了解贤德之人所说的话,没有比这更不吉利的了。

君主贤明则世道安定,那么贤德之人地位就在上;君主不贤明则世道混乱,那么贤德之人地位就在下。如今周王室已经灭亡,天子已经断绝。没有什么比没有天子更混乱的了。没有天子,那么强者就会战胜弱者,人多的就会侵害人少的,用军队互相残杀,不得止息。如今的社会正是这样。因此当今之世,要寻求明白事理的贤才,就要到四海内,山谷中，偏远幽静的地方，如此可能幸运得到这样的人。得到了这样的人，那么想要什么不能得到？想做什么不能成功？太公在滋泉钓鱼，正遭逢纣的时代，因此文王得到他而称王。文王是诸侯，纣是天子。天子失去了太公望，而诸侯得到了他，这是知道太公的贤德和不知道的区别。那些众多平民，不用等了解他们就驱使，不用以礼相待就能使唤。对于有道之人，一定要以礼相待，一定要了解他们，然后他们的智慧才能得以充分使用。这道理的解释体现在胜书劝周公旦上，周公可以算得上能听从劝说了；体现在齐桓公去见小臣稷，魏文侯去见段干木上，他们都可以算得上能礼贤下士了。

【评析】

本篇再言如何听言，顺其自然，对贤士以礼相待，才能听到真实而有用的言论。文中提及"耳之可以断也，反性命之情也"，这是推己及人，将心比心，判断所听之言是否与人情事理的常识相符。进行判断就必须勤学好问，这正是夏、商、周三代昌盛的原因。深刻了解贤德之人及其言论，才能使他们充分发挥自己的才华。详察他人的言论，谨慎地听取，是知人的重要一步。

务　本

六曰：尝试观上古记①，三王②之佐③，其名无不荣④者，其实⑤无不安者，功大也。《诗》云："有渰凄凄，兴云祁祁。雨我公田，遂及我私。"⑥三王之佐，皆能以公及其私矣。俗主之佐，其欲名实也，与三王之佐同，而其名无不辱者，其实无不危者，无公⑦故也。皆患其身不贵⑧于国也，而不患其主之不贵于天下也；皆患其家之不富也，而不患其国之不大也。此所以欲荣而愈辱，欲安而益危。安危荣辱之本在于主，主之本在于宗庙，宗庙之本在于民，民之治乱在于有司。《易》曰："复自道，何其咎？

吉^⑨。"以言本无异，则动卒有喜。今处官则荒乱，临财则贪得，列近^⑩则持谏^⑪，将众则罢怯^⑫，以此厚望于主，岂不难哉！

今有人于此，修身会计^⑬则可耻，临财物资尽则为己，若此而富者，非盗则无所取。故荣富非自至也，缘功伐^⑭也。今功伐甚薄而所望厚，诬^⑮也；无功伐而求荣富，诈^⑯也。诈诬之道，君子不由^⑰。人之议多曰："上用我，则国必无患。"用己者未必是也，而莫若其身自贤。而己犹有患，用己于国，恶得无患乎？己，所制^⑱也，释其所制而夺乎其所不制，悖^⑲。未得治国治官可也。若夫^⑳内事亲，外交友，必可得也。苟事亲未孝，交友未笃^㉑，是所未得，恶能善之矣？故论人无以其所未得，而用其所已得，可以知其所未得矣。

古之事君者，必先服能^㉒，然后任；必反情^㉓，然后受^㉔。主虽过与^㉕，臣不徒取^㉖。《大雅》曰："上帝临^㉗汝，无贰^㉘尔心。"以言忠臣之行也。解在郑君之问被瞻之义也^㉙，薄疑应卫嗣君以无重税^㉚。此二士者，皆近知本矣。

【注释】

①上古记：上世古书。

②三王：指夏、商、周三代之君。

③佐：处于辅助地位的人。

④荣：荣誉。良好的名声或社会名望。

⑤实：财物地位。

⑥诗出自《诗经·小雅·大田》。潆潆，阴云密布的样子。阴云密布，风雨凄凄。雨点先落在公田里，同时洒到我私田。这句诗有先公后私之义。

⑦无公：无功。公，同"功"。

⑧贵：地位尊贵。

⑨复自道,何其咎?吉:出自《周易·小畜》。回归自然之道,会有什么灾祸?吉。

⑩列近:位列君王身侧。

⑪持谏:疑为"持谀",阿谀。

⑫罢怯:软弱畏怯。

⑬会计:管理财物。

⑭功伐:功劳,功勋。

⑮诬:欺骗。

⑯诈:欺骗,用手段诓骗。

⑰由:用,采用。

⑱制:制约。

⑲悖:谬误。

⑳若夫:至于。

㉑笃:忠实,一心一意。

㉒服能:贡献才能。

㉓反情:反省自己。

㉔受:接受俸禄。

㉕主虽过与:君主即使过多给予俸禄。

㉖臣不徒取:臣子也不白白地获取。

㉗临:从高往低处察看。

㉘贰:背叛。

㉙此事见《务大》篇。

㉚此事见《审应》篇。

【译文】

六曰:曾经尝试翻看上世古书,夏、商、周三代之君的辅佐之臣,他们的爵位声誉没有不荣耀的,他们的财物地位没有不稳固的,这是因为他们的功劳大。《诗经》说:"阴云密布,风雨凄凄。雨点先落在公田里,同时洒到我私田。"三代之君的辅佐之臣都能凭功德而使自己获得私利。庸俗的君主的辅佐之臣,他们希望得到名誉地位的心情跟三王的辅臣是相同的,可是他们的声名没有不受辱的,他们的地位没有不陷入险境的,这是由于他们没有立功。他们都担心自身在国内的地位不尊贵,却不担心自己的君主在天下不显贵;他们都担心自己的家不够富裕,而不担心国家领土不够大。这就是想要得到荣誉反而更加耻辱,想要得到安定而更加危险。安危荣辱的根本在于君主,君主的根本在于宗庙,宗庙的根本在于百姓,百姓治理得好坏在于官员。《周易》说:"回归自然之道,会有什么灾祸? 吉。"意思是回归自然,周而复始,没有变化,因此吉利。如今人们做官就荒淫错乱,面对钱财就贪得无厌,位列君主身侧就阿谀奉承,统率军队就软弱怯懦,以此寄厚望于君主,难道不是很难吗?

如今有这样一个人,认为修身管理财物是可耻的,面对财物全都占为己有,像这样富足的,除非偷盗否则无法取得财富。因此,荣华富贵不是自己来的,缘自功劳。如今功劳很少而想要很多,这是欺骗;没有功劳而谋求荣华富贵,这是欺诈。欺骗、欺诈的方法,君子是不采用的。人们的议论大都说:"君主如果用我,国家必定没有祸患。"其实真的任用他自己,未必是这样,而且没有什么比自身贤明更重要的了。但是自己尚且有祸患,用于治理国家,怎么会没有祸患呢? 自己,是制约自身的,放弃自己可以制约的而去做自己不可制约的,这就叫谬误。有谬误的人,不让他们治理国家做官是可以的。至于在家侍奉父母,在外结交朋友,一定是可以的。如果侍奉父母不孝顺,结交朋友不诚挚,这些都未能做到的,怎么能赞赏他呢? 所以评论人不要根据他未能做到的,而要依据他已经做到的,由此就可以知道他尚未能做到的事了。

古代侍奉君主的人,一定先贡献才能,然后才可以担任官职,一定先反省自己,然后接受俸禄。君主即使过多给予了俸禄,臣子也不无故接受。《大雅》中说:"上天俯视着你们,不要有贰心。"这说的是忠臣的品行。这个道理的解释体现在郑君问被瞻的道义,薄疑以不要加重赋税回答卫嗣君两件事上。被瞻、薄疑这两位士人,都接近于知道根本。

【评析】

　　本篇讲述忠臣的重要性。自古明君的辅佐之臣都是先公后私之人，文中提到"安危荣辱之本在于主，主之本在于宗庙，宗庙之本在于民，民之治乱在于有司"，即强调了百姓的重要，自古得民心者得天下。明君治理国家应以百姓为本，而管理百姓的就是官员。因而忠臣对于一个国家来说至关重要。"忠"是古人为官的重要原则，人臣的一切行事都应当以君主社稷的利益为主，而非为一己之私欲。利于君利于国则行之，害于君害于国则去之。义存乎心，则富贵不能改其节。忠臣如果具备这样的品行，也就能够接近根本了。

谕　大

　　七曰：昔舜欲旗①古今而不成，既足以成帝矣；禹欲帝而不成，既足以正殊俗②矣；汤欲继禹而不成，既足以服四荒③矣；武王欲及汤而不成，既足以王道④矣；五伯⑤欲继三王而不成，既足以为诸侯长⑥矣；孔丘、墨翟欲行大道⑦于世而不成，既足以成显名矣。夫大义⑧之不成，既有成矣已⑨。《夏书》曰："天子之德广运⑩，乃神⑪，乃武乃文⑫。"故务在事，事在大⑬。

　　地大则有常祥、不庭、歧毋、群抵、天翟、不周⑭，山大则有虎、豹、熊、螇蛆⑮，水大则有蛟⑯、龙、鼋⑰、鼍⑱、鳣⑲、鲔⑳。《商书》曰："五世之庙，可以观怪。万夫之长，可以生谋㉑。"空㉒中之无泽陂㉓也，井中之无大鱼也，新林之无长木㉔也。凡谋物之成也，必由广大众多长久，信也。

　　季子曰："燕雀争善处于一屋之下，子母相哺也，姁姁㉕焉相乐也，自以为安矣。灶突决㉖，则火上焚栋㉗，燕雀颜色不变，是何也？乃不知祸之将及己也。"为人臣免于燕雀之智者寡矣。

夫为人臣者,进其爵禄富贵,父子兄弟相与比周㉘于一国,姁姁焉相乐也,以危其社稷。其为灶突近也,而终不知也,其与燕雀之智不异矣。故曰:"天下大乱,无有安国;一国尽乱,无有安家;一家皆乱,无有安身。"此之谓也。故小之定也必恃㉙大,大之安也必恃小。小大贵贱,交相㉚为恃,然后皆得其乐。定贱小在于贵大㉛。解在乎薄疑说卫嗣君以王术㉜,杜赫说周昭文君以安天下㉝,及匡章之难惠子以王齐王也㉞。

【注释】

①旗:号令。

②正殊俗:纠正不同的风俗。

③服四荒:使四方荒远之地顺服。

④王道:儒家提出的一种以仁义治天下的政治主张。

⑤五伯:五个霸主。指春秋齐桓公、晋文公、宋襄公、楚庄公、秦穆公。

⑥诸侯长:诸侯中的领袖。

⑦大道:正道,常理。指最高的治世原则,这里指孔子、墨子的政治主张。

⑧大义:正道。

⑨既有成矣已:已经有所成就了。

⑩广运:广远。

⑪神:稀奇,不可思议。

⑫乃武乃文:勇武又有才华。

⑬故务在事,事在大:所以最紧要的是在于行事,而行事最关键的在于志向远大。

⑭常祥、不庭、歧毋、群抵、天翟、不周:皆古代大山名。

⑮蟒蛆:音 xī qū,猿猴类猛兽。

⑯蛟：古代传说中一种能发洪水的龙。

⑰鼋：大鳖。

⑱鼍：扬子鳄。

⑲鳣：音 shàn，古同"鳝"。

⑳鲔：音 wěi，鲟鱼和鳇鱼的古称。

㉑万夫之长，可以生谋：万人中的首领，可以生出计谋。

㉒空：通"孔"，小穴。

㉓泽陂：池沼。

㉔长木：高大的树木。

㉕姁姁：喜悦自得的样子。

㉖灶突决：炉灶的烟囱断裂。突，烟囱。

㉗栋：房屋的正梁。

㉘比周：结党营私。

㉙恃：依赖。

㉚交相：互相。

㉛定贱小在于贵大：使贱、小获得安定在于贵和大。

㉜此事见于《务大》篇。

㉝此事见于《务大》篇。

㉞此事见于《爱类》篇。

【译文】

七曰：从前舜想要号令古今而没有成功，却已经足够成就帝业；禹想要成就帝业而不能成功，却已经足够纠正不同的风俗；汤想要继承禹的事业而不成，却已经足够使四方荒远之地顺服；周武王想赶上汤的事业而不能成功，却已经足够行王道了；五个霸主想要继承三王的事业而不能成功，却已经足以成为诸侯的盟主了；孔丘、墨翟想要在世上施行自己的政治主张而不成，却已经足够成就显赫的声名了。他们所追求的正道虽未达成，却已经有所成就了。《夏书》说："天子的功德广远，玄妙神奇，勇武又有才华。"所以最紧要的是在于行事,而行事最关键的在于志向远大。

地大,就有常祥、不庭、歧母、群抵、天翟、不周等高山;山大了,就有虎、豹、熊、猿猴等野兽;水大了,就有蛟、龙、鼋、鼍、鳢、鲔等。《商书》上说:"五世的宗庙,可以看到鬼怪。万人的首领,可以生出计谋。"小穴中没有池沼,水井中没有大鱼,新林中没有大树。凡是谋划事情取得成功的,一定是从广大、众多、长久中来,确实是这样。

季子说:"燕雀在一屋之下争夺好的巢穴,母子之间互相喂食,喜悦自得,自以为很安全。炉灶的烟囱断裂,火向上烧着了房梁,燕雀却神态自若,这是为什么呢? 是不知道灾祸将要降临到自己身上啊。"做臣子的能够避免燕雀那样见识的人太少了。那些做臣子的,增加他们的爵禄富贵,父子兄弟在一国互相结党营私,喜悦自得,以危害他们的国家。他们离灶上的烟囱很近,可是却始终不知道,他们和燕雀的见识没有什么不同了。所以说:"天下大乱,就没有安定的国家;国家都乱了,就没有安定的家;整个家都乱了,人就没有安身之所。"说的就是这种情况。所以,小的安定必定依赖大的安定,大的安定也必定依赖小的安定。小大、贵贱彼此互相依赖,然后才能都得到安乐。使贱、小安定在于贵、大。这个道理的解释体现在薄疑用王者治理天下的方略劝说卫嗣君,杜赫用安定天下劝说周昭文君,以及匡章以尊齐王为王这件事责难惠子这些事上。

【评析】

本篇讲立大功、成大事,以此志来勉励君主和臣子。引用了舜、禹、汤等天子以及诸侯的例子,说明他们追求大功,虽未达到,却也取得相应的功绩。因而志向远大对于事情的成功是至关重要的。列举了燕雀的例子,论证见识短浅,偏安一隅,或是醉心于小的恩惠中时,是不可能取得大的成就的。本篇提出的立志远大对我们的人生有着重要意义。

孝行览第二

孝　行

一曰：凡为天下，治国家，必务本而后末①。所谓本者，非耕耘种植之谓，务其人也。务其人，非贫而富之，寡而众之②，务其本也。务本莫贵于孝。人主孝，则名章荣③，下服听，天下誉；人臣孝，则事君忠，处官廉，临难死④；士民孝，则耕芸疾⑤，守战固⑥，不罢北⑦。夫孝，三皇五帝之本务⑧，而万事之纪⑨也。

夫执一术⑩而百善至，百邪⑪去，天下从⑫者，其惟孝也！故论人必先以所亲⑬，而后及所疏⑭；必先以所重⑮，而后及所轻⑯。今有人于此，行于亲重，而不简慢于轻疏⑰，则是笃谨⑱孝道，先王之所以治天下也。故爱其亲，不敢恶人；敬其亲，不敢慢人。爱敬尽于事亲，光耀加于百姓，究⑲于四海，此天子之孝也。

曾子曰："身者，父母之遗体⑳也。行父母之遗体，敢不敬乎？居处㉑不庄㉒，非孝也；事君不忠，非孝也；莅官㉓不敬㉔，非孝也；朋友不笃㉕，非孝也；战阵㉖无勇，非孝也。五行不遂㉗，灾及乎亲，敢不敬乎？"《商书》曰："刑三百，罪莫重于不孝。"

曾子曰："先王之所以治天下者五：贵德、贵贵、贵老、敬长、慈幼。此五者，先王之所以定天下也。所谓贵德，为其近于圣也；所谓贵贵，为其近于君也；所谓贵老，为其近于亲也；所谓敬长,为其近于兄也;所谓慈幼,为其近于弟也。"

曾子曰:"父母生之,子弗敢杀;父母置㉘之,子弗敢废㉙;父母全之,子弗敢阙㉚。故舟而不游㉛,道而不径㉜。能全支体㉝,以守宗庙,可谓孝矣。"

养有五道㉞:修宫室,安床第㉟,节饮食,养体之道也;树五色,施五采㊱,列文章㊲,养目之道也;正六律㊳,和五声㊴,杂八音㊵,养耳之道也;熟五谷,烹六畜,和煎调㊶,养口之道也;和颜色,说言语,敬进退,养志之道也。此五者,代进而厚用之㊷,可谓善养矣。

乐正子春下堂而伤足,瘳㊸而数月不出,犹有忧色。门人问之曰:"夫子下堂而伤足,瘳而数月不出,犹有忧色,敢问其故?"乐正子春曰:"善乎而问之! 吾闻之曾子,曾子闻之仲尼:父母全而生之,子全而归之,不亏其身,不损其形,可谓孝矣。君子无行咫步㊹而忘之。余忘孝道,是以忧。"故曰,身者非其私有也,严亲之遗躬㊺也。

民之本教曰孝,其行孝曰养。养可能也,敬为难;敬可能也,安为难;安可能也,卒㊻为难。父母既没,敬行其身,无遗父母恶名,可谓能终矣。仁者,仁此者也;礼者,履㊼此者也;义者,宜此者也;信者,信此者也;强者,强此者也。乐自顺此生也,刑自逆此作也。

【注释】

①务本而后末:致力于主要的事,而后是次要的。

②贫而富之,寡而众之:贫穷的人使他富裕,使人口少的变众多。

③名章荣:名声变得显著荣耀。章荣,显著荣耀。

④临难死:身当危难,勇于献身。

⑤耕芸疾:耕种迅速。耕芸,即耕耘。

⑥守战固:防守和进攻很稳固。

⑦罢北:败走,败北。

⑧本务:根本事务。

⑨纪:纲领,纲纪。

⑩术:方法。

⑪邪:不正当,不正派。

⑫从:顺从。

⑬所亲:亲人,亲近的朋友。

⑭所疏:不亲密,关系远的。

⑮所重:重视的人,亲人。

⑯所轻:即一般人。

⑰行于亲重,而不简慢于轻疏:对于亲人、重视的人行孝道,而且不怠慢关系一般的人。

⑱笃谨:纯厚谨慎。

⑲究:极,到底。

⑳遗体:子女的身体为父母所生,因而称子女的身体为父母的"遗体"。

㉑居处:平日里的仪容举止。

㉒庄:恭敬。

㉓莅官:居官,担任官职。

㉔敬:谨慎。

㉕笃:忠诚。

㉖战阵:交战对阵。

㉗遂:成功,实现。

㉘置:立,养育。

㉙废:废弃。

㉚阙:过错。

㉛舟而不游：用船渡水。

㉜道而不径：行路不走小路。径，小路。

㉝支体：指整个身体。亦仅指四肢。

㉞养有五道：保养自己的方法有五种。

㉟床笫：床和垫在床上的竹席，泛指床铺。

㊱施五采：设置五彩。五采，指青、黄、赤、白、黑五种颜色。

㊲列文章：摆出花纹。

㊳六律：古代乐音的标准名。

㊴和五声：使五声和谐。

㊵杂八音：使八音相和。

㊶煎调：同烹调，烹煮食物。

㊷代进而厚用之：更替变化而依次使用。"厚"应为"序"，依次。

㊸瘳：音 chōu，病愈。

㊹咫步：短距离。

㊺严亲之遗躬：父母给予自己的身体。

㊻卒：完毕、终了，这里指从始至终。

㊼履：践行。

【译文】

一曰：凡是统治天下，治理国家，必先致力于根本，把非根本的事情放到后面。所谓根本，不是所说的耕耘种植，而是致力于人事。致力于人事，不是使贫穷的人富裕，使人口少的变众多，而是致力于根本。致力于根本，没有比孝道更重要的了。君主做到孝，那么名声就显著荣耀，下面的人就服从，天下的人就赞誉；臣子做到孝，那么侍奉君主就忠诚，居官就清廉，身当危难时就能勇于献身；士人百姓做到孝，那么耕作就迅速，打仗防守和进攻都很稳固，不败走。孝道，是三皇五帝的根本，是各种事情的纲纪。

掌握了一种方法，因而所有的好事都会出现，所有不正当的坏事都去除，天下都会顺从，大概只有孝道吧！所以评论一个人一定先看他对亲人的态度，而后再推及到他对关系远的人的态度；一定先看他对重要的人的态度，而后再看他对一般人的态度。如果一个人，对他的亲人行孝道，而且不怠慢关系一般的人，那么这就是纯厚谨慎于行孝道，是先王用来治理天下的方法。所以，爱自己的亲人，不敢厌恶他人；尊敬自己的亲人，不敢怠慢别人。把爱敬都用在侍奉亲人上，把光明施加在百姓身上，穷尽四海，这就是天子的孝道啊！

曾子说："人的身体是父母所生。使用父母给予的身体，怎敢不小心谨慎呢？平日的仪容举止不恭敬，不是孝顺；侍奉君主不忠诚，不是孝顺；居官不谨慎，不是孝顺；对朋友不忠诚，不是孝顺；临战不勇敢，不是孝顺。以上五种行为不能做到，灾祸就会连累到亲人，怎敢不恭敬谨慎呢？"《商书》曰："刑法三百条，罪过没有比不孝顺更重的了。"

曾子说："先王用来治理天下的方法有五条：崇尚道德，崇尚尊贵，敬重老人，尊敬年长的，爱护年幼的。这五条，就是先王用来使天下安定的方法。所谓崇尚道德，是因为它接近于圣贤；所谓崇尚尊贵，是因为它接近于君主；所谓尊敬老人，是因为他接近于父母；所谓尊敬年长的，是因为他接近于兄长；所谓爱护年幼的，是因为他接近于弟弟。"

曾子说："父母生下自己，子女不敢损伤；父母养育自己，子女不敢废弃；父母保全自身，子女不敢有过错。所以用船渡水不在水中游行，行路不走小路，为避免溺水及危险。能保全四肢身体，以便守住宗庙，可以叫作孝顺了。"

保养自己的方法有五种：整修宫室，使床铺安适，节制饮食，这是保养身体的方法；树立五色，设置五彩，摆出花纹，这是保养眼睛的方法；调正六律，使五声和谐，使八音相和，这是保养耳朵的方法；把饭做熟，把肉煮熟，调和烹煮食物，这是保养嘴的方法；面色和悦，言语动听，举止恭敬，这是保养意志的方法。这五条，更替变化而依次使用，就可以称得上善于保养身体了。

乐正子春下堂时伤了脚，病愈后数月都不出门，脸上仍有忧愁的神色。弟子问他说："先生您下堂时伤了脚，脚好了却数月都不出门，脸上仍然有忧愁的神色，请问您其中的缘故。"乐正子春说："你问得正好。我从曾子那里听说过，曾子又从孔子那里听说过这样的话：父母完好地把子女生下来，子女要完好地把身体归还父母，不亏损自己的身子，不毁坏自己的形体，这才可以称得上是孝顺了。君子一举一动都不忘记孝道。我忘记了孝道，因此才忧愁。"所以说，身体不是自己私有的，而是父母亲给予自己的。

百姓的根本教养是孝顺，行孝道是奉养。奉养父母是可以做到的，但对父母恭敬是难做到的；对父母恭敬是可以做到的，使父母感到安宁是难做到的；使父母感到安宁是可以做到的，能从始至终都这样很难。父母死了以后，自己行事恭敬谨慎，不要带给父母坏的名声，可以算是能善终了。所谓仁，就是以此（行孝道）为仁；所谓礼，就是践行此（行孝道）为礼；所谓义，就是以行孝道为宜；所谓信，就是以行孝道为信；所谓强，就是以行孝道为强。欢乐自然会因顺行孝道而生，刑罚自然会因不行孝道而施行。

【评析】

本篇讲述孝行的重要性。民心向背是国家的根本，而君主若要赢取民心，最重要的就是行孝道。上至天子、官员、士人，下至普通百姓，都应行孝道，而百姓的为孝之道不过是"耕芸疾，守战固，不罢北"，对于"士"的要求，即所谓"忠""廉""死节"三义。文中引用了曾子言论来说明如何行孝道，以及爱惜自身亦是孝顺，正如《孝经》开篇所云："身体发肤，受之父母，不敢毁伤，孝之始也。"接下来举用了乐正子春的例子，进一步论说保养自身，时刻小心谨慎才是行孝道。若行孝道，自有欢乐安宁，而不行孝道，往往会有刑罚祸患降临。

孝养、顺应父母，使父母安宁，这是孝道的真义，也是每位仁义之士应该去做的。

本　味

二曰：求之其本，经旬①必得；求之其末，劳而无功。功名之立，由事之本也，得贤之化②也。非贤，其孰知乎事化？故曰其本在得贤。

有侁③氏女子采桑，得婴儿于空桑④之中，献之其君。其君令烰人⑤养之，察其所以然。曰："其母居伊水之上，孕，梦有神告之曰：'臼出水而东走，毋顾⑥！'明日⑦，视臼出水，告其邻，东走十里而顾，其邑尽为水，身因化为空桑。故命之曰伊尹。"此伊尹生空桑之故也。长而贤。汤闻伊尹，使人请之有侁氏，有侁氏不可。伊尹亦欲归汤，汤于是请取⑧妇为婚。有侁氏喜，以伊尹为媵女⑨。故贤主之求有道之士，无不以也；有道之士求贤主，无不行也。相得⑩然后乐，不谋而亲，不约而信，相为殚智竭力⑪，犯危行苦⑫，志欢乐之。此功名所以大成也。固不独，士有孤而自恃⑬，人主有奋而好独者，则名号必废熄，社稷必危殆。故黄帝立四面⑭，尧、舜得伯阳、续耳然后成。凡贤人之德，有以知之也。

伯牙鼓琴⑮，钟子期听之。方鼓琴而志在太山，钟子期曰："善哉乎鼓琴！巍巍⑯乎若太山。"少选之间，而志在流水，钟子期又曰："善哉乎鼓琴！汤汤⑰乎若流水。"钟子期死，伯牙破琴绝弦⑱，终身不复鼓琴，以为世无足复为鼓琴者。非独琴若此也，贤者亦然。虽有贤者，而无礼以接之，贤奚由尽忠⑲？犹御之不善，骥不自千里也⑳。

汤得伊尹，祓㉑之于庙，爝㉒以爟火㉓，衅以牺豭㉔。明日，设朝而见之。说汤以至味，汤曰："可对而为乎？"对曰："君之国小，不足以具㉕之，为天子然后可具。夫三群之虫㉖，水居者腥，肉玃者臊，草食者膻。臭恶犹美㉗，皆有所以㉘。凡味之本，水最为始。五味三材㉙，九沸㉚九变㉛，火为之纪㉜。时疾时徐，灭腥去臊除膻，必以其胜，无失其理。调和之事，必以甘酸苦辛咸，先后多少，其齐甚微，皆有自起。鼎中之变，精妙微纤㉝，口弗能言，志不能喻，若射御之微，阴阳之化，四时之数。故久而不弊，熟而不烂，甘而不哝㉞，酸而不酷㉟，咸而不减，辛㊱而不烈㊲，澹而不薄，肥而不腴㊳。肉之美者，猩猩之唇，獾獾之炙㊴，隽觾㊵之翠㊶，述荡㊷之掔㊸，旄象㊹之约㊺，流沙之西，丹山之南，有凤之丸㊻，沃民所食。鱼之美者，洞庭之鱄，东海之鲕，醴水之鱼，名曰朱鳖，六足、有珠、百碧㊼，雚水㊽之鱼，名曰鳐，其状若鲤而有翼，常从西海夜飞游于东海。菜之美者，昆仑㊾之苹㊿，寿木之华(51)，指姑之东，中容之国，有赤木玄木之叶焉，余瞀之南，南极之崖，有菜，其名曰嘉树，其色若碧，阳华之芸，云梦之芹，具区之菁(52)，浸渊之草，名曰土英。和之美者，阳朴之姜，招摇之桂，越骆之菌，鳣鲔之醢(53)，大夏之盐，宰揭之露，其色如玉，长泽之卵。饭之美者，玄山之禾，不周之粟，阳山之穄(54)，南海之秬(55)。水之美者，三危之露，昆仑之井，沮江之丘，名曰摇水，曰山之水，高泉之山，其上有涌泉焉，冀州之原。果之美者，沙棠之实，常山之北，投渊之上，有百果焉，群帝所食，箕山之东，青鸟之所，有甘栌焉，江浦之橘，云梦之柚，汉上石耳(56)。所以致之，马之美者，青龙之匹，遗风(57)之乘。非先为天子，不可得而具。天子不可强为，必先知道(58)。道者止彼在己，己成而天子成，天子成则至味具。故审近所以知远也，成己所以成人也。圣人之道要矣，岂越越(59)多业哉！”

【注释】

①旬：十日为一旬。

②化：教化。

③侁：音 shēn，形容众多。

④空桑：空心的桑树。

⑤烰人：厨师。烰，音 páo，古通"庖"。

⑥顾：回头看。

⑦明日：第二日。

⑧取：通"娶"，娶妻。

⑨媵女：古代诸侯贵族之女出嫁，以侄女和妹妹从嫁为媵妾。媵，音 yìng，指侄娣从嫁者。

⑩相得：彼此投合。

⑪殚智竭力：竭尽智慧和力量。

⑫犯危行苦：不避危难，行事勤苦。

⑬自恃：依靠自己。

⑭立四面：派人四面寻求贤才，得到后立为辅佐之臣。

⑮鼓琴：弹琴。

⑯巍巍：崇高伟大。

⑰汤汤：音 shāng shāng，动荡，水流盛大的样子。

⑱绝弦：断绝琴弦。

⑲贤奚由尽忠：贤人怎么尽忠呢？

⑳骥不自千里也：千里马不能自己跑千里。

㉑祓：古代用斋戒沐浴等方法除灾求福。

㉒爝：音 jué，火把，小火。

㉓爟火：祓除不祥的火。爟，音 guàn。

㉔衅以牺豭：用纯色公猪的血来涂祭祀的器物。衅，音 xìn，古代用牲畜的血涂器物的缝隙。牺，古代称做祭品用的纯色牲畜。豭，音 jiā，

公猪。

㉕具：备有，具备。

㉖三群之虫：三类动物。

㉗臭恶犹美：气味不好的也可以做成美味（例如蜀地所做食物以臭为美）。

㉘皆有所以：都有他们各自的用处。

㉙五味三材：五味，指酸、甜、苦、辣、咸五种味道。三材，三种材料，古代指炊事必备的水、木、火。

㉚九沸：多次煮沸。

㉛九变：多次变化。

㉜纪：要领，关键。

㉝精妙微纤：精微奥妙。

㉞哝：味道浓厚。

㉟酷：香气浓。

㊱辛：辣。

㊲烈：浓烈。

㊳腖：可能为油腻之意。

㊴炙：即跖，脚掌。

㊵隽鸝：鸟名。

㊶翠：鸟尾上的肉。

㊷述荡：兽名。

㊸挈：应为"蹯"，兽足掌。

㊹旄象：音 máo xiàng，牦牛与象。

㊺约：短尾。

㊻有凤之丸：有凤凰卵。丸，指鸟卵。

㊼百碧：应为"若碧"，青色的。

㊽蘿水：水名。

㊾昆仑：山名，在西北，高九万八千里。

(50)苹:水藻。

(51)寿木之华:寿木,昆仑之木。华,果实。传说食昆仑之木的果实可不死,因此称寿木。

(52)云梦之芹,具区之菁:云梦、具区,水泽名。芹、菁,菜名。

(53)鳖鲔之醢:鳖鲔,大鱼。醢,音 hǎi,用肉、鱼等制成的酱。

(54)穄:亦称"糜子"。

(55)秬:黑黍。

(56)石耳:附着在石面的地衣类植物,可食。

(57)遗风:特指骏马。

(58)知道:谓通晓天地之道,深明人世之理。

(59)越越:轻易的样子。

【译文】

二曰:追求事情的根本,短时间必定有收获;追求事情的末节,就会劳而无功。功名的确立,是由于抓住了事物的根本,得到了贤人教化。不是贤人,谁懂得事情的教化呢?所以说,建立功名的根本在于得到贤人。

有侁氏的女子采桑,在空心的桑树里捡到一个婴儿,把他献给自己的君主。君主命厨师养育他,并详细了解这件事。厨师详察后说:"婴儿的母亲住在伊水边,怀孕,梦见天神告诉她说:'臼里出水就向东跑,不要回头看。'第二天,她看到臼里出水,就把情况告诉了她的邻居,向东跑了十里,回头一看,她的村子已是一片汪洋,于是她的身体变成了一棵空心桑树。因此给这个婴儿起名叫伊尹。"这就是伊尹出生在空桑之中的缘故。伊尹长大后有贤德。汤听说伊尹贤德,派人向有侁氏请求要伊尹,有侁氏不答应。伊尹也想归附汤。汤于是就求娶有侁氏女为妻。有侁氏很高兴,就把伊尹作为女子陪嫁的奴仆给了汤。所以,贤明的君主为求得有道之士,没有什么办法不可以使用;有道之士为求得贤明的君主,没有什么事不能做。贤明的君主和有道之士彼此投合,都很快乐,他们不通过谋划就能亲密无间,不约定就能互相信任,一起竭尽智慧与力量,不避危难，行事勤苦，内心却以此为乐。这就是取得极大功名成就的原因。贤明的君主、有道之士本来不会孤独，士如有孤独自恃，君主如有骄傲而且喜好孤独的，那么名声必定被毁灭，国家必定遭危险。所以黄帝派人去四方求贤人，从而立为辅佐，尧、舜得到伯阳、续耳，然后成就了帝业。贤德之人的品德，是有方法知道的。

伯牙弹琴，钟子期听。刚开始弹琴时琴声表现出志在登高山，钟子期说："弹琴弹得太好了，就像高山一样崇高伟大。"过了一会儿，琴声表现出志在流水，钟子期又说："弹琴弹得太好了，就像流水一样盛大浩荡。"钟子期死了以后，伯牙断绝琴弦，终生不再弹琴，认为世上再没有值得他为之弹琴的人。不止弹琴是这样，寻求贤德的人也是这样。即使是有贤德的人，如果没有以礼相待，贤德的人怎么会尽忠呢？这就如同御手不好，良马也不能自己跑千里远一样。

汤得到伊尹之后，在宗庙里举行除灾求福的仪式，点燃火把被除不祥，用纯色公猪的血涂在祭祀的器物上。第二天，在朝堂上以礼接见伊尹。伊尹为汤讲述美味，汤说："可以得到并制作这些美味吗？"伊尹回答说："您的国家小，不足以具备这些东西，当了天子，然后才可能具备。三类动物，生活在水里的味腥，食肉的味臊，食草的味膻。气味不好的也可以变成美味，这些都有他们各自的用处。调和味道的根本，水是最为首要的。五种味道，三样材料，多次煮沸，多次变化，火是关键。火有时炽烈，有时微弱，一定要用火除去腥味、臊味、膻味，但火候要适中，不能过度。调和味道，必定要用甜酸苦辣咸，先放后放，放多放少，调料的剂量很小，这些都有一定的规定。鼎中味道的变化，精微奥妙，无法用语言表达，又不能意会，就如同射御之术的精微，阴阳之气的交合，四季的变化一样。所以，时间久但不毁坏，做得熟但不超过火候，甜但不浓烈，酸但不过分，咸但不减损原味，辣但不浓烈，清淡但不过薄，肥但不腻。肉中的美味，有猩猩的嘴唇，獾獾的脚掌，隽觾的尾肉，述荡的脚掌，旄牛、大象的短尾，以及流沙西边、丹山南边产出的沃国人所食用的凤凰卵。鱼中的美味，有洞庭湖的鱄鱼，东海的鲕鱼，醴水中长着六只脚、能吐珠子、青色的名叫朱鳖的鱼,藋水中形状像鲤鱼而有翅膀、经常夜里从西海飞到东海的名叫鳐的鱼。菜中的美味,有昆仑山的茹菜,寿木的花果,指姑东边、中容国里的红树黑树的树叶,余瞀南边,南极边上颜色为青色的名叫嘉树的菜,阳华池的芸菜,云梦泽的水芹,具区泽的菁菜,浸渊的名叫土英的草。调料中的美味,有阳朴的姜,招摇的桂,越骆的菌,外来鲔鱼做的肉酱,大夏的盐,宰揭的洁白如玉的露,大泽的鸟卵。粮食中的美味,有玄山的禾谷,不周山的小米,阳山的穄子,南海的黑黍。水中的美味,有三危山的露水,昆仑山的泉水,沮江山丘上名叫摇木的泉水,曰山的水,高泉山上作为冀州之水源头的涌泉。水果中的美味,有沙棠树的果实,常山北边、投渊上面先帝们享用的各种果实,箕山东边、青鸟居住之处的甜山楂,长江边的橘子,云梦畔的柚子,汉水旁的石耳。运来这些水果,要用青龙马和遗风马。不先当天子,就不可能具备这些美味。天子不可以勉强去当,必须先通晓仁义之道。仁义之道不在别人,而在于自己;自己具备了仁义之道,因而就能成为天子;能成为天子,那么美味就齐备了。所以,审察近的就可以了解远的,自己具备了仁义之道就可以教化别人。圣人的办法很简约,哪里用得着费力去做许多事情呢?”

【评析】

本篇讲述贤士对于有道之君的重要性,以及如何得到贤明之士。由于只有少数的贤者和智者能掌握历史的必然规律,并对事物的发展做出正确的判断,因此君主欲获取天下,必须先得贤士。文中列举了汤得伊尹,尧、舜得到伯阳、续耳等,这些君主皆因得贤士而成就帝业。

得到贤者,如果不能知之,不能礼遇,贤者亦不能为其所用。即文中所说:“虽有贤者,而无礼以接之,贤奚由尽忠?”

最后借用汤得伊尹以后,伊尹的一番话来说明,人主应当戒骄戒躁,谦虚谨慎。文中云:“人主有奋而好独者,则名号必废熄,社稷必危殆。”人主渴慕贤才,想要凭其获取天下,但是真正礼贤下士的仁义之君却不那么常见。

首　时

三曰：圣人之于事，似缓而急，似迟而速，以待时^①。王季历困而死，文王苦之^②，有不忘羑里之丑^③，时未可也。武王事之，夙夜不懈，亦不忘王门^④之辱。立十二年，而成甲子之事^⑤。时固不易得。太公望，东夷之士^⑥也，欲定一世而无其主。闻文王贤，故钓于渭^⑦以观之。

伍子胥欲见吴王而不得。客有言之于王子光者，见之而恶其貌，不听其说而辞之。客请之王子光，王子光曰："其貌适吾所甚恶也^⑧。"客以闻伍子胥，伍子胥曰："此易故也^⑨。愿令王子居于堂上，重帷^⑩而见其衣若手，请因说之。"王子许。伍子胥说之半，王子光举帷，搏^⑪其手而与之坐；说毕，王子光大说^⑫。伍子胥以为有吴国者，必王子光也，退而耕于野。七年，王子光代吴王僚为王。任子胥，子胥乃修法制，下贤良^⑬，选练士，习战斗。六年，然后大胜楚于柏举，九战九胜，追北^⑭千里。昭王出奔随，遂有郢。亲射王宫，鞭荆平之坟三百^⑮。乡之耕^⑯，非忘其父之仇也，待时也。

墨者有田鸠，欲见秦惠王，留秦三年而弗得见。客有言之于楚王者，往见楚王。楚王说之，与将军之节^⑰以如秦。至，因见惠王。告人曰："之秦之道，乃之楚乎？"固有近之而远、远而近^⑱者，时亦然。

有汤武之贤，而无桀纣之时，不成；有桀纣之时，而无汤武之贤，亦不成。圣人之见时，若步之与影不可离^⑲。故有道之士未遇时，隐匿分窜，勤以待时。时至，有从布衣而为天子者，有从千乘而得天下者，有从卑贱而佐三王者，有从匹夫而报万乘者㉑。故圣人之所贵，唯时也。水冻方固，后稷㉑不种，后稷之种必待春。故人虽智而不遇时，无功。

　　方叶之茂美，终日采之而不知；秋霜既下，众林皆嬴㉒。事之难易，不在小大，务在知时。郑子阳之难，猘狗㉓溃㉔之；齐高、国之难，失牛溃之㉕，众因之以杀子阳、高、国。当其时，狗牛犹可以为人唱㉖，而况乎以人为唱乎？饥马盈厩㉗，嗼然㉘，未见刍㉙也；饥狗盈窖，嗼然，未见骨也。见骨与刍，动不可禁。乱世之民，嗼然，未见贤者也；见贤人，则往不可止。往者非其形心之谓乎㉚？齐以东帝困于天下，而鲁取徐州㉛；邯郸以寿陵困于万民，而卫取茧氏㉜。以鲁卫之细㉝，而皆得志于大国，遇其时也。故贤主秀士之欲忧黔首㉞者，乱世当之矣。天不再与，时不久留，能不两工，事在当之。

【注释】

①时：时机，机会。

②王季历困而死，文王苦之：季历，周文王之父，勤劳国事而死，因此文王为之哀思苦痛。

③羑里之丑：羑里，殷代监狱名。《庄子·盗跖》："文王拘羑里。"因而称"羑里之丑"。

④王门：应为"玉门"。

⑤成甲子之事：甲子之日，武王克纣于牧野，故有此说。

⑥东夷之士：太公望，河内人，位于周丰、镐之东。东夷是古代对我国中原以东各族的统称。因而太公望为东夷之士。

⑦渭：渭水。

⑧其貌适吾所甚恶也：他的容貌恰好是我厌恶的。

⑨此易故也：这是容易的事情。

⑩重帏：层层叠叠的帷幕。帏，围在四周的帐幕。

⑪搏:捉,捕捉。

⑫说:通"悦",高兴。

⑬下贤良:任用贤良。

⑭追北:追击败兵。

⑮亲射王宫,鞭荆平之坟三百:荆平指楚平王,曾听信费无忌的谗言而杀伍子胥父兄,因此伍子胥要亲自射其王宫,鞭其坟墓,来发泄心中愤恨。

⑯乡之耕:在乡间耕作。

⑰节:符节,发兵符。

⑱近之而远、远之而近:距离近反而被疏远、距离远反而能接近。

⑲若步之与影不可离:就像是步行时身体和影子不可以分离一样。

⑳有从匹夫而报万乘者:这是指豫让。豫让用漆涂身,吞炭使哑,暗伏桥下,谋刺赵襄子未遂,为赵襄子所捕。临死时,求得赵襄子衣服,拔剑击斩其衣,以示为主复仇,然后伏剑自杀。

㉑后稷:周之先祖。相传姜嫄践天帝足迹,怀孕生子,因曾弃而不养,故名之为"弃"。虞舜命为农官,教民耕稼,称为"后稷"。

㉒嬴:衰弱,这里指叶子都凋零。

㉓猘狗:疯狗。

㉔溃:混乱。

㉕失牛溃之:追逐失牛之乱。

㉖狗牛犹可以为人唱:狗牛尚且可以成为人的先导。

㉗饥马盈厩:饥饿的马充斥着马棚。厩,马棚,泛指牲口棚。

㉘嗼然:安静无声。

㉙刍:音 chú,喂牲畜的草,亦指用草料喂牲口。

㉚往者非其形心之谓乎:去(归附)的人难道不是身心都归附吗?

㉛齐以东帝困于天下,而鲁取徐州:齐湣王在东僭越称帝,百姓并不归顺,被天下诸侯所困而处境艰难,因而鲁国夺取了徐州。

㉜邯郸以寿陵困于万民,而卫取茧氏:赵肃侯因修建寝陵扰民,人民

都不亲附他，因而被卫国夺取了茧氏。

　　㉝鲁卫之细：鲁国、卫国的微小。

　　㉞黔首：古代称平民；老百姓。

【译文】

　　三曰：圣人行事，看似无为，而实际很迅速，能够成功，这是为了等待时机。王季历勤劳国事而死，周文王感到痛苦，同时又不忘被拘于羑里的耻辱，他之所以没有讨伐纣，是因为时机尚未成熟。武王以臣子身份事商纣，从早到晚都不懈怠，也不忘文王玉门的耻辱。武王继位十二年，终于在甲子之日大败商纣。时机本来就不易得到。太公望是东夷人，他想平定天下，可是没有贤明的君主。他听说文王贤明，所以到渭水边钓鱼，以便观察文王的品德。

　　伍子胥想见吴王僚，但没能见到。有个门客对王子光讲了伍子胥的情况，王子光见到伍子胥却厌恶他的相貌，不听他讲话就谢绝了他。门客问王子光为什么这样，王子光说："他的容貌恰好是我厌恶的。"门客把这话告诉了伍子胥，伍子胥说："这是容易的事情。希望让王子光坐在堂上，我在层层帷幕里只露出衣服和手来，请让我借此同他谈话。"王子光答应了。伍子胥谈话到一半，王子光就掀起帷幕，捉住他的手跟他一起坐下；伍子胥说完后，王子光非常高兴。伍子胥认为享有吴国的，必定是王子光，就回去在乡间耕作了。七年后，王子光取代吴王僚当了吴王。他任用伍子胥，伍子胥就整顿法度，任用贤良，选练士兵，演习战斗。过了六年，然后在柏举大败楚国，九战九胜，追击败军千里。楚昭王逃到随，田鸠于是占领了楚国的都城郢。伍子胥亲自箭射楚王宫，鞭打楚平王之墓三百下，以报其杀父兄之仇。他在乡间耕作，并不是忘记了杀父之仇，而是在等待时机。

　　墨家有个叫田鸠的，想见秦惠王，在秦国呆了三年也不能见到。有客人把这情况告诉了楚王，田鸠就去见楚王。楚王很高兴，给了他将军的符节让他到秦国去。到了秦国，田鸠见到了惠王。告诉别人说："到秦国的方法,是要先到楚国去吗?"事情本来就有距离近反而被疏远、距离远反而能接近(的情况),时机也是这样。

有商汤、武王的贤德,而没有桀、纣无道的时机,就不能成就王业;有桀、纣无道的时机,而没有商汤、武王的贤德,也不能成就王业。圣人对于时机,就像是步行时身体和影子不可以分离一样。因此,有道之士没有遇到时机的时候,就隐藏起来,殷切等待时机。时机一到,有从平民而成为天子的,有从诸侯而得到天下的,有从卑贱的地位到辅佐三王的,有从普通百姓而向天子报仇的。所以圣人看重的,只有时机。水冻得正坚固时,后稷不去耕种,后稷耕种,一定要等待春天到来。所以人即使有智慧,但如果遇不到时机,也不能成功。

正当树叶茂密美丽的时候,整天采摘而不知叶子将尽;等秋霜降下,所有树林树叶都凋零了。事情的难易,不在于大小,关键在于掌握时机。郑国的子阳遇难,正发生在逐杀疯狗的混乱时候;齐国的高氏、国氏遇难,正发生在追逐失牛的混乱时候,众人乘着混乱杀死了子阳和高氏、国氏。在恰当的时机,狗和牛尚且可以成为人的先导,更何况以人为先导呢? 饥饿的马充满了马棚,默然无声,是因为它们没有见到草;饥饿的狗充满了狗窝,默然无声,是因为它们没有见到骨头。如果见到骨头和草,那么它们就会争抢,不能制止。乱世的百姓,默然无声,是因为他们没有见到贤人;如果见到贤人,那么他们就会前往归附,不能制止。前往归附的人,难道不是身心都归附吗? 齐湣王在东僣越称帝,百姓并不归顺,被天下诸侯所困而处境艰难,因而鲁国夺取了徐州;赵肃侯因修建寝陵使万民穷困,人民都不亲附他,因而被卫国夺取了茧氏。凭着鲁国、卫国那样的小国,却都能从大国那里占到便宜,是因为遇到了合适时机。所以贤明的君主和杰出的人士想为百姓忧虑的,遇到混乱的世道,正是合适的时机。上天不会给人两次机会,时机不会长久停留,人的才能不会在做事时两方面都同时达到精巧,事情的成功在于恰逢其时。

【评析】

本篇讲述时机对于事情成功的重要性。古往今来,欲建功立业者,必须重视时机的作用。时机并不易得，往往需要耐心等待，而贤明之士懂得这个道理，正如文中所列的周文王、太公望、伍子胥等事例。《周易》有云"君子藏器于身，待时而动"，所说亦是同样的道理。时机是隐藏在历史事件后的偶然因素，十分难遇，如田鸠想见秦惠王，在距其近时不得，反而距离远时能够见到。

当时机尚未成熟之际，不能懈怠荒废，必须勤于人事，"故有道之士未遇时，隐匿分窜，勤以待时"。文中运用大量的类比，列举了种种时机，多针对君主而言，贤明的君主如能恰当掌握时机，那必能成就大业。这也是我们后来所说的"时势造英雄"。

义　赏

四曰：春气至则草木产，秋气至则草木落。产与落，或使之①，非自然②也。故使之者至，物无不为③；使之者不至，物无可为。古之人审④其所以使，故物莫不为用。赏罚之柄⑤，此上之所以使也。其所以加者义⑥，则忠信亲爱⑦之道彰⑧。久彰而愈长，民之安之若性⑨，此之谓教成⑩。教成，则虽有厚赏严威弗能禁。故善教者，不以赏罚而教成，教成而赏罚弗能禁。用赏罚不当亦然。奸伪⑪贼乱⑫贪戾⑬之道兴，久兴而不息，民之雠⑭之若性。戎、夷、胡、貉、巴、越⑮之民是以，虽有厚赏严罚弗能禁。郢人之以两版⑯垣⑰也，吴起变之而见恶⑱。赏罚易而民安乐。氐羌之民，其虏也，不忧其系累⑲，而忧其死不焚也。皆成乎邪⑳也。故赏罚之所加，不可不慎。且成而贼民。

昔晋文公将与楚人战于城濮，召咎犯㉑而问曰："楚众我寡，奈何而可？"咎犯对曰："臣闻繁礼㉒之君不足于文㉓，繁战之君不足于诈㉔。君亦诈之而已。"文公以咎犯言告雍季，雍季曰："竭泽而渔㉕，岂不获得？而明年无鱼。焚薮而田㉖，岂不获得？

而明年无兽。诈伪之道，虽今偷⑳可，后将无复，非长术也。"文公用咎犯之言，而败楚人于城濮。反而为赏，雍季在上㉘。左右谏曰："城濮之功，咎犯之谋也。君用其言而赏后其身，或者不可乎！"文公曰："雍季之言，百世之利也；咎犯之言，一时之务㉙也。焉有以一时之务先百世之利者乎？"孔子闻之，曰："临难用诈，足以却敌；反而尊贤，足以报德。文公虽不终始㉚，足以霸矣。"赏重则民移㉛之，民移之则成焉。成乎诈，其成毁，其胜败。天下胜者众矣，而霸者乃五。文公处其一㉜，知胜之所成也。胜而不知胜之所成，与无胜同。秦胜于戎，而败乎殽；楚胜于诸夏㉝，而败乎柏举。武王得之矣，故一胜㉞而王天下。众诈盈国，不可以为安，患非独㉟外也。

赵襄子出围㊱，赏有功者五人，高赦为首。张孟谈曰："晋阳之中㊲，赦无大功，赏而为首，何也？"襄子曰："寡人之国危，社稷殆，身在忧约㊳之中，与寡人交而不失君臣之礼者，惟赦。吾是以先之。"仲尼闻之，曰："襄子可谓善赏矣！赏一人，而天下之为人臣莫敢失礼。"为六军则不可易㊴，北取代，东迫齐，令张孟谈逾城潜行，与魏桓、韩康期㊵而击智伯，断其头以为觞㊶，遂定三家㊷，岂非用赏罚当邪？

【注释】

①使之：是节气使它们如此。

②自然：自然而然，自由发展的。

③物无不为：万物没有不变化的。

④审：仔细思考，反复分析、推究。

⑤柄：权，权力。

⑥所以加者义：施加的赏罚符合道义。

⑦亲爱：亲近喜爱。

⑧彰：彰显，显著。

⑨安之若性：就像安于本性一样自然。

⑩教成：教化成功。

⑪奸伪：诡诈虚假。

⑫贼乱：为非作歹，制造混乱。

⑬贪戾：贪婪暴戾。

⑭雠：音 chóu，应答，应对。

⑮戎、夷、胡、貉、巴、越：泛指各少数民族。

⑯两版：两层（打土墙用的）夹板。

⑰垣：筑墙。

⑱见恶：被厌恶。

⑲系累：束缚，捆绑。

⑳邪：不正当，不正派。

㉑咎犯：狐偃之别称。狐偃，春秋时晋国的卿。

㉒繁礼：繁琐的礼节。

㉓不足于文：不满足于已有的礼节仪式。

㉔诈：欺骗诡诈之术。

㉕竭泽而渔：抽干池水捕鱼。后多比喻只图眼前利益，不作长远打算。

㉖焚薮而田：烧毁树林以猎取野兽。比喻取之不留余地，只顾眼前利益，不顾长远利益。

㉗偷：苟且。

㉘雍季在上：指论功行赏时，雍季居于首位。

㉙一时之务：一时的事务。

㉚终始：有始有终。

㉛移：欣羡，羡慕。

㉜处其一：居于五霸之一。

㉝诸夏:泛指中原地区。

㉞一胜:指周武王打败商纣,取得胜利。

㉟独:仅仅。

㊱出围:突出敌方围困。

㊲晋阳之中:"中"应为"事",指晋阳之事。

㊳忧约:忧愁穷困。

㊴易:轻慢。

㊵期:约定日期。

㊶觯:酒器。

㊷三家:指韩、魏、赵三家。

【译文】

四曰:春气到来草木生长,秋气到来草木凋零。生长与凋零,是节气使它们如此的,不是它们自然而然这样的。所以支配者一出现,万物没有不随之变化的;支配者不出现,万物没有可以发生变化的。古人能够详细思考分析支配者的情况,所以万物没有不为所用的。赏罚的权力,这是由君主所使用的。施加的赏罚符合道义,那么忠诚守信亲近喜爱之道就会彰显。长久彰显并且越增加,百姓就像是安于本性一样自然,这就叫作教化成功。教化成功,那么即使有厚赏严刑也不能禁止人们去实行。所以善于进行教化的人,根据道义施行赏罚,因而教化能够成功;教化成功了,即使施行赏罚也不能禁止人们去实行。施行赏罚不恰当也是这样。奸诈虚伪、为非作歹、贪婪暴戾之道兴起,长久兴起而不平息,人们就像是出于本性一样应对。这就跟戎、夷、胡、貉、巴、越等族的人一样了,即使有厚赏严刑也不能禁止人们这样做。郢人用两块夹板筑墙,吴起改变了这种方法而被厌恶。氐族羌族的人,被俘虏以后,不担心被捆绑,却担心死后不能被焚烧。这些都是不正之术造成的。再说,不正之术形成了,就会对人民有害处。用赏罚改变这种情况,人民就会感到安乐。所以施加赏罚,不可不慎重啊。

　　从前晋文公要跟楚国人在城濮作战,召来咎犯问他说:"楚国兵多,我国兵少,怎样做才可以取胜?"咎犯回答说:"我听说礼仪繁琐的君主,不满足于已有的礼节仪式;作战频繁的君主,不满足于欺骗诡诈之术。您对楚国实行诡变之术吧。"文公把咎犯的话告诉了雍季,雍季说:"抽干池水捕鱼,怎能不获得鱼? 而第二年就没有鱼了。烧毁树林烧来打猎,怎能不获得野兽? 而第二年就没有野兽了。欺骗诡诈之术,虽说现在可以苟且得利,以后就不能再施行,这并不是长久之术。"文公采纳了咎犯的意见,于是在城濮打败了楚国人。回国以后封赏,雍季居首位。文公身边的人劝谏说:"城濮之战的胜利,是由于采用了咎犯的谋略。您采纳了他的意见,可是行赏却把他放在后边,这或许不可以吧!"文公说:"雍季的话,是百世之利益;咎犯的话,只是一时的事。哪有把一时的事放在百世的利益之前的?"孔子听说这件事后,说:"遇到危难用欺骗诡诈之术,足以打败敌人;回国以后尊崇贤人,足以报答恩德。文公虽然不能有始有终,却足够成就霸业。"赏赐重,人民就羡慕,人民羡慕就能成功。依靠诈术成功,即使成功也一定会毁败,即使胜利也一定会失败。天下胜利的人有很多,而成就霸业的只有五个。文公居于其中一个,知道胜利是如何取得的。胜利了却不知道是如何取得的,等同于没有胜利。秦国战胜了戎,却在殽失败;楚国战胜中原地区的国家,却在柏举失败。周武王懂得这个道理,因此凭借一场胜利就称王天下。众多诈术充满国家,国家不可能安定,祸患不仅仅是来自国外啊!

　　赵襄子突出敌方的围困,赏赐五个有功的人,以高赦为首。张孟谈说:"晋阳之事,高赦没有大功,赏赐时却以他为首,这是为什么呢?"襄子说:"我的国家社稷危险,自身陷于忧愁穷困之中,跟我交往而不失君臣之礼的,只有高赦。我因此以他为先。"孔子听说后,说:"襄子可以说是善于赏赐了。赏赐了一人,而天下做臣子的没有敢失礼的了。"用这种办法治理军队,军队就不会轻慢,向北取代国,向东逼近齐国,让张孟谈越城暗中行走,和魏桓、韩康约定日期共同攻打智伯,胜利以后砍下智伯的头作为酒器,终于奠定了三家分晋的局面,难道不是施行赏罚恰当吗?

【评析】

本篇讲述赏罚应符合道义。本篇主旨与《不苟论·当赏》主旨相同，所用事例也相类似。君主治理国家，是重教化而轻赏罚的，即使施行赏罚，亦是重赏而慎罚。而行赏之术又强调应十分慎重，用戎、夷、胡、貉、巴、越等族，氏族羌族等例子说明使用不正之术造成的恶劣影响。

在赏罚一事上，主张先德义而后事功。文中云："赏罚之柄，此上之所以使也。其所以加者义，则忠信亲爱之道彰。"又云："赏罚易而民安乐。"引用晋文公城濮之战事，晋文公虽用咎犯之言，却在行赏时以雍季为先，孔子称之曰："临难用诈，足以却乱；反而尊贤，足以报德。"以此来赞扬晋文公先赏德义而后事功。又举赵襄子行赏一事，再次说明施行赏罚如何才算符合道义。本篇所提出的行赏之术对于统治者来说是十分值得借鉴的。

长　攻

五曰：凡治乱存亡，安危强弱，必有其遇①，然后可成，各一则不设②。故桀纣虽不肖③，其亡，遇汤武也。遇汤武，天④也，非桀纣之不肖也。汤武虽贤，其王，遇桀纣也。遇桀纣，天也，非汤武之贤也。若桀纣不遇汤武，未必亡也。桀纣不亡，虽不肖，辱未至于此。若使汤武不遇桀纣，未必王也。汤武不王，虽贤，显⑤未至于此。故人主有大功，不闻不肖；亡国之主，不闻贤。譬之若良农，辩土地之宜，谨⑥耕耨⑦之事，未必收也。然而收者，必此人也。始，在于遇时雨⑧。遇时雨，天地也，非良农所能为也。

越国大饥⑨，王恐，召范蠡而谋。范蠡曰："王何患焉？今之饥，此越之福，而吴之祸也。夫吴国甚富，而财有余，其王年少，智寡才轻，好须臾⑩之名，不思后患。王若重币卑辞以请籴⑪于吴，则食可得也。食得，其卒越必有吴，而王何患焉？”越王曰："善！"乃使人请食于吴。吴王将与之，伍子胥进谏曰："不可与也！夫吴之与越，接土邻境，道易人通⑫，仇雠敌战⑬之国也。非吴丧⑭越，越必丧吴。若燕秦齐晋，山处陆居，岂能逾五湖九江越十七厄⑮以有吴哉？故曰非吴丧越，越必丧吴。今将输之粟，与之食，是长吾雠而养吾仇也。财匮而民恐⑯，悔无及也。不若勿与而攻之，固其数⑰也。此昔吾先王之所以霸。且夫饥，代事⑱也，犹渊⑲之与阪⑳，谁国无有？"吴王曰："不然。吾闻之，义兵不攻服㉑，仁者食饥饿㉒。今服而攻之，非义兵也；饥而不食，非仁体也。不仁不义，虽得十越，吾不为也。"遂与之食。不出三年，而吴亦饥。使人请食于越，越王弗与，乃攻之，夫差为禽㉓。

楚王欲取息与蔡，乃先佯善㉔蔡侯，而与之谋曰："吾欲得息，奈何？"蔡侯曰："息夫人，吾妻之姨㉕也。吾请为飨㉖息侯与其妻者，而与王俱，因㉗而袭之。"楚王曰："诺。"于是与蔡侯以飨礼入于息，因与俱，遂取息。旋㉘舍于蔡，又取蔡。

赵简子病，召太子而告之曰："我死已葬，服衰㉙而上夏屋之山以望。"太子敬诺。简子死，已葬，服衰，召大臣而告之曰："愿登夏屋以望。"大臣皆谏曰："登夏屋以望，是游也。服衰以游，不可。"襄子曰："此先君之命也，寡人弗敢废。"群臣敬诺。襄子上于夏屋，以望代俗，其乐甚美。于是襄子曰："先君必以此教之也。"及归，虑所以取代，乃先善之。代君好色，请以其弟姊妻之，代君许诺。弟姊已往，所以善代者乃万故㉚。马郡㉛宜马，代君以善马奉襄子。襄子谒于代君而请觞㉜之，马郡尽㉝。先令舞者置兵其羽中㉞数百人，先具大金斗㉟。代君至，酒酣㊱，反斗⑰而击之,一成,脑涂地。舞者操兵以斗,尽杀其从者。因以代君之车迎其妻,其妻遥闻之状,磨笄以自刺。故赵氏至今有刺笄之证与反斗之号。

此三君者,其有所自而得之㉘,不备遵理㉙,然而后世称之,有功故也。有功于此,而无其失,虽王可也。

【注释】

①遇:遭遇,相遇。

②各一则不设:每个之间彼此相同就无法施行。

③不肖:不成材;不正派。

④天:天意。

⑤显:声名地位。

⑥谨:谨慎,小心。

⑦耕耨:耕田除草。亦泛指耕种。

⑧时雨:应时的雨水。

⑨饥:庄稼收成不好或没有收成。

⑩须臾:片刻,短时间。

⑪籴:音 dí,买进粮食。

⑫道易人通:道路平坦,百姓之间往来交接。

⑬仇雠敌战:敌对战斗的冤家对头。

⑭丧:灭亡。

⑮厄:险要的地方。

⑯恐:怨,怨恨。

⑰数:术,方法。

⑱代事:更迭的事情。代,更迭、代替。

⑲渊:深水,潭。

⑳阪:山坡。

㉑服:顺服。

㉒食饥饿：给饥饿的人粮食吃。

㉓禽：通"擒"，捉拿。这里指夫差被越国俘虏。

㉔佯善：假装与某人交好。

㉕吾妻之姨：妻的姊妹为姨。

㉖飨：用酒食招待客人。

㉗因：趁着，趁机。

㉘旋：返回，回归。

㉙衰：通"缞"，古代用粗麻布制成的丧服。

㉚万故：襄子讨好代国国君不止一事，所以说"万故"。故，事。

㉛马郡：指代地，因代地适宜马生长。

㉜觞：宴飨。

㉝马郡尽：尽取代国。

㉞置兵其羽中：把兵器藏在舞具中。兵，兵器。羽，古代用雉羽制成的舞具，跳舞之人手持。

㉟大金斗：酒斗，饮酒用的器具。金重，用金做的酒具可以用来杀人。

㊱酒酣：酒喝得尽兴、畅快。

㊲反斗：翻转酒器。

㊳其有所自而得之：他们有来源去实现自己的目的。

㊴不备遵理：不完全遵循常理。

【译文】

五曰：凡是治乱、存亡、安危、强弱，一定要相遭遇，然后才能实现，如果每个之间彼此相同，就无法施行。因此桀、纣虽然不成材，但他们的灭亡，是由于遇到了商汤、周武王。遇到商汤、周武王，这是天意，并不是因为桀、纣的不成材。商汤、周武王虽然贤德，但他们能够称王，是因为遇到桀、纣。遇到桀、纣，这是天意，不是因为商汤、周武王的贤德。如果桀、纣不遇到商汤、周武王，未必会灭亡。桀、纣不灭亡，即使不贤德，耻辱不至于到失去天下的地步。如果商汤、周武王不遇到桀、纣,未必会称王。商汤、周武王不称王,即使贤德,声名地位也不至于到称王天下的地步。因此君主有大功,就听不到他的不贤;亡国的君主,就听不到他的贤德。就好像好的农夫,善于分辨土地适宜种什么,勤勤恳恳地耕种除草,但未必能有收获。然而有收获的话,一定是这些人。首先,收获在于遇上应时的雨。遇上应时的雨,这是天意,不是好的农夫所能做到的。

越国有饥荒,庄稼收成不好,越王很害怕,召范蠡来商议。范蠡说:"您何必忧虑呢? 如今的荒年,这是越国的福气,却是吴国的灾祸。吴国非常富有而钱财有余,君主年少,缺少智慧和才能,喜欢片刻的声名,不考虑后患。您如果用贵重的礼物、谦卑的言辞去向吴国请求借粮,那么粮食就可以得到了。得到了粮食,最终越国一定会占有吴国,您何必忧虑呢?"越王说:"好。"于是就派人向吴国请求买进粮食。吴王将要给越国粮食,伍子胥劝阻说:"不可给越国粮食。吴国与越国,土地相接,边境相邻,道路平坦,百姓之间往来交接,是敌对战斗的冤家对头。不是吴国灭亡越国,就一定是越国灭亡吴国。像是燕国、秦国、齐国、晋国,它们处于高山陆地,怎能跨越五湖九江、穿过十七处险要的地方来占有吴国呢? 所以说,不是吴国灭掉越国,就一定是越国灭掉吴国。现在要给它粮食,给它吃的,这是培养我们的仇人、养活我们的仇人啊。等到国家钱财缺乏,百姓怨恨,后悔也来不及了。不如不给它粮食而去攻打它,这是原本应有之术。这是从前我们的先王之所以成就霸业的原因啊。更何况饥荒,这是更迭出现的事情,如同深渊和山坡,哪个国家没有?"吴王说:"不是这样。我听说过,正义的军队不攻打已经顺服的国家,仁义的人给饥饿的人粮食吃。如今越国顺服却去攻打它,这不是正义的军队;越国饥荒却不给它粮食,这不是仁义的事情。不仁不义,即使得到十个越国,我也不去做。"于是给了越国粮食。不到三年,吴国也遇到饥荒。吴国派人向越国请求粮食,越王不给,并攻打吴国,吴王夫差被擒。

楚王想夺取息国和蔡国,于是先假装跟蔡侯交好,并且与他商议说:"我想得到息国,怎么办呢?"蔡侯说:"息侯的夫人是我妻子的姊妹。请允许我替您宴飨息侯和他的妻子，和您一起，趁机偷袭息国。"楚王说：
"好。"于是楚王与蔡侯凭借隆重的宴飨之礼进入息国，军队趁机与他们
一起，于是夺取了息国。返回的时候驻扎在蔡国，又夺取了蔡国。

赵简子病重，召见太子告诉他说："我死后安葬完毕后，你穿着孝服
登上夏屋山去观望。"太子恭敬地答应了。简子死了，安葬完毕以后，太
子穿着孝服，召见大臣告诉他们说："我想登上夏屋山去观望。"大臣们都
进谏说："登上夏屋山去观望，这是出游。穿着孝服去出游，不可以。"襄
子说："这是先君的命令，我不敢废除。"群臣就恭敬地答应了。襄子登上
夏屋山，观望代地的风俗，看到代国欢乐愉悦、十分理想。于是襄子说：
"先君必定是用这种办法来教诲我啊！"等到回去后，思考夺取代国的方
法，于是先与代国交好。代国国君喜好美色，襄子就请求把姐姐嫁给代
国国君为妻，代国国君答应了。襄子的姐姐已经嫁给代国国君，襄子事
事都讨好代国。代地适宜养马，代国国君把好马送给襄子。襄子拜见代
国国君，请求宴飨他，从而尽取代国。先命令几百个跳舞的人把兵器藏
在舞具之中，事先准备好大酒斗。代国国君来了，酒喝得尽兴的时候，把
酒器翻过来击打代国国君，只一下，代国国君就脑浆涂地。跳舞的人拿
着兵器搏斗，把代国国君的随从都杀死了。于是用代君的车子去迎接他
的妻子，他的妻子远远听说了代君死亡的情形，就把簪子磨尖之后自刺
而死。所以赵国至今有"刺笄山"和"反斗"的名号。

这三位君主，他们都有来源去实现自己的目的，并不完全遵循常理，
然而后世都称赞他们，这是因为他们有功绩。如果有这样的功绩而又无
过失，即使称王也是可以的。

【评析】

本篇列举了越王勾践、楚文王、赵襄子之事，他们都是不遵循常理而
取得了一定成就的人。把取得一定成就看得重要，因而名曰"长功"。本
篇称道这种以诈取胜之术，其云："不备遵理，然而后世称之，有功故也。"
本篇也从另一个角度说明在战国时战争用诡诈之术已是司空见惯。

慎　人

六曰：功名大立①，天也。为是故，因不慎其人，不可。夫舜遇尧，天也。舜耕于历山，陶于河滨，钓于雷泽，天下说②之，秀士③从之，人也。夫禹遇舜，天也。禹周于天下，以求贤者，事利黔首④，水潦⑤川泽之湛滞壅塞⑥可通者，禹尽为之，人也。夫汤遇桀，武遇纣，天也。汤武修身积善为义，以忧苦于民，人也。

舜之耕渔，其贤不肖与为天子同。其未遇时也，以其徒属堀地财⑦，取水利⑧，编蒲苇，结罘网⑨，手足胼胝⑩不居，然后免于冻馁⑪之患。其遇时也，登为天子，贤士归之，万民誉之，丈夫女子⑫，振振殷殷⑬，无不戴说⑭。舜自为诗曰：“普天之下，莫非王土；率土之滨，莫非王臣。”所以见⑮尽有⑯之也。尽有之，贤非加也；尽无之，贤非损也。时使然也。

百里奚之未遇时也，亡虢⑰而虏晋，饭牛⑱于秦，传鬻⑲以五羊之皮。公孙枝得而说之，献诸缪公⑳，三日，请属事焉㉑。缪公曰：“买之五羊之皮而属事焉，无乃天下笑乎？”公孙枝对曰：“信贤而任之，君之明也；让贤而下之㉒，臣之忠也。君为明君，臣为忠臣。彼信㉔贤，境内将服，敌国且畏，夫谁暇㉔笑哉？”缪公遂用之。谋无不当，举必有功，非加贤也。使百里奚虽贤，无得缪公，必无此名矣。今焉知世之无百里奚哉？故人主之欲求士者，不可不务博也。

孔子穷㉕于陈、蔡之间，七日不尝食，藜羹不糁㉖。宰予备㉗矣，孔子弦歌㉘于室，颜回择菜㉙于外。子路与子贡相与㉚而言曰：“夫子逐㉛于鲁，削迹㉜于卫，伐树于宋，穷于陈、蔡。杀夫子者无罪，藉㉝夫子者不禁，夫子弦歌鼓舞㉞，未尝绝音。盖君子之无所丑㉟也若此乎?"颜回无以对,入以告孔子。孔子愀然㊱推琴,喟然㊲而叹曰:"由与赐小人也。召,吾语之。"子路与子贡入,子贡曰:"如此者,可谓穷矣!"孔子曰:"是何言也?君子达于道之谓达,穷于道之谓穷。今丘也拘㊳仁义之道,以遭乱世之患,其所㊴也,何穷之谓?故内省而不疚于道,临难而不失其德。大寒既至,霜雪既降,吾是以知松柏之茂也。昔桓公得之莒,文公得之曹,越王得之会稽。陈、蔡之厄,于丘其幸乎!"孔子烈然㊵返瑟而弦,子路抗然㊶执干而舞。子贡曰:"吾不知天之高也,不知地之下也。"古之得道者,穷亦乐,达亦乐,所乐非穷达也。道得于此,则穷达一也,为寒暑风雨之序㊷矣。故许由虞㊸乎颍阳,而共伯得乎共首。

【注释】

①功名大立:建立非同一般的功名。

②说:通"悦",悦服。

③秀士:德行才艺出众的人。

④黔首:百姓。

⑤水潦:因雨水过多而积在田地里的水或流于地面的水。

⑥湛滞壅塞:沉积不通,阻塞。

⑦堀地财:意为种植五谷。堀,音 kū,穿穴。地财,五谷。

⑧取水利:利用水力资源和防止水害。

⑨罛网:捕鱼用的网。

⑩胼胝:手掌脚底因长期劳动摩擦而生的茧子。

⑪冻馁:饥寒交迫。

⑫丈夫女子:男子和女子。

⑬振振殷殷:众人喜悦的样子。

⑭戴说:爱戴悦服。

⑮见:显现,表明。

⑯尽有:全部占有。

⑰亡虢:"虢"应为"虞",从虞国逃亡。

⑱饭牛:喂牛,饲养牛。

⑲传鬻:转卖。鬻,音 yù。

⑳缪公:秦穆公。

㉑请属事焉:请求托付给他官职。

㉒让贤而下之:让位于贤者而居于贤者之下。

㉓信:果真,的确。

㉔暇:空闲。

㉕穷:贫穷,缺乏衣食钱财。

㉖藜羹不糁:意为藜菜做的羹中没有米。藜羹,用藜菜做的羹。不糁,谓无米以和羹。

㉗备:通"惫",疲乏,困顿。

㉘弦歌:依琴瑟而咏歌。

㉙择菜:采摘野菜。

㉚相与:共同,一道。

㉛逐:强迫离开。

㉜削迹:消踪匿迹,即隐居。

㉝藉:践踏,凌辱。

㉞鼓舞:击鼓跳舞。

㉟丑:耻辱。

㊱慨然:忧愁的样子。

㊲喟然:感叹、叹息的样子。

㊳拘:固执,不变通。

㊴所:处境,处所。

㊵烈然:凛然,严肃;令人敬畏的样子。

㊶抗然:志气高亢的样子。

㊷序：依照次序。

㊸虞：同"娱"，安乐。

【译文】

六曰：建立非同一般的功名，靠的是天意。基于这个缘故，就不慎重地对待人为的努力，是不行的。舜遇到尧，是天意。舜在历山耕种，在黄河边制作陶器，在雷泽垂钓，天下人都很悦服他，德行才能出众的人都跟随他，这是人为努力的结果。禹遇到舜，是天意。禹周游天下以寻求贤者，治理国家做对百姓有利的事，那些沉积不通阻塞的积水可以疏通的，禹都尽力疏通了，这就是人为的努力。汤遇上桀，武王遇上纣，是天意。汤、武王积累善行，行仁义之事，为百姓忧虑劳苦，这是人为的努力。

舜耕种、捕鱼之时，他的贤与不肖和做天子时是一样的。他在没有遇到时机的时候，依靠自己的下属种植五谷，利用水利资源，编蒲苇，织鱼网，手和脚磨出茧子都不停止，然后免于饥寒交迫之苦。他遇到有利时机，登上天子之位，贤者都来归顺，百姓都称赞他，男子女子都十分喜悦，没有不爱戴悦服他的。舜亲自作诗道："普天之下莫不是天子的土地，占有土地的莫不是天子的臣属。"用来表明（天下）自己全部占有。全部占有，并没有更加贤明；全部失去，也没有减损贤明。这是时机使他这样的。

百里奚在没有遇到时机的时候，从虞国逃亡，被晋国俘虏，后在秦国喂牛，以五张羊皮的价格被转卖。公孙枝得到百里奚以后很喜欢他，把他送给秦穆公，过了三天，请求托付给他官职。秦穆公说："用五张羊皮买来他，却委任他官职，恐怕要被天下耻笑吧！"公孙枝回答道："信任贤人而任用他，这是您的贤明；让位给贤人而自己居贤人之下，这是臣子的忠诚。君主是英明的君主，臣子是忠诚的臣子。他如果真的贤明，国内都将顺服，敌国都将畏惧，谁还会有闲暇耻笑呢？"秦穆公于是任用了百里奚。百里奚的谋略无不得当，行事必定成功，并不是他愈发贤德。即使百里奚贤德，如果没有秦穆公，也一定没有这样的名声。如今怎么知道世上没有百里奚这样的人呢？因此君主想要寻求贤士，不可不务求广泛。

孔子在陈国、蔡国之间处境穷困，七天不曾吃过什么食物，藜菜做的羹中没有米。宰予疲乏困顿，孔子在内室依然琴瑟咏歌，颜回在外采摘野菜。子路跟子贡一道说："先生在鲁国被驱逐，在卫国隐居，在宋国树下习礼时被人伐倒树，在陈国、蔡国处境穷困。要杀先生的人没有罪，凌辱先生的人不被禁止，而先生歌舞不曾停止。难道君子就是像这样没有令他感到羞耻的事吗？"颜回无法回答，入内把这些话告诉孔子。孔子忧愁地推开琴，叹息说："仲由和端木赐是小人啊！叫他们进来，我告诉他们。"子路和子贡入内，子贡说："像这样，可以算是处境恶劣了吧。"孔子说："这是什么话！君子在道义上显达叫作显达，在道义上穷困叫作穷困。如今我固守仁义的准则，而遭受乱世的祸患，这是我的处境，怎么能叫穷困呢？因此自我反省对于道义并不感到愧疚，面临灾难，没有丧失自己的道德。严寒到来，霜雪降落以后，我因此而知道松柏的茂盛。曾经齐桓公因出奔莒国而复国称霸，晋文公因出亡曹国而复国称霸，越王勾践因受会稽之耻而复国称霸。在陈国、蔡国遇到困境，对于我大概是幸运吧！"孔子威严地重新取瑟弹奏咏歌，子路威武地拿着盾牌跳舞。子贡说："我不知天地的广大啊！"古代得道的人，穷困时也高兴，显达时也高兴，让他们高兴的不是穷困和显达。如果自身得道，那么穷困和显达都是一样的，就像寒暑风雨依照次序变化一样。所以许由在颍水之北自得其乐，共伯在共首山逍遥自得。

【评析】

本篇强调不懈人事，人不管处在何种境遇下都应努力。文中云："功名大立，天也。"所举舜遇尧，禹遇舜，百里奚遇秦穆公，孔子穷于陈、蔡，皆陈述"时有遇与不遇"之理，但虽时有遇与不遇，贤人却能不改其贤，劳心劳力，这是舜、禹、百里奚之为，而"内省而不疚于道，临难而不失其德"

是孔子之德。天道酬勤,这种积极、不为处境所困扰的人生态度实际上是世人都应学习的。本篇中的贤人也是君主务求的人才,一旦得到即能辅佐君主成就大业。

遇　合

七曰:凡遇^①,合^②也。时不合,必待合而后行。故比翼之鸟死乎木,比目之鱼死乎海。孔子周流海内,再干^③世主,如齐至卫,所见八十余君。委质^④为弟子者三千人,达徒^⑤七十人。七十人者,万乘之主得一人用可为师,不为无人。以此游,仅至于鲁司寇^⑥。此天子之所以时绝^⑦也,诸侯之所以大乱也。乱则愚者之多幸也,幸则必不胜其任矣。任久不胜,则幸反为祸。其幸大者,其祸亦大,非祸独及己也。故君子不处幸^⑧,不为苟^⑨,必审诸己然后任,任然后动。

凡能听说者,必达^⑩乎论议者也。世主之能识论议者寡,所遇^⑪恶得不苟? 凡能听音者,必达于五声^⑫。人之能知五声者寡,所善恶得不苟? 客有以吹籁^⑬见越王者,羽、角、宫、徵、商不缪^⑭,越王不善;为野音^⑮,而反善之。说之道亦有如此者也。

人有为人妻者,人告其父母曰:"嫁不必生也,衣器之物,可外藏之,以备不生^⑯。"其父母以为然,于是令其女常外藏。姑妐^⑰知之,曰:"为我妇而有外心,不可畜。"因出之。妇之父母以谓为己谋者,以为忠,终身善之,亦不知所以然矣。宗庙之灭,天下之失,亦由此矣。故曰:遇合^⑱也无常^⑲,说^⑳适然^㉑也。若人之于色^㉒也,无不知说美者,而美者未必遇也。故嫫母^㉓执^㉔乎黄帝,黄帝曰:"厉^㉕女德而弗忘,与女正^㉖而弗衰^㉗,虽恶奚伤^㉘?"若人之于滋味,无不说甘脆,而甘脆未必受也。文王嗜^㉙

昌蒲菹③，孔子闻而服之，缩颊㉛而食之。三年，然后胜之㉜。人有大臭㉝者，其亲戚兄弟妻妾知识㉞，无能与居者。自苦㉟而居海上。海上人有说其臭者，昼夜随之而弗能去。说亦有若此者。

　　陈有恶人焉，曰敦洽雠麋，椎颡㊱广颜㊲，色如漆赭㊳，垂眼临鼻㊴，长肘而盭㊵。陈侯见而甚说之，外使治其国，内使制其身。楚合诸侯，陈侯病，不能往，使敦洽雠麋往谢焉。楚王怪其名而先见之，客有进状，有恶其名言有恶状㊶。楚王怒，合大夫而告之，曰："陈侯不知其不可使，是不知㊷也；知而使之，是侮㊸也。侮且不智，不可不攻也。"兴师伐陈，三月然后丧。恶足以骇人，言足以丧国，而友㊹之足于陈侯而无上㊺也，至于亡而友不衰。夫不宜遇而遇者，则必废。宜遇而不遇者，此国之所以乱、世之所以衰也。天下之民，其苦愁劳务㊻从此生。凡举㊼人之本，太上以志，其次以事，其次以功㊽。三者弗能，国必残亡，群孽㊾大至，身必死殃，年得至七十、九十犹尚幸。贤圣之后，反而孽㊿民，是以贼㊿其身，岂能独哉？

【注释】

①遇：机遇。

②合：适合，恰当。

③再干：意为两次求取官职。再，表示又一次，第二次。干，追求、求取职位。

④委质：送上礼物，拜人为师。

⑤达徒：深通各种学问的弟子。

⑥司寇：官名。掌管刑狱、纠察等事。

⑦时绝：时运断绝。

⑧处幸：处于侥幸的境地。

⑨为苟：做随意苟且的事。

⑩达：通晓。

⑪遇：遇合，投合。

⑫五声：指宫、商、角、徵、羽。

⑬籁：古代的一种箫。

⑭缪：错误。

⑮野音：鄙野之音。

⑯以备不生：古代妇人婚后无子出，即被休弃。因此妇人的父母为防备女儿出嫁后不能生子而被休弃，才授意女儿私藏财物于外。

⑰姑妐：丈夫的父母，即公婆。妐，音 zhōng。

⑱遇合：相遇而彼此投合。

⑲无常：变化不定。

⑳说：通"悦"，喜爱。

㉑适然：偶然。

㉒色：多指女子的容貌，美色。

㉓嫫母：传说为黄帝第四妃，貌甚丑。

㉔执：亲善，亲厚。

㉕厉：砥砺，磨炼。

㉖正：通"政"，政事。

㉗衰：懈怠。

㉘伤：妨碍。

㉙嗜：喜欢，爱好。

㉚菹：音 zū，酸菜，腌菜。

㉛缩頞：意为蹙额，不愉快、不舒服的样子。頞，音 è，额头。

㉜然后胜之：这之后才能承受这个味道。

㉝大臭：这里指腋病，即狐臭。

㉞知识：相识的人，朋友。

㉟自苦：自己受苦。

㊱椎颡：椎形的额头，即尖尖的额头。颡，额头，脑门。

㊲广颜：宽大的面容。

㊳漆赭：这里指面色黑红。漆，黑色。赭，红褐色。

㊴垂眼临鼻：眼睛下垂接近鼻子。

㊵长肘而盭：手臂很长显得很乖戾。盭，音 lì，古同"戾"，乖违。

㊶客有进状，有恶其名言有恶状：此句应为"客进，状有恶，其言有恶"。意为他进去后，样貌又丑陋，言谈又让人厌恶。

㊷知：明智。

㊸侮：欺负，轻慢。

㊹友：友爱。

㊺无上：至高，无出其上。

㊻劳务：勤苦劳作。

㊼举：用，任用。

㊽太上以志，其次以事，其次以功：语本《左传·襄公二十四年》："大上有立德，其次有立功，其次有立言，虽久不废，此之谓不朽。"

㊾群孽：众凶逆。

㊿孽：危害。

51贼：残害。

【译文】

七曰：凡是机遇，一定要合适。时机不合适，一定要等待合适的时机，然后再行动。所以，比翼鸟死在树上，比目鱼死在海里。孔子周游天下，两次向当世君主谋求官职，到齐国和卫国，见过八十多位君主。送上礼物、拜他为师当学生的有三千人，其中深通各种学问的弟子有七十人。这七十个人，拥有万辆兵车的君主得到一个都可以把他当作老师，不能说没有人才。然而孔子带领这些人周游，仅仅官至鲁国司寇。不任用圣人，这就是周天子之所以时运断绝的原因，诸侯之所以大乱的原因。国家混乱，那么愚昧的人就多被侥幸任用。侥幸任用，一定不能胜任；长久不能胜任，那么侥幸反而成为祸患。侥幸越大，祸患也就越大，并不是祸患只降临到自己身上。所以君子不让自己处于侥幸的境地，不做苟且之事，一定详察自己的能力，然后再任职，任职后再有所作为。

凡是能听从劝说的人一定是通晓议论的人。世上的君主能识别议论的人很少，投合的人怎能不贪婪卑下呢？凡是能感受声音的人，一定通晓五音。人能懂五音的很少，所喜欢的怎能不是鄙俗之音？宾客中有个凭借吹箫而谒见越王的人，羽、角、宫、徵、商五音都没有差错，越王却认为不好；吹奏鄙野之音，越王反而认为很好。劝说之道也像这样。

有要嫁为人妻的人，有人告诉她的父母说："嫁过去以后不一定生孩子，衣服器具等物品，可在外边藏起来，以备不生孩子被休弃。"她的父母认为是这样，于是就让女儿经常把财物私藏于外。公婆知道后，说："当我们的媳妇却有外心，不可以再留着她。"于是就休了她。这个妇人的父母把女儿被休的事告诉了为自己谋划的人，以为这个人很忠诚，终身与他交好，也不知道女儿为什么被休。宗庙的毁灭，天下的丧失，也是像这样。因此说，相遇而彼此投合是变化不定的，被人喜爱也是偶然的。就像人们对于美色，没有不喜爱美貌的，可容貌美丽的未必会被人欣赏。所以嫫母虽貌丑却得到黄帝的亲厚，黄帝说："砥砺磨炼你的品德，不要停止，交给你内宫的政事，不要懈怠，虽然长得丑陋又有什么妨碍？"就像人们对于滋味一样，没有人不喜欢甜味和脆的东西，可是甜和脆滋味的东西，有的人未必受用。周文王喜欢吃菖蒲做的腌莱，孔子听了去吃，皱着眉才能吃下去。过了三年，之后才能承受这个味道。有个有狐臭的人，他的父母、兄弟、妻子、朋友，没有人能跟他在一起居住。他自己感到很痛苦，居住在海上。海上有喜欢他的臭味的人，日夜跟随他而不能离开。喜欢人也有像这样的情况。

陈国有个丑陋的人，名叫敦洽雠糜，尖尖的额头，宽大的面容，面色黑红，眼睛下垂接近鼻子，手臂很长显得很乖戾，大腿向两侧弯曲。陈侯见到他，很喜欢他，对外让他治理国家，对内让他管理自己饮食起居。楚国会盟诸侯，陈侯有病，不能前往，派敦洽雠糜前去向楚国道歉。楚王对他的名字感到奇怪，就先接见了他，他进去，相貌又丑陋，说话又粗野。

楚王很生气，召来大夫们，告诉他们说："陈侯不知道这个人不可以派遣，这就是不明智；知道这个人不可以派遣却还要派遣他，这就是轻慢。轻慢而且不明智，不可不攻打他。"于是发兵攻打陈国，三个月之后灭掉了陈国。丑陋足以惊吓别人，言论足以丧失国家，陈侯却对他十分友爱，没有人能超过他，直到亡国，对他的喜爱都不减弱。不应该被赏识却受到赏识的，那就一定会被废弃。应该受赏识却没有受到赏识的，这就是国家之所以混乱、世道之所以衰微的原因。天下的百姓，他们的愁苦劳作就由此产生。凡是用人的根本，最上等的是凭道德，其次是凭事业，其次是凭功绩。这三种如不能任用，国家一定会残破灭亡，各种凶逆就一齐到来，自身一定会遭殃，能活到七十岁、九十岁，就是侥幸了。圣贤的后代，反而危害百姓，因此残害到自身，岂只是自身受危害？

【评析】

本篇承接上篇之意，云："凡遇，合也。时不合，必待合而后行。"时机不合适，一定要等待合适的时机，然后再行动。文中举孔子周游天下，位仅至鲁司寇，此是有德才不一定会遇到合适时机。又言听言、举人皆不一定遇到合适时机，举黄帝不恶，海上逐臭者，陈之恶者悦于陈侯而恶于楚王事，说明喜恶无常，故遇合很难，此篇与《庄子·齐物论》主旨相同。

文中引孔子语曰："故君子不处幸，不为苟，必审诸己然后任，任然后动。"即虽不遇，义存乎心，富贵、权势不能改其节、易其志，此为士德，国家君主任用这样的人才才能取得大的成就。

必 己①

八曰：外物不可必。故龙逢②诛，比干③戮，箕子④狂，恶来⑤死，桀纣亡⑥。人主莫不欲其臣之忠，而忠未必信。故伍员流乎江，苌弘死，藏其血三年而为碧⑦。亲莫不欲其子之孝，而孝未必爱。故孝己疑，曾子悲⑧。

　　庄子行于山中，见木甚美长大，枝叶盛茂，伐木者止其旁而弗取。问其故，曰："无所可用⑨。"庄子曰："此以不材得终其天年⑩矣。"出于山，及邑，舍⑪故人⑫之家。故人喜，具酒肉⑬，令竖子⑭为杀雁⑮飨⑯之。竖子请曰："其一雁能鸣，一雁不能鸣，请奚杀？"主人之公曰："杀其不能鸣者。"明日，弟子问于庄子曰："昔者山中之木以不材得终天年，主人之雁以不材死，先生将何以处？"庄子笑曰："周将处于材不材之间。材不材之间，似之而非也，故未免乎累⑰。若夫道德则不然。无讶⑱无訾⑲，一龙一蛇，与时俱化，而无肯专为；一上一下，以禾为量⑳，而浮游㉑乎万物之祖㉒，物物而不物于物㉓，则胡可得而累？此神农、黄帝之所法。若夫万物之情、人伦之传㉔则不然。成则毁，大则衰，廉则锉㉕，尊则亏，直则骫㉖，合则离，爱则隳㉗，多智则谋，不肖则欺，胡可得而必？"

　　牛缺㉘居上地，大儒也。下之邯郸，遇盗于耦沙㉙之中。盗求其囊中之载㉚，则与之；求其车马，则与之；求其衣被，则与之。牛缺出而去㉛，盗相谓曰："此天下之显人也，今辱之如此，此必诉我于万乘之主，万乘之主必以国诛我，我必不生。不若相与追而杀之，以灭其迹。"于是相与趋之，行三十里，及而杀之。此以知故也。孟贲过于河，先其五㉜。船人怒，而以楫㧣㉝其头，顾不知其孟贲也。中河㉞，孟贲瞋目而视船人，发植㉟，目裂，鬓指㊱，舟中之人尽扬播㊲入于河。使船人知其孟贲，弗敢直视，涉无先者，又况于辱之乎？此以不知故也。知与不知，皆不足恃，其惟和调㊳近之，犹未可必。盖有不辨和调者，则和调有不免也。宋桓司马㊴有宝珠，抵罪出亡。王使人问珠之所在，曰："投之池中。"于是竭池㊵而求之，无得，鱼死焉。此言祸福之相及也。纣为不善于商，而祸充天地，和调何益？

张毅好恭，门闾㊶帷薄㊷聚居众无不趋，舆隶㊸姻媾㊹小童无不敬，以定其身。不终其寿，内热而死。单豹好术，离俗弃尘㊺，不食谷实，不衣芮温㊻，身处山林岩堀㊼，以全其生。不尽其年，而虎食之。孔子行道而息，马逸㊽，食人之稼，野人㊾取其马。子贡请往说之，毕辞，野人不听。有鄙人㊿始事孔子者，曰："请往说之。"因谓野人曰："子不耕于东海，吾不耕于西海也。吾马何得不食子之禾？"其野人大说，相谓曰："说亦皆如此其辩也！独如向之人？"解马而与之。说如此其无方(51)也而犹行，外物岂可必哉？

君子之自行也，敬人而不必见敬，爱人而不必见爱。敬爱人者，己也；见敬爱者，人也。君子必在己者，不必在人者也。必在己，无不遇矣。

【注释】

①必己：依靠自己。

②龙逢：亦作"龙逄"，即关龙逢。夏之贤人，因谏而被桀所杀，后用为忠臣之代称。

③比干：商纣王的叔父，官少师。因屡次劝谏纣王，被剖心而死。

④箕子：商朝人，名胥余，官至太师，纣王无道，屡谏不听，被囚，于是佯狂为奴。

⑤恶来：飞廉之子，父子两人都是商纣王的谀臣。武王伐纣之时，他被周武王处死。

⑥桀纣亡：桀、纣杀忠臣，故灭亡。

⑦藏其血三年而为碧：苌弘，春秋时周大夫，后蒙冤为人所杀，传说其血化为碧玉。

⑧孝己疑，曾子悲：孝己，传说为殷高宗武丁之子，至孝却因后母谗言，被放逐而死。因此曾子为之感到伤悲。

⑨无所可用：没有什么可以拿来用的。

⑩终其天年：过完应有的寿数。指寿长而善终。终，竟，尽。天年，指自然的寿数。

⑪舍：居住，休息。

⑫故人：旧交，老友。

⑬具酒肉：准备酒肉。

⑭竖子：童仆。

⑮雁：鹅。

⑯飨：用酒食招待客人。

⑰累：忧患，祸害。

⑱讶：通"誉"。称人之美。

⑲訾：指责。

⑳以禾为量："禾"应为"和"，《庄子·山木》："一上一下，以和为量，浮游乎万物之祖。"意为和谐，协调。量，标准，准则。以协调为准则。

㉑浮游：漫游，遨游。

㉒万物之祖：一切事物的开始。祖，始，开始。

㉓物物而不物于物：支配万物而不被万物役使。

㉔人伦之传：人伦的相传。

㉕廉则锉：锋利了就会缺损。廉，锋利。锉，缺伤。

㉖散：弯曲。

㉗隳：毁坏；崩毁。

㉘牛缺：人名。

㉙耦沙：地名。

㉚橐中之载：口袋中装的东西。

㉛出而去：应为"步而去"，步行离开。

㉜先其五：先于队伍，即不按次序。

㉝摅：通"敲"，击打。

㉞中河：河中。

㉟发植:头发向上竖立。

㊱鬓指:鬓发直立。

㊲扬播:扬,晃动。播,分散。

㊳和调:调和。

㊴桓司马:桓魅。

㊵竭池:弄干池水。

㊶门闾:家门;家庭;门庭。

㊷帷薄:帷幕和帘子。

㊸舆隶:古代十等人中两个低微等级的名称。因用以泛指操贱役者;奴隶。

㊹姻媾:姻亲。

㊺离俗弃尘:避开俗世,谓隐居。

㊻芮温:芮,絮。温,应为"缊",缊袍,袍子。

㊼岩堀:山洞。堀,同"窟"。

㊽逸:跑,逃跑。

㊾野人:指村野之人;农夫。

㊿鄙人:居住在郊野的人。

(51)无方:没有方法,不得法。

【译文】

八曰:外物不可依仗。所以龙逢被杀,比干遇害,箕子佯狂,恶来被杀死,桀、纣遭灭亡。君主没有不希望自己的臣子忠诚的,可是忠诚却不一定受到君主信任。所以伍员的尸体被投入江中,苌弘被杀死,他的血藏了三年化为碧玉。父母没有不希望自己的儿子孝顺的,可是孝顺却不一定受到父母喜爱。所以孝己被怀疑,曾子为之感到悲伤。

庄子在山里行走,看到一棵树长得很好很高大,枝叶很茂盛,伐树的人停在树旁却不取。问他是什么缘故,他说:"没有什么可以拿来用的。"庄子说:"这棵树因为不成材而得以过完应有的寿数了。"从山里出来,到村子里,住在老友家里。老朋友很高兴,准备酒肉,让童仆杀鹅款待他。童仆请示说:"一只鹅能叫,一只鹅不能叫,请问杀哪一只?"主人的父亲说:"杀那只不能叫的。"第二天,学生向庄子问道:"昨天山里的树因为不成材而得以终其天年,主人的鹅因为不成材而被杀死,先生您将在成材与不成材这两者中处于哪一边呢?"庄子笑着说:"我将处于成材与不成材之间。成材与不成材之间,似乎是合适的位置,其实不是,所以也不能免于祸害。至于达到了真道,就不是这样了。既没有称赞,又没有指责,时而为龙,时而为蛇,随时势一起变化,而不肯专为一物;时而上,时而下,以协调为准则,遨游于万物之始,支配万物而不被万物役使,怎么可能遭受祸害呢? 这就是神农、黄帝遵循的法则。至于万物之情,人伦的相传之道,就与此不一样了。成功了就会毁败,强大了就会衰微,锋利了就会缺损,尊崇了就会亏损,直了就会弯曲,聚合了就会离散,宠爱就会被废弃,多智就会被人图谋,不贤德就会有人欺诈,怎么可能得到而依仗呢?"

牛缺居住在上地,是个学问渊博的人。他到邯郸去,在渭水一带遇上盗贼。盗贼要他口袋里装的东西,他给了他们;要他的车马,他给了他们;要他的衣服、被子,他给了他们。牛缺步行离开后,盗贼们相互说道:"这是个天下杰出的人,现在这样侮辱他,他一定会向天子诉说我们的所作所为,天子一定会凭借全国的力量诛杀我们,我们一定不能活命。不如一起追上他并把他杀死,毁掉踪迹。"于是盗贼就一起追赶他,追了三十里,追上后把他杀死。这是因为盗贼知道牛缺是贤人。孟贲渡河,抢在队伍前边上了船。船工很生气,用桨敲他的头,不知道他是孟贲。到了河中间,孟贲瞪大了眼睛看着船工,头发直立起来,眼眶都瞪裂了,鬓发竖立起来,船上的人都晃动分散掉入河中。假使船工知道他是孟贲,都不敢直视他,也没有人敢先于他渡河,更何况侮辱他呢? 这是因为船上的人不知道他是勇士。让人知道与不让人知道,都不足以依靠,大概只有调和才近于没有愁难,但还是不足以依仗。这是因为有不能辩识调和的,那么调和仍然不能免于愁难。宋国的桓魋有宝珠,因犯罪而逃亡。宋景公派人问他宝珠的所在,他回答说:"把它扔到池塘里了。"于是景公派人弄干池塘来寻找宝珠,没有找到,鱼却都死了。这是在说祸和福是相互依存的。纣在商朝做坏事,造成的祸患充满天地之间,调和又有什么用处?

张毅喜欢恭敬待人,经过门庭、帷幕及众人聚集的地方无不快走而过,对待奴隶、姻亲及童仆没有不尊敬的,以安定自身。但是他的寿命却不长,因内热而死去。单豹喜欢道术,远离世俗,不吃五谷,不穿絮袍,住在山林岩窟之中,以保全自己的性命。然而他却不能终其寿命,被老虎吃掉了。孔子在路上行走,然后休息,马逃跑了,吃了他人的庄稼,农夫牵走了他的马。子贡请求去劝说那个人,把话说完了,农夫却不听从。有个刚侍奉孔子的住在郊野的人说:"请让我去劝说他。"于是他对农夫说:"您耕种的土地从东海一直到西海,我们的马怎能不吃您的庄稼?"那个农夫非常高兴,对他说:"说的话竟这样善辩,哪像刚才那个人那样呢。"解开马还给了他。劝说人如此不讲方式尚且行得通,外物怎么可以依仗呢?

君子自己的行为,尊敬别人而不一定被别人尊敬,爱护他人而不一定被他人关爱。尊敬关爱别人,在于自己;被别人尊敬关爱,在于别人。君子依仗自己,而不依仗他人。依仗于自己,没有不得志的。

【评析】

本篇讲述依仗自身的重要性,士之品德在于求己之义,而不在外物的变化和他人的赞誉。首段出自《庄子·外物》,次段出自《庄子·山木》,牛缺之事出自《列子·说符》,张毅之事见于《庄子·人间世》,单豹事见于《庄子·达生》,皆旨在说明不仅外物不可依仗,人之内在品德,如忠、孝、智、勇、礼,养生之术皆不足恃,甚至"处于材不材之间","和调"犹未必可善终,这正是道家言。末段云:"君子之自行也,敬人而不必见敬,爱人而不必见爱。敬爱人者,己也;见敬爱者,人也。君子必在己者,不必在人者也。必在己,无不遇矣。"近于荀子言,旨在说明他人亦不足依仗。本篇集众家学说于一体,再次说明《吕氏春秋》熔诸子百家学说为一炉之博大精深。

慎大览第三

慎 大

一曰:贤主愈①大愈惧,愈强愈恐。凡大者,小②邻国也;强者,胜其敌也。胜其敌则多怨,小邻国则多患,多患多怨,国虽强大,恶得不惧? 恶得不恐? 故贤主于安思危,于达思穷,于得思丧。《周书》曰:"若临深渊,若履薄冰。"以言慎事③也。

桀为无道④,暴戾顽贪⑤,天下颤恐而患之⑥。言者不同,纷纷分分⑦,其情难得。干辛任威⑧,凌轹⑨诸侯,以及兆民⑩。贤良郁怨⑪,杀彼龙逢⑫,以服群凶。众庶泯泯⑬,皆有远志⑭,莫敢直言,其生若惊⑮。大臣同患,弗周而畔⑯。桀愈自贤⑰,矜过善非⑱,主道重塞⑲,国人大崩。汤乃惕惧⑳,忧天下之不宁,欲令伊尹往视旷夏㉑,恐其不信,汤由亲自射伊尹。伊尹奔夏三年,反报于亳㉒,曰:"桀迷惑于末嬉㉓,好彼琬、琰㉔,不恤㉕其众。众志不堪,上下相疾,民心积怨,皆曰:'上天弗恤,夏命其卒。'"汤谓伊尹曰:"若告我旷夏尽如诗。"汤与伊尹盟㉖,以示必灭夏。伊尹又复往视旷夏,听㉗于末嬉。末嬉言曰:"今昔天子梦西方有日,东方有日,两日相与斗,西方日胜,东方日不胜。"伊尹以告汤。商涸旱㉘,汤犹发师,以信伊尹之盟。故令师从东方出于国,西以进。未接刃而桀走㉙,逐之至大沙㉚。身体离散,为天下戮。不可正谏，虽后悔之，将可奈何？汤立为天子，夏民大说㉛，如得慈亲，朝不易位，农不去畴，商不变肆㉜，亲郼㉝如夏。此之谓至公，此之谓至安，此之谓至信。尽行伊尹之盟，不避旱殃㉞，祖伊尹世世享㉟商。

武王胜殷，入殷㊱，未下轝㊲，命封黄帝之后于铸㊳，封帝尧之后于黎㊴，封帝舜之后于陈㊵。下轝，命封夏后之后于杞㊶，立成汤之后于宋㊷，以奉桑林㊸。武王乃恐惧，太息㊹流涕，命周公旦进㊺殷之遗老，而问殷之亡故，又问众之所说、民之所欲。殷之遗老对曰："欲复盘庚㊻之政。"武王于是复盘庚之政，发巨桥㊼之粟，赋鹿台㊽之钱，以示民无私。出拘救罪，分财弃责，以振穷困。封比干㊾之墓，靖㊿箕子之宫，表商容(51)之闾，士过者趋(52)，车过者下。三日之内，与谋之士封为诸侯，诸大夫赏以书社(53)，庶士施政去赋。然后济于河，西归报于庙。乃税(54)马于华山，税牛于桃林(55)，马弗复乘，牛弗复服。衅(56)鼓旗甲兵，藏之府库，终身不复用。此武王之德也。故周明堂(57)外户不闭，示天下不藏也。唯不藏也，可以守至藏。武王胜殷，得二虏而问焉，曰："若国有妖乎？"一虏对曰："吾国有妖，昼见星而天雨血，此吾国之妖也。"一虏对曰："此则妖也，虽然，非其大者也。吾国之妖甚大者，子不听父，弟不听兄，君令不行，此妖之大者也。"武王避席(58)再拜之。此非贵虏也，贵其言也。故《易》曰："愬愬履虎尾，终吉(59)。"

赵襄子攻翟(60)，胜老人、中人(61)，使使者来谒(62)之，襄子方食抟饭(63)，有忧色。左右曰："一朝而两城下，此人之所以喜也，今君有忧色何？"襄子曰："江河之大(64)也，不过三日。飘风(65)暴雨，日中不须臾(66)。今赵氏之德行，无所于积，一朝而两城下，亡其及我乎！"孔子闻之曰："赵氏其昌乎！"夫忧所以为昌也，而喜所以为亡也。胜非其难者也,持之其难者也。贤主以此持胜,故其福及后世。齐、荆、吴、越皆尝胜矣,而卒取亡,不达乎持胜也。唯有道之主能持胜。孔子之劲,举国门之关⑰,而不肯以力闻。墨子为守攻,公输般服,而不肯以兵加。善持胜者,以术⑱强弱。

【注释】

①愈:益,越。

②小:以之为小,轻视。

③慎事:谨慎处事。

④无道:不行正道,做坏事,指暴君的恶行。

⑤暴戾:残暴酷虐,粗暴乖戾。顽贪:愚妄贪婪。

⑥颤恐:惊恐。患:以之为患,祸患,灾难。

⑦纷纷:殽乱也。分分:怨恨也。

⑧干辛:桀之宠臣。任:放纵,不加约束。威:显示使人民畏惧慑服的力量。

⑨凌轹:欺压,压倒。

⑩兆民:古称天子之民,后泛指众民,百姓。

⑪郁怨:怨恨郁结。

⑫龙逢:夏之贤人,因谏而被桀所杀,后用为忠臣之代称。

⑬泯泯:纷乱貌,昏乱貌。

⑭远志:离散也。

⑮惊:马受突然的刺激而行动失常。

⑯畔:通"叛",违背,背离。

⑰自贤:自以为贤。

⑱矜过:夸耀自己的过失。善非:以自己的错误为善。

⑲主道:君主治国之道。重塞:严重蔽塞。

⑳汤:商朝的开国之君,又称成汤、成唐、武汤、武王、天乙等。惕惧:

戒惧。

㉑伊尹:商汤大臣,名伊,一名挚,尹是官名。相传生于伊水,故名。是汤妻陪嫁的奴隶,后助汤伐夏桀,被尊为阿衡。旷夏:大夏朝。旷,广大,宽广。

㉒亳:古都邑名,商汤的都城。相传有三处。其一在今河南商丘市东南,传说汤曾居于此,又名南亳。其二在今河南商丘市北,传说诸侯拥戴汤为盟主于此,又名北亳。其三在今河南洛阳市偃师区西,传说汤攻克夏时所居,又名西亳。

㉓末嬉:即妹喜,夏桀宠妃。

㉔琬、琰:夏桀宠妾。

㉕恤:体恤,怜悯。

㉖盟:发誓,起誓。

㉗听:听命。

㉘涸旱:干旱。

㉙接刃:兵刃相接触,谓交战。走:逃跑。

㉚大沙:地名,即南巢。南巢,古地名,在今安徽巢湖市西南,因位于古代华夏族活动地区的南方,故名。《史记》载成汤讨伐夏桀之后,放逐夏桀于此地。

㉛说:通"悦",喜欢,喜爱。

㉜肆:作坊,店铺,市集等商人经商的地方。

㉝郼:音 yī,商之封国名。

㉞旱殃:旱灾。

㉟享:供祭品奉祀祖先。

㊱殷:古都邑名,在今河南安阳,商代君王盘庚迁都于此。后也以殷指代商。

㊲轝:同"舆",车。

㊳铸:古国名。今山东肥城南有铸乡,即其旧地。

㊴黎:古国名。在今山西省长治市境。

㊵陈:春秋诸侯国名。在今河南淮阳及安徽亳州一带。

㊶杞:周代诸侯国名。相传武王伐纣后,封夏禹后代东楼公于杞,称杞国。初在今河南杞县,后迁至今山东安丘东北。

㊷宋:周代诸侯国名。周武王灭商后,封商王纣子武庚于商旧都。成王时,武庚叛乱,被杀,又封纣的庶兄微子启于商丘,国号宋。

㊸桑林:古地名。相传为殷汤祈雨的地方。

㊹太息:亦作"大息",大声长叹,深深叹息。

㊺进:上朝,进见。

㊻盘庚:商朝君主。盘庚是一位很有作为的国王,为了改变当时社会不安定的局面,他决心再一次迁都,搬迁到殷(今河南安阳);整顿商朝政治,使衰落的商朝出现了复兴的局面。盘庚迁殷后,继续"行汤之政,然后百姓由宁,殷道复兴",经历了一段繁盛时期,故后世又称商为"殷商"。盘庚死后,"百姓思盘庚",作《盘庚》三篇,即保存在《古文尚书》中的《盘庚》三篇。

㊼巨桥:古代粮仓名。故址在古衡漳东岸,因水上有大桥得名。今属河北省曲周县。相传为殷纣聚敛粮食之所,周武王克殷后散其粟赈民。

㊽鹿台:古台名。别称南单之台。殷纣王贮藏珠玉钱帛的地方。故址在今河南淇县。

㊾比干:纣王的叔父,官少师。因屡次劝谏纣王,被剖心而死。

㊿靖:表彰。

㉛商容:殷之贤人。

㉜趋:古代的一种礼节,以碎步疾行表示敬意。

㉝书社:古制二十五家立社,把社内人名登录簿册,谓之"书社"。亦指按社登记入册的人口及其土地。

㉞税:释放,解脱。

㉟桃林:古地区名。在今河南灵宝以西,陕西潼关以东地区,为周武王放牛处。

㊞衅：血祭，谓杀生取血涂物以祭。

㊟明堂：古代帝王宣明政教的地方。凡朝会、祭祀、庆赏、选士、养老、教学等大典，都在此举行。

㊢避席：古人席地而坐，离席起立，以示敬意。

㊣愬愬履虎尾，终吉：喻二俘虏见于武王，有履虎尾之危，以言所知，武王拜之，是终吉也。愬愬，恐惧貌。

㊤赵襄子：赵简子之子无恤。翟：同"狄"，古族名。主要居住在北方，亦为中原人对各少数民族的泛称。

㊥老人、中人：老人城、中人城。

㊦谒：禀告，陈说。

㊧抟饭：捏饭成团。

㊨大：涨水。

㊩飘风：旋风，暴风。

㊪须臾：片刻，短时间。

㊫关：门闩。

㊬术：策略。

【译文】

一曰：贤明的国君，国家越大越担心，国力越强就越忧虑。大凡国家大的，就会轻视邻国；国力强盛的，就会战胜敌国。战胜敌国就会带来仇恨，轻视邻国就会带来祸患，仇恨多了，祸患多了，即使国家强大、国力昌盛，怎么会不担心？怎么会不忧虑呢？所以，贤明的君主要在平安时就想到危险，在显达时就想到贫穷，在有所得时就想到有所失。《周书》说："好像站在深渊边上一样，好像脚踩薄冰一样。"说的就是谨慎处事。

夏桀不行正道，残暴酷虐，愚妄贪婪，天下之人都处于惊恐中并以他为祸患。不同的人说着不同的话，议论纷纷，混乱不堪，满腹怨恨，真实的情况却难以得到。桀之宠臣干辛放纵他施威，欺压诸侯，祸及百姓。

贤良之士都怨恨郁结,夏桀还杀死了贤人龙逢,想以此来镇压反对他的人。众多庶民纷乱不安,都有离散之心,却没有谁敢进谏直言,生活得就像马受惊了一样恐惧。大臣们担心害怕,不愿意辅佐夏桀而生出了背离之意。夏桀越加自以为贤,夸耀自己的过失,以自己的错误为善,君主治国之道被蔽塞,国人分崩离析。于是,汤对于桀的无道很戒惧,担心天下的安宁,就想派遣伊尹到夏国去观察夏国情况,又担心夏桀不相信伊尹,就扬言要亲自射杀伊尹。伊尹逃到了夏国,三年之后,返回商的都城亳,说:"夏桀被妹喜迷惑,宠幸琬、琰二妾,不体恤百姓。百姓们都不堪忍受,在上位的与在下位的互相痛恨,人民心里充满了怨气,都说:'上天不保佑夏国,夏国的命运就要完了。'"汤对伊尹说:"你告诉我的夏的情况就像歌谣中唱的一样。"于是,汤与伊尹盟誓,表明了灭夏的决心。伊尹又去夏国观察夏国情况,听命于妹喜。一天,妹喜说:"昨夜天子梦见西方有个太阳,东方有个太阳,两个太阳互相争斗,西方的太阳胜利了,东方的太阳失败了。"伊尹把这话告诉了汤。此时,商国正值干旱,汤却仍然发了兵,以遵守他与伊尹的盟约。汤命令军队从东方出国都,从西方发起进攻。两军还没有交战,桀就逃跑了,汤追赶夏桀到大沙才杀死他。夏桀身首异处,为天下人所耻笑。想当初不听劝谏,即使后悔了,现在又能怎么样呢?汤做了天子,夏国百姓非常高兴,就像是得到慈父的关怀一般,不更换夏国朝廷的官位,不占有剥夺农民的田地,不变更商人的市集作坊,亲近夏国百姓就和亲近商的封国郡的百姓一样。这才叫作最公正,最安定,最守信。完全实现了与伊尹的盟誓,不因国内的旱灾而毁约,并且让伊尹世世代代在商享受祭祀。

周武王战胜了商,进入商国首都殷,还没有下车,就命令把黄帝的后代封到铸,把帝尧的后代封到黎,把帝舜的后代封到陈。下车了,又命令把大禹的后代封到杞,立汤的后代为宋国的国君,以便能继续在桑林祈雨。武王还是很恐惧,叹息流涕,命令周公旦引见殷商的遗老,询问殷商灭亡的原因,又询问他们殷商的百姓喜欢什么、想要什么。殷商遗老回答说:"希望能恢复商王盘庚时的政治措施。"于是武王就恢复了盘庚时的政治,散发巨桥的米粟,施舍鹿台的钱财,以此向人民表示自己没有私心。释放了被拘役和有罪的人,分发钱财,废除债务,以救济穷困的人。重修了比干的坟墓,表彰了箕子的宫室和商容的住所,要求士人在路过他们居处时要碎步疾行表示敬意,乘车的人在路过他们居处时要下车。三天之内,将参与谋划伐商的谋士都封为诸侯,奖赏大夫以人口和土地,庶士则减免他们的赋税。然后,渡过黄河,回到丰镐,向祖庙报功。于是,把马放到阳华山,把牛放到桃林,不再让马拉车,不再让牛服役。然后在战鼓、军旗、铠甲、兵器上涂上牲血,藏进府库,以示终生不再使用。这就是周武王的仁德。所以,周天子明堂的外门不关闭,向天下人表示无私藏。只有无私藏,才能保持最高尚的品德。武王战胜殷纣,得到了两个俘虏,就问他们:"你们国家有妖异之事吗?"其中一个俘虏回答:"我们国家有妖异之事,白天看见星星而且天上下血雨,这就是我们国家的妖异之事。"另一个俘虏说:"这确实是妖异之事,即使如此,却算不上大的妖异之事。我们国家最大的妖异之事,是儿子不听父亲的,弟弟不听兄长的,君王的命令得不到执行,这才是妖异中的大事。"武王听后离席起立,向他们行再拜之礼以示敬意。这不是认为俘虏宝贵,而是认为俘虏所说的话宝贵。所以,《易》卜讲:"恐惧得像脚踩在老虎尾巴上一样,最终还是大吉。"

　　赵襄子攻打翟国,攻下了老人城、中人城,辛穆子派使者回来禀告襄子,襄子正在吃饭团,听了之后,脸上露出了忧虑之色。随侍左右的人问:"一下子就攻下了两座城,这是人人都感到高兴的事,现在您却有忧虑之色,这是为什么呢?"襄子答说:"长江黄河涨水,不过三天就会退落。旋风暴雨不能持续整天,到中午一会儿就会停止。现在赵氏的德行,还没有足够的蓄积,一下子攻下两座城,灭亡恐怕就要降临在我身上了!"孔子听到这件事以后说:"赵氏大概要昌盛了!"忧虑是之所以昌盛的原因,而喜悦则是之所以灭亡的缘由。胜利并不是困难的,保持住胜利才是困难的。贤明的君主像这样才能保持住胜利,所以他的福气才能传及后世子孙。齐国、楚国、吴国、越国都曾经胜利过,但是最终都遭到了灭亡,这是因为它们不懂得如何保持胜利!只有有道的君主才能保持胜利。孔子强劲有力,能举起国都城门的门闩,却不肯以力气大闻名天下。墨子善于攻城守城,使公输般折服,却不肯以善于用兵被人知晓。善于保持胜利的人,能够凭借策略使弱小变得强大。

【评析】

此篇以"慎大"为题,意为国君在处理国事时应谨慎。越强大的国家越容易轻视邻国而招致祸患,谨慎行事才能自保。先举君王之例,列举商汤灭夏之事,反面论证由于夏桀之不"慎大",多怨多患故而失民心,天亡之。又举武王胜殷之例正面阐释武王入殷之谨慎有礼,故而终吉。再举卿大夫之例,借赵襄子之未雨绸缪,居安思危以证"善持胜者,以术强弱"之理。全篇说理逻辑清晰,层次俨然。

权　勋

二曰:利不可两,忠不可兼。不去小利则大利不得,不去小忠则大忠不至。故小利,大利之残①也;小忠,大忠之贼②也。圣人去小取大。

昔荆龚王与晋厉公战于鄢陵③,荆师败,龚王伤④。临战,司马子反渴而求饮⑤,竖阳谷操黍酒而进之⑥,子反叱曰:"訾,退!酒也。"竖阳谷对曰:"非酒也。"子反曰:"亟⑦退却也。"竖阳谷又曰:"非酒也。"子反受而饮之。子反之为人也,嗜酒,甘而不能绝于口,以醉。战既罢,龚王欲复战而谋,使召司马子反。子反辞以心疾⑧。龚王驾而往视之,入幄⑨中,闻酒臭而还,曰:"今日之战,不穀⑩亲伤,所恃⑪者司马也。而司马又若此,是忘荆国之社稷,而不恤吾众也,不穀无与复战矣。"于是罢师⑫去之,斩司马子反以为戮⑬。故竖阳谷之进酒也,非以醉子反也，其心以忠也，而适足以杀之。故曰："小忠，大忠之贼也。"

昔者，晋献公使荀息假道于虞以伐虢⑭，荀息曰："请以垂棘之璧与屈产之乘⑮，以赂虞公，而求假道⑯焉，必可得也。"献公曰："夫垂棘之璧，吾先君之宝也；屈产之乘，寡人之骏也。若受吾币⑰而不吾假道，将奈何？"荀息曰："不然。彼若不吾假道，必不吾受也。若受我而假我道，是犹取之内府而藏之外府也⑱，犹取之内皂⑲而著之外皂也。君奚患焉？"献公许之。乃使荀息以屈产之乘为庭实⑳，而加以垂棘之璧，以假道于虞而伐虢。虞公滥㉑于宝与马而欲许之，宫之奇㉒谏曰："不可许也。虞之与虢也，若车之有辅㉓也，车依辅，辅亦依车，虞、虢之势是也。先人有言曰：'唇竭而齿寒。'夫虢之不亡也恃虞，虞之不亡也亦恃虢也。若假之道，则虢朝亡而虞夕从之矣。奈何其假之道也？"虞公弗听，而假之道。荀息伐虢，克之。还反伐虞，又克之。荀息操㉔璧牵马而报。献公喜曰："璧则犹是也，马齿㉕亦薄长矣。"故曰："小利，大利之残也。"

中山之国有夙繇者㉖，智伯㉗欲攻之而无道也，为铸大钟，方车㉘二轨以遗之。夙繇之君将斩岸堙溪以迎钟㉙。赤章蔓枝㉚谏曰：《诗》云：'唯则定国。'我胡以得是于智伯？夫智伯之为人也，贪而无信，必欲攻我而无道也，故为大钟，方车二轨以遗君。君因斩岸堙溪以迎钟，师必随之。"弗听。有顷㉛，谏之，君曰："大国为欢㉜，而子逆之，不祥。子释㉝之。"赤章蔓枝曰："为人臣不忠贞，罪也。忠贞不用，远身可也。"断毂㉞而行，至卫七日而夙繇亡。欲钟之心胜㉟也。欲钟之心胜，则安夙繇之说塞㊱矣。凡听说，所胜不可不审也，故太上先胜㊲。

昌国君㊳将五国之兵以攻齐。齐使触子㊴将，以迎天下之兵于济㊵上。齐王欲战，使人赴㊶触子，耻而訾㊷之曰："不战，必划⑬若类,掘若垒⑭。"触子苦⑮之,欲齐军之败,于是以天下兵战。战合,击金而却之⑯,卒北⑰,天下兵乘之。触子因以一乘去,莫知其所,不闻其声。达子⑱又帅其余卒,以军于秦周⑲,无以赏,使人请金于齐王。齐王怒曰:"若残竖子⑳之类,恶能给若金?"与燕人战,大败,达子死,齐王走莒㉑。燕人逐北入国,相与争金于美唐㉒甚多。此贪于小利以失大利者也。

【注释】

①残:害也,残害,陷害。

②贼:害,伤害。

③荆龚王:即楚共王,楚庄王之子,春秋时楚国国君,公元前590年到公元前560年在位。晋厉公:晋国国君,晋景公之子,公元前580年到公元前573年在位。鄢陵:春秋属郑地,郑武公灭鄢,改为鄢陵。公元前575年,晋、楚战于鄢陵,鄢陵战役是春秋战国经典之战。

④龚王伤:射中了楚共王的眼睛。

⑤司马子反:司马,官名。子反,楚军主帅。饮:喝水。

⑥竖阳谷:竖,小臣也。阳谷,人名,子反身边随侍小官。黍酒:犹瓹酒。

⑦亟:急速。

⑧心疾:劳思、忧愤引起的疾病。六疾之一。心痛。

⑨幄:帐。

⑩不榖:不善,古代王侯自称的谦词。

⑪恃:依赖,凭借。

⑫罢师:遣散军队。

⑬戮:陈尸示众。

⑭晋献公:春秋时晋国国君,在位26年,即位后,奉行尊王政策提高声望,攻灭骊戎、霍、魏等,击败戎狄,复采纳荀息假道伐虢之计,灭虞、虢,史称其"并国十七,服国三十八"。荀息:春秋时晋国大夫。虞:古国

名,有二说,其一:舜之先封于虞,故城在今山西省平陆县东北。周武王克殷,封古公亶父之子虞仲的后人于此,是为西虞。其二:夏禹封舜子商均于虞,为今河南省虞城县。虢:古国名。西周文王弟虢仲之封地,故城在今陕西省宝鸡市西,是为西虢。西虢迁徙后,其支族留居原封地者,称小虢。此外,虢仲有别支,地居于今山西省平陆县大阳之南、滨河之北者,称北虢。史称"晋假道于虞以伐虢"者,即指此。

⑮垂棘:春秋晋地名,以产美玉著称。后借指美玉。屈产:春秋晋地名,产良马。

⑯假道:借路。

⑰币:泛指车马、皮帛、玉器等礼物。

⑱内府:王室的仓库。外府:外库。与内府相对。

⑲皂:牛马的食槽,亦泛指牲口栏棚。

⑳庭实:陈列于朝堂的贡献物品。

㉑滥:通"欲"。贪欲,使贪羡。

㉒宫之奇:春秋时虞国大夫,主张联虢抗晋。

㉓车:牙床。辅:面颊。

㉔操:执持,拿着。

㉕马齿:马的牙齿随年龄而添换,看马齿可知马的年龄。

㉖中山之国:古国名,春秋末年鲜虞人所建,在今河北省定州市、唐县一带,后为赵所灭。夙繇:春秋时古地名。

㉗智伯:荀瑶,又称智伯瑶、知瑶、智襄子,春秋末年晋国四卿之一。

㉘方车:两车相并。

㉙斩:截断,斩断。堙:填,堵塞。溪:深谷。

㉚赤章蔓枝:夙繇国之臣。

㉛有顷:不久,一会儿。

㉜欢:欢喜。

㉝释:放弃,废弃。

㉞断毂:截断车毂。毂,车轮的中心部位,周围与车辐的一端相接,

中有圆孔,用以插轴。山中道狭,故断车毂而行去。

㉟胜:胜过,超过。

㊱塞:不行也。

㊲太上先胜:陶鸿庆认为“先”当为“无”字之误,无胜者,没有过分的欲望。从之。

㊳昌国君:战国时燕国名将乐毅,受封昌国君,辅佐燕昭王振兴燕国。

㊴触子:齐国将领。

㊵济:古水名。古四渎之一。

㊶赴:“报”的通假字,报告,告知。

㊷訾:诋毁,指责。

㊸刬:同“铲”,削除。

㊹垄:坟墓。

㊺苦:困扰,困辱。

㊻击金:敲打钲,收兵的信号。金,指军中作信号用的乐器钲。却:退却。

㊼卒北:败北。

㊽达子:齐国将领。

㊾军:驻屯。秦周:齐地名。

㊿竖子:对人的鄙称。犹今言“小子”。

(51)莒:西周诸侯国名。公元前431年为楚所灭。故址在今山东省莒县。

(52)美唐:齐愍王藏金之所。

【译文】

二曰:利益不可两得,忠诚不可兼备。不抛弃小利,那么大利就得不到;不抛弃小忠,那么大忠就不能实现。所以,小利是大利的祸患,小忠是大忠的祸害。圣人当抛弃小者,选取大者。

从前,楚共王与晋厉公在鄢陵作战,楚军败,楚共王眼睛被射中。战斗即将开始之际,楚军主帅司马子反渴了,要喝水,随侍阳谷拿着觚酒进献给他,子反喝斥道:"呵! 拿回去,这是酒!"阳谷回答说:"这不是酒。"子反说:"快快拿回去。"阳谷又说:"这不是酒。"子反接过来并喝了下去。子反的为人,酷爱喝酒,他觉得酒味甘美,喝起来就不能停止,因而又喝醉了。战斗已经结束,楚共王想要再战而商量对策,派人去叫司马子反。司马子反推辞心痛没有去。楚共王乘车去看他,一进入军帐,就闻到酒味而回去了,说道:"今天的战斗,我自己受了伤,所依靠的就是司马子反了。可是他又醉成这样,他这是忘记了楚国的江山社稷,是不体恤我的军队,我不与晋国再战了。"于是遣散军队离去,并斩杀了司马子反,陈尸以示众。所以,随侍阳谷进献酒,并不是要把子反灌醉,他的心是忠于子反的,却恰好使他喝醉了而害了他。所以说:"小忠,是大忠的祸害。"

从前,晋献公派荀息向虞国借路以便攻打虢国,荀息说:"请将垂棘出产的玉璧和屈产出产的良马用于贿赂虞国国君,以便向他借路,一定可以得到允许。"献公说:"垂棘出产的玉璧,是我先君的宝贝;屈产出产的良马,是我心爱的骏马。如果虞国接受了礼物而不借路,该怎么办?"荀息说:"不是这样。如果他不借我们路,一定不会接受我们的礼物。如果接受了我们的礼物并借给我们路,这就如同我们把玉璧从王室的仓库拿出来放到王室之外的仓库中,把骏马从王室之中的栏棚牵出来拴到王室之外的栏棚里面一样。您对此又有什么忧虑呢?"献公允许了。于是派荀息把屈产出产的骏马,加上垂棘出产的玉璧作为礼物献给虞国国君,来向虞国借路攻打虢国。虞国国君贪图宝玉和骏马想答应荀息,宫之奇劝谏说:"不能答应。虞国对于虢国,就像牙床和面颊一样,牙床依靠着面颊,面颊依靠着牙床,虞国和虢国的形势就是这样。古人曾言:'没有了嘴唇,牙齿就会感到寒冷。'虢国之所以不被灭亡,是因为依靠着虞国;虞国之所以不被灭亡,也是因为依靠着虢国。如果借路给晋国,那么虢国早晨灭亡,虞国晚上也就会跟着灭亡了。怎么能借路给晋国呢?"

虞国国君不听，而把路借给了晋国。荀息讨伐虢国，战胜了虢国。返回的时候顺道讨伐虞国，又战胜了虞国。荀息拿着玉璧，牵着骏马向献公报功。献公高兴地说："玉璧还是原来的样子，只是马的牙齿稍微长了一点。"所以说："小利，是大利的祸害。"

中山国内有一个叫夙繇的小国，智伯想攻打它却无路可通，就给夙繇之君铸造了一个大钟，用两辆车并排装载以运送它。夙繇之君将要斩断高地、填平深谷来迎接大钟。夙繇大臣赤章蔓枝劝说："《诗经》有言：'只有法则才能使国家安定。'我们凭什么从智伯那里得到这个大钟？那个智伯的为人，贪婪而且不守信用，一定是想攻打我们而没有道路，所以铸造了大钟，用两辆车并排装载来送给您。您因此截断高地、填平深谷来迎接大钟，智伯的军队必定会跟随大钟到来。"夙繇之君不听。过了不久，赤章蔓枝再次劝谏，夙繇之君说："大国要跟你交好，你却违逆他，这是不祥之兆。你放弃吧，别说了。"赤章蔓枝说："当人臣子不忠贞，这是为臣的过失。忠贞而不被信用，就可以脱身远去了。"于是，赤章蔓枝砍掉车轴两端就走了，他到卫国的第七天，夙繇就灭亡了。这是因为夙繇之君想得到大钟的心太过迫切了。想得到大钟的心太过迫切，那么安定夙繇的言论就不能实行了。大凡听见别人劝说自己过分行为的意见时不可不审慎明察，所以说最好是不要有过分的欲望。

昌国君乐毅率领五国的军队去攻打齐国。齐王派触子为将，在济水边迎战天下之兵。齐王想开战，派人告知触子，羞辱并指责他说："不开战，一定铲除你的家族，挖掘你的祖坟。"触子对此感到很困辱，想让齐军战败，于是与天下之兵开战。刚一交战，触子就敲打金钲以示收兵撤退，齐军败逃，天下之兵乘胜追击齐军。触子因此乘着一辆战车离开了，不知道他的去向，也听不到他的声音。达子又率领剩余的士兵驻屯在秦周一地，没有东西能奖赏士兵，就派人向齐王请求金钱奖励。齐王大怒，说："你们这些小子都是残兵败将，怎么能给你们金钱呢？"齐军与燕军交战，大败，达子也战死了，齐王逃到了莒国。燕国人追赶败逃的齐兵进入了齐国国都，士兵们在齐王藏金之处美唐竞相抢走了齐国很多的金钱。

这就是贪图小利因而失去了大利啊!

【评析】

此篇题为"权勋",权勋者,即衡量功勋之大小轻重之意。本篇即围绕着如何舍小利取大利,去小忠全大忠展开,"利不可两,忠不可兼。不去小利则大利不得,不去小忠则大忠不至"开篇明义,继而列举了四个例子加以论证:司马子反因喝竖阳谷之酒而致使楚国战败;虞国国君因贪图小利借道而亡国;凤繇之君因欲钟之心太迫切不听赤章蔓枝之劝而亡国;齐王因吝啬小利而失去了大利。文中所举皆为因小失大之例,以警示统治者莫要贪图小利而失去了大利,全篇论据贴切,论证充分,颇得论说之旨。

下　贤

三曰:有道之士固骄①人主,人主之不肖②者亦骄有道之士,日以相骄,奚时相得③?若儒、墨之议与齐、荆之服④矣。贤主则不然。士虽骄之,而己愈礼之,士安得不归之?士所归,天下从之,帝⑤。帝也者,天下之适⑥也。王也者,天下之往⑦也。得道之人,贵为天子而不骄倨⑧,富有天下而不骋夸⑨,卑为布衣而不瘁摄⑩,贫无衣食而不忧慑⑪。恳乎其诚自有⑫也,觉乎其不疑有以也,桀⑬乎其必不渝移也,循乎其与阴阳化也,匆匆乎其心之坚固也,空空⑭乎其不为巧故也,迷乎其志气之远也,昏乎其深而不测也,确乎其节之不庳⑮也,就就⑯乎其不肯自是,鹄⑰乎其羞用智虑⑱也,假乎其轻俗诽誉⑲也,以天为法,以德为行,以道为宗,与物变化而无所终穷,精充天地而不竭,神覆宇宙而无望⑳,莫知其始,莫知其终,莫知其门,莫知其端,莫知其源,其大无外,其小无内,此之谓至贵。士有若此者,五帝㉑

弗得而友,三王㉒弗得而师,去其帝王之色㉓,则近可得之矣。

尧不以帝见善绻㉔,北面而问焉㉕。尧,天子也。善绻,布衣也。何故礼之若此其甚也?善绻,得道之士也。得道之人,不可骄也。尧论其德行达智㉖而弗若,故北面而问焉,此之谓至公。非至公其孰能礼贤?

周公旦,文王之子也,武王之弟也,成王之叔父也。所朝于穷巷之中、瓮牖㉘之下者七十人。文王造㉙之而未遂,武王遂之而未成㉚,周公旦抱少主而成之,故曰成王,不唯以身下士邪?

齐桓公见小臣稷㉛,一日三至弗得见。从者㉜曰:“万乘㉝之主见布衣㉞之士,一日三至而弗得见,亦可以止矣。”桓公曰:“不然,士骛禄爵㉟者,固轻其主,其主骛霸王㊱者,亦轻其士。纵夫子骛禄爵,吾庸敢骛霸王乎?”遂见之,不可止。世多举㊲桓公之内行㊳,内行虽不修㊴,霸亦可矣。诚行之此论而内行修,王犹少。

子产㊵相郑,往见壶丘子林㊶,与其弟子坐必以年㊷,是倚㊸其相于门也。夫相万乘之国而能遗㊹之,谋志论行㊺,而以心与人相索㊻,其唯子产乎?故相郑十八年,刑三人,杀二人。桃李之垂于行者莫之援也,锥刀㊼之遗于道者莫之举也。

魏文侯㊽见段干木㊾,立倦而不敢息。反见翟黄㊿,踞[51]于堂而与之言。翟黄不说,文侯曰:“段干木,官之则不肯,禄之则不受。今女欲官则相位,欲禄则上卿,既受吾实,又责吾礼,无乃难乎!”故贤主之畜人也,不肯受实者其礼之。礼士莫高乎节欲,欲节则令行矣。文侯可谓好礼士矣,好礼士,故南胜荆于连堤[52],东胜齐于长城,虏齐侯,献诸天子,天子赏文侯以上闻[53]。

【注释】

①骄:怠慢,轻视。

②不肖：不成材，不正派。

③相得：彼此投合。

④服：顺从，降服。

⑤此"帝"字，陶庆鸿等疑之为下文"帝也者"之衍文，从之。

⑥适：归向，归从。

⑦往：归向。

⑧骄倨：傲慢不恭。

⑨骋夸：放纵奢侈。

⑩瘁摄：忧伤屈服。

⑪忧慑：忧愁悲戚。

⑫自有：有道。

⑬桀：杰出的人才。

⑭空空：诚实貌。

⑮庳：卑下，低下。

⑯就就：犹豫貌。

⑰鹄：浩，大也。

⑱智虑：智谋，谋划。

⑲轻俗：轻视世俗。诽誉：毁谤和赞誉。

⑳无望：无界限。

㉑五帝：上古传说中的五位帝王。一说指黄帝（轩辕）、颛顼（高阳）、帝喾（高辛）、唐尧、虞舜。

㉒三王：指夏、商、周三代之君。一说指夏禹、商汤、周武王。

㉓帝王之色：这里指去除帝王尊宠盈满之色。

㉔善绻：即善卷，相传为尧舜时隐士。

㉕北面：面向北。古礼，臣拜君，卑幼拜尊长，皆面向北行礼，因而居臣下、晚辈之位曰"北面"。

㉖达智：悟性，通晓事理的智力。

㉗朝：拜访。

㉘瓮牖：以破瓮为窗，指贫寒之家。

㉙造：到，去。

㉚成：完成，实现，成功。

㉛小臣稷：人名。小臣，春秋以后卑微的小吏。稷，人名。

㉜从者：随从人员。

㉝万乘：周制，天子地方千里，能出兵车万乘，因以"万乘"指天子。

㉞布衣：借指平民。古代平民不能衣锦绣，故称。

㉟骜：轻视。禄爵：俸给和爵位。

㊱霸王：指成就霸业或王业之道。

㊲举：指摘，检举。

㊳内行：平日家居的操行。

㊴不修：不讲究。

㊵子产：春秋时郑大夫公孙侨的字。一字子美。郑简公十二年为卿，二十三年起执政，治郑多年，有政绩。

㊶壶丘子林：战国时郑国人，复姓壶丘，名子林。

㊷年：人的年龄。

㊸倚：凭靠。

㊹遗：舍弃。

㊺谋志：考察人民的心志。论行：论辩人之行为。

㊻索：寻求，探索。

㊼锥刀：小刀。

㊽魏文侯：战国时期魏国的建立者。姬姓，魏氏，名斯（一曰都），魏国人。在位时礼贤下士，师事儒门子弟子夏、田子方、段干木等人，任用李悝、翟璜为相，乐羊、吴起为将，使魏国逐渐强盛。

㊾段干木：姓段干，名木。战国初年魏国名士。师子夏，友田子方，为孔子再传弟子。因其三人皆出于儒门，又先后为魏文侯师，故被后人称为"河东三贤"。

㊿翟黄：战国时魏国人。黄，一作"璜"。又名触。官为上卿。曾向

魏文侯推荐李克、吴起、乐羊、西门豹、翟角等人，他们皆得重用，并有显著功绩。

(51)踞：坐。

(52)连堤：楚地名，长堤。

(53)上闻：古赐爵名。亦称“上闻爵”。

【译文】

三曰：有道的士人本来就轻视君主，君主中不成材的也轻视有道的的士人，天天这样互相轻视，什么时候才能彼此投合？这就像儒家、墨家相互非议与齐国、楚国彼此不服一样。贤明的君主却不是这样。即使士人轻视自己，自己反而越会以礼对待他们，士人怎能不归附呢？士人归附了，天下人就会跟着他们归附。所谓帝，就是指天下之人都归从他。所谓王，就是指天下之人都会归向他。得道的人，地位显贵到做天子也不傲慢不恭，财富多到拥有天下也不放纵奢侈，地位卑下到当百姓也不忧伤屈服，贫困到无衣无食也不忧愁悲戚。他们诚恳坦荡，掌握了大道，他们有觉悟，遇事不疑必有依据，他们是杰出的人才，信念坚定绝不改变，他们顺应天道，遵循阴阳的变化，他们勤恳不懈，意志坚定牢固，他们忠厚淳朴，不行巧诈之事，他们沉醉于意志和精神的远大高洁，他们勉力于思想深邃，深不可测，他们节操刚毅而不低下，他们谨慎而不自以为是，他们心胸坦荡，羞于使用智谋，他们轻视世俗的毁谤和赞誉，以天为法则，以德为品质，以道为根本，随万物变化而没有穷尽，精气充盈天地之间而没有穷尽，心神覆盖宇宙而没有界限，没有人知道何时开始，没有人知道何时终结，没有人知道他的门径，没有人知道他的开端，没有人知道他的起源，他大到无所不包，小到微乎其微，这就叫最珍贵了。如果有达到这个境界的士人，五帝也不能与之交友，三王也不得以之为师，只有去除帝王尊宠盈满之色，那么才能接近他们，从而得到他们。

尧不用帝王的身份接见善绻，面向北向他行礼以示尊敬，而后才向他请教。尧，是天子。善绻，是平民。尧为什么用这样的尊贵之礼呢？

因为善绻是得道的人。对得道的人，不可轻视。尧衡量自己的德行与智力都不如善绻，所以面向北向他请教，这就叫作最公正。不是最公正的人，谁又能礼遇贤者呢？

周公旦是周文王的儿子，周武王的弟弟，周成王的叔父。他拜见过住在穷巷、陋室里的贫寒之人有七十个。文王拜访这些人去了而没有见到，武王见到了而没有完成，周公旦辅佐年幼的成王才完成，所以才叫成王，这不是正说明他亲自礼贤下士吗？

齐桓公拜见小臣稷，一天去了三次都没能见到。随从人员说："以万乘的君王身份去见一个平民，一天去了三次都没有见到，那就停止吧。"桓公说："不能这样，轻视俸给和爵位的士人，一定会轻视君主，轻视成就霸业的君主，也会轻视士人。即使他轻视俸给和爵位，而我怎么敢看轻王霸之业呢？"桓公如愿见到了小臣稷，并没有就此止步。世人大多指摘桓公平日家居的操行，他平日家居的操行虽然不讲究，但他的霸业确是值得认同的。如果真的按上述原则去做，并且讲究平日家居的操行，就是称王恐怕还不止呢。

子产在郑国为相，去见壶丘子林，他与壶丘子林的弟子按照年龄大小来分配座位，这是把相位的尊贵放在一边而不凭它去居上座。作为万乘之国的相而能舍弃相位的尊宠，考察人民的心志，论辩人之行为，用心与人交流，大概只有子产能这样吧？他在郑国做了十八年的相，仅处罚了三个人，杀死了两个人。郑国桃李树的果实下垂挂在路边，也没有谁去攀摘；小刀丢弃在路上，也没有谁去拾取。

魏文侯去拜见段干木，站得疲倦了却不敢休息。回来以后见了翟黄，坐在堂上来与他谈话。翟黄很不高兴，文侯说："段干木，让他做官他不肯做，给他俸禄他不接受。现在你想当官就身居相位，想得到爵禄就得到了上卿的爵禄，你既然接受了我给你的官职俸禄，又要求我以礼敬你，恐怕很难吧！"所以，贤明的君主对待人，不肯接受官职爵禄的就以礼相待。礼遇士人没有比节制自己的欲望更好的了，节制欲望，那么命令就可以执行了。魏文侯可以称得上是礼贤下士了，因为他的礼贤下士，所以向南能在连堤战胜楚国,向东能在长城战胜齐国,俘虏齐侯,并把他献给了周天子,所以周天子奖赏他"上闻爵"之爵名。

【评析】

礼让贤才自古就是成为明君的必备素养之一。此篇主要论述君主如何礼让贤士。篇首就有道之士的属性以及如何获得展开论述,即唯有"去其帝王之色",方能接近"以天为法,以德为行,以道为宗,与物变化而无所终穷,精充天地而不竭,神覆宇宙而无望,莫知其始,莫知其终,莫知其门,莫知其端,莫知其源,其大无外,其小无内"的无所不能又变幻莫测的有道之士。余下,文章列举了尧见善绻,周公旦访贤,齐桓公见小臣稷,子产相郑,魏文侯见段干木的诸多例子,以证贤士于君王、于天下的重要性。此篇虽开宗明义,论说充分,但对于贤士的身份、地位、作用的烘托渲染未免有些夸张。

报　更

四曰:国虽小,其食足以食①天下之贤者,其车足以乘天下之贤者,其财足以礼天下之贤者。与天下之贤者为徒②,此文王之所以王也。今虽未能王,其以为安也,不亦易乎? 此赵宣孟③之所以免也,周昭文君④之所以显也,孟尝君⑤之所以却荆兵也。古之大立功名与安国免身⑥者,其道无他,其必此之由也。堪士不可以骄恣屈也⑦。

昔赵宣孟将上之绛⑧,见骳桑之下⑨,有饿人卧不能起者,宣孟止车,为之下食,蠲而餔之⑩。再咽而后能视。宣孟问之曰:"女何为而饿若是?"对曰:"臣宦于绛,归而粮绝,羞行乞而憎自取,故至于此。"宣孟与脯二胊⑪,拜受而弗敢食也。问其故,对曰:"臣有老母,将以遗之。"宣孟曰:"斯食之,吾更与女。"

乃复赐之脯二束，与钱百，而遂去之。处二年，晋灵公⑫欲杀宣孟，伏士于房中以待之，因发酒⑬于宣孟。宣孟知之，中饮而出。灵公令房中之士疾追而杀之。一人追疾，先及宣孟之面。曰："嘻，君曋！吾请为君反死⑭。"宣孟曰："而名为谁？"反走对曰："何以名为！臣骫桑下之饿人也。"还斗而死。宣孟遂活。此《书》之所谓"德几⑮无小"者也。宣孟德⑯一士犹活其身，而况德万人乎！故《诗》曰："赳赳武夫，公侯干城⑰。""济济多士，文王以宁⑱。"人主胡可以不务哀⑲士？士其难知，唯博⑳之为可，博则无所遁㉑矣。

张仪㉒，魏氏余子㉓也。将西游于秦，过东周。客有语之于昭文君者曰："魏氏人张仪，材士也，将西游于秦，愿君之礼貌㉔之也。"昭文君见而谓之曰："闻客之秦，寡人之国小，不足以留客。虽游，然岂必遇㉕哉？客或不遇，请为寡人而一归也，国虽小，请与客共之。"张仪还走，北面再拜。张仪行，昭文君送而资之。至于秦，留有间，惠王㉖说而相之。张仪所德于天下者，无若昭文君。周，千乘也，重过万乘也。令秦惠王师之。逢泽之会㉗，魏王尝为御，韩王为右，名号至今不忘，此张仪之力也。

孟尝君前在于薛㉘，荆㉙人攻之。淳于髡㉚为齐使于荆，还反，过于薛，孟尝君令人礼貌而亲郊送之，谓淳于髡曰："荆人攻薛，夫子弗为忧，文㉛无以复侍矣㉜。"淳于髡曰："敬闻命㉝矣。"至于齐，毕报。王曰："何见于荆？"对曰："荆甚固㉞，而薛亦不量其力。"王曰："何谓也？"对曰："薛不量其力，而为先王立清庙。荆固而攻薛，薛清庙㉟必危，故曰薛不量其力，而荆亦甚固。"齐王知颜色㊱，曰："嘻！先君之庙在焉。"疾举兵救之，由是薛遂全㊲。颠蹶之请㊳，坐拜之谒㊴，虽得则薄矣。故善说者，陈其势,言其方,见人之急也,若自在危厄^⑪之中,岂用强力^⑪哉? 强力则鄙^⑫矣。说之不听也,任不独在所说,亦在说者。

【注释】

①食:第二个"食",作动词用,拿东西给人吃,供养,给俸禄。

②徒:类,同类。

③赵宣孟:即赵盾,时人尊称其赵孟,史料中多称之赵宣子、宣孟,春秋时期晋国大夫。在晋国执政期间,权倾朝野,树赵氏之威,使赵氏一族独大晋国。一生侍奉三朝,令晋集举国之力与楚争衡而不落下风,可谓"治世之能臣,乱世之雄才"。

④周昭文君:姓姬,名昭,东周第二任君主,承袭东周惠公担任东周君主。其在位时间当在秦惠王时期(公元前 337 年至前 311 年)。

⑤孟尝君:即田文,战国齐国贵族,封于薛(今山东滕州市南),称薛公,号孟尝君。为战国四公子之一,以善养士著称。一度入秦,秦昭王要杀害他,赖门客中擅长狗盗鸡鸣者的帮助而逃归。后卒于薛。

⑥安国:使国家安定。免身:脱身免祸。

⑦堪士:高士,贤能之士。骄恣:骄傲放纵。屈:使屈服,折节。

⑧绛:古地名。春秋晋国旧都。在今山西省翼城县东南。晋穆侯自曲沃迁都于此,孝公时改名为翼。及景公迁新田,称为新绛,遂称此为故绛。

⑨欹桑:弯曲的桑树。

⑩蠲:洁净,使清洁。饩:给食,喂食。

⑪脯:干肉。朐:屈曲的肉脯。

⑫晋灵公:春秋时晋国国君,公元前 620 年至前 607 年在位,不行君道,宠信屠岸贾,致民不聊生,终被赵盾、赵穿兄弟杀害。

⑬发酒:给与酒,表示礼节、情意。

⑭反死:返回去与追兵厮杀。

⑮德几:德惠。

⑯德：用作动词，施行恩惠、恩德。

⑰出自《诗经·周南·兔罝》。

⑱出自《诗经·大雅·文王》。

⑲哀：怜悯，同情，怜爱。

⑳博：广泛，普遍。

㉑遁：隐匿，隐居。

㉒张仪：战国时魏国人，首创连横的外交策略，游说入秦。秦惠王封张仪为相，秦惠王死后，张仪出逃魏，任魏相，期年死。

㉓余子：古代卿大夫嫡长子之外的儿子。

㉔礼貌：以庄肃和顺之仪容表示敬意，尊敬。

㉕遇：礼遇，恩遇。

㉖惠王：秦惠王嬴驷，战国时秦国国君，公元前 331 年至前 311 年在位，任用张仪为相，用连横之计扩展秦土。

㉗逢泽之会：指秦在逢泽盟会诸侯。

㉘薛：古国名。周初分封的诸侯国之一。今山东滕州东南五十里有薛城，即其故地。

㉙荆：古国名。春秋时楚国的旧称。

㉚淳于髡：战国时齐国大臣，复姓淳于。齐威王时任大夫，亲理朝政，联赵却楚。

㉛文：孟尝君名田文，以文自代。

㉜侍：陪从或伺候尊长、主人。

㉝闻命：接受命令或教导。

㉞固：占领，侵占。

㉟清庙：即太庙，古代帝王的宗庙。

㊱知颜色：知犹发也，这里指齐王的脸色变了。

㊲全：保全。

㊳颠蹶之请：言其请救之急。颠蹶，倒仆，跌落。

㊴坐拜：跪拜。谒：请求。

⑩危厄:危机困窘。

⑪强力:勉力,努力。

⑫鄙:浅陋,低贱。

【译文】

四曰:即使是小国家,它的粮食也足以供养天下的贤士,它的车辆也足以乘载天下的贤士,它的财富也足以礼遇天下的贤士。与天下之贤士为伍,这是周文王能够称王天下的原因。现在虽然不能称王,以它来安定国家,不也是容易的吗?与贤士为伍,这是赵盾免于被杀,周昭文君显达,孟尝君能使楚军退却的原困。古时能建立宏大的功名,能使国家安定,能脱身免祸的人,没有别的途径,必定是遵循与贤士为伍这一办法。贤能之士是不能通过骄傲放纵的态度来使他们屈服的。

从前,赵盾将要到晋国国都绛地去,途中看见一棵弯曲的桑树下,有一个人饿得躺在那里起不来了,赵盾停下车,让人给他准备食物,并把食物弄干净之后喂给他吃。他咽了第二次之后能睁开眼看了。赵盾问他说:"你为什么会饿到这种程度?"他回答说:"我在绛给人做奴仆,回来的时候没有粮食了,不好意思去乞讨又厌恶窃取别人的食物,所以才饿到这种程度。"赵盾给了他两条干肉,他拜而受之却不敢吃。赵盾问他不吃的缘故,他回答说:"我家有老母亲,我想把这些干肉拿回去给她吃。"赵盾说:"你吃了吧,我另外再给你。"于是又赏赐给他两捆干肉和一百枚钱,然后才离开了。过了两年,晋灵公想杀死赵盾,在房中埋伏了兵士以便等待赵盾到来,并请赵盾饮酒。赵盾知道了灵公的意图,酒喝到一半就走了出去。灵公命令房中的士兵赶快追杀他。其中一个人追得很快,先追到赵盾面前,说:"嘻,您快上车逃走。我愿为您回去与追兵厮杀。"赵盾问:"你叫什么名字?"那人边往回走边回答说:"问名字有什么用!我就是那个弯曲桑树下差点饿死的人。"他返回去与灵公的兵士搏斗而死。于是赵盾得以活命。这就是《尚书》上所说的"恩惠再微小也不算小"的意思啊。赵盾对一个人施行恩德,尚且能使自身活命,又何况施行恩德于万人呢？所以《诗经》里说："雄赳赳的武士，可以捍卫公侯的安全。""人才济济，文王因此得以安宁。"君主怎么可以不怜爱士人呢？贤士是很难得到的，只有广泛地搜寻才可能得到，广泛地搜寻，贤士就不会隐匿了。

张仪是魏国大夫的庶子，将要向西到秦国去游说，路过东周。宾客中有人把这个情况告诉了周昭文君说："魏国人张仪，是个有才智的贤士，将要向西去游说秦国，希望您能以庄肃和顺之仪容向他表示尊敬。"昭文君接见了张仪并且对他说："听说客人您要到秦国去，我的国家小，不足以留住客人。即使游说秦国，难道就一定能受到恩遇吗？客人倘或得不到恩遇，请为了我而回来一次，我的国家虽然小，但愿意与您共同掌管。"张仪回身快退了几步，朝向北面恭敬地拜了两拜以示对昭文君的感谢。张仪临走时，昭文君给他送行并且资助财物。张仪到了秦国，住了一段时间，秦惠王很喜欢他并让他当了相。张仪在天下受到的德惠，没有比在昭文君那里受到的更大。周，是个仅有千乘的小国，但张仪看待它超过了拥有万乘的大国。他让秦惠王以昭文君为师。秦国在逢泽盟会诸侯的时候，魏王曾给昭文君当御者，韩王给昭文君当车右，昭文君的名号至今没有被忘掉，这都是张仪的力量啊。

孟尝君从前在薛的时候，楚国人攻打薛。淳于髡为齐国出使楚国，返回的时候，经过薛。孟尝君命令人以庄肃和顺之仪容表示敬意并亲自到郊外送他，对他说："楚国人攻打薛，如果您不为我担忧，那田文我就不能再侍奉您了。"淳于髡说："我接受您的教导了。"到了齐国，将使楚之事禀报完毕。齐王说："到楚国见了什么？"淳于髡回答说："楚国喜侵占，薛也不自量力。"齐王说："这是什么意思呢？"淳于髡回答说："薛不自量力，给先王立了太庙。楚国喜侵占而攻打薛，修在薛的宗庙必然危险了，所以说薛不自量力，楚国也太喜侵占了。"齐王听后变了脸色，说："哎呀！先王的宗庙在薛地呢。"于是赶快派兵援救薛，薛因此才得以保全。趴倒在地上急切地请求，跪拜着急切地请求，即使能得到援救也是很微薄的。所以善于劝说的人，陈述形势，讲述主张，看到别人危急，就像将自己也置于危难中一样,哪里还用得着勉力劝说呢? 勉力劝说就低贱浅陋了。劝说而不被听从,责任不单单在被劝说的对象,也在劝说者自己。

【评析】

此篇题为"报更",即报偿之意。本篇围绕着"报"展开论述。首段提出能成事者皆赖贤者之功,而贤者之所以报君于危难之时,皆因君主爱怜贤士。其后,列举俶桑之人报赵宣孟赐粮之恩,张仪报昭文君知遇之恩,淳于髡报孟尝君礼遇之恩,以劝说君主礼贤下士,这样,士人才会为报青眼,蹈火探汤。"报"并不是一种单向的回馈,而是一种君主与贤士的双向互动,君主借此成就霸业,士人则借此实现自己的人生理想。

顺　说

五曰:善说者若巧士①,因人之力以自为力,因其来而与②来,因其往而与往,不设形象,与生与长,而言之与响③;与盛与衰,以之所归④。力虽多,材虽劲,以制其命。顺风而呼,声不加疾⑤也;际高而望⑥,目不加明也,所因便也。

惠盎见宋康王⑦,康王蹀足謦咳⑧,疾言⑨曰:"寡人之所说者,勇有力也,不说为仁义者。客将何以教寡人?"惠盎对曰:"臣有道于此,使人虽勇,刺之不入;虽有力,击之弗中。大王独无意邪?"王曰:"善,此寡人所欲闻也。"惠盎曰:"夫刺之不入,击之不中,此犹辱⑩也。臣有道于此,使人虽有勇弗敢刺,虽有力不敢击。大王独无意邪?"王曰:"善,此寡人之所欲知也。"惠盎曰:"夫不敢刺,不敢击,非无其志也。臣有道于此,使人本无其志也。大王独无意邪?"王曰:"善,此寡人之所愿也。"惠盎曰:"夫无其志也,未有爱利⑪之心也。臣有道于此,使天下丈夫女子莫不欢然皆欲爱利之,此其贤于勇有力也,居四累⑫之上。

大王独无意邪?"王曰:"此寡人之所欲得。"惠盎对曰:"孔、墨是也。孔丘、墨翟,无地为君⑬,无官为长⑭。天下丈夫女子莫不延颈举踵⑮而愿安利之。今大王,万乘之主也,诚有其志,则四境之内皆得其利矣,其贤于孔、墨也远矣。"宋王无以应。惠盎趋而出,宋王谓左右曰:"辨⑯矣,客之以说服寡人也!"宋王,俗主⑰也,而心犹可服,因⑱矣。因则贫贱可以胜富贵矣,小弱可以制强大矣。

田赞⑲衣补衣⑳而见荆王。荆王曰:"先生之衣,何其恶㉑也?"田赞对曰:"衣又有恶于此者也。"荆王曰:"可得而闻乎?"对曰:"甲㉒恶于此。"王曰:"何谓也?"对曰:"冬日则寒,夏日则暑,衣无恶乎甲者。赞也贫,故衣恶也。今大王,万乘之主也,富贵无敌,而好衣民以甲,臣弗得㉓也。意者为其义邪?甲之事,兵之事也,刈㉔人之颈,刳㉕人之腹,隳㉖人之城郭,刑㉗人之父子也。其名又甚不荣。意者为其实㉘邪?苟虑害人,人亦必虑害之。苟虑危人,人亦必虑危之。其实人则甚不安。之二者,臣为大王无取焉。"荆王无以应。说虽未大行,田赞可谓能立其方矣。若夫偃息㉙之义,则未之识也。

管子得于鲁㉚,鲁束缚㉛而槛㉜之,使役人㉝载而送之齐,皆讴歌而引㉞。管子恐鲁之止而杀己也,欲速至齐,因谓役人曰:"我为汝唱,汝为我和㉟。"其所唱适宜走,役人不倦㊱,而取道甚速。管子可谓能因矣。役人得其所欲,己亦得其所欲,以此术也。是用万乘之国,其霸犹少,桓公则难与往也㊲。

【注释】

①巧士:擅长某种技巧的人。

②与:助。

③响:回声。

④归:终也。

⑤加:益,更。疾:激扬。

⑥际高而望:疑为"登高而望"。

⑦惠盎:战国时宋国人。宋康王:亦称宋王偃、宋献王,战国时最后一任宋国国君,在位时间是公元前328年至前286年。

⑧蹀足:踏足,顿脚。謦咳:咳嗽。

⑨疾言:急遽地说话。

⑩辱:受耻辱。

⑪爱利:爱护、加惠于他人。

⑫四累:谓卿、大夫、士及民四等。君处于四分之上,故曰"四累之上",喻尊高也。

⑬无地为君:没有领土却能像君主那样被人尊敬。

⑭无官为长:没有官职却能像官长一样被人尊敬。

⑮延颈举踵:伸长头颈,踮起脚跟。形容仰慕或企望之切。

⑯辨:辨、辩古字通,巧言,会说话。

⑰俗主:平庸的君主。

⑱因:顺,顺应。

⑲田赞:齐国人。

⑳衣补衣:穿着打过补丁的衣服。补衣,打过补丁的衣服。

㉑恶:粗劣,不好。

㉒甲:用皮革、金属等制成的护身服,即铠甲。

㉓弗得:不取,不赞成。

㉔刈:割取。

㉕刳:挖空。

㉖隳:毁坏,废弃。

㉗刑:杀害。

㉘实:实惠,实利。

㉙偃息：偃兵息民。

㉚管子得于鲁：管子被困于鲁国，事见《不苟论·赞能》。管子，即管仲，名夷吾，又名敬仲，字仲，春秋时齐国人，史称管子。管仲少时丧父，老母在堂，生活贫苦，为维持生计，与鲍叔牙合伙经商后从军，到齐国，几经曲折，经鲍叔牙力荐，为齐国上卿。执政四十年，因势制宜，分设各级官吏。征赋税，统一铸造、管理钱币，制定捕鱼、煮盐之法。对外采取"尊王攘夷"的外交策略，使齐桓公成为春秋时代的第一个霸主。

㉛束缚：捆绑，指被拘囚。

㉜槛：囚车，牢房。

㉝役人：供役使的人。

㉞讴歌：唱歌。引：泛指吟唱。

㉟和：以声相应，跟着唱或跟着唱腔伴奏。

㊱不倦：不厌倦，不劳累。

㊲往：王也。言其难与至于王也。

【译文】

五曰：善于劝说的人就像擅长某种技巧的人一样，能借别人的力量成为自己的力量，顺其来势加以引导，顺其去势加以推动；不露形迹，随之出现而出现，随之发展而发展，就像语言与回声一样相随；随之兴盛而兴盛，随之衰微而衰微，以便因势利导，达到自己的终点。即使其力量很大，才能很强，也能控制其命运。顺着风向呼喊，声音并没有加大，却能从远处听到；登上高处观望，视力并没有变清晰，却能看得远，这是因为凭借了便利的条件。

惠盎拜见宋康王，康王急得跺脚咳嗽，急切地说："我喜欢的是勇敢有力的人，不喜欢行仁义的人。客人您将要用什么来教导我？"惠盎回答说："我有一种办法，使人虽然勇武，刺杀却刺不进去；虽然有力，伏击却击打击不中。大王您难道无意于这种办法吗？"康王说："好，这是我所想要听的。"惠盎说："虽然刺杀刺不进去，击打击不中，但这样还是受到了耻辱。我有一种方法，能使人虽然勇武却不敢刺，虽然有力却不敢击。大王您难道无意于这种方法吗？"康王说："好，这是我想知道的。"惠盎说："虽然不敢刺，不敢击，并不是没有这样的想法啊。我有这样一种方法，能使人根本就没有这样的想法。大王您难道无意于这种方法吗？"康王说："好，这是我所希望的。"惠盎说："那些人虽然没有刺与击的想法，却还没有爱护您、加惠于您的心。我有这样一种方法，使天下的男子女子无一不欢喜地来爱护您、加惠于您，这就胜过了勇敢有力，使您尊贵的处于卿、大夫、士及民四等之上。大王您难道无意于这种方法吗？"康王说："这是我想要得到的。"惠盎回答说："孔丘、墨翟就是这样的人。孔丘、墨翟，他们虽然没有领土，却能像君主那样被人爱戴，他们没有官职，却能像官长那样受人尊敬。天下的男子女子无不伸长头颈、踮起脚跟而希望他们平安顺利。现在大王您是拥有万辆兵车的大国君主，如果真有这样的志向，那么四境之内就都能得到您的利益了，您这样做，您的贤能就能远远胜过孔丘、墨翟了。"宋王无法回应。惠盎快步走了出去，宋王对身边的人说："真是巧言善辩，他已经说服我了。"宋王是个平庸的君主，可是他的心还是可以被说服的，这是因为惠盎能顺应他的主张。如果能因势利导，那么贫贱的就可以胜过富贵的，弱小的可以控制强大的。

　　田赞穿着打过补丁的衣服去拜见楚王。楚王说："先生您的衣服怎么这么粗劣呢？"田赞回答说："衣服还有比这更不好的呢。"楚王说："可以让我听听吗？"田赞回答说："铠甲比这更不好。"楚王说："怎么说呢？"田赞回答说："冬天穿上冷，夏天穿上热，补丁的衣服并不比铠甲更不好。我贫穷，所以穿打补丁的衣服。现在您是拥有万辆兵车的大国君主，富贵无比，却喜欢给百姓穿铠甲，我不赞成这样。或许这是为了推行仁义吗？铠甲的事，就是有关战争的事，是割断人的脖子，挖空人的肚子，毁坏人的城池，杀死人的父子的事。那名声又很不荣耀。或许这是为了得到实利吗？如果思虑去害人，人也必定想着害你。如果思虑让别人遭到危险，别人也必定想着让你遭到危险。其实人就更不安全。这两种情况，我认为大王您还是不要选择。"楚王无法应答。田赞的主张虽然没有广泛实行,但田赞可以说是能够树立自己的主张了。至于偃兵息民,我还没有见识过。

管仲被鲁国捉住,鲁人将他捆绑关在囚笼里,派差役用车载着他送回齐国,差役都唱着歌拉车。管仲担心鲁国会把他留下并杀了他,想赶快到达齐国,于是就对差役们说:"我给你们唱歌,你们以声相应。"他唱的歌适合快走,差役们不觉得疲倦,因而走路走得很快。管仲可以称得上是能顺应时势。差役满足了自己不疲倦的希望,管仲也达到了自己快速回到齐国的目的,这是因为使用了这个方法。如果把这个方法用在拥有万辆兵车的大国,就不仅是成就霸业了,可惜难以辅佐齐桓公成就王业罢了。

【评析】

此篇题为"顺说",即顺着听话之人的心意而引导劝说之,讲的是劝人的艺术。这里特指劝说君王。开篇点出劝说是一种技巧,要顺应说话人的心意,"因其来而与来,因其往而与往",通过借助这种便利而加以劝说,方能事半功倍。其后,列举了几个事例:惠盎巧妙借助宋康王想称霸之心而以孔、墨之道劝说,田赞借补衣劝说楚王战争之害,管仲歌适宜走之歌使差役快走以解救自己,从而说明"顺说"的重要性。其中提出的"贫贱可以胜富贵矣,小弱可以制强大矣"等观点颇有卓识,其"因""顺"等观点的阐发在《慎大览》各篇中一以贯之,较为成熟。

<h2 style="text-align:center">不 广</h2>

六曰:智者之举事必因时①。时不可必成②,其人事则不广③。成亦可,不成亦可,以其所能,托其所不能,若舟之与车。

北方有兽,名曰蹶④,鼠前而兔后,趋则跲⑤,走则颠⑥,常为蛩蛩距虚⑦取甘草⑧以与之。蹶有患害⑨也,蛩蛩距虚必负而走。此以其所能托其所不能。

鲍叔⑩、管仲、召忽⑪，三人相善⑫，欲相与定⑬齐国，以公子纠⑭为必立。召忽曰："吾三人者于齐国也，譬之若鼎⑮之有足，去一焉则不成。且小白⑯则必不立矣，不若三人佐公子纠也。"管仲曰："不可。夫国人恶公子纠之母以及公子纠，公子小白无母而国人怜之。事未可知，不若令一人事公子小白。夫有齐国，必此二公子也。"故令鲍叔傅⑰公子小白，管子、召忽居公子纠所。公子纠外物则固难必⑱。虽然，管子之虑近之矣。若是而犹不全也，其天邪？人事则尽之矣。

齐攻廪丘⑲。赵使孔青⑳将㉑死士㉒而救之，与齐人战，大败之。齐将死，得车二千，得尸三万，以为二京㉓。宁越㉔谓孔青曰："惜矣，不如归尸以内攻之。越闻之，古善战者，莎随㉕贲服㉖，却舍㉗延尸，彼得尸而财费乏。车甲尽于战，府库尽于葬，此之谓内攻之。"孔青曰："敌齐不尸㉘则如何？"宁越曰："战而不胜，其罪一。与人出而不与人入，其罪二。与之尸而弗取，其罪三。民以此三者怨上，上无以使下，下无以事上，是之谓重攻㉚之。"宁越可谓知用文武矣。用武则以力胜，用文则以德胜。文武尽胜，何敌之不服！

晋文公㉛欲合㉜诸侯，咎犯㉝曰："不可，天下未知君之义也。"公曰："何若？"咎犯曰："天子避叔带之难㉞，出居于郑，君奚不纳之，以定大义？且以树誉㉟。"文公曰："吾其能乎？"咎犯曰："事若能成，继文之业，定武之功，辟土安疆，于此乎在矣。事若不成，补周室之阙，勤㊱天子之难，成教㊲垂名㊳，于此乎在矣。君其勿疑。"文公听之，遂与草中之戎㊴、骊土之翟㊵，定天子于成周㊶。于是天子赐之南阳㊷之地，遂霸诸侯。举事义且利，以立大功，文公可谓智矣。此咎犯之谋也。出亡十七年，反国四年而霸，其听皆如咎犯者邪！

管子、鲍叔佐齐桓公举事⑬，齐之东鄙人有常致苦⑭者。管子死，竖刁⑮、易牙⑯用，国之人常致不苦⑰，不知致苦卒为齐国良工⑱，泽及子孙。知大礼，知大礼虽不知国可也。

【注释】

①因时：顺应、依靠时机。

②成：得，得到。

③广：本作"旷"，废也。

④蹶：兽名，不善走。

⑤跲：音 jiá，牵绊。

⑥颠：倒仆。

⑦蛩蛩距虚：传说中的异兽。蛩蛩与距虚为相类似而形影不离的二兽。一说为一兽，《山海经·海外北经》有"蛩蛩"，郭璞注："即蛩蛩距虚。"传说此兽善走不善求食，常与蹶配合，蹶采草与之食，蹶有难，蛩蛩距虚负之逃。

⑧甘草：美草。

⑨患害：祸害。

⑩鲍叔：鲍叔牙的别称，春秋时齐国大夫，以知人并笃于友谊称于世，推荐管仲当上相，从而帮助齐桓公九合诸侯，成就齐国霸业。后常以"鲍叔"代称知己好友。

⑪召忽：春秋时齐国人，与管仲同事襄公之弟公子纠。襄公死，国乱，从公子纠出奔至鲁。后护公子纠回国，争位。曾参与射杀公子小白，小白诈死，得以先入齐，即位为齐桓公。齐桓公即位后，命鲁人杀公子纠，召忽亦死。

⑫相善：彼此交好。

⑬定：平定，安定。

⑭公子纠：春秋时齐国人，齐襄公之弟，齐桓公之兄，母为鲁女。齐襄公时，政令无常，恐遭杀害，于鲁庄公八年携管仲、召忽奔鲁。襄公与

公孙无知被杀后,齐国内乱,鲁派兵护送他返齐争位,管仲射中公子小白的衣扣,小白倒地装死,管仲派人回鲁国报捷。鲁国于是就慢慢地送公子纠回国,过了六天才到,结果这时出奔在莒的公子小白已先回齐即位,即齐桓公。齐桓公即位后,威胁入侵庇护公子纠的鲁国。鲁国忧虑齐国的入侵,所以在笙渎处死了公子纠。召忽自杀,管仲则被押回齐国。

⑮鼎:古代炊器,又为盛熟牲之器。多用青铜或陶土制成,圆鼎两耳三足,方鼎两耳四足。盛行于商周,多用为宗庙的礼器和墓葬的明器。

⑯小白:指公子小白,即齐桓公。

⑰傅:辅佐,教导。

⑱固难必:原本就很难,不一定能实现。

⑲廪丘:古地名,本为齐地,后为赵地。公元前405年,齐国田布杀大夫公孙系,公孙会出逃廪丘,献城投降晋国赵氏。田布率军包围廪丘。赵氏联合魏、韩两家在廪丘与齐国决战。齐师在三晋的联手阻击下惨败。

⑳孔青:赵国将领。

㉑将:率领。

㉒死士:敢死的勇士。

㉓二京:两座京观。京观,集中埋葬敌军尸体的大坟。

㉔宁越:战国时赵国中牟人。

㉕莎随:谓相持不进不退。

㉖贲服:贲,置也。文义俱不相应,疑非本真。

㉗却舍:谓后撤三十里。

㉘延尸:即纳尸。

㉙不尸:不收尸。

㉚重攻:双重攻击。

㉛晋文公:春秋时晋国国君,名重耳。骊姬之乱时被迫流亡在外十九年。公元前636年在秦穆公的帮助下回晋杀晋怀公而立,在位期间任用狐偃、先轸等通商宽农,对外联合秦、齐伐曹攻卫,救宋服郑,于城濮之

战大败楚军,成春秋五霸之一。

㉜合:会盟。

㉝咎犯:即狐偃,春秋时晋国的卿。亦称子犯、舅犯、咎犯、臼犯、狐子。狐突之子,晋文公重耳之舅,故又称舅氏。

㉞天子:指周襄王。叔带之难:见载于《左传·僖公十一年》,周襄王的异母弟叔带在周作乱,召集戎人伐京师,入王城,焚东门,周襄王因此出奔郑。

㉟树誉:立威,树立声誉。树,立也。

㊱勤:忧虑,愁苦。

㊲成教:成就教化。

㊳垂名:流传声名。

㊴草中之戎:草中,古地名。戎,古族名。支系众多,春秋时有己氏之戎、北戎、允戎、伊洛之戎、犬戎、骊戎、蛮戎七种。

㊵骊土之翟:骊土,古地名。翟,同“狄”,古族名。主要居住在北方。亦为中原人对各少数民族的泛称。

㊶成周:古地名。即西周的东都洛邑。故址据传在今河南省洛阳市东郊。

㊷南阳:古地名。春秋时晋地,在河之北,晋之山南,故言南阳。大约即河南新乡地区所辖境,亦阳樊诸邑所在地。

㊸举事:倡议起兵,夺取政权;起义。

㊹致苦:表达困苦。

㊺竖刀:亦作“竖刁”,春秋时齐桓公的宦官寺人貂谀事桓公,颇受宠信。桓公卒,诸公子争立,寺人貂等恃宠争权,杀群吏,立公子无亏,齐国因此发生内乱。见《左传·桓公十七年》。后世用“竖刁”或“竖刀”蔑称寺人貂。亦以泛指阉宦奸臣。

㊻易牙:人名。又称狄牙、雍巫。春秋时齐桓公宠臣,长于调味,善逢迎,传说曾烹其子为羹以献桓公。见《左传·僖公十七年》《战国策·魏策二》《史记·齐太公世家》。

㊼致不苦：表达不困苦。

㊽良工：古代泛指技艺高超的人。

【译文】

六曰：睿智的人做事情一定要依靠时机。时机不一定能得到，但人为的努力却不可废弃。时机能得到也好，不能得到也罢，都要用能做到的弥补不能做到的，就像船和车能互相弥补一样。

北方有一种兽，名叫蹶，前腿像老鼠的腿一样短，后腿像兔子的腿一样长，走快了就会绊脚，一跑起来就会跌倒，它常常替蛩蛩距虚采鲜美的草来给它吃。当蹶遇到祸患的时候，蛩蛩距虚必定会背着它逃跑。这就是用自己能够做到的来弥补自己不能做到的。

鲍叔、管仲、召忽三个人彼此交好，想一起使齐国安定，认为公子纠一定能被立为君主。召忽说："我们三个人对于齐国来说，就像鼎有三足一样，缺少一个都成不了事。而且公子小白一定不会被立为君主，不如三个人一起辅佐公子纠。"管仲说："不行，国人厌恶公子纠的母亲，因而牵连到公子纠，公子小白没有母亲，因而国人很怜悯他。立君之事如何尚未可知，不如让一个人去辅佐公子小白。将来做齐国国君的，一定是这两位公子中的一个。"所以让鲍叔去辅佐公子小白，管仲、召忽留在公子纠那里辅佐他。公子纠在齐国国外，不一定就能成为齐国的君主。即使如此，管仲的考虑还是接近完备的。如果这样安排尚且不周全，那大概就是天意了吧。人为的努力已经做到了。

齐国攻打廪丘。赵国派孔青率领敢死的勇士去救援，与齐军交战，大败齐军。齐国的将领也被打死，赵国俘获战车两千辆，齐军死尸三万具，并把这些尸体集中堆成两个大坟。宁越对孔青说："这样做太可惜了，不如把尸体归还给齐国以便从内部攻击它。我听说，古代善于作战的人，能与敌军僵持不进不退，敌军只能匍匐在地上等待死亡，敌军死亡之后，我军后撤三十里，给敌军以收尸的机会，敌军收尸则会财物费用匮乏。这样，战车铠甲在战争中用尽了，府库里的钱财在安葬尸体时用光了,这就叫作从内部攻击它。"孔青说:"如果齐军不来收尸,那么该怎么办?"宁越说:"作战却不能取胜,这是他们的第一条罪状。率领士兵出去作战而不能使之回来,这是他们的第二条罪状。给了他们尸体,而他们却不收尸,这是他们的第三条罪状。人民将因为这三条罪状而怨恨统治者,在上位的人没有办法役使在下位的人,在下位的人也无从侍奉在上位的人,这就叫作双重攻击。"宁越可以称得上是懂得运用文武两种办法了。用武则凭借力量取胜,用文则凭借德行取胜。文和武都能取胜,还有什么样的敌人会不归顺!

晋文公想要会盟诸侯,咎犯说:"不行,天下人还不了解您的道义。"晋文公说:"怎么办呢?"咎犯说:"周天子躲避叔带之乱,出奔流亡在郑国,您何不送他回去,以此来确立大义? 还能树立自己的声誉。"晋文公说:"我能做到吗?"咎犯说:"此事如果能做成,那么继承周文王的事业,确立武王的功绩,开拓土地,安定边疆,就都在此一举了。事情如果做不成,那么弥补周王室的过失,忧虑周天子的灾祸,成就教化,流传声名,也都在此一举了。您还是不要犹豫了。"晋文公听从了他的主张,于是就跟草中的戎族、骊土的狄族一起把周天子安置在了成周。于是,周天子赐给他南阳之地,晋文公于是称霸诸侯。做事情既符合道义又有利,建立了大功业,晋文公可以称得上是睿智了。这都是咎犯的谋略啊。晋文公在外流亡十七年,回晋国四年就能称霸诸侯,他听从的大概都是像咎犯那样的人的意见吧!

管仲、鲍叔牙辅佐齐桓公处理国事时,齐国东方边境地区经常有人向上反映困苦情况。管仲死了之后,竖刀、易牙得以掌权,齐国国人经常向上反映不困苦的情况,不知道反映困苦情况的最终成了齐国的良工,恩泽施及子孙后代。这是因为他懂得大礼,懂得大礼,即使不懂得国情也是可以的。

【评析】

此篇题为"不广","不广者,不废人事之意",即不旷,不荒废。不荒废什么呢？首段便给出了答案，"智者之举事必因时。时不可必成，其人事则不广"。此篇讨论的就是不可废弃人的努力，而在此努力的过程中又要善于利用外界的条件。随后列举事例证之：蹶为蛩蛩距虚觅食，而蹶在遇到危害时也要借助蛩蛩距虚脱险，二者互相利用；鲍叔、管仲、召忽三人分别辅佐齐国二公子，人事尽矣，赵遗齐尸以内攻于齐，一举两得；晋文公先定周天子后合诸侯，亦咎犯之谋。以上，可见"谋事在人，成事在天"之理，亦可见善于凭借外部条件的重要性。

贵　因

七曰：三代所宝莫如因^①，因则无敌。禹通三江五湖^②，决伊阙^③，沟回陆^④，注之东海，因水之力也。舜一徙成邑，再徙成都，三徙成国，而尧授之禅位^⑤，因人之心也。汤、武以千乘制^⑥夏、商，因民之欲也。如秦者立而至，有车也。适越者坐而至，有舟也。秦、越，远涂^⑦也，竫^⑧立安坐而至者，因其械^⑨也。

武王^⑩使人候^⑪殷，反报岐周^⑫曰："殷其乱矣。"武王曰："其乱焉至^⑬？"对曰："谗慝^⑭胜良^⑮。"武王曰："尚未也。"又复往，反报曰："其乱加矣。"武王曰："焉至？"对曰："贤者出走矣。"武王曰："尚未也。"又往，反报曰："其乱甚矣。"武王曰："焉至？"对曰："百姓不敢诽怨^⑯矣。"武王曰："嘻！"遽^⑰告太公^⑱，太公对曰："谗慝胜良，命^⑲曰戮^⑳；贤者出走，命曰崩^㉑；百姓不敢诽怨，命曰刑胜^㉒。其乱至矣，不可以驾^㉓矣。"故选车三百，虎贲^㉔三千，朝^㉕要甲子之期^㉖，而纣为禽^㉗。则武王固知其无与为敌也，因其所用，何敌之有矣！

武王至鲔水^㉘，殷使胶鬲^㉙候周师，武王见之。胶鬲曰："西伯^㉚将何之？无欺我也。"武王曰："不子欺^㉛，将之殷也。"胶鬲曰："曷至㉜？"武王曰："将以甲子至殷郊，子以是报矣。"胶鬲行。天雨，日夜不休，武王疾行不辍㉝。军师皆谏曰："卒病㉞，请休之。"武王曰："吾已令胶鬲以甲子之期报其主矣，今甲子不至，是令胶鬲不信㉟也。胶鬲不信也，其主必杀之。吾疾行以救胶鬲之死也。"武王果以甲子至殷郊，殷已先陈㊱矣。至殷，因战，大克之。此武王之义也。人为人之所欲，己为人之所恶，先陈何益？适令武王不耕而获㊲。

武王入殷，闻殷有长者㊳，武王往见之，而问殷之所以亡。殷长者对曰："王欲知之，则请以日中㊴为期。"武王与周公旦明日早要期㊵，则弗得也。武王怪之。周公曰："吾已知之矣。此君子也，取不能㊶其主，有以其恶告王，不忍㊷为也。若夫期而不当㊸，言而不信，此殷之所以亡也，已以此告王矣。"

夫审天者㊹，察列星而知四时㊺，因也。推历者㊻，视月行㊼而知晦朔㊽，因也。禹之裸国㊾，裸入衣出，因也。墨子见荆王，锦衣吹笙㊿，因也。孔子道[51]弥子瑕[52]见釐夫人[53]，因也。汤、武遭乱世，临苦民，扬其义，成其功，因也。故因则功，专则拙。因者无敌，国虽大，民虽众，何益！

【注释】

①因：顺应，顺应形势的发展而做出相应的反应。

②禹：古代部落联盟的领袖，姒姓，名文命，鲧之子。又称大禹、夏禹、戎禹。原为夏后氏部落领袖，奉舜命治理洪水，领导人民疏通江河，兴修沟渠，发展农业。据传治水十三年中，三过家门不入。后被选为舜的继承人，舜死后即位，建立夏代。后世视为圣王。其事迹详见《书》之《舜典》《大禹谟》《皋陶谟》《益稷》《禹贡》等篇。通：开辟，疏通。三江五湖：指东南方的三条江与太湖流域一带的湖泊。

③决：排除壅塞，疏通水道。伊阙：山名。在今河南洛阳市南。因两

山相对如阙门，伊水流经其间，故名。

④沟：挖沟。回陆：地名，即大陆，古泽薮名。又名巨鹿泽、广阿泽。

⑤禅位：禅让帝位。

⑥制：制服，制裁。

⑦远涂：路途遥远。

⑧峥：静，安。

⑨械：泛指器械，器具。

⑩武王：周武王。

⑪候：视也，察看，监视。

⑫岐周：岐山下的周代旧邑。地在今陕西省岐山县境，周建国于此，故称。

⑬焉至：达到什么程度。

⑭谗慝：邪恶奸佞之人。

⑮良：贤良。

⑯诽怨：责备怨恨。

⑰遽：赶快，疾速。

⑱太公：即太公望，吕尚。

⑲命：同"名"，名称，名字。

⑳戮：暴虐。

㉑崩：崩坏。

㉒刑胜：刑辟胜也。指用刑罚太严苛使百姓不敢言。

㉓驾：通"加"，增多，添加。

㉔虎贲：勇士之称。

㉕朝：指诸侯定期朝见天子，报告封国情况。

㉖甲子之期：甲子那一天。

㉗禽："擒"的古字，俘获，被俘，制伏。

㉘鲔水：水名。武王伐纣至鲔水，即此处。

㉙胶鬲：商周时人，纣时因遭世乱，曾隐遁为商。

㉚西伯:此指周武王。

㉛不子欺:不欺骗你。

㉜曷至:何日到殷。

㉝辍:中途停止,中断。

㉞卒病:士兵疲惫。

㉟不信:不诚信。

㊱先陈:这里指提前布阵排兵。陈,陈列,排列。

㊲不耕而获:不播种而收获,这里指武王不战而胜。

㊳长者:年纪大或辈分高的人。

㊴日中:正午。

㊵要期:邀请约定的时间。要,邀请。期,约定。

㊶能:亲善,和睦。

㊷不忍:不忍心,感情上觉得过不去。

㊸期而不当:到了约定时间却不赴约。

㊹审天者:观测天象的人。

㊺四时:四季。

㊻推历者:推算时历的人。

㊼月行:月亮运行的轨迹。

㊽晦朔:农历每月末一日及初一日。

㊾裸国:传说中的古国名。或说在西方,或说在南方。其民皆不穿衣,故称。

㊿锦衣:精美华丽的衣服。旧指显贵者的服装。吹笙:吹奏笙这种乐器。笙,管乐器名。墨子好俭非乐,锦衣与笙非其所服也,而为之,因荆王之所欲也。

51道:由也,通过。

52弥子瑕:卫灵公宠臣。

53釐夫人:或为灵公夫人南子,或谥釐。

【译文】

七曰:夏、商、周三代最宝贵的莫过于顺应事物的发展而做出反应,顺应事物的发展而做出反应就能所向无敌。禹疏通了三江五湖,开辟伊阙山,使伊水疏通,在大陆泽挖沟,使水能注入东海,这是顺应了水的力量。舜第一次迁移形成了城邑,第二次迁移形成了都城,第三次迁移形成了国家,因而尧把帝位禅让给了他,这是顺应了人心。汤、武仅仅凭借千乘的诸侯国的地位就制服万乘的夏、商,这是顺应了人民的愿望。到秦国去的人站在车上就能到达,是因为有车。到越国去的人坐在船上就能到达,是因为有船。到秦国、越国去,路途遥远,安静地站着、坐着就能到达,这是因为凭借了器械工具。

周武王派人打探殷商的情况,那人返回岐周禀报说:“殷商大概要出现混乱了。”武王说:“达到什么程度?”回答说:“邪恶奸佞的人胜过了贤良的人。”武王说:“还不是时候。”那人再前去探听,回来禀报说:“它的混乱程度加重了。”武王说:“达到什么程度?”回答说:“贤良的人已经逃走了。”武王说:“还不是时候。”那人又前去刺探,回来禀报说:“它的混乱已经很严重了。”武王说:“达到什么程度?”那人回答说:“百姓都不敢讲责备怨恨的话了。”武王说:“好!”并赶快把这种情况告诉了太公望,太公望回答说:“邪恶奸佞的人胜过了贤良的人,这叫作暴虐;贤良的人逃走,这叫作崩坏;百姓不敢讲责备怨恨的话,这叫作刑罚太严苛。殷商的混乱已经达到顶点,无以复加了。”所以,挑选了战车三百辆,勇士三千名,朝会诸侯时约定以甲子那一天为期,兵至牧野,攻打殷商,并且擒获了纣王。武王本来就知道纣王无法与自己为敌,能顺应商纣灭亡的大势并加以利用,还有什么敌手呢?

武王伐纣到了鲔水,殷商派胶鬲打探周室的军队,武王会见了他。胶鬲说:“武王您将要到哪里去? 不要欺骗我。”武王说:“不欺骗你,我将要去伐殷。”胶鬲说:“哪一天能到达?”武王说:“将在甲子之日到达殷郊,你就这样回去禀报吧。”胶鬲走了。天下起雨来,日夜不停,武王加速行军,不中途停止。军师都劝谏说:"士兵们已经很疲惫了,请让他们休息休息吧。"武王说:"我已经让胶鬲把甲子之日到达殷郊的消息禀报给他的君主了,如果甲子之日不能到达,这就是使胶鬲失去诚信。胶鬲失去君主的信任,他的君主一定会杀死他。我加速行军正是为了救胶鬲的命。"武王果然在甲子之日到达了殷郊,殷商已经先陈兵列阵了。军队到达殷都,于是两军交战,武王大胜殷军。这就是武王的仁义。武王所做的是人们所希望的事情,纣王自己做的却是人们所厌恶的事情,先陈兵列阵又有什么用呢? 恰好让武王不战而胜。

武王进入殷都,听说殷有年高位尊的人,武王就去拜见他,并请教他殷商灭亡的原因。那个年高位尊的人回答说:"您想要知道的话,那就约定于明天正午之时再见。"武王和周公旦第二天在老者邀请约定的时间之前就去了,却没有见到那个人。武王觉得很奇怪。周公旦说:"我已经明白他的用意了。这是个君子啊,他采取了不亲善自己君主的态度,又要把自己君主的罪恶告诉您,他不忍心这样做。至于约定了时间却不如期赴约,说好了见面却不讲信用,这就是殷商灭亡的原因,他已经用这种方式把殷商灭亡的原因告诉您了。"

观测天象的人,观察众星运行的情况就能知道四季的变化,是因为顺应众星运行的规律。推算时历的人,观看月亮运行的轨迹就能知道每月的末一日及初一日,是因为顺应月亮运行的规律。禹到裸国去,裸体进去,出来以后再穿衣服,是为了顺应那里的习俗。墨子见楚王,穿上华丽衣服,吹起笙,是为了顺应楚王的爱好。孔子通过弥子瑕去见釐夫人,是为了借此实行自己的主张。汤、武遇上混乱的世道,面对贫苦的人民,发扬他们的道义,成就了功业,是因为顺应了时势。所以,顺应时势就能成功,独断专行就会失败。所以,能顺应时势的人就能天下无敌,而不顺应时势的,即使国家再大,百姓再多,又能有什么益处呢!

【评析】

"贵因"即"贵于因势因时而行事也",即要顺应事物的发展而做出相应的反应。开篇就点明夏、商、周三代之宝为"贵因"。其后,着重以周武王入殷之过程为例展开论述:周武王伐纣是因时、因势之结果;周武王入殷是守约、守信之结果,以说明顺应事物发展而为的必要性。篇末,又从四时天象推衍到君王圣贤,重申"因者无敌"。

察 今

八曰:上胡不法先王之法①? 非不贤②也,为其不可得而法。先王之法,经乎上世③而来者也,人或益之,人或损之,胡可得而法? 虽人弗损益,犹若不可得而法。东夏之命④,古今之法,言⑤异而典⑥殊,故古之命多不通乎今之言者,今之法多不合乎古之法者。殊俗⑦之民,有似于此。其所为欲同,其所为异。口惛之命⑧不愉⑨,若舟车衣冠滋味声色之不同,人以自是⑩,反以相诽⑪。天下之学者多辩,言利辞倒,不求其实,务以相毁,以胜为故。先王之法,胡可得而法? 虽可得,犹若不可法。凡先王之法,有要于时也。时不与法俱至,法虽今而至⑫,犹若不可法。故择⑬先王之成法,而法其所以为法。先王之所以为法者,何也? 先王之所以为法者,人也。而己亦人也,故察己则可以知人,察今则可以知古,古今一也,人与我同耳。有道之士,贵以近知远,以今知古,以益⑭所见,知所不见。故审堂下之阴⑮,而知日月之行、阴阳之变;见瓶水之冰,而知天下之寒、鱼鳖之藏也;尝一脟肉⑯,而知一镬⑰之味、一鼎之调⑱。

荆人欲袭宋,使人先表⑲澭水⑳。澭水暴益㉑,荆人弗知,循㉒表而夜涉,溺死者千有余人,军惊而坏都舍㉓。向㉔其先表之时可导㉕也,今水已变而益多矣,荆人尚犹循表而导之,此其所以败也。今世之主,法先王之法也,有似于此。其时已与先王之法亏㉖矣，而曰"此先王之法也"而法之，以此为治㉗，岂不悲哉！故治国无法则乱，守法而弗变则悖㉘，悖乱不可以持国㉙。世易时移，变法宜矣。譬之若良医，病万变，药亦万变。病变而药不变，向之寿民，今为殇子㉚矣。故凡举事必循法以动，变法者因时而化，若此论则无过务㉛矣。

夫不敢议法者，众庶㉜也；以死守㉝者，有司㉞也；因时变法者，贤主也。是故有天下七十一圣，其法皆不同。非务相反也，时势异也。故曰良剑期乎断，不期乎镆铘㉟；良马期乎千里，不期乎骥骜㊱。夫成功名者，此先王之千里也。楚人有涉江者，其剑自舟中坠于水，遽契㊲其舟曰："是吾剑之所从坠。"舟止，从其所契者入水求之。舟已行矣，而剑不行，求剑若此，不亦惑㊳乎？以此故法为其国与此同。时已徙矣而法不徙，以此为㊴治，岂不难哉！有过于江上者，见人方引婴儿而欲投之江中，婴儿啼，人问其故，曰："此其父善游。"其父虽善游，其子岂遽㊵善游哉？此任物亦必悖㊶矣。荆国之为政，有似于此。

【注释】

①法：第一个"法"作动词用，仿效，效法。第二个"法"作名词用，规章，制度。

②贤：胜过，超过。

③上世：先代，前辈。

④东夏：东方曰夷，故夷亦可言东，此东、夏为夷、夏对言。命：名也，名物。

⑤言：记载。

⑥典：制度、法规、法律。

⑦殊俗：风俗、习惯不同。

⑧口惛之命：谓方音也。

⑨愉：改变，变更。

⑩人以自是：人们以为自己的看法对，不接受别人的意见。

⑪相诽：互相毁谤。

⑫陶鸿庆认为：两"至"皆"在"字之误。

⑬"择"字一作"释"，"择""释"声同字通，弃。

⑭益：一说无"益"字。

⑮阴：日月之阴影。

⑯一胾肉：一块肉。胾，切肉成块。

⑰镬：无足鼎。古时煮肉及鱼、腊之器。

⑱调：调和，调配。

⑲表：标示，标记。

⑳濮水：古水名。约在今山东省菏泽市东北，为古黄河的岔流，故道已湮。

㉑暴益：同"暴溢"，急剧涨溢。

㉒循：沿着，顺着。

㉓坏：倾圮，倒塌。

㉔向：从前。

㉕导：涉也。顺着木标涉水过河。

㉖亏：毁也，毁坏，损伤。

㉗治：治理，统治。

㉘悖：昏乱，惑乱。

㉙持国：掌管、主持国家。持，掌管，主持。

㉚殇子：未成年而死者，短命的人。

㉛过务：错误的事情。

㉜众庶：众民，百姓。

㉝守："守"字后当有"法"字。

㉞有司：官吏。古代设官分职，各有专司，故称。

㉟镆铘：亦作"莫邪"，传说春秋吴王阖庐使干将铸剑，铁汁不下，其

妻莫邪自投炉中,铁汁乃出,铸成二剑。雄剑名干将,雌剑名莫邪。事见汉赵晔《吴越春秋·阖闾内传》、唐陆广微《吴地记·匠门》。后因用作宝剑名。

㊱骥骜:骏马名,指千里马。

㊲契:刻。本谓占卜时以刀凿刻龟甲,后泛指刻物。

㊳惑:糊涂,令人不解。

㊴为:治也。

㊵岂遽:亦作"岂渠",犹怎么,难道。

㊶悖:谬误,荒谬。

【译文】

八曰:君主为什么不效法先王的法令制度呢?并不是先王的法度不好,是因为它是不可能被效法的。先王的法度,是经由先代流传下来的,有的人增补它,有的人删减它,怎么可以效法?即使人们没有增补、删减,还是不可能被效法。东夷和华夏对名物的名称,古代和现代的法令制度,记载不一样而典制也不一样,所以古代的名称与现在的叫法大多不相通,现在的法令与古代的法令大多不相合。不同风俗、习惯的人民,与此情况相似。他们所要实现的愿望相同,他们的所作所为却不同。各地的方言是不能改变的,就像船、车、衣、帽、口味、声音、色彩不同一样,可是人们却认为自己的看法才是对的,反过来互相毁谤。天下有学识的人大多能言善辩,言谈锋利,言辞颠倒,不求符合实际,只求务必互相诋毁,以争胜为能事。先王的法度,怎么可能被效法呢?即使可以得到,还是不可以效法。大凡是先王的法令制度,都合于当时的实际情况。但是当时的情况不会随着法令制度流传下来,所以古时的法令制度流传至今,仍是不可效法的。所以,放弃先王制定的旧法,而效法他们之所以制定如此法令的依据。先王制定法律的依据是什么呢?古代帝王制定法度的依据是人。而自己也是人,所以明察自己就可以知道别人,明察现在就可以知道古代,古和今的道理是一样的,别人与自己是相同的。掌握事物运行方法的人,他们的可贵之处在于由近的可以推知远的,由现在的可以推知古代的,由可以看见的,推知不可预见的。所以,观察堂屋下面的阴影,就可以知道日月运行的情况、寒暑变化的规律;看到瓶子里的水结冰了,就知道天下已经寒冷、鱼鳖已经潜藏了;品尝一块肉,就可以知道一锅肉的味道、一鼎肉味道调和的情况。

楚国人想攻打宋国,派人先在滩水中设置渡河的标记。滩水急剧涨溢,楚国人不知道,夜里沿着标记渡河,被河水淹死的有一千多人,军队惊恐得就像都城中的房屋倒塌一样。以前他们事先设置标记的时候,是可以顺着标记渡河的,现在河水已经发生变化上涨了,楚国人还按照原来的标记涉水渡河,这就是他们失败的原因。现在的君主要效法先王的法度,就与这种情况相似。他所处的时代已经与先王的法度相崩坏了,却还说"这是先王的法度",并且要效法它,用这种办法治理国家,这难道不可悲吗? 所以,治理国家没有法度就会出现混乱,死守法度不加改变就会发生昏惑,出现混乱和昏惑是不能掌管国家的。世事变迁,时代推移,变法是应该的。这就像高明的医生一样,病是千变万化的,药也应该随之千变万化。如果病情变化了,药却不变,那么先时可以长寿的人,就会成为短命的人了。所以,凡做事一定要遵循法度而做,变法一定要随着时代的变化而变化,若像这样就不会有错误的事了。

不敢议论法令的,是百姓;死守法令的,是官吏;顺应时代变法的,是贤明的君主。因此,天下有七十一位圣贤君主,他们的法令都不相同。并不是他们有意要与彼此相反,而是因为时势不同。所以,良剑希望能砍断东西,不在于有"镆铘"那样的美名;好马希望能日行千里,不在于有"骥骜"那样的美称。成就功名,这是先王所希望达到的"千里"啊。楚国有个乘船渡江的人,他的剑从船上掉到了河里,他急忙在船边刻上记号说:"这里是我的剑掉下去的地方。"等船停了,他就从刻记号的地方下水去找剑。船已经移动了,可剑却没有移动,像这样找剑,不是太糊涂了吗? 用旧法令来治理国家,与这个人找剑相同。时代已经改变了,可是法令却不随着改变,用这种办法来治理国家,难道不是很难吗? 有一个过江的人，看见有人正拉着婴儿想把他扔到江中，婴儿啼哭不止，人们问这人为什么这样，他说："这个婴儿的父亲善于游泳。"父亲虽然善于游泳，儿子难道就善于游泳吗？用这种方法来处理事物必然是荒谬的。楚国处理政事的情况，与此相似。

【评析】

此篇为《慎大览》最后一篇，"察今"是指审察当时的实际情况而做出相应的改变。开篇说理，提出先王之法为何不可效法，其原因在于古今之法，言异典殊。借此说明唯有察己知人、察今知古，方能人与我同，古今一也。其后列举了楚人沿表夜涉、刻舟求剑、其父善游的事例，以阐发循法以动、因时而动的重要性。此篇之"因时顺势"之思想可与《慎大览》中其他篇目如《顺说》《贵因》等参考互见。

先识览第四

先　识

一曰：凡国之亡也，有道者必先去，古今一也。地从于城①，城从于民②，民从于贤③。故贤主得贤者而民得，民得而城得，城得而地得。夫地得岂必足行其地、人说其民哉？得其要而已矣④。

夏太史令终古出其图法，执而泣之。夏桀迷惑，暴乱愈甚。太史令终古乃出奔如商。汤喜而告诸侯曰："夏王无道，暴虐百姓，穷其父兄，耻其功臣，轻其贤良，弃义听谗，众庶咸怨，守法之臣，自归于商。"

殷内史向挚见纣之愈乱迷惑也，于是载其图法，出亡之周。武王大说，以告诸侯曰："商王大乱，沉于酒德，辟远箕子，爱近姑与息。妲己为政，赏罚无方⑤，不用法式⑥，杀三不辜⑦，民大不服。守法之臣，出奔周国。"

晋太史屠黍⑧见晋之乱也，见晋公之骄而无德义也，以其图法归周。周威公⑨见而问焉，曰："天下之国孰先亡？"对曰："晋先亡。"威公问其故，对曰："臣比在晋也，不敢直言，示晋公以天妖，日月星辰之行多以不当。曰：'是何能为？'又示以人事多不义，百姓皆郁怨。曰：'是何能伤？'又示以邻国不服，贤良不举。

曰：'是何能害？'如是，是不知所以亡也。故臣曰晋先亡也。"居三年⑩，晋果亡。威公又见屠黍而问焉，曰："孰次之？"对曰："中山次之。"威公问其故，对曰："天生民而令有别，有别，人之义也，所异于禽兽麋鹿也，君臣上下之所以立也。中山之俗，以昼为夜，以夜继日，男女切倚⑪，固无休息，康⑫乐，歌谣好悲，其主弗知恶，此亡国之风⑬也。臣故曰中山次之。"居二年，中山果亡。威公又见屠黍而问焉，曰："孰次之？"屠黍不对。威公固问焉，对曰："君次之。"威公乃惧，求国之长者，得义莳、田邑⑭而礼之，得史骖、赵骈⑮以为谏臣，去苛令三十九物⑯，以告屠黍。对曰："其尚⑰终君之身乎！"曰："臣闻之，国之兴也，天遗之贤人与极⑱言之士；国之亡也，天遗之乱人与善谀⑲之士。"威公薨，殡⑳，九月不得葬，周乃分为二。故有道者之言也，不可不重也。

周鼎著饕餮，有首无身，食人未咽，害及其身，以言报更也。为不善亦然。

白圭㉑之中山，中山之王欲留之，白圭固辞，乘舆而去。又之齐，齐王欲留之仕，又辞而去。人问其故，曰："之二国者皆将亡。所学有五尽。何谓五尽？曰：莫之必，则信尽矣；莫之誉，则名尽矣；莫之爱，则亲尽矣；行者无粮，居者无食，则财尽矣；不能用人，又不能自用，则功尽矣。国有此五者，无幸必亡。中山、齐皆当此㉒。"若使中山之王与齐王闻五尽而更㉓之，则必不亡矣。其患不闻，虽闻之又不信。然则人主之务，在乎善听而已矣。夫五割而与赵，悉起而距军乎济上，未有益也㉔。是弃其所以存，而造其所以亡也㉕。

【注释】

①地从于城：土地的归属取决于城邑的归属，只要城邑不被攻下，土

地所属就不会变迁。

②城从于民:城邑的归属取决于民众的归属,只要民众不四处溃逃,城邑所属就不会变更。

③民从于贤:民众的归属取决于贤人的归属,只要贤人得到君主任用,民众的所属也就安定了。

④得其要而已矣:只要得到最根本的就够了。

⑤方:道理,准则。

⑥法式:法度,制度。

⑦三不辜:指剖比干之心,折材士之股,刳孕妇而观其胞。

⑧屠黍:晋出公的太史。出公,是顷公的孙子,定公的儿子。

⑨周威公:周敬王后五世考烈王分封他的弟弟在河南为桓公。威公是桓公的孙子。

⑩居三年:指的是屠黍在周待了三年后。

⑪切倚:指互相依偎厮磨亲昵的样子。切,磨。倚,近。

⑫康:安逸。

⑬风:风化、习俗。

⑭义莳、田邑:都是古代的贤人。

⑮史骍、赵骈:这两个人都是直言的谏臣。

⑯物:事。

⑰其尚:这个至多。

⑱极:尽。

⑲谀:谄媚。

⑳殡:把棺柩放在地中待葬。

㉑白圭:战国时期周人,擅长经商,《史记·货殖列传》有传。

㉒皆当此:都会像前文提及的信尽、名尽、亲尽、财尽、功尽这五尽一样灭亡。

㉓更:变革。

㉔未有益也:都没有什么好处。

㉕造其所以亡也：造成他们自己灭亡的原因。

【译文】

一曰：但凡国家将要灭亡的时候，有道之人一定会先离开，从古至今都是这样。土地的归属取决于城邑的归属，只要城邑不被攻下，土地所属就不会变迁；城邑的归属取决于民众的归属，只要民众不四处溃逃，城邑所属就不会变更；民众的归属取决于贤人的归属，只要贤人得到君主任用，民众的所属也就安定了。因此，贤明的君主得到了贤人就自然而然得到了民众，得到了民众就自然而然得到了城邑，得到了城邑就自然而然得到了土地。得到土地何必亲自走到那里游说那里的人民呢？只要得到最根本的就够了。

夏朝的太史令终古拿出他的图录法典抱着哭泣。夏桀迷乱昏惑，暴虐荒淫越发厉害。太史令终古于是出逃到商。商汤高兴地告诉各个诸侯："夏王无道，残害百姓，使他的父兄困窘，使他的功臣们受辱，使贤良们受轻慢，背弃道德礼义，听信谄媚之言，大家都怨恨他，掌管图录法典的臣子自然会归顺商。"

殷朝的内史看见纣王越发淫乱昏惑，于是载着图录法典出逃到周。周武王十分高兴，把这事告诉各个诸侯说："商纣王淫乱昏惑，沉溺于行乐饮酒，疏远箕子，亲近宠妃和小人。妲己参与朝政，赏赐与惩罚没有准则，不按照法度，残杀三个无罪的人（剖开比干的心，折断材士的大腿，剖开孕妇肚子看胚胎），民众十分不服。掌管图录法典的臣子出逃到周国。"

晋国的太史屠黍看见晋国混乱和晋公的骄横无德，于是带着晋国的图录法典出逃到周。周威公看见了问他道："全天下这么多诸侯国，哪一个会先灭亡？"屠黍回答说："晋国将会先灭亡。"周威公问他其中的原因，屠黍回答道："我近来在晋国的时候，不敢直接劝谏君主，我告知晋公天象出现的不正常现象，即日月星辰的运行大多不符合轨度。晋公说：'这又能怎么样呢？'我又告知晋公人事的不合适的处理，百姓都郁结着怨

气。晋公说：'这又有什么妨害？'我又告知晋公邻国不顺服,贤人得不到
任用。晋公说：'这又有什么危害？'就像这样,这是不知道灭亡的原因
啊。所以我说晋国将会先灭亡。"屠黍在周国待了三年,晋国果然灭亡
了。周威公又召见屠黍问他,说："哪个诸侯国接下来要灭亡？"屠黍回答
说："中山国接下来会灭亡。"周威公问他原因,屠黍回答说："上天生下人
而使他们有分别,有分别是人之大义,是人不同于禽兽麋鹿的地方,是君
臣上下得以确立的原因。中山国的习俗是把白天当作黑夜,夜晚接着白
天,昼夜不分不止地男欢女爱耳鬓厮磨,喜欢安逸享乐,乐曲歌谣喜欢悲
伤的曲调,中山国君主不知道厌恶,这是亡国的风俗啊。所以我说中山
国接下来要灭亡。"屠黍在周国又待了两年,中山国果然灭亡了。周威公
又召见屠黍问他,说："哪个诸侯国接下来要灭亡？"屠黍没有回答。周
威公坚持问他,屠黍回答说："您接着要灭亡。"周威公这才感到害怕,寻
访全国德高望重的长者,得到义莳、田邑,用相应的礼数对待他们,得到
史骈、赵骈,把他们当作谏臣,去除苛杂的条令三十九条,把这些都告诉
屠黍。屠黍回答说："这最多能保全您的一生。"又说："我听说国家将要
兴盛的时候,上天赐予他贤德之人和直谏之人；国家将要灭亡时,上天降
下祸乱之人和阿谀奉承之人。"周威公死后,棺椁放在地里九个月而不得
正式安葬,周国于是一分为二。所以有道之人的话不可以不重视。

　　周鼎上铸着饕餮的花纹,有头而没有身体,吃人还没来得及咽下去,
祸害就危及到了自身,这是说的报应啊。做不善的事情也是这样。

　　白圭到中山国,中山国君主想要留住他,白圭坚决地谢绝了他,乘着
马车离开了。白圭又到了齐国,齐国君主想要留住他,白圭仍然谢绝而
离开了。有人问他其中的原因,他说："这两个国家都快要灭亡了。我所
知道的有'五尽'。什么叫作'五尽'？就是：没有人相信他,那么信用就
没有了；没有人赞赏他,那么名声就没有了；没有人爱护他,那么亲情就
没有了；行路之人没有粮食,居家之人没有食物,那么财物就没有了；不
能任用别人而又不能使自己得到任用,那么功业就丧尽了。国家有这五
种情况,没有幸免地都会灭亡。中山国、齐国都会像这样灭亡。"假如使

中山国君主与齐国君主听说这"五尽"而改变这些,那么就一定不会灭亡。他们的问题在于没有听到这些,即使听说了也不相信。然而为人君主的关键在于善于兼听各种意见。中山国五次割让土地给赵国,齐王率领全部军队在济水上抵御以燕国为首的军队,都没有什么好处。这是放弃他们得以生存的东西而造成他们灭亡的原因。

【评析】

"先识"指有预见性的言论。具备先识之人为"有道之人",有道之人预感到国之将亡,一定会事先离开。《先识》篇通过列举夏太史令终古如商、殷内史向挚亡周、晋太史屠黍归周的事例,重点论述了贤人对国家未来的预见,凸显有道贤人对于治国的重要性,因此君主应该把识贤、用贤当作治国要务。如果君主不听从贤人的劝谏,国家将会有灭亡的风险。

观 世

二曰:天下虽有有道之士,国①犹少。千里而有一士,比肩也;累世而有一圣人,继踵也。士与圣人之所自来,若此其难也,而治必待之,治奚由至?虽幸而有,未必知也,不知则与无贤同。此治世之所以短②,而乱世之所以长③也。故王者不四,霸者不六,亡国相望,囚主相及。得士则无此之患。此周之所封④四百余,服国八百余,今无存者矣。虽存,皆尝亡矣。贤主知其若此也,故日慎一日,以终其世。譬之若登山,登山者,处已高矣,左右视,尚巍巍焉山在其上。贤者之所与处,有似于此。身已贤矣,行已高矣,左右视,尚尽贤于己。故周公旦曰:"不如吾者,吾不与处,累我者也;与我齐⑤者,吾不与处,无益我者也。"惟贤者必与贤于己者处。贤者之可得与处也,礼之也。

主贤世治,则贤者在上⑥;主不肖世乱,则贤者在下。今周室既灭,天子既废,乱莫大于无天子。无天子则强者胜弱,众者暴寡,以兵相刬⑦,不得休息而佞进。今之世当之矣。故欲求有道之士,则于江河之上,山谷之中,僻远幽闲之所,若此则幸于得之矣。太公钓于滋泉⑧,遭纣之世也,故文王得之。文王,千乘也;纣,天子也。天子失之,而千乘得之,知之与不知也。诸众齐民,不待知而使,不待礼而令。若夫有道之士,必礼必知,然后其智能可尽⑨也。

晏子⑩之晋,见反裘负刍⑪息于途者,以为君子也。使人问焉,曰:"曷为而至此?"对曰:"齐人累⑫之,名为越石父。"晏子曰:"嘻!"遽解左骖以赎之,载而与归。至舍,弗辞而入。越石父怒,请绝。晏子使人应之曰:"婴未尝得交也,今免子于患,吾于子犹未邪也?"越石父曰:"吾闻君子屈乎不己知者,而伸乎己知者。吾是以请绝也。"晏子乃出见之,曰:"向也见客之容而已,今也见客之志。婴闻察实⑬者不留声,观行者不讥辞⑭,婴可以辞⑮而无弃乎?"越石父曰:"夫子礼之,敢不敬从。"晏子遂以为客。俗人有功则德,德则骄。今晏子功免人于厄矣,而反屈下之,其去俗亦远矣。此令功之道也。

子列子⑯穷,容貌有饥色。客有言之于郑子阳⑰者,曰:"列御寇,盖有道之士也,居君之国而穷,君无乃为不好士乎?"郑子阳令官遗之粟数十秉⑱。子列子出见使者,再拜而辞。使者去,子列子入,其妻望⑲而拊心,曰:"闻为有道者妻子皆得逸乐。今妻子有饥色矣,君过而遗先生食,先生又弗受也,岂非命也哉?"子列子笑而谓之曰:"君非自知我也,以人之言而遗我粟也,至己而罪我也,有罪⑳且以人言。此吾所以不受也。"其卒民果作难,杀子阳。受人之养而不死其难,则不义;死其难,则死无道也;死无道,逆也。子列子除不义,去逆也,岂不远哉？且方有饥寒之患矣,而犹不苟取,先见其化也。先见其化而已动,远^㉑乎性命之情也。

【注释】

①国:应作"固",本来。

②短:少。

③长:多。

④封:建。

⑤齐:等同,相同。相同就不能胜过自己,所以说"无益我者也"。

⑥上:上位。

⑦划:灭,残杀。

⑧滋泉:兹泉。"兹"是"滋"的本字,后人加上水旁,实际上是同一字。

⑨尽:全部为君主所用。

⑩晏子:齐国大夫晏平仲。司马迁《史记·管晏列传》有传。

⑪反裘负刍:反穿皮衣背着草。

⑫累:罪行,过失。

⑬实:功实。

⑭观行者不讥辞:观察人的言行不需要考察那个人的言辞。讥,考察。

⑮辞:谢也,道歉。

⑯子列子:列御寇,道家学派人物,主张清静无为。著书八篇,在庄子之前。

⑰郑子阳:郑国的国相。

⑱秉:江淮之间的计量单位。《仪礼·聘礼》云:"十斗曰斛,十六斗曰籔,十籔曰秉。"因此,一秉是一百六十斗或十六斛。

⑲望:犹"怨"也。哀怨。

⑳有罪："罪"为衍字。"有"与"又"同。

㉑远：为"达"之误，通晓。

【译文】

二曰：天下虽然有有道之人，但是本来就很少。相隔千里能有一个士，那就是肩并着肩了；累计几代而能有一个圣人，那就是脚跟接着脚跟了。士和圣人的到来这样困难，而国家安定却一定要依靠这些人，国家安定从何而来呢？即使幸运地拥有这样的人，也未必知道他们是贤人，有贤人而不被人知道则和没有贤人是相同的。这就是国家安定的世道少而混乱的世道多的原因。所以成就王道的人没有出现四位，称霸的人没有出现六位，被灭亡的国家一个接着一个，被囚禁的君主一个连着一个。得到士就没有国家灭亡、君主被囚这样的忧患了。这就是周朝分封的四百多个诸侯国、归服的八百多个国家今天都不存在的原因。即使现在存在，曾经也灭亡过。贤良的君主知道这样的原因，所以一天比一天谨慎，用来保全自己在任期间的安全。将之比作登山，登山的人，所处的地势已经很高了，向左右看，巍巍大山还在他的上边。贤德的人与人的相处就和这个类似。自己本身已经很贤良了，品行已经很高尚了，向左右看，都是贤德超过自己的人。所以周公旦说："不如我的人，我不和他相处，这是牵累我的人；和我一样的人，我不和他相处，这是对我没有好处的人。"只有贤德的人一定和比自己贤德的人相处。可以和贤德的人相处的办法，是用礼来对待他们。君主贤良，世道安定，那么贤人就处在上位；君主不肖，世道混乱，那么贤人就处在下位。如今周王室已经灭亡，周天子已经被废除，世道混乱没有比没有天子更严重的了。没有天子，那么强大的就会胜过弱小的，人多的就会欺负人少的，用军队互相残杀，不能使民众休养生息而奸佞之人得到重用。现在的世道就是这样。所以想要求得有道之人，就应该去江河上，山谷中，偏僻幽静的地方，像这样就有幸得到他们。太公在滋泉钓鱼，是遭逢纣王当政的乱世，所以周文王得到了他。文王只是诸侯，纣王是天子。天子失去了太公，而诸侯得到了他，这就是了解与不了解贤人的区别。众多的平民，不用了解他们就可以役使他们，不用礼遇就能号令他们。像那些有道之人，一定要以礼对待并了解他们，然后他们的智能才能全部为君主所用。

晏子到了晋国，看见一个反穿皮衣背着草在路边休息的人，认为他是一个君子。派人询问那个人，说："你为什么到了这里？"那个人回答说："身上有罪给齐人做奴隶，我的名字叫越石父。"晏子说："哦！"于是解下车乘左边的马赎回了越石父，载着他一起回去。到了住宿的地方，晏子不向越石父告别就进去了。越石父生气了，请求与晏子绝交。晏子派人告诉他说："我未曾和你做朋友啊，今天我使你免于危难，难道这还不行吗？"越石父说："我听说君子在不了解自己的人面前能够忍受屈辱，在了解自己的人面前能够舒展自己。正是因为这样，我才请求和您绝交。"晏子于是出来见越石父，说："之前见到的只是客人的容貌，现在见到的是客人的志向。我听说考察人的功实不需要考虑那个人的名声，想要观察人的言行不需要考察那个人的言辞，我可以向您致歉而不被您拒绝吗？"越石父说："您用礼来对待我，我怎么敢不恭敬地遵从？"晏子于是把越石父作为门客。普通人有功劳就认为自己有功德，认为自己有了功德就十分骄纵。现在晏子的功劳是使人免于危难，却又甘心屈居于别人之下，这离世俗已经很远了。这是保全功劳的方法。

列子十分穷困，脸上呈现出饥饿的气色。有个门客把这件事告诉了郑相子阳，说："列御寇是个有道之人，居住在您的国家却很贫困，您恐怕是不喜欢士人吧？"郑相子阳命令官吏给列子送去了几十秉粮食。列子出来拜见使者，再三拜谢，拒绝了使者。使者离开之后，列子进门，他的妻子哀怨地看着列子捶着胸脯说："听说成为有道之人的妻子和儿女都能得到安逸享乐。现在你的妻子和儿女都呈现饥饿的脸色，郑相派人给你送来吃的东西，你又不肯接受，难道这不是命中注定要受贫困吗？"列子笑着对妻子说："郑相子阳并不是因为了解我才送给我粮食，而是因为别人的言论才赠与我粮食，至于给我治罪也会因为别人的言论。这就是我不接受他赠与的原因。"郑国人民果然作难杀死了子阳。受到别人的供养而不为他遭难而死是不义的行为，为他遭难而死，就是为无道之人而死，为无道之人而死是悖逆的行为。列子除去不义和悖逆的事情，难道不是想得很长远吗？而且他正有着饥饿寒冷的忧患时，也不随便接受别人的东西，这是因为他遇见了事情的变化。预先了解到事情的变化而自己有所行动，这是通晓了性命之情。

【评析】

"观世"即观察世事。善于观察世事的有道之人极少，方圆千里历经几代出现一个有道之人已属极少。《观世》篇承接《先识》篇的观点，通过太公之举、晏子客越石父的例子与郑子阳待列子之事的对比，意图说明有道之人预先洞察世事并有所行动的长远见识，以及君主礼待有道之人为己所用的重要性。

知　接

三曰：人之目，以照见之也，以瞑则与不见，同①。其所以为照、所以为瞑异。瞑士未尝照，故未尝见。瞑者目无由接②也，无由接而言见，谎③。智亦然。其所以接智、所以接不智同，其所能接、所不能接异④。智者，其所能接远也；愚者，其所能接近也。所能接近而告之以远化，奚由相得？无由相得，说者虽工，不能喻矣⑤。戎人见暴布者而问之曰："何以为⑥之莽莽⑦也？"指麻而示之。怒曰："孰之壤壤⑧也，可以为之莽莽也！"故亡国非无智士也，非无贤者也，其主无由接故也。无由接之患，自以为智，智必不接。今不接而自以为智，悖⑨。若此则国无以存矣，主无以安矣。智无由接，而自知弗智，则不闻亡国，不闻危君⑩。

管仲有疾，桓公往问之，曰："仲父之疾病⑪矣，将何以教寡人？"管仲曰："齐鄙人有谚曰：'居者无载，行者无埋。'今臣将有远行，胡可以问？"桓公曰："愿仲父之无让也。"管仲对曰："愿君之远⑫易牙、竖刀、常之巫、卫公子启方。"公曰："易牙烹其子以慊⑬寡人，犹尚可疑邪？"管仲对曰："人之情，非不爱其子也，其子之忍，又将何有于君⑭？"公又曰："竖刀自宫以近寡人，犹尚可疑邪？"管仲对曰："人之情，非不爱其身也，其身之忍，又将何有于君？"公又曰："常之巫审于死生，能去苛病⑮，犹尚可疑邪？"管仲对曰："死生命也，苛病失也⑯。君不任其命、守其本，而恃常之巫，彼将以此无不为也。"公又曰："卫公子启方事寡人十五年矣，其父死而不敢归哭，犹尚可疑邪？"管仲对曰："人之情，非不爱其父也，其父之忍，又将何有于君？"公曰："诺。"管仲死，尽逐之。食不甘，宫不治，苛病起，朝不肃。居三年，公曰："仲父不亦过乎！孰谓仲父尽之乎！"于是皆复召而反。明年，公有病，常之巫从中出曰："公将以某日薨。"易牙、竖刀、常之巫相与作乱，塞宫门，筑高墙，不通人，矫以公令。有一妇人逾垣入，至公所。公曰："我欲食。"妇人曰："吾无所得。"公又曰："我欲饮。"妇人曰："吾无所得。"公曰："何故？"对曰："常之巫从中出曰：'公将以某日薨。'易牙、竖刀、常之巫相与作乱，塞宫门，筑高墙，不通人，故无所得。卫公子启方以书社⑰四十下⑱卫。"公慨焉叹涕出曰："嗟乎！圣人之所见，岂不远哉！若死者有知，我将何面目以见仲父乎？"蒙衣袂⑲而绝乎寿宫。虫流出于户，上盖以杨门⑳之扇㉑，三月不葬。此不卒听管仲之言也。桓公非轻难而恶管子也，无由接见也，无由接，固却㉒其忠言，而爱其所尊贵也。

【注释】

①同:同样的眼睛。

②接:见。

③谎:诬,臆测不加以详细审查。

④异:指能与不能不相同。

⑤不能喻矣:即使子贡聪敏善辩,对于智力达不到的人也不能使他明白。

⑥为:作。

⑦莽莽:又长又大的样子。

⑧壤壤:纷繁错乱的样子。

⑨悖:迷惑。

⑩智无由接,而自知弗智,则不闻亡国,不闻危君:如果君主智力达不到,而自己知道智力达不到,那样就不会听说有灭亡的国家和处于险境的君主了。桀、纣之所以国家灭亡、自己被杀,是自己不知道自己的智力达不到。"由接"原作"以接",智力达不到。

⑪病:难,不易。

⑫远:疏远,不让接近。

⑬慊:使……愉快。

⑭其子之忍,又将何有于君:儿子是自己爱护的,而能连自己的儿子都狠心杀死了,怎么能热爱君主?

⑮苟病:鬼病。

⑯苟病失也:鬼降给人的疾病是由于人的精神失去了防守。精神失去了防守,鬼物就乘虚而入,所以叫"失"。

⑰书社:将社人的姓名书于籍册,称为"书社"。二十五家为一社。

⑱下:投降,投靠。

⑲袂:衣服袖子。

⑳杨门:门名。王念孙曰:"襄十八年《左传》'诸侯围齐,晋范鞅斗于

扬门',即此杨门。"梁履绳则认为杨门指杨木做的门。

㉑扇:屏风。

㉒却:不采用。

【译文】

三曰:人的眼睛,因为光亮才能看见东西,失去光亮就看不见,看见或看不见,眼睛还是相同的。但是有光亮和失去光亮却是不同的。失明的人眼睛没有光亮,所以从未看见过;失明的人眼睛没有办法看见,无法看见却说看见了,这是欺骗。智力也是这样。人们的智力达到或达不到,他们的条件是相同的,但接触外物时,聪明和愚笨是不同的。有智慧的人的智力能达到很远,愚笨的人的智力能达到的范围很近。智力达到范围很近的人,却告诉他长远的变化趋势,他怎么能理解? 对于无法理解的愚笨之人,游说的人即使工于此行,也没有办法使他明白。有个戎人看到一个晒布的,就问他说:"用什么东西把布织得这样长这样大呢?"晒布的人指着麻让戎人看。戎人生气地说:"怎么可能用这些纷繁错乱的东西织成这样长这样大的布呢!"所以灭亡的国家不是没有聪明的士人,也不是没有贤德的人,而是因为亡国的君主智力达不到范围,无法接触他们的原因啊。无法接触这些贤人的祸患就是自己认为自己聪明,如此,智力势必达不到。如果智力达不到却又自己认为自己聪明,这是自己被自己迷惑了。如果这样,国家就无法生存了,君主就无法安定了。如果君主智力达不到,而自己知道智力达不到,那样就不会听说有灭亡的国家和处于险境的君主了。

管仲生病了,桓公去探望他说:"仲父您的病很严重了,您有什么话交代给我呢?"管仲说:"齐国的乡下人有句谚语说:'家居的人不用准备外出时车上装载的东西,行路的人不用准备家居时需要埋藏的东西。'我将要走了,哪里还值得询问?"桓公说:"希望仲父您不要推辞。"管仲回答说:"希望您疏远易牙、竖刀、常之巫、卫公子启方这些人。"桓公说:"易牙煮了自己的儿子来使我快乐,这样的人还需要怀疑吗?"管仲回答说:"人的本性不是不爱自己的儿子啊,他连自己的儿子都狠心煮死了,对您又怎么能热爱呢?"桓公说:"竖刀自己阉割了自己来侍奉我,这样的人还要怀疑吗?"管仲回答说:"人的本性不是不爱自己的身体啊,他连自身都狠心阉割了,对您又怎么能热爱呢?"桓公又说:"常之巫能明察死生,能驱除鬼降给人的疾病,这样的人还要怀疑吗?"管仲回答说:"死生是命中注定的,鬼降给人的疾病是由于人的精神失去了防御。您不听凭天命,守住根本,却依靠倚重常之巫,他将凭借您的倚重无所不为。"桓公又说:"卫公子启方侍奉我十五年了,他的父亲死了,他都不敢回去哭丧,这样的人还要怀疑吗?"管仲回答说:"人的本性不是不爱自己的父亲啊,他连自己的父亲都那样狠心对待,对您又怎么能热爱呢?"桓公说:"好吧。"管仲死了,桓公把易牙等人全部驱离了。桓公吃饭不香甜,后宫不安定,鬼病四起,朝政不整肃。过了三年,桓公说:"仲父也太过分了吧!谁说仲父的话都要听取呢!"于是桓公又把易牙等人都召了回来。第二年,桓公病了,常之巫从宫里出来说:"君主将在某日去世。"易牙、竖刀、常之巫一起作乱,堵塞了宫门,筑起了高墙,不让人进去,假称这是桓公的命令。有一个妇人翻墙进入宫内,到了桓公居住的地方。桓公说:"我想吃饭。"妇人说:"我没有地方能弄到饭。"桓公又说:"我想喝水。"妇人说:"我没有地方能弄到水。"桓公说:"这是为什么?"妇人回答说:"常之巫从宫里出来说:'君主将在某日去世。'易牙、竖刀、常之巫一起作乱,堵塞了宫门,筑起了高墙,不让人进来,所以没有地方能弄到饭和水。卫公子启方带着四十社的土地和人口投降了卫国。"桓公感叹地流着泪说:"唉!圣人所预见到的,难道不是很远吗?如果死者能知道的话,我将有什么脸去见仲父呢?"于是用衣袖蒙住脸,死在寿宫。尸虫爬出门外,尸体上盖着杨门的门扇和屏风,过了三个月不能下葬。这是最终桓公没有始终听从管仲的话啊。桓公不是轻视灾难、厌恶管仲,而是智慧达不到,智慧达不到,所以不采用管仲的忠言,反而亲近自己所宠信的易牙等小人。

【评析】

"知接"指能知道自己能力所及的范围。《知接》篇通过列举戎人与晒布者、管仲与桓公的事例，重点论述了各人的能力所及有限，所见必然不同。君主之智有限，而贤人的智力范围往往高于君主，所看到的前景更为广阔。因此君主应该善于认识到自己的能力不及之处，采纳贤人具有预见性的建议，避免身死国灭的危险。

悔　过

四曰：穴深寻①，则人之臂必不能极②矣。是何也？不至故也。智亦有所不至。所不至，说者虽辩，为道虽精③，不能见矣。故箕子④穷于商，范蠡⑤流乎江。

昔秦缪公兴师以袭⑥郑，蹇叔谏曰："不可。臣闻之，袭国邑，以车不过百里，以人不过三十里⑦，皆以其气之趫⑧与力之盛，至，是以犯敌能灭，去之能速。今行数千里，又绝⑨诸侯之地以袭国，臣不知其可也。君其重⑩图之。"缪公不听也。蹇叔送师于门外而哭曰："师乎！见其出而不见其入也。"蹇叔有子曰申与视⑪，与师偕行。蹇叔谓其子曰："晋若遏师必于崤⑫。女死，不于南方之岸，必于北方之岸，为吾尸女之易⑬。"缪公闻之，使人让蹇叔曰："寡人兴师，未知何如。今哭而送之，是哭吾师也。"蹇叔对曰："臣不敢哭师也。臣老矣，有子二人，皆与师行。比其反也，非彼⑭死，则臣必死矣，是故哭。"师行过周，王孙满⑮要⑯门而窥之，曰："呜呼！是师必有疵⑰。若无疵，吾不复言道矣。夫秦非他，周室之建国也。过天子之城，宜橐甲束兵，左右皆下，以为天子礼。今袡⑱服回建⑲，左⑳不轼，而右之超乘者五百乘，力则多矣，然而寡礼，安得无疵？"师过周而东。郑贾人弦高、奚施将西市于周，道遇秦师，曰："嘻！师所从来者远矣。此必袭郑。"遽使奚施归告，乃矫㉑郑伯之命以劳之，曰："寡君固闻大国之将至久矣。大国不至,寡君与士卒窃为大国忧,日无所与焉,惟恐士卒罢弊与糗粮匮乏。何其久也! 使人臣犒劳以璧,膳以十二牛。"秦三帅对曰:"寡君之无使也,使其三臣丙也、术也、视也于东边候㉒晋之道。过,是以迷惑,陷入大国之地。"不敢固辞,再拜稽首受之。三帅乃惧而谋曰:"我行数千里,数绝诸侯之地以袭人,未至而人已先知之矣,此其备必已盛㉓矣。"还师去之。当是时也,晋文公适薨,未葬。先轸言于襄公㉔曰:"秦师不可不击也,臣请击之。"襄公曰:"先君薨,尸在堂,见秦师利而因击之,无乃非为人子之道欤!"先轸曰:"不吊吾丧,不忧吾哀,是死吾君而弱其孤也。若是而击,可大强。臣请击之。"襄公不得已而许之。先轸遏秦师于崤而击之,大败之,获其三帅以归。缪公闻之,素服庙临,以说于众曰:"天不为秦国,使寡人不用蹇叔之谏,以至于此患。"此缪公非欲败于殽也,智不至㉕也。智不至则不信。言之不信,师之不反也从此生。故不至之为害大矣。

【注释】

①寻:八尺叫寻。

②极:底部。毕沅曰:"'极',《意林》作'及'。"

③精:精微绝妙。

④箕子:商朝末期人,是文丁的儿子,帝乙的弟弟,纣王的叔父,后周武王把朝鲜分封给箕子。

⑤范蠡:春秋末期楚国人,辅佐越王勾践灭掉吴国,后乘舟归隐。善于经商,被后人奉为"商圣",世称"陶朱公"。

⑥袭:不鸣钟鼓秘密行进叫袭。

⑦三十里:古代的计量单位,军队行进三十里称为一舍。

⑧趣:壮,旺盛。

⑨绝：横穿，横渡。

⑩重：深，慎重。

⑪申与视：申指白乙丙，视指孟明视，二者皆为蹇叔的儿子，是秦国著名将领。

⑫崤：渑池县西面的崤关。

⑬易：容易识别。

⑭彼：指蹇叔的儿子。

⑮公孙满：周朝大夫。

⑯要：关上，合拢。

⑰疵：病，磨难打击。

⑱袀：服装一色。

⑲回建：兵车四乘。

⑳左：左边是君位。古代一车三人，其中尊者在左，御者在中，骖乘在右。如果车中尊者是国君或主帅，则居于当中，御者在左。

㉑矫：擅自假托君主的命令。

㉒候：查看。

㉓盛：充足，充分。"盛"应读作"成"，言下之意是他的准备很充分。

㉔襄公：春秋时晋国君主，晋文公之子，姬姓，名骦。

㉕智不至：智力达不到。穆公只考虑到了偷袭郑国得到的利益，而不知道会有崤关的惨败，所以说穆公智力达不到。

【译文】

四曰：洞穴有八尺那么深，那么人的手臂一定不能探到它的底部。这是为什么呢？是因为手不能到达。智力也有到达不了的地方。智力到达不了，游说的人即使长于辩论，宣讲的道理即使精微绝妙，也不能使那个人领会到。所以箕子被商纣王囚禁，范蠡在三江五湖之间飘荡。

从前，秦穆公出兵偷袭郑国，蹇叔劝谏穆公说："不可以。我听说偷袭别国的城邑，用战车不能超过百里，用步兵不能超过三十里，都是凭着士兵士气旺盛和力量强盛时,到达之后凭借这些去进攻敌人,所以才能消灭他们,离开战场也能够迅速撤退。现在行军几千里,又要经过其他诸侯国的领土去奇袭别国,我不知道这可不可以！您还是慎重地考虑谋划吧。"穆公不听从他的意见。蹇叔送军队出征到城门外,哭着说:"将士们啊,我看到你们出去却看不到你们回来了。"蹇叔有两个儿子叫申和视,将要跟随军队一起出征。蹇叔对他的儿子们说:"晋国如果阻击我军,一定在崤山。你们战死的话,不死在南山边,就一定要死在北山边,以便我给你们收尸时容易识别。"穆公听说了这件事,派人责备蹇叔说:"我发兵出征,还不知道胜负结果如何。现在你却哭着送行,这是给我的军队哭丧啊。"蹇叔回答说:"我不敢给军队哭丧啊。我老了,有两个儿子都和军队一起出征。等到军队回来的时候,不是他们战死,就一定是我死了,所以我才哭。"秦军出征经过周的都城,王孙满关上城门,从门缝里观看秦军,说:"哎呀,这支军队必遭磨难打击。如果它不遭磨难打击,今后我都不会再谈'道'了。秦国不像其他诸侯国,它是周王室分封的诸侯国。它的军队经过天子的都城,应该收起铠甲兵器,战车上左右两边的甲士都应下车,用来表示向天子行礼。现在这支军队服装相同,兵车上用四乘,左边的将士不凭轼致敬,右边的骖乘上车的有五百辆,这些人力气固然是很大了,然而缺少礼仪,这样的军队怎么能不遭磨难打击?"秦军过了周的都城向东行进。郑国商人弦高、奚施将要向西去周的都城做买卖,在路上遇到秦国军队,弦高说:"啊！这支军队是从很远的地方来的。这一定是去偷袭郑国。"于是立即让奚施回郑国报告,自己就假托郑国国君的命令来慰劳秦军,弦高说:"我们国君本来就听说您的军队要来了。贵军没有来,我们国君和士兵私下替贵军担忧,每天都为此而心情不愉快,害怕您的士兵筋疲力尽,干粮缺乏。您怎么这么久才到啊！我们国君派我用玉璧来犒劳贵军,并为您献上十二头牛作为膳食。"秦军三个主帅回答说:"我们的国君没有合适的人可派遣,派了他的三个臣子丙、术、视到东方察看晋国的道路。没想走过了这里,因此迷了路,进入了贵国境内。"三帅不敢坚持不收,又叩头拜了拜,接受了犒劳的东西。

秦军的三个主帅十分害怕并商议说:"我们行军几千里,多次经过其他诸侯国的土地去偷袭人家,还没到人家就已经先知道了,这样他们的准备一定已经很充分了。"于是率军队离开了郑国。在这时,正赶上晋文公去世,还没有安葬。先轸对襄公说:"秦军不可不袭击,我请您允许我去袭击它。"襄公说:"先君去世,尸体还在堂上,看到秦军有利可图就去袭击它,这恐怕不是作为儿子所遵循的道理吧!"先轸说:"秦国对我们的丧事不表示慰问,对我们的哀痛不表示忧伤,这是因为我们的先君死了,他们认为您年幼十分弱小。像他们这样,我们去袭击它,就能使晋国国力大大增强。我请您允许我去袭击它。"襄公不得已才答应了他。先轸在崤山阻击了秦军,使秦军大败,俘获了秦军的三个主帅而回。秦穆公听到这个消息,身穿丧服到宗庙里哭告祖先,对众人说:"上天不帮助秦国,让我没有听从蹇叔的劝谏,所以遭到这样的祸患。"这并不是穆公想在崤山被打败,而是因为他的智慧到达不了。智慧到达不了,就会不相信蹇叔的话。不相信蹇叔的话,因此秦军不能安全返回。所以,智慧达不到带来的危害真是太大了。

【评析】

《悔过》篇承袭《知接》篇继续论述了智有所至有所不至的问题,并举出蹇叔哭师一例,表明先识者洞悉事物结果,君主如若坚持己见,将会遭遇重大挫折。"人非圣贤,孰能无过?过而能改,善莫大焉。"穆公所幸能够意识到自己的决策错误并自我悔改,由此可见,善于认识自身错误也是贤主的素质之一。

乐　成

五曰:大智不形,大器晚成,大音希声。

禹之决江水也,民聚瓦砾。事已成,功已立,为万世利。禹之所见者远也,而民莫之知。故民不可与虑化举始①,而可以②

乐成功。

孔子始用于鲁,鲁人鹥③诵之曰:"麛④裘而鞞⑤,投⑥之无戾。鞞而麛裘,投之无邮。"用三年,男子行乎途右,女子行乎途左,财物之遗者,民莫之举⑦。大智之用,固难逾⑧也。子产始治郑,使田有封洫⑨,都鄙有服⑩。民相与诵之曰:"我有田畴,而子产赋之。我有衣冠,而子产贮⑪之。孰杀子产,吾其与之。"后三年,民又诵之曰:"我有田畴,而子产殖⑫之。我有子弟,而子产诲⑬之。子产若死,其使谁嗣⑭之?"使郑简、鲁哀当民之诽訾也,而因弗遂用,则国必无功矣,子产、孔子必无能矣。非徒不能也,虽罪施,于民可也。今世皆称简公、哀公为贤,称子产、孔子为能。此二君者,达乎任⑮人也。舟车之始见也,三世然后安之。夫开善岂易哉!故听无事治,事治之立也,人主贤也。

魏攻中山,乐羊将⑯。已得中山,还反报⑰文侯,有贵功之色⑱。文侯知之,命主书曰:"群臣宾客所献书者,操以进之。"主书举两箧以进。令将军视之,书尽难攻中山之事也。将军还走,北面再拜曰:"中山之举,非臣之力,君之功也。"当此时也,论士⑲殆⑳之日几㉑矣,中山之不取也,奚宜二箧哉?一寸而亡矣。文侯,贤主也,而犹若此,又况于中主邪?中主之患,不能勿为,而不可与莫为。凡举无易之事,气志视听动作无非是者,人臣且孰敢以非是邪疑为哉?皆一于为,则无败事矣。此汤、武之所以大立功㉒于夏、商,而句践之所以能报其仇也。以小弱皆一于为而犹若此,又况于以强大乎!

魏襄王㉓与群臣饮,酒酣,王为群臣祝㉔,令群臣皆得志。史起兴而对曰:"群臣或贤或不肖,贤者得志则可,不肖者得志则不可。"王曰:"皆如西门豹之为人臣也。"史起对曰:"魏氏之行田也以百亩,邺独二百亩,是田恶也。漳水在其旁,而西门豹弗知用，是其愚也。知而弗言，是不忠也。愚与不忠，不可效也。"魏王无以应之。明日，召史起而问焉，曰："漳水犹可以灌邺田乎?"史起对曰："可。"王曰："子何不为寡人为之?"史起曰："臣恐王之不能为也。"王曰："子诚能为寡人为之，寡人尽听子矣。"史起敬诺，言之于王曰："臣为之，民必大怨臣，大者死，其次乃藉臣。臣虽死藉，愿王之使他人遂㉕之也。"王曰："诺。"使之为邺令。史起因往为之。邺民大怨，欲藉史起。史起不敢出而避之。王乃使他人遂为之。水已行，民大得其利，相与歌曰："邺有圣令，时为史公。决漳水，灌邺旁。终古斥卤，生之稻粱。"使民知可与不可，则无所用矣㉖。贤主忠臣，不能导愚教陋，则名不冠后，实不及世矣。史起非不知化也，以忠于主也。魏襄王可谓能决善矣。诚能决善，众虽喧哗，而弗为变。功之难立也，其必由讻讻㉗邪! 国之残亡，亦犹此也。故讻讻之中，不可不味也。中主以之讻讻也止善，贤主以之讻讻也立功。

【注释】

①始：首先，开始。

②以：与。

③瞖：人名。

④麛：音 mí，指幼鹿或泛指幼兽。

⑤韠：音 bì，古代一种遮蔽在身前的皮制服饰。《说文解字》："韍也。所以蔽前。以韦。下广二尺，上广一尺，其颈五寸。一命缊韠，再命赤韠。从韦毕声。"

⑥投：抛弃。

⑦举：取，拿走。

⑧逾：让人知晓。

⑨封洫：封指界线，洫指沟渠。

⑩服:法服,即君子和平民有各自的服装制式。

⑪贮:当作"褚",丝棉做的衣服。

⑫殖:生长。

⑬诲:教导。

⑭嗣:继承。

⑮任:任用。

⑯将:作为将领。

⑰报:白,禀告。

⑱有贵功之色:有夸耀自己功劳的神色。

⑲论士:议论的人。

⑳殆:危害。

㉑几:近。

㉒立功:成汤得到夏朝,武王得到商朝,所以说"立功"。

㉓魏襄王:战国时期魏国国君,魏惠王之子,姬姓,名嗣。

㉔祝:愿,希望。

㉕遂:完成。

㉖则无所用矣:没有必要任用贤人。"无所用"下面疑脱"贤"字。

㉗讻讻:喧哗的声音。

【译文】

五曰:最大的智慧是不显现出来的,担当大事的人成就自己都比较晚,最优美的乐音是听来没有声音的。

禹疏导江水的时候,人们堆积瓦砾来阻挡江水。等到大禹治水的事业完成,功业建立,给后世万代带来了好处。禹所看到的东西长远,可是人们却没有谁知道这些。所以,不可以跟普通的百姓商讨变革和发起大事,却可以跟他们享受成功的快乐。

孔子开始在鲁国被任用时,鲁国人嫠怨恨地唱道:"穿着麑裘和韠,抛弃他没关系。穿着韠和麑裘,抛弃他没罪过。"孔子被任用三年之后,鲁国男子在道路右边行走,女子在道路左边行走,丢失了的财物,没有人去取走。大智的运用,本来就不能轻易地让人知晓啊。子产开始治理郑国时,让田地有沟渠和边界,让城邑、鄙野有规定的服装制度。人民一起唱道:"我们有田亩,而子产征收赋税。我们有衣冠,子产使我们穿丝棉做的衣服。谁要杀子产,我们和他一起去。"三年之后,人民又歌颂他说:"我们有田亩,子产让它生长粮食。我们有子弟,子产让他们受教育。子产如果死了,谁还能继承他?"假使郑简公、鲁哀公在人民诽谤子产、孔子的时候,就不任用他们了,那么国家一定不会得到圣贤的功劳,子产、孔子也一定无法施展他们的才能。不只不能施展才能,即使被治罪,人民也会认可的。如今世上都称赞简公、哀公是贤明的君主,称赞子产、孔子是能人。这两位君主,是善于用人啊。舟和车开始出现的时候,过了三代人们才感到习惯。开始做好事难道容易吗?所以听到愚民诽谤之言而不加以采用,这才是君主的贤明之处。

魏国攻打中山国,乐羊作为将领。乐羊攻下中山国以后,回国禀告魏文侯,流露出夸耀自己功劳的神色。文侯察觉了这一点,就命令主管文书的官吏说:"群臣和宾客献上的书信,都呈上来。"主管文书的官吏搬着两箱书信呈上来。文侯让乐将军看这些书信,书信中都是责难攻打中山国这件事的言论。乐将军转身离开,向北再拜说:"攻下中山国,不是臣的力量,是君主您的功劳啊。"乐羊攻打中山国的时候,议论的人认为攻打中山国这件事的危害一天比一天严重了,认为中山国不可攻打,哪里需要两箱书信?只需一寸长的书信就足以让乐羊失去功劳了。文侯是贤明的君主,况且是这样,更何况是一般的君主呢?一般君主的祸患,是不能不让他去做,又不能让他中间不生变化。凡是去做不改变的事情,意气神志、视听行动没有不是正确的,臣下谁还敢认为这件事不对而怀疑呢?都一心一意去做,就没有失败的事。这就是商汤、武王能够在得到夏、商中大立功业,勾践能够报仇的原因。凭仗一心一意,弱小的国家都能做到这样,更何况凭仗强大的国家呢?

魏襄王跟臣子们一起喝酒,喝到正高兴时,魏襄王为臣子们祝酒,希望臣子们都能得志。史起站起来回答说："臣子们有的贤明,有的不肖,贤明的人得志可以,不肖的人得志就不可以。"魏襄王说："都像西门豹当臣子那样。"史起回答说："魏国以一百亩为单位分配给人民,邺地偏偏给二百亩,这是因为那里的土地不好。漳水在邺地的旁边,可是西门豹却不知道利用,这是他愚蠢的地方。知道这种情况却不上报,这是他不忠。愚蠢和不忠是不可效法的。"魏襄王无话回答他。第二天,魏襄王召来史起问他说："漳水还可以灌溉邺地的田地吗?"史起回答说："可以。"魏襄王说："你为什么不替我去做这件事呢?"史起说："我担心大王您不能做啊。"魏襄王说："你如果真的能替我去做这件事,我全都听你的。"史起恭恭敬敬地答应魏襄王:"我去做这件事,人民一定非常怨恨我,严重了会杀死我,再次也会凌辱我。即使我被杀死或被凌辱,希望您派其他人接着完成这件事。"魏襄王说："好。"派史起去当邺令。史起因此去邺地开始做这件事情,邺地的人民非常怨恨史起,想要凌辱他。史起不敢出门就躲了起来。魏襄王就派别人完成了这一工程。水流到了田里,人民大大受益,一起歌颂道:"邺地有贤良的令官,这个人是史公。引导漳水来灌溉邺田。自古以来都是盐碱地的土地生长出了稻谷。"假使人民知道什么可以做和不可以做,那就没有必要任用贤人了。贤良的君主和忠心的人臣,如果不能引导教诲愚蠢鄙陋的人,那么名声就不能流传到后世,功劳也不能普及到当世。史起不是不知道事物的发展变化,这是因为他忠于君主。魏襄王可说是能择善而从的人。如果真能择善而从,那么众人即使喧哗,也不会因此而改变。功业之所以难以建立,一定是由于众人的喧哗声吧!国家的残破灭亡,也像这样吧。所以在众人的吵吵闹闹之中,君主不可不加以体味。一般的君主因为众人的喧哗声就停止了善行,贤明的君主却在众人的喧哗声中建立起功业。

【评析】

"乐成"指享受成功的快乐。贤者不可以和民众一起商讨发起大事情,但是可以和民众分享成功的喜悦。《乐成》篇通过列举大禹治水、孔子和子产被任用、乐羊带兵攻打中山国、史起引漳水灌溉邺地的事例，阐明了任用贤人的正确性。虽然民众不理解这些行为，但是这些行为是有利于后世的。因此君主应该善于决断，一旦开始做一件事就要有始有终，不可半途而废，改变自己的初衷，否则终将无法建立自己的功业。

察　微

六曰：使治乱存亡若高山之与深溪，若白垩之与黑漆，则无所用智，虽愚犹可矣。且治乱存亡则不然，如可知，如可不知；如可见，如可不见。故智士贤者相与积心愁虑以求之，犹尚有管叔、蔡叔①之事与东夷八国不听之谋。故治乱存亡，其始若秋毫②。察其秋毫，则大物不过矣。

鲁国之法，鲁人为人臣妾于诸侯，有能赎之者，取其金于府。子贡赎鲁人于诸侯，来而让，不取其金。孔子曰："赐失之矣。自今以往，鲁人不赎人矣。"取其金，则无损于行；不取其金，则不复赎人矣。子路拯溺者，其人拜之以牛，子路受之。孔子曰："鲁人必拯溺者矣。"孔子见之以细，观化远也③。

楚之边邑曰卑梁，其处女与吴之边邑处女桑于境上，戏而伤卑梁之处女。卑梁人操其伤子以让吴人，吴人应之不恭，怒，杀而去之。吴人往报之，尽屠其家。卑梁公④怒，曰："吴人焉敢攻吾邑？"举兵反⑤攻之，老弱尽杀之矣。吴王夷昧⑥闻之，怒，使人举兵侵楚之边邑，克夷⑦而后去之。吴、楚以此大隆⑧。吴公子光⑨又率师与楚人战于鸡父⑩，大败楚人，获其帅潘子臣、小帷子、陈夏啮⑪。又反伐郢⑫，得荆平王之夫人以归，实为鸡父之战。凡持国，太上知始，其次知终，其次知中。三者不能，国必危，身必穷。《孝经》曰："高而不危，所以长守贵也；满而不溢，所以长守富也。富贵不离其身，然后能保其社稷，而和其民人。"楚不能之也。

郑公子归生率师伐宋。宋华元率师应⑬之大棘，羊斟御。明日将战，华元杀羊飨士，羊斟不与焉。明日战，怒谓华元曰："昨日之事⑭，子为制；今日之事⑮，我为制。"遂驱入于郑师。宋师败绩，华元虏。夫弩机差以米则不发。战，大机也。飨士而忘其御也，将以此败而为虏，岂不宜哉！故凡战必悉熟偏备，知彼知己，然后可也。

鲁季氏与郈氏斗鸡，郈氏介⑯其鸡，季氏为之金距。季氏之鸡不胜，季平子⑰怒，因归⑱郈氏⑲之宫，而益其宅。郈昭伯怒，伤之于昭公，曰："禘⑳于襄公之庙也，舞者二人㉑而已，其余尽舞于季氏。季氏之舞道，无上久矣。弗诛，必危社稷。"公怒，不审，乃使郈昭伯将师徒以攻季氏，遂入其宫。仲孙氏、叔孙氏相与谋曰："无季氏，则吾族也死亡无日矣。"遂起甲以往，陷西北隅以入之，三家为一，郈昭伯不胜而死。昭公惧，遂出奔齐，卒于乾侯㉒。鲁昭听伤而不辨其义㉓，惧以鲁国不胜季氏，而不知仲、叔氏之恐，而与季氏同患也。是不达乎人心也。不达乎人心，位虽尊，何益于安也？以鲁国恐不胜一季氏，况于三季？同恶固相助。权物若此其过也，非独仲、叔氏也，鲁国皆恐。鲁国皆恐，则是与一国为敌也，其得至乾侯而卒犹远。

【注释】

①管叔、蔡叔：管叔，周公的弟弟。蔡叔，周公的哥哥。周成王时，蔡叔度与其兄管叔鲜挟持商纣王之子武庚叛乱，被周公旦平定。

②秋毫：比喻微小的事物。

③观化远也：孔子看到了开始知道结果,对事物的发展变化观察深远,所以叫"观化远也"。

④公：楚国的守邑大夫都叫作公。

⑤反：再次。

⑥吴王夷昧：春秋时期吴国君主,姬姓,谥号吴度王。

⑦夷：平。

⑧隆：斗争,战争。

⑨公子光：吴王夷昧的儿子。

⑩鸡父：鸡父之战是吴楚争霸中的一次重要战争,以吴国大获全胜告终。

⑪陈夏啮：陈国大夫夏啮。夏,姓。啮,名。

⑫郢：古地名,楚国的都城。

⑬应：应战,反击。

⑭昨日之事：指杀羊的事情。

⑮今日之事：指驾车的事情。

⑯介：给……披上铠甲。

⑰季平子：名意如,悼子纥的儿子。

⑱归："侵"误为"归",侵犯。

⑲郈氏：鲁孝公的儿子惠伯华的后代,把字作为氏,所以叫郈氏。

⑳禘：大祭。

㉑二人："人"当作"八",二八即十六人。

㉒乾侯：晋国城邑。

㉓义：合适,适宜。

【译文】

六曰：假设治乱、存亡像高山和溪谷、白土和黑漆那样明显,那就没有必要运用智慧,即使是愚蠢的人也可以知道了。况且治乱、存亡并不是这样,好像可以知道,又好像不可以知道;好像可以看见,又好像不可以看见。所以有才智的人、贤能的人都费尽心思、千思百虑去探求治乱存亡的道理,除此之外还有管叔、蔡叔作乱的事和东夷八国不听王命的阴谋。所以治乱存亡,它们刚刚开始的时候就像秋毫那样微小,能够察觉到这些微小的事,大事就不会出现过失了。

鲁国的法令是这样的,鲁国人在其他诸侯国给人当奴为婢的,有能赎出他们的人,可以从府中支取金钱。子贡从其他诸侯国赎出了做奴、婢的鲁国人,回来却推却不支取金钱。孔子说:"端木赐做错了。从今天开始,鲁国人不会再赎人了。"支取金钱,就不会损害品行;不支取金钱,就不会再赎人了。子路救了一个溺水的人,那个人用牛来感谢他,子路收下了。孔子说:"鲁国人一定会救溺水的人了。"孔子从细小处看到结果,是他对事物的发展变化观察深远的原因。

楚国边境有个小城叫卑梁,那里的女子与吴国边境小城的女子一起在边境采集桑叶,嬉戏时,吴国的女子伤到了卑梁的女子。卑梁人带着受伤的女子去责备吴国人,吴国人很不客气地回答了他们,卑梁人很恼怒,杀死了那个吴国人回去了。吴国人去报复,把那个卑梁人全家都杀死了。卑梁的守邑大夫十分生气,说:"吴国人怎么敢攻打我的城邑?"卑梁发兵去攻打吴国人,连老者弱者也都杀死了。吴王夷昧听到这事以后大怒,派人带领军队侵犯楚国的边境小城,攻克以后并把它夷为平地,然后才离开。吴国、楚国因为这事进行了大战。吴公子光又率领军队在鸡父跟楚国人交战,打败了楚国人,俘获了楚军的主帅潘子臣、小帷子、陈国的大夫夏啮。又接着攻打楚国都城郢,得到了楚平王的夫人,把她带回了吴国,这实际上还是鸡父之战的继续。凡是要守住国家,最紧要的是知晓事情的开端,其次是知晓事情的结局,再次是知晓事情的中间发展。这三样不能做到的话,国家一定危险,自身一定会进入困窘的状态。《孝经》说:"身处高处却不危险,所以能够长期守住尊贵;处于满的状态却不外溢,所以能够长期保住富足。富贵不离身,然后才能保住国家,才能使他们的人民和谐。"楚国恰恰不能做到这些。

郑公子归生率领军队攻打宋国。宋国的华元率领军队在大棘应战,羊斟给他御车。第二天就要作战,华元杀了羊宴请士兵,羊斟却没有参加。第二天作战的时候,羊斟愤怒地对华元说:"昨天宴享的事由你定规则,今天驾车的事由我制定规则了。"于是把车驾驶到郑国军队中。宋国军队大败,华元被郑国军队俘获。弩机相差一个米粒就不能发射。战争是一张大的弩机。宴请将士却忘记了请给自己驾车的人,将帅因为这个被打败俘虏,难道不是应该的吗?所以,但凡是作战就一定要全部熟悉自己的装备,知道自己和敌方的情况,然后才可以开始作战。

鲁国的季氏与郈氏斗鸡,郈氏给他的鸡披上铠甲,季氏给鸡套上锋利的铁器做成的爪子。季氏的鸡没有赢,季平子很生气,于是侵占郈氏的房屋来增加自己的住宅。郈昭伯非常愤怒,就在昭公面前中伤他说:"在襄公之庙举行大祭的时候,舞蹈的人只有十六人而已,其余的人都在季氏那里跳舞。季氏家舞蹈规定,没有君上已经很久了。不杀掉他,一定会危害国家。"昭公震怒,没有进行详细审查,就派郈昭伯率领军队去攻打季氏,攻入了他的房屋。仲孙氏、叔孙氏一起谋划说:"如果没有了季氏,那我们距离被灭族死亡没有几天了。"于是发兵前往季氏家,攻破季氏房屋的西北角进入,季氏、仲孙氏、叔孙氏三家兵力合而为一,郈昭伯打不过而被杀死。昭公十分害怕,于是逃走投奔齐国,后来死在乾侯这个地方。鲁昭公听信郈昭伯中伤季氏的话,却不分辨这是否合适,只害怕凭借鲁国打不败季氏,却不知道仲孙氏、叔孙氏的恐惧与季孙氏是相同的。这是不了解人心啊。不了解人心,地位即使很尊贵,对安全又有什么益处呢?凭借鲁国却害怕不能打败一个季氏,更何况三个季氏呢?季氏、仲孙氏、叔孙氏他们都厌恶昭公,本来就互相帮助。昭公这样权衡事物是他的错,不只是仲孙氏、叔孙氏,整个鲁国都会感到恐惧。整个鲁国都感到恐惧,这就是与整个国家为敌了,昭公到乾侯才死,这算死得远的了!

【评析】

"察微"指观察到微小的细节。治乱存亡在刚发生时十分微小，君主、贤者察觉到这些微小的事，才能尽力保证大事不出现过失。《察微》篇通过列举孔子预见鲁人赎人和子路救溺水者的结果差异、吴楚鸡父之战、郑宋大棘之战、鲁国季氏之乱的前因后果，阐明了细枝末节对于事情发展的重要性。因此我们在权衡事物时，一定要关注到一些细小的东西，从这些细微之事中预见事情的发展变化以及最终的结果，防患于未然。

去　宥

七曰：东方之墨者谢子①，将西见秦惠王②。惠王问秦之墨者唐姑果。唐姑果恐王之亲谢子贤于己也，对曰："谢子，东方之辩士也。其为人甚险，将奋于说，以取少主③也。"王因藏怒以待之。谢子至，说王，王弗听。谢子不说，遂辞而行④。凡听言以求善也，所言苟善，虽奋于取少主，何损？所言不善，虽不奋于取少主，何益？不以善为之悫⑤，而徒以取少主为之悖，惠王失所以为听矣。用志若是，见客虽劳，耳目虽弊，犹不得所谓也。此史定⑥所以得行其邪也，此史定所以得饰鬼以人，罪杀不辜，群臣扰乱，国几大危也。人之老也，形益衰⑦而智益盛⑧。今惠王之老也，形与智皆⑨衰邪？

荆威王⑩学书于沈尹华，昭釐恶之。威王好制⑪，有中谢⑫佐制⑬者，为昭釐谓威王曰："国人皆曰：王乃沈尹华之弟子也。"王不说，因疏沈尹华。中谢，细人⑭也，一言而令威王不闻先王之术，文学之士不得进，令昭釐得行其私。故细人之言，不可不察也。且数怒人主，以为奸人除⑮路，奸路以除，而恶壅却，岂不难哉？夫激矢则远，激水则旱⑯，激主则悖，悖则无君子矣。夫不可激者，其唯先有度⑰。

邻父⑱有与人邻者，有枯梧树，其邻之父⑲言梧树之不善也，邻人遽伐之。邻父因请而以为薪。其人不说曰："邻者若此其险也，岂可为之邻哉？"此有所宥⑳也。夫请以为薪与弗请，此不可以疑枯梧树之善与不善也。齐人有欲得金者，清旦，被衣冠，往鬻金者之所，见人操金，攫而夺之。吏搏而束缚之，问曰："人皆在焉，子攫人之金，何故？"对吏曰："殊不见人，徒见金耳。"此真大有所宥也。夫人有所宥者，固以昼为昏，以白为黑，以尧为桀。宥之为败亦大矣。亡国之主，其皆甚有所宥邪？故凡人必别宥然后知，别宥则能全其天㉑矣。

【注释】

①谢子：关东人，学习墨子的学说。毕沅曰："《说苑·杂言》篇作祁射子。"古代"谢""射"相通。

②秦惠王：秦孝公的儿子嬴驷。

③少主：指秦惠王。

④行：离开。

⑤悫：诚实。

⑥史定：秦国史官。

⑦衰：肌肤消瘦。

⑧智益盛：老年人见识的事物多且广，所以说智慧越来越旺盛。

⑨皆：一起，都。

⑩荆威王：战国时期楚国国君，楚怀王的父亲。

⑪制：术数。

⑫中谢：官名。

⑬佐制：辅佐制定王制法制。

⑭细人：小人。

⑮除：开通。

⑯旱：通"悍"，激烈。

⑰度：法度。

⑱邻父：邻人。

⑲邻之父：邻父，"之"字为衍字。

⑳宥：同"囿"，局限，障碍。

㉑天：自身。

【译文】

七曰：东方墨家学派的谢子，将要去西方拜见秦惠王。惠王问秦国墨家学派的唐姑果。唐姑果害怕秦王亲近谢子而认为谢子比自己贤能，就回答说："谢子是东方能言善辩的人。他为人很阴险，他将竭尽全力游说用来得到您的青睐。"秦惠王于是心怀愤怒等待谢子的到来。谢子到后游说秦惠王，秦惠王不听从他的意见。谢子很不高兴，于是就告辞离开了。大凡听别人的言论是用来听取好的建议，所说的建议如果好，即便是竭尽全力想要得到您的青睐，又有什么损害？所说的建议不好，不是要竭尽全力得到您的青睐，又有什么好处？不因为他的建议好就认为他诚实，而单单因为他想得到您的青睐就认为他悖逆，惠王丧失了为什么要听取建议的初衷。像这样的心思，会见宾客即使很劳苦，耳朵、眼睛即使非常疲惫，还是得不到宾客言论的精义。这就是史定能实施他的邪行的原因，这就是史定能用人装扮成鬼、用罪名杀害无辜的人，导致群臣骚乱、国家几乎危亡的原因。人到了年老的时候，他的形体肌肤越来越消瘦，可是智慧越来越旺盛。现在惠王已经老了，难道形体肌肤和智慧都衰竭了吗？

　　荆威王向沈尹华学习读书，昭釐很厌恶。威王喜欢术数，有个帮助制定王制法制的中谢官替昭釐对威王说："国人都说：'大王您是沈尹华的弟子。'"威王很不高兴，因此疏远了沈尹华。中谢官是小人物，他的一

句话就让威王不听取先王治国之道,使精通文学的人得不到重用,使昭
釐能够实现自己的私心。所以,对小人所说的话不可以不详细审查啊。
况且他们多次使君主震怒,凭借这些为奸邪之人开通晋升道路,奸邪之
人的晋升之路开通了,却又厌恶贤人的仕进之路被阻塞,这难道不是很
难吗?用力拉箭,箭就射得远,阻挡水流,水流就会变激烈,激怒君主,君
主就会背离准则犯错误,就没有君子辅佐了。不可激怒的,大概只有事
先就有法则的君主。

　　邻家有个人和别人做邻居,家里有棵干枯的梧桐树,与他为邻的人
说梧桐树不好,他立刻就把它砍掉了。他的邻居于是讨要那棵梧桐树想
拿去当柴烧。那个人不高兴地说:"这个邻居如此地艰险狡诈啊,怎么可
以和他做邻居呢?"这是有所蔽塞啊。他的邻居要那棵梧桐当柴烧又或
者不要,这些都不可以用来怀疑梧桐树好还是不好。齐国有个想得到金
子的人,清晨,穿上衣服戴好帽子,到了卖金子的人的地方,看见人拿着
金子,抓住金子就夺了过来。小吏把他抓住捆了起来,问他说:"人都在
这里,你抓取人家的金子,这是为什么?"他回答说:"我根本没有看见人,
只见到金子。"这真是大大地被局限了。被局限的人,本来就把白天当成
夜晚,把白当成黑,把尧当成桀。局限带来的坏处真是太大了。亡国的
君主他们被局限得太厉害了。所以,大凡是人就一定要能够分别出局
限,然后才能知道事物,分别出局限才能保全自身啊。

【评析】

　　"去宥"指去除自身的局限障碍。世人身上大多存在着局限和偏见,
要成为智者,就要设法去除自身的偏见。《去宥》篇通过列举谢子见秦惠
王、荆威王求学于沈尹华、邻人伐梧、齐人攫金的事例,说明秦惠王、荆威
王、邻人、齐人正是由于自身的局限而被蒙蔽。"兼听则明,偏信则暗",
因此,我们在认识和判断事物时,应该突破自身的局限,多听取他人的意
见,不应囿于自身或偏信他人。

正　名

八曰：名正则治，名丧则乱。使名丧者，淫说也。说淫则可不可而然不然，是不是而非不非。故君子之说也，足以言贤者之实、不肖者之充①而已矣，足以喻②治之所悖③、乱之所由起而已矣，足以知物之情、人之所获以生而已矣。

凡乱者，刑④名不当也。人主虽不肖，犹若用贤，犹若听善，犹若为可者。其患在乎所谓贤从不肖也，所为善而从邪辟，所谓可从悖逆也。是刑名异充，而声实异谓也。夫贤不肖、善邪辟，可悖逆，国不乱，身不危，奚待也？齐湣王⑤是以。知说士，而不知所谓士也。故尹文问其故，而王无以应。此公玉丹⑥之所以见信，而卓齿⑦之所以见任也。任卓齿而信公玉丹，岂非以自仇邪？

尹文⑧见齐王，齐王谓尹文曰："寡人甚好士。"尹文曰："愿闻何谓士。"王未有以应。尹文曰："今有人于此，事亲则孝，事君则忠，交友则信，居乡则悌。有此四行者，可谓士乎？"齐王曰："此真所谓士已。"尹文曰："王得若人，肯以为臣乎？"王曰："所愿而不能得也。"尹文曰："使若人于庙朝中，深见侮而不斗，王将以为臣乎？"王曰："否。大夫⑨见侮而不斗，则是辱也。辱则寡人弗以为臣矣。"尹文曰："虽见侮而不斗，未失其四行也。未失其四行者，是未失其所以为士一矣。未失其所以为士一，而王以为臣，失其所以为士一，而王不以为臣，则向之所谓士者，乃士乎？"王无以应。尹文曰："今有人于此，将治其国，民有非则非之，民无非则非之，民有罪则罚之，民无罪则罚之，而恶民之难治，可乎？"王曰："不可。"尹文曰："窃观下吏之治齐也，方若此也。"王曰:"使寡人治信若是,则民虽不治,寡人弗怨也。意者未至然乎!"尹文曰:"言之不敢无说,请言其说。王之令曰:'杀人者死,伤人者刑。'民有畏王之令,深见侮而不敢斗者,是全王之令也,而王曰:'见侮而不敢斗,是辱也。'夫谓之辱者,非此之谓也。以为臣不以为臣者,罪之也。此无罪而王罚之也。"齐王无以应。论皆若此,故国残身危,走而之毂⑩,如⑪卫。齐湣王,周室之孟⑫侯也,太公之所以老也。桓公尝以此霸矣,管仲之辩名实审也。

【注释】

①充:实。

②喻:明白。

③悖:勃,兴盛的样子。

④刑:"刑""形"古字通用,事实。

⑤齐湣王:齐国田常的孙子田和被册立为宣王,齐湣王是宣王的儿子。

⑥公玉丹:齐国臣子。

⑦卓齿:楚人,是湣王的臣子。

⑧尹文:齐国人,作《名书》一篇,在公孙龙之前。

⑨大夫:毕沅曰:"'大夫'疑衍'大'字。"应为错误之说。

⑩毂:齐国城邑。

⑪如:到。

⑫孟:长。

【译文】

八曰:名分合适那么国家就安定,名分丧失那么国家就混乱。使名分丧失的是淫乱邪僻的言辞。言辞淫乱邪僻就会把不可以说成可以,把不是这样说成这样,把不对说成对,而把没有错说成有错。所以君子的

言辞完全可以说出贤人的贤明、不肖之人的不肖就行了，完全可以讲明
国家安定繁盛、乱世出现的原因，完全可以令人知道事物的真情、人得以
生存的原因。

　　凡是混乱，都是因为名分和实践不相符。君主即便不肖，也还知道
任用贤人，知道听从善言，知道做可以做的事。他们的祸患在于他们所
认为的贤人却是不肖的人，他们所认为的善言却是邪僻的言辞，他们所
认为的可以做的事却是悖逆的事。这就是事实和名分不符合。把不肖
当成贤明，把邪僻之言当成善言，把悖逆的事情当成可以做的事情，国家
不混乱，自身不危险，还等什么呢？齐湣王就是这样。知道喜欢士，却不
知道什么人才叫士。所以尹文问他什么叫士，湣王无法回答。这就是公
玉丹能被信任，卓齿能被任用的原因。任用卓齿，信任公玉丹，难道不是
自己给自己安排仇人吗？

　　尹文拜见齐王，齐王对尹文说："我非常喜欢士。"尹文说："我希望听
您说说什么叫作士。"齐王没有话来回答。尹文说："如今有这样一个人，
侍奉父母很孝顺，侍奉君主很忠诚，交朋友很守信用，住在乡里敬爱兄
长。有这四种品行的人，可以叫作士吗？"齐王说："这真可以称作所谓
的士了。"尹文说："您如果得到这个人，愿意把他当作臣子吗？"齐王说：
"这正是我所希望的却不能得到的。"尹文说："假如这个人在朝堂之中受
到深深的侮辱却不争斗，您还将把他当作臣子吗？"齐王说："不。士受到
侮辱却不争斗，这就是耻辱。甘心受辱，我就不把他当作臣子了。"尹文
说："即使受到侮辱而不争斗，但他并没有丧失那四种品行。没有丧失那
四种品行，这是没有丧失成为士的任何一个条件。没有丧失成为士的任
何一个条件，可是大王您却不把他当作臣子，那么您先前所说的士还是
士吗？"齐王没有话来回答。尹文说："如今有这样一个人，将治理他的国
家，人民有错误就责备他们，人民没有错误也责备他们，人民有罪就惩罚
他们，人民没有罪也惩罚他们，这样做，却埋怨人民难以治理，可以吗？"
齐王说："不可以。"尹文说："我私下观察下面的官吏治理齐国，正是像这
样治理。"齐王说："假如我治理国家真的是这样，那么人民即使治理不

好，我也不埋怨。恐怕我还没有到这个地步吧！"尹文说："我这样说不敢没有依据，请允许我说一说依据。您的法令规定：'杀人的被处死，伤人的接受刑罚。'人民中有的敬畏您的法令，受到深深的侮辱却不敢争斗，这是保全您的法令啊，可是您却说：'受侮辱而不敢争斗，这是耻辱。'叫作耻辱的，不是说的这个。而是本该把他当作臣子的却不让他做臣子，这等于是侮辱他。这就是没有罪过而您却惩罚他啊。"齐王没有话回答。言论都像这样，因此国家残破，自身危险，逃到穀邑，到了卫国。齐湣王是周王室分封的长诸侯，齐国是太公寿终的地方。桓公曾经凭借这里称霸诸侯，这是因为管仲详细地分辨了名分和实际啊。

【评析】

"正名"就是辨正名分，使得名称与实际相符。现实生活中有许多名不称实的情况，因此辨别名实就很有必要。《正名》篇通过尹文子问齐湣王的典故向我们传达了这样一个道理，君主在任用人才时，必须全面了解具体的任用标准，不能言不符实，否则会导致贤者居于下位，小人把持朝政，最后身死国灭。

审分览第五

审　分

一曰：凡人主①必审分②，然后治可以至，奸伪邪辟之途可以息，恶气苛疾无自③至。夫治身与治国，一理之术也。今以众地者，公作④则迟⑤，有所匿其力也；分地⑥则速，无所匿迟也。主亦有地，臣主同地，则臣有所匿其邪⑦矣，主无所避其累⑧矣。凡为善难，任善易。奚以知之？人与骥俱走，则人不胜骥矣；居于车上而任骥，则骥不胜人矣。人主好治人官之事，则是与骥俱走也，必多所不及矣。夫人主亦有居车，无夫⑨车，则众善皆尽力竭能矣，谄谀诐贼巧佞之人无所窜⑩其奸矣，坚⑪穷廉直忠敦之士毕竞劝骋骛矣。人主之车，所以乘物也。察乘物之理，则四极可有。不知乘物，而自怙恃，夺⑫其智能，多其教诏，而好自以⑬，若此则百官恫⑭扰⑮，少长相越，万邪并起，权威分移，不可以卒，不可以教，此亡国之风也。

王良⑯之所以使马者，约审之以控其辔，而四马莫敢不尽力。有道之主，其所以使群臣者亦有辔。其辔何如？正名审分，是治之辔已。故按其实而审其名，以求其情；听其言而察其类，无使放⑰悖。夫名多不当其实，而事多不当其用者，故人主不可以不审名分也。不审名分，是恶壅而愈塞也。壅塞之任，不在臣下,在于人主。尧、舜之臣不独义,汤、禹之臣不独忠,得其数也;桀、纣之臣不独鄙,幽^⑱、厉^⑲之臣不独辟,失其理也。

今有人于此,求牛则名马,求马则名牛,所求必不得矣,而因用威怒,有司必诽怨矣,牛马必扰乱矣。百官,众有司也;万物,群牛马也。不正其名,不分其职,而数用刑罚,乱莫大焉。夫说以智通,而实以过^⑳悗^㉑;誉以高贤,而充以卑下;赞以洁白,而随以污德;任以公法,而处以贪枉;用以勇敢,而堙以罢怯。此五者,皆以牛为马、以马为牛,名不正也。故名不正,则人主忧劳勤苦,而官职烦乱悖逆矣。国之亡也,名之伤也,从此生矣。白之顾益黑,求之愈不得者,其此义邪!故至治之务,在于正名。名正则人主不忧劳矣,不忧劳则不伤其耳目之主^㉒。问而不诏,知而不为,和而不矜,成而不处^㉓,止者不行,行者不止,因形而任之,不制于物,无肯为使。清静以公,神通乎六合^㉔,德耀乎海外,意观乎无穷,誉流乎无止。此之谓定性于大湫,命之曰无有^㉕。故得道忘人,乃大得人也,夫其非道也?知德忘知,乃大得知也,夫其非德也?至知不几,静乃明几也,夫其不明也?大明^㉖不小事,假^㉗乃理事也,夫其不假也?莫人不能,全乃备能也,夫其不全也?是故于全乎去能,于假乎去事,于知乎去几,所知者妙矣。若此则能顺其天,意气得游乎寂寞之宇矣,形性得安乎自然之所矣。全乎万物而不宰,泽被天下而莫知其所自始。虽不备五者,其好之者是也。

【注释】

①主:君主。

②分:仁义礼律杀生与夺的分别。

③自:从。君主拥有美德才会感应祥瑞,不良的风气和恶性的疾病

就无法到来。

④作:为,耕作。

⑤迟:缓慢。

⑥分地:单独。

⑦邪:私心。不想让君主知道自己的私心,所以有所隐藏。

⑧累:负累。

⑨去:离开。

⑩窜:容下。

⑪坚:刚强。

⑫夺:通"奋",夸耀。

⑬以:用。

⑭恫:动。

⑮扰:混乱。

⑯王良:晋国大夫,善于驾驭和相马,死后精气托在星宿上,天文上的"王良策驷"就是他。

⑰放:放纵。

⑱幽:周幽王,周宣王的儿子,"幽"是他的谥号,昏庸不聪明叫"幽",是不好的谥号。

⑲厉:周厉王,周宣王的父亲,"厉"是他的谥号,杀害无罪的人叫"厉",是不好的谥号。

⑳过:作"遇","愚"的假借。

㉑悗:迷惑。

㉒主:天性,性情。

㉓处:居功。

㉔六合:四方上下。

㉕无有:无形。

㉖大明:垂拱无为但教化得以推行。

㉗假:摄,做。

【译文】

一曰：凡是君主一定要审查仁义礼律杀生与夺的分别，然后才能达到国家安定的局面，奸诈虚伪淫邪乖僻的道路才可以被消灭，不良的风气和恶性的疾病才无法到来。修养自身与治理国家的方法是同样的道理。现在有许多人一起种地，共同耕作就缓慢，这是因为有人把力气藏匿起来不尽全力；分开耕作就很迅速，这是因为人们没有办法把力气藏匿起来，没办法使耕作变得缓慢。君主治理国家也像种地一样，臣子和君主一起治理国家，臣子就会藏匿自己的私心不让君主知道，君主就没有办法避开负累。凡是自己去做善事很困难，但是任用别人做善事就很容易。从哪里能知道呢？人与千里马一块跑，那么人不能胜过千里马；人坐在车上驾驭千里马，那么千里马就不能胜过人了。君主喜欢管理自己臣子的事，这就是与千里马一块跑啊，一定有很多赶不上的地方。君主也像驾车的人一样坐在车上，不要离开车子，那么所有做善事的人都尽心竭力，谄媚阿谀、狡猾奸诈、巧言善变的人就没有办法藏匿私心，刚强睿智、廉洁正直、忠诚敦厚的人都争相努力去奔走。君主的车子，是用来载物的。明白了载物原理，那么四方的尽头都可以占有。不懂得载物的道理，仅仅依靠自己的能力，夸耀自己的才智，使教令诏书变多，而用来供自己行使，这样，官员们都会发生动乱，长幼僭越，各种邪恶的事情一起出现，权力威信分散下移，不可停止，不可以教化，这是亡国的风化啊。

王良能够驾驭马的方法，是小心仔细审查来抓好缰绳，因此四匹马没有敢不尽力的。有道的君主，他任使臣子们也有"缰绳"。君主的"缰绳"是什么呢？辨正名分，审查仁义礼律杀生与夺之分，这就是治理的"缰绳"。所以，依照事实来审查名分得到真情；听到那个人的言论并考察他的行为，不要让他放纵悖离。名分大多和实际不相符，而事情大多不符合实际的用法，所以君主不可不去辨正名分。不辨正名分，这就是厌恶拥堵却更加闭塞啊。拥堵闭塞的责任，不在臣子，在于君主。尧和舜的臣子不全是仁义的,汤和禹的臣子不全是忠诚的,是因为君主得到了驾驭臣子的方法;桀和纣的臣子不全是鄙陋庸俗的,幽王和厉王的臣子不全是奸邪乖僻的,是因为君主失去了驾驭臣子的方法。

　　如今有这样一个人,想要牛却说马,想要马却说牛,那他想要的一定得不到,而因此生气发怒,掌管牛马的人一定会责怪埋怨他,牛马一定被扰乱。百官就像众多的掌管人,世间的各种东西都像一群群的牛和马。不辨正他们的名分,不区分他们的职责,却多次使用刑罚,没有比这更大的祸乱了。用明智通达来夸奖一个人,实际上却是愚蠢迷惑;用高尚贤能来夸奖一个人,实际上却是卑微下作;用纯洁清白来夸奖一个人,随后却表露出污秽的德行;使一个人掌管公法,在处理事情时却贪赃枉法;因为勇敢果断而任用一个人,内心却软弱畏怯。这五种,都是把牛当作马、把马当作牛,是因为名分不正啊。所以,名分不正的话,君主就会忧愁、辛劳,百官就会混乱、放纵、背离。国家灭亡,名声受损,就从这里产生。白的反倒更黑了,想得到却越得不到,大概就是这个意思吧!所以要想国家安定,关键在于辨正名分。名分辨正了,君主就不会忧愁辛苦了;君主不忧愁辛苦,就不会损伤耳目的天性。喜欢问,但是不会专断地下达诏令;知道怎样做,但是不去亲自做;达成万物和谐的局面却不夸耀自己;事情做成了却不占用功劳;停止的东西不让它运转,运转的东西不让它停止;按照事物的形态而使用,不被外物牵制,没有肯被它使唤的。清静公正,精神传到四面八方,品德闻名到四海之外,思想流传无止境,美名流芳百世。这就是把性命放在大湫之中,命名叫无形。所以得道的人忘记了别人,才是大大地得到了别人,这怎么不是得道呢?知道自己有德行却不让别人知道,才是更能让别人知道,这怎么不是有德呢?非常有德的人不聪敏,安静自处聪敏才会显露,这怎么叫不聪敏呢?特别聪敏的人不做小事,做的都是大事,这怎么不叫做事呢?得道之人不做什么,但人们把全部才能归给他,这怎么不叫完人呢?所以,有别人做事就不用自己亲自做,做大事的就不必做那些小事情,被人了解就不必显露出聪敏,所知道的就很微妙了。如果这样就能顺应天性,意气就能在寂静广漠的宇宙中遨游,形体就能在自然的环境中得到安静舒适。拥有世间万物却不做主宰,恩泽覆盖天下却没有人知道这是从哪里开始的。即使不具有上面说的五种情况,也可以说是爱好这些了。

【评析】

"审分"是审查名分、职分,审查仁义礼律杀生与夺的分别。《审分》篇以修养自身作比,强调治理国家要求君主臣下各司其职,无藏私心,再证以王良驭马的技巧和牛马不辨不能得果的案例,说明君主旨在审定名分。审定名分的妙处在于不必使君主劳累,但是能恢复君主耳目的天性,从善兼听,使天下大治,顺应自然之道。

君　守

二曰:得道者必静,静者无知,知乃无知,可以言君道也。故曰中欲不出谓之扃,外欲不入谓之闭。既扃而又闭,天之用密。有准①不以平,有绳不以正,天之大静。既静而又宁,可以为天下正②。身以盛心,心以盛智,智乎深藏,而实莫得窥③乎!《鸿范》曰:"惟天阴骘下民。"阴之者,所以发之也。故曰不出于户而知天下,不窥于牖而知天道。其出弥远者,其知弥少。故博闻之人、强识之士,阙④矣;事耳目、深思虑之务,败⑤矣;坚白之察、无厚之辩,外⑥矣。不出者,所以出之⑦也;不为者,所以为之⑧也。此之谓以阳召⑨阳、以阴召阴。东海之极,水至而反;夏热之下,化而为寒。故曰天无形,而万物以成;至精无象,而万物以化;大圣无事,而千官尽能。此乃谓不教之教,无言之诏。故有以知君之狂也,以其言之当也;有以知君之惑也,以其言之得也。君也者,以无当为当,以无得为得者也。当与得不在于君,而在于臣。故善为君者无识,其次无事。有识则有不备矣,有事则有不恢矣。不备不恢,此官之所以疑,而邪之所从来也。今之为车者,数官然后成。夫国岂特⑩为车哉?众智众能之所持也,不可以一物一方⑪安车也。

夫一能应万,无方而出之务者,唯有道者能之。鲁鄙人⑫遗宋元王闭⑬,元王号令于国,有巧者皆来解闭。人莫之能解。兒说之弟子请往解之,乃能解其一,不能解其一,且曰:"非可解而我不能解也,固不可解也。"问之鲁鄙人,鄙人曰:"然,固不可解也,我为之而知其不可解也。今不为而知其不可解也,是巧于我。"故如兒说之弟子者,以"不解"解之。郑大师文终日鼓瑟而兴,再拜其瑟前曰:"我效于子,效于不穷也。"故若大师文者,以其兽者⑭先之,所以中之也。故思虑自心伤⑮也,智差自亡也,奋能自殃,其有处自狂也。故至神逍遥倏忽而不见其容,至圣变习移俗而莫知其所从,离世别群而无不同⑯,君民孤寡⑰而不可障壅。此则奸邪之情得,而险陂谗慝谄谀巧佞之人无由入。凡奸邪险陂之人,必有因⑱也。何因哉?因主之为。人主好以己为,则守职者舍职而阿⑲主之为矣。阿主之为,有过则主无以责之,则人主日侵,而人臣日得。是宜动者静,宜静者动也。尊之为卑,卑之为尊,从此生矣。此国之所以衰,而敌之所以攻之者也。

奚仲⑳作车,苍颉作书,后稷作稼,皋陶作刑,昆吾㉑作陶,夏鲧作城。此六人者,所作当㉒矣,然而非主道者。故曰作者忧㉓,因者平。惟彼君道,得命之情,故任天下而不强,此之谓全人㉔。

【注释】

①准:法度。

②正：主宰。

③窥：见。

④阙：缺陷，弱点。

⑤败：伤害。

⑥外：抛弃。

⑦所以出之：不出门而知道天下所有的事情，和出门没有差别。

⑧所以为之：不做事而实现了做事成功的目的，和做了没有差别。

⑨召：致，使……到来。

⑩特：但。

⑪方：道理、原则。

⑫鄙人：小人。

⑬闭：不能解开的绳结。

⑭兽者：无知之意。《礼记·乐记》："知声而不知音者，禽兽是也。"古人语言质朴，不忌惮以禽兽为比喻。

⑮思虑自心伤："心"字当删去。思虑忧劳心神，所以叫自伤。

⑯同：和谐。

⑰孤寡：君主的谦称。

⑱因：凭借。

⑲阿：阿谀、顺从。

⑳奚仲：黄帝的后代，姓任。

㉑昆吾：颛顼的后代，吴回的孙子，陆终的儿子，姓己。

㉒当：合适、适宜。

㉓扰：同"扰"，忙乱。

㉔全人：全德的人，没有亏缺的人。

【译文】

二曰：得道的人一定平静，平静的人什么都不知道，知道了也像不知道，这就可以和他谈论作为君主的原则了。所以说，内心的欲望不显现出来叫作封锁,外面的欲望不进入内心叫作关闭。既封锁又关闭,天性有着秘密的方式。有法度而不用它测量公平,有墨绳而不用它测量直线,天性非常清静。既清静又安宁,就可以当天下的主宰。身体是用来盛放心脏的,心脏是用来盛放智慧的,智慧被深深藏起来,事实就不能够被见到。《鸿范》上说:"只有上天庇护下面的人民。"庇护人民,正是人民得以发展繁衍的原因。所以说,不出门就能知道天下事,不往窗外看就能知道天下的道理。那些出去越远的人,他们知道的就越少。所以见闻很广的人,强于记忆的人,他们的智慧有缺陷;那些耳朵眼睛灵敏的人,深思熟虑的人,他们的智慧被伤害了;考察"坚白"的人、辩论"无厚"的人,他们的智慧被抛弃了。不出门而达到出门知天下的效果,不做事而实现做事成功的目的。这就叫作用阴气使阳气到来、用阳气使阴气到来。东海的极端,水到了那里会回来;夏天的炎热过去后,就会变成寒冷。所以说,上天虽然没有形状,但万物依靠它成长;最精妙的东西虽然没有形体,但万物依靠它变化;非常圣明的人虽然不做事情,但千百个官吏都将才能发挥出来。这就是不进行教化的教化,不说话的诏告。所以,有知道君主狂妄的,是因为他说的话恰当;有知道君主昏惑的,是因为他说的话得体。君主就是把不恰当当作恰当,不得体当作得体的人啊。恰当与得体不在于君主,而在于臣子。所以善于当君主的人没有任何见识,其次是不做任何具体的事情。有见识就会有不能完全认识的情况,做具体事情就会准备不完备的情况。不完备周全,这是官吏产生疑惑,邪僻出现的原因。现在制造车子的,要许多掌管材料的部门合作才能造成。但治理国家难道只是造车子吗?是靠众人的智慧和才能来维护的,不可以用一件物品一种方法使它安定。

　　能以一个道理应对千万件事情,没有方法但能做事情,只有有道之人能够这样。鲁国郊野有个人送给宋元王一个解不开的结,宋元王在国都内发出号令,让巧手的人都来解这个结。没有人能解开。兒说的学生请求去解那个绳结,能解开其中的一个而另一个解不开,并且说:"不是本来可以解开而我不能解开它,是这个绳结本来就解不开。"询问鲁国郊野的那个人，那个人说："是的，这个结本来就解不开，我编织的这个结所以知道它不可以解开。现在您没有编织这个结却知道它解不开，这是比我巧啊。"所以像兒说的学生这样的人，是用"不可以解开"解开了这道题。郑国的太师文弹瑟弹了一整天然后站起来，向瑟拜了两拜说："我学习你，学习你的变化无穷。"所以像太师文这样的人，先让自己像兽类一样无知，所以才能学到弹瑟的道理。所以，思虑就会使自己的心神受到损伤，智巧会导致自己灭亡，自己认为自己强大就会招来破灭的灾祸，身上有职务就会使自己狂妄。所以最高的神明是逍遥自得忽然消失而看不到它的形体，最圣贤的人就是能够改变风俗习惯而不知道跟随的是什么，脱离俗世和离开人群却没有不和谐的，君主谦称为孤寡而不受奸邪的蔽塞。这样能知道奸邪的实情，阴险狡诈、谗言阿谀、巧言令色的人就无法被任用。凡是阴险狡诈的人，一定有凭借的东西。凭借什么呢？就是凭借君主的作为。君主喜欢亲自做事，那么担当这个职责的臣子就会放弃自己的职责本分去奉承君主的行为。奉承君主的作为，臣子有了过错，君主也就无法责备他，这样，君主就会一天天受损害，臣子就会一天天得志。这就是应该运动的却安静下来了，应该安静的却运动起来了。尊贵的成为了卑下的，卑下的成为了尊贵的，就是从这里产生的。这就是国家衰弱、敌国进犯的原因啊！

奚仲造出了车子，苍颉发明了文字，后稷开启了种庄稼，皋陶制定了刑法，昆吾塑造了陶器，夏鲧发明了筑造城墙。这六个人发明的东西都是适宜的，然而却不是君主要做的。所以说，发明者很忙乱，依靠别人发明的东西的人很平静。只有掌握了当君主的原则，才能了解性命的真情，所以治理天下而不感觉到勉强费力，这就叫作全德的人。

【评析】

"君守"是指作为君主要守住自己的本分和原则。《君守》篇认为君主最大的圣明之处在于不亲为。君主一旦亲力亲为，臣子必然会顺从君主的意愿，丢掉自己的本分职责，侵犯君主的权力。所以要想使得国家安定和谐,就要掌握当君主的原则,了解真性情,利用众人的智慧来治理国家,达到自然而然的状态。

任　数

三曰:凡官者,以治为任,以乱为罪。今乱而无责,则乱愈长①矣。人主以好暴示能,以好唱自奋,人臣以不争持位,以听从取容,是君代有司②为有司也,是臣得后随以进其业。君臣不定,耳虽闻不可以听③,目虽见不可以视④,心虽知不可以举⑤,势使之也。凡耳之闻也藉⑥于静,目之见也藉于昭⑦,心之知也藉于理。君臣易操,则上之三官⑧者废矣。亡国之主,其耳非不可以闻也,其目非不可以见也,其心非不可以知也,君臣扰乱,上下不分别,虽闻曷闻? 虽见曷见? 虽知曷知? 驰骋⑨而因耳矣,此愚者之所不至也。不至则不知,不知则不信。无骨者不可令知冰⑩。有土之君,能察此言也,则灾无由至矣。

且夫耳目知巧固不足恃,惟修其数、行其理为可。韩昭釐侯⑪视所以祠庙之牲,其豕小,昭釐侯令官更之。官以是豕来也,昭釐侯曰:"是非向者之豕邪?"官无以对。命吏罪之。从者曰:"君王何以知之?"君曰:"吾以其耳也。"申不害⑫闻之,曰:"何以知其聋? 以其耳之聪也。何以知其盲? 以其目之明也。何以知其狂? 以其言之当也。故曰去听无以闻则聪,去视无以见则明,去智无以知则公。去三者不任则治,三者任则乱。"以此言耳目心智之不足恃也。耳目心智,其所以知识甚阙,其所以闻见甚浅。以浅阙博⑬居天下,安殊俗,治万民,其说固不行。十里之间而耳不能闻,帷墙之外而目不能见,三亩之宫而心不能知。其以东至开梧⑭,南抚多颎⑮,西服寿靡⑯,北怀儋耳⑰,若之何哉？故君人者，不可不察此言也。治乱安危存亡，其道固无二也。故至智弃智，至仁忘仁，至德不德。无言无思，静以待时，时至而应，心暇者胜。凡应之理，清净公素，而正始卒。焉此治纪，无唱有和，无先有随。古之王者，其所为少，其所因多。因者，君术也；为者，臣道也。为则扰矣，因则静矣。因冬为寒，因夏为暑，君奚事哉？故曰君道无知无为，而贤于有知有为，则得⑱之矣。

有司请事于齐桓公，桓公曰："以告仲父。"有司又请，公曰："告仲父。"若是三。习⑲者曰："一则仲父，二则仲父，易哉为君！"桓公曰："吾未得仲父则难，已得仲父之后，曷为其不易也？"桓公得管子，事犹大易，又况于得道术乎？

孔子穷乎陈、蔡之间，藜羹不斟，七日不尝粒，昼寝。颜回索米，得而爨之，几熟，孔子望见颜回攫其甑中而食之。选间⑳，食熟，谒孔子而进食。孔子佯为不见之。孔子起曰："今者梦见先君，食洁而后馈。"颜回对曰："不可。向者煤炱㉑入㉒甑中，弃食不祥，回攫而饭之。"孔子叹曰："所信者目也，而目犹不可信；所恃者心也，而心犹不足恃。弟子记之：知人固不易矣。"故知非难也，孔子之所以知人难也㉒。

【注释】

①长：大。

②有司：大臣。

③不可以听：不可以听见五音。

④不可以视：不可以看见五色。

⑤不可以举：不可以抓取。

⑥藉：假借。

⑦昭：光明。

⑧三官：指耳朵、眼睛和心灵。

⑨驰骋：指田猎。

⑩无骨者不可令知冰：没有骨骼的虫子不可能让它知道有冬天的冰雪。亡国的君主，不知道去除贪暴，广施恩惠，就像没有骨头的虫子，春生秋死，不知道冬天有冰雪。

⑪韩昭釐侯：晋宣子起的后代，景侯的儿子。昭釐指谥号。

⑫申不害：郑国京人，是韩昭釐侯的国相。

⑬博：空旷，广袤。

⑭开梧：东边尽头的国家。

⑮多颗：南边尽头的国家。

⑯寿靡：西边尽头的国家。

⑰儋耳：北边尽头的国家。

⑱得：知道。

⑲习：近习，指亲近的臣子。

⑳选间：没多久，一会儿。

㉑煤炱：烟尘。炱，音 tái。

㉒入：犹如"堕"，掉进去。

㉓孔子之所以知人难也："孔子之"三字为衍文。原文应为"故知非难也，所以知人难也"。所以知道东西不难，了解人就难了。如果仅仅只是孔子了解人难，就不是本篇的文意了。

【译文】

三曰：凡是做官的人，认为治理得好就是胜任，治理得不好就是有罪。现在治理得不好却不责备，那么混乱就会越来越大。君主用暴露自己来展示自己的才能，用善于倡导来夸耀自己，臣子不和君主争辩，曲意逢迎君主来求取自己的容身之处，这样就是君主代替大臣做大臣的事情，是臣子能够跟着君主做那些不和君主争辩的事情。君臣的本分没有确定,耳朵即使能听也不可以听见五音,眼睛即使能看见也不可以看见五色,内心即使知道也不可以抓取,这是形势使他这样的。耳朵能听见是借助于安静,眼睛能看见是借助于光明,内心能知道是借助于道理。君臣交换自己的职责,那么上面说的三种感官功效就作废了。亡国的君主,他的耳朵不是不可以听到,他的眼睛不是不可以看到,他的内心不是不可以知道,君臣的职责混乱,上下本位不进行区分,即使听到又能听到什么东西?即使看到又能看到什么东西?即使知道又能知道什么东西?醉心于田猎禽兽,不务正业,这是愚蠢的君主不能做到国家安定的原因。不能做到就不知道,不知道就不会相信没有欲望能达到国家安定。没有骨骼的虫子不可能让它知道有冬天的冰雪。拥有国土的君主,能仔细审查这些言论,那么灾祸就不会到来了。

况且耳朵和眼睛灵敏,本来就不足以依靠,只有修炼驾驭臣下的方法,按照道理做事才可以。韩昭釐侯察看用来祭祀宗庙的牺牲,那头猪很小,昭釐侯命令官员换掉它。那官员把这头猪拿过来,昭釐侯说:"这不是刚才的那头猪吗?"那官员没有话来应答。昭釐侯就命令官吏治他的罪。昭釐侯的侍从说:"君王从哪里知道的呢?"昭釐侯说:"我凭借猪的耳朵。"申不害听到了这件事,说:"凭借什么知道他聋?是根据他的听觉好。凭借什么知道他瞎?根据他的视力好。凭借什么知道他狂妄?是根据他的话得当。所以说,去掉听觉无法听见,听觉就灵敏了;去掉视觉无法看见,目光就敏锐了;去掉智慧无法去知道,内心就公正了。去掉这三种东西不使用,就会达到国家安定;使用这三种东西,国家就会混乱。"凭借这个说明耳朵、眼睛、心智不足以依靠。耳朵、眼睛、心智,它们能知道的东西很稀少,它们能听到见到的东西十分肤浅。凭借肤浅贫乏的知识占有广大的天下,使不同习俗的地区安定下来,治理万千百姓,这种主张必定不行。十里远之内耳朵就不能听到,帷幕墙壁的外面眼睛就不能看见,三亩大的宫室里的情况心就不能知道。凭着这些,往东到开梧国,往南去安抚多颏国,往西让寿靡国归服,往北让儋耳国归顺,又该怎么办呢?所以作为君主,不可不仔细审查这些话啊。国家的安定与混乱、危险与安全、存在与灭亡，本来就没有其他的道理。所以，最聪明是抛弃聪明，最仁慈是忘掉仁慈，最道德是不要道德。不说话不思虑，静静地等待时机，时机到来再行动，内心悠闲的人才能获得胜利。行动的原则是：清静公平质朴，从开始到最后都秉持公正。用这种方法整顿纪律，虽然没有人倡导却有人应和，虽然没有人带领却有人跟随。古代称王的人，他们亲自做的事情很少，凭借的东西却很多。有所凭借，是君主的方法；亲自做事，是臣子的准则。亲自去做就会忙乱，有所凭借就会清静。顺应冬天而带来寒冷，顺应夏天而带来炎热，君主还需要做什么呢？所以说，君主的原则是无知无为，却比有知有为更加贤能，这样就是知道了当君主的方法。

主事官吏向齐桓公请示事情，桓公说："把这事情告诉仲父。"主事官吏又向齐桓公请示事情，桓公说："告诉仲父去。"这种情况连续了三次。桓公的近臣说："第一次请示您让他去找仲父，第二次请示您又让他去找仲父，当君主太容易啦！"桓公说："我没有得到仲父时很困难，已经得到仲父之后，为什么不容易呢？"桓公得到管仲，做事情尚且非常容易，更何况是得到道术呢？

孔子被困在陈国和蔡国之间，没有野菜汤可以喝，七天没有吃到粮食，白天躺着睡觉。颜回去讨米，讨到米后就生火做饭，快熟了的时候，孔子望见颜回抓了锅里的饭吃。过了一会儿，饭熟了，颜回拜见孔子并且献上饭食。孔子假装没有看见。孔子起身说："今天我梦见了先君，把食物弄干净了去祭祀先君。"颜回回答说："不行。之前烟尘掉到锅里，丢掉食物不吉利，我把饭抓出来吃了。"孔子叹着气说："我相信的是眼睛，可是眼睛看见的还是不可以相信；所依靠的是心，可是心还是不足以依靠。学生们记住：了解人本来就不容易呀。"所以知道东西不难，了解人就难了。

【评析】

"任数"是君主驾驭臣下的方法。《任数》篇认为君主和臣子各有本分，不可越权行使。以耳目心三官的功能作比，强调君主臣下各循职责才能达到国家安定，再证以韩昭釐侯查看牺牲、桓公重用管仲、孔子错怪颜回的案例，说明君主借助于外物时，一定要懂得运用道术，眼睛、耳朵和心灵呈现的可能并不是真相，了解一个人十分不易，因此在任用时应该更加讲求方法。

勿　躬

四曰：人之意苟善，虽不知，可以为长。故李子^①曰："非狗不得兔，兔化而狗，则不为兔。"人君而好为人官，有似于此。其臣蔽之，人时禁之；君自蔽，则莫之敢禁。夫自为人官，自蔽之精者也。被箑^②日用而不藏于箧。故用则衰，动则暗，作则倦。衰、暗、倦，三者非君道也。

大桡作甲子，黔如作虏首^③，容成作历，羲和作占日，尚仪作占月，后益作占岁，胡曹作衣，夷羿作弓，祝融作市，仪狄作酒，高元作室，虞姁作舟，伯益作井，赤冀作臼，乘雅作驾，寒哀作御，王冰作服牛，史皇作图，巫彭作医，巫咸作筮。此二十官者，圣人之所以治天下也。圣王不能二十官之事，然而使二十官尽其巧，毕其能，圣王在上故也。圣王之所不能也，所以能之也；所不知也，所以知之也。养其神、修其德而化矣，岂必劳形愁弊耳目哉^④？是故圣王之德，融乎若日之始出，极^⑤烛六合，而无所穷屈；昭乎若日之光，变化万物，而无所不行。神合乎太一，生无所屈，而意不可障；精通乎鬼神，深微玄妙，而莫见其形。今日南面^⑥，百邪自正，而天下皆反^⑦其情，黔首毕乐其志，安育其性，而莫^⑧为不成。故善为君者，矜服性命之情，而百官已治矣，黔首已亲矣，名号已章^⑨矣。

管子复⑩于桓公曰："垦田大邑,辟土艺粟,尽地力之利,臣不若甯遫,请置以为大田。登降辞让,进退闲习,臣不若隰朋,请置以为大行⑪。蚤入晏出,犯君颜色,进谏必忠,不辟死亡,不重贵富,臣不如东郭牙,请置以为大谏臣。平原广城,车不结⑫轨,士不旋踵,鼓之,三军之士视死如归,臣不若王子城父,请置以为大司马⑬。决狱折中,不杀不辜,不诬无罪,臣不若弦章,请置以为大理⑭。君若欲治国强兵,则五子者足矣;君欲霸王,则夷吾在此。"桓公曰："善。"令五子皆任其事,以受令于管子。十年,九合诸侯,一匡天下,皆夷吾与五子之能也。管子,人臣也,不任己之不能,而以尽五子之能,况于人主乎?

人主知能不能之可以君民也,则幽诡愚险之言无不职⑮矣,百官有司之事毕力竭智矣。五帝三王之君民也,下固不过毕力竭智也。夫君人而知无恃其能、勇、力、诚、信,则近之矣。凡君也者,处平静,任德化,以听其要。若此则形性弥赢,而耳目愈精;百官慎职,而莫敢愉⑯緃⑰;人事⑱其事,以充其名。名实相保,之谓知道。

【注释】

①李子:李悝,著有《李子》三十二篇,已失传。

②袚篲:音 fú huì,日常打扫用的扫帚。

③房首:部首。

④岂必劳形愁弊耳目哉:怎么一定要使身体劳苦忧虑、耳朵眼睛疲惫不堪呢?"愁"下疑脱"虑"字。

⑤极:北极,最阴冷的地方,而太阳能照到。

⑥南面:古代人君听政之位居北,其面向南,故后指居人君之位。

⑦反:返回本性。

⑧莫:无,没有。

⑨章：扬名，显赫。

⑩复：禀告。

⑪大行：官名。掌接待宾客。

⑫结：交叉。

⑬大司马：掌管军队的官。

⑭大理：掌管监狱的官。

⑮职：识别。

⑯愉：懈怠。

⑰绖：迟缓。

⑱事：治理。

【译文】

四曰：人的心思如果是好的，即使什么也不知道，也可以当上位的人。所以李悝说："没有狗就不能抓到兔子，如果兔子变成狗一样，那就抓不到兔子了。"君主喜欢做臣子分内的事，就和这个差不多。他的臣子蒙蔽他，其他人还能时常制止这种行为；君主自己蒙蔽自己，那就没有人敢制止了。君主自己做臣子分内的事，自己蒙蔽自己的行为就更厉害了。扫帚每天要使用，因此不把它藏在箱子里。所以，君主思虑臣子分内的事，心志就会衰竭；亲自去做臣子安抚社稷造益百姓的事，就会昏昧；亲自去做臣子所做的奔走劳役的事，就会疲惫。衰竭、昏昧、疲惫这三种，不是作为君主的准则。

大桡创造了六十甲子，黔如创造了部首，容成创造了历法，羲和创造了计算日子的方法，尚仪创造了计算月份的方法，后益创造了计算年份的方法，胡曹创造了衣服，夷羿发明了弓，祝融发明了市肆，仪狄创造了酒，高元创造了房屋，虞妁创造了船，伯益创造了井，赤冀发明了舂米的臼，乘雅发明了马车，寒哀发明了驾车的方法，王冰发明了驾驭牛的方法，史皇发明了绘画，巫彭创造了医术，巫咸创造了占卜术。这二十位官员，是圣人用来治理天下的。圣贤的君王不能自己做二十位官员做的事,然而却能让二十位官员全部发挥出他们的技巧和才能,这是圣贤君王处在上位的原因。圣贤君王有不能做到的事情,所以才能做到那些不能做到的事情;有不知道的事情,所以才能知道那些事情。修养自己的精神品德从而化育万物,怎么一定要使身体劳苦忧虑、耳朵眼睛疲惫不堪呢？所以,圣贤君王的品德,明亮得就像太阳刚出来,照耀四面八方,没有照不到的地方;明亮得就像太阳的光芒,使万物生长变化,没有做不到的事情。神通和道相合,生命不受挫折,因而心志不可阻挡;精气和鬼神相通,深微玄妙,没有人能看出它的形状。现在君主南面而治,各种邪曲的事自然会得到匡正,天下的人都返回自己的本性真情,老百姓都为自己的内心感到高兴,安心培育自己的性情,因而没什么事情是做不成功的。所以,善于当君主的人,谨慎地顺从真情本性,因而各种官吏就能治理了,老百姓就能亲附了,名声就显扬了。

管子禀告桓公说:"开垦田地,扩大城邑,开辟土地,种植粟米,充分运用地力,我比不上甯遬,请任命他当大田。接待宾客、升降、辞让、进退等,我比不上隰朋,请任命他当大行。早上朝见,晚上退朝,敢于冒犯国君的颜面,进谏忠心耿耿,不躲避死亡,不看重富贵,我比不上东郭牙,请任命他当大谏臣。在平原和空旷的城池中,使战车车轨整齐不交错,士兵不退却,击鼓进军,三军将士都把死亡看作归宿,我比不上王子城父,请任命他当大司马。判案中正,不杀无辜的人,不诬陷没有罪的人,我比不上弦章,请任命他当大理。您如果想要国家安定、军队强大,那么这五个人就够了;您要想称霸为王,那么我在这里。"桓公说:"好。"下令让五个人都担任了那些官职,接受管子的命令。十年后,桓公九次盟会诸侯,纠正混乱局势,使天下安定,这都是管夷吾和那五个人的能耐啊。管子是臣子,不担当自己不能做的事情,而让那五个人都把自己的才能发挥出来,何况作为一国君主呢？

君主知道自己能做什么与不能做什么是可以治理人民的,那隐蔽、狡猾、愚昧、危险的言论就没有不能识别的,各级官吏尽心竭力做自己主管的事。五帝三王治理人民时,处于下位的本来不过是尽心竭力罢了。

治理人民懂得不要依靠自己的才能、英勇、力量、诚实、信用,那就接近君道了。凡是作为君主,应使自己处于平静之中,使用道德去教化人民,来听取关键的东西。这样,身体和心性就会更加充实,耳朵和眼睛就会更加聪敏;各级官吏就会谨慎对待职守,没有敢懈怠延缓的;人人就会做好自己的事情,用来充实自己的名声。名声和实际相符,这就叫作明白了什么是道。

【评析】

"勿躬"的含义是君主不要亲自做事情。即使君主一无所知,但是能够运用自己的权力去任用臣下来达到治国强兵的目的,知道自己能做什么与不能做什么是十分重要的。《勿躬》篇列举出大桡、黔如等二十位贤人发明创造的事例,与桓公任用甯遫、隰朋、东郭牙、王子城父、弦章五人治国而凭借管仲称霸的事例,来佐证真正的君道在于事情不必亲躬而能用人得当,百官各司其职这一道理。

知　度

五曰:明君者,非遍见万物也,明于人主之所执也。有术之主者,非一自行之也,知百官之要也。知百官之要,故事省而国治也。明于人主之所执,故权专而奸止。奸止则说者不来,而情谕矣。情者不饰,而事实见矣。此谓之至治。至治之世,其民不好空言虚辞,不好淫学流说①。贤不肖各反其质,行其情不雕其素②,蒙厚纯朴以事其上。若此,则工拙愚智勇惧可得以故易官,易官则各当其任矣。故有职者安其职,不听其议;无职者责其实,以验其辞。此二者审,则无用之言不入于朝矣。君服性命之情,去爱恶③之心,用虚无为本,以听有用之言,谓之朝。凡朝也者,相与召④理义也,相与植⑤法则也。上服性命之情,则理义之士至矣，法则之用植矣，枉辟邪挠⑥之人退矣，贪得伪诈之曹⑦远矣。故治天下之要，存乎除奸；除奸之要，存乎治官；治官之要，存乎治道；治道之要，存乎知性命。故子华子⑧曰："厚而不博，敬守一事⑨，正性是喜。群众不周，而务成一能⑩。尽能既成，四夷乃平。唯彼天符，不周而周。此神农之所以长⑪，而尧舜之所以章⑫也。"人主自智而愚人，自巧而拙人，若此，则愚拙者请矣，巧智者诏⑬矣。诏多则请者愈多矣，请者愈多，且无不请也。主虽巧智，未无不知也。以未无不知应无不请，其道固⑭穷。为人主而数穷于其下，将何以君人乎？穷而不知其穷，其患又将反以自多。是之谓重塞之主，无存国矣。故有道之主，因而不为，责而不诏，去想去意，静虚以待，不伐之言，不夺之事，督名审实，官使自司，以不知为道，以奈何为实。尧曰："若何而为及日月之所烛⑮？"舜曰："若何而服四荒⑯之外？"禹曰："若何而治青北⑰，化九阳、奇怪⑱之所际？"

赵襄子之时，以任登为中牟令。上计，言于襄子曰："中牟有士曰胆胥己，请见之。"襄子见而以⑲为中大夫。相国曰："意者君耳而未之目邪！为中大夫若此其见也？非晋国之故⑳。"襄子曰："吾举登也，已耳而目之矣。登所举，吾又耳而目之，是耳目人终无已也。"遂不复问，而以为中大夫。襄子何为？任人，则贤者毕㉑力。

人主之患，必在任人而不能用之，用之而与不知者议之也。绝江者托于船，致远者托于骥，霸王者托于贤。伊尹、吕尚、管夷吾、百里奚，此霸王者之船骥也。释父兄与子弟，非疏之也；任庖人钓者与仇人仆虏㉒，非阿之也。持社稷立功名之道，不得不然也。犹大匠之为宫室也，量小大而知材木矣，訾㉓功丈而知人数矣。故小臣㉔、吕尚听，而天下知殷、周之王也；管夷吾、百里奚听，而天下知齐、秦之霸也。岂特骥远哉？

夫成王霸者固有人，亡国者亦有人。桀用羊辛，纣用恶来，宋用唐鞅，齐用苏秦，而天下知其亡。非其人而欲有功，譬之若夏至之日而欲夜之长也，射鱼指天而欲发之当㉕也。舜、禹犹若困，而况俗主乎？

【注释】

①淫学流说：不学正道叫作淫学。流说即邪说。

②素：朴素。

③爱恶：好憎，喜欢的与厌恶的。

④召：达成。

⑤植：确立。

⑥挠：曲。

⑦曹：众人。

⑧子华子：体道之人，《贵生》篇亦有记载。

⑨一事：正事。

⑩一能：专一之能，指公正。

⑪长：兴盛。

⑫章：著名。

⑬诏：发布诏令。

⑭固：必定。

⑮烛：照耀。

⑯四荒：四方边远之地。荒，远。

⑰青北：即青丘国，在朝阳北。

⑱奇怪：即奇肱国，在一臂国北。《山海经》有载。

⑲以：任用。

⑳故：法度。

㉑毕：用尽。

㉒庖人钓者与仇人仆虏：庖人即伊尹，钓者即吕尚，仇人即管夷吾，
仆虏即百里奚。

㉓訾：相，测量。

㉔小臣：指伊尹。

㉕当：射中。

【译文】

　　五曰：圣明的君主，不是要普遍了解世间所有的事物，而是明白君主
应该掌握的东西。有原则的君主，不是一个人做所有的事情，而是要了
解各级官吏的根本。了解治理各级官吏的根本，所以事情才会减少，国
家才会安定。明白君主应该掌握的东西，所以权力才会在君主手中掌
控，奸邪的人与事情才会消失。奸邪的人和事情消失了，那么游说的人
不出现，所以真正的性情也能了解了。真正的性情不加掩饰，所以事情
的真相就显现出来了。这就叫最高境界的国家大治。国家安定的社会，
人民不喜欢说空话假话，不喜欢不学正道的学说和邪说。贤德的人和不
贤德的人各自都回到本来的样子，按照真正的性情做事情，不雕饰自己
的本质，忠厚纯朴地侍奉自己的君主。像这样，灵巧的、拙笨的、愚蠢的、
聪明的、勇敢的、胆小的人都可以因为这些而变动官职，变动官职后，他
们就能各自担当好自己的职责。所以，对于有职位的人，君主就使他们
安守自己的职分，不听取他们的议论；对于没有职位的人，就要求他们用
实际行动来检验他们的言论。这两种情况都得到明察，那些没有用的言
论就不会进入朝廷。君主顺从真实性情、去掉喜爱厌恶的心情，把虚无
作为根本，来听取有用的言论，这就叫作上朝。凡是上朝，就是君主与臣
下一起达成理义，一起确立法度。君主顺从真实性情做事，那么讲求理
义的贤人就到来，法度的作用就会确立，乖僻邪曲的人就会退去，贪婪
虚伪狡诈的人就会远离。所以，治理天下的关键在于除掉奸邪，除掉奸
邪的关键在于治理官吏，治理官吏的关键在于治国的规则，治国的规则
关键在于了解天性。所以子华子说："深入而不广博，谨慎地守住正事，

喜爱正性。与群众不同,要专心学会公正的能力。这种能力学会之后,四方蛮夷就会平定。只有那些符合天道的人,不相同却能达到相同。这就是神农兴盛,尧、舜名声卓著的原因。"君主认为自己聪明却认为别人愚蠢,认为自己灵巧却认为别人笨拙,像这样,愚蠢笨拙的人就要请求指示了,聪明灵巧的人就要发布诏令了。发布的诏令越多,那么请求指示的人就越多,请求指示的人越多,那就是没有什么不需要请示的。君主即使灵巧聪明,也不是无所不知的。不是无所不知却应付无所不请,君主的法则一定会穷尽。作为君主却经常被臣下弄得穷尽,又该怎么治理人民呢?穷尽了却不知道自己穷尽了,他的祸患又在于自高自大。这就是受到重重阻塞的君主,受到重重阻塞的君主,没有能保住国家的。所以有法度的君主,凭借臣子而不亲自去做,要求臣子做事成功却不亲自发布教诏,去掉想象,去掉心思,清静虚心地等待时机,不代替臣子讲话,不抢着做臣子的事情,审察名分和实际,使臣子自己管理自己的职务,把不知当作根本,把怎么办当作宝物。尧说:"怎样做才能比得上像日月那样普照?"舜说:"怎样做才能使四方荒远之地归服?"禹说:"怎样做才能使青丘国得到治理,九阳山、奇肱国得到教化?"

赵襄子主政时,起用任登当中牟令。任登上书向襄子推荐说:"中牟有个士人叫胆胥己,请您召见他。"赵襄子召见胆胥己后,任用他当中大夫。相国说:"我猜想君上您只是听说了这个人,而没有亲眼见到吧?当中大夫是这样容易的吗?这不是晋国的法度。"赵襄子说:"我起用任登时,已经听说和观察了他。任登举荐的人,我还要耳闻并且亲眼见到这人的实际情况的话,这样听说和观察人就始终没完了。"于是就不再询问,而让胆胥己当了中大夫。襄子还要做什么?去任用人,而贤德的人就把力量全部贡献出来了。

君主的祸患在于任用别人而不能让他做事,让他做事却与不了解他的人议论他。横渡长江的人依靠的是船,到远处去的人依靠的是千里马,称霸称王的人依靠的是贤人。伊尹、吕尚、管夷吾、百里奚,这些人就是称王称霸的人的船和千里马。不任用父兄与子弟,不是疏远他们;任用伊尹、吕尚与管夷吾、百里奚，不是奉承他们。保住国家、建立功名的原则使君主不得不这样啊。就像是杰出的工匠建造宫室一样，测量一下宫室的大小就知道需要的木材，测量一下工程的大小就知道需要的人数。所以伊尹、吕尚被重用，天下人就知道殷朝、周朝要称王了；管夷吾、百里奚被重用，天下人就知道齐国、秦国要称霸了。他们四个人岂止是船和千里马呀！

成就王业霸业本来就要有人，亡国也要有人。夏桀重用羊辛，商纣重用恶来，宋国重用唐鞅，齐国重用苏秦，因此天下人知道他们要灭亡了。不任用贤人却想要建立功业，就像是在夏至这一天却想让夜变长，射鱼时向着天却想射中一样。舜、禹尚且困难，更何况平庸的君主呢？

【评析】

"知度"指知道了解国家的法度和各级官吏的根本。真正知道法度的君主必定是顺应性情，让臣子发挥自己的功用，而自己只需任用贤人即可。《知度》篇认为君主要清净虚心，不对臣子的职责发出过多教诲，审查名分与实际。赵襄子起用任登及任登举荐的人，用而不疑；殷、周起用伊尹、吕尚成就王业；齐、秦起用管夷吾、百里奚成就霸业，这就是抓住了根本，让贤德的人贡献出自己的力量。

慎　势

六曰：失之乎数[1]，求之乎信，疑；失之乎势[2]，求之乎国，危。吞舟之鱼，陆处则不胜蝼蚁[3]。权钧则不能相使，势等则不能相并，治乱齐则不能相正。故小大、轻重、少多、治乱，不可不察[4]，此祸福之门也。

凡冠带之国，舟车之所通[5]，不用象、译、狄鞮[6]，方三千里。古之王者，择天下之中而立国[7]，择国之中而立宫，择宫之中而立庙。天下之地，方千里以为国，所以极治任也。非不能大也，其大不若小,其多不若少。众⑧封建,非以私贤也,所以便势全威,所以博义。义博利则无敌,无敌者安。故观于上世,其封建众者,其福长,其名彰。神农⑨十七世有天下,与天下同之也。王者之封建也,弥近弥大,弥远弥小⑩。海上⑪有十里⑫之诸侯。以大使小,以重使轻,以众使寡,此王者之所以家以完也。故曰以滕、费则劳,以邹、鲁则逸,以宋、郑则犹倍日而驰也,以齐、楚则举而加纲旃而已矣。所用弥大,所欲弥易。汤其无郼,武其无岐,贤虽十全,不能成功⑬。汤、武之贤而犹藉知乎势,又况不及汤、武者乎?故以大畜小吉,以小畜大灭⑭,以重使轻从⑮,以轻使重凶。自此观之,夫欲定一世,安黔首之命,功名著乎盘盂,铭篆著乎壶鉴,其势不厌尊,其实不厌多。多实尊势,贤士制之,以遇乱世,王犹尚少。天下之民,穷矣苦矣。民之穷苦弥甚,王者之弥易。凡王也者,穷苦之救也。水用舟,陆用车,途用辅,沙用鸠,山用樏,因其势也者令行。

位尊者其教受⑯,威立者其奸止,此畜人之道也。故以万乘令乎千乘易,以千乘令乎一家易,以一家令乎一人易。尝识及此,虽尧、舜不能。诸侯不欲臣于人,而不得已。其势不便,则奚⑰以易臣?权轻重,审大小,多建封,所以便其势也。王也者,势也。王也者,势无敌也。势有敌则王者废矣。有知小之愈于大、少之贤于多者,则知无敌矣。知无敌,则似类嫌疑之道远矣。故先王之法,立天子不使诸侯疑焉,立诸侯不使大夫疑焉,立适子不使庶孽疑焉。疑生争,争生乱。是故诸侯失位则天下乱,大夫无等则朝廷乱,妻妾不分则家室乱,适孽无别则宗族乱。慎子⑱曰:“今一兔走,百人逐之,非一兔足为百人分也,由未定。由未定,尧且屈力⑲,而况众人乎?积兔满市,行者不顾⑳,非不欲兔也,分已定矣。分已定,人虽鄙,不争。”故治天下及国,在乎定分而已矣。

庄王㉑围宋九月,康王㉒围宋五月,声王㉓围宋十月。楚三围宋矣,而不能亡。非不可亡也,以宋攻楚㉔,奚时止矣? 凡功之立也,贤不肖强弱治乱异也。齐简公㉕有臣曰诸御鞅,谏于简公曰:“陈成常与宰予,之二臣者,甚相憎也。臣恐其相攻也。相攻唯固,则危上矣。愿君之去一人也。”简公曰:“非而细人所能识也。”居无几何,陈成常果攻宰予于庭,即简公于庙。简公喟焉太息曰:“余不能用鞅之言,以至此患也。”失其数,无其势,虽悔无听鞅也,与无悔同。是不知恃可恃,而恃不恃也。周鼎著象,为其理之通也。理通,君道也。

【注释】

①数:驾驭臣下的方法。

②势:君主的权势。

③陆处则不胜蝼蚁:在陆地上却比不上小小的蚂蚁。大鱼在陆地不能存活,最终被蝼蚁吃掉。

④察:知道,了解。

⑤通:到达。

⑥象、译、狄鞮:国使,能通晓少数民族语言。南方的叫作象,西方的叫作狄鞮,北方的叫作译。

⑦国:京畿。

⑧众:多。

⑨神农:炎帝。炎帝种植谷物,养育百姓,因此被称为神农。

⑩弥近弥大,弥远弥小:分封的诸侯国越近的越大,越远的越小,就是所谓的强干弱枝。

⑪海上:四海之上,形容很远。

⑫十里:方圆十里的小国。

⑬不能成功:郐、岐是汤、武的本国,假如让他们失去自己的本国,就算拥有十倍的贤能也不能成功。

⑭灭:灭亡。

⑮从:顺从。

⑯受:因袭,接受。

⑰奚:何,怎么。

⑱慎子:慎到,有《法书》四十二篇,在申不害、韩非子之前。

⑲屈力:竭力。

⑳顾:回头看。

㉑庄王:楚庄王,春秋时期楚国国君。庄王是楚穆王的儿子、楚共王的父亲,在鲁宣公十五年围宋。

㉒康王:楚康王,春秋时期楚国国君。康王是楚共王的儿子,楚庄王的孙子。

㉓声王:楚声王,春秋时期楚国国君。声王是楚惠王熊章的孙子,简王的儿子。

㉔以宋攻楚:旧校:以宋攻宋。犹如"以燕伐燕,以桀攻桀"。

㉕齐简公:齐悼公的儿子,《史记·齐太公世家》有载。

【译文】

六曰:失去了驾驭臣下的方法,想要别人相信,这是令人疑惑的;失去了君主的权势,想要倚仗国家,这是危险的。能吞下船的鱼,在陆地上居住而比不上蝼蚁。权力相同就不能互相役使,势力相等就不能互相兼并,治乱相同就不能互相匡正。所以对大小、轻重、多少、治乱等,不可以不了解清楚,这是祸福的大门。

凡是戴帽子系带子的国家,车船能够到达的地方,不用象、译、狄鞮等国使的地方,有方圆三千里。古代称王的人,选择全天下的中央来建立京畿,选择京畿的中央来建立宫殿,选择宫殿的中央来建立祖庙。全天下的土地,只选择方圆千里作为京畿,是为了达到治理国家的任务。

并不是不能扩大京畿，京畿大的不如小的好，多的不如少的好。多分封建立诸侯国，不是因为偏爱贤德之人，是为了使权势便利，使威严得以保全，是为了使道义扩大。道义扩大了十分有利，那就无敌，无敌的人就安全。所以观察一下前世前代的人，那些分封建立诸侯国多的人，他们的福分很长久，他们的名声很显赫。神农享有天下十七世，和天下人共同享有。称王的人分封建立诸侯国，越近的越大，越远的越小。四海之上的边远地方有方圆十里大的诸侯国。用大的诸侯国役使小的诸侯国，用权势重的诸侯国役使权势轻的诸侯国，用人多的诸侯国役使人少的诸侯国，这就是称王的人能保全天下的原因。所以说，用滕、费役使别国就费力，用邹、鲁役使别国就安逸，用宋、郑役使别国就加倍容易，用齐、楚役使别国就等于把纲纪加在它们身上罢了。用来役使别国的诸侯国越大，想要的就越容易。商汤如果没有郼，武王如果没有岐，他们的贤德即使十全十美，也不能成就功业。商汤、武王那样的贤德尚且需要借助于权势，更何况比不上商汤、武王的人呢？所以，用大的诸侯国役使小的诸侯国就吉祥，用小的诸侯国役使大的诸侯国就会灭亡，用权势重的诸侯国役使权势轻的诸侯国就顺从，用权势轻的诸侯国役使权势重的诸侯国就不吉祥。由此看出，想要使一世安定，使百姓性命安定，使功名刻铸在盘盂上，使铭篆刻在壶鉴上，他们对权势的尊贵从不满足，他们对实力增强从不满足。使实力更加强大，使权势更加尊贵，贤德的人辅佐他，遇上乱世成就王业的人尚且很少。天下的百姓已经很贫穷困苦了。百姓贫穷困苦越厉害，称王的人成就王业就越容易。凡是称王的人，都是挽救百姓的贫穷困苦啊。水里使用船，陆上使用车，泥路上使用辁，沙路上使用鸠，山路上使用樏，顺应不同的形势才能使命令得到行使。

地位尊贵的人的教令能够被因袭接受，威严树立的人就能制止奸邪，这就是治理人的原则。所以，用拥有万辆兵车的国家号令拥有千辆兵车的国家就容易，用拥有千辆兵车的国家号令大夫之家就容易，用大夫之家号令一人就容易。如果能认识到这点，即使尧、舜都不能行使他的教化。诸侯都不想臣服于人，却不得不这样。如果君王的地位不利，那么怎能轻易地使诸侯臣服呢？权衡轻重，审察大小，多分封建立诸侯，是为了使自己的地位有利。称王，凭借的是权势。称王，是权势无敌。权势有人能敌，那么称王的人就被废弃了。有知道小的可以超过大的、少可以胜过多的人，就知道什么是无敌的。知道什么是无敌，那么让诸侯生疑、僭越的事就会远离了。所以先王的法度是，立天子不让诸侯僭越，立诸侯不让大夫僭越，立嫡子不让庶子僭越。僭越就会产生纷争，纷争就会产生混乱。因此，诸侯失去了爵位，天下就会大乱；大夫没有等级，朝廷就会混乱；不区分妻妾，家庭就会混乱；嫡子庶子没有区别，宗族就会混乱。慎子说："现在有一只兔子在跑，有上百个人追赶它，不是一只兔子足够被上百人平分，而是兔子属于谁还没有确定。还没有确定属于谁，尧尚且竭力，更何况一般人呢？把兔子摆满市场，走路的人看都不看，并不是不想要兔子，而是兔子属于谁已经确定了。归属已经确定，人即使鄙陋，也不争夺。"所以治理天下及国家，在于审定名分罢了。

楚庄王围攻宋国九个月，楚康王围攻宋国五个月，楚声王围攻宋国十个月。楚国围攻宋国三次，却不能使它灭亡。并不是不可以使它灭亡，拿一个像宋国一样无德的国家去攻打宋国，什么时候才能停止呢？凡是功业的建立，都是因为贤与不肖、强与弱、治与乱不相同。齐简公有个臣子叫诸御鞅，他向简公进谏说："陈成常与宰予，这两个臣子非常仇恨彼此。我担心他们互相攻打。他们固执地要互相攻打，就会危害到君王。希望您罢免一个人。"简公说："这不是你这样的小人能议论的。"过了没多久，陈成常果然在朝堂上攻打宰予，在宗庙里追上了简公。简公长长地叹息说："我不能采纳诸御鞅的意见，才至于遭到这样的祸患。"失去了驾驭臣下的方法，没有了君主的权势，虽然后悔没有听从诸御鞅的话，与不后悔的结果是一样的。这就是不知道依靠可以依靠的东西，却依靠不可依靠的东西。周鼎上铸刻物体的样子，是为了让道理贯通。道理贯通，这是作为君主的原则。

【评析】

"慎势"即谨慎处理权势。《慎势》篇认为权力的掌握在于运用权势，合理分封，强干弱枝，确定名分，用大的诸侯国役使小的诸侯国，用权势重的诸侯国役使权势轻的诸侯国，用人多的诸侯国役使人少的诸侯国，这样就会减少僭越和混乱。举出楚三围宋而不得、简公不纳诸御鞅之言的例子，证明权势、驾驭臣下之数对于君主的重要性。君主统治国家不仅要依靠"数"，还需要"势"，失去这两样东西等于自取灭亡。

不　二

七曰：听①群众人议以治国，国危无日矣。何以知其然也？老耽贵柔，孔子贵仁，墨翟贵廉，关尹②贵清，子列子③贵虚，陈骈④贵齐，阳生贵己⑤，孙膑贵势，王廖⑥贵先，兒良⑦贵后。此十人者，皆天下之豪士也。有金鼓，所以一耳也；必同法令，所以一心也；智者不得巧，愚者不得拙，所以一众也；勇者不得先，惧者不得后，所以一力也。故一则治，异则乱；一则安，异则危。夫能齐万不同，愚智工拙皆尽力竭能，如出乎一穴⑧者，其唯圣人矣乎！无术之智，不教之能，而恃强速贯习，不足以成也。

【注释】

①听：听从。

②关尹：关正，名喜，写作《道书》九篇。

③子列子：列御寇，是壶子的弟子，主张清静无为。

④陈骈：齐国人，作《道书》二十五篇。崇尚齐，认为生死、古今是相同的。

⑤贵己：看轻天下而认为自己最重要。

⑥王廖：王廖谋划军事，崇尚事先建立策划谋略。

⑦兒良：崇尚后，作《兵谋》。

⑧穴：当作"空"，"空"与"孔"相同。

【译文】

七曰：听从众人的议论来治理国家，国家不安宁很快就会来了。凭什么知道是这样的呢？老聃认为柔重要，孔子认为仁重要，墨翟认为廉重要，关尹认为清重要，列子认为虚重要，陈骈认为齐重要，阳生认为己重要，孙膑认为势重要，王廖认为先重要，兒良认为后重要。这十个人，都是天下的英豪之士。军队里有锣鼓，是用来统一士兵听从命令；统一法令，是用来统一人们的思想；聪明的人不得灵巧，愚蠢的人不得笨拙，是用来统一众人；勇敢的人不得争先，胆怯的人不得落后，是为了用来统一力量。所以，统一就会国家安定，不统一就会国家混乱；统一就安全，不统一就危险。能够使千万个不同的事物相同，使愚蠢的、聪明的、灵巧的、笨拙的人都能发挥自己的力量和才能，就像都是从一个孔出来的一样，大概只有圣人吧！没有驾驭臣下方法的智谋，不经过教化而具有的才能，依仗强大、速度、贯通、熟悉，是不能够实现这些的。

【评析】

"不二"即不推行另外的东西，实现统一。《不二》篇认为治理国家必须要实现统一，老聃、孔子、墨翟、关尹、列子、陈骈、阳生、孙膑、王廖、兒良十人都是英豪之士，主张各不相同，但是君主应该有驾驭他们的方法，从而实现教化，统一法令、思想、力量，才能实现国家的长治久安。

执 一

八曰：天地阴阳不革①，而成万物不同。目不失其明，而见白黑之殊。耳不失其听，而闻清浊②之声。王者执一，而为万物正。军必有将③，所以一之也；国必有君，所以一之也；天下必有天子，所以一之也；天子必执一，所以抟之也。一则治，两则乱。今御骊马④者，使四人人操一策⑤，则不可以出于门闾者，不一也。

楚王问为国于詹子⑥,詹子对曰:“何闻为身,不闻为国。”詹子岂以国可无为哉?以为为国之本,在于为身。身为而家为,家为而国为,国为而天下为。故曰以身为⑦家,以家为国,以国为天下。此四者,异位同本。故圣人之事,广之则极宇宙,穷日月,约之则无出乎身者也。慈亲不能传于子,忠臣不能入于君,唯有其材者为近⑧之。

田骈以道术说齐,齐王应之曰:“寡人所有者,齐国也,愿闻齐国之政。”田骈对曰:“臣之言,无政而可以得政。譬之若林木,无材而可以得材。愿王之自取齐国之政也。骈犹浅言之也,博言之,岂独齐国之政哉?变化应来而皆有章,因性任物而莫不宜当⑨,彭祖⑩以寿,三代⑪以昌,五帝以昭⑫,神农以鸿⑬。”

吴起⑭谓商文⑮曰:“事君果有命矣夫!”商文曰:“何谓也?”吴起曰:“治四境之内,成训教,变习俗,使君臣有义,父子有序,子与我孰贤?”商文曰:“吾不若⑯子。”曰:“今日置⑰质为臣,其主安重;今日释玺辞官,其主安轻。子与我孰贤?”商文曰:“吾不若子⑱。”曰:“士马成列,马与人敌,人在马前,援枹一鼓,使三军之士乐死若生,子与我孰贤?”商文曰:“吾不若子。”吴起曰:“三者子皆不吾若也,位则在吾上,命也夫事君!”商文曰:“善。子问我,我亦问子。世变主少,群臣相疑,黔首不定,属之子乎,属之我乎?”吴起默然不对,少选⑲,曰:“与子。”商文曰:“是吾所以加于子之上已!”吴起见其所以长,而不见其所以短;知其所以贤,而不知其所以不肖。故胜于西河,而困于王错⑳,倾造大难㉑,身不得死焉。夫吴胜于齐㉒,而不胜于越㉓。齐胜于宋㉔,而不胜于燕㉕。故凡能全国完身者,其唯知长短赢绌之化邪!

【注释】

①革:改变。

②清浊:乐音。清指商调,浊指宫调。

③将:主将,将领。

④骊马:并驾。一车两匹马,两车并驾,所以有四匹马。

⑤策:辔策,鞭子。

⑥詹子:詹何,一位隐者。

⑦为:治理。

⑧近:知道。

⑨当:合适。

⑩彭祖:殷代贤能大夫,修身养性,寿命达七百岁。

⑪三代:夏、商、周三代,因顺应事物本性而昌盛。

⑫昭:明,著名。

⑬鸿:兴盛,繁盛。

⑭吴起:卫国人,在楚国为将,后来又在魏国为相,任西河太守。

⑮商文:魏国臣子。

⑯若:如。

⑰置:委任。

⑱子:指吴起。

⑲少选:须臾,一会儿。

⑳困于王错:王错在武侯面前谗言诋毁吴起,所以说吴起困于王错。

㉑大难:指吴起遭受车裂之刑。

㉒吴胜于齐:指吴王夫差在艾陵攻破齐军之事。

㉓不胜于越:指越王勾践在五湖打败吴王夫差之事。

㉔齐胜于宋:指齐宣王讨伐宋国胜利之事。

㉕不胜于燕:指燕昭王派遣乐毅讨伐齐国并攻下七十二座城池之事。

【译文】

八曰：天地阴阳不改变，生成的万物却不相同。眼睛不丧失视力，就能分辨出黑白的差别。耳朵不丧失听力，就能听出清浊不同的声音。称王的人掌握住统一的法则，就能成为万物的主宰。军队一定要有将帅，是为了用来统一军队的行动；国家一定要有君主，是为了用来统一全国的行动；天下一定要有天子，这是为了用来统一天下的行动；天子一定要掌握住统一的法则，是为了使权力集中。统一就能实现国家安定，不统一就会造成国家混乱。假如那些驾驭骊马的人，使四个人每人拿一根马鞭，那就连门都出不去，这是因为不统一啊。

楚王向詹子问怎么治理国家，詹子回答说：“我听说过怎么修养自身，没有听说过怎么治理国家。”詹子难道认为国家可以不要治理吗？他认为治理国家的根本在于修养自身。自身修养好了，家庭就能治理好；家庭治理好了，国家就能治理好；国家治理好了，天下就能治理好。所以说，凭借修养自身来治理家庭，凭借治理家庭来治理国家，凭借治理国家来治理天下。这四种情况，地位不同，但是根本上是相同的。所以圣人做的事，广阔得能到达宇宙、太阳和月亮上，小到没有离得开修养自身的。慈父慈母不一定能把好品德传给儿子，忠臣的意见不一定能被君主听取，只有拥有这个才能的儿子和君主才接近这一点。

田骈凭借道术去劝说齐王，齐王回答他说：“我所拥有的只是齐国，希望听听关于齐国的政事。”田骈回答说：“我说的言论虽然没有政事，但可以得知政事。就好像树木一样，本身不是木材，但可以得到木材。希望君王您从我的话中自己得到齐国政事的治理办法。我只是浅显地说说，广阔地来说，岂止是治理齐国政事呢？万物的变化应和都是有章法的，根据事物本性来使用万物没有什么不合适的，彭祖因此长寿，三代因此昌盛，五帝因此著名，神农因此兴盛。”

吴起对商文说：“侍奉君主果真是有命数的吧！”商文说：“说的是什么意思？”吴起说：“治理四方，完成训诫教化，改变风俗习惯，使君臣之间有道义,父子之间有次序,您和我谁比较贤能?"商文说:"我不如您。"吴起说:"如今委任质子当臣子,君主就尊贵;交出印玺辞去官职,君主就轻微。您和我谁比较贤能?"商文说:"我不如您。"吴起说:"兵士战马排成行列,战马与人匹敌,人在马的前面,拿起鼓槌一击鼓,使三军的将士把死当作生一样快乐,您和我谁比较贤能?"商文说:"我不如您。"吴起说:"这三样东西您都比不上我,职位却在我的上面,这侍奉君主真是命数啊!"商文说:"好。您问我,我也问问您。世道变化,君主年少,臣子们互相猜疑,百姓们不安定,这种情况把政权托付给您呢,还是托付给我呢?"吴起沉默着不回答,过了一会儿,说:"托付给您。"商文说:"这就是我的职位在您之上的原因。"吴起看到了自己的长处,却看不到自己的短处;知道自己的贤能,却不知道自己的缺陷。所以他能在西河打胜仗,却被王错围困,不久遭到车裂之刑,自身不得好死。吴国战胜了齐国,却不能战胜越国。齐国战胜了宋国,却不能战胜燕国。所以凡是能保全国家和自身的,大概只有知道长短优劣的变化的人吧!

【评析】

　　"执一"指掌握住统一的法则,把握住根本。君主能掌握统一的法则,使权力集中,才能达到国家安定。《执一》篇通过楚王问詹何治国之道、田骈说齐王、吴起商文之辩等事例来阐明统一法则的重要性,即修身齐家以治国,顺应事物的本性,认识长短优劣的变化,并做出相应的决策,统一就是治国的根本。

审应览第六

审　应

一曰：人主出声应容，不可不审。凡主有识，言不欲先。人唱我和，人先我随。以其出为之入，以其言为之名，取其实①以责其名②，则说者不敢妄言，而人主之所执其要③矣。

孔思④请行⑤，鲁君曰："天下主亦犹寡人也，将焉之？"孔思对曰："盖闻君子犹鸟也，骇则举。"鲁君曰："主不肖而皆以然也。违不肖，过⑥不肖，而自以为能论⑦天下之主乎？凡鸟之举也，去骇⑧从不骇。去骇从不骇，未可知也。去骇从骇，则鸟曷为举矣？"孔思之对鲁君也，亦过矣。

魏惠王⑨使人谓韩昭侯⑩曰："夫郑乃韩氏亡之也，愿君之封其后也。此所谓存亡继绝之义。君若封之，则大名。"昭侯患之。公子食我曰："臣请往对之。"公子食我至于魏，见魏王，曰："大国⑪命弊邑封郑之后，弊邑不敢当也。弊邑为大国所患。昔出公之后声氏⑫为晋公，拘于铜鞮，大国弗怜也，而使弊邑存亡继绝，弊邑不敢当也。"魏王惭曰："固非寡人之志也，客请勿复言。"是举不义以行不义也。魏王虽无以应，韩之为不义，愈益厚⑬也。公子食我之辩，适足以饰非遂过。

魏昭王⑭问于田诎曰："寡人之在东宫⑮之时，闻先王之议曰:'为圣易。'有诸乎?"田诎对曰:"臣之所举也。"昭王曰:"然则先生圣于⑯?"田诎对曰:"未有功而知其圣也,是尧之知舜也;待其功而后知其舜也,是市人之知圣也⑰。今诎未有功,而王问诎曰'若圣乎',敢问王亦其尧邪?"昭王无以应。田诎之对,昭王固非曰"我知圣也"耳,问曰"先生其圣乎",己⑱因以知圣对昭王。昭王有非其有,田诎不察⑲。

赵惠王⑳谓公孙龙曰:"寡人事偃㉑兵十余年矣而不成,兵不可偃乎?"公孙龙对曰:"偃兵之意,兼爱天下之心也。兼爱天下,不可以虚名为也,必有其实。今蔺、离石㉒入秦,而王缟素布总㉓;东攻齐得城,而王加膳置酒。秦得地而王布总,齐亡地而王加膳,所非兼爱之心也。此偃兵之所以不成也。"今有人于此,无礼慢易而求敬,阿党不公而求令,烦号数变而求静,暴戾贪得而求定,虽黄帝犹若困㉔。

卫嗣君㉕欲重税以聚粟,民弗安,以告薄疑曰:"民甚愚矣。夫聚粟也,将以为民也。其自藏之与在于上,奚择㉖?"薄疑曰:"不然。其在于民而君弗知,其不如在上㉗也;其在于上而民弗知,其不如在民也。"凡听必反诸己,审则令无不听矣。国久则固,固则难亡。今虞、夏、殷、周无存者,皆不知反诸己也。

公子沓相周,申向㉘说之而战㉙。公子沓訾㉚之曰:"申子说我而战,为吾相也夫?"申向曰:"向则不肖,虽然公子年二十而相,见老者而使之战,请问孰病哉?"公子沓无以应。战者,不习也;使人战者,严驵㉛也。意者恭节而人犹战,任不在贵者矣。故人虽时有自失者,犹无以易恭节。自失不足以难,以严驵则可。

【注释】

①实:德行的实际。

②名：德行的名声。

③要：根本。

④孔思：子思，伯鱼的儿子。

⑤行：去，离开。

⑥过：王念孙认为"过"字当作"遇"，去，到。

⑦论：知道，了解。

⑧骇：惊吓。

⑨魏惠王：魏武侯的儿子，即孟子所见的梁惠王。

⑩韩昭侯：韩哀侯的孙子。韩哀侯灭郑，所以魏惠王要求昭侯分封郑国君主后代。

⑪大国：指魏国。

⑫出公之后声氏：出公、声氏都是韩国的先主，曾经被晋公拘禁在铜鞮，魏国没有施以援手。

⑬厚：多。

⑭魏昭王：魏哀王的儿子。

⑮东宫：指在东宫做太子。

⑯于：乎。

⑰待其功而后知其舜也，是市人之知圣也：此处"舜""圣"传写时互易。原句应为"待其功而后知其圣也，是市人之知舜也"，意即等到别人有了功劳然后才知道他人的圣贤，这是一般人对舜的了解。

⑱己：指田驷。

⑲察：了解，知道。

⑳赵惠王：赵襄子后七世武灵王的儿子，吴娃所生。

㉑事：专心治理。偃：停止。

㉒蔺、离石：二县名，二县背叛赵国归顺秦国。

㉓缟素布总：穿上丧服。

㉔困：不能和谐。

㉕卫嗣君：蒯聩后八世平侯的儿子，秦国贬谪他的名号为君。

㉖择：损失。

㉗上：指官府。

㉘申向：周国人，是申不害的族人。

㉙战：恐惧战栗。

㉚訾：责备。

㉛严驵：傲慢无礼。

【译文】

一曰：君主对自己说话的语气与神态，不可以不详细审查。但凡君主有见识，言谈都不想要先开始。别人唱，自己应和；别人先做，自己跟随。根据他的行为来考察他的内心；根据他的言论来考察他的名声；根据他的德行实际推考他的德行名声，这样游说的人就不敢胡言乱语，而君主就能掌握住根本。

孔思请求离开，鲁国国君说："天下的君主也和我一样，你将要去哪儿啊？"孔思回答说："我听说君子就像鸟一样，受到惊吓就会飞走。"鲁国国君说："君主不贤德但都是这样啊。离开不贤德的君主，还到不贤德的君主那里去，而自己认为能够了解天下的君主吗？凡是鸟飞走，都是远离惊吓到没有惊吓的地方去。惊吓与没有惊吓并不能知道。离开惊吓又到惊吓的地方去，那么鸟为什么要飞走呢？"孔思回答鲁国君主的方式也是错的。

魏惠王派人对韩昭侯说："郑国是韩国灭亡的，希望您分封郑国君主的后代。这就是所谓的使灭亡的国家得以保存、使灭绝的诸侯得以延续的道义。您如果封郑国君主的后代，那么您的名声就会显赫。"昭侯感到很忧虑。公子食我说："我请您允许我去应答魏惠王。"公子食我到了魏国，见到魏王说："贵国命令我国分封郑国君主的后代，我国不敢做这件事。我国一向被贵国视为祸患。从前出公的后代声氏当晋国君主，被拘禁在铜鞮，贵国没有怜悯，却让我国使灭亡的国家得以保存、使灭绝的诸侯得以延续，我国不敢做这件事。"魏王惭愧地说："这本来不是我的意

愿,请您不要再说了。"这是举出别人的不义行为的事例来掩饰自己去做
不义的事。魏王虽然没有办法应答,但韩国做的不义的事却更多了。公
子食我的辩解,恰好过分修饰了韩国的过错。

魏昭王向田诎问道:"我在东宫当太子的时候,听到先王议论说:'当
圣贤很容易。'有这样的话吗?"田诎回答说:"这是我说的话。"昭王说:
"那么先生是圣贤吗?"田诎回答说:"没有功劳却能知道他人的圣贤,这
是尧对舜的了解;等到别人有了功劳然后才知道他人的圣贤,这是一般
人对舜的了解。现在我没有功劳,可是您却问我说'你是圣贤吗',请问
您也是尧吗?"昭王没有话来应答。田诎回答时,昭王本来不是说"我了
解圣贤",而是问他说"您是圣贤吗",田诎因此用了解圣贤的话来回答昭
王。昭王有了自己不应该有的,田诎在回答时没有发觉。

赵惠王对公孙龙说:"我专心做停止战争的事情十多年却还没有成
功,战争不可以停止吗?"公孙龙回答说:"停止战争的意愿,是兼爱天下
人的思想。兼爱天下人,不可以依靠虚名来实现,一定要有实际的行动。
现在蔺、离石二县自愿归顺了秦国,而您穿上丧国的衣服;向东攻打齐国
夺取了城邑,而您加餐摆酒庆祝。秦国得到土地您就穿上丧服,齐国丧
失土地您就加餐庆祝,这不是兼爱天下人的思想。这就是停止战争不成
功的原因啊。"如今有这样一个人,无礼傲慢却想受到尊敬,结党营私处
事不公却想号令他人,号令繁难多变却想得到平静,暴力乖戾贪得无厌
却想得到安定,即使是黄帝也不能使之和谐。

卫嗣君想加重赋税来聚集粮食,人民十分不安,他把这种情况告诉
薄疑说:"人民十分愚昧啊。我聚集粮食,将会是为了人民。他们自己保
存粮食与保存在官府里有什么损失呢?"薄疑说:"不对。粮食保存在人
民手里而您不能得到,这不如保存在官府里了;粮食保存在官府里而人
民不能得到,这不如保存在人民手里了。"凡是听到某种意见一定要反过
来求问自身,认真审察,那么命令就没有不听从的了。国家长久了就稳
固,国家稳固就难灭亡。现在虞、夏、商、周没有存在的,都是因为不知道
反过来求问自身。

公子沓到周国做国相,申向劝说他时十分恐惧。公子沓责备他说:"您劝说我时十分恐惧,是因为我是国相吧?"申向说:"我很不贤德,即使您二十岁就当了国相,会见年老的人却让人十分恐惧,请问这是谁的错呢?"公子沓没有话来回答。恐惧是因为不习惯见尊者,使人战栗是因为严厉骄横。假如恭谨节制而别人还是恐惧战栗,那么责任就不在尊贵的人了。所以,别人即使时常有自己犯错的时候,但还是不会改变恭谨节制。自己犯过失不足以责难,严厉骄横对待别人则应该责难。

【评析】

"审应"即详细审查自己的说话语气与神态。尤其是有见识的君主应当不随意开始自己的言谈,应当抓住根本实际的东西来考察别人。《审应》篇举出孔思答鲁国国君远行之事、公子食我对魏惠王封郑之事、魏昭王问田诎为圣之事、赵惠王问公孙龙止战之事、卫嗣君问薄疑重税之事、申向说公子沓而战之事等六例,说明君主在求问事情时要注意自己的言论,不能一味修饰自身的过错,要试着从自身找原因。此外,臣子也应当注意自己的措辞方式。

重　言

二曰:人主之言,不可不慎。高宗①,天子也,即位谅暗②,三年不言。卿大夫恐惧,患③之。高宗乃言曰:"以余一人正四方,余唯恐言之不类也,兹故不言。"古之天子,其重言如此,故言无遗④者。

成王与唐叔虞燕居,援梧叶以为珪,而授唐叔虞曰:"余以此封女。"叔虞喜,以告周公。周公以请曰:"天子其封虞邪?"成王曰:"余一人与虞戏⑤也。"周公对曰:"臣闻之,天子无戏言。天子言,则史书之,工诵之,士称之。"于是遂封叔虞⑥于晋。周公旦可谓善说矣,一称而令成王益重言,明爱弟之义,有辅⑦王室之固。

荆庄王[8]立三年，不听而好讔[9]。成公贾入谏，王曰："不谷禁谏者，今子谏，何故？"对曰："臣非敢谏也，愿与君王讔也。"王曰："胡不设[10]不穀矣？"对曰："有鸟止于南方之阜，三年不动不飞不鸣，是何鸟也？"王射之，曰："有鸟止于南方之阜，其三年不动，将以定志意也；其不飞，将以长羽翼也；其不鸣，将以览[11]民则也。是鸟虽无飞，飞将冲天；虽无鸣，鸣将骇[12]人。贾出矣，不穀知之矣。"明日朝，所进者五人，所退者十人。群臣大说，荆国之众相贺也。故《诗》曰："何其久也？必有以也。何其处也？必有与也。"其庄王之谓邪！成公贾之讔也，贤于太宰嚭[13]之说也。太宰嚭之说，听乎夫差，而吴国为墟；成公贾之讔，喻乎荆王，而荆国以霸。

齐桓公与管仲谋伐莒，谋未发[14]而闻[15]于国，桓公怪之，曰："与仲父谋伐莒，谋未发而闻于国，其故何也？"管仲曰："国必有圣人也。"桓公曰："嘻！日之役者，有执蹠[16]台而上视者，意者其是邪！"乃令复役，无得相代。少顷，东郭牙至。管仲曰："此必是已。"乃令宾者延[17]之而上，分级[18]而立。管子曰："子邪言伐莒者？"对曰："然。"管仲曰："我不言伐莒，子何故言伐莒？"对曰："臣闻君子善谋，小人善意。臣窃意之也。"管仲曰："我不言伐莒，子何以意之？"对曰："臣闻君子有三色：显然喜乐者，钟鼓之色也；湫然清静者，衰绖之色也；艴然充盈、手足矜[19]者，兵革之色也。日者臣望君之在台上也，艴然充盈、手足矜者，此兵革之色也。君呿而不唫[20]，所言者'莒'也；君举臂而指，所当者莒也。臣窃以虑诸侯之不服者，其惟莒乎！臣故言之。"凡耳之闻，以声也。今不闻其声，而以其容与臂，是东郭牙不以耳听而闻也。桓公、管仲虽善匿，弗能隐矣。故圣人听于无声，视于无形。詹何、田子方、老耽^㉑是也。

【注释】

①高宗：殷王盘庚的弟弟小乙的儿子。德行高美，殷人尊称为高宗。

②谅暗：指居丧，多用于皇帝。

③患：担忧。

④遗：过失。

⑤戏：戏言，开玩笑的话。

⑥叔虞：成王母亲的胞弟。

⑦辅：辅佐，匡正。

⑧荆庄王：楚庄王，楚穆王商臣的儿子旅。

⑨谲：隐语。

⑩设：施行，用。

⑪览：察看。

⑫骇：使……受到惊吓。

⑬太宰嚭：晋伯宗的儿子，州犂的孙子。州犂出逃到楚国，嚭从楚国到吴国，做了太宰。

⑭发：施行、执行。

⑮闻：知道。

⑯跖：逾，跳。

⑰延：引导，牵引。

⑱级：台阶。

⑲矜：犹如"奋"，指手脚挥动。

⑳呿而不唫：张开嘴而不闭上。呿，开。唫，闭。

㉑詹何、田子方、老耽：詹何为体道之人；田子方在子贡那里学习，崇尚贤德仁慈，看重礼义，魏文侯把他当作朋友；老聃提倡无为，崇尚道德，孔子曾向他学习。

【译文】

二曰：君主说话，不可不慎重。殷高宗是天子，即位时处于守孝期间，于是三年没有说话。卿大夫们很恐惧，很担忧这件事。高宗才说道："凭借我一个人的力量要使四方得到平正，我害怕说得不好，所以才不说话。"古代的天子，他们慎重对待言论到这种地步，所以说的话没有过失。

周成王与唐叔虞闲居时，摘下梧桐叶子把它当作珪，交给唐叔虞说："我拿这个分封你。"叔虞十分高兴，把这事告诉了周公。周公向成王请示说："您封叔虞了吧？"成王说："我一个人和叔虞开玩笑呢。"周公回答说："我听说过，天子没有开玩笑的话。天子一说话，史官就记下来，乐工就吟诵，士人就颂扬。"成王于是就把叔虞封在晋。周公旦可以说是善于劝说了，他一劝说就使成王更加慎重对待自己的言论，使爱护弟弟这种道义彰明，有助于使周王室更加稳固。

楚庄王成为国君三年，不听朝政，却喜欢隐语。成公贾入朝劝谏，庄王说："我禁止劝谏的人，现在你来劝谏，这是为什么？"成公贾回答说："我不敢来劝谏，我希望跟大王您讲隐语。"庄王说："你何不对我讲隐语呢？"成公贾回答说："有只鸟停在南方的土山上，三年不动不飞不叫，这是什么鸟啊？"庄王猜测说："有只鸟停在南方的土山上，它三年不动，将要凭借这安定意志；它不飞，将要凭借这生长羽翼；它不叫，将要凭借这观察民间的法则。这鸟虽然不飞，一飞就将冲上天空；虽然不叫，一鸣叫就将使人感到惊恐。你出去吧，我知道这个隐语的含义了。"第二天上朝，提拔的人有五个，罢免的人有十个。臣子们都非常高兴，楚国的人们都互相庆贺。所以《诗经》上说："为什么这么久不行动呢？一定是有原因的。为什么安然不动呢？一定是有缘故的。"这大概说的就是庄王吧。成公贾的隐语，比太宰嚭的劝说更好。太宰嚭的劝说被夫差听从了，吴国因此成为废墟；成公贾的隐语，被楚王理解了，楚国因此称霸诸侯。

　　齐桓公与管仲谋划攻打莒国，谋划的事还没执行就被国人知道了，桓公认为很奇怪，说："和仲父谋划攻打莒国，谋划的事还没执行就被国人知道了，这是什么原因呢？"管仲说："国内一定有圣贤的人。"桓公说："欸！那天有个服役的人用脚跳着向上看，我想大概就是这个人吧！"于是就命令那些人再来服役，不准替代。过了一会儿，东郭牙来了。管仲说："这个人一定是了。"于是就派礼宾的人引领他上来，和他分台阶站立。管仲说："你就是那个说要攻打莒国消息的人吧？"东郭牙回答说："是的。"管仲说："我没有说过攻打莒国，你为什么说要攻打莒国呢？"东郭牙回答说："我听说君子善于谋划，小人善于揣度。我私下里揣度出来的。"管仲说："我没有说过要攻打莒国，你凭借什么揣度出来的？"东郭牙回答说："我听说君子有三种神色：欢欣喜悦的样子，这是欣赏钟鼓等乐器时的神色；清冷安静的样子，这是哀伤悲痛时的神色；怒气冲冲、手脚挥动的样子，这是打仗的神色。那天我望见您在台上怒气冲冲、手脚挥动，这就是要打仗的神色。您张开了嘴却没有闭上，您说的是'莒'；您举起手臂指点，指的正是莒国。我私下考虑诸侯当中不肯归顺齐国的，大概只有莒国了。我因此说要攻打莒国了。"凡是耳朵能听到，是因为有声音。现在没有听到声音而根据别人的神色与手臂来听到别人的话，这是东郭牙不靠耳朵就能听到的啊。桓公、管仲即使善于保守秘密，也不能隐藏住。所以圣人能在无声之中听到东西，能在无形之中察看事情。詹何、田子方、老聃就是这样。

【评析】

　　"重言"即慎重对待自己的言论。从古至今的君王都对自己的言论小心翼翼，来避免产生过失，圣贤之人更是如此。《重言》篇通过殷高宗居丧三年不说话、周公旦劝成王勿戏言、楚庄王三年不听朝政、东郭牙观管仲谋划之神色的事例，说明圣人不言则已，言则无失，不鸣则已，一鸣惊人。圣人贤明之处就在于谨言慎行，在无声之中观察万物，运筹帷幄。

精　谕

三曰：圣人相谕不待言，有先言言者也。海上之人有好蜻[①]者，每居海上，从蜻游，蜻之至者百数而不止，前后左右尽蜻也，终日玩之而不去。其父告之曰："闻蜻皆从女居，取而来，吾将玩之。"明日之海上，而蜻无至者矣。

胜书说周公旦曰："廷小人众，徐言则不闻，疾言则人知之。徐言乎，疾言乎？"周公旦曰："徐言。"胜书曰："有事于此，而精言之而不明，勿言之而不成[②]。精[③]言乎，勿言乎？"周公旦曰："勿言。"故胜书能以不言说，而周公旦能以不言听。此之谓不言之听。不言之谋，不闻之事，殷虽恶周，不能疵[④]矣。口嗫不言，以精相告，纣虽多心，弗能知矣。目视于无形，耳听于无声，商闻虽众，弗能窥[⑤]矣。同恶同好，志皆有欲，虽为天子，弗能离矣。

孔子见温伯雪子[⑥]，不言而出。子贡曰："夫子之欲见温伯雪子好矣[⑦]，今也见之而不言，其故何也？"孔子曰："若夫人者，目击而道存矣，不可以容声矣。"故未见其人而知其志，见其人而心与志皆见，天符同也[⑧]。圣人之相知，岂待言哉？

白公[⑨]问于孔子曰："人可与微言[⑩]乎？"孔子不应。白公曰："若以石投水，奚若？"孔子曰："没人能取之。"白公曰："若以水投水[⑪]，奚若？"孔子曰："淄、渑[⑫]之合者，易牙[⑬]尝而知之。"白公曰："然则人不可与微言乎？"孔子曰："胡为不可？唯知言[⑭]之谓者为可耳。"白公弗得也。知谓则不以言矣。言者，谓之属也。求鱼者濡，争兽者趋，非乐之也。故至言去言，至为无为。浅智者之所争则末[⑮]矣。此白公之所以死于法室[⑯]。

　　齐桓公合⑰诸侯，卫人后至。公朝而与管仲谋伐卫，退朝而入，卫姬望见君，下堂再拜，请卫君之罪。公曰："吾于卫无故，子曷为请？"对曰："妾望君之入也，足高气强，有伐国之志也。见妾而有动色，伐卫也。"明日君朝，揖管仲而进之。管仲曰："君舍卫乎？"公曰："仲父安识之？"管仲曰："君之揖朝也恭，而言也徐，见臣而有惭色，臣是以知之。"君曰："善。仲父治外，夫人治内，寡人知终不为诸侯笑矣。"桓公之所以匿者不言也，今管子乃以容貌音声，夫人乃以行步气志。桓公虽不言，若暗夜而烛燎也。

　　晋襄公⑱使人于周曰："弊邑寡君寝疾，卜以守龟，曰：'三途⑲为祟。'弊邑寡君使下臣，愿藉途而祈福焉。"天子许之，朝，礼使者事毕，客出。苌弘⑳谓刘康公曰："夫祈福于三途，而受礼于天子，此柔嘉之事也，而客武色，殆有他事，愿公备之也。"刘康公乃儆戒车卒士以待之。晋果使祭事先，因令杨子将卒十二万而随之，涉于棘津，袭聊阮、梁、蛮氏㉑，灭三国焉。此形名不相当，圣人之所察也，苌弘则审矣。故言不足以断小事㉒，唯知言之谓者可为。

【注释】

①蜻：蜻蜓，一种小虫，细腰四翅。

②勿言之而不成：当作"勿言之而成"，可与下文通，即不说能够办成事情。

③精：轻微。

④疵：挑毛病。

⑤窥：窥见。

⑥温伯雪子：思想家，修道之人。出自《庄子·田子方》。

⑦夫子之欲见温伯雪子好矣：当为"夫子之欲见温伯雪子久矣"，即

夫子您想见温伯雪子很久了。

⑧天符同也：天道相合。符，道。同，相合。

⑨白公：楚平王的孙子，太子建的儿子胜。白，楚国的县名。楚国僭越称王，守县大夫都称为公。

⑩微言：指阴谋密事。

⑪若以水投水：指阴谋密事就像把水投进水中，别人不知道。

⑫淄、渑：淄水、渑水是齐国的两条水名。

⑬易牙：齐桓公时能识别味道的臣子，能够辨别淄水、渑水的味道。

⑭知言：知道说的话是什么意思。

⑮末：小事。

⑯法室：监狱。

⑰合：盟会、会和。

⑱晋襄公：晋文公的儿子公子驩。

⑲三途：三途山，在陆浑的南面，所以要向周天子借道。

⑳苌弘：苌弘是景王、敬王时候的大夫，在春秋末年。而晋襄公在周襄王之时，时间上有矛盾。

㉑聊阮、梁、虋氏：三国名，均为蛮夷所仕之城。

㉒言不足以断小事："小"字为衍字，当为"言不足以断事"，即单靠言语不能够去断定事情。

【译文】

三曰：圣人相互知晓不需要用言语，有比言语更能优先表达自己的东西。海上有个喜欢蜻蜓的人，每次处在海上时，总跟蜻蜓在一起玩耍，来的蜻蜓成百上千不停止，前后左右都是蜻蜓，那个人整天玩耍而蜻蜓们都不离开。他的父亲告诉他："听说蜻蜓都跟随你在的地方，你把它们带来，我也要玩耍它们。"第二天到了海上，蜻蜓没有一只来到那里。

胜书游说周公旦说："堂屋小而人很多，小声点说就不能被别人听到，大声点说别人就会知道。是小声点说呢，还是大声点说呢？"周公旦说:"小声点说。"胜书说:"假如现在有件事情,轻微说一下不能说明白,不说就能办成。是轻微地说一下呢,还是不说呢?"周公旦说:"不说。"所以胜书能够凭借不言来游说周公,而周公旦也能够凭借不言来听懂他的意思。这就叫不用别人说话就能听懂意思。不说出来的谋划,没有听到的事情,殷商即使厌恶周,也不能挑毛病。嘴巴闭上不说话,凭借神情来告诉对方,商纣王即使多心,也不能知道周的谋划。眼睛看到的都是无形的东西,耳朵听到的都是无声的东西,殷商打探消息的人虽然众多,也不能窥见周的秘密。讨厌的和喜欢的东西一样,志向中都有相同的欲望,即使是天子,也不能把他们分离开。

孔子去访见温伯雪子,不说话就出来了。子贡说:"夫子您想见温伯雪子很久了,如今见到了却不说话,这是什么原因呢?"孔子说:"像他那样的人,眼睛一看就知道是心中有道的人,不能再说话了。"所以,没有见到那个人就知道了他的志向,见到那个人就把他的内心与志向都看清楚了,是因为天道相合。圣人相互知晓,哪里需要言语呢?

白公向孔子问话:"可以跟别人讲一些关于阴谋秘密的话吗?"孔子不回答。白公说:"就像把石头投入水中一样不被人知道,怎么样呢?"孔子说:"善于潜水的人能得到它。"白公说:"就像把水倒入水中一样不被人知道,怎么样呢?"孔子说:"淄水、渑水混合在一起,易牙尝一尝就能分辨出它们。"白公说:"那么不可以跟别人讲关于阴谋秘密的话吗?"孔子说:"为什么不可以? 只有知道说的是什么意思的人才可以。"白公不知道说的话的意思。知道说的是什么意思就不用言语了。言语是用来表达思想的。捕鱼的要沾湿衣服,争夺野兽的要奔跑,并不是他们喜欢这样。所以,最高境界的言论是抛弃言语,最高境界的作为是不作为。才智短浅的人他们争夺的是渺小的末端。这就是白公死在监狱里的原因。

齐桓公盟会诸侯,卫国人来晚了。齐桓公上朝时与管仲谋划讨伐卫国,退朝以后进入宫室,卫姬望见君主,下堂拜了两拜,为卫国君主向桓公请罪。桓公说:"我和卫国无缘无故,你为什么要请罪?"卫姬回答说:"我望见您进来的时候,脚步抬很高,怒气冲冲,有讨伐别国的意思。见到臣妾我就变了脸色,这是要讨伐卫国啊。"第二天桓公上朝,向管仲作揖请他进来。管仲说:"您不讨伐卫国了吧?"桓公说:"仲父怎么知道的?"管仲说:"您上朝时作揖很恭敬,说话很缓慢,见到我面有愧色,我凭借这些知道的。"桓公说:"好。仲父治理宫外的事情,夫人治理宫内的事情,我知道自己终究不会被诸侯们取笑了。"桓公用来隐藏自己的方式是不说话,现在管子却凭着容貌声音,夫人却凭着走路神情察觉到了桓公的意图。桓公虽然不说话,但他的意图就像黑夜点燃蜡烛燃烧一样清楚。

晋襄公派人去周朝说:"我国君主在床上躺着,生了重病,卜人用龟甲占卜说:'是三途山山神在作祟。'我国君主派我来,希望借路去三途山祈福。"周天子答应了他,于是升朝,按礼节接待使者完毕后,宾客出去了。苌弘对刘康公说:"到三途山祈福,在天子这里受礼遇,这是柔和美妙的事情,可是宾客却是勇敢威武的神色,大概还有其他的事情,希望您加以防备。"刘康公安排了战车、士卒等待着。晋国果然把祭祀的事放在前面,随之派杨子率领十二万士兵跟着,渡过棘津,袭击聊阮、梁、蛮氏等,灭掉了这三个国家。这就是实际和名称不符合,是圣人能够察觉出来的,苌弘就是仔细审察了。所以单靠言语不能够去断定事情,只有知道说的话是什么意思才可以做决断。

【评析】

"精谕"指从言语之外的东西去表达事物,通过察言观色来了解一个人的思想。《精谕》篇通过海上之人好蜻蜓,胜书说周公旦,孔子见温伯雪子,白公问孔子,卫姬、管仲察桓公之意,苌弘审晋国之谋等六个事例,说明观察了解人的精神意图的重要性。胜书、孔子、卫姬、管仲、苌弘均为善于察言观色之人,能够从细微的神态语气来知晓一个人的精神,而不用对方明明白白用言语说出来。因此,善于观察别人对于沟通来说是十分重要的。

离　谓

四曰：言者，以谕意也。言意相离，凶也。乱国之俗，甚多流言，而不顾其实，务以相毁，务以相誉，毁誉成党，众口熏①天，贤不肖不分②。以此治国，贤主犹惑③之也，又况乎不肖者乎？惑者之患，不自以为惑，故惑惑之中有晓焉，冥冥之中有昭焉。亡国之主，不自以为惑，故与桀、纣、幽、厉皆④也。然有亡者国，无二道矣。

郑国多相县⑤以书者，子产令无县书，邓析致⑥之。子产令无致书，邓析倚⑦之。令无穷，则邓析应之亦无穷矣。是可不可无辨⑧也。可不可无辨，而以赏罚，其罚愈疾，其乱愈疾，此为⑨国之禁⑩也。故辨而不当理则伪⑪，知而不当理则诈。诈伪之民，先王之所诛也。理也者，是非之宗⑫也。

洧水甚大，郑之富人有溺者，人得其死⑬者。富人请赎之，其人求金甚多。以告邓析，邓析曰："安之。人必莫之卖矣。"得死者患之，以告邓析，邓析又答之曰："安之。此必无所更买矣。"夫伤忠臣者有似于此也。夫无功不得民，则以其无功不得民伤之；有功得民，则又以其有功得民伤之。人主之无度者，无以知此，岂不悲哉？比干、苌弘以此死⑭，箕子、商容⑮以此穷，周公、召公以此疑，范蠡、子胥以此流⑯，死生存亡安危从此生矣。

子产治郑，邓析务难之，与民之有狱者约：大狱一衣，小狱襦裤⑰。民之献衣襦裤而学讼者，不可胜数。以非为是，以是为非，是非无度，而可与不可日⑱变。所欲胜因胜，所欲罪因罪。郑国大乱，民口喧哗。子产患之，于是杀邓析而戮之⑲，民心乃服,是非乃定,法律乃行。今世之人,多欲治其国,而莫之诛邓析之类,此所以欲治而愈乱也。

齐有事人者,所事有难而弗死也。遇故人于途,故人曰:"固不死乎?"对曰:"然。凡事人,以为利也。死不利,故不死。"故人曰:"子尚可以见人乎?"对曰:"子以死为顾⑳可以见人乎?"是者数传。不死于其君长,大不义也,其辞犹不可服。辞之不足以断事也明矣。夫辞者,意之表也。鉴其表而弃其意,悖㉑。故古之人,得其意则舍其言矣。听言者以言观意也,听言而意不可知,其与桥㉒言无择㉓。

齐人有淳于髡者,以从说魏王。魏王辩之㉔,约车十乘,将使之荆。辞而行,有㉕以横说魏王,魏王乃止其行㉖。失从之意,又失横之事,夫其多能不若寡㉗能,其有辩不若无辩。周鼎著倕而龁其指㉘,先王有以见大巧之不可为也。

【注释】

①熏:感动。

②分:区别。

③惑:疑惑。

④皆:古"偕"字。偕,相同。

⑤县:"悬",悬挂。

⑥致:使……变得精细周密。

⑦倚:使……变得偏颇、歪曲。

⑧辨:分别,区别。

⑨为:治理。

⑩禁:禁忌。

⑪伪:取巧。

⑫宗:根本。

⑬死:与"尸"同,尸体。

⑭比干、苌弘以此死:世道崇尚诡辩,把白当作黑而君主不知道,所以比干、苌弘因此而死。

⑮箕子、商容:箕子,纣王的叔父。商容,纣王时的贤人,老子所跟随学习的人。二者因为君主不了解而窘迫。

⑯流:流放。

⑰袴:一作"裈",禅衣。

⑱日:旧校作"因",当从之。因此。

⑲杀邓析而戮之:《列子·力命》篇亦云"子产杀邓析"。考之左氏定公九年传:"郑驷歂杀邓析而用其竹刑。"驷歂是代子太叔为政的人,所以邓析、子产并不同时。

⑳顾:反过来。

㉑悖:糊涂,迷惑。

㉒桥:乖戾。

㉓择:差异。

㉔魏王辩之:关东六国都结为合纵,淳于髡游说合纵之术,魏王认为他辩论得十分好。

㉕有:又。

㉖魏王乃止其行:关西崇尚连横,淳于髡认为和关东进行合纵不行,又再次游说魏王和关西进行连横,魏王认为淳于髡说得非常好,于是让他不出使楚国。

㉗寡:少。

㉘周鼎著倕而龁其指:周朝铸鼎,把倕铸在鼎上,使他自己咬着自己的手指,是用来说明大巧是不可取的。一说认为周朝铸的鼎上的万物栩栩如生,假如让倕看见了,倕一定会自己咬着自己的手指,而不能做出来,所以说大巧不可取。倕,尧时的巧工,以巧闻名天下。

【译文】

四曰:说的话是用来表达意思的。说的话和意思相互背离,这是凶险的。使国家混乱的习俗是有很多的流言,而不考虑事实上的情况,一心互相诋毁,一心互相称颂,互相诋毁和称颂的各自结为朋党,众人言论感动君主,不能区别贤与不肖。依靠这些来治理国家,贤明的君主尚且感到疑惑,更何况不贤明的君主呢？疑惑的人的祸患,是不认为自己很疑惑,所以疑惑之中有能够悟出事物的道理的人,昏暗之中有能看到光明的人。亡国的君主,不认为自己很疑惑,所以和夏桀、商纣王、周幽王、周厉王一样。所以,那些灭亡的国家,没有其他的路去走。

郑国很多人把法令悬挂起来,子产命令不要悬挂法令,邓析就使法令变得精细周密。子产命令不要使法令变得精细周密,邓析就使法令变得偏颇。子产的命令无穷无尽,那邓析应对的方法也无穷无尽。这样可以和不可以就不能区别开。可以和不可以不能区别开,而又加上赏罚,赏罚越厉害,混乱就会越厉害,这是治理国家的禁忌。所以善辩却不合适恰当就是取巧,聪明但不合适恰当就是狡诈。狡诈取巧的人,是先王所杀死的人。道理是事物是非的根本。

洧水很大,郑国有个富人被淹死了,有个人得到了溺亡的富人的尸体。富人的家人请求赎买尸体,那个人要的钱很多。富人的家人把这事告诉了邓析,邓析说:"安心等待着吧。那个人一定没有地方去卖尸体。"得到尸体的那个人很担心,把这事告诉了邓析,邓析又回答说:"安心等待着吧。这个人一定没有其他地方去买尸体。"那些中伤忠臣的人,和这个很相似。忠臣没有功劳不能得到民众支持,那些人就拿忠臣没有功劳不能得到民众支持来中伤他们;忠臣有功劳得到民众的支持,那些人又拿忠臣有功得到民众支持来中伤他们。那些没有原则的君主,不了解这种情况,难道不很可悲吗？比干、苌弘就是因为这样而死的,箕子、商容就是因为这样而变得窘迫的,周公、召公就是因为这样被猜疑的,范蠡、伍子胥就是因为这样被放逐的,生死、存亡、安危都从这生发出来了。

子产治理郑国,邓析一心刁难他,跟有狱讼的民众约定:学习大的狱讼就送来一件长衣服,学习小的狱讼就送来下衣禅衣。献上长衣服、下衣襌衣来学习狱讼的人数不清。把错的当成对的，把对的当成错的，对的错的没有原则，可以和不可以因此都在改变。想让人胜诉就能让人胜诉，想让人获罪就能让人获罪，郑国大乱，人民吵闹喧哗。子产担心这样不好，于是杀死了邓析并且陈尸示众，民心才顺服了，是非才确定下来，法律才得以施行。如今世上的人，大多数都想治理好自己的国家，却不杀掉邓析之类的人，这就是想要国家安定而使国家更加混乱的原因。

齐国有个侍奉别人的人，他侍奉的那个人遇难，他却不殉死。这个人在路上遇到熟人，熟人说："你真的不殉死吗？"这个人回答说："是的。但凡侍奉别人都是为了谋利。殉死就无法谋利，所以不殉死。"熟人说："你还可以见人吗？"这个人回答说："你以为殉死以后反过来可以见人吗？"像这样的话他多次传述。不为自己的君主和上司殉死，这是非常不义的，这个人的言辞不能使人信服。言辞不够用来决断事情，这是很清楚的了。言辞是思想的表面。欣赏表面却抛弃思想，这是糊涂的。所以古人了解了那个人的思想，就不用听他的言论了。听别人讲话是用来观察那个人的思想，听别人讲话却不了解他的思想，那样的言论和乖戾的言辞没有差异。

齐国有个叫淳于髡的人，用合纵来游说魏王。魏王认为他辩论得非常好，就准备好十辆马车，将要派他出使楚国。淳于髡告辞后要走时，又用连横游说魏王，魏王于是中止了他的出行。使合纵的计划落空，又让连横的计划落空，他的才能多比不上才能少，他有辩才比不上没有辩才。周鼎铸刻着倕的图像却让他咬着自己的手指，先王是用这来表明大巧是不可取的。

【评析】

"离谓"指不知道言语所说的意思，即言辞与思想相背离。上篇《精谕》讲的是从言语之外的东西去了解一个人的思想，本篇承接上篇的思想，认为应该停止流言遵从事实情况，通过列举邓析反子产之法、郑国溺亡富人的尸体之争、齐国事人者不殉死、淳于髡说魏王的事例，说明狡诈取巧不可行，要善于止住流言，道理才是事物的根本。只有掌握言辞表达的思想，才能正确任用贤人，达到国家安定。

淫　辞

五曰：非辞无以相期，从辞则乱。乱辞[①]之中又有辞焉，心之谓也。言不欺心，则近之矣。凡言者，以谕心也。言心相离，而上无以参之，则下多所言非所行也，所行非所言也。言行相诡，不祥莫大焉。

空雄[②]之遇[③]，秦、赵相与约[④]，约曰："自今以来，秦之所欲为，赵助之；赵之所欲为，秦助之。"居无几何，秦兴兵攻魏，赵欲救之。秦王不说，使人让赵王[⑤]曰："约曰：'秦之所欲为，赵助之；赵之所欲为，秦助之。'今秦欲攻魏，而赵因欲救之，此非约也。"赵王以告平原君[⑥]，平原君以告公孙龙，公孙龙曰："亦可以发使而让秦王曰：'赵欲救之，今秦王独[⑦]不助赵，此非约也。'"

孔穿[⑧]、公孙龙[⑨]相与论[⑩]于平原君所，深而辩，至于藏三牙[⑪]，公孙龙言藏之三牙甚辩。孔穿不应，少选[⑫]，辞而出。明日，孔穿朝[⑬]，平原君谓孔穿曰："昔[⑭]者公孙龙之言甚辩。"孔穿曰："然。几能令藏三牙矣。虽然，难。愿得有问于君：谓藏三牙甚难而实非也，谓藏两牙甚易而实是也。不知君将从易而是者乎，将从难而非者乎？"平原君不应。明日，谓公孙龙曰："公无与孔穿辩。"

荆柱国[⑮]庄伯令其父视，曰"日在天"[⑯]；视其奚如，曰"正圆"；视其时，曰"当今"[⑰]。令谒者驾，曰"无马"。令涓人[⑱]取冠，"进上"。问马齿[⑲]，圉人[⑳]曰"齿十二与牙三十"。

人有任[㉑]臣[㉒]不亡者，臣亡，庄伯决之，任者无罪。

　　宋有澄子者，亡㉓缁衣㉔。求之途㉕，见妇人衣缁衣，援而弗舍，欲取其衣，曰："今者我亡缁衣。"妇人曰："公虽亡缁衣，此实吾所自为也。"澄子曰："子不如速与我衣。昔吾所亡者，纺㉖缁也；今子之衣，禅缁也。以禅缁当纺缁，子岂不得哉？"

　　宋王㉗谓其相唐鞅曰："寡人所杀戮者众矣，而群臣愈不畏，其故何也？"唐鞅对曰："王之所罪，尽不善者也。罪不善，善者故为不畏㉘。王欲群臣之畏也，不若无辨其善与不善而时罪之，若此则群臣畏矣。"居无几何，宋君杀唐鞅。唐鞅之对也，不若无对。

　　惠子㉙为魏惠王为法。为法已成，以示诸民人㉚，民人皆善之。献之惠王，惠王善之，以示翟翦㉛，翟翦曰："善也。"惠王曰："可行邪？"翟翦曰："不可。"惠王曰："善而不可行，何故？"翟翦对曰："今举大木者，前呼舆讻㉜，后亦应之，此其于举大木者善矣。岂无郑卫之音㉝哉？然不若此其宜也。夫国亦木之大者也。"

【注释】

①乱辞："乱"字因上句而衍。

②空雄：地名。"空雄"，前《听言》篇作"空洛"，疑本为"空雒"，写者误为。

③遇：盟会。

④约：盟约。

⑤赵王：指赵惠王。

⑥平原君：赵武灵王之子，赵惠文王之弟，封于东武（今山东武城），号平原君，和齐国孟尝君田文、魏国信陵君魏无忌、楚国春申君黄歇合称战国四公子。

⑦独：偏偏。

⑧孔穿：辩士，鲁国人。孔箕之子，孔子的六世孙，其人理胜于辞。

⑨公孙龙：辩士，其人辞胜于理，有著名的"白马非马"和"离坚白"等论点。

⑩论：辩论。

⑪藏三牙：羊三耳，即羊有三只耳朵。"藏"指羊，此作"藏"有误。牙，指耳，篆体的"牙"和"耳"相近，传写之误。

⑫少选：须臾，一会儿。

⑬朝：见。

⑭昔：昨天。

⑮柱国：官名，犹如秦国的相国。

⑯曰"日在天"："曰""日"两字倒误。原句当为"……令其父视日，曰'在天'"。让父亲去看看太阳的早晚，父亲说"在天上"。

⑰日"当今"：当作"曰'当今'"。即说"正是现在"。

⑱涓人：主管清洁打扫之事的人。涓，洁净。

⑲问马齿：问马的序齿，即马的年岁。

⑳围人：养马的人。

㉑任：保任，担保。

㉒臣：指男性奴隶，奴仆。

㉓亡：丢失。

㉔缁衣：黑色的衣服。缁，黑色。

㉕途：道路。

㉖纺：纺丝。一说"纺"字与"禅"字相对，"纺"是双层的意思。"纺"字从"方"，"方"字本意为两船并立，其字或作"舫"。衣服双层叫"纺"，犹如船并立叫"舫"。

㉗宋王：宋康王，战国时期宋国最后一任国君。

㉘善者故为不畏："故"当读作"胡"。后人不知"故"与"胡"通，所以加了"不"字。应作"善者胡为畏"，即好的人怕什么呢。

㉙惠子：惠施，宋国人。在魏国做官，做梁惠王的国相。

㉚民人：应作"良人"，指非奴婢的平民百姓。

㉛翟翦：翟黄的后代。

㉜舆謣：或作"邪謣"，指举重时的劝力之歌，一般是前面的人唱，后面的人和。

㉝郑卫之音：郑、卫两地的音乐都为新声，不是雅乐。

【译文】

五曰：没有言辞就没办法用来互相交往，听从言辞就会发生混乱。言辞当中又有言辞，这就叫作思想。言语不违背思想，那就差不多了。凡是言辞，是用来表达思想的。言辞和思想相背离，而处在上位的君主却无法考察，那么处在下位的臣子就会有很多言辞不符合行动的事情，行动不符合言辞的事情。言辞与行动相互背离，没有比这更不吉祥的事情了。

在空洛的盟会上，秦国、赵国相互结成盟约，盟约说："从今以后，秦国想做的事，赵国帮助它；赵国想做的事，秦国帮助它。"过了不久，秦国发兵攻打魏国，赵国想要援救魏国。秦王很不高兴，派使臣责备赵王说："盟约说：'秦国想做的事，赵国帮助它；赵国想做的事，秦国帮助它。'现在秦国想攻打魏国，而赵国想援救它，这不符合盟约内容。"赵王把这些话告诉了平原君，平原君把这些话告诉了公孙龙，公孙龙说："赵王也可以派使臣去责备秦王说：'赵国想援救魏国，如今秦国偏偏不帮助赵国，这不符合盟约内容。'"

孔穿、公孙龙在平原君住所那儿互相辩论，内容精深而善于雄辩，谈到羊有三只耳朵的命题，公孙龙谈到羊有三只耳朵的命题非常雄辩。孔穿不回答，过了一会儿，就告辞走了。第二天，孔穿来见平原君，平原君对孔穿说："昨天公孙龙谈论羊有三只耳朵的命题非常雄辩。"孔穿说："是的。几乎能够让羊有三只耳朵了。即使这样，这个说法也难以成立。我愿问问您：说羊有三只耳朵很困难而实际上是不正确的，说羊有两只耳朵很容易而实际上是这样。不知您将赞同容易并且正确的说法呢，还是赞同困难而不正确的说法呢?"平原君没有回答。第二天,平原君对公孙龙说:"你不要跟孔穿辩论了。"

楚国的柱国庄伯让父亲去看看太阳的早晚,父亲说"在天上";问看看太阳怎么样了,父亲说"正圆";看看是什么时辰,却说"正是现在"。让谒者去传令要驾车出行,谒者却回答说"没有马"。让涓人去拿帽子,涓人回答说"呈上去了"。问马的年岁,养马的人却说"齿十二个,加上牙共三十个"。

有个担保人家的奴隶不逃跑的人,奴隶逃跑了,庄伯判决这件事,认为担保的人没有罪。

宋国有个叫澄子的人,丢了一件黑色的衣服。他到路上去寻找,看见一个妇女穿着黑色的衣服,抓住她不肯放手,想要拿走她的衣服,说:"如今我丢了件黑色的衣服。"妇女说:"您虽然丢了件黑色的衣服,不过这件衣服的确是我自己做的。"澄子说:"你不如赶快给我。昨天我丢的衣服是黑色的纺丝衣服,如今你的衣服是黑色的单衣。用黑色的单衣来抵黑色的纺丝,你岂不是占便宜了吗?"

宋王对他的国相唐鞅说:"我杀的人很多了,可是臣子们却越来越不畏惧我,这是什么原因呢?"唐鞅回答说:"您降罪的人,都是不好的人。降罪给不好的人,好的人害怕什么呢? 您想让臣子们畏惧您,不如不要区分好与不好而不断地降罪给臣子,像这样,臣子们就会畏惧了。"过了不久,宋国君主杀死了唐鞅。唐鞅的回答,不如不回答。

惠子为魏惠王制定法令。法令已经制定好了,拿来给人们看,人们都认为法令很好。把法令献给惠王,惠王认为法令很好,把法令给翟翦看,翟翦说:"好啊。"惠王说:"可以施行吗?"翟翦说:"不可以。"惠王说:"好却不可以施行,这是为什么?"翟翦回答说:"如今抬大木头的,前面的人唱劝力之歌,后面的人也应和他,这歌声对抬大木头的人来说是很好的。难道没有郑国、卫国人民的歌曲可以唱吗? 然而却不如唱这个劝力之歌合适。国家也像大木头一样。"

【评析】

"淫辞"指荒诞不符合实际的言论。上篇《离谓》所论的停止言辞与思想相背离，尊重事实的观点，本篇加以承接，认为言辞应该听从行动，不要盲目听从言辞。通过列举秦国强词夺理责备赵国不按照盟约相助攻打魏国，公孙龙诡辩羊有三只耳朵，宋人丢失衣服却强取妇人之衣，唐鞅让宋王给好与不好的人都降罪，惠子制定的法令适宜治理民众不宜治国等事例，批评了说话强词夺理，不符合实际的情况。

不　屈

六曰：察士以为得道则未也，虽然，其应物也，辞难穷矣。辞虽①穷，其为祸福犹未可知。察而以达理明义，则察为福矣；察而以饰非惑②愚，则察为祸矣。古者之贵③善御也，以逐暴禁邪也④。

魏惠王谓惠子曰："上世之有国⑤，必贤者也。今寡人实不若先生，愿得传⑥国。"惠子辞⑦。王又固请曰："寡人莫有之国于此者也，而传之贤者，民之贪争之心止矣。欲先生之以此听寡人也。"惠子曰："若王之言，则施不可而听矣。王固万乘之主也，以国与人犹尚可⑧。今施，布衣也，可以有万乘之国而辞之，此其止贪争之心愈甚也。"惠王谓惠子曰："古之有国者，必贤者也。"夫受而贤者，舜也，是欲惠子之为舜也；夫辞而贤者，许由也，是惠子欲为许由也；传而贤者，尧也，是惠王欲为尧也。尧、舜、许由之作⑨，非独传舜而由辞⑩也，他行称此。今无其他，而欲为尧、舜、许由，故惠王布冠而拘于鄄⑪，齐威王⑫几⑬弗受；惠子易衣变冠，乘舆而走，几不出乎魏境。凡自行不可以幸为，必诚。

匡章⑭谓惠子于魏王之前曰："蝗螟⑮，农夫得而杀之，奚故？为其害稼也。今公行，多者数百乘，步者数百人；少者数十乘，步者数十人。此无耕而食者，其害稼亦甚矣。"惠王曰："惠子施也，难以辞与公⑯相应。虽然，请言其志。"惠子曰："今之城者，或者操大筑⑰乎城上，或负畚⑱而赴乎城下，或操表掇⑲以善睎⑳望。若施者，其操表掇者也。使工女化而为丝，不能治丝；使大匠化而为木，不能治木；使圣人化而为农夫，不能治农夫。施而㉑治农夫者也，公何事比施于螣螟乎？"惠子之治魏为本，其治不治。当惠王之时，五十战而二十败，所杀者不可胜数，大将、爱子有禽者也㉒。大术之愚，为天下笑，得举其讳。乃请令周太史更著其名㉓。围邯郸三年而弗能取，士民罢潞㉔，国家空虚㉕，天下之兵四至，众庶诽谤㉖，诸侯不誉。谢于翟翦，而更听其谋，社稷乃存。名宝散出，土地四削，魏国从此衰矣。仲父，大名也；让国，大实也。说以不听不信。听而若此，不可谓工矣。不工而治，贼天下莫大焉。幸而独听于魏也。以贼㉗天下为实，以治之为名，匡章之非，不亦可乎！

白圭新与惠子相见也，惠子说之以强㉘，白圭无以应。惠子出，白圭告人曰："人有新取妇者，妇至，宜安矜烟视㉙媚行㉚。竖子㉛操蕉火㉜而钜㉝，新妇曰：'蕉火大钜。'入于门，门中有敛陷㉞，新妇曰：'塞之！将伤人之足。'此非不便之家氏也，然而有大甚者。今惠子之遇㉟我尚新，其说我有大甚者。"惠子闻之，曰："不然。《诗》曰：'恺悌君子，民之父母。'恺者大也，悌者长也。君子之德，长且大者，则为民父母。父母之教子也，岂待久哉？何事比我于新妇乎？《诗》岂曰'恺悌新妇'哉？"诽㊱污㊲因污，诽辟因辟，是诽者与所非同也。白圭曰："惠子之遇我尚新，其说我有大甚者。"惠子闻而诽之，因自以为为之父母，其非有㊳甚于白圭亦有大甚者。

【注释】

①虽：一作"难"。

②惑：误导，迷惑。

③贵：认为……贵重。

④古者之贵善御也，以逐暴禁邪也：此处语意不完整，疑似有脱文。

⑤上世之有国："有国"下面应当有"者"字。和下文"古之有国者，必贤者也"辞例相同。

⑥传：传授。

⑦辞：谢绝不接受。

⑧以国与人犹尚可："犹尚可"下应当有"止贪婪之心"五字，与上文"寡人莫有之国于此者也，而传之贤者，民之贪争之心止矣"和下文"今施，布衣也，可以有万乘之国而辞之，此其止贪争之心愈甚也"相应，缺少五字，则语意不完整。

⑨作：当为"行"字之误，即行为。所以下文说"他行称此"。

⑩传舜而由辞："舜"字为"受"字字形误。"而"字相当于"与"字。"由"字为衍字。

⑪布冠而拘于鄈：惠王自己把自己拘禁在鄈邑，想归顺齐国。布冠，白布做的冠。鄈，城邑名。

⑫齐威王：田和的孙子，孟子所见的齐宣王的父亲。

⑬几：危，几乎。

⑭匡章：孟子的弟子，初游于魏，齐威王末年为齐将，曾率军打退秦国的进攻。

⑮蝗螟：指蝗虫和螟虫两种害虫。蚕食农作物内部的叫作螟虫，蚕食农作物叶子的叫作蝗虫。

⑯公：指匡章。

⑰大筑：大杵。筑土的杆子。

⑱畚：箕畚，运土的筐子。

⑲表掇：仪表刻度。表用来审查方位的邪正，掇用来审查工人的勤惰。

⑳晞：眺望。

㉑而：能。

㉒大将、爱子有禽者也：《史记·魏世家》："（惠王）三十年……太子果与齐人战，败于马陵。齐虏魏太子申，杀将军涓。"据此可知，大将指庞涓，爱子指太子申。

㉓更著其名：魏惠王把惠子比作管夷吾，有"仲父"的名号。因天下怨愤，遂请周朝太史更改惠子的仲父之名。

㉔潞：羸，疲惫。

㉕国家空虚：国家的府藏枯竭。

㉖诽谤：怨望众多。

㉗贼：害，危害。

㉘强：用强力。

㉙烟视：像人在烟中，眼睛不能张开，看到的很少。

㉚媚行：徐行，慢慢走。

㉛竖子：童仆。

㉜蕉火："蕉"通"爝"，火把。

㉝钜：很旺盛，猛烈。

㉞敛陷：疑为"坎陷"。坑陷不平的地方。

㉟遇：见。

㊱诽：指责别人。

㊲污：污秽。

㊳有：通"又"。

【译文】

六曰：洞察事物的士人认为他已经得到了道术，本来未必如此，虽然这样，他应对事物，言辞却难以穷尽。言辞难以穷尽，这是祸是福尚且不能知道。洞察事物的能力如果用来通晓道理、明示道义，那么洞察事物就是福了；洞察事物的能力如果用来掩饰过错、误导愚昧的人，那么洞察事物就是祸了。古代认为善于驾车的人贵重，是因为可以驱逐残暴、制止邪恶。

魏惠王对惠子说：“前代拥有国家的人，一定是贤良的人。现在我实在不如先生您，我希望能把国家传授给您。”惠子谢绝了表示不接受。魏惠王又坚决地请求说：“我没有这个国家，而把它传授给贤良的人，人们贪婪争夺的想法就制止了。希望先生因为这些而听从我的话。”惠子说：“像您说的话，那我就更不能听从您的话了。您本来是拥有万乘大国的君主，把国家传给别人尚且能制止人们贪婪争夺的想法。如今惠施我是一个平民，可以拥有万乘的大国却谢绝不接受，这样，制止人们贪婪争夺想法的效果更厉害。”惠王对惠子说：“古代拥有国家的人，一定是贤良的人。”接受别人的国家而且自己很贤良的人，是舜，魏惠王这是想让惠子成为舜那样的人；拒绝拥有别人的国家而且自己很贤良的人，是许由，这是惠子想成为许由那样的人；把国家传给别人而且自己又很贤良的人，是尧，这是惠王想成为尧那样的人。尧、舜、许由的行为，不仅仅是尧把国家传授给舜，舜接受了而许由谢绝了，他们其他的行为也和这种行为相称。如今没有其他的行为，而想要成为尧、舜、许由那样的人，所以惠王带着白布做的冠，自己把自己拘禁在鄄邑请求归顺齐国，齐威王几乎不接受；惠子更换改变了衣服帽子，坐车逃走，几乎逃不出魏国境内。凡是自己的行为，不可以侥幸去行动，一定要诚恳。

匡章在惠王面前对惠子说：“蝗虫和螟虫，农夫抓到以后就杀死它们，为什么？因为它们损害庄稼。如今您出行，多的时候跟着几百乘车和几百个步行的人；少的时候跟着几十乘车和几十个步行的人。这些都是不耕种而能得到吃的东西的人，他们损害庄稼也太厉害了。”魏惠王说：“惠施很难用言语来回答你。即使这样，还是请惠施来说说自己的想法。”惠子说：“现在筑城墙的人，有人拿着大杵在城墙上捣土，有人背着畚箕跑到城墙下运土，有人拿着仪表刻度来审查观望方位的邪正。像惠施我这样的,就是拿着仪表刻度的人啊。让织丝的女子变成丝,就不能织出丝;让灵巧的工匠变成木头,就不能规整木头;让圣人变成农夫,就不能管理农夫。惠施我就是能管理农夫的人,您为什么把惠施我比作蝗虫和螟虫这类害虫呢?"惠子把治理魏国当作根本,他的治理却没有使国家安定。在惠王的时代,五十次的作战中二十次惨败,被杀死的人数不清,惠王的大将、爱子也有被抓走的。惠子治理国家计谋的愚蠢被天下人耻笑,天下人都修书揭举他的罪恶。惠王这才请求让周朝的太史更改惠子仲父的名号。惠王围困邯郸三年却不能攻取下来,士兵和百姓都很疲惫,国家的府藏也变得枯竭空虚,救援赵国的军队从四面八方来到邯郸进行解救,百姓怨望众多,诸侯们不赞赏他。惠王向翟翦道歉,再次听取翟翦的计谋,国家社稷才得以保存。名贵的宝物都四处流散,土地被四方国家割去,魏国从此变得衰弱。仲父是尊贵的名号,禅让国家是重大的事情。用不可听不可信的言论来劝说惠王。惠王像这样来听从意见,不能叫作善于听取意见。不善于听取意见却来治理国家,没有比这更能危害天下的了。幸好惠子的言论只是单单被魏国听取了。把危害天下作为事实,却把治理国家作为名号,匡章的非难,难道不是应当的吗?

　　白圭刚和惠子见面,惠子就用强力来劝说他,白圭没有话来应答。惠子出去后,白圭告诉别人说:"有个刚娶新媳妇的人,媳妇到来时,应当安静矜持轻视慢走。童仆拿着烧得很旺的火把,新媳妇说:'火把太旺了。'进门后,门里有坑陷的地方,新媳妇说:'把它填上! 它将使人的脚受伤。'这不是不有利于她的夫家,然而是太过分了。如今惠子见到我还不久,他劝说我的话是太过分了。"惠子听到以后,说:"不对。《诗经》上说:'恺悌君子,民之父母。'恺是大的意思,悌是长的意思。君子的品德,绵长盛大的,就可以成为人民的父母。父母教育孩子,难道要等很久吗? 为什么要把我比作新媳妇呢?《诗经》上难道说过'恺悌新妇'吗?"用污秽指责污秽,用邪僻指责邪僻,这样指责的人与被指责的人就相同了。白圭说:"惠子见到我还不久,他劝说我的话是太过分了。"惠子听到白圭的话以后就指责他,因此自己认为可以做别人的父母,惠子他的错误比白圭说的话又要严重过分得多了。

【评析】

　　贤良之人能够洞察事物,通晓道义,圣明的君主要学会准确定位贤人的位置。《不屈》篇几乎全部围绕惠子来展开论述,通过惠王让位于惠子的谈话、匡章论惠子治国之害、白圭批惠子言论过分的事例,来说明惠子洞察事物的能力没有运用到位,在应对事物、治理国家方面是有所欠缺的,魏国单单听取惠子的言论招致大祸,危害国家是不可取的。惠子的辩才无双,但用错了位置,只能是弊大于益。

应　言

　　七曰:白圭谓魏王曰:"市丘①之鼎②以烹鸡,多洎③之则淡而不可食,少洎之则焦④而不熟,然而视之蝺⑤焉美,无所可用。惠子之言,有似于此。"惠子闻之,曰:"不然。使三军饥而居鼎旁,适为之甑⑥,则莫宜之⑦此鼎矣。"白圭闻之,曰:"无所可用者,意者徒加其甑邪。"白圭之论自悖,其少魏王大甚。以惠子之言蝺焉美,无所可用,是魏王以言无所可用者为仲父也,是以言无所用者为美也。

　　公孙龙说燕昭王⑧以偃⑨兵,昭王曰:"甚善。寡人愿与客计之。"公孙龙曰:"窃意大王之弗为也。"王曰:"何故?"公孙龙曰:"日者大王欲破齐,诸天下之士其欲破齐者,大王尽养之;知齐之险阻要塞、君臣之际者,大王尽养之;虽知而弗欲破者,大王犹若弗养⑩。其卒果破齐以为功。今大王曰:我甚取偃兵。诸侯之士在大王之本朝者,尽善用兵者也。臣是以知大王之弗为也。"王无以应。

司马喜⑪难墨者师⑫于中山王前以非攻，曰："先生之所术非攻夫？"墨者师曰："然⑬。"曰："今王兴兵而攻燕，先生将非王乎？"墨者师对曰⑭："然则相国是攻之乎？"司马喜曰："然。"墨者师曰："今赵⑮兴兵而攻中山，相国将是之乎？"司马喜无以应。

路说谓周颇曰："公不爱赵，天下必从。"周颇曰："固欲天下之从也。天下从，则秦利也。"路说应之曰："然则公欲秦之利夫？"周颇曰："欲之。"路说曰："公欲之，则胡不为从矣？"

魏令孟卬⑯割绛、汾、安邑之地以与秦王。王喜，令起贾⑰为孟卬求司徒于魏王。魏王不说，应起贾曰："卬，寡人之臣也。寡人宁以臧⑱为司徒，无用卬。愿大王之更以他人诏⑲之也。"起贾出，遇孟卬于廷。曰："公之事何如？"起贾曰："公甚贱子公之主。公之主曰：宁用臧为司徒，无用公⑳。"孟卬入见，谓魏王曰："秦客何言？"王曰："求以女为司徒。"孟卬曰："王应之谓何？"王曰："宁以臧，无用卬也。"孟卬太息曰："宜矣王之制于秦也！王何疑秦之善臣也？以绛、汾、安邑令负牛书与秦，犹乃善牛也。卬虽不肖，独不如牛乎？且王令三将军为臣先，曰'视卬如身㉑'，是臣重也。令二轻臣也㉒，令臣责㉓，卬虽贤，固能乎？"居三日，魏王乃听起贾㉔。凡人主之与其大官也，为有益也。今割㉕国之锱锤㉖矣，而因得大官㉗，且何地以给㉘之？大官，人臣之所欲也。孟卬令秦得其所欲，秦亦令孟卬得其所欲，责以偿矣，尚有何责？魏虽强，犹不能责无责，又况于弱？魏王之令乎孟卬为司徒㉙，以弃其责，则拙也。

秦王立帝，宜阳许绾㉚诞㉛魏王，魏王将入秦。魏敬㉜谓王曰："以河内孰与梁重？"王曰："梁重。"又曰："梁孰与身重？"王曰："身重。"又曰："若使秦求河内，则王将与之乎？"王曰："弗与也。"魏敬曰："河内，三论㉝之下也；身，三论之上也。秦索其下

而王弗听,索其上而王听之,臣窃不取也。"王曰:"甚然。"乃辍㉞
行。秦虽大胜㉟于长平,三年然后决,士民倦,粮食。当此时也,
两周全,其北存㊱,魏举陶削卫,地方六百,有之势是㊲而入,大
蚤,奚待于魏敬之说也? 夫未可以入而入,其患有将可以入而
不入。入与不入之时,不可不熟论㊳也。

【注释】

①市丘:当作"帝丘",二字形近易误。《墨子·耕柱》篇云:"昔者,夏
后开使蜚廉折金于山川而陶铸之于昆吾。"孙诒让谓:"《通典·州郡》篇
云:'濮州濮阳县即昆吾之虚,亦名帝丘。'案濮阳故城在今直隶大名府开
州西南,即古昆吾国也。"考之《史记·卫康叔世家》:"元君十四年,秦拔
魏东地,秦初置东郡,更徙卫野王县而并濮阳为东郡。"《索隐》云:"魏都
大梁,濮阳、黎阳并是魏之东地,故立郡名东郡。"由此可知,濮阳是魏国
东边的领土,亦名帝丘。

②鼎:大鼎,不宜用来烹煮小物。古代烹煮用的器物,一般三足两
耳,能调和各种调味料。

③洎:肉汁。肉汁多则食物寡淡无味,无法品食。

④焦:干燥,鸡很难变软糯变熟。

⑤蛃:音 qǔ,大鼎美好漂亮的样子。

⑥甑:古代的一种蒸食用具,为甗的上半部分,底部有孔格,置于鬲
上通过蒸汽蒸煮食物。多为圆形,有耳或无耳。

⑦之:犹"于"字。

⑧燕昭王:春秋战国时燕国君主,燕王哙的儿子。

⑨偃:停止。

⑩虽知而弗欲破者,大王犹若弗养:"弗养"当作"养之"。这句说:而
那些虽然了解这些情况却不想打败齐国的人,大王您还是收养了他们。
上文说:天下杰出的人士中那些想打败齐国的人、那些了解齐国的险阻
要塞和君臣之间关系的人,大王全收养了他们。作"弗养",则文意不合,

是后人不审文义而妄改的。

⑪司马喜：旧注"司马喜，赵之相国"。应误。《战国策·中山策》曰："司马喜使赵，为己求相中山。"意思是司马喜出使赵国，让赵国帮忙谋求自己在中山国的相位。

⑫墨者师：墨家学派中名叫师的人。

⑬然：是这样的。

⑭墨者师对曰："对曰"下面疑脱"然"字。应该先回答"然"，再用"然则……"来反诘。

⑮赵：当作"燕"。这句话是师用燕国攻打中山国举例说明中山国攻打燕国也是不对的。

⑯孟卬："孟卯"之误。《战国策》中作"芒卯"。《战国策·魏策》："芒卯谓秦王曰：'王之所欲于魏者，长羊、王屋、洛林之地也。'"

⑰起贾：疑为"须贾"，魏国中大夫。

⑱臧：臧获的臧，十分低贱的人，即奴隶的贱称。《方言》曰："荆、淮、海、岱杂齐之间，骂奴曰臧。"

⑲诏：告知，明示。

⑳公：指孟卯。

㉑视卬如身：看到孟卯就像看到大王。身，王身。

㉒令二轻臣也："令二"为"今王"之误。如今大王看轻我。

㉓令臣责：应为"令臣责秦"，让臣去责备秦国。

㉔魏王乃听起贾：魏王才听从须贾的建议，起用孟卯担任司徒。

㉕割：分割。

㉖锱锤：比喻微小之物。此指少量的土地。

㉗大官：指孟卯担任司徒。

㉘给：使……满足。

㉙魏王之令乎孟卬为司徒："乎"字为衍文。加上"乎"字，失掉了原文的句读和文义。

㉚许绾：秦国臣子。

㉛诞：欺骗，欺诈。

㉜魏敬：《战国策·魏策》中作"周䜣"。

㉝三论：指河内、大梁和魏王自身。

㉞辍：停止，不进入秦国。

㉟大胜：秦将白起攻打赵国三年，在长平坑杀四十万兵士，所以说是大胜。

㊱两周全，其北存："两周全"指东周、西周还未灭亡。"其北存"指大梁北部尚存。

㊲有之势是：应为"有之是势"，有这样的形势。

㊳论：分辨，考察。

【译文】

七曰：白圭对魏王说："用帝丘的大鼎来煮鸡，肉汁太多就会寡淡无味，无法品食，肉汁太少鸡就会烧干不熟，然而看这大鼎非常美好漂亮却没有什么用。惠子的言论，就和这大鼎差不多。"惠子听到这些后，说："不是这样的。假如三军士兵十分饥饿，恰好处在大鼎附近，恰好有大甑相配，那么没有比这个大鼎更适合用来做饭的了。"白圭听到后，说："没什么用的东西，只能配上甑用来做饭了。"白圭的言论自相矛盾，他轻视魏王太厉害了。认为惠子的言论只是空有美好而没什么用，这就是说魏王把说话没什么用的人当成仲父了，这就是说魏王把说话没什么用的人当成完美的人了。

公孙龙劝说燕昭王停止战争，昭王说："很好。我愿意跟您筹划这件事。"公孙龙说："我私下认为大王您不会停止战争。"昭王说："为什么呢？"公孙龙说："以前大王想要攻打齐国，全天下有才能的想攻打齐国的士人，大王都收养了他们；知晓齐国的险要关塞、君臣关系的人，大王收养了他们；虽然了解这些却不想攻打齐国的人，大王还是收养了他们。最后果然打败了齐国并把这作为功劳。现在您说：'我十分同意停止战争。'在大王朝廷里的其他诸侯国的士人，全是善于用兵的人。我根据这个知道大王您不会停止战争。"昭王没有话来回答。

司马喜在中山国君主面前用"非攻"的主张责难墨家学派名叫师的人，说："先生您主张的是'非攻'吧？"师说："是这样的。"司马喜说："假如君主今天发兵攻打燕国，先生将会责难君主吗？"师回答说："这样说的话，相国您赞成攻打燕国？"司马喜说："是这样的。"师说："假如燕国发兵攻打中山国，相国您也赞成吗？"司马喜没有话来回答。

路说对周颇说："您如果不爱护赵国，天下人一定会跟从您。"周颇说："我本来想让天下人跟从啊。天下人跟从我，那么秦国就会受益。"路说回答他说："这样说的话，您想让秦国受益吗？"周颇说："我想让秦国受益。"路说说："您想让秦国受益，那么为什么不让天下人跟从您呢？"

魏王派孟卯割让绛、汾、安邑等地给秦王。秦王很高兴，让起贾去向魏王为孟卯请求司徒的官职。魏王很不高兴，回答起贾说："孟卯是我的臣子。我宁愿任用奴仆当司徒，也不任用孟卯。希望秦王换成其他人来告诉我。"起贾出来，在庭院里遇到孟卯。孟卯说："您说的事情怎么样了？"起贾说："您的君主太轻视您了。您的君主说宁愿任用奴仆当司徒，也不任用您当司徒。"孟卯进去拜见魏王，对魏王说："秦国的客人说了什么呢？"魏王说："请求把你任用为司徒。"孟卯说："您回答了什么呢？"魏王说："我说我宁愿任用奴仆，也不任用孟卯。"孟卯长叹一口气说："您受制于秦国是应该的了。您为什么要怀疑秦国善待我呢？把绛、汾、安邑的地图让牛驮着献给秦国，秦国尚且会善待驮运的牛。我虽然不好，难道还不如牛吗？况且您让三位将军在我的前面去秦国说'看到孟卯就像看到大王一样'，这是显示我十分重要啊。如今您轻视我，以后让我去责难索要秦国的许诺，即使我很贤德，难道还能做到吗？"过了三天，魏王才听从了起贾的建议，任用孟卯担任司徒。但凡君主给臣子大的官职，是因为他有好处。如今割让国家少量土地，而因此得到了大的官职，况且有多少土地来满足割让？大的官职，是臣子想得到的。孟卯让秦国得到了想要的土地，秦国也让孟卯得到了他想要的大的官职，债务已经偿还清楚了，还有什么需要去责难秦国的呢？魏国即使强大，也不能向没有债务的国家责难索要，又何况它是弱小的国家呢？魏王让孟卯当了司徒，从而放弃了自己向秦国责难索要的权利，这就是笨拙。

秦王自立称帝，宜阳令许绾去骗魏王来朝拜，魏王将要去秦国朝拜。魏敬对魏王说："河内和大梁相比，哪个更重要？"魏王说："大梁重要。"魏敬又说："大梁跟您相比，哪个更重要？"魏王说："自身重要。"魏敬又说："假如秦国索要河内，那您会给它吗？"魏王说："不给。"魏敬说："河内是三者中最下等的，大王自身是三者中最上等的。秦国索要最下等的大王您不答应，索取最上等的大王您却答应了，我私下里是不赞成的。"魏王说："很好。"魏王这才停止不去秦国。秦国虽然在长平大胜赵国，但三年才决出胜负，兵士和人民疲惫，粮食匮乏。正当这时，东周、西周还没灭亡，大梁北部地区还存在，魏国攻下了陶，削弱了卫国，土地方圆达到六百里。拥有这样的形势而去秦国朝拜，太早了，哪里需要魏敬的劝说呢？不可以去的时候去，这祸患和将来可以去却不去是相等的。去和不去的时机，不可以不反复分辨啊。

【评析】

"应言"指出言进行应对。但凡发表言论，不可以不详细审查，反复斟酌，国家之间、君臣之中尤其需要慎重。此篇通过白圭与惠子论鼎之用、公孙龙说燕昭王偃兵、司马喜以非攻责难墨者师、魏王应秦国要求任用孟卯、魏敬阻魏王入秦五个事例，说明言辞应对的不容易。白圭太过轻视魏王，燕昭王、司马喜自相矛盾，魏王无力驳回秦国要求且不对时机考量，所以导致自身处于一种言论或处境的被动局面。因此，出言应对时综合各个因素进行考量是相当重要的。

具　备

八曰：今有羿①、蜂蒙②、繁弱③于此，而无弦，则必不能中也。中非独弦也，而弦为弓中之具④也。夫立功名亦有具，不得其具,贤虽过汤、武,则劳而无功矣。汤尝约于郼薄⑤矣,武王尝穷于毕裎⑥矣,伊尹尝居于庖厨矣,太公尝隐于钓鱼矣。贤非衰也,智非愚也,皆无其具也。故凡立功名,虽贤,必有其具,然后可成。

宓子贱⑦治亶父,恐鲁君之听谗人,而令己不得行其术也,将辞而行,请近吏⑧二人于鲁君与之俱。至于亶父,邑吏皆朝。宓子贱令吏二人书。吏方将书,宓子贱从旁时掣摇其肘,吏书之不善,则宓子贱为之怒。吏甚患之,辞而请归。宓子贱曰:"子之书甚不善,子勉⑨归矣!"二吏归报于君⑩,曰:"宓子不可为书。"君曰:"何故?"吏对曰:"宓子使臣书,而时掣摇臣之肘,书恶而有甚怒⑪,吏⑫皆笑宓子。此臣所以辞而去也。"鲁君太息而叹曰:"宓子以此谏寡人之不肖也。寡人之乱子⑬,而令宓子不得行其术,必数有之矣。微二人,寡人几过。"遂发⑭所爱而令之亶父,告宓子曰:"自今以来,亶父非寡人之有也,子之有也。有便于亶父者,子决为之矣。五岁而言其要⑮。"宓子敬诺,乃得行其术于亶父。三年,巫马旗⑯短褐⑰衣弊裘而往观化于亶父,见夜渔者,得则舍之。巫马旗问焉,曰:"渔为得也,今子得而舍之,何也?"对曰:"宓子不欲人之取小鱼也⑱。所舍者,小鱼也。"巫马旗归,告孔子曰:"宓子之德至矣,使民暗⑲行若有严刑于旁。敢问宓子何以至于此?"孔子曰:"丘尝与之言曰:'诚乎此者刑乎彼。'宓子必行此术于亶父也。"夫宓子之得行此术也,鲁君后得之也。鲁君后得之者,宓子先有其备也。先有其备,岂遽⑳必哉?此鲁君之贤也。三月婴儿,轩冕在前,弗知欲也;斧钺在后,弗知恶也;慈母之爱,谕焉。诚也。故诚有诚乃合于情,精有精乃通于天㉑。乃通于天㉒,水木石之性,皆可动也,又况于有血气者乎?故凡说与治之务莫若诚。听言哀者,

不若见其哭也；听言怒者，不若见其斗也。说与治不诚，其动㉓
人心不神㉔。

【注释】

①羿：夏朝的诸侯，有穷国的君主，擅长射箭，百发百中。

②蜂蒙：一作"逢蒙"，羿的弟子，射箭能百发百中。

③繁弱：出产良弓的地方。后因此把繁弱作为良弓的名字。

④弦为弓中之具："弓"字为衍文，当为"弦为中之具"。没有弦就不能射中，所以弦是射中的条件。

⑤郦薄："薄"或作"亳"。

⑥毕裎：毕丰。毕沅曰："裎与程同。《孟子音义》：'裎音程，亦作程。'毕、丰皆在咸阳。"《逸周书·大匡解》："维周王宅程三年。"孔晁注云："程，地名，在歧州左右，后以为国，初王季之子文王因焉，而遭饥馑，乃徙丰焉。"所以丰、程不是同一个地方。《孟子》云："文王卒于毕郢。"毕裎疑是毕郢。

⑦宓子贱：宓不齐，字子贱，孔子的弟子，七十二贤人之一。

⑧吏：毕沅曰："《家语屈节解》'吏'字当作'史'。"认为"吏"应该是"史"。下文的"邑吏皆朝拜"也当作"邑史皆朝拜"。

⑨勉：犹如"趣"。赶快，从速。

⑩归报于君：回去报告鲁君。君，指鲁君。

⑪书恶而有甚怒："有"读为"又"。《家语》因袭此文作"又"。意为写得不好又十分生气。

⑫吏：邑吏，亶父的官吏。

⑬寡人之乱子："乱子"当为"乱宓子"。我扰乱宓子。

⑭发：派遣。

⑮要：计数的薄书。

⑯巫马旗："旗"当作"期"，与《察贤》篇、《古今人表》符合。

⑰短褐：粗麻布做成的短衣服，又称"竖褐""裋褐"。

⑱宓子不欲人之取小鱼也:宓子不想让人们捕捞小鱼。古代捕鱼为了使鱼类得到繁殖,不满一尺的鱼是不会上餐桌的。宓子实行圣人的教化,所以不想让人们捕捞小鱼。

⑲暗:在夜里。

⑳岂遽:王引之曰:"讵与岂同义,故或以'岂讵'连文,或言'岂遽',其义一而已矣。"岂、遽二字意义相同,连用选取其中一个意义。

㉑故诚有诚乃合于情,精有精乃通于天:两个"有"字都读为"又"。"情"应当为"精",上下文相承。诚恳又诚恳才和纯净相匹配,纯净又纯净才和天性相通。

㉒乃通于天:"乃"读为"能"。能和天性相通。

㉓动:感动,触动。

㉔神:化,教化。

【译文】

八曰:如今有羿、蜂蒙这样的射手和繁弱这样的良弓,却没有弓弦,那么一定不能射中。射中目标不仅仅是依靠弓弦,但弓弦是射中目标的条件。建立功名也要具备条件,不具备条件,即使比成汤、武王还要贤德,也只会劳碌而没有功业。汤曾经在郼亳受困,武王曾经在毕裎遭遇困窘,伊尹曾经在厨房当奴隶,姜太公曾经钓鱼隐居。他们的贤德并不是减少了,他们的才智并不是愚蠢了,都是因为没有具备适当的条件。所以凡是建立功名,即使贤德,一定要具备适当的条件,然后才可能成就功业。

宓子贱去治理亶父,担心鲁国国君听信谄媚小人的谗言而使自己不能推行自己的主张,将要辞别国君临走的时候,请求鲁国国君身边的两个官吏跟自己一起去。到了亶父,官吏们都来朝见。宓子贱让那两个官吏记录。两个官吏正要记录,宓子贱从旁边时不时去摇他们的胳膊肘,两个官吏记录得不好,宓子贱因为这个生气。官吏十分担心,向宓子贱告辞请求回去。宓子贱说:"你们记录得十分不好,赶快回去吧。"两个官吏回去以后禀报鲁国国君,说:"宓子这个人不可以为他记录。"鲁国国君说:"为什么呢?"官吏回答说:"宓子让我们记录,时不时去摇我们的胳膊肘,记录得不好就十分生气,亶父的官吏笑话宓子。这就是我们要告辞离开的原因。"鲁国国君长长叹息道:"宓子是用这件事劝谏我的缺点啊!我扰乱宓子,使宓子不能施行自己的主张,一定有很多次了。假如没有这两个人,我几乎又要犯错了。"于是就派遣出自己的爱臣,让他去亶父告诉宓子说:"从现在开始,亶父不归我所有,归你所有。有对亶父有利的事情,你决定去做。五年以后汇报上呈簿书。"宓子恭敬地答应了,于是得以在亶父施行自己的主张。三年后,巫马旗穿着短的麻布上衣和破旧的皮衣去观察亶父受教化的情况,看到夜里捕鱼的人,捕到鱼就放走。巫马旗问他说:"捕鱼是为了得到鱼,如今你捕到鱼却把它放走,这是为什么?"捕鱼的人回答说:"宓子不想让人们捕捞小鱼。我放走的都是小鱼。"巫马旗回去以后,告诉孔子说:"宓子的德政达到极点了,能让人们黑夜里行动时,就像有严刑在身旁一样。请问宓子凭借什么达到这种境界的?"孔子说:"我曾经和他说:'诚心施行教化,使行动外化。'宓子一定是在亶父施行这个主张了。"宓子得以施行这个主张,是鲁国国君后来体会到了这一点。鲁国国君后来能体会到这一点,是因为宓子事先有准备。事先有准备,难道一定就能让君主体会到吗?这就是鲁国国君的贤德所在。三个月的婴儿,轩冕在前边不知道羡慕,斧钺在后边不知道厌恶,却能懂得慈母的爱。这是因为心诚啊。所以诚恳又诚恳才和纯净相匹配,纯净又纯净才和天性相通。与天性相通,水、木、石的本性都可以改变,更何况是有血气的人呢?所以凡是劝说别人与治理政事的根本没有比诚恳更重要的。听别人说的话很悲哀,不如看到他哭泣;听别人说的话很愤怒,不如看到他搏斗。劝说别人与治理政事不诚恳,就不能感化人心。

【评析】

"具备"指具有适当的条件。凡是建立功名,一定要具备适当的条件并加上自身的贤德，然后才可以成就功业。此篇围绕宓子贱治理亶父的事迹进行说理，宓子贱的主张得以施行离不开鲁国国君的贤德，亶父施行教化的圆满离不开宓子贱的心诚和行动的外化，这些都是事业成功的必备条件，缺一不可。综观《审应览》，主要论述一些君主的成功方法，如详细审查自己的说话语气与神态，慎重对待自己的言论，善于察言观色，言辞与思想相符，不委屈贤良之人，出言进行应对得体等，只有不断提升自己才能达到政治昌明、国家安定。

离俗览第七

离　俗

一曰：世之所不足者，理义也；所有余者，妄苟①也。民之情，贵所不足，贱所有余。故布衣人臣之行，洁白清廉中绳②，愈穷愈荣③。虽死，天下愈高之，所不足也。然而以理义斫削④，神农、黄帝犹有可非，微独舜、汤！飞兔、要褭，古之骏马也，材犹有短。故以绳墨⑤取木，则宫室不成矣。

舜让其友石户之农，石户之农曰："棬棬⑥乎后⑦之为人也，葆力⑧之士也。"以舜之德为未至也，于是乎夫负妻戴携子以入于海，去之终身不反。舜又让其友北人无择，北人无择曰："异哉后之为人也，居于畎亩⑨之中，而游入于尧之门。不若是而已⑩，又欲以其辱行漫⑪我，我羞之。"而自投于苍领之渊。汤将伐桀，因卞随而谋，卞随辞曰："非吾事也。"汤曰："孰可？"卞随曰："吾不知也。"汤又因务光而谋，务光曰："非吾事也。"汤曰："孰可？"务光曰："吾不知也。"汤曰："伊尹何如？"务光曰："强力忍訽⑫，吾不知其他也。"汤遂与伊尹谋夏伐桀，克之。以让卞随，卞随辞曰："后之伐桀也，谋乎我，必以我为贼⑬也。胜桀而让我，必以我为贪。吾生乎乱世，而无道之人再⑭来訽我，吾不忍数闻也。"乃自投于颍水而死。汤又让于务光曰："智者谋之,武者遂⑮之,仁者居之,古之道也。吾子⑯胡不位⑰之? 请相⑱吾子。"务光辞曰:"废上⑲,非义也。杀民,非仁也。人犯其难,我享其利,非廉也。吾闻之,非其义不受其利,无道之世不践⑳其土,况于尊我乎? 吾不忍久见也。"乃负石而沉于募水。故如石户之农、北人无择、卞随、务光者,其视天下若六合㉑之外,人之所不能察;其视富贵也,苟可得已,则必不之赖㉒。高节厉㉓行,独乐其意,而物莫之害㉔;不漫于利,不牵㉕于执㉖,而羞居浊世,惟此四士者之节。若夫舜、汤,则苞裹覆容,缘不得已而动,因时而为,以爱利为本,以万民为义。譬之若钓者,鱼有小大,饵有宜适,羽有动静。

　　齐、晋相与战,平阿之余子亡戟得矛,却而去,不自快,谓路之人曰:"亡戟得矛,可以归乎?"路之人曰:"戟亦兵也,矛亦兵也,亡兵得兵,何为不可以归?"去行,心犹不自快,遇高唐之孤㉗叔无孙,当其马前曰:"今者战,亡戟得矛,可以归乎?"叔无孙曰:"矛非戟也,戟非矛也,亡戟得矛,岂亢㉘责也哉?"平阿之余子曰:"嘻! 还反战,趋尚及之。"遂战而死。叔无孙曰:"吾闻之,君子济㉙人于患,必离㉚其难。"疾驱而从之,亦死而不反。令此将众,亦必不北㉛矣。令此处人主之旁,亦必死义矣。今死矣而无大功,其任小故也。任小者,不知大也。今焉知天下之无平阿余子与叔无孙也? 故人主之欲得廉士者,不可不务求。

　　齐庄公之时,有士曰宾卑聚,梦有壮子,白缟㉜之冠,丹绩㉝之袧㉞,东布之衣,新素㉟履,墨剑室㊱,从而叱之,唾其面。惕然㊲而寤,徒梦也,终夜坐不自快。明日,召其友而告之曰:"吾少好勇,年六十而无所挫辱。今夜辱,吾将索其形,期得之则可,不得将死之。"每朝与其友俱立乎衢㊳,三日不得,却而自殁。谓此当务㊴则未也,虽然,其心之不辱也,有可以加㊵乎?

【注释】

①妄苟:妄作苟为,即违背义理。

②中绳:符合规矩、法度。

③荣:荣名。

④斫削:评判、衡量。

⑤绳墨:指严格符合标准。

⑥棬棬:用力的样子。

⑦后:君王,此指舜。

⑧葆力:勤劳努力。

⑨畖亩:同"畎亩",田间。

⑩已:止。

⑪漫:玷污。

⑫詢:同"诟",污辱。

⑬贼:残忍。

⑭再:二次。

⑮遂:做成。

⑯吾子:对对方的尊称。

⑰位:动词,居其位。

⑱相:动词,做某人的相,辅佐某人。

⑲上:天子,此指桀。

⑳践:践踏。

㉑六合:天、地、四方。

㉒不之赖:即不赖之。赖,以之为利。

㉓厉:磨砺。

㉔莫之害:同"莫害之"。

㉕牵:拘。

㉖执:同"势"。

㉗孤：守城的大夫。

㉘亢：当，抵。

㉙济：使进入。

㉚离：遭遇。

㉛北：败北。

㉜白缟：未染色的白娟。

㉝丹绩：红色的麻线。

㉞絇：系帽子的缨带。

㉟素：白色的生绢。

㊱室：剑鞘。

㊲惕然：畏惧的样子。

㊳衢：四通八达的街道。

㊴当务：该做的事。

㊵加：超过。

【译文】

一曰：世上不足的东西是理义，多余的则是违背义理的胡作非为。人民的常情，是以不足的东西为贵，而轻贱多余的东西。所以不论是普通百姓还是为人臣子，都应该洁身自好、清廉合法，越穷困就越要感到荣耀。即使死了，天下也会把你的地位抬得很高，因为这是世上所不足的啊。但是如果用理义来衡量，连神农、黄帝都还有可以非议的地方，何况舜、汤？飞兔、要裹都是古代的骏马，然而力气也会有不足的时候。所以如果严格按照符合绳墨的标准去挑选木材，那么宫室也就建不成了。

舜要把自己的位置让给朋友石户之农，石户之农说："君王你的为人是很用力的，是一个勤劳努力的人啊。"认为舜的德行还没有完善，于是自己背着东西，妻子顶着东西，带着子女去海上隐居，离开了终身也没有回来。舜又让位于他的朋友北人无择，北人无择说："君王的为人很不一样啊，本来是居住在田间的，却到了尧那里。不仅仅是这样就停止了，还想要用这种行为来侮辱我,我为之感到羞耻。"于是跳入了苍领的深渊。汤将要讨伐夏桀,到卞随那里请教谋划,卞随推辞说:"这不是我的事。"汤问:"谁可以呢?"卞随说:"我不知道啊。"汤又到了务光那里请教谋划,务光说:"这不是我的事。"汤问:"谁可以呢?"务光说:"我不知道啊。"汤说:"伊尹怎么样?"务光说:"他努力做事而能忍受耻辱,其他的方面我也不知道了。"汤于是和伊尹谋划讨伐夏桀,攻克了他。于是想把君位让给卞随,卞随推辞说:"君王你伐桀的时候,向我求教谋划,一定是认为我残忍。战胜夏桀之后又把君位让给我,一定是认为我贪婪。我生在乱世之中,但是无道之人两次来侮辱我,我不能忍受屡次听到这样的话了。"于是自投入颍水而死。汤又把君位让给务光,说:"聪明的人谋划事情,有勇力的人完成事情,仁德的人占有它,这是自古以来的道理啊。你为什么不居于王位呢?我来做你的相,辅佐你。"务光推辞说:"废掉天子,这是不义的。战争中杀死了百姓,这是不仁的。别人冒险完成了难事,我却坐享其利,这是不廉洁的。我听说,不符合道义就不接受利益,处在无道的乱世就不要踏上他的土地,何况是要把我在这无道之世中显得尊贵?我不能忍受长久地看见这种情况了。"于是抱着石头沉入募水之中。所以像石户之农、北人无择、卞随、务光这类人,他们把天下看作是天地四方之外的东西,这是一般人不能理解的;他们看待富贵,即使可以得到,也不会把它作为有利的事。他们气节高尚、砥砺所行,独自为自己的意念感到快乐,因此外物也不能伤害他们;不为利益所侮辱,不被形势所拘束,而且为居住在浑浊世道中感到羞耻,也就是这四人的节操了。至于舜、汤这类人,则无所不包,因迫不得已才行动,顺应时势而有所作为,把喜好利益作为根本,把万民作为道义的标准。就好比钓鱼的人,鱼或大或小,钓饵也要与之适应,钓浮或动或静,也要顺应着行动。

　　齐国、晋国进行战争,平阿的士卒丢了自己的戟却得到了矛,后退离开,很不开心,对路人说:"丢了戟得到矛,可以回去吗?"路人说:"戟也是兵器,矛也是兵器,丢了兵器又得到了兵器,为什么不可以回去呢?"又后退走了,然而心里还是不痛快,遇到了高唐的大夫叔无孙,挡在他的马前说："今天作战时,我丢了戟却得到了矛,可以回去吗?"叔无孙说："矛并不是戟,戟也不是矛,丢了戟得到矛,难道可以抵过责罚吗?"平阿的士卒说："嘿!我要返回去再战,赶回去还来得及!"于是战斗而死。叔无孙说："我听说,君子使人陷入灾患之中,一定要同遭患难。"快速地驱驰跟从那个士卒,也战死没回来。如果能让这样的人率领军队,一定不会败北啊。而能让这样的人居于君王之旁,也一定会为道义而死。现在虽然死了却没有大的功劳,是因为职位小。职位小,也就不考虑大的事了。现在怎么知道天下没有像平阿士卒和叔无孙这样的人呢?所以君王想要得到廉洁的人才,不可不致力寻求。

齐庄公的时候,有个士人叫宾卑聚,梦见有个很健壮的人,戴着白绢做的帽子,帽带是红色麻线做的,穿着东布做的衣服,新的白鞋,佩带墨色剑鞘的宝剑,走上前来呵斥他,并吐唾沫到他的脸上。宾卑聚惊惧而醒,发觉原来仅仅是个梦,整晚坐着很不痛快。第二天,叫来他的朋友说："我自小就爱好勇力,如今年过六十而没有受到侮辱。现在晚上做梦受到了侮辱,我将根据梦中形象找这个人,找到的话就可以,如果找不到我就为这耻辱而死。"于是宾卑聚每天早晨都和他的朋友站在大道之中,过了三日却没有找到,回去以后就自杀了。要说这是一定要做的,恐怕也不是,但是他内心不能受到侮辱,在这一点上还有可以超过的吗?

【评析】

离俗,就是超离世俗。而文中的石户之农、北人无择、卞随、务光、叔无孙、宾卑聚显然就是这样的人,从中不难看出离俗所要具有的"高节厉行"——视富贵如无物,为道义而殉身,傲然而不受羞辱。之所以这样就可以离俗,那是因为世俗中有着太多与之相反的人——为了财富费尽心机,为了地位惜身忘义,为了利益忍辱苟活,如此种种,恐怕是自古就有,不然也就不会在先秦时就提倡离俗了。因之,千百年来也有很多与之相关的人和话是我们耳熟能详的,战国的屈原与他的"举世皆浊我独清,众人皆醉我独醒",东晋陶潜与他的《归去来兮辞》,北宋周敦颐的"出淤泥而不染"，太多太多了，都是离俗的典型，后人莫不敬仰。所以，虽然确实不可否认我们生活在"俗世"之中，不能完全离俗，但总要心向往之，才能不被世俗所沦陷。

高 义

二曰：君子之自行也，动必缘义，行必诚义，俗虽谓之穷，通也。行不诚义，动不缘义，俗虽谓之通，穷也。然则君子之穷通，有异乎俗者也。故当功以受赏，当罪以受罚。赏不当，虽与之必辞。罚诚当，虽赦之不外。度之于国，必利长久。长久之于主，必宜内反于心，不惭然后动。

孔子见齐景公，景公致廪丘以为养，孔子辞不受，入谓弟子曰："吾闻君子当功以受禄。今说①景公，景公未之行而赐之廪丘，其不知丘亦甚矣！"令弟子趣驾②，辞而行。孔子，布衣也，官在鲁司寇，万乘难与比行，三王之佐不显焉，取舍不苟也夫。

子墨子游公上过③于越。公上过语墨子之义，越王说④之，谓公上过曰："子之师苟肯至越，请以故吴之地阴江之浦书社⑤三百以封夫子。"公上过往复于子墨子，子墨子曰："子之观越王也，能听吾言、用吾道乎？"公上过曰："殆未能也。"墨子曰："不唯越王不知翟之意，虽子亦不知翟之意。若越王听吾言、用吾道，翟度身而衣，量腹而食，比于宾萌⑥，未敢求仕。越王不听吾言，不用吾道，虽全越以与我，吾无所用之。越王不听吾言，不用吾道，而受其国，是以义翟⑦也。义翟何必越，虽于中国⑧亦可。"凡人不可不熟论。秦之野人⑨，以小利之故，弟兄相狱⑩，亲戚相忍⑪。今可得其国，恐亏其义而辞之，可谓能守行矣，其与秦之野人相去亦远矣。

荆人与吴人将战,荆师寡,吴师众。荆将军子囊曰:"我与吴人战,必败。败王师,辱王名,亏壤土,忠臣不忍为也。"不复于王而遁。至于郊,使人复于王曰:"臣请死。"王曰:"将军之遁也,以其为利也。今诚利,将军何死?"子囊曰:"遁者无罪,则后世之为王臣者,将皆依不利之名而效臣遁,若是则荆国终为天下挠⑫。"遂伏剑而死。王曰:"请成将军之义。"乃为之桐棺⑬三寸,加斧锧⑭其上。人主之患,存而不知所以存,亡而不知所以亡,此存亡之所以数至也。郢、岐⑮之广也,万国之顺也,从此生矣。荆之为四十二世矣,尝有乾溪、白公⑯之乱矣,尝有郑襄、州侯之避⑰矣,而今犹为万乘之大国,其时有臣如子囊与! 子囊之节,非独厉⑱一世之人臣也。

荆昭王之时,有士焉曰石渚,其为人也公直无私,王使为政。道有杀人者,石渚追之,则其父也。还车而反,立于廷曰:"杀人者,仆⑲之父也。以父行法,不忍。阿有罪,废国法,不可。失法伏罪,人臣之义也。"于是乎伏斧锧,请死于王。王曰:"追而不及,岂必伏罪哉? 子复事矣。"石渚曰:"不私其亲,不可谓孝子。事君枉法,不可谓忠臣。君令赦之,上之惠也。不敢废法,臣之行也。"不去斧锧,殁头乎王廷。正法枉必死,父犯法而不忍,王赦之而不肯,石渚之为人臣也,可谓忠且孝矣。

【注释】

①说:游说。

②趣驾:趣,赶快。驾,马车,此处有准备马车之义。

③公上过:墨子弟子。

④说:通"悦",高兴。

⑤书社:将社人的姓名书于籍册,所以称之为"书社"。社,二十五家

为一社。

⑥宾萌：客居之民。

⑦翟：当为"粜"字之误写。粜，卖。

⑧中国：此处指中原国家。

⑨野人：郊野之人。

⑩狱：诉讼。

⑪忍：残害。

⑫挠：削弱。

⑬桐棺：受刑而死之人所用的棺材。

⑭斧锧：刑具。

⑮郼、岐：郼，商汤伐夏桀之前居住之地。岐，周武王伐商纣之前居住之地。

⑯乾溪、白公：乾溪，地名。楚公子弃疾曾迫使楚灵王在乾溪自缢。白公，指白公胜，楚平王太子建之子。太子建被郑国人所杀，白公胜为父报仇，杀了救郑的楚国大臣，并占领了楚国都城。

⑰郑襄、州侯之避：郑襄，楚王的爱姬。州侯，楚王的宠臣。避，同"僻"，邪僻。此指郑襄、州侯助楚王行邪僻之事。

⑱厉：勉励。

⑲仆：自己的谦称。

【译文】

二曰：君子自身的行为，举动一定是因为符合道义，行为一定是因为确实属于道义，世俗虽然认为这样穷困，但其实是通达的。行为举动不符合道义，世俗虽然认为通达，但其实是穷困的。这样看来，君子的穷困与通达，是和俗人不一样的。所以，有了功劳受到奖赏，有了罪恶受到惩罚。如果赏赐与自己的功劳不匹配，即使给了也要推辞掉。如果惩罚确实得当，即使赦免了也不能躲避。像这样去治理国家，一定有利于长治久安。要对君主有长远的利益，一定要返回内心省察，不会惭愧然后才行动。

孔子谒见齐景公,景公把廪丘赐给孔子作为供养之地,孔子推辞不肯接受,回来后对弟子说:"我听说君子有了功劳才能接受俸禄。现在我游说景公,景公还没有施行我的主张就赐给我廪丘之地,这大概是很不了解我啊。"于是让弟子赶快准备车架,告辞之后离开了。孔子,此时不过是个布衣百姓,虽然曾经在鲁国做过司寇,但是拥有万乘兵车的大国君主也不能与之相提并论,上古三王的辅佐之臣也不比他显耀,这都是因为孔子对于取舍毫不苟且啊。

墨子让弟子公上过到越国游说。公上过阐述了墨子的主张,越王很高兴,对公上过说:"你的老师如果愿意来越国,请允许我把过去吴国阴江边上的三百社封给先生。"公上过回复墨子,墨子说:"你看越王这个人,能听我的话、用我的主张吗?"公上过说:"恐怕不会。"墨子说:"不只是越王不了解我的心意,即使是你也不知道我的心意。如果越王可以听我的话、用我的主张,我度量我的身体穿衣,根据我的肚子吃饭,(不需要多余的衣服和食物,)就好比客居之人一样生活,并不敢求做官。但如果越王不能听我的话,不能用我的主张,即使把整个越国给我,对我也毫无用处啊。如果越王不听我的话,不能用我的主张,我却接受了他的国家,这是出卖道义啊。如果要出卖道义,何必跑到偏远的越国,在中原国家也可以啊。"每个人都应该熟悉这个道理。秦国的郊野之人,就因为微小的利益,导致弟兄诉讼,亲戚互相残害。现在墨子可以得到他的国家,但是害怕于道义有所亏损而推辞了,这可以称为能保持操守了,墨子与秦国郊野之人相差太远了。

楚国和吴国将要交战,楚国军队少,吴国军队多。楚国的将军子囊说:"我和吴国交战,一定会失败。使国家军队遇到失败,使君王的名声受到侮辱,使国家的疆土遭到损失,忠臣是不忍心这样做的啊。"于是不回到楚王那里而逃遁了。到了郊外,让人回复楚王说:"我请求处死。"楚王说:"将军的逃遁,是为了有利于楚国。现在确实有利,将军为什么要死呢?"子囊说:"如果逃跑的人没有罪过,那么后来成为大王臣子的人,都会用不利的借口来效仿我逃跑，像这样的话楚国最终会被天下其他国家削弱的。"于是用剑自刎而死。楚王说："还是成全将军的道义吧。"于是为他准备了三寸厚的铜棺，又放了斧锧等刑具在上面（以表明子囊确实是受刑而死）。君王的忧患，在于保存住了国家却不知道为什么保存住了，失去了国家却不知道为什么失去，这也正是存亡会反复上演的原因了。正如商汤、周武王当年居住的郼、岐，土地广袤，国家都顺服，也因此兴起。楚国传了四十二代，虽然曾经有乾溪、白公胜那样的叛乱，有郑襄、州侯那样的小人，但到如今犹然是拥有万乘兵车的大国，这是因为当时有像子囊那样的臣子吧！子囊的气节，并不只是勉励了当时一代的臣子啊！

　　楚昭王的时候，有个士人叫石渚，他为人公正无私，于是楚王让他治理朝政。街上有杀人的人，石渚上前追捕，原来是他的父亲。于是调转车头返回，站在王廷上说："杀人的人，是我的父亲。向我的父亲施以刑罚，我不忍心。但偏私有罪之人，使国法遭到废弃，也不可以。废法要受到惩罚，是为人臣子的道义。"于是把自己加于刑具之上，请楚王处死。楚王说："追捕但是没赶上，何必一定要惩罚呢？你还是重新担任职务吧。"石渚说："不偏私自己的父亲，不可以称为孝子。事奉君王却枉废律法，不可以称为忠臣。君王赦免我，是君王自上而来的恩惠。但不敢废弃律法，也是为人臣子的操行。"最终没拿掉刑具，在楚王朝廷上自刎而死。按照公正的刑法，枉顾律法必须处死，父亲犯了法却不忍心处罚，君王赦免也不肯接受，石渚为人臣子，可以说是既忠且孝了。

【评析】

　　高义是离俗之下一种具体的德行。所谓义，大约就是一种价值标准，什么事情能做，什么事情不能做，都属于义的概念范畴。而高义，当然就是一套高尚的原则、标准了，如文中的孔子、墨子、子囊、石渚的行为准则。具体而言，起码要做到"当功以受赏，当罪以受罚"，全文都在围绕这句话展开。孔子、墨子不会无功而受赏于君王；子囊、石渚则有罪就该受罚,即使犯罪是有情可原的。这当然要靠道德的自觉,因为这四人其实都是受益者,而他们拒绝了,这其实就为人们提供了一个标准,要大家向这四人学习。但事实上很难,因此,本篇还有一个立意,那就是从统治者的角度看,应该将前文说到的"当功以受赏,当罪以受罚""度之于国,必利长久",也就是要严明赏罚,只有这样才能利于国家长治久安。

上　德

三曰:为①天下及国,莫如以德,莫如行义。以德以义,不赏而民劝②,不罚而邪止,此神农、黄帝之政也。以德以义,则四海之大,江河之水,不能亢③矣;太华④之高,会稽⑤之险,不能障矣;阖庐⑥之教,孙、吴⑦之兵,不能当矣。故古之王者,德回⑧乎天地,澹⑨乎四海,东西南北极日月之所烛,天覆地载,爱恶不臧,虚素⑩以公,小民皆之。其之敌⑪而不知其所以然,此之谓顺天。教变容改俗而莫得其所受之,此之谓顺情。故古之人身隐而功著,形息⑫而名彰,说通而化奋⑬,利行乎天下,而民不识。岂必以严罚厚赏哉?严罚厚赏,此衰世之政也。

三苗⑭不服,禹请攻之,舜曰:"以德可也。"行德三年而三苗服。孔子闻之,曰:"通乎德之情,则孟门、太行⑮不为险矣。故曰:德之速,疾乎以邮⑯传命。"周明堂⑰,金⑱在其后,有以见先德后武也。舜其犹此乎? 其臧武通于周矣。

晋献公为丽姬远太子,太子申生居曲沃,公子重耳居蒲,公子夷吾居屈。丽姬谓太子曰:"往昔君梦见姜氏⑲。"太子祠而膳于公⑳,丽姬易之。公将尝膳,姬曰:"所由远,请使人尝之。"尝人人死,食狗狗死,故诛太子。太子不肯自释,曰:"君非丽姬,居不安,食不甘。"遂以剑死。公子夷吾自屈奔梁。公子重耳自蒲奔翟。去翟过卫,卫文公无礼焉。过五鹿如齐,齐桓公死。去齐之曹,曹共公视其骈胁㉑,使袒㉒而捕池鱼。去曹过宋,宋襄公加礼焉。之郑,郑文公不敬,被瞻谏曰:"臣闻贤主不穷穷㉓。今晋公子之从者,皆贤者也。君不礼也,不如杀之。"郑君不听。去郑之荆,荆成王慢焉。去荆之秦,秦缪公入之㉔。晋既定,兴师攻郑,求被瞻。被瞻谓郑君曰:"不若以臣与之。"郑君曰:"此孤之过也。"被瞻曰:"杀臣以免国,臣愿之。"被瞻入晋军,文公将烹之。被瞻据镬㉕而呼曰:"三军之士皆听瞻也,自今以来,无有忠于其君,忠于其君者将烹。"文公谢㉖焉,罢师,归于郑。且被瞻忠于其君而君免于晋患也,行义于郑而见说于文公也,故义之为利博矣。

墨者钜子㉗孟胜,善荆之阳城君。阳城君令守于国,毁璜以为符,约曰:"符合听之。"荆王薨,群臣攻吴起,兵于丧所,阳城君与焉,荆罪之。阳城君走,荆收其国。孟胜曰:"受人之国,与之有符,今不见符,而力不能禁,不能死,不可。"其弟子徐弱谏孟胜曰:"死而有益阳城君,死之可矣。无益也,而绝墨者于世,不可。"孟胜曰:"不然。吾于阳城君也,非师则友也,非友则臣也,不死,自今以来,求严师必不于墨者矣,求贤友必不于墨者矣,求良臣必不于墨者矣。死之,所以行墨者之义,而继其业者也。我将属钜子于宋之田襄子,田襄子,贤者也,何患墨者之绝世也!"徐弱曰:"若夫子之言,弱请先死以除路。"还殁头前于孟胜。因使二人传钜子于田襄子。孟胜死,弟子死之者百八十。三人㉘以致令于田襄子,欲反死孟胜于荆。田襄子止之曰:"孟子已传钜子于我矣,当听。"遂反死之。墨者以为不听钜子不察,严罚厚赏不足以致此。今世之言治,多以严罚厚赏,此上世之若客㉙也。

【注释】

①为:治理。

②劝:勉励。

③亢:匹敌。

④太华:西岳华山。

⑤会稽:会稽山,位于今浙江省。

⑥阖庐:春秋末期吴国君主。

⑦孙、吴:指孙武、吴起,均善于用兵。

⑧回:通。

⑨澹:通"瞻",足。

⑩虚素:虚静淡泊。

⑪敌:通"适",往。

⑫形息:形体停息,指代身死。

⑬化奋:教化发扬。

⑭三苗:古代部落,居于江淮一带。

⑮孟门、太行:均为山名。

⑯邮:驿站。

⑰明堂:古代朝会、发布政令、施行德化之地。

⑱金:金属器具。依五行之说,金主杀,所以后文称"先德后武"。

⑲姜氏:太子申生之母。

⑳太子祠而膳于公:太子听骊姬说献公梦见亡母,乃祭祀其母,而后把祭祀的食物进献给献公。

㉑骈胁:肋骨相连。

㉒袒:袒露上身。

㉓不穷穷:前一"穷"为动词,后一"穷"为名词,即不使陷入穷困之人越发窘迫。

㉔入之:使重耳进入晋国即位。

㉕镬：大鼎。

㉖谢：道歉。

㉗钜子：亦作"巨子"，为墨家首领的称号。

㉘三人：误，当作"二人"。

㉙若客：疑为"苛察"之误。

【译文】

三曰：治理天下、国家，莫过于以德化育和施行仁义了。用德用义，不用奖赏就能使人民勉励奋发，不用惩罚就能使邪行停止，这就是神农、黄帝时候的政治啊。用德用义，那即使是大如四海，长江黄河的流水，也不能抵抗；即使高如华山，险如会稽，也不能阻挡；善于教化如阖庐，精于用兵如孙武、吴起，也不能抵挡。所以古代称王的人，德行通达于天地之间，充满四海之内，无论东西南北，只要日月所能照耀到的地方，他们的道德都能像上天覆盖万物、大地承载万物一样，对所喜爱和所憎恶的都不藏匿其道德，虚静淡泊地公正处事，百姓都会跟随他。百姓虽然跟随了王者，却不知道到底为什么，这就是所说的顺应天性啊。王者的教化改变了百姓的容貌和风俗，但百姓并不知道到底受到了什么教化，这就是所说的顺应人情啊。所以上古之人，自身隐没了但功绩得以昭著，形体停息了但荣名得以彰显，他们的主张得以施行，教化得以发扬，所获之利流行于天下，但即使如此，百姓依旧没有觉察到变化。难道一定需要使用严刑厚赏才能达到吗？严刑厚赏，不过是衰落之世的政治罢了。

三苗不顺服，禹请求进攻他们，舜说："施用道德就可以了。"实行德政三年，三苗就顺服了。孔子听到这件事，说："通晓了道德的情态，那即使如孟门和太行山也不能称为险峻了。所以说：道德传播速度之快，比用驿站传递命令还要快。"周代的明堂，金属器物放在后面，从这就能展现出先行德政后用武力啊。舜大概也是这样做的吧。他藏武不用的思想也传到了周代。

　　晋献公因为骊姬疏远了太子,导致太子申生居住在曲沃,公子重耳居住在蒲,公子夷吾居住在屈。骊姬对太子说:"昨晚君王梦见了你的母亲姜氏。"于是太子祭祀了母亲,把祭祀的食物进献给了晋献公,骊姬却换成了有毒的食物。献公将要品尝食物,骊姬说:"食物从远的地方来,请先让人吃一下。"结果人吃了人死,狗吃了狗死,因此下令诛杀太子。太子不肯解释,说:"君王没有骊姬,睡觉不安稳,吃饭不香甜。"于是用剑自刎而死。公子夷吾从屈逃奔到梁国。公子重耳从蒲逃奔到翟国。重耳离开翟国经过卫国,卫文公对他没有以礼相待。经过五鹿进入齐国,齐桓公死了。离开齐国到了曹国,曹共公为了看重耳连在一起的肋骨,让他袒露上身去捕捉池塘里的鱼。离开曹国经过宋国,宋襄公则重礼相待。到了郑国,郑文公不尊敬重耳,郑国大臣被瞻进谏说:"我听说贤明的君主不使陷入穷困的人越发窘迫。现在晋国公子重耳的侍从,都是贤明的人。君王你如今不礼敬他们,不如杀了以绝后患。"郑文公不听。重耳离开郑国去楚国,楚成王慢待他。离开楚国去秦国,秦穆公帮助重耳进入晋国即位国君。晋国安定之后,就起兵攻打郑国,并要求交出被瞻。被瞻对郑文公说:"不如把我给晋国。"郑文公说:"(当初没有听从你的建议,)这是我的过错啊。"被瞻说:"我死了能免除国家之难,是我愿意的。"被瞻进入晋军,晋文公重耳将要烹煮被瞻。被瞻扶着大鼎大喊到:"三军将士听我说,从今以后,都不会有忠于国君的人了,因为忠于国君就会被烹杀。"晋文公听了之后连忙道歉,撤回了军队,把被瞻归还了郑国。被瞻忠于自己的君王,而让君王免于晋国的发难,在郑国施行道义,而又能受到晋文公的喜爱,所以由义带来的利太大了。

　　墨家的巨子孟胜,和楚国的阳城君交好。阳城君让他守卫自己的食邑,并把璜玉分开作为符信,约定说:"两半璜玉相符才能听从命令。"楚王死了,群臣攻打吴起,发兵到楚王停丧的地方,阳城君参与了这次行动,事后楚国要惩治这些大臣。阳城君逃走了,楚国收回了他的食邑。孟胜说:"受命守卫别人的食邑,并给了符信,现在没有见到符信,我的力量却不能阻止食邑被收回,如果成了这样我还不死,是不可以的。"他的弟子徐弱向孟胜进谏说："死了如果对阳城君有好处，死了是可以的。如果没有好处，（而你作为巨子身死）使墨家在世上断绝了，是不可以的。"孟胜说："不是这样的。我对于阳城君，即使不是老师也是朋友，即使不是朋友也是大臣，如果我不死（不能成全道义），从今以后，世人就不会在墨家间寻求严师、贤友、良臣了。为此而死，这是为了实行墨家的道义而能使墨家的事业继续啊。我将把巨子之位交给宋国的田襄子，田襄子是贤明的人，何必担心墨家的人在世上断绝呢？"徐弱说："像先生说的这样，我请先死以扫清道路。"便在孟胜之前便自刎而死。孟胜于是派两人传巨子之位给田襄子。孟胜死了之后，他的弟子殉死的有一百八十人。传令的两人把命令传达给田襄子后，想要返回楚国为孟胜殉死。田襄子劝阻说："孟胜已经把巨子之位传给我了，你们要听我的命令。"两人最终还是返回去殉死了。墨家认为不听从巨子的命令就是不知道墨家之义，严刑厚赏不足以达到这样的地步。现在世上谈到治理国家，多用严刑厚赏，这就是古代所说的以繁琐苛刻为明察啊。

【评析】

　　德治与法治，其间的利弊得失，孔子早就说过："道之以政，齐之以刑，民免而无耻，道之以德，齐之以礼，有耻且格。"毫无疑问，德治才是最高的境界、最佳的治国理政方式。文中说"为天下及国，莫如以德，莫如以义"，即是如此。但相应地，要达到最高最好的，无疑又是最难的，它需要一个极为漫长的过程，而且往往在施行中收效并不能满足某些急功近利政客的需要。因之，如文中所说的"严刑厚赏"式的法治首先得到青睐，因为能立竿见影。秦国商鞅变法不正是如此？秦国靠着"严刑厚赏"急速壮大，最终吞并六国。但也就"二世而亡"而已，终究不能长久。虽然吕不韦身为秦相，在编《吕氏春秋》时也提到了"上德"，但到底没能施行。否则，恐怕也不是后来的样子了。

用　民

四曰：凡用民，太上以义，其次以赏罚。其义则不足死，赏罚则不足去就①，若是而能用其民者，古今无有。民无常用也，无常不用也，唯得其道为可。

阖庐之用兵也不过三万，吴起之用兵也不过五万。万乘之国，其为三万五万尚多。今外之则不可以拒敌，内之则不可以守国，其民非不可用也，不得所以用之也。不得所以用之，国虽大，势虽便，卒无众，何益？古者多有天下而亡者矣，其民不为用也。用民之论，不可不熟。剑不徒断，车不自行，或使之也。夫种麦而得麦，种稷而得稷，人不怪也。用民亦有种，不审其种，而祈民之用，惑莫大焉。

当禹之时，天下万国，至于汤而三千余国，今无存者矣，皆不能用其民也。民之不用，赏罚不充也。汤、武因夏、商之民也，得所以用之也。管、商②亦因齐、秦之民也，得所以用之也。民之用也有故，得其故，民无所不用。用民有纪有纲，一引其纪，万目皆起；一引其纲，万目皆张。为民纪纲者何也？欲也恶也。何欲何恶？欲荣利，恶辱害。辱害所以为罚充也，荣利所以为赏实也。赏罚皆有充实，则民无不用矣。阖庐试其民于五湖，剑皆加于肩，地流血几不可止；句践试其民于寝宫，民争入水火，死者千余矣，遽击金③而却之。赏罚有充也。莫邪④不为勇者兴⑤惧者变，勇者以工，惧者以拙，能与不能也。

夙沙之民，自攻其君，而归神农。密须之民，自缚其主，而与文王。汤、武非徒能用其民也，又能用非己之民。能用非己之民，国虽小，卒虽少，功名犹可立。古昔多由布衣定一世者矣,皆能用非其有也。用非其有之心,不可察之本。三代之道无二,以信为管。

宋人有取道⑥者,其马不进,倒⑦而投之鸂水。又复取道,其马不进,又倒而投之鸂水。如此者三。虽造父⑧之所以威马,不过此矣。不得造父之道,而徒得其威,无益于御。人主之不肖者,有似于此。不得其道,而徒多其威。威愈多,民愈不用。亡国之主,多以多威使其民矣。故威不可无有,而不足专恃。譬之若盐之于味,凡盐之用,有所托也,不适则败托而不可食。威亦然,必有所托,然后可行。恶乎托? 托于爱利。爱利之心谕,威乃可行。威太甚则爱利之心息,爱利之心息而徒疾行威,身必咎矣,此殷、夏之所以绝也。君,利势也,次官⑨也。处次官,执利势,不可而不察于此。夫不禁而禁者,其唯深见此论邪!

【注释】

①去就:取舍。

②管、商:指管仲、商鞅。

③击金:古代击打金属作为退兵的指令。

④莫邪:古代良剑。

⑤兴:为"与"字之误。

⑥取道:赶路。

⑦倒:杀。

⑧造父:古代擅长驾马的人。

⑨次官:据俞樾说,疑为"大官"之误。此前《贵公》篇有言:"夫相,大官也。处大官者不欲小察。"可证有"处大官"之说。此处当指君王居于上位。

【译文】

四曰:大凡使用人民,最上等的是使用道义,次一等的是靠赏罚。道义不足以使民为之而死,赏罚不足以使民去恶取善,像这样还能使用人民的,古今都没有。民没有一定能被使用的,也没有一定不能被使用的,只有懂得使民之道的才可以。

阖庐用兵,不超过三万;吴起用兵,不超过五万。拥有万乘兵车的大国,用兵比三万五万还多。现在对外不能拒敌,对内不能守国,并不是因为他的人民不能使用,只是没有得到使用人民的方法罢了。不能得到使用人民的办法,国家即使再大,形势即使再有利,士卒即使再多,又有什么好处?古代有很多拥有天下却失去的人,因为他们的人民不能被使用啊。所以对于用民的道理,不可以不熟知啊。剑不会平白无故斩断他物,车也不会自己行走,都是有人在使用它们。对于种麦得麦,种稷得稷,人不会感到奇怪。用民也类似于播种的问题,不考察播了什么种子,却要祈求使用民众,没有比这更能让人疑惑的了。

在大禹的时代,天下有上万个国家,到了商汤有三千多个国家,那些现在没有存在的国家,都是不能用民啊。不使用民众,赏罚也就不能贯彻。商汤、周武王能依靠夏朝、商朝的民众,是得到了使用他们的方法。管仲、商鞅能依靠齐国、秦国的民众,也是得到了使用他们的方法。用民是有纲纪的,只要一举起纲纪来,万目都随之张开。什么是用民的纲纪呢?就是欲望和讨厌。想要的是什么、讨厌的又是什么呢?想要的是荣名和利益,讨厌的是耻辱和祸害。讨厌耻辱和祸害就是惩罚能够得到贯彻的原因,想要荣名和利益就是赏赐能够达成的道理。赏罚都能够贯彻达成,那民众也就没有不能用了的。阖庐在五湖检验他的民众,剑都刺到了肩膀,血流遍地也不能制止他们前进;勾践在寝宫检验他的民众,民众争着到水火之中,死了千余人,赶紧鸣金才能让民众后退。赏罚能够贯彻。宝剑莫邪不会因为勇敢的人或者胆小的人而改变锋利程度,勇敢的人使用它变得更加灵巧,胆小的人使用它变得更加笨拙,这只是由于他们会不会使用宝剑罢了。

夙沙的民众，杀死自己的君王而投奔神农。密须的民众，绑了他们的君王而交给了周文王。商汤、周武王并不是只会用自己的民众，还能用不属于自己的民众。能使用不属于自己的民众，国家即使再小，士卒即使再少，功名还是能够建立的。古代很多由一介布衣百姓而平定天下的人，都是能用不属于他们的民众。使用不属于自己的民众的这种心思，是不可不考察清楚的根本。夏、商、周三代的准则没有其他的，就是把信用作为管理的原则。

宋国有人在赶路，他的马不前进，杀了之后把马扔进溪水中。又接着赶路，他的马还是不肯前进，又杀死了扔进溪水中。像这样三次。即使是像造父那样擅长驾马的人对马树立威信，也不过如此。没有得到造父驾马的方法，只是学到了威严，对驾马并没有什么好处。人主中不贤明的，也就是像这样的了。没有得到方法，而只是白白地树立威严。威严越多，民众越发不能被使用。亡国的君主，就有很多是用过多的威严来驱使他们的民众。所以威严不可以没有，但是不能只靠威严。就好比盐对于味道，大凡用盐，都要有所依托的食物，用盐不恰当，就会使食物变坏而不能吃。威严也是这样，一定要有依托，然后才能施行。依托什么呢？依托于关爱并使民获利。能够知晓关爱并使民获利的思想，威严也就可以施行。威严太甚就会使关爱并使民获利的心思停息，这种心思停息而徒然行使威严，自身一定会有危害，这就是殷商、夏朝灭亡的原因了。君王，掌握着利益和威势，是上位之人。处在上位，并掌握着利益和威势，就不可以不对此明察。不需要专门禁止就能起到禁止的效果，大概只有深刻认识到这个道理才能做到吧。

【评析】

中国的民本思想，自古有之。早一点的如孟子所说："民为贵，社稷次之，君为轻。"晚一点的如唐太宗李世民的"君者舟也，民者水也，水可载舟，亦能覆舟"。而三国时期的蜀帝刘备，更是说出了"夫济大事必以人为本，今人归吾，吾何忍弃去！"这样的话，与本文"用民"之意十分贴近。诚然，这里的"用民"，与今天所说的真正的民本思想是有一定差距的。从刘备的话中，不难看出，人是成事的资本，是将人看作君王在争夺天下中的砝码。而本文中"用民"也是这个意思，都是站在统治者的角度思考问题，能不能用民，用民的好坏，甚至能不能使用他人之民，都关系到存亡兴衰。不过，对古人，无需求全责备。那些知道人民的重要而能施以恩惠的，比之于那些残暴之君，不亦善哉！

适　威

五曰：先王之使其民，若御良马，轻任①新节②，欲走不得，故致千里。善用其民者亦然。民日夜祈用而不可得，若得为上用，民之走之也，若决积水于千仞③之溪，其谁能当之？《周书》曰："民，善之则畜也，不善则仇也。"有仇而众，不若无有。厉王，天子也，有仇而众，故流于彘，祸及子孙，微召公虎而绝无后嗣。今世之人主，多欲众之，而不知善，此多其仇也。不善则不有。有必缘其心，爱之谓也。有其形，不可谓有之。舜，布衣而有天下。桀，天子也，而不得息，由此生矣。有无之论，不可不熟。汤、武通于此论，故功名立。

古之君民者，仁义以治之，爱利以安之，忠信以导之，务除其灾，思致其福。故民之于上也，若玺之于涂④也，抑⑤之以方则方，抑之以圆则圆；若五种之于地也，必应其类，而蕃息于百倍，此五帝三王之所以无敌也。身已终矣，而后世化之如神，其人事审也。

魏武侯之居中山也，问于李克曰："吴之所以亡者何也？"李克对曰："骤战而骤胜。"武侯曰："骤战而骤胜，国家之福也。其独以亡,何故?"对曰:"骤战则民罢⑥,骤胜则主骄。以骄主使罢民,然而国不亡者,天下少矣。骄则恣,恣则极物。罢则怨,怨则极虑。上下俱极,吴之亡犹晚,此夫差之所以自殁于干隧也。"东野稷以御见庄公,进退中绳,左右旋中规⑦。庄公曰:"善。"以为造父不过也。使之钩百而少及焉。颜阖入见,庄公曰:"子遇东野稷乎?"对曰:"然,臣遇之。其马必败⑧。"庄公曰:"将何败?"少顷,东野之马败而至。庄公召颜阖而问之曰:"子何以知其败也?"颜阖对曰:"夫进退中绳,左右旋中规,造父之御,无以过焉。乡⑨臣遇之,犹求其马,臣是以知其败也。"故乱国之使其民,不论人之性,不反人之情,烦为教而过不识,数为令而非⑩不从,巨为危而罪不敢,重为任而罚不胜。民进则欲其赏,退则畏其罪。知其能力之不足也,则以为⑪继矣。以为继,知,则上又从而罪之,是以罪召罪,上下之相仇也,由是起矣。故礼烦则不庄,业烦则无功,令苛则不听,禁多则不行。桀、纣之禁,不可胜数,故民因而身为戮,极也,不能用威适。子阳极也好严,有过而折弓者,恐必死,遂应猵狗⑫而弑子阳,极也。周鼎有窃,曲状甚长,上下皆曲,以见极之败也。

【注释】

①任:负担。

②新节:当作"执节"。节,马鞭。

③仞:七尺为一仞。

④玺之于涂:古代公文以泥封口,并于封泥处加盖印章。玺,印章。

⑤抑:压。

⑥罢:通"疲"。

⑦中绳、中规:指符合规矩。绳是判断木材是否笔直的工具,规是画圆的工具。

⑧败：累坏。

⑨乡：通"向"，刚才。

⑩非：非难。

⑪为：通"伪"。

⑫猘狗：疯狗。

【译文】

五曰：先王使用他的人民，好比驾驭良马，让它轻有负载，拿着马鞭，想要尽情地走也做不到，所以能最终达到千里之远。善于使用民众的人也是这样。民众日夜祈求能被使用却不得，如果能被主上使用，民众的奔走，就好比把积水从千仞的溪水中掘开口子，谁又能抵挡呢？《周书》说："民众，好好地对待他们，就和君王友好；不好好地对待他们，就和君王变成仇人。"有很多仇人般的百姓，还不如没有。周厉王，是天子啊，有很多仇人般的百姓，所以流亡到了彘，祸患殃及子孙，如果没有召公虎，厉王就没有后人了。现在世上的人君，很多希望能使自己的百姓变多，而不知道善待百姓，这只是使他的仇人变多啊。不善待百姓就得不到百姓拥护。如果要得到百姓的拥护，必须让百姓从内心拥护你，这就是所谓的爱戴了。只做出拥护的样子不可以叫作拥护。舜，是从布衣百姓得到天下的。桀，本来是天子，却不能得到安居，这都是从百姓拥护与否中产生的。对于是否获得民心的道理，不可以不熟知。商汤、周武王正因为精通这个道理，所以功名得到建立。

古代作为君王的人，用仁义来治理百姓，用关爱而使民获利来安抚百姓，用忠诚和信用来引导百姓，一定要为民除去灾害，想着为民造福。所以民众对于君王，就好比印章和封泥，方形的印章压在封泥上，封泥就成了方形，圆形印章压在封泥上，封泥就成了圆形；就好比五谷种在地上，一定会长出相应的谷物，而且会成百倍增长，这也正是上古五帝三皇无敌的原因。虽然已经去世了，但后世蒙受到他们的教化如同神灵一般，这是因为三皇五帝对人情事故很明白了。

　　魏武侯居住在中山的时候,问李克:"吴国灭亡的原因是什么?"李克回答说:"这是因为屡战屡胜。"武侯说:"屡战屡胜,这是国家的福气啊。唯独吴国灭亡了,为什么呢?"李克回答说:"屡战则民众疲劳,屡胜则君王骄傲。用骄傲的君王去驱使疲劳的百姓,而国家没有灭亡的,在天下是很少的。骄傲就会恣意,恣意就会用尽财力。民众疲劳就会怨恨,怨恨就在心里会有所思虑。君王和民众都达到极点,吴国的灭亡已经算是晚的了,这也就是吴国君主夫差自刎在干隧的原因了。"东野稷在庄公面前表演车术,进退左右都符合规矩。庄公说:"很好啊。"认为即使是造父的驾车技术也不过如此。又让他的马绕一百圈再回来。颜阖来见庄公,庄公说:"你遇到东野稷了吗?"颜阖回答说:"是的,我遇到了。他的马一定会累坏的。"庄公说:"怎么会累坏呢?"过了一会儿,东野稷的马累坏着来了。庄公召见颜阖问他:"你为什么知道它会累坏呢?"颜阖回答说:"进退左右都中规中矩,造父驾车也不过如此。刚才我遇到了啊,还在不停地要求他的马,我通过这个知道他的马会累坏。"所以混乱的国家驱使他的民众,不了解人的本性,不返归人的常情,频繁下达教令而责备那些不听从命令的人,屡次颁布命令而非难那些不跟从的人,下达一些很危险的事情却又对那些不敢做这些事的人治罪,有很重的任务又惩罚那些不能胜任的人。民众前进是想得到奖赏,后退又十分担心治罪。当知道自己能力不足的时候,就会做虚伪的事来敷衍。用虚伪来敷衍,被知道了,君王又会接着对他治罪,这就是因罪又召来罪过,君王和民众互相仇视,也就由此而生了。所以礼节繁琐就会显得不庄重,事务繁琐就不会成功,政令苛责就没有人听从,禁令过多就不会施行。桀、纣时候的禁令,不可胜数,所以百姓因此背叛,桀、纣也因此身殒,是因为过分到极点了,不能适度施以威严。子阳喜好严厉到了极点,有人犯了过失而弄断了弓,害怕一定会被处死,所以趁着追赶疯狗的时候杀死了子阳,都是因为子阳过分到了极点啊。周鼎上有窃曲形的花纹,花纹很长,上下都是弯曲的,用此来表明过分到极点的危害。

【评析】

本篇在"用民"之后,提出了"适威"的方法。所谓"适威",就是"礼烦则不庄,业烦则无功,令苛则不听,禁多则不行"的反面,这种治国思想,大约更接近道家。唐代柳宗元的《种树郭橐驼传》可以帮助我们进一步理解。郭橐驼善于种树,是因为他"非能使木寿且孳也,以能顺木之天,以致其性焉尔。凡植木之性,其本欲舒,其培欲平,其土欲故,其筑欲密。既然已,勿动勿虑,去不复顾",能够顺从树木的本性而不去像别人一样折腾树木。文中也提到了把种树类比于治国之道,"然吾居乡,见长人者,好烦其令,若甚怜焉,而卒以祸"。如果政令繁琐而不能使民休息,反会使民受害。古人尚能知此道理,后人也当引以为戒。

为　欲①

六曰:使民无欲,上虽贤,犹不能用。夫无欲者,其视为天子也,与为舆隶②同;其视有天下也,与无立锥之地同;其视为彭祖③也,与为殇④子同。天子至贵也,天下至富也,彭祖至寿也。诚无欲,则是三者不足以劝。舆隶至贱也,无立锥之地至贫也,殇子至夭⑤也。诚无欲,则是三者不足以禁。会⑥有一欲,则北至大夏,南至北户,西至三危,东至扶木,不敢乱矣;犯白刃,冒流矢,趣水火,不敢却也。晨寤兴,务耕疾庸⑦,樵⑧为烦辱,不敢休矣。故人之欲多者,其可得用亦多;人之欲少者,其得用亦少;无欲者,不可得用也。人之欲虽多,而上无以令之,人虽得其欲,人犹不可用也。令人得欲之道,不可不审矣。

善为上者,能令人得欲无穷,故人之可得用亦无穷也。蛮夷反舌⑨殊俗异习之国,其衣服冠带,宫室居处,舟车器械,声色滋味皆异,其为欲使一也。三王不能革,不能革而功成者,顺其天也。桀、纣不能离,不能离而国亡者,逆其天也。逆而不知其逆也,湛⑩于俗也,久湛而不去则若性。性异非性,不可不熟。不闻道者,何以去非性哉?无以去非性,则欲未尝正矣。欲不正,以治身则夭,以治国则亡。故古之圣王,审顺其天而以行欲,则民无不令矣,功无不立矣。圣王执一,四夷皆至者,其此之谓也。执一者,至贵也,至贵者无敌。圣王托于无敌,故民命敌焉。

群狗相与居,皆静无争。投以炙鸡,则相与争矣。或折其骨,或绝其筋,争术存也。争术存,因争;不争之术存,因不争。取争之术⑪而相与争,万国无一。凡治国,令其民争行义也。乱国,令其民争为不义也。强国,令其民争乐用也。弱国,令其民争竞不用也。夫争行义、乐用,与争为不义、竞不用,此其为祸福也,天不能覆,地不能载。

晋文公伐原,与士期七日。七日而原不下,命去之。谋士言曰:"原将下矣。"师吏请待之。公曰:"信,国之宝也。得原失宝,吾不为也。"遂去之。明年,复伐之,与士期必得原然后反,原人闻之乃下⑫。卫人闻之,以文公之信为至矣,乃归文公。故曰"攻原得卫"者,此之谓也。文公非不欲得原也,以不信得原,不若勿得也,必诚信以得之,归之者非独卫也。文公可谓知求欲矣。

【注释】

①为欲:使人民有欲望。

②舆隶:奴隶。

③彭祖:传说中的长寿之人。

④殇:未成年而死。

⑤夭：短命。

⑥会：恰好。

⑦庸：通"佣"，受雇佣代人种田。

⑧槩：古"耕"字。

⑨反舌：指其语言与华夏不同。

⑩湛：通"沉"，沉溺。

⑪取争之术：依孙锵说，"争"前当有"不"字。

⑫下：投降。

【译文】

六曰：让人民没有欲望，君王即使再贤明，也不能驱使民众。对于没有欲望的人，他看待天子就和奴隶一样，看待拥有整个天下就和没有立锥之地一样，看待长寿的彭祖就和未成年就夭折的孩子一样。天子是最显贵的，拥有天下是最富有的，彭祖是最长寿的。如果确实没有欲望，那用这三样也不够勉励。奴隶是最低贱的，没有立锥之地是最贫穷的，未成年就夭折的孩子是最短命的。如果确实没有欲望，那用这三样东西也不可能使之禁止。如果恰好有一种欲望，那北到大夏，南到北户，西到三危，东到扶木，都不敢作乱；即使是迎着闪着亮光的刀，冒着飞来的箭，奔赴水火之中，也不敢退却。早晨起来，致力于耕种，受人雇佣，所做的很繁琐，也不敢休息。所以，有很多欲望的人，能驱使他的方法也很多；欲望不多的人，能驱使他的方法就少；没有欲望的人，也就不能被驱使了。但是如果人的欲望虽然多，君王却没有政令来利用欲望，人的欲望即使很多，也不会得到驱使。让人得到欲望的方法，不可以不清楚。

善于做君王的人，可以让人得到无穷的欲望，所以人就可以被无穷地驱使。那些偏远的蛮夷之地，虽然语言和风俗很不一样，他的衣服、帽子、衣带，房屋、住处，舟车、器物，声音、颜色、味道都不一样，但是会被欲望驱使却是一样的。三王也不能革除这种情况，不能革除而成就功业的原因，是顺从了天性。桀、纣不能背离这个道理，因为不能背离而亡国，则是因为违背了天性。违背却还不知道违背,这是太沉溺于世俗了,长时间沉溺不离开就变成了自己的习性。本性异于非本性,这个不可不熟知。不知道这个道理,又如何能去掉非本性的东西呢?没有办法去掉非本性的东西,那欲望就会不正当。欲望不正当,以此修养自己的身体就会夭折,以此治理国家就会亡国。所以古代的圣王,先审察并顺从天性来行使欲望,那民众就没有不听从命令的,功业也就没有不能建立的。圣王只要抓住这个根本,四方少数民族都来归附,说的就是这个情况啊。能抓住根本的人,是最为显贵的,最显贵也就没有敌手了。圣王立于无敌的境地,所有民众的命运就都依附于他。

　　一群狗生活在一起,本来都安静没有争斗。只要向它们中间扔进一只烤鸡,就开始互相争斗了。有的被折断了骨头,有的被弄断了筋,都是因为争斗的原因存在啊。争斗的原因存在,就争斗;争斗的原因不存在,就不争斗。用不争斗的方法却引来了争斗,真是一万个国家里也不会出现啊。凡是治理国家,就要引导他的民众争着施行道义。祸乱一个国家,就会让他的民众争做不道义的事情。强大的国家,让他的民众争着乐意被使用。弱小的国家,则会让他的民众争着不被使用。那争着施行道义、乐意被使用,和争着做不道义的事、不愿意被使用,由之而产生的灾祸和福运,天不能覆盖,地不能承载。

　　晋文公讨伐原,和士卒约定七日之内拿下。结果七天到了却没有拿下来,就下命撤退。谋士说:"原就要被攻下了。"军官请求再等一等。晋文公说:"诚信,是国家的珍宝。得到原,却失去珍宝,我不做这样的事。"于是离开了。第二年,再一次讨伐原,和士卒约定一定要攻下原才返回,原地的人听说了,就投降了。卫国人听说了这件事,认为晋文公的信用到了极点,于是归附了文公。所以说"攻打原却得到了卫国",说的就是这啊。晋文公并不是不想得到原,但是用不讲诚信得到原,还不如不要得到,一定要凭借诚信得到,归附晋文公的绝不止卫国啊。晋文公可以说算是懂得如何满足自己的欲望了。

【评析】

道家常常提倡"寡欲"，这恐怕是立足于自身修养而提出的方法。但对于统治者而言，如果治下百姓人人无欲，恐怕是个大麻烦。正如文中所说："天子至贵也，天下至富也，彭祖至寿也。诚无欲，则是三者不足以劝。舆隶至贱也，无立锥之地至贫也，殇子至夭也。诚无欲，则是三者不足以禁。"试想，如果一个人对显贵的地位，巨额的财富，甚至身家性命都毫不在乎，那如何才能让人为国家、为君王做事？反过来也是一样，对什么都毫不在乎，又如何约束一个人？不仅道德约束不了，连法律也约束不了，那国家的治安自然很成问题。因此，文中也提出了办法，要"能令人得欲无穷"。也同样可以从两方面来解读：一方面，要让民众有奔头，都能从日常生活中获得满足自己欲望的途径，比如稳定的工作、适宜的居室、一定的精神生活，这样，才能呈现出积极向上的劲头，社会才有活力。另一方面，要让民众有所不欲，要讨厌一些东西，比如不讲公德、触犯法律、失去生命和自由等，只有这样，民众才会有所顾忌，社会才能获得安定。

贵　信

七曰：凡人主必信。信而又信，谁人不亲？故《周书》曰："允①哉！允哉！"以言非信则百事不满②也。故信之为功大矣。信立，则虚言可以赏③矣。虚言可以赏，则六合之内皆为己府④矣。信之所及，尽制之矣。制之而不用，人之有也；制之而用之，己之有也。己有之，则天地之物毕为用矣。人主有见此论者，其王不久矣；人臣有知此论者，可以为王者佐矣。

天行不信⑤，不能成岁；地行不信，草木不大。春之德⑥风，风不信，其华不盛，华不盛，则果不生。夏之德暑，暑不信，其土不肥，土不肥，则长遂不精。秋之德雨，雨不信，其谷不坚，谷不坚,则五种不成。冬之德寒,寒不信,其地不刚,地不刚,则冻闭不开⑦。天地之大,四时之化,而犹不能以不信成物,又况乎人事?君臣不信,则百姓诽谤,社稷不宁。处官⑧不信,则少不畏长,贵贱相轻。赏罚不信,则民易犯法,不可使令。交友不信,则离散郁怨,不能相亲。百工不信,则器械苦⑨伪,丹漆染色不贞⑩。夫可与为始,可与为终,可与尊通,可与卑穷者,其唯信乎!信而又信,重袭⑪于身,乃通于天。以此治人,则膏雨甘露⑫降矣,寒暑四时当⑬矣。

齐桓公伐鲁。鲁人不敢轻战,去鲁国五十里而封⑭之。鲁请比关内侯⑮以听,桓公许之。曹翙⑯谓鲁庄公⑰曰:“君宁死而又死乎?其宁生而又生乎?”庄公曰:“何谓也?”曹翙曰:“听臣之言,国必广大,身必安乐,是生而又生也;不听臣之言,国必灭亡,身必危辱,是死而又死也。”庄公曰:“请从。”于是明日将盟,庄公与曹翙皆怀剑至于坛上。庄公左搏桓公,右抽剑以自承⑱,曰:“鲁国去境数百里,今去境五十里,亦无生矣。钧⑲其死也,戮于君前。”管仲、鲍叔进。曹翙按剑当两陛⑳之间曰:“且二君将改图,毋或进者!”庄公曰:“封于汶㉑则可,不则请死。”管仲曰:“以地卫君,非以君卫地。君其许之!”乃遂封于汶南,与之盟。归而欲勿予,管仲曰:“不可。人特劫君而不盟,君不知,不可谓智;临难而不能勿听,不可谓勇;许之而不予,不可谓信。不智不勇不信,有此三者,不可以立功名。予之,虽亡地,亦得信。以四百里之地见信于天下,君犹得也。”庄公,仇也;曹翙,贼也。信于仇贼,又况于非仇贼者乎?夫九合之而合,一匡之而听㉒,从此生矣。管仲可谓能因物矣。以辱为荣,以穷为通,虽失乎前,可谓后得之矣。物固不可全也。

【注释】

①允:诚信。

②满:成功。

③赏:鉴别。

④府:府库。

⑤不信:以下几处"不信",皆指此种事物不遵循自身规律。

⑥德:特质,属性。

⑦冻闭不开:指大地冻得不能裂开。

⑧处官:为官。处,居。

⑨苦:粗劣。

⑩丹漆染色不贞:丹,红色。漆,黑色。贞,正。

⑪重袭:重叠。

⑫膏雨甘露:膏,肥沃。甘,甜美。

⑬当:匹配。

⑭封:堆土建立边界。

⑮关内侯:指作为齐国国内的一个大臣,意即成为齐国的附属国。关,关隘。侯,有食邑的人臣。

⑯曹翙:他书中有作"曹刿""曹沫"的。

⑰鲁庄公:春秋时期鲁国君主。

⑱自承:宝剑对着自己。

⑲钧:通"均",同。

⑳陛:台阶。

㉑汶:水名,靠近齐国。

㉒夫九合之而合,一匡之而听:此二句指的是齐桓公之后屡次盟会诸侯,并能"尊王攘夷"等匡正天下的行为。合,盟会集合诸侯。匡,匡正天下。

【译文】

七曰：凡是君王都一定要讲信用。诚信到了极点，和谁不亲近呢？所以《周书》说："诚信啊，诚信！"因为说话不讲诚信就会导致每件事情都不成功。所以诚信对于功业有重大的影响。诚信建立了，就可以鉴别虚假的话。可以鉴别假话，那天地四方之内就都能成为自己的府库。诚信能到达的地方，就都能控制了。控制了但是不能用，还是会被别人所有；控制了而能够使用，就会变成自己的了。自己拥有了，那天地万物都能够为我所用了。君王能够懂得这个道理，那离称王就不远了；为人臣子有懂得这个理论的人，就可以成为王者的辅佐之臣了。

天道运行不遵循规律，也就不能形成年岁；大地运行不遵循规律，草木也就长不大了。春天的特质是风，风如果不遵循规律，春天的花也就开得不繁盛，花不繁盛，也就长不出果实。夏天的特质是热，热如果不遵循规律，土地就不会肥沃，土地不肥沃，长出来的植物就不会精壮。秋天的特质是雨，雨如果不遵循规律，谷物就不会坚实，谷物不坚实，那五谷就不会成熟。冬天的特质是寒冷，寒冷如果不遵循规律，那大地就冻得不坚硬，大地冻得不坚硬，就不会冻裂成缝。天地是如此之大，四季是如此善于变化，但还是不能因不讲规律而成就事物，又何况是人世之事呢？君王大臣不讲信用，百姓就会诽谤议论，国家社稷就不会安宁。做官的不讲信用，那年少的就不会敬畏年长的，尊贵的和下贱的就会互相轻视。奖赏和惩罚不讲信用，那民众就容易犯法，不能够让政令通行。交朋友不讲诚信，会分离埋怨，不能互相亲近。各种工匠不讲信用，那做出来的器械就会粗制滥造，所染的红色黑色也不正。那可以和它一起开始，可以和它一起结束，可以和尊贵通达的人一起，可以和卑贱穷困的人一起的，大概只有诚信了吧！诚信到了极点，把诚信重叠在身上，就能和上天相通了。靠着这个治理百姓，那丰沛的大雨和甜美的露水就会降下，寒暑四季也会有自己相当的气候。

齐桓公讨伐鲁国。鲁国人不敢轻易作战，在离开鲁国国都五十里的地方设立了边界。鲁国请求成为齐国的附属国,齐桓公允许了。曹翙对鲁庄公说:"君王你是愿意死了又死呢,还是愿意生了又生呢?"鲁庄公说:"是什么意思?"曹翙说:"听从我的话,国家必定广袤而强大,您必定安生而快乐,这就是生了又生;不听从我的话,国家必定灭亡,您必定危险而受辱,这就是死了又死。"庄公说:"请让我听从你的话。"于是第二天就要盟会了,鲁庄公和曹翙都在怀里藏着剑到了盟会的坛台上。鲁庄公左手抓住齐桓公,右手抽出宝剑对着自己,说:"鲁国国都本来就只离边境几百里,现在竟然只离了五十里,反正也不能生存了。失去领土而死和今天身死于此同样是死,那不如让我死在您面前吧。"管仲和鲍叔近前。曹翙按着剑站在两阶之间说:"两位君主将要重新谋划,你们不要前进!"鲁庄公说:"请以汶水为边界就可以,不行的话就有一死了。"管仲说:"都是用国土来护卫国君,而不是用国君来护卫土地。君王您就答应他吧。"于是齐国就以汶水南边为界,和鲁国进行了会盟。齐桓公回到齐国之后想要不履行诺言,管仲说:"不可以。他们专门劫持了君王不准备盟会,而君王不知道,这不可以称为有智慧;被劫持后面临危难却不能不听从,这不可以称为有勇武;答应了却又不给,这不可以称为有诚信。不聪明、不勇敢、不诚信,有这三种情况,不可能建立功业名声。给他,虽然失去了土地,却也得到了信用。凭借方圆四百里的土地就在天下面前建立了信用,君王您还是有所得啊。"对于齐桓公,鲁庄公是仇敌,曹翙是贼子。对仇人和贼子都能讲求信用,又何况那些不是仇人和贼子的呢? 之后齐桓公能多次会合诸侯进行盟会,匡正天下而天下都能听从,就从这开始产生了。管仲可以称得上是善于凭借事物变化而改变了。把耻辱变成了光荣,把困窘变成了通达,即使在前面丢了脸,但是在之后却能有所收获。事物本来就不能两全啊。

【评析】

　　讲求诚信,恐怕是一个永恒的话题,古今都不会过时。但另一个问题也就随之产生,那就是为什么依然还实现不了。想来,恐怕是诚信与利益之间冲突太甚。有时讲求诚信，就会失去很多现实的利益。久而久之，诚信或许就成了和利益对立的名词。然而，如果从功利的角度来看，诚信或许也是种利益。只不过，讲求诚信，失去的是眼前的、暂时的、微小的利益，却能带来长远的、衡定的、巨大的利益。本文最后用齐桓公的例子，其实讲的就是这样一个道理。齐桓公虽然为了讲诚信而失去了"四百里"本该属于他的土地，然而当诚信之名树立起来之后，却给他带来了"九合之而合，一匡之而听"的威势，最终成就了春秋霸业，千古留名。这种利益，岂是当时区区"四百里之地"所能比的？因此，现实中很多人不讲诚信，大约也是只看到了眼前的小利。眼光再远一些，所获将能增多！

举 难①

八曰：以全举人固难，物之情也。人伤尧以不慈之名②，舜以卑父之号③，禹以贪位之意④，汤、武以放弑之谋⑤，五伯⑥以侵夺之事。由此观之，物岂可全哉？故君子责人则以人⑦，自责则以义。责人以人则易足，易足则得人；自责以义则难为非，难为非则行饰⑧。故任天地而有余。不肖者则不然。责人则以义，自责则以人。责人以义则难瞻⑨，难瞻则失亲；自责以人则易为，易为则行苟。故天下之大而不容也，身取危，国取亡焉。此桀、纣、幽、厉之行也。尺之木必有节目⑩，寸之玉必有瑕瓋⑪。先王知物之不可全也，故择务而贵取一也。

季孙氏劫公家⑫，孔子欲谕术则见外，于是受养而便说。鲁国以訾⑬。孔子曰："龙食乎清而游乎清，螭⑭食乎清而游乎浊，鱼食乎浊而游乎浊。今丘上不及龙，下不若鱼，丘其螭邪！"夫欲立功者，岂得中绳哉？救溺者濡⑮，追逃者趋。

魏文侯⑯弟曰季成，友曰翟璜。文侯欲相之而未能决，以问李克。李克对曰:"君欲置相,则问乐腾与王孙苟端孰贤。"文侯曰:"善。"以王孙苟端为不肖,翟璜进之;以乐腾为贤,季成进之。故相季成。凡听于主,言人不可不慎。季成,弟也,翟璜,友也,而犹不能知,何由知乐腾与王孙苟端哉?疏贱者知,亲习者不知,理无自然。自然而断相,过。李克之对文侯也亦过。虽皆过,譬之若金之与木,金虽柔,犹坚于木。

孟尝君问于白圭曰:"魏文侯名过桓公,而功不及五伯,何也?"白圭对曰:"文侯师子夏,友田子方,敬段干木,此名之所以过桓公也。卜相曰'成与璜孰可',此功之所以不及五伯也。相也者,百官之长也。择者欲其博也。今择而不去二人,与用其仇亦远矣。且师友也者,公可也;戚爱也者,私安也。以私胜公,衰国之政也。然而名号显荣者,三士羽翼之也。"

宁戚欲干①齐桓公,穷困无以自进,于是为商旅将任②车以至齐,暮宿于郭③门之外。桓公郊迎客,夜开门,辟④任车,爝火⑤甚盛,从者甚众。宁戚饭⑥牛居车下,望桓公而悲,击牛角疾歌。桓公闻之,抚其仆之手口:"异哉!之歌者非常人也!"命后车载之。桓公反,至,从者以请。桓公赐之衣冠,将见之。宁戚见,说桓公以治境内。明日复见,说桓公以为天下。桓公大说,将任之。群臣争之曰:"客,卫人也。卫之去齐不远,君不若使人问之,而固贤者也,用之未晚也。"桓公曰:"不然。问之,患其有小恶。以人之小恶,亡人之大美,此人主之所以失天下之士也已。"凡听必有以矣,今听而不复问,合其所以也。且人固难全,权而用其长者,当举也。桓公得之矣。

【注释】

①举难:选举人才是很难的。举,选举、任用。

②人伤尧以不慈之名：尧不把君位传给自己的儿子却传给舜，所以有人认为尧不慈爱。

③舜以卑父之号：先秦有典籍记载舜曾流放了自己的父亲，所以有人认为舜卑贱自己的父亲。

④禹以贪位之意：舜传位给禹，舜去世，禹避让舜之子，而天下百姓都跟从禹，禹因此继承了君位。所以有人认为禹这是贪恋君位。

⑤汤、武以放弑之谋：商汤进攻夏桀，夏桀出奔；周武王讨伐商纣，商纣自杀。所以有人认为这是商汤、周武王流放、弑杀君王的图谋。

⑥五伯：即五霸。

⑦责人则以人：责备别人就以一般人的标准。

⑧饰：通"饬"，整饬，正。

⑨瞻：当作"赡"，满足。

⑩节目：节，草木条干间坚实结节的部分。目，文理纠结不顺的部分。

⑪瑕瓋：玉上的瑕疵、斑点。

⑫季孙氏：春秋时期鲁国的贵族，长期把持鲁国朝政。劫公家：把持鲁国朝政。

⑬訾：诋毁，指责。

⑭螭：古代传说中无角的龙。

⑮濡：沾湿。

⑯魏文侯：姬姓魏氏，名斯，战国时期魏国开国君主。公元前445年至前396年在位。

⑰干：求官。

⑱任：装载。

⑲郭：外城。

⑳辟：即"避"，躲避。

㉑爝火：小火。

㉒饭：用作动词，喂饭。

【译文】

八曰：用十全十美的标准来选拔人本来就很难，这是事物的实情。有人用对儿子不慈爱的名声来诋毁尧，用使父亲卑贱的称谓来诋毁舜，用贪图君位的意图来诋毁禹，用流放、弑杀君王的阴谋来诋毁商汤、周武王，用侵略抢夺别人土地的事情来诋毁五霸。从这个角度来看，事物又怎可十全十美呢？所以君子责备别人是以一般人的标准，责备自己就用道义的标准。责备别人用一般的标准就容易满足，容易满足就能得到人心；责备自己用道义的标准就难以做错事，难做错事就能使行为端正。所以担任天地间的重任也是绰绰有余的。不贤明的人就不是这样。责备别人就用道义的标准，责备自己却用一般人的标准。责备别人用道义的标准就难以满足，难以满足就会失去亲近的人；责备自己用一般人的标准就容易肆意妄为，肆意妄为就会使行为苟且。所以即使如天下之大也无法容纳这样的人，对于自身会有危险，对于国家就会招致灭亡。这也就是夏桀、商纣、周幽王、周厉王等暴君的行径了。短如一尺的草木也一定有节目，小如一寸的玉石也一定有瑕疵。先王正是知道事物不可能十全十美的道理，所以在选择事物时只看重事物的长处这一点。

季孙氏长期把持鲁国朝政，孔子想要通过讲道理使之明白（的方法）就会被疏远，于是接受了季孙氏的供养以方便游说。鲁国人由此非议孔子。孔子说："龙在清澈的水里觅食，在清澈的水里游动；螭在清澈的水里觅食，在浑浊的水里游动；鱼在浑浊的水里觅食，在浑浊的水里游动。现在我向上赶不上龙，向下又不能像鱼，我大概就是螭吧。"想要建立功业的人，怎么可能完全符合规矩呢？就好比去救溺水的人会被沾湿，追捕逃犯一定要奔跑一样。

魏文侯有个弟弟叫季成，有个朋友叫翟璜。魏文侯想要从两人中选一个人做相，却不能决断，就来询问李克。李克回答说："君王你想要设置相，就看看乐腾和王孙苟端谁贤明吧。"魏文侯说："好。"因为王孙苟端不贤明，而他是翟璜推荐的；乐腾贤明，他是季成推荐的。所以就以季成为相。凡是言论被君王听从的,讨论别人不可以不慎重。季成是文侯的弟弟,翟璜是文侯的朋友,(他们)尚且不能了解,又从哪里了解乐腾和王孙苟端呢?疏远卑贱的人了解,亲近的人却不了解,没有这样的道理。没有这样的道理却要凭借这个去决断谁人任相,是错了啊。李克对魏文侯的回答也错了。虽然都错了,但就好比金和木,金虽然柔软,也比木要坚硬。

孟尝君问白圭:"魏文侯的名声超过了齐桓公,但功业赶不上五霸,为什么呢?"白圭回答说:"文侯以子夏为老师,以田子方为朋友,尊敬段干木,这就是名声超过齐桓公的原因。选择相的时候说'季成和翟璜谁可以',这就是功业不及五霸的原因了。相,是百官之长。选择人的时候一定要广。现在选择的时候却离不开这两人,这和齐桓公任用仇人为相也就差得太远了。而且以老师和朋友为相,是为了公;而任用亲戚宠爱之人为相,是为了私。私置于公之上,也就使国家政事衰微了。但是魏文侯的名声显赫荣耀,是因为有三位贤士做他的羽翼辅佐他啊。"

宁戚想要向齐桓公求官,却因为穷困而没有推荐自己的途径,于是就为商队赶着装载货物的车到了齐国,晚上住在外城城门的外面。桓公到郊外迎客,晚上打开了城门,让装载货物的车子让开,火把很多,跟从的人也很多。宁戚在车下喂牛,望见桓公就很悲伤,击打着牛角大声地唱歌。桓公听见了,抚摸着仆人的手说:"奇怪啊。唱歌的人不是平常人啊。"命令后面的车载着他。桓公返回,到了朝廷,跟从的人请示如何安置宁戚。桓公赐给他衣服、帽子,将要接见他。宁戚见了齐桓公,向桓公阐述了如何治理境内的办法。第二天又接见他,则向桓公讲了如何治理天下的策略。桓公很高兴,就要任用他。群臣争相说:"那个客人,是卫国人。卫国离齐国不远,君王您不如派人去打听一下,如果确实是个贤明的人,再任用也不晚。"桓公说:"不是这样。打听了,就担心他有小毛病。因为人的小毛病,就丢掉了人的大优点,这就是人主失去天下士人的原因了。"凡是听取别人的意见一定是有原因的,现在已经听从了就不要再去问什么,这是因为他符合听者心目中的标准。况且人本来就很难十全十美，衡量然后使用他的长处，这是举荐人才恰当的做法。桓公算是懂得了这个原则。

【评析】

中国古代的政治体制，人才选拔十分重要。上到一国之君，下到一县之长，其人贤明与否，都关系到政治是否清明。而对于选拔怎样的人才，最理想的境界当然是德才兼备。而当德才不能兼备时，如何取舍，或者该重视人才的哪一方面，不同的学派很不一样。其中应以儒家和法家对立最为严重。儒家当然是重视德行的。如汉代举拔人才的名目之一——"孝廉"，就是以德行为标准。又如北宋司马光在《资治通鉴》中写到："是故才德全尽谓之圣人，才德兼亡谓之愚人，德胜才谓之君子，才胜德谓之小人。凡取人之术，苟不得圣人、君子而与之，与其得小人，不若得愚人。"显然是提倡"任人唯德"的。而法家的观点，就是本文中借齐桓公的例子说明的，"以人之小恶，亡人之大美，此人主之所以失天下之士也已"，就是用人要以才为主，不在乎小节。东汉的曹操也是如此，他说"治平尚德行，有事赏功能"，颁布过《求贤令》，明确提出了"唯才是举"。而正如文中说的"以全举人固难"，人难免有瑕疵，求全责备恐怕很难。因此，德与才的矛盾，是一定会存在的，而这个矛盾，封建政治制度恐怕很难解决。只有到了如今，现代的民主政治制度，充分发挥了监督机制以后，能钳制住人在德行方面的小毛病，而充分利用才能方面的长处，当是最为恰当的方法了。

恃君览第八

恃　君①

一曰：凡人之性，爪牙不足以自守卫，肌肤不足以扞②寒暑，筋骨不足以从利辟害，勇敢不足以却猛禁悍。然且犹裁③万物，制禽兽，服狡虫④，寒暑燥湿弗能害，不唯先有其备，而以群聚邪。群之可聚也，相与利之也。利之出于群也，君道立也，故君道立则利出于群，而人备可完矣。

昔太古尝无君矣，其民聚生群处，知母不知父，无亲戚⑤兄弟夫妻男女之别，无上下长幼之道，无进退揖让之礼，无衣服履带宫室畜⑥积之便，无器械舟车城郭险阻之备，此无君之患。故君臣之义不可不明也。自上世以来，天下亡国多矣，而君道不废者，天下之利也。故废其非君，而立其行君道者。君道何如？利而物利章⑦。

非滨⑧之东，夷、秽⑨之乡，大解、陵鱼、其、鹿野、摇山、扬岛、大人⑩之居，多无君。扬、汉⑪之南，百越⑫之际，敝凯诸、夫风、余靡⑬之地，缚娄、阳禺、骥兜⑭之国，多无君。氐、羌、呼唐、离水⑮之西，僰人、野人、篇笮⑯之川，舟人、送龙、突人⑰之乡，多无君。雁门⑱之北，鹰隼、所鸷、须窥⑲之国，饕餮、穷奇⑳之地，叔逆㉑之所，儋耳之居㉒，多无君。此四方之无君者也。其民麇鹿禽兽，少者使长，长者畏壮，有力者贤，暴傲者尊，日夜相残，无时休息，以尽㉓其类。圣人深见此患也，故为天下长虑，莫如置天子也，为一国长虑，莫如置君也。置君非以阿㉔君也，置天子非以阿天子也，置官长非以阿官长也。德衰世乱，然后天子利天下，国君利国，官长利官㉕。此国所以递兴递废也，乱难之所以时作也。故忠臣廉士，内之则谏其君之过也，外之则死人臣之义也。

豫让㉖欲杀赵襄子㉗，灭须去眉，自刑以变其容，为乞人而往乞于其妻之所。其妻曰："状貌无似吾夫者，其音何类吾夫之甚也？"又吞炭以变其音。其友谓之曰："子之所道㉘甚难而无功。谓子有志则然矣，谓子智则不然。以子之材而索事襄子，襄子必近子。子得近而行所欲，此甚易而功必成。"豫让笑而应之曰："是先知报后知也，为故君贼新君矣，大乱君臣之义者无此，失吾所为为之矣。凡吾所为为此者，所以明君臣之义也，非从易也。"

柱厉叔事莒敖公㉙，自以为不知㉚，而去居于海上，夏日则食菱芡，冬日则食橡栗。莒敖公有难，柱厉叔辞其友而往死之。其友曰："子自以为不知故去，今又往死之，是知与不知无异别也。"柱厉叔曰："不然。自以为不知故去，今死而弗往死，是果知我也。吾将死之，以丑后世人主之不知其臣者也，所以激君人者之行，而厉人主之节也。行激节厉，忠臣幸于得察。忠臣察，则君道固矣。"

【注释】

①恃君：依赖国君。恃，依赖，凭借。

②扞：同"捍"，抵御。

③裁：制裁、主宰。

④狡虫：害虫。

⑤亲戚：专指父母。

⑥畜：同"蓄"。

⑦利而物利章：物，通"勿"。章，准则。

⑧非滨：非，当作"北"。北滨即北海。

⑨夷、秽：夷，东方少数民族。秽，国名。

⑩大解、陵鱼、其、鹿野、摇山、扬岛、大人：均为部落名。

⑪扬、汉：扬州、汉水。

⑫百越：越，古代部族名，居住在长江中下游以南。因部落较多，又称为"百越"。

⑬敝凯诸、夫风、余靡：均为部落名。

⑭缚娄、阳禺、驩兜：皆为古国名。

⑮氏、羌、呼唐、离水：氏、羌，古代西北方的部落。呼唐、离水，水名。

⑯僰人、野人、篇笮：僰，音 bó，部族名。野人，未经教化之人。篇笮，水名。

⑰舟人、送龙、突人：古部族名。

⑱雁门：山名，在山西省代县西北。

⑲鹰隼、所鸷、须窥：古国名。

⑳饕餮、穷奇：饕餮，音 tāo tiè。穷奇，古部族名。

㉑叔逆：古部族名。

㉒儋耳：古部族名。

㉓尽：灭尽。

㉔阿：偏私。

㉕利天下、利国、利官：以有天下、有国、有官为利。

㉖豫让：晋国人，智氏家臣。韩、赵、魏三家灭智氏后，多次刺杀赵襄子，均未成功，后被俘，请求赵襄子的衣服，用剑刺衣后自杀。

㉗赵襄子：原为春秋晋国卿士，后开创赵国。

㉘所道：选择的道路。

㉙莒敖公：春秋时期莒国国君。

㉚不知：不被了解。

【译文】

一曰：大凡人的本性，手脚和牙齿不足以守卫自己，肌肤不足以抵御寒暑，筋骨不足以趋利避害，勇敢不足以击退猛兽抵御强悍的动物。但是还能主宰万物，抵制禽兽，制服害虫，寒暑干燥潮湿都不能伤害，不只是人类先有了准备，而且还因为人类群居。而之所以能群居，是因为能互相让对方得利。而当在群居中能互相得利，君王的大道也就确立了，所以君王的大道确立，利益就能从群体中出来，而人事就可以完备了。

过去远古的时候曾经没有君王，他们的民众群居在一起，知道母亲却不知道父亲，没有父母、兄弟、夫妻、男女的区别，没有上下和长幼的准则，没有进退揖让的礼仪，没有衣服、鞋子、衣带、宫室、积蓄这些方便的东西，没有器械、车船、城墙、险隘的准备，这些都是没有君王的忧患。所以君臣之间的道义，不可以不明白。从上古以来，天下亡国的很多了，但是君王之道还不被废弃，因为这究竟还是对天下有利的。所以要废弃的不是君王，而且要拥立那些能够按照君王准则行事的人。那君道是什么呢？是要有利于天下人民而不为自己谋利。

北海东边，夷人居住的秽国，大解、陵鱼、其、鹿野、摇山、扬岛、大人这些部族，大多没有君王。扬州、汉水南边，百越的地方，敝凯诸、夫风、余靡等部落，缚娄、阳禺、骥兜等国家，大多没有君王。氐、羌、呼唐、离水西边，僰人、野人、篇笮等部族，舟人、送龙、突人这些地方，大多没有君王。雁门北边，鹰隼、所鸷、须窥等国家，饕餮、穷奇这些地方，叔逆、儋耳居住的地方，大多没有君王。这些都是四方没有君王的。他们的民众就像麋鹿禽兽一样，年轻的人驱使老年人，年老的人畏惧壮年人，有力气的人就被认为贤明，残暴傲慢的人就能得到尊贵，日夜互相残害，没有停息的时候，就是为了要灭尽他的同类。圣人透彻地了解了这个忧患，所以为了天下长久考虑，就不如设立天子；为整个国家长久考虑，就不如设立国君。设立国君并不是为了偏私国君，设立天子并不是为了偏私天子，设立长官也不是为了偏私长官。道德衰落，世道混乱，然后天子才以自己拥有天下为利，国君才以拥有国家为利，官长才以拥有官位为利。这就是国家一个接着一个兴起、一个接着一个废掉，混乱灾难时常发作的原因。所以忠臣廉洁之士，对内就进谏君王的过错，对外就为为人臣子应尽的道义而死。

豫让想要杀赵襄子，剃掉头发，削去眉毛，自己毁坏了容貌，变成乞丐在妻子居住的地方乞讨。他的妻子说："外貌不像我的丈夫，声音怎么那么像我的丈夫？"豫让又吞下炭来改变自己的声音。他的朋友对他说："你选择的复仇之路太难了而且不易成功。说你有志向是可以的，但要说你聪明就不是了。凭你的才干去请求事奉赵襄子，赵襄子一定亲近你。你在得到赵襄子亲近之后再去做你想做的，这个就很容易而且一定能成功了。"豫让笑着回应说："这是为先的知遇之恩报复后的知遇之恩，为过去的君主杀害新的君主，在大大地打乱君臣道义的事情中没有比这更严重的了，这就失去了我要做这件事的目的了。我要这么做的原因，是为了彰明君臣之间的道义，不是为了选择容易的道路。"

柱厉叔事奉莒敖公，自认为不被知遇，于是离开并到海上居住，夏天就吃菱芰，冬天就吃橡栗。莒敖公有了危难，柱厉叔向朋友告辞而准备前往殉死。他的朋友说："你自以为不被知遇所以离开，现在又要前往殉死，这是知遇和不被知遇没有区别啊。"柱厉叔说："不是这样的。自认为不被知遇所以离开，如今应该前往殉死而不去殉死，这就说明了莒敖公确实了解我啊。我将要前往殉死，来使后世那些不了解臣子的人主感到惭愧，可以用来激励君王的行为，并激励君王的节操。行为、节操受到激励，忠臣能有幸受到了解。忠臣受到了解，那么君王之道就稳固了。"

【评析】

中国有着悠久的君主制历史，而这种君主制能不断完善且延续那么长时间,从本文中恐怕可以看出一些端倪。因为早在先秦两汉,就试图对君主制的合理性予以论证。不论是本文从人类发展本身的需求——"爪牙不足以自守卫,肌肤不足以扞寒暑……不唯先有其备,而以群聚邪","群之可聚也,相与利之也。利之出于群也,君道立也",还是稍后汉代的天人感应说,都在试图论证君主制的合理性。借用儒家的观点"名不正则言不顺,言不顺则事不成",这种在早期的正名,使得君主制在中国有了基础。而从豫让和柱厉叔的事迹,则可以看出另一方面,那就是在历朝历代中,都有一些自觉坚守"君臣之义"的臣子。正是这些以砥砺君王节行为己任的忠臣,构成了帝国大厦的擎天之柱,所谓"家有罜子不败家,国有诤臣不亡国"。这些都构成了中国君主制的有机要素,也才使得君主制延续了数千年。

长　利

二曰:天下之士也者,虑天下之长利,而固处之以身若也①。利虽倍于今,而不便于后,弗为也;安虽长久,而以私其子孙,弗行也。自此观之,陈无宇②之可丑亦重矣,其与伯成子高③、周公旦、戎夷④也形虽同,取舍之殊,岂不远哉?

尧治天下,伯成子高立为诸侯。尧授舜,舜授禹,伯成子高辞诸侯而耕。禹往见之,则耕在野。禹趋就下风⑤而问曰:"尧理天下,吾子立为诸侯。今至于我而辞之,故何也?"伯成子高曰:"当尧之时,未赏而民劝,未罚而民畏。民不知怨,不知说⑥,愉愉其如赤子。今赏罚甚数,而民争利且不服,德自此衰,利自此作,后世之乱自此始。夫子盍行乎? 无虑⑦吾农事!"协而耰⑧,遂不顾。夫为诸侯,名显荣,实佚乐⑨,继嗣皆得其泽,伯成子高不待问而知之,然而辞为诸侯者,以禁后世之乱也。

辛宽见鲁缪公⑩曰:"臣而今而后,知吾先君周公之不若太公望封之知⑪也。昔者,太公望封于营丘,之渚海阻山高,险固之地也,是故地日广,子孙弥隆。吾先君周公封于鲁,无山林溪谷之险,诸侯四面以达,是故地日削,子孙弥杀⑫。"辛宽出,南宫括入见。公曰:"今者,宽也非周公,其辞若是也。"南宫括对曰:"宽,少者,弗识也。君独不闻成王之定成周⑬之说乎?其辞曰:'惟余一人⑭,营居于成周。惟余一人,有善易得而见也,有不善易得而诛⑮也。'故曰善者得之,不善者失之,古之道也。夫贤者岂欲其子孙之阻山林之险以长为无道哉?小人哉,宽也!"今使燕爵⑯为鸿鹄凤皇虑,则必不得矣。其所求者,瓦之间隙,屋之翳蔚⑰也,与一举则有千里之志,德不盛、义不大则不至其郊。愚庳⑱之民,其为贤者虑,亦犹此也。固妄诽訾,岂不悲哉?

戎夷违齐如鲁,天大寒而后门⑲,与弟子一人宿于郭外。寒愈甚,谓其弟子曰:"子与我衣,我活也;我与子衣,子活也。我,国士也,为天下惜死;子,不肖人也,不足爱也。子与我子之衣。"弟子曰:"夫不肖人也,又恶能与国士之衣哉?"戎夷太息叹曰:"嗟乎!道其不济夫!"解衣与弟子,夜半而死,弟子遂活。谓戎夷其能必定一世,则未之识。若夫欲利人之心,不可以加矣。达乎分⑳,仁爱之心识㉑也,故能以必死见其义。

【注释】

①固处之以身若也:"若"当作"者",句意为一定要身体力行。

②陈无宇:春秋时期齐国大夫。曾与鲍文子攻打本国的栾氏、高氏,并瓜分其土地、财产。

③伯成子高:为尧舜时期的诸侯。

④戎夷:当作"式夷",齐国的贤人。

⑤下风:下风向,表示处于谦卑的地位。

⑥说:喜悦。

⑦虑:扰乱。

⑧协而耰:协,协和。耰,耕种。

⑨佚乐:安乐。

⑩辛宽:鲁穆公臣。鲁缪公:即鲁穆公,战国时期鲁国君主。

⑪知:同"智"。

⑫杀:衰弱。

⑬成王之定成周:周成王时,为防止殷商遗民作乱,周公建起了成周,并把殷商遗民迁徙到成周。

⑭余一人:其意同于"孤",为古代君王的自称。

⑮诛:责备。

⑯燕爵:即燕雀。

⑰翳蔚:遮蔽。

⑱庳:音 bì,低下。

⑲后门:即后于门。门,指城门关闭。

⑳达乎分:依前文,这里指知晓生死的区别。达,知晓。分,区分。

㉑识:当作"诚"。

【译文】

二曰:天下的贤士,考虑的是天下长久的利益,而且一定要身体力行。即使对现在是加倍的利益,但对以后却不便利,不要做;即使能长久安乐,却是为了偏爱自己的子孙,也不要做。从这个角度看,陈无宇的丑恶也很严重了,他和伯成子高、周公旦、式夷虽然形体相同,但取舍的区别,不也是很远吗?

尧治理天下的时候,伯成子高被立为诸侯。之后尧传位给舜,舜传位给禹,伯成子高就辞了诸侯而去耕田。禹前往拜访他,当时伯成子高正在田里耕种。禹快步走到下风向问伯成子高:"尧治理天下,您被立为诸侯。现在传到我就辞去了,为什么呢?"伯成子高说:"在尧的时候,不用赏赐就使民众勉力，不用惩罚就使民众畏惧。民众不知道埋怨，不知道高兴，快乐得就像小孩子一样。而现在赏赐惩罚频繁，而民众则争利且不顺服，道德从此衰微，争利从此兴起，后世的混乱从此开始。你为什么还不走呢？不要扰乱我种田的事情！"说完继续和悦地耕田，不再回头。做个诸侯，名声可以彰显荣耀，可以享受安逸了，后代都能得到恩泽，对于这些伯成子高不用问就肯定知道了，但是辞去诸侯，是为了制止后世的混乱啊。

辛宽见到鲁穆公说："我从今以后，知道了我国先君周公在分封的事情上不如齐国的姜太公了。过去，姜太公吕望被分封在营丘，那里背靠大海险阻，山势高峻，都是险要坚固的地方，所以土地日益宽广，后代子孙日益昌盛。而我们的先君周公分封在鲁，没有山林溪谷的险要，诸侯四面都能通达，所以土地日益减少，子孙日益衰弱。"辛宽出来，南宫括进入拜见鲁穆公。穆公说："现在辛宽非议周公，他的话是这样的。"南宫括回答说："辛宽，是个年少无知的人，不懂得道理。君王您难道唯独没有听说过成王在安定成周时说的话吗？他的话是：'我营建并居住在成周。我有好的地方容易被发现，不好的地方就容易被责备。'所以说做得好才容易得到，做得不好就容易失去，这是古代就有的道理。贤明的人难道会要他们的子孙凭借山林的险阻来长久地做无道之事吗？辛宽真是小人啊！"现在让燕雀来为鸿鹄、凤凰考虑谋划，那一定不能有所得。因为燕雀所求的，不过是瓦片之间的缝隙，屋檐的庇护，和那些一飞就能有千里志向（的鸿鹄、凤凰怎么相比）。那地方如果道德不盛、仁义不大就不到它的郊外。愚陋低下的人，要为贤明的人考虑，也像是这样啊。固执妄议，诽谤怒骂，不也是很悲哀的吗？

式夷离开齐国到鲁国，天气很冷又在城门关闭之后到，就和一个弟子在城外露宿。天气越来越冷，对他的弟子说："你给我衣服，我就能活了；我给你衣服，你就能活了。我，是一国之中的贤士，为了天下舍不得死；你，不是个贤德的人，不值得爱惜生命。你给我你的衣服吧。"弟子说："不贤德的人，又怎么能给国家贤士衣服呢？"戎夷长叹息说："哎！道义大概行不通了。"解开衣服给了弟子，半夜就死了，弟子于是存活了下来。说式夷的才能能平定社会，则大概未必能看得出。但至于说对别人有利的心思，那是无以复加了。他通晓生死的区分，仁爱之心很诚恳，所以能用必死的行为来体现他的道义。

【评析】

　　长利，追求长久之利。作为一国之君，无不追求自己的国家能够长治久安，绵远久长。正如秦始皇自称一世，而愿意子孙后代千世、万世流传下去。因此，在"恃君"之后，第一篇便是"长利"。如果作为君主不能追求长远之利，不为国家的长远之计考虑，也便是"恃君"最大的失职。

　　书香门第之家，往往喜欢挂这样一幅对联："忠厚传家久，诗书继世长。"这是对一个家族的"长利"而言，推而广之，家国天下，其实一理。对国家而言，"忠厚"代表的是仁治，"诗书"代表的则是文治。在本文的第一个事例中，伯成子高之所以辞去诸侯之位而远避耕田，就是因为从尧到舜再到禹，天下已经失去了"忠厚"之义的仁治，变得"赏罚甚数"，这便是致乱的根源，伯成子高有先见之明，恐祸及子孙，乃离诸侯之位。第二例，则是批判那些妄图依靠家国地利之固而追求长利的治国理念，然而纵武功强盛如秦国，地利纵有"殽函之固"，也不过"二世而亡"，乃是偏重武功而废文治之故。纵观中国的封建王朝，虽都因其有着难以解决的土地经济关系而终难逃灭亡的结局，然也有着"汉唐盛世"，便与这些朝代在开国之初的善政有关，开国之初便为后世谋求了"长利"。到如今，虽与封建时代有很大的不同，却也以"科学发展观"为治国理念，可见古今相通，追求"长利"依然是治国之旨。

知　分[①]

　　三曰：达士者，达乎死生之分。达乎死生之分，则利害存亡弗能惑矣。故晏子与崔杼[②]盟而不变其义；延陵季子[③]，吴人愿以为王而不肯；孙叔敖④三为令尹而不喜，三去令尹而不忧，皆有所达也。有所达则物弗能惑。

荆有次非者，得宝剑于干遂，还反涉江，至于中流，有两蛟夹绕其船。次非谓舟人曰："子尝见两蛟绕船能两活者乎？"船人曰："未之见也。"次非攘臂⑤祛衣拔宝剑曰："此江中之腐肉朽骨也。弃剑以全己，余奚爱焉！"于是赴江刺蛟，杀之而复上船，舟中之人皆得活。荆王闻之，仕之执圭⑥。孔子闻之曰："夫善哉！不以腐肉朽骨而弃剑者，其次非之谓乎？"

禹南省，方济乎江，黄龙负舟，舟中之人五色无主。禹仰视天而叹曰："吾受命于天，竭力以养人。生，性也；死，命也，余何忧于龙焉？"龙俯耳低尾而逝。则禹达乎死生之分、利害之经也。凡人物者，阴阳之化也，阴阳者，造乎天而成者也。天固有衰嗛废伏⑦，有盛盈坌息⑧，人亦有困穷屈匮，有充实达遂，此皆天之容物理也，而不得不然之数也。古圣人不以感私伤神，俞然⑨而以待耳。

晏子与崔杼盟，其辞曰："不与⑩崔氏而与公孙氏⑪者，受其不祥。"晏子俯而饮血，仰而呼天曰："不与公孙氏而与崔氏者，受此不祥。"崔杼不说，直兵造胸⑫，句兵⑬钩颈，谓晏子曰："子变子言，则齐国吾与子共之。子不变子言，则今是已。"晏子曰："崔子，子独不为夫《诗》乎？《诗》曰：'莫莫葛藟，延于条枚。凯弟君子，求福不回。'⑭婴且可以回而求福乎？子惟⑮之矣。"崔杼曰："此贤者，不可杀也。"罢兵而去。晏子援绥⑯而乘，其仆将驰，晏子抚其仆之手曰："安之，毋失节。疾不必生，徐不必死。鹿生于山而命悬于厨，今婴之命有所悬矣！"晏子可谓知命矣。命也者，不知所以然而然者。人事智巧以举错⑰者不得与焉。故命也者，就之未得，去之未失。国士知其若此也，故以义为之决而安处之。

白圭问于邹公子夏后启曰:"践绳之节⑱,四上⑲之志,三晋之事⑳,此天下之豪英。以处于晋而迭闻晋事,未尝闻践绳之节、四上之志。愿得而闻之。"夏后启曰:"鄙人也,焉足以问?"白圭曰:"愿公子之毋让也。"夏后启曰:"以为可为,故为之。为之,天下弗能禁矣。以为不可为,故释之。释之,天下弗能使矣。"白圭曰:"利弗能使乎? 威弗能禁乎?"夏后启曰:"生不足以使之,则利曷足以使之矣? 死不足以禁之,则害曷足以禁之矣?"白圭无以应。夏后启辞而出。凡使贤不肖异,使不肖以赏罚,使贤以义。故贤主之使其下也必义,审赏罚,然后贤不肖尽为用矣。

【注释】

①知分:达乎死生之分。分,本分,指生死的本义。

②晏子:齐国大夫。崔杼:齐国大夫,曾杀齐国两位君主,曾胁迫晏子与之盟誓。

③延陵季子:春秋时期吴国公子季札。

④孙叔敖:春秋时期楚国人。

⑤攘臂:指捋起袖子,露出胳膊表示振奋。

⑥执圭:拿着玉圭朝见,代指一种爵位。

⑦衰嗛废伏:衰弱、亏损、毁坏、隐伏。

⑧氖息:积聚生息。氖,音 fén。

⑨俞然:安然。

⑩与:依附。

⑪公孙氏:代指齐国王室。公孙,王公之孙。

⑫直兵造胸:直兵,一种兵器。造,到。

⑬句兵:与直兵相对的另一种兵器。句,即"勾",弯曲。

⑭诗见《诗经·大雅·旱麓》。莫莫,茂盛的样子。葛藟,植物名。凯弟,同"恺悌",和乐平易。回,邪僻。

⑮惟:思考。

⑯绥:上车所拉之绳。

⑰举错:错,通"措"。举措,即举止。

⑱践绳之节:指正直的节操。践,践行。绳,为取木材之直所用的工具,准绳即其引申义,代指标准。

⑲四上:疑当作"匹士",指普通士人。

⑳三晋之事:春秋末年韩、赵、魏三家分晋之事。

【译文】

三曰:通达之士,能通达明晰生死的本义。能通达生死的本义,那么利害关系和生存灭亡也就不会对人产生诱惑了。所以晏子和崔杼盟誓却不改变自己的道义;吴国公子季札,吴国之人愿意尊奉其为国君而他也不肯;楚国的孙叔敖三次担任令尹也不感到高兴,三次被撤去令尹也不忧愁,这都是因为他们有所通达啊。有所通达就不会被事物迷惑了。

楚国有个叫次非的人,在干遂得了一把宝剑,返回的时候渡过长江,到了江流中心,有两条蛟龙夹着环绕他们的船。次非对舟上的人说:"你们曾经见过两条蛟龙绕船而人和蛟龙能同时存活下来的吗?"船上的人说:"没见过。"次非于是捋起袖子,脱掉外衣,拔出宝剑说:"我最多不过成为江中的腐肉朽骨。如果丢掉宝剑能保全自己,我又怎么能吝惜宝剑呢?"于是到江中刺杀蛟龙,杀死了蛟龙而又重新回到了船上,船上之人都得以存活了。楚王听说了这件事,封他为执圭之爵。孔子听说之后说:"这真是太好了。不因为将成为腐肉朽骨而丢掉宝剑的,大概就是说的次非吧。"

大禹到南方巡视,当他渡江时,有黄龙驮起了船,船上的人六神无主。大禹抬头看天而叹息说:"我从上天接受使命,竭尽全力来抚育百姓。生,是天性;死,是命数,我对龙担忧什么呢?"龙于是俯下耳朵低着尾巴走了。这就是大禹通达生死的本义、利害的道理了。只要是人和物，都是阴阳化育出来的，阴阳，由天地创造而形成。上天本就有衰弱、亏损、损坏、隐伏，有兴盛、盈满、聚积、生息，人也有困顿、穷苦、屈缩、匮乏，有充足、富足、通达、成功，这些都是上天能包容万物的道理，而且是不得不这样做的命数。古代的圣人不因为考虑私利而伤害神性，只是安然来对待而已。

晏子和崔杼盟誓，崔杼的誓词是："不依附崔氏而依附齐国公室的，遭受祸殃。"晏子低头饮了血，抬头向上天大呼说："不依附齐国公室而依附崔氏的，遭受祸殃。"崔杼不高兴，用直兵顶住晏子的胸膛，用勾兵勾住晏子的脖颈，对晏子说："你改变你的话，那我就和你共同分享齐国。你要是不改变你的话，你今天就完了。"晏子说："崔杼你难道唯独没有学过《诗经》吗？《诗经》说：'茂盛的葛藟，爬上树木的枝条。温润和顺的君子，不以邪道求福祉。'我怎么可以以邪道求福祉呢？你考虑一下吧！"崔杼说："这是贤明的人，不可以杀害。"撤去兵器走了。晏子拉着绳子登上了车，给他赶车的人要急速奔驰，晏子抚摸着赶车人的手说："安心一点，不要失了礼节。快了不一定会得生，慢了也不一定会死。鹿生活在山上，命却掌握在厨子之手，现在我的命也被掌握了。"晏子可以说是知道命了。命，就是不知道为什么会这样却到底还是成了这样。靠聪明乖巧做事的人是不会明白命的。所以命这种东西，靠近未必就能得到，离开未必就会失去。一国优秀的人才知道命像这样，所以按照道义来决断并安然地对待。

白圭问邹公子夏后启："正直的节操、平民的志向、三家分晋的事情，都是天下最杰出的事。我因为在晋国而经常能听到晋国的事，但是没听过正直的节操、平民的志向。希望能从您这里听到。"夏后启说："我是粗鄙的人，哪里值得询问呢？"白圭说："希望您不要谦虚了。"夏后启说："认为可以做，就做。做了，天下也不能制止。认为不可以做，就不做。不做，天下也没有可以迫使做的。"白圭说："利益也不能驱使吗？威势也不能制止吗？"夏后启说："生存都不能够驱使他，那利益又怎么能够驱使呢？死亡都不能够制止他，危害又怎么能够制止呢？"白圭无言以对。夏后启告辞就离开了。大凡驱使贤明和不贤的人是不同的，驱使不贤的人要靠赏罚，而使用贤明的人就要以道义。所以贤明的君主使用的下属一定要靠道义，慎重地施用赏罚，之后贤明和不贤的人就都能被使用了。

【评析】

孔子曰："四十而不惑。"所谓"不惑"，就是本文首段所说的"有所达则物弗能惑"。换言之，要能做到"不惑"，首先要"有所达"，而有所达的条件，可以参照孔子所说，要年届四十。当然，孔子的"四十不惑"，"四十"未必就是实数，只是概言在人生的中年阶段要做到或者可以做到"不惑"。因为到这个时候，人生已经过半，生命中已经历过太多的生离死别、悲欢离合，慢慢能够"知分"了。而本文所言的"知分"，其实就是通晓生死，如果人世间最大的利益关系——生死都能看破，那对于其他，还有什么可以疑惑的呢？

至于为什么能够"达乎死生之分"，可以再借用另一种儒家的名言——孟子的"生亦我所欲也，义亦我所欲也；二者不可得兼，舍生而取义者也。生亦我所欲，所欲有甚于生者，故不为苟得也；死亦我所恶，所恶有甚于死者，故患有所不辟也"来解释。这也就是本文末段夏后启所言"生不足以使之，则利曷足以使之矣？死不足以禁之，则害曷足以禁之矣"。晏子如此，他才能够在崔杼以死相胁的时候舍生而守义，这就是真正的"不惑"。因此，这些贤明的不惑之人所追求的与不肖之人不同。所以文中告诉统治者"凡使贤不肖异，使不肖以赏罚，使贤以义"。这或许也是本文"知分"的又一个立足点吧。

召　类①

四曰：类同相召，气同则合，声比②则应，故鼓宫而宫应，鼓角而角动③，以龙致雨，以形逐影。祸福之所自来，众人以为命焉,不知其所由。故国乱非独乱,有必召寇。独乱未必亡也,召寇则无以存矣。

凡兵之用也,用于利,用于义。攻乱则服,服则攻者利。攻乱则义,义则攻者荣。荣且利,中主犹且为之,有况于贤主乎?故割地宝器戈剑卑辞屈服不足以止攻,唯治为足。治则为利者不攻矣,为名者不伐矣。凡人之攻伐也,非为利则固为名也。名实不得,国虽强大,则无为攻矣。兵所自来者久矣。尧战于丹水之浦④,以服南蛮。舜却⑤苗民,更易其俗。禹攻曹魏、屈骜、有扈⑥,以行其教。三王以上,固皆用兵也。乱则用,治则止。治而攻之,不祥莫大焉。乱而弗讨,害民莫长焉。此治乱之化也,文武之所由起也。文者爱之征也,武者恶之表也。爱恶循义,文武有常,圣人之元⑦也。譬之若寒暑之序,时至而事生之。圣人不能为时,而能以事适时,事适于时者其功大。

士尹池为荆使于宋,司城⑧子罕觞⑨之。南家之墙,犫⑩于前而不直;西家之潦⑪,径其宫而不止,士尹池问其故。司城子罕曰:“南家,工人也,为鞨⑫者也。吾将徙之,其父曰:‘吾恃为鞨以食三世矣。今徙之,是宋国之求鞨者不知吾处也,吾将不食。愿相国之忧吾不食也。’为是故,吾弗徙也。西家高,吾宫庳⑬,潦之经吾宫也利,故弗禁也。”士尹池归荆,荆王适兴兵而攻宋,士尹池谏于荆王曰:“宋不可攻也。其主贤,其相仁。贤者能得民,仁者能用人。荆国攻之,其无功而为天下笑乎!”故释宋而攻郑。孔子闻之曰:“夫修之于庙堂⑭之上,而折冲⑮乎千里之外者,其司城子罕之谓乎?”宋在三大万乘之间⑯,子罕之时,无所相侵,边境四益,相平公、元公、景公以终其身,其唯仁且节与?故仁节之为功大矣。故明堂茅茨蒿柱⑰,土阶三等,以见节俭。

　　赵简子⑱将袭卫,使史默往睹之,期以一月,六月而后反。赵简子曰:"何其久也?"史默曰:"谋利而得害,犹弗察也? 今蘧伯玉为相,史鳅佐焉,孔子为客,子贡使令于君前,甚听。《易》曰:'涣其群,元吉。'⑲涣者,贤也;群者,众也;元者,吉之始也。'涣其群,元吉'者,其佐多贤也。"赵简子按兵而不动。凡谋者,疑也。疑则从义断事,从义断事则谋不亏,谋不亏则名实从之。贤主之举也,岂必旗偾⑳将毙而乃知胜败哉? 察其理而得失荣辱定矣。故三代之所贵,无若贤也。

【注释】

①召类:同类相召,同类的东西可互相招致。

②比:相近。

③鼓宫而宫应,鼓角而角动:意为击打宫音或角音的乐器,其他宫音或角音的乐器也跟着应和。宫、角,古代五音,此处指宫音、角音的乐器。

④浦:水边。

⑤却:退。

⑥曹魏、屈骜、有扈:均为远古国家。

⑦元:根本。

⑧司城:官名,掌工程。

⑨觞:原义为酒杯,此处指设酒款待。

⑩犫:音 chōu,突出。

⑪潦:积水。

⑫鞔:音 mán,鞋。

⑬庳:低。

⑭庙堂:朝廷。

⑮折冲:击退敌军。冲,战车。

⑯宋在三大万乘之间:万乘,拥有万乘兵车的大国。宋在晋国、齐

国、楚国三个大国之间,所以如此说。

⑰明堂茅茨蒿柱:明堂,古代帝王宣明政教的地方。茅茨,用茅草做屋顶。蒿柱,用蒿杆做柱子。

⑱赵简子:赵鞅,春秋时期晋国卿士。

⑲"《易》曰"句:见《周易·涣》。

⑳偾:倒。

【译文】

四曰:同类的东西可以互相招致,气息同就能相合,声音相近就能应合,所以击打宫音的乐器其他宫音的乐器就会应合,击打角音的乐器其他角音的乐器就会共振,用龙来求雨,用形体去找影子。祸福的到来,众人都以为是命,不知道由来的原因。所以说国家混乱不是只有混乱,而且会招致贼寇。只是混乱不一定会灭亡,招致了贼寇就不能存续了。

大凡用兵作战,都用在利上,用在义上。进攻混乱的,就会使之服从,服从则进攻的人就获得了利。进攻混乱的是合乎道义的,合乎道义就会使进攻的人获得荣名。有荣名且获得利益,中等的君主都会做,又何况贤明的君主呢?所以割土地、献宝器、送戈剑,言辞卑下,屈从顺服都不足以制止进攻,只有国家治理得好才能制止战争。国家治理得好,为了利益的人就不会进攻,为了名声的人也不会讨伐。大凡进攻讨伐,不是为了利益就是为了名声。得不到名声和实利,国家即使强大,也不会发动战争。用兵之事由来很久了。尧在丹水之滨打仗,来征服南蛮。舜击退苗民,更改他们的风俗。禹进攻曹魏、屈骜、有扈,来施行他的教化。在这三王之上,本来就都用兵。对混乱的国家就用兵,对治理得好的国家就不用。如果国家治理得不错还要进攻,没有比这更大的不吉祥。对混乱的国家却不讨伐,没有比这更能危害民众的了。这就是治乱不同的教化,也是用文和用武兴起的缘由。用文是喜爱的表现,用武是厌恶的表现。喜爱和厌恶都遵循道义,用文用武都有一定的准则,就是圣人治国的根本。就好比寒暑的时序,时令到了,相应的事情就会发生。

圣人不能改变时令，却能按照时令做事，做事符合时令的功劳很大。

士尹池作为楚国的使者出使宋国，宋国的司城子罕设宴款待他。子罕南边人家的墙，突出却不把它变直；西边人家的积水，流经子罕的家却不制止，士尹池问子罕原因。司城子罕说："南边的人家，是个工匠，是做鞋的。我本来要让他搬家，他的父亲说：'我家靠做鞋为生三代了。现在搬家了，那么宋国想要做鞋的人不知道我在哪儿，我就不能生活了。希望相国可以担忧我的生存。'基于这个原因，我没有让他搬家。西边的人家地势高，我家地势低，他家的积水流经我家比较便利，所以没有禁止。"士尹池回到楚国，楚王恰好要兴兵攻打宋国，士尹池向楚王进谏，说："宋国不可以攻打。它的君主贤明，它的国相仁爱。贤明的人能得民心，仁爱的人能得民用。楚国攻它，将要没有功劳而被天下耻笑吧！"所以放弃宋国而进攻郑国。孔子听到这件事，说："在朝廷上修德明政，却能在千里之外击退敌军，这说的就是司城子罕了吧。"宋国在三个大国之间，而在子罕的时候，没有被侵害，四方边境获益，子罕也以辅佐宋平公、宋元公、宋景公而终其一身，这也就是因为仁爱和节俭吧。所以仁爱节俭的功劳太大了。所以朝廷用茅草做屋顶，蒿杆做柱子，台阶只有三级，来体现节俭。

赵简子将要袭击卫国，让史默前往探查，约定期限为一个月，但史默六个月之后才返回来。赵简子说："为什么这么久呢？"史默说："本要谋划获利却得害，难道还不应该多考察吗？现在蘧伯玉为国相，史鳅辅佐他，孔子作为宾客，子贡在卫君之前听令，卫君都听从他们的话。《周易》说：'涣其群，元吉。'涣，意思是贤明；群，意思是多；元，意思是吉祥的开始。'涣其群，元吉'，就是说辅佐他的有很多贤明的人。"于是赵简子按兵不动。凡是要谋划，都是因为有疑惑。疑惑就要根据道义判断事情；根据道义判断事情，谋划就不会吃亏；谋划不吃亏就会有名声和实利跟从。贤明君主做事，难道一定要到将旗扑倒、大将死亡才知道胜败吗？考察事理也就能确定得失荣辱了。所以夏、商、周三代所看重的，没有比得上贤明的。

【评析】

本篇以"召类"为题,而其关键句则在"祸福之所自来,众人以为命焉,不知其所由"。全文几乎在此句引领之下展开。"祸福之所自来"的缘由,就是"类同相召"。祸由祸的同类招致,福由福的同类招致。或用另外一句话表达,就是因果报应,就是凡事都有原因。

而祸福放之于国家,就是治乱兴衰。国家混乱,就会招致外国进攻。国家安治,就会使外国不敢进攻。这就是"召类"。而国家如果有像宋国司城子罕,卫国蘧伯玉、史鰌那样的贤臣,就会使国家长治久安。这也是"召类"。所谓"种瓜得瓜,种豆得豆"。不同的治国理念,不同的治国行为,不同的治国之人,就会招致相应的治国结果。这就是本篇的文中之意,因之,本文落脚在"故三代之所贵,无若贤也"。还是在倡导贤人治国,只不过又从"召类"的角度强化了贤人治国的结果,"话说千遍,其意自见",可见作者的谆谆之心!

达　郁①

五曰:凡人三百六十节②,九窍五藏六府,肌肤欲其比③也,血脉欲其通也,筋骨欲其固也,心志欲其和也,精气欲其行也,若此则病无所居,而恶无由生矣。病之留,恶之生也,精气郁也。故水郁则为污,树郁则为蠹④,草郁则为蒉⑤。国亦有郁,主德不通,民欲不达,此国之郁也。国郁处久,则百恶并起,而万灾丛至矣。上下之相忍也,由此出矣。故圣王之贵豪士与忠臣也,为其敢直言而决郁塞也。

周厉王虐民,国人皆谤。召公以告曰:"民不堪命矣。"王使卫巫监谤者,得则杀之。国莫敢言,道路以目。王喜,以告召公曰:"吾能弭⑥谤矣!"召公曰:"是障之也,非弭之也。防民之口,甚于防川。川塞而溃，败⑦人必多。夫民犹是也。是故治川者决之使导，治民者宣之使言。是故天子听政，使公卿列士正谏，好学博闻献诗⑧，蒙箴师诵⑨，庶人传语，近臣尽规，亲戚补察，而后王斟酌焉。是以下无遗善，上无过举。今王塞下之口，而遂上之过，恐为社稷忧。"王弗听也。三年，国人流王于彘。此郁之败也。郁者，不阳也。周鼎著鼠，令马履之，为其不阳也。不阳者，亡国之俗也。

管仲觞桓公。日暮矣，桓公乐之而征烛。管仲曰："臣卜其昼，未卜其夜⑩。君可以出矣。"公不说，曰："仲父年老矣，寡人与仲父为乐将几⑪之！请夜之。"管仲曰："君过矣。夫厚于味者薄于德，沉于乐者反于忧。壮而怠则失时，老而解⑫则无名。臣乃今将为君勉之，若何其沉于酒也？"管仲可谓能立行矣。凡行之堕也于乐，今乐而益饬⑬；行之坏也于贵，今主欲留而不许。伸志行理，贵乐弗为变，以事其主。此桓公之所以霸也。

列精子高听行乎齐湣王，善衣东布衣⑭，白缟冠，颡推之履⑮，特会朝雨祛步⑯堂下，谓其侍者曰："我何若？"侍者曰："公姣且丽。"列精子高因步而窥于井，粲然⑰恶丈夫之状也，喟然叹曰："侍者为吾听行于齐王也，夫何阿⑱哉。又况于所听行乎万乘之主⑲？人之阿之亦甚矣，而无所镜⑳，其残亡无日矣。孰当可而镜？其唯士乎！人皆知说镜之明己也，而恶士之明己也。镜之明己也功细，士之明己也功大。得其细，失其大，不知类耳。"

赵简子曰："厥㉑也爱我，铎㉒也不爱我。厥之谏我也，必于无人之所；铎之谏我也，喜质我于人中，必使我丑。"尹铎对曰："厥也爱君之丑也，而不爱君之过也。铎也爱君之过也，而不爱君之丑也。臣尝闻相人㉓于师，敦颜而土色㉔者忍丑。不质君于人中,恐君之不变也。"此简子之贤也。人主贤,则人臣之言刻。简子不贤,铎也卒不居赵地,有况乎在简子之侧哉!

【注释】

①达郁:疏通郁结。此处指疏通国家中的一些弊政等。

②节:骨节。

③比:细密。

④蠹:蛀虫。

⑤蒉:当作"蕡",指草枯死。

⑥弭:消除。

⑦败:伤害。

⑧诗:此处指有讽谏意味的诗。

⑨蒙箴师诵:蒙,盲人,此指乐官,古代乐官均由盲人担任。箴,具有劝诫意味的文辞。师,乐官。

⑩臣卜其昼,未卜其夜:我占卜过白天宴饮,没占卜过夜晚宴饮。

⑪将几:还有几次,意为时间不多了。

⑫解:同"懈",懈怠。

⑬饬:整治。

⑭善衣东布衣:当作"著东布衣","东"为"柬"之误。柬布,指白色的熟绢。

⑮颖推之履:粗劣的鞋。

⑯特会朝雨祛步:特,特意。会朝,天明。雨,当为"而"字之误。祛步,提起衣服走路。

⑰粲然:明显。

⑱阿:偏私。

⑲所听行乎万乘之主:听从我,按照我的话行动的万乘之主。此指齐王。

⑳镜:此处用作动词,照镜子。意为察觉自己的过失。

㉑厥:赵厥,赵简子家臣。

㉒铎:尹铎,赵简子家臣。

㉓相人:相人之面。

㉔敦颜而土色:敦厚的脸色,土黄的面色。

【译文】

五曰:凡是人都有三百六十个骨节,有九窍、五脏、六腑,肌肤要让它细密,血脉要让它畅通,筋骨要让它牢固,心志要让它平和,精气要让它通行,像这样,病就没有地方存在,不好的东西也不能滋生。病留下来了,不好的东西滋生了,精气也就郁积了。所以,水郁结就会变成污水,树郁结就会生出蛀虫,草郁结就会枯死。国家也有郁结的时候,君主的德行不能通行于下,民众的想法不能传达到上面,这就是国家的郁结。如果国家郁结久了,那么多种恶行就会同时兴起,很多灾难也会一起到来。上下互相残害也就从此开始了。所以圣王看重贤才和忠臣,就是因为他们敢于直言而排除国家的郁结壅塞。

周厉王虐待民众,国人都指责他。召公告诉厉王:"民众不能忍受你的命令了。"厉王让卫国的巫人监督指责的人,发现就杀了。国人就没有再敢说话的了,走在路上都只用眼睛互相示意。厉王很高兴,告诉召公:"我能消除指责了。"召公说:"你只是遮住了,并没有消除指责。堵住人们的口,比堵住流水还要难。流水壅塞之后又决了口,伤害民众一定很多。对民众也是这样的。所以治理水患的人都要清理堵塞来疏导,治民的人要让人民说话从而得以宣泄。所以天子治理朝政,让公卿列士直言劝谏,让好学博闻的人进献讽谏之诗,让乐官诵读讽谏的箴言,让平民上传言论,让亲近之臣都要规劝,让亲戚补缺察漏,之后天子再斟酌治理。所以下面没有遗漏的善言,上面没有错误的举动。现在君王你堵塞臣下之口,之后必然招致上面的过失,恐怕要为社稷担忧了。"厉王不听。过了三年,国人就把周厉王流放到了彘。这就是郁结导致的毁败。郁积,代表着没有阳气。周代的鼎上刻有老鼠,都要刻马去踩着,因为老鼠代表着没有阳气。没有阳气,就是亡国的特点。

管仲宴请齐桓公。已经到了黄昏,桓公很高兴并让点蜡烛继续。管仲说:"我只占卜了白天宴饮,没有占卜晚上宴饮。君王您还是离开吧。"桓公不高兴,说:"仲父您年纪已经大了,我和您一起享乐的时间也不多了。请晚上继续吧!"管仲说:"君王您做得过了。那些贪图美味的就会看淡德行,沉溺于享乐的最终会产生忧患。壮年懈怠会错过时机,老年懈怠会丧失名节。我现在要勉励您,为什么要沉溺喝酒呢?"管仲可以说是能够树立德行了。大凡行为堕落都因为享乐,现在享乐则能更加严正;行为变坏都因为变得尊贵,现在君主想要留下来却不允许。能伸张志向、践行义理,不因尊贵和享乐改变,用这种态度事奉他的君主。这就是桓公能够称霸的原因。

齐湣王对列精子高言听计从,一次列精子高穿着东布衣,带着白缟冠,穿着粗劣的鞋子,特意在天明的时候提起衣服在堂下走,对他的侍者说:"我怎么样?"侍者回答:"您又娇美又靓丽。"列精子高走到井边上看自己,显然是个丑陋男子的行状,叹息一声说:"侍者就因为齐王对我言听计从,就那么偏爱我。又何况对我言听计从的万乘之主齐王呢?人们对他的偏私肯定更严重了,如果没有能照明自己缺点的镜子,残败灭亡也没有几天了。谁可以当这样的镜子呢?大概只有贤士吧!人们都知道会为镜子能照出自己的容貌而高兴,却厌恶贤士能照出自己的缺点。镜子照出自己的容貌这功劳是很细小的,贤士照出自己的缺点功劳则很大。得到细小的,失去巨大的,这是不知道该如何选择类别啊。"

赵简子说:"赵厥是爱我的,尹铎则不爱我。赵厥向我进谏,一定在没有人的地方;尹铎向我进谏,却喜欢在众人间质问我,一定要让我出丑。"尹铎回答说:"赵厥考虑您出丑,却不考虑您的过错。我则考虑您的过错,不考虑您出丑。我曾经从我老师那里听到关于相面的事情,说面色敦厚且呈土黄色的人都能忍受出丑。不在众人间质问您,是怕您不会改啊。"这就是赵简子的贤明了。为人君主贤明,为人臣子的谏言就会苟刻。如果赵简子不贤明，尹铎连赵地都待不下去，更别说还能在赵简子身边了。

【评析】

本书《尽数》篇有言"流水不腐，户枢不蝼"，意指常流的水不发臭，常转的门轴不遭虫蛀。这是自然界的现象。本文的"达郁"即是此理。自然界如此，人与国家亦莫不如此。因之，本文先从人自身说起，认为"血脉欲其通也""精气欲其行也""若此则病无所居，而恶无由生矣。病之留，恶之生也，精气郁也"，作者很敏锐地看到了人生病的原因是"精气郁也"。由之，又联想到流水、树木、草芥均是如此。通过对人与自然的观察，最终落脚到国家层面，"国郁处久，则百恶并起，而万灾丛至矣"。而国家郁积的最直接表现就是言路不通，基层民众的声音无法上达，君王的过错，大臣不敢进谏，上下不能通达。而如召公所言："防民之口，甚于防川。"国家如此郁积，导致的必然是"国人流王于彘"的下场。之后，又举了管仲进谏桓公、列精子高被人偏爱、尹铎进谏赵简子的事例，提出了"达郁"的办法，那就是要有能直言进谏的大臣。这样的臣子要不畏君王威势，要以匡正君王为第一要务。此类代表，当数唐之魏徵了，他对唐太宗直言冒谏，正君之过。因之，贞观之治中才留下了魏徵之名。然而，文末也提出了一个巨大难题，"简子不贤，铎也卒不居赵地，有况乎在简子之侧哉"，虽然有敢于谏言的臣子，但若君主不贤，恐怕也只能三缄其口了。商纣酷虐，开始直言劝谏的也不少，可惜都被处死，久而久之，也就没有了。臣子谏言易，君王贤明难，这大约是历史令人痛心之处吧。

行　论①

六曰：人主之行与布衣异。势不便，时不利，事仇以求存。执民之命，执民之命②，重任也，不得以快志为故。故布衣行此指③于国，不容乡曲④。尧以天下让舜，鲧为诸侯，怒于尧曰：

"得天之道者为帝,得地之道者为三公⑤。今我得地之道,而不以我为三公。"以尧为失论,欲得三公,怒甚猛兽,欲以为乱。比⑥兽之角能以为城,举其尾能以为旌。召之不来,仿佯⑦于野以患帝。舜于是殛⑧之于羽山,副⑨之以吴刀⑩。禹不敢怨而反事之,官为司空⑪,以通水潦,颜色黎黑⑫,步不相过⑬,窍气不通,以中帝心。

　　昔者,纣为无道,杀梅伯⑭而醢⑮之,杀鬼侯⑯而脯⑰之,以礼诸侯于庙。文王流涕而咨⑱之。纣恐其畔⑲,欲杀文王而灭周。文王曰:"父虽无道,子敢不事父乎? 君虽不惠,臣敢不事君乎? 孰王而可畔也?"纣乃赦之。天下闻之,以文王为畏上而哀下也。《诗》曰:"惟此文王,小心翼翼。昭事上帝,聿怀多福。"⑳

　　齐攻宋,燕王使张魁将燕兵以从焉,齐王杀之。燕王闻之,泣数行而下,召有司而告之曰:"余兴事而齐杀我使,请令㉑举兵以攻齐也。"使受命矣。凡繇进见,争之曰:"贤王㉒故,愿为臣。今王非贤主也,愿辞不为臣。"昭王曰:"是何也?"对曰:"松下乱㉓,先君以不安,弃群臣也。王苦痛之而事齐者,力不足也。今魁死而王攻齐,是视魁而贤于先君。"王曰:"诺。"请王止兵,王曰:"然则若何?"凡繇对曰:"请王缟素辟舍㉔于郊,遣使于齐,客而谢焉㉕,曰:'此尽寡人之罪也。大王贤主也,岂尽杀诸侯之使者哉! 然而燕之使者独死,此弊邑之择人不谨也,愿得变更请罪。'"使者行至齐,齐王方大饮,左右官实㉖御者甚众,因令使者进报。使者报,言燕王之甚恐惧而请罪也。毕,又复之,以矜㉗左右官实。因乃发小使以反令燕王复舍。此济上之所以败㉘,齐国以虚也。七十城,微田单固几不反㉙。湣王以大齐骄而残,田单以即墨城而立功。诗曰:"将欲毁之,必重累之。将欲踣之,必高举之。"㉚其此之谓乎? 累矣而不毁,举矣而不踣,其唯有道者乎！

楚庄王使文无畏于齐，过于宋，不先假道。还反，华元言于宋昭公曰：“往不假道，来不假道，是以宋为野鄙㉛也。楚之会田㉜也，故鞭君之仆于孟诸，请诛之。”乃杀文无畏于扬梁之堤。庄王方削袂㉝，闻之曰：“嘻！”投袂而起。履及诸庭，剑及诸门，车及之蒲疏之市㉞，遂舍于郊，兴师围宋九月。宋人易㉟子而食之，析骨而爨之㊱。宋公肉袒执牺㊲，委服告病㊳，曰：“大国若宥㊴图之，唯命是听。”庄王曰：“情矣宋公之言也。”乃为却㊵四十里，而舍于卢门之阖㊶，所以为成㊷而归也。凡事之本在人主，人主之患，在先事而简㊸人，简人则事穷矣。今人臣死而不当，亲帅士民以讨其故，可谓不简人矣。宋公服以病告而还师，可谓不穷矣。夫舍诸侯于汉阳而饮至者㊹，其以义进退邪？强不足以成此也。

【注释】

①行论：对行为的讨论。就本文而言，是指在逆境中该如何行事。

②执民之命：此处多一句“执民之命”。

③指：即前文“不得以快志为故”。

④乡曲：乡里。

⑤三公：原指周代之司徒、司马、司空（一说为太傅、太师、太保）三个官职，此代指最为重要的官职。

⑥比：并列。

⑦仿佯：同“彷徉”，徘徊。

⑧殛：音 jí，诛杀。

⑨副：音 pì，割裂，剖分。

⑩吴刀：吴地制造的刀。

⑪司空：官名，主管工程。

⑫黎黑:即黧黑。

⑬步不相过:走路时一只脚迈步不能超过另一只脚,形容极度疲劳。

⑭梅伯:纣王时诸侯。

⑮醢:音hǎi,做成肉酱。

⑯鬼侯:纣王时诸侯。

⑰脯:做成肉干。

⑱咨:哀叹。

⑲畔:通"叛",反叛。

⑳"《诗》曰"句:见《诗经·大雅·大明》。聿,语气助词,无意义。

㉑令:当作"今",现在,马上。

㉒王:当作"主"。

㉓松下乱:指齐国伐燕,燕昭王之父哙与齐军战于松下,被齐军俘虏的祸乱。

㉔缟素辟舍:缟素,白衣服,即指丧服。辟舍,即"避舍",离开自己的宫室。

㉕客而谢焉:像客人一样去谢罪。

㉖官实:亦即官员。

㉗矜:夸耀。

㉘济上之所以败:后燕昭王派遣乐毅进攻齐国,在济水大败齐国,攻下齐国七十多城。

㉙微田单固几不反:后齐国靠田单在即墨反攻,击败了燕军,收复了齐地。

㉚"诗曰"句:累,积累。踣,扑倒。

㉛野鄙:边远城市。

㉜会田:打猎。

㉝削袂:意为穿衣服。袂,衣袖。

㉞以上几句:是说楚庄王听到文无畏被宋国杀的消息时,急迫地要进攻宋国。本来在穿衣服,急忙就往外面跑,侍从在后面追,到庭院才赶

上给庄王穿鞋,到大门才赶上给庄王佩剑,到蒲疏集市马车才赶上庄王。

㉟易:交换。

㊱析骨而爨之:析,劈开。爨,烧火煮饭。

㊲肉袒执牺:肉袒,去衣露体,古代在祭祀或谢罪时表示恭敬和惶惧。牺,牺牲,古代祭祀用的纯色牲畜。

㊳委服告病:委服,即"俯伏"。病,艰难困苦。

㊴宥:宽宥。

㊵却:退后。

㊶卢门之阖:卢门,宋国城门。阖,门扇。

㊷为成:讲和。

㊸简:轻贱,怠慢。

㊹舍诸侯于汉阳而饮至者:指楚庄王称霸之后在汉阳与诸侯盟会、宴饮。然而此事在其他书中尚未得见。

【译文】

六曰:为人君主的行为和普通百姓不同。如果在形势不利、时机不利的情况下,应该事奉仇敌来求得保存。执掌着百姓的命运,是重任,不能逞一时快意。但如果是布衣在国中不逞快意,在乡里却又不能被容下了。尧把天下让给了舜,当时鲧为诸侯,对尧发怒说:"能符合天道的就能为帝,能符合地道的就能做三公。现在我符合了地道,却不让我做三公。"认为尧没有公理,想要得到三公,愤怒超过了猛兽,想要作乱。他就像把兽角并起来就能做城墙、把尾巴举起来就能做旌旗的猛兽。舜召见他却不来,徘徊在野外成为舜帝的祸患。舜于是在羽山杀了鲧,又用吴刀割开鲧。鲧的儿子禹不敢埋怨而且反过来事奉舜,官至司空,疏通水患,变得皮肤黧黑,走路迈步时一脚不能超过另一只脚,七窍之气不能畅通,来符合舜帝之心。

过去,商纣无道,杀了梅伯做成肉酱,杀了鬼侯做成肉干,并在宗庙里用以宴飨诸侯。周文王流着眼泪为之哀叹。纣王害怕文王反叛,想要杀了文王灭了周国。文王说："父亲即使无道,儿子怎么敢不事奉父亲?君王即使不贤惠,臣下怎么敢不事奉君王?君王怎么可以背叛呢?"纣王于是赦免了文王。天下之人听说了这件事,都认为文王畏惧在上之人而哀怜在下之人。《诗经》说："就是这个文王,小心翼翼。光明昭显地事奉上帝,确实多怀福运啊。"

　　齐国攻打宋国,燕王让张魁率领燕兵跟从齐国,齐王杀了他。燕王听说之后,眼泪一行行地落下来,召见相关官员告诉他们:"我跟着齐国,齐国却杀了我的使者,请马上兴兵进攻齐国。"官员接受了命令。凡繇进见,劝谏燕王:"因为你是贤主,我才愿意做你的臣子。现在大王你已经不是贤主了,我要辞去不再做你的臣子了。"燕昭王说:"为什么这么说?"凡繇回答说:"当年发生松下之乱,你的父亲不得安宁被俘虏,抛弃了群臣。大王你仍然痛苦地事奉齐国,是因为力量不足。现在张魁死而君王你要攻打齐国,是把张魁看得比先君还要贤明啊。"大王说:"好的。"请大王停止兴兵,燕王说:"那要怎么办呢?"凡繇回答说:"请大王你穿着丧服,离开宫室到郊外居住,派遣使者到齐国,像客人一样谢罪,说:'这都是我的罪过。齐王你是贤主,难道会杀尽诸侯的使者?然而唯独我燕国的使者死了,这是我这选人不谨慎的缘故,我们愿意改变请罪。'"使者到了齐国,齐王正在大肆宴请,左右的官员、侍者很多,于是让使者进见上报。使者报告,说燕王非常恐惧而来请罪。说完了,又让使者说了一遍,以在左右官员面前夸耀。齐王于是打发小使者返回命令燕王回到宫室居住。这就是齐国在济上失败的原因,也是齐国衰落的原因。七十座城池,没有田单几乎就收不回来了。齐湣王因为齐国强大骄傲而衰残,田单因为即墨城立功。诗说:"想要毁掉它,一定先多堆积。想要使之扑倒,就要先高高举起。"这诗说的就是这样的情况吧。堆积了却不毁掉,举起却不使之扑倒,大概只有有道之人才能如此吧。

　　楚庄王派文无畏出使齐国,路过宋国,不先借路。回来的时候,华元对宋昭公说:"去的时候不借路,回来也不借路,这是把宋国当作楚国的边远城市了。当年和楚王一起打猎的时候,又在孟诸鞭打您的车夫,请诛杀文无畏。"于是在扬梁之堤杀了文无畏。当文无畏被杀的消息传到楚国时，楚王正在穿衣服，听到消息后，说："咦！"拂袖而起，急忙就往外面跑。侍从在后面追，到庭院才赶上给楚庄王穿鞋，到大门才赶上给庄王佩剑，到蒲疏集市马车才赶上庄王，庄王就顺势住在了郊外，兴兵围攻宋国九个月。宋人都互相交换子女吃，劈开骨头做柴烧火煮饭。宋公脱衣裸露身体牵着牺牲，俯伏着说自己的苦穷之处，说："楚国若能宽宥，我一定对您言听计从。"楚庄王说："宋公说的话是动了真感情啊。"于是后退四十里，而住在卢门门扇，就和宋国讲和回去了。大凡做事的根本在君主，而君主的忧患，在看重事情本身而轻慢了人，轻慢了人就会导致事情穷困。现在臣子死得不恰当，君王亲自率领士民讨伐杀人这件事，可以说是不轻慢人了。宋公屈服着说了自己的穷苦然后回师，可以说是不穷困了。楚庄王曾经在称霸之后在汉阳与诸侯盟会、宴饮的原因，大致就是按照道义进退吧？靠强大的力量是不足以达成此事的。

【评析】

《恃君览》以"恃君"为题，所涉及的话题大多是关于如何做一个君王的。而本文所说"行论"，即就君主之行为下论，具体而言，说的是君主在逆境中该如何自处，大约而言，就是四个字——"忍辱负重"。

本文从正反两个方面举了四个例子来说明这个问题。大禹之父被舜所杀，大禹却"不敢怨而反事之"，最后终得大禹禅让天下。这让人不禁想起了汉光武帝刘秀，其时刘秀之长兄刘演（字伯升）被更始帝刘玄所杀，而刘秀"不敢为伯升服丧，饮食言笑如平常"，夜间却泪湿枕头，正是这种忍辱负重，才让刘玄对其放松警惕，放刘秀出巡河北，最终成就了东汉天下。反面的例子则是宋昭公，据其他史籍可知，楚庄王此次派文无畏出使齐国，故意让其不向宋国借道，其目的就在于使宋国感到耻辱而杀了文无畏，从而为进攻宋国找到借口，这也是为什么楚庄王在听到文无畏被杀时如此匆忙。且不论楚庄王的行径如何，而试想楚庄王之所以要采取这样的方式作为借口，就在于楚庄王知道宋国不能忍受这样的耻辱。可见，宋昭公最后遭受了"肉袒执牺，委服告病"这更大的耻辱，就在于当初不能忍受较小的耻辱。因之，则有"小不忍则乱大谋"之语。最后，以蒲松龄所撰"卧薪尝胆"自勉联作结："有志者、事竟成，破釜沉舟，百二秦关终属楚；苦心人、天不负，卧薪尝胆，三千越甲可吞吴。"

骄 恣

七曰：亡国之主，必自骄，必自智，必轻物。自骄则简①士，自智则专独，轻物则无备。无备召祸，专独位危，简士壅塞。欲无壅塞必礼士，欲位无危必得众，欲无召祸必完备。三者，人君之大经也。

晋厉公②侈淫，好听谗人，欲尽去其大臣而立其左右。胥童谓厉公曰："必先杀三郤③。族大多怨，去大族不逼④。"公曰："诺。"乃使长鱼矫杀郤犨、郤锜、郤至于朝而陈其尸。于是厉公游于匠丽氏，栾书、中行偃⑤劫而幽之，诸侯莫之救，百姓莫之哀，三月而杀之。人主之患，患在知能害人，而不知害人之不当而反自及也。是何也？智短也。智短则不知化，不知化者举自危。

魏武侯谋事而当，攘臂⑥疾言于庭曰："大夫之虑，莫如寡人矣！"立有间，再三言。李悝⑦趋进曰："昔者，楚庄王谋事而当，有大功，退朝而有忧色。左右曰：'王有大功，退朝而有忧色，敢问其说？'王曰：'仲虺⑧有言，不穀说之⑨。曰："诸侯之德，能自为取师者王，能自取友者存，其所择而莫如己者亡。"今以不穀之不肖也，群臣之谋又莫吾及也，我其亡乎！'曰：'此霸王之所忧也，而君独伐⑩之，其可乎？'"武侯曰："善。"人主之患也，不在于自少，而在于自多。自多则辞受，辞受则原⑪竭。李悝可谓能谏其君矣,一称而令武侯益知君人之道。

　　齐宣王为大室,大益百亩,堂上三百户⑫。以齐之大,具⑬之三年而未能成。群臣莫敢谏王。春居问于宣王曰:"荆王释先王之礼乐而乐为轻,敢问荆国为有主乎?"王曰:"为无主。""贤臣以千数而莫敢谏,敢问荆国为有臣乎?"王曰:"为无臣。""今王为大室,其大益百亩,堂上三百户。以齐国之大,具之三年而弗能成。群臣莫敢谏,敢问王为有臣乎?"王曰:"为无臣。"春居曰:"臣请辟矣!"趋而出。王曰:"春子! 春子反! 何谏寡人之晚也? 寡人请今止之。"遽召掌书⑭曰:"书之! 寡人不肖,而好为大室,春子止寡人。"箴谏不可不熟。莫敢谏若,非弗欲也。春居之所以欲之与人同,其所以入之与人异。宣王微春居,几为天下笑矣。由是论之,失国之主,多如宣王,然患在乎无春居。故忠臣之谏者,亦从入之,不可不慎。此得失之本也。赵简子沉鸾徼于河,曰:"吾尝好声色矣,而鸾徼致之。吾尝好宫室台榭矣,而鸾徼为之。吾尝好良马善御矣,而鸾徼来之。今吾好士六年矣,而鸾徼未尝进一人也。是长吾过而绌⑮善也。"故若简子者,能厚以理督责于其臣矣。以理督责于其臣,则人主可与为善,而不可与为非;可与为直,而不可与为枉。此三代之盛教。

【注释】

①简:怠慢。

②晋厉公:春秋时晋国国君,公元前 580 年至前 573 年在位。

③三郤:指下文"郤犨、郤锜、郤至",郤氏是春秋时期晋国的大族。

④逼:逼迫,指对晋国公室的威胁。

⑤栾书、中行偃:均为晋国卿士。栾氏、中行氏也是晋国大族。

⑥攘臂:捋起衣袖,伸出胳膊。

⑦李悝:战国时法家代表人物。

⑧仲虺:商汤时期的著名大臣。

⑨不穀说之:不穀,不善,古代诸侯的谦称。说,即"悦"。

⑩伐:夸耀。

⑪原:源泉。

⑫户:门。

⑬具:修建。

⑭掌书:掌管书写文书之人。

⑮绌:短缺,减损。

【译文】

七曰:导致亡国的君主,一定是骄傲的,一定自以为聪明,一定会轻视他物。骄傲就会轻慢士子,自以为聪明就会独断专行,轻视他物就会没有准备。没有准备就会招致祸患,独断专行就会使君位危险,轻慢士子就会导致国家言路壅塞。想要言路不壅塞,一定要以礼对待士子;想要君位没有危险,一定要得众人之心;想要不招致祸端,必须做好十足准备。这三方面,是为人君主的大准则。

晋厉公奢侈荒淫,喜欢听信进谗言之人,想要除掉大臣而任用自己的亲近之人。胥童对晋厉公说:"一定要杀死三郤。因为郤氏家族庞大,多有怨言,去掉郤氏大族,就不会威胁公室了。"厉公说:"好的。"于是让长鱼矫在朝堂之上杀死了郤犨、郤锜、郤至,并把三人的尸体陈列示众。而当晋厉公巡游到匠丽氏家时,栾书、中行偃就劫持了厉公并把他幽禁起来,诸侯没有救他的,百姓没有为他感到悲哀的,过了三个月就把厉公杀了。人主的忧患,在于知道自己能害别人,却不知道如果害人不当就会反过来害到自己。这是为什么呢? 是因为智术浅短。智术浅短就不知道变化,不知道变化的人自己就会危险。

魏武侯谋划事情得当,在王庭上将起袖子大声说道:"大夫们的思虑,都不如我啊。"站了一会儿,再三说了这话。李悝小步快走到魏武侯前面说:"过去,楚庄王自己谋划事情得当,获得了大功,退朝之后却有忧虑之色。他左右的亲近之臣就问他:'君王您有大功,退朝之后却有忧虑之色,这是为什么呢?'楚庄王说:'过去商汤的名臣仲虺有一句话,我很喜欢。他说:"诸侯的品德,能为自己找老师的可以称王,能为自己找朋友的可以勉强存活下来,如果所选择的人都是不如自己的就要灭亡。"现在因为我自己又不贤明,而群臣的谋划又赶不上我,我大概要灭亡了吧。'(李悝)说:'这就是霸主所忧虑的事情,但君王您却独独夸耀它,这样可以吗?'"魏武侯说:"说得好!"人主的忧患,不在于自己不足,而在于自满。自满就会不接受别人的意见,不接受别人的意见,言路的源泉就会枯竭。李悝可以说是善于进谏君王了,只说一席话就让魏武侯越发知道了为人君王的道理。

齐宣王建造大宫殿,有百亩之大,宫殿上要建造三百扇门。凭借齐国的强大,准备三年也没有建成。群臣没有敢进谏宣王的。春居问齐宣王:"楚王放弃先王的礼乐,乐就变轻了,请问楚国算是有明主吗?"宣王说:"没有明主。"春居又问:"号称贤明的大臣数以千计却没有敢进谏的,请问楚国算是有贤臣吗?"宣王说:"没有贤臣。"春居说:"现在大王要建造大宫殿,有百亩之大,宫殿上要建造三百扇门。凭借齐国的强大,准备三年也没有建成。群臣没有敢进谏的,请问大王算是有贤臣吗?"宣王说:"没有贤臣。"春居说:"我请求离开了!"于是快步走了出来。宣王说:"春子! 春子回来! 为什么这么晚才向我进谏呢? 我现在要停止建造了。"马上召来掌管记事的文书说:"写下来:我不贤明,喜欢建造大宫殿,是春子制止了我。"对于劝谏的事情,不可以不熟悉。不敢进谏的人,并不是不想进谏。春居想要进谏的想法和别人是一样的,但他进谏的方式却与别人不同。齐宣王如果没有春居,几乎就要被天下耻笑了。从这开始讨论的话,失去国家的君主,很多都像宣王一样,只是他们的祸患在于没有春居这样的人。所以忠臣敢于进谏,不仅要顺势进谏,而且不可不慎重考虑(进谏的方式)。这就是得失的根本。赵简子把鸾徼沉进黄河,说:"我曾经喜好声色,鸾徼为我找来了。我曾经喜好宫殿楼台,鸾徼为我建造了。我曾经喜欢好马和擅长赶车的人,鸾徼也为我找来了。现在我喜好贤士六年了,但鸾徼没有推荐过一个人。这是滋长我的过错而损坏我的善行啊。"所以像简子这样的人,能用严格的要求督促责备他的臣子。用严格的要求督促责备臣子,为人君主就可以和臣子一起做出善举,而不会一起做坏事;可以一起做正直的事,而不会做邪曲的事。这就是夏、商、周三代盛大的教化。

【评析】

　　本篇继续讨论如何做一个君王。开篇即点明主题"亡国之主,必自骄,必自智,必轻物"。俗话说:"满招损,谦受益。"对于一个普通人来说是如此,对于一国之君来说更是如此。而且由于君王的特殊地位,自满与谦虚通过君王所发挥的作用要比常人大得多。《周易》六十四卦有两卦,一为"大过"卦,一为"小过"卦,意即为"大过错"和"小过错"。而"大过"并非人人都有机会犯的,只有那些地位超然、手握重柄之人,比如一国之君王,他们的一个小举动都可能酿成"大过"。因之,面对自满与谦虚的问题,君王尤其不可以不慎。

　　此外文中提出一个很好的议题,那就是"人主之患也,不在于自少,而在于自多"。作为一个君王,往往不需要自身有多么优异的才能,而只需要"能自为取师""能自取友",意指人才的重要性。秦末的楚汉之争恐怕就是这个观点的最好注脚。刘邦与项羽的成败得失,历来为人津津乐道。而其中公认的一点,就是虽然刘邦自身能力一般,就是所谓的"自少",但是刘邦却有着如萧何、张良、陈平、韩信等一等一的人才。而项羽恰与之相反,自身的能力一等一,能万人敌,力能扛鼎,就是本文所谓的"自多",但"有一范增而不能用",最终不免失败。以史为鉴,如今在奋斗之中的团队领导者们也当以此为鉴,才能成就一番事业。

观　表

八曰：凡论人心，观事传①，不可不熟，不可不深。天为高矣，而日月星辰云气雨露未尝休矣。地为大矣，而水泉草木毛羽裸鳞②未尝息也。凡居于天地之间、六合③之内者，其务为相安利也？夫为相害危者不可胜数。人事皆然。事随心，心随欲。欲无度者，其心无度。心无度者，则其所为不可知矣。人之心隐匿难见，渊深难测，故圣人于事志焉④。圣人之所以过人以先知，先知必审征⑤表，无征表而欲先知，尧、舜与众人同等。征虽易，表虽难，圣人则不可以飘⑥矣。众人则无道至焉，无道至则以为神，以为幸。非神非幸，其数不得不然。郈成子⑦、吴起近之矣。

郈成子为鲁聘⑧于晋，过卫，右宰谷臣⑨止而觞之，陈乐而不乐⑩，酒酣而送之以璧。顾反，过而弗辞，其仆曰："向者，右宰谷臣之觞吾子也甚欢，今侯渫过⑪而弗辞？"郈成子曰："夫止而觞我，与我欢也。陈乐而不乐，告我忧也。酒酣而送我以璧，寄之我也。若由是观之，卫其有乱乎！"倍⑫卫三十里，闻宁喜之难⑬作，右宰谷臣死之。还车而临，三举⑭而归。至，使人迎其妻子，隔宅而异之，分禄而食之，其子长而反其璧。孔子闻之曰："夫智可以微谋⑮，仁可以托财者，其郈成子之谓乎！"郈成子之观右宰谷臣也，深矣妙矣，不观其事而观其志，可谓能观人矣。

吴起治西河之外，王错谮之于魏武侯，武侯使人召之。吴起至于岸门，止车而休，望西河，泣数行而下。其仆谓之曰："窃观公之志，视舍天下若舍屣⑯。今去西河而泣，何也？"吴起雪⑰

泣而应之，曰："子弗识也。君诚知我，而使我毕能，秦必可亡，而西河可以王。今君听谗人之议，而不知我，西河之为秦也不久矣，魏国从此削矣。"吴起果去魏入荆，而西河毕入秦，魏日以削，秦日益大。此吴起之所以先见而泣也。

古之善相马者，寒风是⑱相口齿，麻朝相颊，子女厉相目，卫忌相髭，许鄙相尻⑲，投伐褐相胸胁，管青相䐈䐈⑳，陈悲相股脚㉑，秦牙相前，赞君相后。凡此十人者，皆天下之良工也。若赵之王良，秦之伯乐、九方堙，尤尽其妙矣。其所以相者不同，见马之一征也，而知节㉒之高卑，足之滑易㉓，材之坚脆，能之长短。非独相马然也，人亦有征，事与国皆有征。圣人上知千岁，下知千岁，非意㉔之也，盖有自㉕云也。绿图幡薄㉖，从此生矣。

【注释】

①事传：事情。

②毛羽裸鳞：分别指有皮毛、有羽毛、蹄角裸现（如麋鹿、牛、羊）、有鳞的动物。

③六合：四方、天地为六合。

④于事志焉：对于人事要先观察志向。

⑤征：征兆。

⑥飘：轻率，不踏实。

⑦郈成子：鲁国大臣。

⑧聘：出使。

⑨右宰谷臣：卫国大臣。

⑩陈乐而不乐：第一个"乐"为乐器之意，第二个"乐"为快乐之意。

⑪侯渫过：侯，何。渫过，再次经过。

⑫倍：通"背"，离开。

⑬宁喜之难：宁喜的父亲宁殖曾逐卫献公，宁殖临死嘱咐宁喜迎回

献公。宁喜于是杀了卫侯剽而迎回献公,称为"宁喜之难"。

⑭三举:哭了三次。

⑮智可以微谋:智慧足以通过微妙的方式与之谋划。指右宰谷臣并没有和邸成子明说后事,而是通过微妙的方式与之谋划,而邸成子的智慧能够明白这种微妙的方式。

⑯屦:鞋子。

⑰雪:拭擦。

⑱寒风是:与下文麻朝、子女厉、卫忌、许鄙、投伐褐、管青、陈悲、秦牙、赞君、王良、伯乐、九方堙都是善于相马之人。

⑲尻:臀。

⑳膑肠:膑,当为"唇"。肠,即"吻"。

㉑股脚:大腿和小腿。

㉒节:骨节。

㉓滑易:快慢。

㉔意:即"臆",臆测。

㉕自:原因。

㉖绿图幡薄:指有预言征兆的图册簿书。

【译文】

八曰:大凡议论人心,观察事情,不可以不熟悉,不可以不深思。上天很高了,而日月星辰云气雨露没有停止过。大地很广大了,而水泉草木各种动物都没有灭绝过。大凡在天地之间、六合之内的事物,本来就该安处互利。但互相伤害的却不可胜数。人事也是这样。做事都跟随内心,内心则跟随欲望。欲望没有限度,内心也就没有限度。内心没有限度,那会做出什么来也就不知道了。人的内心隐匿难以看见,就好比深渊难以测量,所以圣人对于人事要先观察志向。圣人超过别人的原因就在于先知,先知就必须细察事物的征兆和表象,不去考虑征兆和表象却想要先知,即使是尧、舜也只能和众人一样做不到。征兆即使容易看到,表象即使难以琢磨,圣人也不可以轻率地下结论。众人没有方法达到先知的境界,没有办法达到就认为是靠神明、是靠幸运。其实并不是神明和幸运,是命数不得不这样。郈成子、吴起就差不多到达了这种程度。

郈成子为鲁国出使晋国,经过卫国,右宰谷臣留下了郈成子并请他宴饮,陈设乐器奏乐却没有显出欢乐的意味,酒喝得正酣却给郈成子送了玉璧。后来郈成子从晋国返回,又经过卫国却没有和右宰谷臣告辞,他的车夫说:"过去,右宰谷臣和您喝酒很开心,现在为什么再次经过却不和他辞别?"郈成子说:"曾经留我喝酒,是想要和我一起欢乐。奏乐却不欢乐,是暗示有所忧愁。饮酒正酣却送我玉璧,是寄托在我这。从这些来看,卫国大概会有内乱吧!"离开卫国三十里,就听说宁喜发难,右宰谷臣也因此而死。于是回车到了右宰谷臣这,三次哀哭后回来了。回到鲁国,就派人去接了右宰谷臣的妻儿老小,把自己的住宅隔开给他们住,把自己的俸禄分出来供他们生活,他的儿子长大了就把玉璧还给了他。孔子听到这件事,说:"智慧足以通过微妙的方式与之谋划,仁义可以托付财物,这大概说的就是郈成子吧。"郈成子观察右宰谷臣,够深入了,够精妙了,不看所做的事而看内在隐藏的意志,可以算是能看人了。

吴起治理西河,王错向魏武侯进谗言,魏武侯派人召见吴起。吴起到了岸门,停车不前,望着西河,眼泪一行行流下来。他的车夫对他说:"我私下看您的志向,把舍弃天下看得如舍弃鞋一样轻。现在要离开西河却哭了,为什么呢?"吴起擦了眼泪回答说:"你不知道。君王如果真能知我,而让我充分发挥才能,秦国一定可以灭亡,凭借西河就可以称王。现在君王听信进谗言之人的议论,不了解我,西河归属秦国也就不远了,魏国从此就要被削弱了。"吴起就离开魏国去了楚国,而西河完全落入了秦国之手,魏国渐渐就被削弱,秦国也日益强大。这就是吴起有先见之明而哭泣的原因了。

古代善于相马的人,寒风是看口齿,麻朝看面颊,子女厉看眼睛,卫忌看髭须,许鄙看屁股,投伐褐看胸肋,管青看唇,陈悲看腿,秦牙看前面,赞君看后面。这十个人,都是天下善于相马的人。至于赵国的王良,秦国的伯乐、九方堙,则更能体现相马的妙处。这十个人之所以相马的部位不同,是因为只要看马的一个征兆,就能知道骨节的高低,脚力的快慢,体质的强弱,才能的高下。不单只有相马才这样,对看人也有征兆,事情和国家也有征兆。圣人能够往前推知千年之前的事,往后能够知道千年之后的事,并不是臆测瞎说,而都是有原因的。那些有预言征兆的图册簿书,也就从此而生了。

【评析】

相术,恐怕是中国很有特色的一种文化。对其科学性,恐怕没有必要过于讨论,也不需要盲目归之于封建迷信一类,应当就其作为一种文化现象而予以关注。

根据外貌来观察人,早已有之。如《达郁》篇云"尝闻相人于师,敦颜而土色者忍丑",便是如此。又如说三国魏之司马懿"有狼顾相","狼顾者,谓回顾而身不转,性狼,常怀杀人害物之心"。这些都是通过外貌特点来猜测人的性格特点。又比如相书上说"北人南相,南人北相者贵""男生女相主富贵,女生男相多劳累",等等,难以尽数。这些说法的由来,恐怕也并非都毫无根据,大约也是在如今科学方法"归纳"的基础上形成。因之,恐怕也并非毫无道理。这是从文题"观表"所引申出来的一些话题。然而本文的旨意,恐怕还不在此。

从文中郈成子与吴起之事来看,并不全是观人之外表那么简单,其实是对人情世故的了解。郈成子能从右宰谷臣反常的举动中读出"卫其有乱",恐怕是因为郈成子经历过太多类似政治上的血雨腥风,也或许对当时卫国政局颇为了解,等等。而吴起的判断之所以准确,也是因为他对当时局势、秦魏两国国情的透彻分析。这一切,其实都体现了无上的人生智慧。如果读此篇文字能体会到这些,恐怕才是题中应有之义。

开春论第一

开　春①

一曰：开春始雷则蛰虫动矣，时雨降则草木育矣，饮食居处适则九窍百节千脉皆通利矣。王者厚其德，积众善，而凤凰圣人皆来至矣。共伯和②修其行，好贤仁，而海内皆以来为稽③矣。周厉之难，天子旷④绝，而天下皆来谓⑤矣。以此言物之相应也，故曰行也成也⑥。善说者亦然，言尽理而得失利害定矣，岂为一人言哉！

魏惠王死，葬有日⑦矣。天大雨雪，至于牛目。群臣多谏于太子者曰："雪甚如此而行葬，民必甚疾之，官费又恐不给。请弛⑧期更日。"太子曰："为人子者，以民劳与官费用之故，而不行先王之葬，不义也。子勿复言。"群臣皆莫敢谏，而以告犀首。犀首曰："吾未有以言之。是其唯惠公乎？请告惠公。"惠公曰："诺。"驾而见太子曰："葬有日矣？"太子曰："然。"惠公曰："昔王季历⑨葬于涡山之尾⑩，㴚水⑪啮⑫其墓，见棺之前和⑬。文王曰：'嘻！先君必欲一见群臣百姓也，天故使㴚水见之。'于是出而为之张朝⑭，百姓皆见之，三日而后更葬，此文王之义也。今葬有日矣，而雪甚，及牛目，难以行，太子为及日之故，得无嫌于欲亟葬乎？愿太子易日。先王必欲少留而抚社稷安黔首⑮也，故使雨雪甚。因弛期而更为日,此文王之义也。若此而不为,意者⑯羞法文王也?"太子曰:"甚善。敬弛期,更择葬日。"惠子不徒行说也,又令魏太子未葬其先君而因有说文王之义。说文王之义以示天下,岂小功也哉!

韩氏城⑰新城,期十五日而成。段乔为司空,有一县后二日,段乔执其吏而囚之。囚者之子走告封人⑱子高曰:"唯先生能活臣父之死,愿委之先生。"封人子高曰:"诺。"乃见段乔,自扶而上城。封人子高左右望曰:"美哉城乎!一大功矣,子必有厚赏矣!自古及今,功若此其大也,而能无有罪戮者,未尝有也。"封人子高出,段乔使人夜解其吏之束缚也而出之。故曰:封人子高为之言也,而匿己之为而为也。段乔听而行之也,匿己之行而行也。说之行若此其精也。封人子高可谓善说矣。

叔向之弟羊舌虎善栾盈⑲,栾盈有罪于晋,晋诛羊舌虎,叔向为之奴而朡⑳。祈奚曰:"吾闻小人得位,不争㉑不祥。君子在忧,不救不祥。"乃往见范宣子㉒而说也,曰:"闻善为国者,赏不过而刑不慢。赏过则惧及淫人㉓,刑慢则惧及君子。与其不幸而过,宁过而赏淫人,毋过而刑君子。故尧之刑也殛㉔鲧于虞㉕而用禹,周之刑也戮管蔡㉖而相周公。不慢刑也。"宣子乃命吏出叔向。救人之患者,行危苦,不避烦辱,犹不能免。今祈奚论先王之德,而叔向得免焉。学岂可以已哉!类多若此。

【注释】

①开春:夏历二月。

②共伯和:西周时共国国君,公元前841年至前828年,周厉王因残暴无道,被国人驱逐,即下文所说"周厉之难"。期间,共伯和曾代周天子执政,史称"共和时期"。

③稽:留。

④旷:空缺。

⑤谓:当作"请",谒见之意。

⑥行也成也:一定的行为就会有一定的结果。

⑦有日:有期;不久。

⑧弛:后推。

⑨王季历:周文王之父。

⑩尾:山脚。

⑪爨水:渗漏入地下的水流。

⑫啮:侵蚀。

⑬和:棺材两头的木板。

⑭张朝:张,设置帷幕。朝,让人朝见。

⑮黔首:百姓。

⑯意者:表示测度。大概,或许。

⑰城:用作动词,修筑。

⑱封人:管理边界的官员。

⑲叔向、羊舌虎、栾盈:三人均为晋国大夫。

⑳为之奴而腠:为之奴,因为这件事被连坐而称为奴隶。腠,音zōng,系囚。

㉑争:争谏。

㉒范宣子:当时为执掌晋国政权的正卿。

㉓淫人:邪僻之人。

㉔殛:音jí,杀。

㉕虞:即舜。

㉖管蔡:管叔鲜、蔡叔度,皆为周公兄弟,因反叛而被杀。

【译文】

一曰:开春刚开始打雷,蛰伏的动物就开始苏醒活动了,符合时令的雨降下来，草木也开始发育了，人能够饮食起居都适宜，那么身体的器官、骨节、经脉也就都通行得利了。君王厚修美德，积累善行，这样凤凰、圣人都会来了。共伯和修养德行，喜好贤明仁义之人，而海内之人都来他这里稽留归附。周厉王为国人放逐之难，天子空缺，而天下之人都到共伯和这里请求谒见。用这个就能说明事物之间是相互对应的，所以说一定的行为会有一定的结果。善于游说的人也是这样，话能够说透道理而让得失利害都定下来，他们的话岂是只专门为一个人说的呢？

魏惠王死了，下葬的日子临近。但天下起了大雪，雪深到了牛的眼睛。群臣很多都劝谏太子说："雪下得这么大而下葬，人民一定很为这件事痛苦，而且国家的费用恐怕又供不上。请延后时间，更改下葬的日子。"太子说："作为子女，因为民众劳苦和国家费用，竟然不给先王下葬，这是不道义的。你们不要再说了。"群臣都不敢再进谏了，把这件事告诉犀首。犀首说："我也没有可以劝谏的话。这大概只有惠公可以吧？请去告诉惠公。"惠公说："好的。"坐着车去见太子，说："下葬日期临近了吧？"太子说："是的。"惠公说："过去文王之父季历葬在涡山山脚，地下渗出的水侵蚀了他的墓，棺椁前面的木板都露出来了。文王说：'嘻！先君一定是想再见一下群臣和百姓啊，所以上天故意让地下渗出的水使他露出来。'于是把父亲的棺椁拿出来，并为之设置帷幕，让群臣百姓朝见，三日之后又再次下葬，这就是文王的义啊。现在下葬日期临近了，但是雪下得大，雪深到牛的眼睛，难以行走，太子为了能按时下葬，是不是有急于完成下葬这件事的嫌疑？希望太子可以改日。先王一定是想少做停留，抚育社稷，安定百姓啊，所以让雪下得大。借此后推日期来变更日子，这是文王的义。如果像这样都不愿意做，大概是羞于效法文王吧？"太子说："你说得太好了。我一定后推日期，另外选择下葬的日期。"惠子不只是进行了游说的事，又让魏太子通过不葬先君而喜好文王之义。喜好文王之义且以之昭示天下，这难道是小功绩吗？

韩国修筑新城城墙，规定以十五日为期限完成。段乔作为司空主管这件事，有一个县晚了两天完成，段乔抓了这个县的官吏并囚禁起来。

被囚禁人的儿子到封人子高那说："只有先生您能救我的父亲了，请把这件事拜托给先生。"封人子高说："好的。"子高于是去见段乔，扶着城墙上了城。封人子高左右张望说："这城真是美啊。真是一件大功啊，你一定会得到丰厚的赏赐！从古到今，功绩如此之大，却又能没有因罪而被杀戮的，从来没有过啊。"封人子高离开了，段乔让人连夜解开那个被囚禁官吏的束缚而让他走了。所以说：封人子高为人进言，隐匿了刻意劝说的行为而最终还是做成了这件事。段乔听了之后就照着做，也隐匿了自己刻意的行为而做了。劝说行为到了像这样的程度也算是高明了。封人子高可以说是善于劝说啊。

叔向的弟弟羊舌虎与栾盈交好，栾盈在晋国获了罪，晋国杀了羊舌虎，叔向因为这件事连坐也成为了奴隶而被戴上了刑具。祈奚说："我听说如果小人得了官位，不争谏是不吉祥的。如果君主陷入了忧患之中，不搭救也是不吉祥的。"于是前往晋国的执政范宣子那里劝说，说："听说善于治国的人，赏赐不会过头，刑罚不会怠慢。赏赐过头了就害怕会给了邪僻之人，刑罚怠慢了就害怕会祸及君子。与其不幸做过了，宁愿做过了而赏赐了邪僻之人，也不要做过了而惩罚君子。所以尧惩罚杀了鲧而舜还是用了鲧的儿子禹，周朝刑罚杀了管蔡而继续以他们的兄弟周公为相。这就是不怠慢刑罚啊。"宣子于是命令官吏放出叔向。救人忧患的，冒着危险和困苦，不怕麻烦和羞辱，有时仍然不能使人免于忧患。现在祈奚论说先王的美德，而就让叔向得以幸免。学习怎么可以停止呢？很多事情都像这样啊。

【评析】

本文作为《开春论》的第一篇，主要讲述的是关于劝说的艺术。"文死谏，武死战"，是中国古代对大臣常见的一个要求，说的是作为文臣，如果君王出现了失误，就应该向君王进谏，直至于死。而武将则应该为国征战，死于疆场。从中可见向君王谏议是大臣政治生活中很重要的一个部分。那如何才能较为出色地完成这个政治任务呢？从本文大概可以看出一些技巧。

第一是要用类似的事例作引子，不可以直接劝谏讲大道理。人多有逆反心理，直接劝谏往往会适得其反，而且劝谏的潜台词是"你错了，你这样做不对"，而愿意承认错误是需要勇气的，因此先说其他而不直接谈论所要劝谏的事情可以缓解紧张的气氛。在劝说对象同意所讲述的事例后，有一个心理上的过渡，再类比到所要劝谏的事情，往往就会打消抵触情绪。第二，要清楚劝谏对象的心理欲求，也就是劝谏对象所看重的是什么。就文中的三个例子而言，都是好名的。就像用周文王的例子去劝谏魏太子，如果魏太子改正了，所作所为就和文王一样，这便是莫名的荣耀。又如封人子高说"功若此其大也，而能无有罪戮者，未尝有也"，这种自古未有的名声和功绩，自然很容易让段乔动心。此外，除了好名的，还有好利的、好欲的，都要投其所好。虽然说"文死谏"的精神很可贵，但能劝谏成功而又减少损失恐怕才是最为高明的。

察　贤

二曰：今有良医于此，治十人而起九人，所以求之万也。故贤者之致功名也，必乎良医，而君人者不知疾求，岂不过哉！今夫塞①者，勇力、时日、卜筮、祷祠无事焉，善者必胜。立功名亦然，要在得贤。魏文侯师卜子夏，友田子方，礼段干木，国治身逸。天下之贤主，岂必苦形愁虑哉？执其要而已矣。雪霜雨露时，则万物育矣，人民修矣，疾病妖厉去矣。故曰"尧之容若委衣裘"②，以言少事也。

宓子贱治单父③，弹鸣琴，身不下堂而单父治。巫马期④以星出，以星入，日夜不居⑤，以身亲之，而单父亦治。巫马期问其故于宓子，宓子曰："我之谓任人，子之谓任力。任力者故劳，任人者故逸。"宓子则君子矣，逸四肢，全耳目，平心气，而百官以治义⑥矣,任其数⑦而已矣。巫马期则不然,弊⑧生事精,劳手足,烦教诏,虽治犹未至也。

【注释】

①塞:一种古代棋类游戏。
②委衣裳:衣裳宽大,形容无为而治。委,下垂。
③宓子贱:春秋时期鲁国人,孔子弟子。单父:鲁国城邑。
④巫马期:孔子弟子。
⑤居:休息。
⑥义:宜,合适。
⑦数:方法。
⑧弊:损害。

【译文】

二曰:假如有这样的良医,给十个人治病,治好了九个人,因此就有万人之多去求他。所以贤明的人能招致功名,一定也和良医一样,但君王不知道马上去求访,难道不是过错吗?现在有下棋的人,靠勇力、时机、占卜、祷告都没有用,善于下棋的人一定会胜利。要建立功名也是这样,关键在获得贤才。魏文侯以卜子夏为老师,以田子方为朋友,礼敬段干木,结果国家大治而自身安逸。天下的贤主,难道一定要形容劳苦忧愁思虑?抓住要点就可以了。雪霜雨露按时降下,万物就可以发育,人民就能得以修整,各种疾病邪祟都会消除。所以说"尧穿衣服很宽大",这是说尧能凭借贤才治国而自己事情少。

宓子贱治理单父,弹着琴,自己不用下堂就使单父得到治理。巫马期每天披星戴月,早晚都不休息,亲力亲为,而单父也得到了治理。巫马期向宓子贱询问其中的缘故,宓子说:"我的方法是靠人才,你的方法是靠劳力。靠劳力所以会辛劳,靠人才所以会安逸。"宓子可以说是君子了,四肢安逸,耳目保全,心气平顺,而各个官府的成员就能治理得宜,靠的就是正确的方法啊。巫马期就不是这样,损害了生命,耗费精力,手足辛劳,政教烦复,即使是得到了治理也还没到至高的程度。

【评析】

本文所讲述的还是关于人才的问题。人才是治国安邦的重中之重,这个观点在本书中已经多次出现,而本文又用了良医作比。自古以来,良医治病、良相治国就是相通的。《国语·晋语》有言:"文子曰:'医及国家乎?'对曰:'上医医国,其次疾人,固医官也。'""上医医国"就是把良医治病救人比之于良相治国一般,一个人生病了,固需良医,一个国家如果生病了,自然也要良相相救。后世又有范仲淹"不为良相,便为良医"之语,再次可见二者实实相关。

回到人才重要性的话题,本文所讨论的人才,是具有能如道家无为而治本领的人才,其主要特点是"国治身逸",因此可说是一种高级人才,是可以治理一方土地的长官,而并非只是做一件件实事的人,就如宓子贱与巫马期的区别。宓子贱就是本文所推崇的人才,他凡事不用亲力亲为,而只需要"任人",便能无为而治。而巫马期的境界就比宓子贱要低一等了,他治理单父通过"以身亲之",最终"弊生事精,劳手足",而且还不能达到最高境界。可见,本文所讲的其实是一种"无为而治""垂拱而治"的境界,而这种境界的要点在"任人",只要能选拔出优秀的人才,就能到达"国治身逸",这是需要那些身在高位的官员们学习的。

期　贤

三曰:今夫爝①蝉者,务在乎明其火,振其树②而已。火不明,虽振其树,何益?明火不独在乎火,在于暗。当今之时世暗甚矣,人主有能明其德者,天下之士,其归之也,若蝉之走明火也。凡国不徒安,名不徒显,必得贤士。

赵简子昼居,喟然太息曰:"异哉!吾欲伐卫十年矣,而卫不伐。"侍者曰："以赵之大,而伐卫之细,君若不欲则可也。君若欲之,请令③伐之。"简子曰："不如而④言也。卫有士十人于吾所,吾乃且伐之,十人者其言不义也,而我伐之,是我为不义也。"故简子之时,卫以十人者按赵之兵,殽⑤简子之身。卫可谓知用人矣,游十士而国家得安。简子可谓好从谏矣,听十士而无侵小夺弱之名。

魏文侯过段干木之闾⑥而轼⑦之,其仆曰："君胡为轼?"曰："此非段干木之闾欤?段干木盖贤者也,吾安敢不轼?且吾闻段干木未尝肯以己易寡人也,吾安敢骄之?段干木光乎德,寡人光乎地。段干木富乎义,寡人富乎财。"其仆曰："然则君何不相之?"于是君请相之,段干木不肯受,则君乃致禄百万,而时往馆⑧之。于是国人皆喜,相与诵之曰："吾君好正,段干木之敬。吾君好忠,段干木之隆。"居无几何,秦兴兵欲攻魏,司马唐谏秦君曰："段干木,贤者也,而魏礼之,天下莫不闻,无乃不可加兵乎!"秦君以为然,乃按兵辍不敢攻之。魏文侯可谓善用兵矣。尝闻君子之用兵,莫见其形,其功已成,其此之谓也。野人⑨之用兵也,鼓声则似雷,号呼则动地,尘气充天,流矢如雨,扶伤舆⑩死,履肠涉血,无罪之民其死者量⑪于泽矣,而国之存亡、主之死生犹不可知也。其离仁义亦远矣!

【注释】

①爝:音 yuè,用火照。

②明其火,振其树:蝉喜光,振树之后,蝉受惊而飞,便会向火光飞去。

③令:当作"今"。

④而:你。

⑤殁：死，去世。

⑥闾：里巷。

⑦轼：车前横木，此处指双手扶着轼，有礼敬之意。

⑧馆：用作动词，前往馆舍探望。

⑨野人：缺乏教养、毫无见识之人。

⑩舆：抬，扛。

⑪量：满。

【译文】

三曰：现在有照蝉的人，务必使火明亮，再振动树木。如果火不明亮，即使振动树木，又有什么用？使火明亮不独独在火本身，还和黑暗有关。现在的时代世道就很黑暗啊，人主如果有能彰明自己德行的，天下的士子归附他，就好比蝉飞向火光一样。大凡国家都不会平白无故地安定，名声也不会平白无故地彰显，一定要获得贤士才能如此。

赵简子白天闲坐，长长地叹息了一声说："太奇怪了。我想要讨伐卫国十年了，却最终没能讨伐。"侍者说："凭借赵国的强大，而伐卫又是件细小之事，君王您如果不想讨伐就算了。如果想要讨伐，请现在就讨伐。"赵简子说："事情不像你说的那样。卫国有十个人在我这里，我如果要讨伐它，这十个人就说这是不义的，如果我真的讨伐了，就是我做了不义的事情啊。"所以赵简子的时候，卫国凭借十个人就让赵国按兵不动，直到赵简子去世。卫国可以说是知道用人的道理了，十个人出游赵国就让国家得到安宁。赵简子可以说是善于听从劝谏了，听从了十个人的话而没有背上侵略小国、剥削弱国的名声。

魏文侯经过段干木居住的巷子，就手扶轼木以示礼敬，他的车夫说："您为什么要手扶轼木呢？"魏文侯说："这难道不是段干木居住的巷子吗？段干木是个贤明的人啊，我怎么敢不手扶轼木呢？而且我听说段干木曾经不肯用自己和我的位置交换，我怎么敢显得骄纵呢？段干木在德行上显耀，而我只是在地位上显耀。段干木在道义上富有，而我只是在财货上富有。"他的车夫说:"这样那您为什么不让他做国相呢?"于是魏文侯请段干木做国相,段干木不肯接受,于是文侯给了他百万俸禄,并且时时前往段干木的住处看望他。于是国人都感到很高兴,互相传诵着:"我们的君王喜好方正,因此敬重段干木。我们的君王喜好忠义,因此推崇段干木。"没过多久,秦国就想要兴兵攻打魏国,司马唐劝谏秦君说:"段干木,是贤明的人,而魏国礼敬他,天下没有不知道的,大概不可以进攻吧!"秦君认为很对,于是按兵不敢进攻魏国。魏文侯可以说是善于用兵了。曾经听说君子用兵,看不见军队的行动,而功绩已成,大概说的就是这个吧。而那些粗野之人用兵,鼓声一定要敲得像雷一样大,呼号之声撼动大地,扬起的尘土满天,射出去的箭就像雨一样,扶着受伤的,抬着死去的,踩着肠子,走过血泊,没有罪过的百姓死去之多能充满湖泽,然而国家的存亡、君王的生死却还不能料定。这离仁义也太远了吧!

【评析】

　　本文和上篇《察贤》一样,也是在说和人才有关的话题。首先讲述了捉蝉之法,一定要有火光来吸引蝉,以之为例,借以说明在黑暗之世中,人才也像蝉一样,需要有人主的贤德之光才能吸引住。而在吸引住贤才之后,其对国家的助益是很大的。就以本文所举的两个例子来看,卫国在战国已是弱不禁风,不堪一击,在强大的赵国之侧,赵国随时可以吞并它,因此赵简子说"欲伐卫十年"。然而这样危如累卵的情景,就因为卫国的十士每每劝谏赵简子,使之终其一生没能伐卫。段干木的例子也是如此,贤者之名,竟让残暴的秦国虎狼之师按兵不动,不也是很令人匪夷所思吗?可见所谓的"百无一用是书生",也并非都是如此。

审　为①

　　四曰:身者,所为②也;天下者,所以为③也。审所以为而轻重得矣。今有人于此,断首以易冠,杀身以易衣,世必惑之。是何也？冠所以饰首也，衣所以饰身也，杀所饰，要所以饰，则不知所为矣。世之走利④，有似于此。危身伤生刈⑤颈断头以徇利，则亦不知所为也。

太王亶父⑥居邠，狄人攻之，事以皮帛而不受，事以珠玉而不肯。狄人之所求者，地也。太王亶父曰："与人之兄居而杀其弟，与人之父处而杀其子，吾不忍为也。皆勉处⑦矣，为吾臣与狄人臣奚以异？且吾闻之，不以所以养害所养。"杖策而去，民相连而从之，遂成国于岐山之下。太王亶父可谓能尊生矣。能尊生，虽贵富不以养伤身，虽贫贱不以利累形。今受其先人之爵禄，则必重失之；生之所自来者久矣，而轻失之，岂不惑哉！

韩魏相与争侵地。子华子见昭釐侯，昭釐侯有忧色。子华子曰："今使天下书铭⑧于君之前，书之曰：'左手攫之则右手废，右手攫之则左手废，然而攫之必有天下。'君将攫之乎？亡其⑨不与？"昭釐侯曰："寡人不攫也。"子华子曰："甚善。自是观之，两臂重于天下也，身又重于两臂。韩之轻于天下远，今之所争者，其轻于韩又远，君固愁身伤生以忧之戚不得也？"昭釐侯曰："善。教寡人者众矣，未尝得闻此言也。"子华子可谓知轻重矣。知轻重，故论不过。

中山公子牟谓詹子曰："身在江海之上，心居乎魏阙⑩之下，奈何？"詹子曰："重生。重生则轻利。"中山公子牟曰："虽知之，犹不能自胜⑪也。"詹子曰："不能自胜则纵之，神无恶⑫乎！不能自胜而强不纵者，此之谓重伤。重伤之人，无寿类矣！"

【注释】

①审为：审察所为的目标。

②为：音 wèi，为了，表示目的。

③所以为：达到目的的手段、方法。

④走利：为利奔走。

⑤刈：割。

⑥太王亶父：周文王的祖父。

⑦勉处：勉，致力于。处，安居。

⑧铭：文体的一种。古代常刻于碑版或器物，或以称功德，或用以自警。

⑨亡其：连词。抑或，还是。

⑩魏阙：古代宫门外两边高耸的楼观，楼观下常为悬布法令之所，代指朝廷。

⑪自胜：自我克制。

⑫恶：损害。

【译文】

四曰：自身是一生所为的目的，天下则是为了保存自身的手段。审察凭借的手段，轻重得失也就知道了。现在假如有人在这里，砍断脑袋来换帽子，杀害自身来换衣服，世人一定感到疑惑。这是为什么呢？帽子是用来装饰脑袋的，衣服是用来装饰身体的，残害装饰的目标，来获取装饰的手段，就不知道到底是为了什么。世人为了利益奔走，就有像这样的。危害自身、伤害生命、割了脖颈、断了脑袋来追求利益，也是不知道到底为了什么。

太王亶父居住在邠，狄人进攻他，以毛皮丝帛事奉不接受，用珠宝美玉事奉也不肯答应。狄人所求的，是土地。太王亶父说："（如果不答应狄人对土地的要求，而和狄人作战，一定会有人死亡。）和人家的兄长居住却使他的弟弟被杀，和人家的父亲居住却使他的儿子被杀，我不忍心这样。反正都是为了安居，做我的臣民和做狄人的臣民有什么区别？而且我听说，不为了供养人的土地而残害供养的人。"他拄着手杖就离开了，民众首尾相连跟从他，于是在岐山下又形成了国家。太王亶父可以说是能尊重生命了。能尊重生命，即使富贵也不因为供养充足而伤害身体，即使贫贱也不会为了逐利而拖累身体。现在接受了先祖的爵位和俸禄，就一定会把失去爵位俸禄看得很重；生命与生俱来很久了，却把失去生命看得很轻，怎么能不疑惑呢？

韩国、魏国两国互相争夺侵略土地。子华子拜见韩昭釐侯，昭釐侯面有忧色。子华子说："现在假使天下人在您面前写一个铭文，写着：'左手拿铭文就砍去右手，右手拿铭文就砍去左手，然而只要拿了铭文就一定能拥有天下。'您会拿铭文吗？还是不拿？"昭釐侯说："我不会拿的。"子华子说："很好。从这看，双手比天下还重要，身体又比双手重要。韩国比天下轻得多，现在所争夺的东西，又比韩国轻得多，您为什么要使自身忧愁、伤害生命来担忧得不到呢？"昭釐侯说："说得好。教我的人很多了，却从没有听过像这样的话。"子华子可以说是懂得轻重利害了。懂得轻重利害，所以说的话不会错。

中山公子牟对詹子说："身体虽然在江海之上隐居了，心却还在朝廷，怎么办？"詹子说："看重生命就可以了。看重生命就会看轻利益了。"中山公子牟说："即使知道这个道理，但还是克制不了自己。"詹子说："如果不能克制自己就放纵吧，才会使精神不受损伤。不能克制自己却还强制自己不放纵，这就是所说的双重伤害了人。受了双重伤害的人，没有长寿的。"

【评析】

《吕氏春秋》包含了诸子百家之说，本文所体现的思想，就是杨朱之学。杨朱，战国初期之人，是道家杨朱学派的创始人，其主张在当时很有影响，有"天下之言不归杨则归墨"的现象。杨朱的思想主要有"贵己""重生""人人不损一毫"，这些思想在文中都有体现。

"重生"就是"身者，所为"，只有看重自身，明白最终所为的目的，才不会被"所以为"的东西所迷惑。具体到三个事例中，太王亶父"重生"，重视的是臣民的生命，不为了土地而丧失生命，而正是这种"重生"的思想,才让臣民死心塌地地跟着他。子华子劝谏韩昭釐侯的思维,也是"重生"的思想,把双手看得比天下重,杨朱曾有"拔一毛而利天下,不为也"之说,与此类似,正因为看重了自身之生,就不会为了身外之物而残害自身。詹子的话也是如此,直接说了"重生则轻利",又说"神无恶",反正就是以不伤害自己为终极目标。这种思想有一定的合理性,然而也要反省其中的个人主义,做到扬弃,合理吸取杨朱思想中的精华部分。

爱　类①

五曰:仁于他物,不仁于人,不得为仁。不仁于他物,独仁于人,犹若为仁。仁也者,仁乎其类者也。故仁人之于民也,可以便②之,无不行也。神农之教曰:"士有当年③而不耕者,则天下或受其饥矣。女有当年而不绩④者,则天下或受其寒矣。"故身亲耕,妻亲绩,所以见致民利也。贤人之不远海内之路,而时往来乎王公之朝,非以要利也,以民为务故也。人主有能以民为务者,则天下归之矣。王也者,非必坚甲利兵选卒练士也,非必隳⑤人之城郭,杀人之士民也。上世之王者众矣,而事皆不同,其当世之急、忧民之利、除民之害同。

公输般⑥为高云梯⑦,欲以攻宋。墨子闻之,自鲁往,裂⑧裳裹足,日夜不休,十日十夜而至于郢,见荆王曰:"臣北方之鄙人也,闻大王将攻宋,信有之乎?"王曰:"然。"墨子曰:"必得宋乃攻之乎? 亡其不得宋且不义犹攻之乎?"王曰:"必不得宋,且有不义,则曷为攻之。"墨子曰:"甚善。臣以宋必不可得。"王曰:"公输般,天下之巧工也,已为攻宋之械矣。"墨子曰:"请令公输般试攻之,臣请试守之。"于是公输般设攻宋之械,墨子设守宋之备。公输般九攻之,墨子九却之,不能入,故荆辍不攻宋。墨子能以术御荆免宋之难者,此之谓也。

圣王通士不出于利民者无有。昔上古龙门^⑨未开,吕梁^⑩未发,河出孟门^⑪,大溢逆流,无有^⑫丘陵沃衍^⑬平原高阜^⑭尽皆灭之,名曰"鸿^⑮水"。禹于是疏河决江,为彭蠡之障^⑯,干^⑰东土,所活者千八百国,此禹之功也。勤劳为民,无苦乎禹者矣。

匡章谓惠子曰:"公之学去尊^⑱,今又王齐王^⑲,何其到^⑳也?"惠子曰:"今有人于此,欲必击其爱子之头,石可以代之。"匡章曰:"公取之代乎? 其不与?""施取代之。子头,所重也;石,所轻也。击其所轻以免其所重,岂不可哉!"匡章曰:"齐王之所以用兵而不休,攻击人而不止者,其故何也?"惠子曰:"大者可以王,其次可以霸也。今可以王齐王而寿黔首之命,免民之死,是以石代爱子头也,何为不为?"民,寒则欲火,暑则欲冰,燥则欲湿,湿则欲燥。寒暑燥湿相反,其于利民一也。利民岂一道哉? 当其时而已矣。

【注释】

①爱类:爱同类。

②便:便利。

③当年:正当年,合适的年龄。

④绩:缉麻。把麻析成细缕捻接起来。

⑤隳:毁坏。

⑥公输般:著名工匠,春秋时期鲁国人,即鲁班。

⑦云梯:古代攻城时攀登城墙的长梯。

⑧裂:撕。

⑨龙门:山名,位于黄河河道,传说大禹凿龙门以通黄河之水。

⑩吕梁:山名,位于黄河河道,传说大禹凿吕梁以通黄河之水。

⑪出:高出。孟门:山名,在龙门、吕梁山之北。

⑫无有：无论。

⑬沃衍：肥沃平坦的土地。

⑭阜：山。

⑮鸿：大。

⑯彭蠡之障：彭蠡，即鄱阳湖。障，堤。

⑰干：使变干，意即使洪水退去。

⑱去尊：去掉尊位。

⑲王齐王：以齐王为王。

⑳到：倒，相反。

【译文】

五曰：对其他事物仁爱，却对人不仁，不能算是仁。对其他事物不仁，却能独独对人仁爱，这还能算是仁。仁爱这件事，就是要对同类之人仁爱啊。所以仁德之人对于民众，是可以使民众便利的，也就没有什么事不能做了。神农氏曾经有教令："男子在正当年的时候不耕种，那天下就可能挨饿。女子正当年却不织麻，那天下有可能受冻。"所以自身亲自耕种，妻子亲自织麻，是用来招致民众之利的方法。贤明的人不怕海内路途遥远，而时常往来于诸侯朝廷之间，并不是以之获利，而是因为把人民作为要务。君主能有把民众作为要务的，那天下就会归附他了。要称王于天下，不一定非要坚硬的铠甲，锋利的兵器，挑选训练士卒，不一定非要毁坏别人的城郭，杀害别人的臣民。上古称王的人很多了，虽然每个人具体做的事都不一样，但是他们急世人之所急、忧虑民众之利、除去民众的祸害则是一样的。

公输般为楚国制作了很高的云梯，想要攻打宋国。墨子听说了，从鲁国前往，撕了衣服裹住脚，日夜不停，十天十夜到了郢都，见到楚王说："我是北方偏远之人，听说大王将要进攻宋国，确实有这件事吗？"楚王说："是的。"墨子说："是一定能得到宋国才进攻它吗？还是得不到宋国并且还要背负不义之名也要进攻宋国？"楚王说："一定得不到宋国，且还有不义之名,为什么还要进攻呢?"墨子说:"很好。我以为宋国一定得不到。"楚王说:"公输般,是天下数一数二的能工巧匠,已经做了攻打宋国的器械了。"墨子说:"请让公输般尝试进攻,我尝试防守。"于是公输般设置了攻宋的器械,墨子设置了守宋的防备。公输般九次进攻,墨子九次击退他,公输般不能进入,所以楚国就放弃计划不攻打宋国了。墨子能靠技术使楚国免去宋国战乱,说的就是这件事啊。

圣明的君王、通达的高士没有不为民众谋利的。过去上古时候龙门、吕梁山都没有被凿开,黄河水漫过孟门,洪流四处横行,无论丘陵、沃野、平原、高山都被淹没了,当时的人叫它"鸿水"。大禹于是疏通黄河,引导长江,建造了彭蠡湖的堤坝,使东岸的洪水退去,拯救了一千八百多个国家,这就是大禹的功劳。勤劳为民的,没有比大禹更苦的了。

匡章对惠子说:"您的学问是主张去掉尊位,现在却又以齐王为王,为什么会反过来呢?"惠子说:"现在假如有这样一个人,一定想要击打自己爱子的头,但石头可以代替他……"(惠子话还没说完,)匡章就打断他说:"您是代替呢? 还是不代替呢?""我是代替的。爱子的头,是我所看重的;石头,是我所看轻的。击打看轻的来免除看重的之灾,难道不可以吗?"匡章说:"齐王不停地用兵,不住地攻击别人,是什么原因呢?"惠子说:"因为用兵功绩大的话可以称王,次一等也可以称霸。现在可以以齐王为王而保住百姓的命,免除民众之死,这就是用石头来代替爱子的头了,为什么不做呢?"民众,寒冷了就想要火,热了就想要冰,干燥了就想要潮湿,潮湿了就想要干燥。寒暑干湿都是相反的,但在能够便利民众上是一样的。便利民众怎么会有一定的方法呢? 只不过要符合当时的情况罢了。

【评析】

如果说上篇主要来源于杨朱之学的"重生"思想,那这篇则近似于墨家的"兼爱"之说。正如在前篇赏析中提到的"天下之言不归杨则归墨",杨朱之学和墨学是当时的两大显学,而著者在编排时,先后将涉及杨朱之学的"重生"和墨学的"兼爱"放在一起,恐怕也是深受这句话影响的。

那为什么说本文体现了墨家"兼爱"的思想呢?首先,本文将仁解释为"仁乎其类者",也就是对同类人都要仁爱,这就近似于墨家的"兼爱"了。因为在先秦,对仁爱的阐发,对立较为严重的是儒家和墨家。儒家主张有差别的仁爱,和自己越亲近的人爱得越多。而墨家则主张兼爱,对天下人都应该是无差别的爱。本文中对仁爱的解释选择了后者。其次,本文还选了《墨子·公输》中墨子赴楚救宋的故事。此外,大禹治水也是墨家所津津乐道的故事。因此,说本文和墨家的"兼爱"有关,恐怕是不为过的。

贵　卒①

六曰:力贵突②,智贵卒。得之同则速为上,胜之同则湿③为下。所为贵骥者,为其一日千里也,旬日④取之,与驽骀⑤同。所为贵镞矢⑥者,为其应声而至,终日而至,则与无至同。

吴起谓荆王曰:"荆所有余者,地也;所不足者,民也。今君王以所不足益所有余,臣不得而为也。"于是令贵人往实广虚之地,皆甚苦之。荆王死,贵人皆来,尸在堂上,贵人相与射吴起。吴起号呼曰:"吾示子吾用兵也。"拔矢而走,伏尸插矢而疾言曰:"群臣乱王,吴起死矣!"且荆国之法,丽⑦兵于王尸者,尽加重罪,逮⑧三族。吴起之智,可谓捷矣。

齐襄公即位,憎公孙无知,收其禄。无知不说,杀襄公。公子纠走鲁,公子小白奔莒。既而国杀无知,未有君,公子纠与公子小白皆归,俱至,争先入公家。管仲扜⑨弓射公子小白,中钩⑩。鲍叔御⑪公子小白僵⑫。管子以为小白死,告公子纠曰:"安之,公子小白已死矣!"鲍叔因疾驱先入,故公子小白得以为君。鲍叔之智应射而令公子小白僵也,其智若镞矢也。

周武君使人刺伶悝于东周,伶悝僵,令其子速哭曰:"以谁刺我父也?"刺者闻,以为死也。周以为不信,因厚罪之。

赵氏攻中山,中山之人多力者曰吾丘鸩,衣铁甲、操铁杖以战,而所击无不碎,所冲无不陷,以车投车,以人投人也。几至将所而后死⑬。

【注释】

①卒:通"猝",敏捷。

②突:突然,出其不意。

③湿:迟缓。

④旬日:十天。

⑤驽骀:劣马。

⑥镞矢:箭。

⑦丽:附着。

⑧逮:及。

⑨扜:挽,张。

⑩钩:衣带钩。

⑪御:使。

⑫僵:仰倒。

⑬几至将所而后死:差不多到了赵军将领所在的地方然后死掉了。指力量即使强大,也仍不免于死,强调"力贵突"而不在大。

【译文】

六曰:用力贵在突发,用智贵在敏捷。要得到的东西相同,速度快的就占上风;同样是战胜对手,迟缓的就占下风。看重骏马的原因,就在于一日能行千里,如果要十天才能到达,和劣马也就一样了。看重箭矢的原因,就在于它随着发箭的声音就能达到,如果到一天才能到,和没有到达也就一样了。

吴起和楚王说："楚国多的东西，是土地；不够的东西，是百姓。现在君王您用不足的百姓去征战增加多余的东西，我不知道这是为了什么。"于是命令贵族去充实广袤而空旷的土地，那些人都为之感到辛苦。楚王死了，贵族都来了，而楚王的尸体还在堂上，贵族接连射吴起。吴起呼号着说："我让你们看看我是怎么用兵的。"拔下箭就跑到堂上，趴在楚王尸体上把箭插在尸体上大声说："群臣作乱，我吴起要死了！"楚国的法令，兵器碰到楚王尸体的，都要加以重罪，连坐三族。吴起的智谋，可以说是敏捷了。

齐襄公即位，憎恶公孙无知，夺去了他的俸禄。公孙无知不高兴，杀了襄公。公子纠就去了鲁国，公子小白就奔去了莒国。没多久，国人杀了公孙无知，因国家没有君主，公子纠和公子小白就回来，一起到齐国，争着先要进入公室。管仲拉弓搭箭射公子小白，射中了小白的衣带钩。鲍叔就让小白假装被射中而仰倒。管仲以为小白死了，就告诉公子纠说："安心吧，公子小白已经死了。"鲍叔因此快速驾车先进入了齐国，所以小白才得以成为君主。鲍叔的智谋随着箭射过来时就能让公子小白仰倒，这智谋也和箭矢一样快了吧！

周武君派人去东周刺杀伶悝，伶悝仰倒了，让他的儿子赶快哭着说："到底是谁刺杀了我的父亲啊？"刺杀的人听见了，以为伶悝死了。（而最后伶悝没死，）周武君认为刺客说话不诚实，就重重地罚他。

赵国进攻中山国，中山国有一个大力士叫吾丘鸠，穿着铁甲、挥舞着铁杖战斗，被他击中的没有不粉碎的，被他冲击的没有不陷落的，举起车就投向敌人的车，举起人就投向敌人的士卒。即使这样，但差不多到了赵军将领所在的地方，还是死掉了。

【评析】

贵卒，赞美的是那些能够在危急的情况下随机应变的人。这样的人才虽然并非一定需要，然而却能在关键的时刻起到意想不到的效果。比之于饮食，这样的人才不像米饭、面一样是主食，每顿必备，甚至都不是蔬菜瓜果,不可缺少。然而却可以比之为鸡精,只要在关键时刻一用,便能使整顿菜肴增色不少。

历史上这样随机应变的例子还有不少。比如刘邦就有过一次。刘邦与项羽在正面战场对抗,派韩信去进攻齐地。韩信果然占据了齐国七十二城,成为刘、项之外第三股举足轻重的力量,可以左右局面了。而刘邦当时又陷入了被动,多次发信希望韩信能出兵相助,可韩信却据齐自守,不肯出兵。正当刘邦焦急之时,韩信忽然来信,希望刘邦能封他做"假齐王",即代理齐王。刘邦当着韩信使者之面看到信之后立马大怒,准备破口大骂,张良马上踢了刘邦一脚,刘邦登时明白当时还不能得罪韩信,于是依然用骂人的语气说道:"大丈夫南征北战平定如此之多的疆土城邑,要当王就当个真王,干吗要当假王?真是没出息!"随后封韩信做了齐王,韩信才出兵攻楚,最终刘邦得了天下。随机应变也算是刘邦能战胜项羽的一个个人因素吧。

慎行论第二

慎　行

一曰：行不可不孰①。不孰，如赴深溪，虽悔无及。君子计行虑义，小人计行其②利，乃不利。有知不利之利者，则可与言理矣。

荆平王③有臣曰费无忌，害④太子建，欲去之。王为建取妻于秦而美，无忌劝王夺。王已夺之，而疏太子。无忌说王曰："晋之霸也，近于诸夏，而荆僻也，故不能与争。不若大城城父⑤而置太子焉，以求北方，王收南方，是得天下也。"王说，使太子居于城父。居一年，乃恶⑥之曰："建与连尹⑦将以方城⑧外反。"王曰："已为我子矣，又尚奚求？"对曰："以妻事怨，且自以为犹宋也⑨，齐、晋又辅之，将以害荆，其事已集矣。"王信之，使执连尹，太子建出奔。左尹⑩郤宛，国人说之，无忌又欲杀之，谓令尹子常曰："郤宛欲饮令尹酒。"又谓郤宛曰："令尹欲饮酒于子之家。"郤宛曰："我，贱人⑪也，不足以辱⑫令尹。令尹必来辱，我且何以给待之？"无忌曰："令尹好甲兵，子出而置之门，令尹至，必观之，已，因以为酬⑬。"及飨⑭日，惟⑮门左右而置甲兵焉。无忌因谓令尹曰："吾几祸令尹。郤宛将杀令尹，甲在门矣。"令尹使人视之，信⑯，遂攻郤宛，杀之。国人大怨，动作者莫不非令尹。沈尹戌⑰谓令尹曰："夫无忌，荆之谗人也，亡夫太子建，杀连尹奢，屏王之耳目，今令尹又用之，杀众不辜，以兴大谤，患几及令尹。"令尹子常曰："是吾罪也，敢不良图。"乃杀费无忌，尽灭其族，以说其国。动而不论其义，知害人而不知人害己也，以灭其族，费无忌之谓乎！

崔杼与庆封谋杀齐庄公，庄公死，更立景公，崔杼相之。庆封又欲杀崔杼而代之相，于是椓⑱崔杼之子，令之争后⑲。崔杼之子相与私哄，崔杼往见庆封而告之。庆封谓崔杼曰："且留，吾将兴甲以杀之。"因令卢满嫳兴甲以诛之。尽杀崔杼之妻子及枝属⑳，烧其室屋，报崔杼曰："吾已诛之矣。"崔杼归无归，因而自绞也。庆封相景公，景公苦之。庆封出猎，景公与陈无宇、公孙灶、公孙蛮诛封。庆封以其属斗，不胜，走如鲁。齐人以为让㉑，又去鲁而如吴，王予之朱方。荆灵王闻之，率诸侯以攻吴，围朱方，拔之，得庆封，负之斧质㉒，以徇㉓于诸侯军，因令其呼之曰："毋或如齐庆封，弑其君而弱㉔其孤，以亡㉕其大夫。"乃杀之。黄帝之贵而死，尧舜之贤而死，孟贲之勇而死，人固皆死。若庆封者，可谓重死㉖矣，身为僇㉗，支属㉘不可以见㉙，行忮㉚之故也。凡乱人之动也，其始相助，后必相恶。为义者则不然，始而相与，久而相信，卒而相亲，后世以为法程㉛。

【注释】

①孰：同"熟"，深思熟虑。

②其：通"期"，期望。

③荆平王：即楚平王，春秋时期楚国国君，名熊居，公元前528年至前516年在位。

④害：畏惧，嫉恨。

⑤城父:楚国北部靠近边境的城邑。

⑥恶:诋毁。

⑦连尹:官名。

⑧方城:楚国北部要塞。

⑨自以为犹宋也:自认为是像宋国一样独立的国家。

⑩左尹:官名,位次于令尹。

⑪贱人:自己的谦称。

⑫辱:委婉的说法,意为令尹来喝酒是辱没了令尹的身份。

⑬酬:劝酒,敬酒。

⑭飨:宴饮。

⑮帷:通"帷",设置帷幕。

⑯信:确实。

⑰沈尹戍:沈地的长官,名戍。

⑱椓:挑拨。

⑲争后:争立为后嗣。

⑳枝属:宗族亲属。

㉑让:责备。

㉒斧质:刑具。

㉓徇:宣示于众。

㉔弱:欺凌。

㉕亡:作"盟"。盟大夫,强行和大夫结盟,使之顺从自己。

㉖重死:双重死,被杀是一死,死前又被楚王侮辱,又是一死。

㉗僇:即"戮"。

㉘支属:即"枝属"。

㉙见:当作"完",保全。

㉚忮:嫉妒。

㉛法程:法度。

【译文】

一曰：行事不可以不熟思。不熟思，就好像奔赴深谷，即使后悔也来不及了。君子在计划行动时考虑的是道义，小人计划行动时期望的则是利益，结果反而不利。如果有知道不图谋利益的好处的人，就可以和他谈论道理了。

楚平王有个臣子叫费无忌，嫉恨太子建，想要除掉他。平王为太子建在秦国娶了个妻子而且很美丽，费无忌劝平王自己夺了。平王夺了太子的妻子，并疏远了太子建。费无忌劝说平王："晋国称霸的原因，是它靠近中原各国，而楚国偏僻，所以不能和它相争。不如多多修筑城父，而把太子放在那里，来谋求北方，大王您收取南方，这就可以得天下了。"平王很高兴，就让太子居住在城父。居住了一年，费无忌就诋毁说："太子建和连尹将要依据方城以外谋反。"平王说："都已经是我儿子了，他还要求什么呢？"费无忌回答说："以夺妻之事怨恨您，又自以为是像宋国那样独立的国家，齐国、晋国又帮助他，将要损害楚国，他的事情都准备得差不多了。"平王就相信了他的话，让人抓了连尹，太子建就出逃了。左尹郤宛，国人都很喜欢他，费无忌又想要杀害他，就对令尹子常说："郤宛想要请您喝酒。"又对郤宛说："令尹想要来你家喝酒。"郤宛说："我，是个低下的人，本不足以辱没令尹来我家喝酒。如果令尹一定要来的话，我又该怎么接待他呢？"费无忌说："令尹喜欢铠甲、兵器，你拿出来放在门口，令尹来了，一定要看，结束了，再宴请令尹。"到了宴饮的那天，把门左右设置了帷幕，放置了铠甲、兵器。费无忌趁机对令尹说："我几乎要祸害令尹了。郤宛将要杀害令尹啊，铠甲都在门口了。"令尹派人去看，确实如此，遂攻打郤宛，杀了他。国人因此怨气很大，没有不非议令尹的。沈尹戌对令尹说："费无忌这个人，是楚国进谗言的人，使太子建逃亡，杀连尹奢，屏除了大王的耳目，现在令尹您又用他，杀了很多无辜的人，从而引来了很多诽谤，祸患马上就要到令尹您这儿了。"令尹子常说："这是我的罪过啊，怎么敢不做好的图谋？"于是杀了费无忌，灭了他的族人，来使国人高兴。有所行动却不论是否符合道义,知道害人却不知道最终会害己,导致灭了族,说的就是费无忌吧!

　　崔杼和庆封图谋杀了齐庄公,庄公死了,又立了景公,崔杼做国相。庆封又想要杀害崔杼从而代替他做国相,于是挑拨崔杼的儿子们,让他们争夺成为后嗣的位子。崔杼的儿子互相之间私自哄斗,崔杼前往见庆封,告诉他这件事。庆封对崔杼说:"你暂且留在这里,我马上带甲士去杀了他们。"接着命令卢满嫳发动甲士去诛杀他们。把崔杼的妻子、儿子和宗族亲属都杀光了,烧了他的房屋,回报崔杼说:"我已经杀了他们了。"崔杼无家可归,就自缢而死了。庆封做了景公的国相,景公为之感到苦恼。庆封外出打猎,景公和陈无宇、公孙灶、公孙虿准备诛杀庆封。庆封靠着他的属下争斗,没能战胜景公,逃到了鲁国。齐国人因之责备鲁国,庆封又离开鲁国前往吴国,吴王给了他朱方这个地方。楚灵王听说了这件事,率领诸侯攻打吴国,围住了朱方,攻下了它,抓获了庆封,让他背上刑具,遍示诸侯,并让他呼喊:"不要像齐国的庆封一样,杀了他的君主,还欺凌留下来的孤儿,强迫大夫同盟以顺从他。"接着杀了他。黄帝如此尊贵,不免死去;尧舜如此贤明,不免死去;孟贲如此勇敢,也不免死去,人都是要死的啊。像庆封这样的人,可以说是双重死了啊,自身被戮,宗族不能保全,都是心存嫉妒的缘故啊。大凡作乱之人的行动,开始都是互相帮助,之后一定会互相憎恶。懂得道义的人就不一样,开始是互相帮助,久了之后就互相信任,最后能互相亲近,后世都会把这个当作法则。

【评析】

　　《左传》开篇就记载了一个和本文两个例子相似的事情,说的是郑庄公的母亲偏爱自己的小儿子共叔段而不喜欢庄公,便为共叔段向庄公要了险要的城邑,共叔段来到封地,就开始拉拢其他城邑,一步步壮大自己。庄公对此了如指掌却一忍再忍,直到最后共叔段公然反叛,才出兵打败了他,使共叔段出奔外国。在此期间,庄公说了句流传千年的话——"多行不义必自毙"。本文显然也在围绕这句话展开,试图说明这个道理。

像费无忌这样的阴险毒辣,靠着两边挑拨而达到自己目的的小人,历朝历代都有很多,即使在现在的生活中,其实也有不少。而这类人的隐蔽性又很强,危害性也很大。因此,读了本文,认识了费无忌的厉害,不妨多一个心眼,所谓"害人之心不可有,防人之心不可无"。

而对崔杼与庆封的故事,最好的诠释莫过于"凡乱人之动也,其始相助,后必相恶。为义者则不然,始而相与,久而相信,卒而相亲,后世以为法程"之语。交友结朋务必有个好心眼,一起为不义之事的,必定有不义之心,势必互相侵害。而与之相反,能在一起讨论符合道义之事,必是讲求道义之人,最后才是能相信、相亲之人。

无 义

二曰:先王之于论也极之矣,故义者百事之始也,万利之本也。中智之所不及也,不及则不知,不知趋利,趋利固不可必也。公孙鞅、郑平、续经、公孙竭是已。以义动则无旷事①矣。人臣与人臣谋为奸,犹或与②之,又况乎人主与其臣谋为义,其孰不与者?非独其臣也,天下皆且与之。

公孙鞅③之于秦,非父兄也,非有故也,以能④用也,欲埋之责⑤,非攻无以,于是为秦将而攻魏。魏使公子卬将而当之。公孙鞅之居魏也,固善公子卬,使人谓公子卬曰:"凡所为游而欲贵者,以公子之故也。今秦令鞅将,魏令公子当之,岂且忍相与战哉?公子言之公子之主,鞅请亦言之主,而皆罢军。"于是将归矣,使人谓公子曰:"归未有时相见,愿与公子坐而相去别也。"公子曰:"诺。"魏吏争之曰:"不可。"公子不听,遂相与坐。公孙鞅因伏卒与车骑以取公子卬。秦孝公薨,惠王立,以此疑公孙鞅之行，欲加罪焉。公孙鞅以其私属与母归魏，襄疵⑥不受，曰："以君之反公子卬也，吾无道知君。"故士自行不可不审也。

郑平于秦王，臣也；其于应侯⑦，交也。欺交反主⑧，为利故也。方其为秦将也，天下所贵之无不以者，重也。重以得之，轻必失之。去秦将，入赵魏，天下所贱之无不以也，所可羞无不以也。行方可贱可羞，而无秦将之重，不穷奚待！

赵急求⑨李欬。李言、续经与之俱如卫，抵公孙与。公孙与见而与入。续经因告卫吏使捕之，续经以仕赵五大夫。人莫与同朝，子孙不可以交友。

公孙竭与⑩阴君⑪之事，而反告之樗里相国⑫，以仕秦五大夫。功非不大也，然而不得入三都⑬，又况乎无此其功而有行乎？

【注释】

①旷事：做不成的事。

②与：音 yù，赞成。

③公孙鞅：即商鞅。

④以能：凭借才能。

⑤堙之责：堙责，即尽职尽责。堙，填。

⑥襄疵：魏人，魏惠王时为邺令。

⑦应侯：范雎，魏人，为秦国国相，因封于应地，故称为应侯。

⑧欺交反主：郑平经范雎推荐为秦将进攻赵国，结果兵败降赵，降赵即是反主。而按照秦国法令，被推荐之人犯罪，推荐之人要连坐，这便是欺交。

⑨求：搜捕。

⑩与：参与。

⑪阴君:谋害君主。

⑫樗里相国:秦国人,秦武王、秦昭王时为秦相国。

⑬三都:卫、赵、魏三国国都。

【译文】

二曰:先王对于道义的讨论很透彻了,所以道义是做所有事情的出发点,也是所有利益的根本。中等聪明的人是达不到的,达不到也就不能说聪明,不聪明还要去追求利益,追求利益也就达不到了。公孙鞅、郑平、续经、公孙竭就是这样的人。如果按照道义来做事就没有什么做不成的。臣子和臣子谋划作奸犯科,还有人会赞同,何况君主和臣子谋划做符合道义的事,谁能不赞同呢? 不仅仅是他的臣子会赞同,天下也都会赞同的。

公孙鞅对于秦国,并非父兄一类的秦国宗室,也不是在秦国有旧交,是凭借才能而被任用,想要对秦国尽职尽责,除了进攻他国,没有其他的办法,于是作为秦将进攻魏国。魏国让公子卬为将来抵挡他。公孙鞅居住在魏国时,本来就与公子卬交好,派人对公子卬说:"我出游秦国并图求显贵,都是因为公子啊。现在秦国命令我为将领,魏国让公子您抵挡,怎么能忍心互相作战呢? 请公子和您的君主说,我也和我的君主说,都罢兵吧。"于是都要回去了,公孙鞅又派人对公子卬说:"回去之后也就没有机会相见了,想要和公子坐一坐再离去。"公子卬说:"好的。"魏国的官吏都争着说:"不可以。"公子卬不听,于是和公孙鞅坐在一起见面了。公孙鞅趁机埋伏下士卒和车马抓住了公子卬。等到秦孝公去世,秦惠王继位,因为这次事件怀疑公孙鞅的品行,想要加罪于公孙鞅。公孙鞅领着他的属下和母亲逃归魏国,襄疵不接受,说:"因为您背叛了公子卬,我无从知道您是什么人了。"所以士人对自己的行为不可以不审慎。

郑平对于秦王,是臣子;对于范雎,是朋友。他却欺骗了朋友,背反了君主,都是为了利益啊。当他做秦将时,天下尊贵显耀的事情没有不可以做的,是因为位高权重。在位高权重时得到,必然在人微权轻时失去。不做秦将，进入赵国、魏国，天下认为轻贱的事情没有一件不做的，天下认为羞耻的事情没有不做的。行为到了轻贱羞耻的地步，又没有了秦将的重位，不穷困还等什么！

赵国紧急搜捕李歆。李言、续经和他一起到了卫国，到公孙与家。公孙与见了之后就留下了。续经就告诉卫国的官吏让他们来抓捕李歆，因为这件事续经成为了赵国的五大夫。但没有人愿意和他同朝为官，并告诫子孙不要和他做朋友。

公孙竭参与了阴谋图害君主的事情，却反过来告诉了樗里相国，凭这成了秦国的五大夫。公孙竭的功劳不可以说不大，然而却不能进入卫、赵、魏三国国都，又何况那些没有公孙竭那样的功劳却有那样行为的人呢？

【评析】

本文以"无义"为题，紧接上一篇"慎行"，讨论不按道义做事的危害。全文以四个事例串联而成，恰如一幅警示的展览图，为为人处事敲响了警钟。

对于商鞅的事例，虽然秦惠王继位后想要加罪于商鞅，肯定不会是因为他当年使诈抓了公子卬，但商鞅的死，毫无疑问和变法有关。而作者之所以将两事联系起来，无非是要说明行不义之事和因果报应。商鞅为了能在秦国立功，利用老友的信任抓住了公子卬，确实是很为人不齿的。而郑平、续经、公孙竭的三个例子也是如此，都是为了自己的利益而出卖了朋友、背叛了君主，最终却也都没有得到什么好下场。

通过四个事例，其实可以看出本文的重点在"义利之辨"，也就是在利益和道义之间该如何抉择。本文所举的四个人，都是为了一己之私利而违背了道义。然而最终却逃不了被杀、"可贱可羞""不可以交友"的下场，到底没有通过违背道义而获得私利。因此，当我们也面临类似抉择时，便要以此四人为鉴，考虑长久之利，不要为眼前的蝇头小利而丧失了道义，最终身败名裂！

疑　似

三曰：使人大迷惑者，必物之相似也。玉人之所患，患石之似玉者。相剑者之所患，患剑之似吴干①者。贤主之所患，患人之博闻辩言②而似通者。亡国之主似智，亡国之臣似忠。相似之物，此愚者之所大惑，而圣人之所加虑也，故墨子见歧道而哭之③。

周宅酆、镐④近戎人，与诸侯约，为高葆⑤祷于王路⑥，置鼓其上，远近相闻，即戎寇至，传鼓相告，诸侯之兵皆至，救天子。戎寇当至，幽王击鼓，诸侯之兵皆至，褒姒⑦大说，喜之。幽王欲褒姒之笑也，因数击鼓，诸侯之兵数至而无寇。至于后戎寇真至，幽王击鼓，诸侯兵不至，幽王之身乃死于丽山之下，为天下笑。此夫以无寇失真寇者也。贤者有小恶以致大恶。褒姒之败，乃令幽王好小说以致大灭，故形骸相离，三公九卿出走。此褒姒之所用死，而平王⑧所以东徙也，秦襄、晋文之所以劳王劳而赐地也⑨。

梁⑩北有黎丘部，有奇鬼焉，喜效人之子侄昆弟之状。邑丈人有之市而醉归者，黎丘之鬼效其子之状，扶而道苦之⑪。丈人归，酒醒而诮⑫其子曰："吾为汝父也，岂谓不慈哉？我醉，汝道苦我，何故？"其子泣而触地⑬曰："孽⑭矣！无此事也。昔也往责⑮于东邑，人可问也。"其父信之，曰："嘻！是必夫奇鬼也！我固尝闻之矣。"明日端⑯复饮于市，欲遇而刺杀之。明旦之市而醉，其真子恐其父之不能反也，遂逝⑰迎之。丈人望其真子，拔剑而刺之。丈人智惑于似其子者，而杀于真子。夫惑于似士者，而失于真士，此黎丘丈人之智也。疑似之迹，不可不察，察之必于其人也。舜为御,尧为左,禹为右⑱,入于泽而问牧童,入于水而问渔师,奚故也? 其知之审也。夫孪子之相似者,其母常识之,知之审也。

【注释】

①吴干:指春秋时吴人干将所铸名剑,其名即为"干将"。

②辩言:能说会道。

③见歧道而哭之:因为歧路相似,很容易让人疑惑而不知该如何选择,于是为之哭泣。

④周宅酆、镐:宅,居住。酆,周文王时周朝国都。镐,周武王时国都。

⑤葆:通"堡",小城。

⑥王路:大路。

⑦褒姒:周幽王的宠妃。

⑧平王:名宜臼,周幽王子。周幽王死后,平王为了躲避戎人,东迁到洛邑,是为东周。

⑨秦襄:秦襄公,公元前777年至前766年在位。晋文:晋文侯,公元前780年至前746年在位。劳王劳而赐地也:秦襄公和晋文侯在周平王东迁过程中都出力,因此获赐土地。

⑩梁:国名。

⑪苦之:使之受苦,意即折磨他。

⑫诮:责备。

⑬触地:磕头。

⑭孽:妖孽。

⑮责:讨债。

⑯端:故意。

⑰逝:往。

⑱御、左、右:春秋时一辆车上共三人,分别为"御",即赶车之人,位

于车中。而车左边是最尊贵之人,一般是一车之主。车的右边是负责保卫的人。

【译文】

三曰:使人非常迷惑的,一定是事物之间相似的东西。玉工所担心的,是那些石头里面像玉的。而相剑的人所担心的,是那些像干将一样的剑。而贤主的忧患,则在于那些博闻善言而看似通达事理(但实际上并非如此)的人。亡国的君主看起来好像很聪明,亡国的臣子看起来好像很忠诚。对于相似的事物,正是对于愚昧之人很大的疑惑,而圣人也需要多加考虑的,所以墨子看见歧路之后才会痛哭。

周朝开始定都在酆、镐,都靠近戎人,于是和诸侯约定,在大路上建一些高大的小城堡,并在上面设置了鼓,远近都能听到,等戎寇到了,就击鼓传递互相告诉,这样诸侯的兵就都能到了,可以救援天子。戎寇曾经来过,周幽王击鼓,诸侯的军队都来了,褒姒看了很高兴,喜欢这种做法。周幽王想要看见褒姒笑,就多次击鼓,诸侯的军队多次来了却没有戎寇。等到后来戎寇真的来了,周幽王再次击鼓,诸侯的军队也就不来了,周幽王于是身死于丽山,被天下所耻笑。这就是因为屡次击鼓却没有戎寇而到真有戎寇时却耽误了。贤明的人还会因为小恶而招致了大恶。褒姒败坏国事,于是使得幽王为了讨得褒姒的小愉悦而招致了大灭亡,所以导致形体和骸骨分离,三公九卿离开。这也就是褒姒身死,平王东迁,秦襄公、晋文侯勤王受赐土地的原因啊。

梁国北部有个叫黎丘部的地方,有个奇鬼,喜欢模仿别人子侄兄弟的外貌。乡里面有个去集市喝酒而醉着回来的老人,这个黎丘鬼就变成了老人儿子的样子,扶着老人折磨他。老人回来了,等酒醒之后就责备他的儿子说:"我是你父亲,难道还不算慈爱吗?我醉了,你在路上折磨我,是为什么?"他儿子哭着磕头说:"肯定是妖孽作祟。我并没有做这事啊。昨天我去东边乡里要债,你可以去问问他们。"他的父亲相信了,说:"咦!那一定是那个奇鬼了。我早就听说了。"准备第二天再故意到集市上喝酒,想要遇到之后刺杀奇鬼。第二天早晨到了集市喝醉了,他真正的儿子怕父亲不能回来,于是前往去迎接父亲。老人看见了自己真正的儿子,拔出剑就向他刺去。老人被像他儿子的奇鬼所迷惑了,而杀死了自己的真儿子。而那些被像是贤士的人所迷惑的君主,也往往会失去真正的贤士,这就和黎丘老人的情况是一样的啊。对于相似的迹象,不可以不考察,而考察这种情况,一定要找到合适的人。舜做车夫,尧在车左,禹在车右,(即使三个都已经是非常贤明的人了,)但是进入草泽还要问牧童,到了水边还要问渔夫,这是为什么呢? 因为牧童和渔夫了解这里的情况啊。而孪生子如此相似,他们的母亲也都能认出来,也是因为很了解情况啊。

【评析】

本文在"慎行"的统领之下,继续讨论了要"慎行"的又一个原因,那就是"使人大迷惑者,必物之相似也"。正因为相似的事物容易使人迷惑,所以在做事时才需要"慎行"。本文讲的就是两个因为不能辨析相似之事物而造成恶果的事例。

对于一国之君,如果不能辨析相似之事,而把一件小事,如为了博美人一笑误当作一件大事来做,就会"以无寇失真寇者",而"有小恶以致大恶",引来的只能是一系列痛心疾首的恶果。而对于一个普通人,如果不能辨析相似之事,往往会在生活中犯下各种大大小小的错误,会把恶当作善,会把坏人当作好人。小一点的会破财,而大了可能就会如文中老人一样杀了自己的儿子。因此,对于生活中形形色色的相似现象,我们要学会辨析。

而作者也在文章末尾提出相应的辨析方法,那就是多问"知之审"者。贤明如尧、舜、禹,也会有自己不熟悉的领域,不可能面面俱到。而当处于这种自己不擅长的领域时,就应该多问问业内人士,哪怕是地位悬殊,也要"不耻下问",因为这些人"知之审",只有很了解情况,才能辨析那些相似的东西。而这一点,也恰是很多人都缺乏的。

壹　行①

四曰：先王所恶，无恶于不可知②。不可知则君臣、父子、兄弟、朋友、夫妻之际③败矣。十际皆败，乱莫大焉。凡人伦以十际为安者也，释十际则与麋鹿虎狼无以异，多勇者则为制耳矣。不可知则知无安君、无乐亲矣，无荣兄、无亲友、无尊夫矣。

强大未必王也，而王必强大。王者之所借④以成也何？借其威与其利。非强大则其威不威，其利不利。其威不威则不足以禁也，其利不利则不足以劝⑤也，故贤主必使其威利无敌，故以禁则必止，以劝则必为。威利敌⑥，而忧苦民、行可知者王。威利无敌，而以行不知者亡。小弱而不可知，则强大疑之矣。人之情不能爱其所疑，小弱而大不爱则无以存。故不可知之道，王者行之，废；强大行之，危；小弱行之，灭。

今行者见大树，必解衣悬冠倚剑而寝其下。大树非人之情亲知交也，而安之若此者，信也。陵上巨木，人以为期⑦，易知故也。又况于士乎？士义可知故也，则期为必矣。又况强大之国？强大之国诚可知，则其王不难矣。

人之所乘船者，为其能浮而不能沉也。世之所以贤君子者，为其能行义而不能行邪辟也。

孔子卜，得贲⑧。孔子曰："不吉⑨。"子贡曰："夫贲亦好矣，何谓不吉乎？"孔子曰："夫白而白，黑而黑，夫贲又何好乎？"故贤者所恶于物，无恶于无处⑩。

夫天下之所以恶，莫恶于不可知也。夫不可知，盗不与期，贼不与谋。盗贼大奸也，而犹所得匹偶，又况于欲成大功乎？夫欲成大功，令天下皆轻劝⑪而助之，必之士可知。

【注释】

①壹行：言行一致。

②不可知：指变化无常，不可琢磨。

③际：界限，准则，规范。

④借：凭借。

⑤劝：劝勉。

⑥敌：匹敌、相当。

⑦以为期：用来作为约定见面的地方。

⑧贲：《周易》六十四卦之一。

⑨不吉：贲卦有斑驳不纯、纹饰之义，与本文所倡导的"壹行"相悖，故说为不吉。

⑩无处：不能审察、分辨。

⑪轻劝：轻，迅猛。劝，努力。

【译文】

四曰：先王所厌恶的，没有超过不可为人知晓、令人难以捉摸的了。行为不可察知，则君臣、父子、兄弟、朋友、夫妻之间的界限准则也就败坏了。如果这十种人际关系都败坏了，祸乱没有比这更大的了。大凡人伦都是依靠这十种关系得以安定的，不要这十种关系也就和麋鹿虎狼等动物没有区别了，只要是武力强盛就可以统治了。行为不可察知，就不能使君位安定，不能使双亲快乐，不能使兄弟荣耀，不能使朋友感到亲近，不能使丈夫感到尊贵了。

强大不一定能称王于天下，但称王于天下一定要强大。王者是凭借什么取得成功的呢？凭借威势和利益。如果不强大，那君王的威势就没有作用，给予别人的利益也没有作用。威势没有作用就不足以令行禁止，给予别人的利益没有作用就不足以劝勉大家做事，所以贤明的君主一定让他的威势和利益足以匹敌，所以才能令行禁止，劝勉民众就一定能做事。威势和利益足以匹敌，而又能为民众担忧，行为可以被察知的就能称王于天下。威势和利益不足以匹敌，而行为又不可被察知的就要灭亡。小国弱国的行为不专一，不可被察知，强大的国家就会怀疑它。人之常情都不会爱所猜疑的对象，本就是小弱之国而强大的国家又不爱惜就没办法存活了。所以不可被察知这种行为，如果是王者做了，就会衰落；强大之国做了，就会有危险；小弱之国做了，就会灭亡。

现在有路上的行人看见了大树，一定会来到树下，脱下衣服，挂上帽子，把宝剑靠在树边，躺在树下休息。大树并不是人的至亲故交，人却能在树下如此安然，是因为大树值得信赖。高山上的大树，人们常作为约定见面的地点，是因为容易看见。又何况士人呢？士人的道义容易被知道，也就会成为他人所期许的了。那又何况于强大的国家呢？强大的国家如果也能容易被察知，那么称王于天下就不难了。

人们之所以乘船，是因为它能漂浮而不会沉下去。世人之所以认为君子贤明，是因为他能施行道义而不会做出邪僻之事啊。

孔子占卜，得到了贲卦。孔子说："这不吉利啊。"子贡说："那贲卦里面也有说好的地方，怎么说不吉利呢？"孔子说："白色就该纯是白色，黑色就该纯是黑色，而像贲卦这样斑驳不纯又有什么好的呢？"所以贤明的人厌恶的事物，没有超过不能被察知的。

天下之人所厌恶的，没有超过不可被察知的。行为不可被察知，小偷也不会和他搭伙，强盗也不会和他同谋。盗贼都是大奸大恶之人，尚且还要寻找合适的同伙，何况那些想要成功的人呢？想要成就大功业，让天下人都能竞相努力来帮助自己，一定要依赖士人的诚信可知。

【评析】

文言中的"壹"和"贰"，绝非仅指数字那么简单，而往往被赋予了更多的内涵。因为"壹"首先指数字一，只有一个，因此很自然地具有了"专一"的引申义。本文所说的"壹行"，就是用了这个义项。同样地，"贰"，因为首先指数字二，不只一个，便被引申为了"不专一"。与"壹行"相对，有了所谓的"贰行"。

　　而如何理解"壹行"，不妨从与之相对的"贰行"开始。《诗经·邶风·氓》讲的是一个女子嫁入夫家之后，刚开始还能夫妻恩爱，可时间一长，丈夫就开始外出寻花问柳。此处有一句"女也不爽，士贰其行"，说的就是男子不专一的行为，称之为"贰行"。与之相对，就可以把那些对爱人专一的行为称为"壹行"了。

　　结合本文，"壹行"的特点就是"可知"，"贰行"的特点就是"不可知"。显然，行为专一，只做一件事，自然很容易被人了解、知道；而如果同时做很多件事，外人自然就不明白你究竟是为了什么。而关于"壹行"与"可知"，"贰行"与"不可知"的重要性与利害关系，在文中已论述很多了。简言之，"可知"之人容易被人信任，就如所乘之船和能栖息之大树；而"不可知"之人，连大奸大恶的盗贼都不会与之为伍，怎能不令人深思！

求　人

　　五曰：身定、国安、天下治，必贤人。古之有天下也者，七十一圣。观于《春秋》，自鲁隐公以至哀公十有二世，其所以得之，所以失之，其术一也：得贤人，国无不安，名无不荣；失贤人，国无不危，名无不辱。先王之索贤人，无不以也。极卑极贱，极远极劳。虞用宫之奇、吴用伍子胥之言[①]，此二国者，虽至于今存可也，则是国可寿也。有能益人之寿者，则人莫不愿之；今寿国有道，而君人者而不求，过矣。

　　尧传天下于舜，礼之诸侯，妻以二女，臣以十子，身请北面朝之：至卑也。伊尹，庖厨之臣也；傅说，殷之胥靡[②]也，皆上相天子：至贱也。禹东至榑木之地，日出、九津、青羌之野，攒[③]树之所，㖨[④]天之山，鸟谷、青丘之乡，黑齿之国[⑤]；南至交阯、孙朴续樠之国，丹粟、漆树、沸水、漂漂、九阳之山，羽人、裸民之处[⑥]，不死之乡[⑦]；西至三危之国，巫山之下，饮露、吸气之民，积金之山,其肱、一臂、三面之乡⑧;北至人正之国,夏海之穷⑨,衡山之上,犬戎之国,夸父之野,禺强之所,积水、积石之山。不有懈堕,忧其黔首,颜色黎黑,窍藏不通,步不相过,以求贤人,欲尽地利:至劳也。得陶、化益、真窥、横革、之交五人佐禹,故功绩铭乎金石⑩,著于盘盂⑪。

昔者尧朝许由于沛泽之中,曰:"十日出而焦火⑫不息,不亦劳乎? 夫子为天子,而天下已治矣,请属天下于夫子。"许由辞曰:"为天下之不治与? 而既已治矣。自为与? 鹓鶵⑬巢于林,不过一枝;偃鼠⑭饮于河,不过满腹。归已,君乎! 恶用天下?"遂之箕山之下,颍水之阳⑮,耕而食,终身无经天下之色。故贤主之于贤者也,物莫之妨,戚爱习故⑯,不以害之,故贤者聚焉。贤者所聚,天地不坏,鬼神不害,人事不谋,此五常⑰之本事也。

皋子众疑取国,召南宫虔、孔伯产而众口止。

晋人欲攻郑,令叔向聘焉,视其有人与无人。子产为之诗曰:"子惠思我,褰裳涉洧,子不我思,岂无他士!"⑱叔向归曰:"郑有人,子产在焉,不可攻也。秦、荆近,其诗有异心,不可攻也。"晋人乃辍攻郑。孔子曰:"《诗》云:'无竞惟人⑲。'子产一称⑳而郑国免。"

【注释】

①虞用宫之奇、吴用伍子胥之言:此处是假设的说法,春秋时虞国、吴国分别没有听从宫之奇、伍子胥的谏言,结果导致了灭国。

②胥靡:古代服劳役的奴隶或刑徒。

③攒:聚集。

④揗:抚摸。

⑤黑齿之国:传说中在东方的国家,民众都是黑齿。

⑥羽人、裸民之处：都是传说中的国家。羽人即百姓都长着翅膀，裸民即百姓不穿衣服。

⑦不死之乡：传说中的国家，百姓都长生不老。

⑧其肱、一臂、三面之乡：分别是三个国家。其肱，即"奇肱"。奇肱国人"一臂三目"，一臂国的人"一臂一目一鼻孔"，三面国的人有三张脸。

⑨穷：尽头。

⑩铭乎金石：铭，在金石上刻字。金，钟鼎等铜器。石，碑碣等。

⑪盘盂：盘，用于盛物。盂，碗状的食器。

⑫焦火：即"爝火"，火炬。

⑬鹇鷉：即鹧鸪，鸟名。

⑭偃鼠：即鼹鼠。

⑮阳：山南水北为阳。

⑯戚爱习故：戚，亲属。爱，宠爱之人。习，身边亲近之人。故，故交。

⑰五常：五种人伦道德，即父义、母慈、兄友、弟恭、子孝。

⑱"诗曰"句见《诗经·郑风·褰裳》。惠，爱。褰，提起来。洧，水名。

⑲无竞惟人：意即国家的强大完全取决于有没有贤人。无，语气词，无义。竞，强。

⑳称：诵诗。

【译文】

五曰：要使自身安定、国家安宁、天下得以治理，一定要依靠贤人。古代治理天下的，有七十一位贤人。看《春秋》，从鲁隐公到鲁哀公十二代，国家获得安定或不得安定，道理都是一样的：得到贤人的，国家没有不安定，名声没有不荣耀；失去贤人，国家没有不危险的，名声没有不受辱的。先王来探求贤人的，没有什么不能做的。可以用极度卑下、极度低贱的人，可以到极度遥远的地方，可以付出极大的辛劳。假如虞国听从了宫之奇的谏言，吴国用了伍子胥的谋略，这两个国家就不会灭亡，到现在也会存在，国家延长寿命。有能延长人自身寿命的，人没有不愿意；现在有能延长国家寿命的方法，但作为国君的却不寻求，这就错了。

尧把天下传给了舜，在诸侯面前礼敬他，把自己的两个女儿嫁给他，让自己的十个儿子做他的臣下，自己请求面向北面朝见舜：这就是为了探求人才而把自己降到极度卑下的地位。伊尹，原本是在厨房中干活的奴隶；傅说，原本是殷商的犯人，两人最后都做了天下之相：这就是那些人才之中原本是极度低贱的情况。大禹东边到了榑木之地，日出、九津、青羌的原野，树木茂盛的地方，高耸入云的山，鸟谷、青丘之乡，黑齿之国；南边到了交阯、孙朴续樠之国，丹粟、漆树、沸水、漂漂、九阳之山，羽人、裸民之处，不死之乡；西边到了三危之国，巫山之下，都是靠饮露、吸气生活的百姓，积金之山，奇肱、一臂、三面的国家；北边到了人正之国，夏海的尽头，衡山之上，犬戎之国，夸父的原野，禹强居住的地方，积水、积石之山。大禹没有懈怠，忧心他的百姓，变得面色黧黑，九窍五脏都不能通达，极度疲劳来探求贤人，想要充分发挥土地的作用：这就是为了探求贤人而极度辛劳了。得陶、化益、真窥、横革、之交五人辅佐大禹，所以丰功伟绩才能刻在金石盘盂之上流传下来。

过去尧在大湖中朝见许由，说："你的光热就像十个太阳一起出来那么强烈，而我这个小火炬还不熄灭，不也是徒劳吗？您如果能做天子，则天下一定能得到治理，请把天子之位托付给您。"许由推辞说："把天子之位给我，是因为天下还没有得到治理吗？可是天下已经治理得很好了。那还是为了我自己呢？鹪鹩在树上筑巢，不过就需要一枝树干；鼹鼠到河边饮水，最多不过就把肚子喝饱。你还是回去吧！我哪里需要天下呢？"于是到了箕山山下，颍水的北边，种田生活，一辈子没有管理天下的意向。所以贤明的君主任用贤人，外物是不能妨害的，也不会因为亲属、宠幸之人、身边的亲信、旧交而受到破坏，所以贤者才能得以聚集。贤者得以聚集的地方，天地不会降灾，鬼神不会作祟，人们不去谋算，这就是五常伦理的根本。

皋子被怀疑窃取了国家，但当他任用了贤人南宫虔、孔伯产之后就没有人再那么说了。

晋国想要进攻郑国,派叔向出使,来试探郑国还有没有贤人。子产为叔向诵诗:"如果你真的爱我,就请提起衣服趟过洧水来找我;但如果你不想我,难道我就没有其他如意郎君了吗?"叔向回来说:"郑国还有贤人,子产在那里,不可以进攻。而且秦国、楚国就在郑国附近,从诗里看出了郑国还有其他的选择,不要进攻它。"晋国于是停止了进攻郑国。孔子说:"《诗经》有这样的话:'国家的强大就看有没有贤人。'子产诵了一句诗就使郑国免于战火啊。"

【评析】

本文再次谈论了人才的重要性。而从本文题目"求人"来看,则侧重了"探求"人才的一面。从第二段描述大禹不辞辛劳,到了东西南北四个方向如此之多的国家来看,确实突出了贤主在探求贤才中的不易。而关于"求人"的典故中,历来为后世称颂的,莫过于东汉末年刘备的"三顾茅庐"了。故事本身自不待细说,恐怕早已耳熟能详。这里想说的,是结合"求人"能发挥一二。

"求人",自然分为两个方面,一是君主去"求",一是人才自己被"求"。而"三顾茅庐"之所以千百年来传唱不休,恰恰也和这两方面有关。从君王的层面看,只要不是昏庸之主,大都知道"求人"的重要性,而要实际去"求人",往往很辛苦。因此最简单的就是先能摆出一副姿态,以前代之人标榜自己,眼光很容易就落在了刘备"三顾"的行为上。而从人才自身来说,读书人往往清高,不愿意自降身价去向君王求职,然而往往事与愿违,尤其到了隋唐之后,科举制度日益完善,建立了一条相对稳定的人才输送渠道,君王去"求人"的情况也就断绝了。因此,读书人只好缅怀过去,眼光也不约而同地落在了刘备的"三顾茅庐"上,落在了诸葛亮身上。因为诸葛亮这个绝世奇才是经刘备三请之后才出山的,君主刘备给足了面子,这是后世读书人想要而不得的。就是这两方面的原因,才使刘备"三顾茅庐"这一"求人"的史实成为经典。

察　传①

六曰：夫得言不可以不察。数传而白为黑，黑为白，故狗似玃②，玃似母猴，母猴似人，人之与狗则远矣。此愚者之所以大过也。闻而审则为福矣，闻而不审，不若无闻矣。齐桓公闻管子于鲍叔，楚庄闻孙叔敖于沈尹筮，审之也，故国霸诸侯也。吴王闻越王句践于太宰嚭③，智伯闻赵襄子于张武④，不审也，故国亡身死也。

凡闻言必熟论，其于人必验之以理。鲁哀公问于孔子曰："乐正夔⑤一足，信乎？"孔子曰："昔者舜欲以乐传教于天下，乃令重黎⑥举夔于草莽之中而进之，舜以为乐正。夔于是正六律，和五声，以通八风⑦，而天下大服。重黎又欲益求人，舜曰：'夫乐，天地之精也，得失之节也，故唯圣人为能和，乐之本也。夔能和之以平天下，若夔者，一而足矣。'故曰'夔一足'，非'一足'也。"宋之丁氏，家无井而出溉汲⑧，常一人居外。及其家穿井，告人曰："吾穿井得一人。"有闻而传之者曰："丁氏穿井得一人。"国人道之，闻之于宋君。宋君令人问之于丁氏，丁氏对曰："得一人之使，非得一人于井中也。"求能之若此，不若无闻也。

子夏之晋，过卫，有读史记⑨者曰："晋师三豕涉河。"子夏曰："非也，是己亥也。夫'己'与'三'相近，'豕'与'亥'相似。"至于晋而问之，则曰"晋师己亥涉河"也。辞多类非而是，多类是而非。是非之经，不可不分。此圣人之所慎也。然则何以慎？缘物之情及人之情以为所闻，则得之矣。

【注释】

①传：传言。

②玃:音 jué,大猴。

③太宰嚭:伯嚭,春秋时期楚国人,为吴王夫差太宰。夫差打败越国之后,伯嚭接受越国的贿赂,劝说夫差允许越国求和,使吴国最终为越王勾践所灭。

④智伯:春秋时期晋国公卿。赵襄子:春秋末晋国公卿。张武:智伯的家臣。张武劝智伯纠集韩康子、魏桓子把赵襄子围困在晋阳,不料三家反过来联合灭了智伯。

⑤乐正夔:乐正,乐官之长。夔,善于音律,舜时曾为乐正。

⑥重黎:舜的大臣。

⑦八风:八方之风。

⑧溉汲:溉,灌溉。汲,打水。

⑨史记:记载历史之书。

【译文】

六曰:听到了一些话不可以不审察。话传了几次,白的就会变成黑的,黑的就会变成白的,所以才会出现狗像玃,玃像母猴,母猴像人的传言,人和狗差别太远了。这就是愚笨的人犯下大过错的原因。听到言论之后审察就是好事,听到不审查,还不如听不到。齐桓公从鲍叔那里听说了管仲,楚庄王从沈尹筮那里听说了孙叔敖,审察了,所以国家能在诸侯之间称霸。吴王听从了太宰嚭对越王勾践的态度,智伯听从了张武对赵襄子的办法,没有审查,所以国破身死。

大凡听到言论,一定要深思熟虑,关于人的言论一定要拿来和道理检验。鲁哀公问孔子:"传说乐正夔只有一只脚,确实这样吗?"孔子说:"过去舜想要把音乐的教化传遍天下,于是命令重黎于民间举荐了夔,舜将夔任命为乐正。夔于是正定六律,和谐五声,以调和八风,因而天下完全顺服了。重黎还想要再探求类似的人,舜说:'音乐,是天地之间的精华,得失的关键,所以只有圣人才能做到音乐调和,这也是音乐的根本。夔能够调和音乐来平定天下,像夔这样的人,一个就够了。'所以说'有一个夔就足够了',不是'一只脚'。"宋国的丁氏,家里面没有井,要外出打水,经常有一个人在外面居住。等到他家打了井,告诉人说:"我打井的时候得到了一个人。"有听见这话的人就传了出去,说:"丁家打井的时候得到了一个人。"国人都在说这件事,被宋国国君听见了。国君就派人去问丁氏这件事,丁氏回答说:"是得到了一个人使唤,并不是在井中得到了一个人。"对传闻如果这样不得法地探求,还不如没有听到。

子夏到晋国去,经过卫国,有读到史书记载的人说:"晋军三豕渡河。"子夏说:"不是这样的,应该是己亥。'己'字与'三'字相似,'豕'字与'亥'字相似。"到了晋国一问,则说"晋军己亥那天渡河"。言辞里有很多看似是错的,其实是对的;也有很多看似是对的,其实是错的。对错的界限,不可以不分明。这就是连圣人也要审慎的。那怎么才能审慎呢?就是要顺着自然和人事的情理来考察所听到的言论,这样就能得到实情了。

【评析】

本文是《吕氏春秋》中很有名的一篇,其中所提到的每个故事,都被后世常常引用。而本文的主题应该是很明显的,那就是对于传闻,应该采取一种审慎的态度,应该多多考察,不能轻易相信。这也是"慎行"之下的又一具体表现。

对于传闻之所以要审慎,是因为语言在转述过程中往往会大变样。正如文中所举的例子,把一条狗说成像玃,又把玃说成像母猴,又把母猴说成像人,到最后就是狗像人,这样的笑话,不也是太大了吗?在现实生活中,我们也会进行这样的游戏:七八人站成一列,向第一个人说一个词语,再让他们依次向后面的人转述自己所领会到的词,到了最后一个人说出该词时,往往会与第一个人听到的词大相径庭。再比如"三人成虎"的故事,又能说明传言人数的多寡对传言的真实性有着很大的影响,如果很多人都在传一件不可思议的事情,自己不深入思考而随波逐流,则也会引起很大的笑话。正因为传言的这些特性,所以不可以不审慎啊。

　　而关于"夔一足""丁氏穿井得一人""晋师三豕涉河"的例子,也往往被用来说明在进行学术研究、日常工作中求真务实的精神。要敢想敢问,敢于质疑,对很多已经形成定制的东西,只要发现了其中不合理的地方,就要大胆假设,然后小心求证,而这也才是社会能不断打破陈规得以进步的精神根源。

贵直论第三

贵　直①

一曰：贤主所贵莫如士。所以贵士，为其直言也。言直则枉者见矣②。人主之患，欲闻枉而恶直言。是障其源而欲其水也，水奚自至③？是贱其所欲而贵其所恶也，所欲奚自来？

能意④见齐宣王⑤。宣王曰："寡人闻子好直，有之乎？"对曰："意恶能直？意闻好直之士，家不处乱国，身不见污君⑥。身今得见王，而家宅乎齐，意恶能直？"宣王怒曰："野士⑦也！"将罪之。能意曰："臣少而好事⑧，长而行之，王胡不能与⑨野士乎，将以彰其所好⑩耶？"王乃舍之⑪。能意者，使谨乎论于主之侧，亦必不阿主⑫。不阿，主之所得岂少哉？此贤主之所求，而不肖主之所恶也。

狐援⑬说齐湣王⑭曰："殷之鼎陈于周之廷，其社盖于周之屏⑮，其干戚之音⑯在人之游⑰。亡国之音不得至于庙，亡国之社不得见于天，亡国之器陈于廷，所以为戒⑱。王必勉之。其无使齐之大吕⑲陈之廷，无使太公⑳之社盖之屏，无使齐音充人之游。"齐王不受。狐援出而哭国㉑三日，其辞曰："先出也，衣絺纻㉒；后出也，满图圄㉓。吾今见民之洋洋然㉔东走而不知所处。"齐王问吏曰："哭国之法若何？"吏曰："斩㉕。"王曰："行法！"

吏陈斧质于东闾㉖，不欲杀之，而欲去之。狐援闻而蹶往过之㉗。吏曰："哭国之法斫，先生之老欤？昏欤㉘？"狐援曰："曷为昏哉！"于是乃言曰："有人自南方来，鲋入而鲵居㉙，使人之朝为草而国为墟。殷有比干㉚，吴有子胥㉛，齐有狐援。已不用若言㉜，又斫之东闾，每斫者以吾参夫二子者㉝乎！"狐援非乐斫也，国已乱矣，上已悖矣，哀社稷与民人，故出若言。出若言非平论㉞也，将以救败也，固嫌于危㉟。此触子㊱之所以去之也，达子㊲之所以死之也。

赵简子㊳攻卫附郭㊴，自将兵。及战，且远立，又居于犀蔽屏橹㊵之下。鼓之而士不起。简子投桴㊶而叹曰："呜呼！士之速弊一若此乎㊷？"行人烛过㊸免胄横戈㊹而进曰："亦有君不能耳，士何弊之有？"简子艴然作色㊺曰："寡人之无使，而身自将是众也。子亲谓寡人之无能。有说则可，无说则死！"对曰："昔吾先君献公㊻即位五年，兼国十九，用此士也。惠公㊼即位二年，淫色暴慢，身好玉女㊽，秦人袭我，逊去绛七十㊾，用此士也。文公㊿即位二年，厎[51]之以勇，故三年而上尽果敢；城濮之战[52]，五败荆人，围卫取曹，拔石社，定天子之位[53]，成尊名于天下，用此士也。亦有君不能耳，士何弊之有！"简子乃去犀蔽屏橹，而立于矢石之所及，一鼓而士毕乘之。简子曰："与吾得革车千乘也，不如闻行人烛过之一言。"行人烛过可谓能谏其君矣，战斗之上[54]，枹鼓[55]方用，赏不加厚，罚不加重，一言而士皆乐为其上死。

【注释】

①贵直：以直言为贵。

②言直则枉者见矣：枉为曲言，与直言相对。此句意为直言与曲言

相对,见直言即可觇见曲言之非。

③水奚自至:水从哪里来。

④能意:齐国士人。姓能,名意。

⑤齐宣王:战国时代齐王,公元前319年至前301年在位。

⑥污君:品行卑污的君主。

⑦野士:鄙野的士人。

⑧好事:或疑"事"字为"争"或"直"之误,意为好谏诤或喜直言。

⑨与:任用。

⑩彰其所好:彰,明。其,指能意。所好,指能意好谏诤或喜直言。所谓上有明君,下有直臣,齐王如能彰显能意喜直言的特点,则自己的贤明也能为天下所知。这是能意此语的内在意思。

⑪舍之:不杀他。

⑫阿主:阿附谄媚君主。

⑬狐援:齐国大臣。《战国策》作"狐咺"。

⑭齐湣王:战国时代齐王,齐宣王之子,公元前300年至前284年在位。

⑮其社盖于周之屏:指殷亡之后,其宗社虽存,但被周人在其上建屋,以遮蔽之。屏,障。

⑯干戚之音:指执干戚而舞,为舞于宗庙之乐。干,盾。戚,斧。

⑰在人之游:"在"字疑为"充",与下相应。指商朝乐舞,成为他人的游乐之资。

⑱戒:灭亡之戒。

⑲大吕:齐国钟乐的音律。

⑳太公:指战国中期始代吕氏为齐侯的田和,不是殷周之际的吕尚(姜太公)。田和即太公和,公元前386年至前375年在位。

㉑哭国:哭于国都之中。哭国在古代为国之大难将临的前兆。

㉒绤绉:音 chī zhù,绤为细葛布做的衣服,绉为苎麻纤维织成的布做的衣服。

㉓囹圄：监牢。

㉔洋洋然：浩浩荡荡的样子。

㉕斫：音 zhuó，斩断。

㉖东闾：国都东部的居民区。

㉗蹶往过之：跌跌撞撞地跑过去见执法之吏。

㉘昏欤：昏头了吗？

㉙鲋入而鲵居：鲋为小鱼，鲵为大鱼。大鱼食小鱼。此句意为有人入于国，刚入时如小鱼，久之如大鱼，不食小鱼，怎能成为大鱼，意指此人居于国中，为国之大害。

㉚比干：殷纣王时大臣，谏诤纣王，被纣王所杀。为古代有名的直臣。

㉛子胥：伍子胥，楚国臣子，因家族受谗，父兄俱被楚平王所杀，逃亡到吴国，辅佐吴王击败楚国，攻下郢都，鞭楚平王尸，以此报仇。后吴王夫差不灭越国，越王勾践以柔媚事吴，伍子胥谏吴王，不听，被赐死。

㉜若言：即直言。

㉝每斫者以吾参夫二子者：意为将要被你们砍头的我，恰与古代的比干和伍子胥一样，可与他们鼎足而三。每，犹"当"，将要。参，即"叁"。

㉞平论：平常之论。

㉟固嫌于危：意为直言必定会接近于危言。固，必定。嫌，接近。危，危言。

㊱触子：战国时名将乐毅为燕昭王率军伐齐，齐湣王使触子率领军队防御燕军的攻击。但齐湣王对触子不加礼遇，所以触子心怀怨恚，欲使齐军失败，故坐车离去。

㊲达子：齐湣王派达子接替触子之职，被燕军击败，达子死于战阵之中。

㊳赵简子：春秋末期晋国赵氏家族家主，即赵鞅，联合智、韩、魏三家灭范氏和中行氏。

㊴附郭：城市近郭，为古代城市郊区之地。

㊵犀蔽屏櫓：犀、屏二字应互易。屏蔽，即战场遮蔽设施。犀櫓，用

犀牛皮制作的盾牌。

㊶桴：鼓槌。

㊷速弊一若此乎：指战士们的斗志快速转变为消沉，皆如此类。速弊，即速惫。

㊸行人烛过：行人，官职名，主出使他国。烛过，姓烛名过。

㊹免胄横戈：脱下甲胄，横置戈戟。

㊺艴然作色：艴然，不悦貌。艴，音 bó。作色，脸上现出不快的神色。

㊻献公：指春秋时代的晋献公，公元前 676 年至前 651 年在位。

㊼惠公：指春秋时代的晋惠公，公元前 650 年至前 637 年在位。

㊽玉女：美女。

㊾逊去绛七十：指秦伐晋，到达离晋都七十里之地，形容情势危急。

㊿文公：指春秋时代的晋文公，春秋五霸之一，公元前 636 年至前 628 年在位。

(51)厎：即“砥”，砥砺。

(52)城濮之战：公元前 632 年在晋国和楚国之间发生的一次大战。此战晋国胜利，遏制了楚国北上的势头，晋国从此成为中原的霸主。

(53)定天子之位：公元前 635 年，晋文公曾出兵平周王室内部的王子带之乱，定周襄王之位。此处为连带论及，其事在城濮之战前。

(54)战斗之上：战斗之时。

(55)枹鼓：枹，即桴，鼓槌。在战斗中，击鼓意味着进击敌人。

【译文】

一曰：贤明的君主所珍视的，无过于士人。之所以以士人为贵，是因为他们能够直言不讳。见到直言，那么曲意逢迎的言论，就在对比中显现出来了。君主之所患，在于他们喜欢听到曲意逢迎的话，而厌恶直言。这就像堵塞住了水源，却希望有水流下来一样，水能从哪里流下来呢？厌恶所想听到的直言，反而以曲意谄媚的恶言为贵，君主又能从哪里听到直言呢？

　　能意见到齐宣王。齐宣王说："我听说你喜欢直言，有这回事吗？"能意回答说："我哪里能称得上直言？我听闻喜好直言之士，不在政治悖乱的国家安家，自己也不会去见品行卑污的君主。我现在见到了您，而把家安在齐国，我怎能称得上直言？"齐宣王愤怒地说："真是粗野的士人！"准备将能意治罪。能意说："臣少年时就好直言，长大后亲身践行，王为什么不能任用鄙野之士呢？您为什么不能将我喜好直言的特点彰显于天下呢？"齐宣王这才没有杀他。能意这个人，如果让他谨言慎行，侍奉于国君之侧，他也必定不会曲意阿逢君主。若有不曲意阿逢君主的臣子，君主从中获得的益处难道会少吗？这正是贤明的君主所追求，而不肖的君主所厌恶的啊。

　　狐援游说齐湣王，说："殷商的鼎陈列于周王室的宫廷中，它的宗社虽存，但被周人在其上造屋以遮蔽，它的武乐被充作周人的游观之乐。被灭亡的国家，它的音乐不能在新朝的宗庙中演奏，它的宗社不能直接在天底下为人所见，它的宗庙之器陈列于新朝的宫廷之中，是要用它作为灭亡的鉴戒。湣王您一定要以此自勉。您不要使齐国的大吕之钟陈列于他人的宫廷，不要使太公田和的宗社为他人所遮蔽，不要让齐国的音乐成为他人的游观之物。"齐王拒绝接受他的话。狐援出了齐王之朝，连续三天哭于国都之中，其哭辞说："先走的人，还能穿着葛布与麻布做的衣服；后走的人，将要充满监狱，成为囚犯。我将见到百姓浩浩荡荡逃出国都东门，却不知往哪里去的样子。"齐王问主管官吏说："哭于国都之罪，在法律中是怎么规定的？"官吏说："斩首。"齐王说："执行法律。"官吏将斩首的刑具放在国都东部的居民区，其用意是不想杀狐援，希望能让他主动逃走。狐援听说此事后，跌跌撞撞地赶到官吏所陈刑具之处。官吏说："哭国之罪，按法令当斩，先生您是老了还是昏了头？"狐援说："什么是昏了头！"于是说："有人从南方来，来时还是条小杂鱼，久而久之变成了大鱼，使他国的朝廷布满荒草，国都成为废墟。值此衰败之际，殷商时有比干，吴国有伍子胥，齐国有狐援，都是直言之臣。国君既已不听他们的直言，还要在东闾把他们斩首，将要被你们砍头的我，恰与古代的比干和伍子胥一样，可与他们鼎足而三！"狐援不是以被斩首为乐，因为国家已经混乱，在上者已经昏悖，他哀痛国家的社稷与百姓，所以说出了这样的直言。直言之出，与循规蹈矩的论调不同，它是将要用来拯救覆败命运的言论，当然会接近于危言高论。这就是触子离开齐军、达子死于齐军的原因啊。

赵简子攻打卫国都城的附郭，自己率领军队攻城。战斗开始后，他站立在远离战场的地方，在防御器械和犀皮盾的保护之下。赵简子亲自击鼓，激励战士攻城，但战士们士气依然不振。赵简子丢下鼓槌叹息说："唉，战士们懈怠得这么快，都像这个样子吗？"行人烛过脱下甲胄，横放戈戟，上前说："也有国君不能振作的原因，战士们有什么懈怠的？"赵简子很不高兴，脸色一变，说："寡人本可不用亲自上阵，但我还是亲自率领这些战士们作战。你却当面说是因为寡人的无能。今天在这里，你能自证其说才行，不能给个说法的话，你就得死！"烛过回答说："昔年我们的先君晋献公，即位五年，吞并了十九个国家，就是靠的这些战士。晋惠公即位两年，贪恋女色，残暴懈怠，喜欢美女，秦国攻击我国，打到了离国都绛都只有七十里的地方，我国也是用的这些战士。晋文公即位两年，以勇武精神砥砺这些战士，所以三年之后，所有的人都成为了坚定勇决的战士；在城濮之战中，五次战败楚军，围困卫国，攻取曹国，攻下石社，定下周襄王的天子之位，使晋国在天下享有尊崇的名声，也是用的这些战士。今日战事至此，也有您不能振作的原因，战士有什么懈怠的？"赵简子于是移走防御器械和犀皮盾，将自己的位置向前移动，站在弓箭播石能打到的地方，只敲击了一轮战鼓，战士们就都冲上了城头。赵简子说："与其让我得到战车一千辆，不如听到行人烛过的一番话。"行人烛过可以说是能直言谏诤他的君主了，在战斗的时候，闻战鼓以定行止之时，不加厚对战士们的赏赐，也不加重对战士们的刑罚，一番话就使得战士们都乐于为他们的君主效死。

【评析】

本文阐述直言对君主的益处。劝谏君主,自古难行,韩非子有《说难》一篇,就是深知其中甘苦之言。直言劝谏君主,更是一件高风险的事情。因为君主皆有"逆鳞",乐听逢迎之言,不喜欢听到有人直言不讳地提意见。本文主要采用例证法,于篇首分析了君主听纳直言的重要性后,连续列举能意、狐援、烛过三位直言之士的例子,来向人们展示直言的风格、特点,以及直言之士们耿直的性格。齐宣王不杀能意;齐湣王对狐援起了杀心;赵简子听取了烛过的直言,从而获得战斗的胜利,赢得军心。三位君主对直言的态度不同,其后来的结果也各不相同:齐宣王为齐国守成之君;齐湣王身死,齐国险灭;赵简子成功扩展了晋国赵氏家族的势力,最后其子孙与韩、魏三家分晋,均成为战国七雄中的国家。读史至此,能不感叹于直言对于事业的兴衰成败的重要作用吗?

直　谏

二曰:言极①则怒,怒则说者危。非贤者孰②肯犯危?而非贤者也,将以要利③矣;要利之人,犯危何益?故不肖主无贤者。无贤则不闻极言,不闻极言,则奸人比周④,百邪悉起。若此则无以存矣。凡国之存也,主之安也,必有以⑤也。不知所以,虽存必亡,虽安必危,所以不可不论也。

齐桓公、管仲、鲍叔、宁戚⑥相与饮酒酣,桓公谓鲍叔曰:"何不起为寿⑦?"鲍叔奉杯而进曰:"使公毋忘出奔在于莒也⑧,使管仲毋忘束缚而在于鲁也⑨,使宁戚毋忘其饭牛而居于车下⑩。"桓公避席再拜曰:"寡人与大夫能皆毋忘夫子之言,则齐国之社稷幸于不殆矣!"当此时也,桓公可与言极言矣。可与言极言,故可与为霸。

荆文王⑪得茹黄之狗⑫，宛路之矰⑬，以畋于云梦⑭，三月不反。得丹之姬⑮，淫，期年不听朝。葆申⑯曰："先王卜，以臣为葆吉。今王得茹黄之狗、宛路之矰，畋三月不反；得丹之姬，淫，期年不听朝。王之罪当笞⑰。"王曰："不穀免衣襁褓而齿于诸侯⑱，愿请变更而无笞。"葆申曰："臣承先王之令，不敢废也。王不受笞，是废先王之令也。臣宁抵罪于王，毋抵罪于先王。"王曰："敬诺。"引席，王伏。葆申束细荆⑲五十，跪而加之于背。如此者再，谓王："起矣。"王曰："有笞之名一也。"遂致之⑳。申曰："臣闻君子耻之，小人痛之。耻之不变，痛之何益？"葆申趣出㉑，自流于渊㉒，请死罪。文王曰："此不穀之过也，葆申何罪？"王乃变更，召葆申，杀茹黄之狗，析㉓宛路之矰，放丹之姬。后荆国兼国三十九。令荆国广大至于此者，葆申之力也，极言之功也。

【注释】

①言极：指说话不留余地。极，尽。

②孰：谁。

③要利：追求利益。

④比周：结党营私。

⑤有以：有原因。

⑥齐桓公、管仲、鲍叔、宁戚：春秋时齐国君臣。齐桓公，公元前685年至前643年在位。管仲、鲍叔、宁戚皆为齐桓公时大夫。

⑦为寿：给座上所有人敬酒。

⑧出奔在于莒也：公元前686年，齐襄公被弑，鲍叔奉公子小白出奔莒国，后公子小白回国继位，即齐桓公。

⑨毋忘束缚而在于鲁也：齐襄公被弑，管仲与召忽奉公子纠出奔鲁国，后齐桓公立，鲁送公子纠于齐，齐人杀之。囚管仲，出鲁境而后释之。

⑩饭牛而居于车下：宁戚未被齐桓公赏识之前，曾为贱役，司养牛之

职,睡在车旁。

⑪荆文王:即楚文王,公元前689年至前677年在位。

⑫茹黄之狗:良犬之名,也泛指良犬。

⑬宛路之矰:即宛地所产的系有生丝绳以射飞鸟的短箭。宛,音yuān,楚地名,在今河南南阳。

⑭畋于云梦:畋,田猎。云梦,指云梦泽,春秋战国时期绵延于今湖北省中南部长江北岸的沼泽地带。在古代是楚国的田猎之地。

⑮丹之姬:"丹"字下脱一字。《太平御览》作"丹阳",丹阳为楚始都之地,在今湖北秭归。姬,美女。

⑯葆申:楚臣名。以官为姓,葆即太保之职。

⑰笞:笞刑,古代的一种刑罚,用荆条或竹板敲打臀、腿或背。

⑱不穀免衣褓襁而齿于诸侯:不穀,古代诸侯自称不善的谦词。免衣褓襁,应为"免于褓襁",即刚刚脱离褓襁的小孩,指年纪很小的儿童。褓襁,指包裹婴儿的小被筒。齿于诸侯,指并列于诸侯。

⑲细荆:细荆条。

⑳遂致之:于是忍痛领完笞刑之数。

㉑趣出:即趋出,小步疾行退出,以表恭敬。

㉒自流于渊:自我流放于水边。

㉓析:一作"折",折断。

【译文】

二曰:直言极谏,则君主易怒,君主愤怒,则直言极谏者就危险了。不是贤能之士,谁肯将自己置于危险之中? 如果是不贤之人,他们的目的是求取利益;目的是求取利益的人,触犯危险对他们又有什么好处? 所以不肖的君主身边没有贤能之士。身边没有贤人,则君主听不到直言极谏,听不到直言极谏,奸人就会结党营私,各种各样的歪风邪气就都兴起了。像这样的国家,就没有办法存在下去了。凡是国家的生存,君主的安宁,一定是有原由的。不知道这个原由,其国虽然苟存于世,也一定会灭亡,君主虽然暂时安宁,也一定会陷入危险之中,所以这个原因,不可以不知道啊!

齐桓公、管仲、鲍叔、宁戚在一起喝酒,非常尽兴,齐桓公对鲍叔说:"何不起来,敬一轮酒?"鲍叔举杯敬酒说:"愿国君您不要忘记逃亡在莒国的时侯,愿管仲不要忘记被囚禁在鲁国的时候,愿宁戚不要忘记当年贫贱喂牛、睡在车下的时候。"齐桓公离席起立,拜了又拜,说:"寡人和大夫能够都不忘记夫子您今天的话,则齐国的国祚可以幸运地脱离危险了。"在那个时候,对齐桓公这位君主,臣子可以直言极谏。可以对他直言极谏,所以能和他一起成就霸业。

楚文王得到了茹黄良犬,宛地所产的射鸟短箭,田猎于云梦泽之中,数月都不回国都。又得到了丹阳的美女,沉迷于她,一年都不上朝。葆申对文王说:"先王占卜,以我为太保,吉。现在您得到了茹黄良犬、宛地短箭,田猎以至于数月不回国都;得到丹阳美女,沉迷于她,一年都不上朝。王的罪,应受笞刑。"文王说:"我自从脱离了襁褓,就并列于诸侯,愿您变更刑罚,不要给我笞刑。"葆申说:"臣受了先王的命令,不敢废弛。王不接受笞刑,是废除了先王的法令。臣宁可获罪于您,也不要获罪于先王。"文王说:"敬听命。"拉开席子,文王伏在地面。葆申将五十根细荆条捆成一束,在文王身边跪坐,用荆条抽打楚文王的背。就这样抽打了两次,葆申对文王说:"起来吧。"文王说:"已经开始接受笞刑,打多打少都是受刑。"于是忍着痛受完了笞刑。葆申说:"臣听闻,君子以刑罚为耻,小人就觉得痛。羞耻之心不变,光痛有什么用?"葆申快步退出,自我流放于水边,请楚文王赐下死罪。文王说:"这是我的过错,葆申有什么罪?"于是文王改弦易辙,召见葆申,杀掉茹黄良犬,折断宛地短箭,流放丹阳美女。此后楚国兼并了三十九个国家。让楚国开疆拓土至于此的,是葆申的贡献,是他直言极谏的效果啊!

【评析】

上一篇曾说到直言对于事业成败的重要作用。本篇则从直言极谏的"极"字入手,分析君主对于直言极谏的不同态度:能接受的,则国存君安;不能接受的,则国亡君危。下面又以齐桓公与管仲、鲍叔、宁戚君臣相得,不忘艰危,终于使齐国成为春秋霸主的事例,阐明直言对于国家的益处。又以葆申对楚文王直言极谏,使文王接受笞刑,改变作风,勤勉政事,开疆拓土为例,说明直言极谏产生的巨大效果。

文中的"毋忘在莒",后来作为成语,形容事业成功后,我们也要时刻保持警惕,不要忘记当初的艰危之时。这是对于志骄意满者的劝戒,对我们普通人的人生,也有借鉴作用。观夫现实之中,多少人通过打拼,功成名就,身家巨万,于是志得意满,开始腐化堕落,无所不为,最终落得身陷囹圄,妻离子散的境地。如果当他们到达人生的顶点之时,能够听进逆耳之言,时刻不忘事业成功的艰辛,则持盈保泰,当能做到。此篇所讲的道理,可以为鉴。

知　化①

三曰:夫以勇事人者,以死也。未死而言死②,不论③。以④,虽知之,与勿知同。凡智之贵也,贵知化也。人主之惑者则不然,化未至则不知,化已至,虽知之,与勿知一贯⑤也。事有可以过⑥者,有不可以过者。而身死国亡,则胡可以过?此贤主之所重,惑主之所轻也。所轻,国恶得不危?身恶得不困?危困之道,身死国亡,在于不先知化也。吴王夫差⑦是也。子胥⑧非不先知化也,谏而不听,故吴为丘墟,祸及阖庐⑨。

吴王夫差将伐齐,子胥曰:"不可。夫齐之与吴也,习俗不同,言语不通,我得其地不能处,得其民不得使。夫吴之与越也,接土邻境,壤交通属⑩,习俗同,言语通,我得其地能处之,得其民能使之。越于我亦然。夫吴、越之势不两立。越之于吴也,譬若心腹之疾也,虽无作,其伤深而在内也。夫齐之于吴也,疥癣之病也,不苦其已⑪也,且其无伤也。今释越而伐齐,譬之犹惧虎而刺猏⑫,虽胜之,其后患未央⑬。"太宰嚭⑭曰:"不可。君王之令所以不行于上国者,齐、晋也。君王若伐齐而胜之,徙其兵以临晋,晋必听命矣。是君王一举而服两国也,君王之令必行于上国。"夫差以为然,不听子胥之言,而用太宰嚭之谋。子胥曰:"天将亡吴矣,则使君王战而胜;天将不亡吴矣,则使君王战而不胜。"夫差不听。子胥两袪高蹶⑮而出于廷,曰:"嗟乎!吴朝必生荆棘矣!"夫差兴师伐齐,战于艾陵⑯,大败齐师,反而诛子胥。子胥将死,曰:"与⑰,吾安得一目以视越人之入吴也?"乃自杀。夫差乃取其身而流之江,抉其目,著之东门,曰:"女胡视越人之入我也!"居数年,越报吴,残其国,绝其世⑱,灭其社稷,夷其宗庙。夫差身为禽。夫差将死,曰:"死者如有知也,吾何面以见子胥于地下?"乃为幎以冒面死⑲。夫患未至,则不可告也;患既至,虽知之,无及矣。故夫差之知惭⑳于子胥也,不若勿知。

【注释】

①化:变化。

②言死:因直言而死。

③不论:不知道,不了解。

④以:即"已",指变化已经到来。

⑤一贯:"贯"当作"实"。一实,指无异,一样。

⑥过:犯错。

⑦夫差:春秋末期吴国国君,公元前495年至前473年在位。

⑧子胥:伍子胥。

⑨阖庐:春秋末期吴国国君,夫差之父,公元前514年至前496年在位。

⑩通属：道路相连。通，即"道"。

⑪已：愈，痊愈。

⑫狷：音 jiān，同"豜"，指三岁大的猪或兽。

⑬未央：无尽。

⑭太宰嚭：即伯嚭，吴国大臣，接受越王勾践贿赂，说服吴王不灭越国，并保护勾践，放其归国。

⑮两袪高蹶：袪，举衣貌，举起衣袖的样子。高蹶，即高蹈，脚步高抬貌。

⑯艾陵：齐地，公元前 484 年，齐国和吴国在此地发生大战，吴国击败齐国。

⑰与：语气词，表感叹。

⑱世：世系。

⑲为幎以冒面死：幎，音 mì，指用于覆盖的巾幔。冒面，覆盖面部。

⑳惭：羞愧，这里引申为自愧不如。

【译文】

三曰：以勇武来服务于人的，以其能够扞敌御难，死于职事。其人未得死所，却因直言而死，人们并不知道他的话是正确的。等到变化到来，人们虽然知道了他是正确的，但这与不知道也没什么不同。大凡智慧之士的可贵之处，贵在他们能够知晓事物的变化。惑乱的君主则不是这样，变化未到，他们毫无知觉，等到变化到来，他们虽然有所察觉，但与不知道也没什么不同。天下之事，有可以允许犯错的，有不能允许犯错的。而自身死去、国家灭亡这种事，又怎么可以犯错！这正是贤明的君主所重视的，而惑乱的君主所轻视的事啊。这种事被轻视，国家怎能不陷于危亡？自身怎能不陷于困厄？走上危亡困厄的道路，自身死去，国家灭亡，就在于君主不能预先知晓变化。吴王夫差就是这样。伍子胥不是不能预先知道变化，他直谏而不被吴王采纳，所以吴国变为废墟，夫差之父阖庐的基业也被祸及。

　　吴王夫差将要征伐齐国,伍子胥说:"不可以。齐国与吴国的风俗习惯不同,语言不通,我国得到齐国的土地,不能居住,得到齐国的百姓,不能役使。而吴国与越国则疆土相接,国境相连,道路相通,风俗习惯相同,语言相通,我国得到越国的土地,能够居住,得到越国的百姓,能够役使。越国对我国也是一样。吴、越两国势不两立。越国对于吴国,就好像心腹的疾病,虽然暂时没有发作,但它带来的伤害深,且在于心腹之内。而齐国对于吴国,就像疥疮和癣病一样,暂时治不好,也没有关系,而且它并未给我国带来伤害。现在我们放过越国,去征伐齐国,就好像害怕老虎,却去刺杀一头猪一样,虽然能打胜此仗,但后患无穷。"太宰伯嚭说:"不可以。我君的命令之所以不行于中原各国,是因为齐、晋两国。君王如果征伐齐国,战而胜之,转而用兵威胁晋国,晋国一定会听从我君的号令。这样我君一举而慑服两个国家,君王的命令一定会在中原各国畅通无阻。"夫差认为太宰嚭说得对,不听从伍子胥的谏言,而用太宰嚭的谋划。伍子胥说:"上天将要灭亡吴国,则让君王此次一战而胜;上天如果不想灭亡吴国,则让君王此战而不胜。"夫差仍然不听。伍子胥高举双袖,抬高脚步,走出吴国朝廷,说:"唉! 吴国朝廷一定会荆刺丛生了。"夫差发动大军伐齐,在艾陵决战,大败齐军,回国后就要诛杀伍子胥。伍子胥临死之前,说:"唉,我怎样才能留一只眼睛,看着越军攻入吴都呢!"于是自杀。夫差就将他的遗骸投入江水之中,将他的眼睛挖出来,挂在吴都东门之上,说:"我倒要瞧着你怎样看着越军攻进我国都城!"几年之后,越国对吴国报仇,摧残了吴国,绝了吴君的世系,灭掉了吴国的社稷,推平了吴国的宗庙。夫差自己也被越人活捉。夫差临死,说:"死的人如果还有意识,我有什么面目到地下去见伍子胥!"于是用巾幭蒙着脸而死。大患未到之时,无法将其告知君主使他明白;大患已到,就算君主明白了,也来不及了。所以夫差最终知道大患之至,无法与伍子胥的知晓变化相比,还不如不知道呢。

【评析】

　　此篇讲直言之士往往通晓事物的变化,能看出事物发展的趋势。但这种直言往往不被君主接受,结果等待君主的是身死国灭的下场。文中主要引吴王夫差与伍子胥的例子,来说明此事的严重性。在封建时代,最能够让统治者害怕的,就是文中所说的"残其国,绝其世,灭其社稷,夷其宗庙"的下场。行文至此,统治者读此文者,能不悚然而惧?然而世变纷歧,在漫长的封建时代,这样身死国灭的悲剧,此起彼伏,不断上演。因为人类的劣根性,就在于难以听进逆耳之言,更满足于眼前利益,而不顾长远。法国国王路易十五曾说:"我死之后,哪怕洪水滔天。"与本文中的夫差相较,夫差尚且有愧对伍子胥之意,似乎更有羞耻之心一点,但两人家国无可挽回的结局,却是一致的。

过　理①

四曰:亡国之主一贯②。天时虽异,其事虽殊,所以亡同者③,乐不适也④。乐不适则不可以存。

糟丘酒池,肉圃为格⑤,雕柱而桔诸侯⑥,不适也。刑鬼侯之女而取其环⑦,截涉者胫而视其髓⑧,杀梅伯而遗文王其醢⑨,不适也。文王貌受⑩,以告诸侯。作为璇室⑪,筑为顷宫⑫,剖孕妇而观其化⑬,杀比干而视其心⑭,不适也。孔子闻之曰:"其窍通,则比干不死矣⑮。"夏、商之所以亡也。

晋灵公⑯无道,从上弹人,而观其避丸⑰也;使宰人臑熊蹯⑱,不熟,杀之,令妇人载而过朝以示威,不适也。赵盾⑲骤谏而不听,公恶之,乃使沮麛⑳。沮麛见之,不忍贼㉑,曰:"不忘恭敬,民之主也。贼民之主,不忠;弃君之命,不信。一于此,不若死。"乃触廷槐而死。

齐湣王亡居卫㉒,谓公王丹㉓曰:"我何如主也?"王丹对曰:"王贤主也。臣闻古人有辞天下而无恨色者,臣闻其声㉔,于王而见其实。王名称东帝㉕,实辨㉖天下。去国居卫,容貌充满,颜色发扬㉗，无重国之意。"王曰："甚善！丹知寡人。寡人自去国居卫也，带益三副㉘矣。"

宋王㉙筑为蘗帝㉚，鸱夷血㉛，高悬之，射著甲胄㉜，从下㉝，血坠流地。左右皆贺曰："王之贤过汤、武㉞矣。汤、武胜人，今王胜天，贤不可以加㉟矣。"宋王大说，饮酒。室中有呼万岁者，堂上尽应。堂上已应，堂下尽应。门外庭中闻之，莫敢不应。不适也。

【注释】

①过理：本篇讲亡国之君所行的不合情理之事，这些事都越过了礼义之道的界限，为错误的行径，故称"过理"。

②亡国之主一贯：指亡国之君的亡国之道都相同。一，道理。贯，相同。

③所以亡同者："同者"两字应颠倒。所以亡者同，指亡国之道相同。

④乐不适也：指以这些不适当的行为为乐。不适，指不合道理，违悖礼义常理的不适当的行为。

⑤糟丘酒池，肉圃为格：糟丘，用酿酒的渣滓垒成的小丘。酒池，用酒浆灌注的水池。肉圃，以肉挂于圃中树上。为格，置烤肉的格网于肉圃之中，随时炙烤食用。这些据说都是商纣王所为淫佚骄奢之事。

⑥雕柱而桔诸侯：此句指纣王雕镂高柱，以其为支点，设跷板于其上，把来朝拜的诸侯挂在跷板一端，升至高处以为戏乐。此事仅见于《吕氏春秋》，他书所无，所以有人以为这里的"桔"为"梏"之误，指纣王将诸侯绑在柱子上。这里采取前说。雕，雕画，刻画。桔，桔槔，类似于后世的跷跷板。

⑦刑鬼侯之女而取其环：商纣王听妲己的谮言，杀掉鬼侯的女儿，做成肉脯，以夺取她佩带的玉环。鬼侯，纣王时诸侯。

⑧截涉者胫而视其髓：商纣王截断徒涉河流的行人之腿，因其能忍

受河水的寒冷,所以截其腿来看他的腿中骨髓与常人有什么不同。

⑨杀梅伯而遗文王其醢:纣王杀梅伯,将其做成肉醢,送给周文王。梅伯,纣王时诸侯。醢,音 hǎi,肉酱。

⑩貌受:表面上接受。

⑪琁室:即璇室。璇为美玉,璇室指用美玉来装饰的房间。

⑫顷宫:高大巍峨的宫殿。

⑬化:胎儿。

⑭杀比干而视其心:比干,纣王叔父,因劝谏纣王被杀。据说纣王听说比干心脏与常人不同,故剖而观之。

⑮其窍通,则比干不死矣:纣王性格不仁,如果他的心能通窍(指明白事理)的话,则比干可以不死。

⑯晋灵公:春秋时晋国国君,为赵盾所废。公元前 620 年至前 607年在位。

⑰避丸:躲避弹丸。

⑱宰人臑熊蹯:宰人,宫中的厨师。臑,《左传》作"胹",煮。熊蹯,熊掌。熊掌比较难以煮熟。

⑲赵盾:晋国大夫,为晋国大族赵氏家族族长。

⑳沮麛:《左传》作"钮麑",晋灵公所养的刺客。

㉑贼:刺杀。

㉒齐湣王亡居卫:公元前 284 年,乐毅破齐,齐湣王奔莒。史上没有他奔卫的记载,当为《吕氏春秋》误记。

㉓公王丹:齐湣王的臣子。

㉔声:名声。

㉕东帝:公元前 288 年,秦相魏冉实行连横政策,拉拢齐国,向齐湣王致帝号,相约秦称"西帝",齐称"东帝"。齐湣王接受了这一名号,一个月后废除。

㉖辨:治理。

㉗发扬:鲜明之貌。

㉘带益三副：齐湣王不以亡国为意，在卫逃难，束腰的腰带增大了三倍。副，或作"倍"。

㉙宋王：指宋康王，战国时宋国国君。为政暴虐，公元前286年为齐国所灭。

㉚蘖帝：蘖，当作"辥"，音 niè，高。帝，当作"台"。辥台即高台。

㉛鸱夷血：指用大皮囊装血。鸱夷，大皮囊。

㉜射著甲胄：穿着盔甲而射。

㉝从下：从下方向上射，因为用鸱夷所盛之血悬挂在高处。

㉞汤、武：商汤和周武王，都是古代历史上有名的贤明君王。

㉟加：超过。

【译文】

四曰：亡国之君，其灭亡的原因大致相同。他们所处的时代不一样，其事迹也各不相同，但灭亡的原因相同。相同之处就在于他们都以违悖礼义常理的不适当行径为乐。以这种行径为乐，则其国其君不能够生存下去。

殷纣王用酿酒的渣滓堆成山丘，用酒水注入池塘，建成酒池，将肉挂在园囿的树上，在囿中设置烙格，随时炙烤，将雕镂的高柱设上桔槔，将诸侯吊到高处以为乐，这些都是违悖礼义常理的不适当行径。纣王还杀了鬼侯的女儿，夺取她所佩的玉环；截断徒涉河流的行人的小腿，观看他的骨髓与常人有何不同；杀掉梅伯，把他做成肉酱，送给周文王吃，这些都是违悖礼义常理的不适当行径。文王表面上接受，而将此事遍告诸侯。纣王还建造用美玉装饰的璇室，筑起巨大的宫殿；剖开孕妇的肚子察看她所怀的胎儿，杀掉比干来看他的心脏与常人有何不同，这些都是违悖礼义常理的不适当行径。孔子听闻了这些事，说："如果纣王的心有一窍是通的，那么比干就不会死了。"这也是夏、商两朝灭亡的原因啊！

晋灵公昏乱无道，从高台上用弹弓射人，以观看行人走避弹丸为乐；命宫中厨师煮熊掌，没有煮熟，就杀了厨师，命令宫女抬着尸体路过朝堂,以此显示威力,这些都是违悖礼义常理的不适当行径。赵盾屡次进谏都不听,晋灵公由此厌恶赵盾,于是派遣沮麑刺杀赵盾。沮麑见到赵盾,心有不忍,不愿刺杀他,说:"心中时刻不忘恭敬于自己的职事,这是百姓的主心骨啊。刺杀百姓的主心骨,是我对君主不忠心;可放弃国君的命令,又是违令无信。不忠不信,如果一定要刺杀的话,我必占其一,不如自己死去。"于是沮麑一头撞向庭中的槐树,自杀而死。

齐湣王逃亡,在卫国住着,他对公王丹说:"我是什么样的君主?"公王丹应对说:"大王您是贤明的君主。臣听说古人有推辞天子之位,而毫无遗憾之色的,臣听说过他们的名声,而在您身上见到了实践。大王您有'东帝'的称号,实际上治理着天下。离开齐国,住在卫国,您的容颜丰腴,肤色光显,没有以齐国为重的样子。"齐湣王说:"说得很好,公王丹你真的是了解寡人啊。寡人自从离开齐国,住在卫国,腰带已经放长了三倍了。"

宋康王建筑高台,用大皮囊装满鲜血,挂在高处,自己穿戴全套盔甲,从下方射之,囊破血流,下坠到地上。左右的大臣都向他致贺,说:"大王的贤明,已经超过商汤和周武王了。商汤和武王只能战胜人,大王您现在战胜了天,您的贤明,不可能再有人超过了。"康王非常高兴,喝酒之时,室内有人高呼万岁,堂上的人都群起呼应。堂上人呼应之后,堂下的人都群起呼应。门外和庭院中的人听到后,没有谁敢不呼应的。这些都是违悖礼义常理的不适当行径啊。

【评析】

本篇着重讨论亡国之君灭亡的原因,指出其共同原因在于"乐不适",即"过理"。以违背礼义常理的不适当行径为乐,其国其君就免不了灭亡的结局。全文主要采用例证法,在提出论点之后,列举了商纣王、晋灵公、齐湣王、宋康王这四位春秋战国时代著名暴君的"乐不适"的行径,这些行径或残暴,或昏庸,残暴之极,骇人听闻;昏庸之极,也让人无语。

文中所引孔子的话:"如果纣王的心有一窍是通的,那么比干就不会死了。"孔子的浩叹,在历史上层出不穷的暴君面前,只能是无奈之语。直言极谏的臣子,在这些君主面前,像比干那样的死亡是难以避免的结局。而更多如齐国的公王丹那样明哲保身,以及宋康王手下的人那样阿谀奉承,就成为常态。问题是,这样的常态,于国于君,又有什么益处呢?宋康王被齐湣王杀死灭国,齐湣王后来被楚将淖齿虐杀,可以为这样的政治常态做一个显明的注脚。

雍　塞①

五曰:亡国之主,不可以直言。不可以直言,则过无道闻②,而善无自至③矣。无自至,则雍。

秦缪公④时,戎⑤强大。秦缪公遗之女乐二八与良宰焉。戎王大喜,以其故,数饮食⑥,日夜不休。左右有言秦寇之至者,因扞⑦弓而射之。秦寇果至,戎王醉而卧于樽⑧下,卒生缚而擒之。未擒则不可知,已擒则又不知。虽善说者犹若此,何哉?

齐攻宋⑨,宋王使人候齐寇之所至。使者还,曰:"齐寇近矣,国人恐矣。"左右皆谓宋王曰:"此所谓肉自生虫⑩者也。以宋之强,齐兵之弱,恶能如此?"宋王因怒而诎⑪杀之。又使人往视齐寇,使者报如前,宋王又怒诎杀之。如此者三。其后又使人往视,齐寇近矣,国人恐矣。使者遇其兄,曰:"国危甚矣,若将安适?"其弟曰:"为王视齐寇,不意其近,而国人恐如此也。今又私患乡⑫之先视齐寇者,皆以寇之近也报而死;今也报其情⑬,死;不报其情,又恐死。将若何?"其兄曰:"如报其情,有且先夫死者死,先夫亡者亡。"于是报于王曰:"殊不知齐寇之所在,国人甚安。"王大喜,左右皆曰:"乡之死者宜矣。"王多赐之金。寇至,王自投车上,驰而走,此人得以富于他国。夫登山而视牛若羊,视羊若豚,牛之性⑭不若羊,羊之性不若豚,所自视之势过也。而因怒于牛羊之小也,此狂夫之大者。狂而以行赏罚,此戴氏⑮之所以绝也。

齐王欲以淳于髡傅太子⑯,髡辞曰:"臣不肖,不足以当此大任也,王不若择国之长者而使之。"齐王曰:"子无辞也。寡人岂责子之令太子必如寡人也哉? 寡人固生而有之也。子为寡人令太子如尧乎,其如舜也⑰。"凡说之行也,道不智听智⑱,从自非受是⑲也。今自以贤过于尧、舜,彼且胡可以开说哉? 说必不入,不闻存君⑳。

齐宣王好射,说人之谓己能用强弓也。其尝所用不过三石㉑,以示左右,左右皆试引之,中关而止㉒。皆曰:"此不下九石,非王其孰能用是?"宣王之情,所用不过三石,而终身自以为用九石,岂不悲哉! 非直士其孰能不阿主? 世之直士,其寡不胜众,数㉓也。故乱国之主,患存乎用三石为九石也㉔。

【注释】

①壅塞:指言路阻塞。

②过无道闻:指君主没有途径听到自己的过错。道,途径。

③善无自至:善言无从为君主所知。自,从。

④秦缪公:即秦穆公,春秋时秦国国君,公元前 659 年至前 621 年在位。

⑤戎:秦国西边的少数民族部落。

⑥数饮食:饮食频繁。戎族原无好厨师,秦穆公送来厨师,戎王贪于口腹之欲,加大了饮食的频率。

⑦扜:音 yū,拉弓。

⑧樽:酒器。

⑨齐攻宋:即公元前 286 年齐湣王灭宋之战。

⑩肉自生虫：肉里面自己生出虫子，在这里是指紧急军情不是齐国入侵，是国内的民众骚乱。

⑪诎：音 qū，冤屈。

⑫乡：通"向"，向来的，之前的。

⑬情：实际情况。

⑭性：身体。

⑮戴氏：宋国的公族，子姓，戴为其氏，为宋戴公之后，世掌宋国政权。据说戴氏的司城子罕曾代宋自立，宋康王即其后裔，所以这里说戴氏世系绝灭。

⑯淳于髡：齐威王、宣王时齐国大臣。这里的齐王应指齐宣王。傅太子：做太子的老师。

⑰如尧乎，其如舜也：尧、舜都是上古时代的圣君典型。齐宣王希望淳于髡辅佐太子成为尧、舜一样的君主。

⑱道不智听智：引导不智的君主，听取智者之言。道，引导。

⑲从自非受是：从自知其错误，到接受正确的引导。

⑳存君：使君主安然无恙。

㉑三石：石，音 dàn，古代重量计量单位，一百二十斤为一石。三石之弓即需有三百六十斤的力量拉开的弓。

㉒中关而止：弦拉开一半就停下了。关，满弓拉开。

㉓数：理数，命数。

㉔患存乎用三石为九石也：只有三石之力，以为自己有九石之力，力不足而自以为有余力，则君主治理国家处理政事，往往会按自己力不所及的目标去做，则祸患就存乎其间了。

【译文】

五曰：亡国的君主，不可谏以直言。不可谏以直言，则君主无法知道自己的过错，那么善人善言，都没有途径为君主所知。没有知道的途径，就会言路阻塞。

秦穆公之时，西戎部族强大。秦穆公送给戎王女乐十六人，还有厨艺高超的厨子。戎王非常高兴，因女乐和良厨，饮食次数频繁，日夜不停。戎王左右有说秦军入侵的，戎王就拉弓向他们射去。秦军最后真的到来，戎王沉醉，睡在酒器之下，最终戎王被活活绑起来，为秦人所生擒。未被生擒之前，戎王不知道自己将被活捉，等到已被生擒，他还是醉不自知。即使他身边有善于进谏者，其结局还是如此，这是为什么呢？

齐湣王攻宋，宋康王派人察看齐军入侵到哪里了。使者回来后，说："齐军侵入到离国都很近的地方了，国人都很惊恐。"宋康王左右的人都对他说："这就是所谓肉放久了自己会生虫。以宋国的强大，齐军的弱小，怎么可能打进来？"宋康王因此大怒，冤枉地杀掉了使者。又重新派人去察看齐军，使者回报情况，和前面那个使者一样，宋康王又大怒，冤枉地杀掉了使者。如此连杀三名使者。之后又派人去打探情况，齐军已接近国都，国都的人都非常惊恐。使者在路上遇见了他的哥哥，哥哥问他："宋国已经非常危险了！你要去哪里？"弟弟回答说："我为大王察看齐军入侵的情况，没想到齐军已经这么近了，而国人如此惊恐。现在我心里想着之前被派去察看齐军情况的使者，他们都回报说齐军已近，结果都因此被杀；如今我回去，把真实情况报告大王，我也一定会死；不报告真实情况，等齐军打来，只怕还是一个死。我要怎么办才好？"他的哥哥说："如果报告了真实情况，可能你会比将死的人先死，比将灭亡的人先灭亡。"于是使者报告宋康王说："真不知道齐军在哪里，国人都很安定。"宋康王大喜，左右的人都说："之前那几个使者死得活该！"康王赐给这个使者很多钱财。齐军到后，宋康王跳上一辆车，驾车就跑，这个使者得以离开宋国，在别的国家做了个富家翁。大凡登上山顶往下看，牛就像羊一样大小，羊就像小猪一样大小，牛的身体不如羊大，羊的身体不如小猪大，这是因为观察的视角不同而导致的错觉。而有人却因此迁怒于牛羊本身太小，这是狂躁之人症状严重的表现。狂躁之人却操纵着赏罚的权柄，这就是宋国戴氏灭亡的原因啊。

齐王想让淳于髡做太子的老师，淳于髡推辞说："臣不肖，不足以担这么大的责任，大王您不如选择齐国的德高望重者，让他们来做。"齐王说："你不要推辞。寡人难道会责成你，一定要使太子像我一样吗？寡人本来就是生下来就有贤君的品质。你替寡人教导太子，让他和尧、舜差不多就行。"凡是成功的谏说，就是引导没有头脑的人听从智慧之士的意见，使自知其非的人去接受正确的意见。现在齐王自以为他的贤明超过尧、舜，他哪里还听得见忠谏之言？对忠言之谏无法听进去的君主，从来没听说过他还能生存下来的。

齐宣王喜爱射箭，喜欢听别人夸自己能够使用强弓。他曾用过的弓没有超过三石力的，他将弓传给左右的人看，左右的人都试着拉弓，弦拉了一半就停了下来，都说："这个弓不下九石的力量，不是我们的大王，谁能用这个弓！"宣王的实际情况，所拉的弓不过三石的力量，而终其一生他都认为自己能使九石力的弓，这难道不让人悲伤吗？不是直言之士，谁能不阿谀君主？世间的直言之士少，拼不过阿谀的大多数，这是命数啊。所以昏乱之国君主的祸患，就在于他们本只有三石的力量，却想用出九石的力量啊。

【评析】

本篇讨论言路壅塞的原因。其原因就在于君主拒绝直言。他们的表现，一种是暴力的，一种是温和的。暴力的方式会杀死直言之士，而温和的方式会温养阿谀之士。

文中举了戎王和宋康王为前一种表现的例子。戎王听到有人劝谏他不要沉迷于歌舞和美酒之中，他就要拉弓射死直言的人，结果秦军到来，戎王酒醉，被生擒；宋康王喜欢听人报平安，接连杀了好几个如实汇报军情的使者，最后一个使者骗了他，他也因此掌握不了真实的情况，齐军大至，他只好只身逃亡，最后被齐湣王杀死。戎王和宋康王都是用暴力手段对待直言的人，但最终他们扼杀了言路，自己也因而如瞎子摸象，不知真实世界的情状。

后面又举了齐宣王自傲的例子。齐宣王自诩胜过尧、舜，这是极端的自高自大,所以想直言的人简直没有办法开导他。他只能拉三石力的弓,却认为自己能拉九石力的弓,以这种心态来治国理政,造成的后果可想而知。齐宣王是齐国的善终之君,他的自傲使得身边的阿谀奉承之士众多,最终造成后来齐湣王时代迷乱的政治局面。

　　本篇将言路壅塞的原因主要归结于君主,是从史实中归纳出来的政治智慧。在上位者如果抱着强横或自傲的心态去对待言论,则言论将沉寂,在上位者将再也听不到真实的声音。以此治国行政,就像"盲人骑瞎马,夜半临深池"一样,能不危险吗?

原　乱①

　　六曰:乱必有弟②。大乱五,小乱三,讹乱三③。故《诗》曰"毋过乱门"④,所以远之也。虑福未及,虑祸之⑤,所以豫⑥之也。武王以武得之,以文持之,倒戈弛弓⑦,示天下不用兵,所以守之也。

　　晋献公⑧立骊姬⑨以为夫人,以奚齐为太子。里克⑩率国人以攻杀之。荀息⑪立其弟公子卓。已葬,里克又率国人攻杀之。于是晋无君。公子夷吾⑫重赂秦以地而求入,秦缪公率师以纳之,晋人立以为君,是为惠公。惠公既定于晋,背秦德而不予地。秦缪公率师攻晋,晋惠公逆之,与秦人战于韩原⑬。晋师大败,秦获惠公以归,囚之于灵台⑭。十月,乃与晋成⑮,归惠公而质太子圉⑯。太子圉逃归也,惠公死,圉立为君,是为怀公。秦缪公怒其逃归也,起奉公子重耳以攻怀公,杀之于高梁⑰,而立重耳,是为文公。文公施舍,振废滞⑱,匡乏困,救灾患,禁淫慝⑲,薄赋敛,宥⑳罪戾,节器用,用民以时,败荆人于城濮,定襄王,释宋,出穀戍㉑,外内皆服,而后晋乱止。故献公听骊姬,近梁五、优施㉒,杀太子申生,而大难随之者五,三君死㉓,一君虏^㉔，大臣卿士之死者以百数，离咎^㉕二十年。自上世以来，乱未尝一，而乱人之患也，皆曰一而已。此事虑^㉖不同情也。事虑不同情者，心异也。故凡作乱之人，祸希^㉗不及身。

【注释】

①原乱：推原国家动乱的缘由。

②弟：即"第"，次第，发展的过程。

③大乱五，小乱三，訍乱三：訍，疑为"讨"。本篇以晋国内乱为例，这里的大乱、小乱与讨乱，具体指的哪些史实，说法不一。今取一种，即大乱五，指里克杀奚齐、里克杀卓子、秦穆公纳晋惠公、秦晋战于韩原俘晋惠公、秦穆公纳重耳杀晋怀公这五次大乱；小乱三，即后文中的三君死，指奚齐、卓子、怀公之死；讨乱三，指晋文公败楚于城濮、定周襄王之位、释宋出穀之戍三事。

④故《诗》曰"毋过乱门"：此句不见于今本《诗经》，为逸诗。

⑤虑祸之："虑"字下脱一"过"字。虑过祸之，指焦虑有错误的事使自己遭祸。

⑥兒：疑为"免"或"完"之误。免于祸乱、保全生命和家族的意思。

⑦倒戈弛弓：倒持戈戟，放松弓弦。

⑧晋献公：春秋早期晋国国君，公元前 676 年至前 651 年在位。

⑨骊姬：骊戎女，为晋献公宠爱，生奚齐，其娣生卓子。她设计使晋献公废掉了太子申生，逼夷吾与重耳出逃，以让奚齐成为太子。

⑩里克：晋国大臣，杀奚齐与卓子，后为晋惠公逼迫自杀。

⑪荀息：晋国大臣，承晋献公遗命，立奚齐与卓子，后为里克所杀。

⑫公子夷吾：即晋惠公，公元前 650 年至前 637 年在位。

⑬韩原：此即公元前 645 年的韩原之战，韩原为晋地，在今山西省稷山县西北。

⑭灵台：秦国的高台。在今陕西省西安市灵沼乡。

⑮与晋成：与晋国达成和平协定。

⑯太子圉:晋惠公太子,名圉。即晋怀公,公元前 637 年即位后数月即被晋文公重耳所杀。

⑰高梁:晋地,在今山西省临汾市东北。

⑱废滞:不被任用的和久任一职不得升迁的人。

⑲淫慝:指淫荡邪恶的行为。慝,音 tè,邪恶。

⑳宥:音 yòu,赦免。

㉑释宋,出榖戍:榖为齐地。楚成王围宋,又遣申公叔侯守齐国榖邑。晋军救宋,楚王命子玉解除对宋国的包围,并撤回申公戍守榖邑的部队。

㉒梁五、优施:晋献公时的佞臣。

㉓三君死:奚齐、卓子、晋怀公之死。

㉔一君房:晋惠公在韩原之战中被秦国俘虏。

㉕离咎:指陷于祸乱之中。离,通"罹",陷,遭受。

㉖事虑:对事物的想法。

㉗希:很少。

【译文】

六曰:祸乱一定会有个过程。晋国大乱五次,小乱三次,讨平祸乱三次,所以《诗经》里说"不要经过祸乱之家的门前",这就是为了远离祸乱啊。先不去想那遥不可及的福气,而焦虑于会不会因为犯错而导致祸患来临,这是用以全身免祸的生存之道啊。周武王以武力获得天下,却以文治教化来保有天下,倒置戈戟,放松弓弦,向天下之人表示不再使用武力,这就是他的保有天下之道。

晋献公立骊姬为夫人,以她所生的奚齐为太子。里克率领国人,攻击杀死了奚齐。荀息立了奚齐之弟公子卓。葬完了奚齐后,里克又率领国人攻杀了卓子。于是晋国一时间没有了君主。公子夷吾用河外五城之地,厚赂秦国,以求入晋为君,秦穆公率军送他回晋国,晋人立夷吾为君,这就是晋惠公。晋惠公在晋国地位安定之后,背弃秦国的恩德,不肯将河外五城交付秦国。秦穆公率军攻击晋国,晋惠公迎战,和秦军战于韩原。晋军大败,秦国俘虏了晋惠公回国,将他囚禁在灵台。十个月后才与晋国达成和平协定,放回了晋惠公,而以他的太子圉作为人质。太子圉逃回晋国,晋惠公死去,太子圉立为国君,这就是晋怀公。秦穆公对太子圉的逃归非常愤怒,转而拥护公子重耳而攻击晋怀公,杀晋怀公于高梁,立重耳为晋国国君,这就是晋文公。晋文公施舍恩德于国中,任用此前不被任用以及久久不得升迁的人才,匡扶贫乏困窘的人,救民于灾祸患难之中,禁止淫荡奸邪的风气,减少贡赋与聚敛的数量,赦免有罪过的人,节约器物与用度,按照天时来使用民力,于是在城濮击败了楚军,定周王室襄王之位,解除了楚国对宋国的围困,使楚国撤回了在齐国穀邑的卫戍部队,国内国外都服从于晋文公,而后晋国的祸乱结束。所以晋献公听信骊姬之言,宠幸梁五、优施这样的佞臣,杀了太子申生,而随之而来的大难有五次,三个国君死去,一个国君被俘虏,大臣、卿士大夫死者以百数,晋国陷入危难二十年。自上古时代以来,祸乱之国没有完全一样的情况,而使他们陷于祸患的原因,都是一样的。这是因为不同的人对事物的想法是不一样的。对事物的想法不一样,是因为其心相异。所以凡是发动祸乱的人,很少有能免于祸乱的。

【评析】

本篇流传下来的原文应有脱漏,开始之处与结束之处,语意不相连,应是抄写流传中造成的阙失。如开始时所举周武王之例,与前面的语意脱节。末尾祸乱原因这一段文字的表达,也不是很清楚,与"贵直"的主题,也有所不符。这里我们只能推测一二。

本篇所讲的主题,是推原祸乱之源。所举之例,以晋国由献公末年到文公初年的祸乱为核心。这个例子是春秋时代著名的史实,晋国经过了二十年的祸乱,终于在晋文公时代得以平定。但是,这个祸乱之源是什么,文中只提到了"而乱人之患也,皆曰一而已",这个"一"究竟指什么,文中没有说,因为下面又转而说"心异"是导致各人想法不一样的原因。故此我们也许可以推测，"心异"就是本篇作者所判定的使祸患发生的原因。如晋国之乱，起于骊姬的"心异"，骊姬的异心，就是让自己的儿子取太子而代之，作为一个母亲，这是她能够在后晋献公时代保持权柄与生命的最好手段，也是她为自己的儿子设计的一条康庄大道。但是，骊姬的这个"心异"，与封建继统法和晋国的政治情势不符，结果造成了晋国二十年的动乱。骊姬也在政变中被杀死，所以文章结尾致叹曰："故凡作乱之人，祸希不及身。"

本篇与"贵直"的主题看似不符，但其上承《壅塞》一篇，国家言路壅塞，就会产生动荡，动荡则乱起，所以本篇追寻祸乱之源，也成为题中应有之义。况且晋献公听信骊姬谗言，逼太子申生自杀，夷吾与重耳逃亡，当此之时，也无人给他进言。如果不是言路阻塞，有直谏之士在他身旁及时进谏，万一能被献公采纳，则晋国内乱无由而生。由此看来，其内在理路，依然有痕迹可寻。惜乎本篇原文似有残阙，其具体语意联系，我们今天已无法考出了。

不苟论第四

不 苟①

一曰:贤者之事②也,虽贵③不苟为,虽听④不自阿⑤,必中理然后动,必当义然后举,此忠臣之行也。贤主之所说⑥,而不肖主之所不说,非恶其声⑦也。人主虽不肖,其说忠臣之声与贤主同,行其实则与贤主有异。异,故其功名祸福亦异。异,故子胥见说于阖闾,而恶乎夫差;比干生而恶于商,死而见说乎周。

武王至殷郊,系堕⑧。五人御于前,莫肯之为⑨,曰:"吾所以事君者,非系也。"武王左释白羽⑩,右释黄钺⑪,勉而自为系。孔子闻之曰:"此五人者之所以为王者佐也,不肖主之所弗安也。"故天子有不胜⑫细民者,天下有不胜千乘者⑬。

秦缪公见戎由余⑭,说而欲留之。由余不肯。缪公以告蹇叔⑮。蹇叔曰:"君以告内史廖⑯。"内史廖对曰:"戎人不达于五音与五味⑰,君不若遗之。"缪公以女乐二八人⑱与良宰遗之。戎王喜,迷惑大乱,饮酒昼夜不休。由余骤谏而不听,因怒而归缪公也。蹇叔非不能为内史廖之所为也,其义不行也。缪公能令人臣时立其正义,故雪殽之耻⑲,而西至河雍⑳也。

秦缪公相百里奚㉑。晋使叔虎㉒、齐使东郭蹇㉓如秦,公孙枝请见之㉔。公曰:"请见客,子之事欤?"对曰:"非也。""相国使子乎？"对曰："不也。"公曰："然则子事非子之事也。秦国僻陋戎夷，事服其任㉖，人事其事，犹惧为诸侯笑。今子为非子之事！退！将论而罪。"公孙枝出，自敷㉖于百里氏。百里奚请之㉗。公曰："此所闻于相国欤？枝无罪，奚请㉘？有罪，奚请焉㉙？"百里奚归，辞㉚公孙枝。公孙枝徙㉛，自敷于街。百里奚令吏行其罪。定分官㉜，此古人之所以为法也。今缪公乡㉝之矣，其霸西戎，岂不宜哉？

晋文公将伐邺㉞，赵衰言所以胜邺之术㉟。文公用之，果胜。还，将行赏。衰曰："君将赏其本乎？赏其末乎？赏其末，则骑乘者存㊱；赏其本，则臣闻之郤子虎㊲。"文公召郤子虎曰："衰言所以胜邺，邺既胜，将赏之，曰：'盖闻之于子虎，请赏子虎。'"子虎曰："言之易，行之难。臣言之者也。"公曰："子无辞。"郤子虎不敢固辞，乃受矣。凡行赏欲其博也，博则多助。今虎非亲言者也，而赏犹及之，此疏远者之所以尽能竭智者也。晋文公亡久矣，归而因大乱之余，犹能以霸，其由此欤？

【注释】

①不苟：指不苟且行事。苟，指行不合礼法之事。

②事：服事君主。

③贵：想获得尊贵的地位。

④听：为君主所听从。

⑤自阿：自己阿媚君主以固宠。

⑥说：尊敬。

⑦声：进言。

⑧系堕：鞋带松了。

⑨莫肯之为：疑为"莫肯为之系"，没有谁愿意替武王系鞋带。

⑩白羽：军中主帅所执的指挥旗，又称白旄。

⑪黄钺:用黄金装饰的长柄斧子,用于天子征伐。

⑫不胜:不能以势凌人。

⑬天下有不胜千乘者:天下,海内。千乘,拥有一千辆兵车的国家。

⑭由余:戎臣,后为秦穆公大夫。

⑮蹇叔:秦穆公大夫。

⑯内史廖:内史,秦官名。廖,其人之名。

⑰五音与五味:五音,宫商角徵羽之音,这里泛指音乐。五味,指酸甜苦辣咸之味,这里指美味。

⑱二八人:十六人。"人"字似衍。

⑲殽之耻:殽之战的耻辱。殽山在今河南省西北部。公元前627年,秦晋两国在殽发生战争,秦军大败。

⑳河雍:雍指雍州,西境在今甘肃中东部,东境以今陕甘境上的黄河为界,故称河雍。穆公拓土,西至雍州西境。

㉑百里奚:秦穆公之相。

㉒叔虎:晋国大夫郤芮的父亲郤豹。

㉓东郭蹇:齐国大夫。

㉔公孙枝请见之:公孙枝即秦国大夫子桑。请见之,请允许自己接见使臣。

㉕事服其任:职事由受任其职的人掌管。

㉖自敷:自陈,自己陈说此事。

㉗请之:请秦穆公赦免其罪。

㉘奚请:哪里用得着请罪。

㉙奚请焉:为什么要替他请罪。

㉚辞:责备。

㉛徙:从百里奚府中出来。

㉜定分官:确定职事的职权范围,以此授官。

㉝乡:趋向,倾向。

㉞邺:在今河北省临漳县西南。

㉟赵衰言所以胜邺之术：赵衰，晋文公时大夫。术，办法，方略。

㊱骑乘者存：有战斗之士在。骑乘者，指骑着马、乘着战车的战斗人员。

㊲郤子虎：即上文中的叔虎。

【译文】

一曰：贤能之士服事他的君主，虽然想取得富贵，但他不会行那不合礼法的事；虽然君主对他言听计从，他也不会阿附君主以谄媚取容；他一定要遵从事理之所在，然后行事；一定要符合礼义，才会行事，这是忠直臣子的品行。这样的人，是贤明君主所尊敬的，而不肖的君主所不喜欢的，不是因为讨厌他的进言而不喜欢他。君主虽然不肖，他喜欢忠直之臣的进言，这点和贤明的君主相同，但他对待进言之臣的方式与贤明的君主相异。因为相异，所以贤明之主与不肖之主所达到的功业名声，以及遭受的祸患福佑，也不相同。因为相异，所以伍子胥为阖庐所尊敬，而为夫差所厌恶；比干活着时被商纣王厌恶，死后却被周王朝尊崇。

周武王伐纣，到了商都郊外，系袜子的带子突然散了。有五个人在他前面驾着战车，没有一个人愿意为他系上袜带，说："我是来服事君主的，不是去给他系袜带的。"武王放下左手的指挥旗，放下右手的黄金装饰的战斧，勉力自己系上了袜带。孔子听说此事，说："这就是这五个人能成为王者的辅佐，而不肖的君主对他们心有不安的原因啊。"所以天子有不能以势力凌驾于百姓之上的，有不能以天下之势压制千乘之国的。

秦穆公见到戎国的由余，很看重他，想把他留在秦国。由余不肯。秦穆公把这事告诉了蹇叔。蹇叔说："您把这事告诉内史廖。"内史廖回答穆公说："戎人不知道音乐和美食，您不如送给他们。"秦穆公送了十六人的歌舞队和高明的厨师给戎王。戎王很喜欢，沉迷于音乐与美食之中，为其所惑，国事大乱，从早到晚地饮酒不停。由余多次进谏，戎王都不听，由余愤怒，投奔了秦穆公。蹇叔不是不能像内史廖那样想出主意，但在礼义上，这是不适合实行的。秦穆公能够让手下的臣子时刻秉持正义的立场，所以能够一雪殽之战战败的耻辱，而秦国开疆拓土，西到雍州西境，东至黄河。

秦穆公以百里奚为相。晋国派遣叔虎、齐国派遣东郭蹇出使秦国，公孙枝请秦穆公允许自己去见使者。穆公说："你自请去见使者，这是你的职责吗？"公孙枝回答说："不是。""是相国派你去见的吗？"公孙枝回答："不是。"穆公说："这样的话，你去见使者之事，就不是你的职责了。秦国地处偏僻，在戎夷诸族之中，职事由主管该事的人管理，每个人都认真履行他的职责，就这样我们还在担心被中原诸国的诸侯所笑。现在你想做你职责之外的事情，退下吧，不然我将会治你的罪。"公孙枝出了朝廷，又跑到百里奚那里自己陈说此事。百里奚替他到秦穆公面前请罪。秦穆公说："这是他告诉相国的话吗？公孙枝没有罪的话，哪里用得着请罪？如果他有罪的话，你又为什么要替他请罪？"百里奚回去后，责备了公孙枝。公孙枝出了百里奚的家门，自己就在街市上喋喋不休地说这事。于是百里奚命令官吏治他的罪。确定职事的职权范围，以此而授官，这是古人传下来的法度。现在秦穆公倾向于执行这个法度，他能够称霸西戎，岂不是应当的吗？

晋文公将要征伐郍城，赵衰进言，陈说可以击败郍人的方略。晋文公采纳了这个方略，果然取得了胜利。回来后将要赏赐有功人员。赵衰说："国君您将要赏赐取得胜利的根本之人呢，还是赏赐胜利的外围有功人员？如果是赏赐外围的有功人员，则有骑战马、乘战车的战斗之士可赏；如果要赏赐胜利的根本，则臣听说有个叫郤子虎的人可赏。"晋文公召见郤子虎，说："赵衰进言，陈说了用来击败郍人的方略，现在我们击败了郍人，将要赏赐他，他说：'这是我从郤子虎那里听来的，请您赏赐子虎。'"郤子虎说："说起来容易，实行起来却难。我只是说的人。"晋文公说："你不要推辞。"郤子虎不敢继续推辞，于是接受了赏赐。凡是进行赏赐，就是要让更多的人都能受赏，这样，受赏面广博，则君主能得到更多的帮助。现在郤子虎虽然不是亲自在晋文公面前陈说这个方略的人，但还是得到了赏赐，这就是与国君疏远的人之所以能够尽其忠心、竭其智力来服事国君的原因。晋文公在外流亡的时间很长,回国之后,他借助大乱之后余下的资本,还能以此称霸,就是因为推行了这个政策吧。

【评析】

本篇论不苟。不苟就是不苟且,不去做那些违礼背义的事情。不苟是贤能之臣的重要特征。文中列举周武王与其五人之御、秦穆公与蹇叔、秦穆公与公孙枝、晋文公与赵衰这四组君臣之间不苟的例子,以证明不苟的品质对于圣君贤臣的重要性。

这种不苟的品质,按今天的说法来说,就是"爱惜自己的羽毛",遇事有所为有所不为。其间有着中国士人传统中独立自尊的精神在。如周武王之御,拒绝为武王系上松弛的袜带,因为他们是以武勇来服事武王,而非屈膝而系袜。但在有的地方,又显现出一种独特的政治智慧与政治取向。如第二个例子中的蹇叔,他明知戎王的症结在于可以用音乐与美食来迷惑他,但他并不愿出谋划策,因为这种类似于"阴谋"的手段是违背礼义正道的,所以他请秦穆公去问内史廖。在今人看来,这颇有点多此一举。但是,古代的士人是非常坚持这一点的,不苟的品质,也体现在他们的道德自持之中。

秦穆公在用人上的不苟,晋文公在赏赐上的不苟,虽僻远必赏,凡侵官必罚,使得秦国和晋国拥有了强大的凝聚力,从而能分别称霸于西戎和中原。这也回应了首段中的"异,故其功名祸福亦异"的观点,使得文章具有说服力。

赞　能^①

二曰:贤者善人以人^②,中人以事^③,不肖者以财^④。得十良马,不若得一伯乐^⑤;得十良剑,不若得一欧冶^⑥;得地千里,不若得一圣人。舜得皋陶而舜受之^⑦,汤得伊尹^⑧而有夏民,文王得吕望^⑨而服殷商。夫得圣人,岂有里数哉^⑩?

管子束缚在鲁。桓公欲相鲍叔,鲍叔曰:"吾君欲霸王,则管夷吾在彼。臣弗若也。"桓公曰:"夷吾,寡人之贼⑪也,射我者也,不可。"鲍叔曰:"夷吾为其君射人者也。君若得而臣之,则彼亦将为君射人。"桓公不听,强相鲍叔,固辞让,而相⑫桓公果听之。于是乎使人告鲁曰:"管夷吾,寡人之仇也,愿得之而亲加手⑬焉。"鲁君许诺,乃使吏鞹其拳⑭,胶其目⑮,盛之以鸱夷,置之车中。至齐境,桓公使人以朝车迎之,被以燋火⑯,衅以牺猳⑰焉,生与之如国⑱。命有司除庙筵几而荐之⑲,曰:"自孤之闻夷吾之言也,目益明,耳益聪。孤弗敢专,敢以告于先君。"因顾而命管子曰:"夷吾佐予!"管仲还走,再拜稽首,受令而出。管子治齐国,举事有功,桓公必先赏鲍叔,曰:"使齐国得管子者,鲍叔也。"桓公可谓知行赏矣。凡行赏欲其本也,本则过无由生矣。

孙叔敖、沈尹茎⑳相与友。叔敖游于郢㉑三年,声问不知㉒,修行不闻㉓。沈尹茎谓孙叔敖曰:"说义以听㉔,方术信行㉕,能令人主上至于王,下至于霸,我不若子也。耦世接俗㉖,说义调均㉗,以适㉘主心,子不若我也。子何以不归耕㉙乎?吾将为子游㉚。"沈尹茎游于郢五年,荆王欲以为令尹,沈尹茎辞曰:"期思㉛之鄙人㉜有孙叔敖者,圣人也。王必用之,臣不若也。"荆王于是使人以王舆㉝迎叔敖,以为令尹,十二年而庄王霸。此沈尹茎之力也,功无大乎进贤。

【注释】

①赞能:举荐贤能之士。赞,称扬,推荐。能,贤能的人。

②贤者善人以人:"善"或为"责"之误,"人"与"仁"通,全句即"贤者责人以仁"。全句是说,贤能之士以人是否符合仁德的标准来要求他。

贤者,贤能的人。责,要求。仁,仁德的品质。

③中人以事:中人,中等资质的人,与"贤者"相对。以事,以人是否能办事来要求他。

④不肖者以财:不肖者以财贿的多少作为标准。

⑤伯乐:春秋时秦穆公时代的人,姓孙,名阳,以善于相马闻名于世。

⑥欧冶:即欧冶子,春秋时代著名的铸剑工。

⑦舜得皋陶而舜受之:皋陶,音 gāo yáo,舜时的司法官。受,舜受尧的禅让。

⑧伊尹:商汤的大臣,传说生于伊水,以伊为姓,尹为官名,一名挚。他曾辅佐商汤灭夏。

⑨吕望:商末周初人,姓吕名尚,文王号之曰"太公望",故称吕望。他曾辅佐周文王、武王灭商。

⑩岂有里数哉:其数量难道可以计算清楚吗? 这里指圣人的效用多不胜数。里数,以数字来计算。

⑪贼:祸害,仇敌。

⑫而相:"相"字衍。

⑬亲加手:亲手杀掉。

⑭鞰其拳:指将他的双手用皮带绑起来。鞰,同"鞿",皮革。

⑮胶其目:蒙住他的眼睛。

⑯被以爟火:被,音 fú,被除,古代除凶去垢的仪式。爟火,古代祭祀以被除不祥时所举的火把。

⑰衅以牺猳:衅,音 xìn,用牲畜的血涂抹,是祭祀仪式的一种。牺猳,指用作牺牲的公猪。猳,音 jiā,同"豭",公猪。

⑱如国:到达国都。

⑲除庙筵几而荐之:除庙,扫除宗庙。筵几,坐席与几案,古代祭祀行礼时的陈设,这里指铺筵设几。荐,进献,祭献。

⑳沈尹茎:茎,应作"筮"。沈尹筮,楚庄王时大臣。

㉑郢:楚都,在今湖北省荆州市。

　　㉒声问不知：指孙叔敖的名声不为时人所知。声问，即声闻，指名声。

　　㉓修行不闻：指孙叔敖美好的品行不为人所闻。修行，指美好的品行。

　　㉔说义以听：指陈说大义，为君主所听取。说，陈说。

　　㉕方术信行：指提出的治国方略为君主所信任推行。方、术，均为治国策略。

　　㉖耦世接俗：耦，同"偶"。偶世，指投合时世。接俗，与俗人交游。

　　㉗说义调均：指陈说道理时，自己的主张不坚定，与他人保持和谐。调均，随和，和谐。

　　㉘适：使愉悦。

　　㉙归耕：归隐。

　　㉚游：指游扬，即宣扬、传扬。

　　㉛期思：楚地，在今河南省淮滨县期思镇。

　　㉜鄙人：住在郊野的人。

　　㉝王舆：楚王的车驾。

【译文】

　　二曰：贤能之士以人是否符合仁德的标准来要求他；中等资质的人，以人是否能办事为标准来要求他；不肖之士则以他人是否给自己送钱行贿为标准。得到十匹好马，不如得到一位能分辨好马的的伯乐；得到十柄好剑，不如得到一位善于铸剑的欧冶子；得到一千里的土地，不如得到一位贤圣之人。舜得到了皋陶，而得以接受尧的禅让；汤得到了伊尹，而得到了夏朝的百姓；周文王得到了吕望，而使殷商王朝的百姓服膺其德。得到圣人的好处，难道是数得清的吗？

　　管子被囚禁在鲁国。齐桓公想以鲍叔牙为相，鲍叔说："我君想成为霸主，则在鲁国的管仲可以任命。我不如他啊。"齐桓公说："管夷吾是我的仇敌！他曾经射过我，这个人不可以。"鲍叔说："管夷吾是为他所服事的君主而射您的啊。您如果能得到他，使他臣服，则他也会为国君您去射人。"齐桓公听不进鲍叔的话，要勉强他为相，鲍叔坚决辞让，最终齐桓公听了他的话。于是齐桓公派人告诉鲁国说："管夷吾是寡人的仇人，我愿得到他而亲自处死他。"鲁君答应了这个请求，于是派遣官吏用皮带绑住管仲的双手，蒙住他的眼睛，用大皮囊装着他，关在囚车之中。等到了齐国国境上，齐桓公派人用自己的出入用车来接他，用祭祀专用的火把来替他举行祓除不祥的仪式，用做牺牲的公猪血涂抹他的身体，然后好生将他接回国都。齐桓公命令主管部门扫除宗庙，铺上祭祀用的坐席，摆上几案，将管仲在宗庙神主之前进献，说："自从我听到管仲的言论，眼睛越发明亮，耳朵越发聪敏。我不敢自专，敢以这事上告于先君。"于是回头命令管仲："夷吾，你来做我的辅佐！"管仲转身小跑着退下，拜了又拜，叩头至地，接受了命令，走出了宗庙。管子治理齐国，凡是推行某事能够奏效的，齐桓公一定会先赏赐鲍叔，说："让齐国得到管子的，是鲍叔牙。"齐桓公可谓是知道论功行赏的标准了。凡是论功行赏，是希望赏赐其根本，能抓住这个根本，那么过失就不会出现了。

孙叔敖和沈尹筮是朋友之交。孙叔敖在楚都郢待了三年，他的声名不为人所知，他的美好品行不为人所闻。沈尹筮对孙叔敖说："论起用道理游说君主而获得听从，治国的方略能被君主信任推行，能让君主往上达到王者之境，往下也可以做到霸主，我不如你。而投合这个世道，与世俗交接，陈说义理，能具有弹性，与他人保持和谐，以此让君主愉悦，你不如我。你何不回去隐居呢？我将为你宣扬声名。"沈尹筮在郢都待了五年，楚王想让他做令尹，沈尹筮推辞说："在期思僻野之地，有个叫孙叔敖的人，他是一位圣人。大王您一定要用他，我比不上他。"楚王于是派人用自己的车驾去接孙叔敖，任命他为令尹，十二年后，楚庄王成为霸主。这是沈尹筮的贡献啊，论起功劳来，没有比推荐贤臣更大的。

【评析】

本篇讲举荐贤能的人和事，所以用"赞能"名篇。贤能之士既然多不为君主所知，那么，将他们推荐给君主就成为他们能得以发挥其才能的非常重要的环节。开篇通过贤者、中人、不肖者对待人才的不同标准，以及舜得皋陶、汤得伊尹、文王得吕望的例子，得出人才最重要的观点。下文又以鲍叔推荐管仲、沈尹筮推荐孙叔敖为例，赞扬这些能够从公心出发，为国举贤的贤能之士，指出他们对国家的贡献极大，所谓"功无大乎进贤"也。

管鲍之交是早已为国人熟知的史实，鲍叔的谦抑与知人，传为千古佳话。而沈尹筮的自我定位非常清楚，他甘愿以五年的时间，为孙叔敖的出仕铺路，人生又有多少个五年？其与朋友相交之诚，其为国进贤的高尚品德，直到今天，都令我们钦佩不已。韩愈在《柳子厚墓志铭》中曾感叹说："呜呼！士穷乃见节义。今夫平居里巷相慕悦，酒食游戏相征逐，诩诩强笑语以相取下，握手出肺肝相示，指天日涕泣，誓生死不相背负，真若可信；一旦临小利害，仅如毛发比，反眼若不相识；落陷阱，不一引手救，反挤之，又下石焉者，皆是也。"以此与管鲍之交、沈孙之交相比较，不禁让后世之人兴起无穷的感喟。

自　知

三曰：欲知平直，则必准绳①；欲知方圆，则必规矩②；人主欲自知，则必直士。故天子立辅弼，设师保，所以举③过也。夫人故④不能自知，人主犹其⑤。存亡安危，勿求于外，务在自知。

尧有欲谏之鼓⑥，舜有诽谤之木⑦，汤有司过之士⑧，武王有戒慎之鞀⑨，犹恐不能自知。今贤非尧、舜、汤、武也，而有掩蔽之道，奚繇⑩自知哉？荆成、齐庄不自知而杀⑪，吴王、智伯不自知而亡⑫，宋、中山不自知而灭⑬，晋惠公、赵括不自知而虏⑭，钻荼、庞涓、太子申不自知而死⑮，败莫大于不自知。

范氏之亡⑯也，百姓有得钟者，欲负而走，则钟大不可负。

以椎毁之,钟况然⑰有音。恐人闻之而夺己也,遽掩其耳⑱。恶人闻之,可也;恶己自闻之,悖⑲矣。为人主而恶闻其过,非犹此也⑳?恶人闻其过尚犹可。

　　魏文侯燕饮,皆令诸大夫论己㉑。或言君之智也㉒。至于任座㉓,任座曰:"君,不肖君也。得中山不以封君之弟,而以封君之子,是以知君之不肖也。"文侯不说,知㉔于颜色。任座趋而出。次及翟黄㉕,翟黄曰:"君,贤君也。臣闻其主贤者,其臣之言直。今者任座之言直,是以知君之贤也。"文侯喜曰:"可反㉖?"翟黄对曰:"奚为不可?臣闻忠臣毕㉗其忠,而不敢远其死。座殆㉘尚在于门。"翟黄往视之,任座在于门。以君令召之,任座入,文侯下阶而迎之,终座以为上客。文侯微翟黄,则几失忠臣矣。上顺乎主心以显贤者,其唯翟黄乎?

【注释】

　　①准绳:测定平直的器具。准是测量平面的水准器,绳是量直线的墨线。

　　②规矩:规和矩,校正圆形和方形的两种工具。

　　③举:纠正。

　　④故:固,本来。

　　⑤犹其:当为"尤甚",更加厉害。

　　⑥欲谏之鼓:想要进谏的人可以击鼓进言。

　　⑦诽谤之木:可供百姓书写政治过失的木制华表。

　　⑧司过之士:主管纠正君主过错的官职。

　　⑨戒慎之鞀:指想要告戒武王注意谨慎的可以摇动此鼓。鞀,古同"鼗",音 táo,指两旁缀有灵活小耳的小鼓,有柄,执柄摇动时,两耳双面击鼓作响,即今之俗称的"拨浪鼓"。

　　⑩繇:通"由",从。

⑪荆成、齐庄不自知而杀:荆成,指楚成王,春秋时楚国国君,公元前 671 年至前 626 年在位。齐庄,指齐庄公,春秋时齐国国君,公元前 553 年至前 548 年在位。楚成王为公子商臣所弑,齐庄公为崔杼所弑。

⑫吴王、智伯不自知而亡:吴王,指吴王夫差,亡于越。智伯,春秋战国之交时晋国智氏家族的族长,公元前 453 年,赵、韩、魏三家灭智氏而分其地,智伯死。

⑬宋、中山不自知而灭:宋康王无道,于公元前 286 年亡于齐。中山国政衰俗坏,于公元前 406 年灭于魏。

⑭晋惠公、赵括不自知而虏:晋惠公,春秋时晋国国君,于公元前 645 年的韩原之战中被秦国俘虏。赵括为战国时赵国将军,于公元前 260 年的长平之战中被秦军射杀,其统率的四十万赵军降于秦,后尽为秦军坑杀。

⑮钻荼、庞涓、太子申不自知而死:钻荼、庞涓,均为魏惠王将军;太子申,魏惠王的太子。在公元前 341 年的马陵之战中,这三人都被齐军所杀。

⑯范氏之亡:指公元前 497 年至前 491 年智、韩、赵、魏四家联合灭掉范氏、中行氏的战争。范氏,晋国强卿之族,范武子之后。

⑰况然:象声词,形容钟声。

⑱遽掩其耳:赶快捂住了他的耳朵。遽,快,疾。

⑲悖:昏乱,惑乱。

⑳非犹此也:不就是和这事一样吗? 也,通“邪”。

㉑论己:评论魏文侯。

㉒或言君之智也:有的人称扬文侯的智慧。按《太平御览》引作“或言君仁,或言君义,或言君智”,疑本文此处有脱文。

㉓任座:魏文侯的大夫。

㉔知:表现。

㉕翟黄:魏文侯的大夫。

㉖可反欤:可以让他回来吗?

㉗毕:尽。

㉘殆:一定。

【译文】

三曰:想要知道平和直,就必须有水准器和墨绳;想要知道方和圆,就必须有规器和矩器;君主想要正确认识自己,就必须要有直言之士。所以天子设立辅相之职,设置辅佐帝王和教导王室子弟的师保之职,就是要靠他们来纠正自己的过失。人之常情,本来就难以认清自己的长处和短处,君主尤其如此。生存还是灭亡,安定还是危险,不要求之于外界,其关键就在于自知。

尧设有让想进谏的人敲击进言的谏鼓,舜设有供人书写政治过失的木制华表,汤设有专门纠正君主过错的官职,周武王设有警戒自己要慎重的鼗鼓,就算如此,他们还是害怕自己不能够自知。现在的君主没有尧、舜、汤、武的贤明,而有遮蔽自己的种种诱惑,他们能从哪里认识清楚自己呢? 楚成王、齐庄王因为不能自知而被杀,吴王夫差、智伯因为不能自知而灭亡,宋国、中山国因为不能自知而亡国,晋惠公、赵括因为不能自知而被俘虏,钻荼、庞涓、太子申因为不能自知而战死,没有比不能自知更大的失败了。

范氏灭亡的时候,有得到了他的钟的百姓,想背走钟,可钟太大,难以背走。想用椎敲碎它,钟发出况然的声音。这人恐怕别人听到声音后过来抢夺,就赶快捂住了自己的耳朵。怕别人听到声音,可以理解;可害怕自己听到声音,就很昏愦了。作为君主,却讨厌听到自己的过错,不就是像这样吗? 不喜欢别人听到自己的过错,那还可以让人理解一些。

魏文侯与群臣宴会,让参加宴会的大夫们都说说对自己的看法。有人称扬魏文侯的智慧。轮到任座,任座说:“您是不肖的君主啊。得到了中山国,不把它封给您的弟弟,却封给了您的儿子,从这里可以知道您是不肖之君。”魏文侯很不高兴,脸上露出了不悦之色。任座小快步地退出了宴饮。下面轮到翟黄,翟黄就说:“您是贤明之君啊。臣听闻,君主贤明的,他的臣子的话就忠直。现在任座的话忠直,我从这里知道您的贤明。"魏文侯很高兴,说:"可以让任座回来吗?"翟黄回答说:"怎么不可以? 臣听说忠臣会向君主尽忠,在以死报效君主之时也不敢远离。任座一定还在您的宫门那里。"翟黄过去一看,任座果然还在宫门那里。于是翟黄以国君命令的名义将他召入宫中,任座进来时,魏文侯走下台阶去迎接他,直到宴会结束,都以任座为上宾。魏文侯如果不是听了翟黄的话,就差点失去了忠直之臣。往上顺从于君主的意愿,以彰显贤能之士,这个世上就只有翟黄吧。

【评析】

　　本篇讲君主贵有自知之明。行文之始,使用类比法,用准绳、规矩与直士类比,指出直士对君主的一大作用是使君主自知,强调自知的重要性,所谓"存亡安危,勿求于外,务在自知"。此下列举史实,设寓言以为证,并以魏文侯与任座、翟黄之事作结,进一步申明这个论点。

　　著名寓言"掩耳盗铃"就出自本文。掩耳盗铃的故事,很精巧地反映出一种悖乱的心理:不愿意别人知道自己的缺点,却用自己遮蔽自己的耳目,使自己看不到缺点的方式来掩饰。这种心理,正是拒绝自知的表现。如果人始终处在这种心理之下,则永远认识不清自己的优点和缺点,行事自然会罔顾现实,昏愦错乱,最终走向覆灭一途。而直言之士则是自知的助力,所谓"良药苦口利于病,忠言逆耳利于行",忠言有利于自知,人们自然会度己量力,从而做出正确判断和决断,自然就会"利于行"了。

当　　赏^①

　　四曰:民无道^②知天,民以^③四时寒暑日月星辰之行知天。四时寒暑日月星辰之行当,则诸生有血气之类^④皆为得其处而安其产^⑤。人臣亦无道知主,人臣以赏罚爵禄之所加^⑥知主。

主之赏罚爵禄之所加者宜,则亲疏远近贤不肖皆尽其力而以为用矣。

晋文侯反国,赏从亡者,而陶狐不与⑦。左右曰:"君反国家,爵禄三出⑧,而陶狐不与,敢问其说。"文公曰:"辅我以义,导我以礼者,吾以为上赏;教我以善,强我以贤者,吾以为次赏;拂⑨吾所欲,数举吾过者,吾以为末赏。三者所以赏有功之臣也。若赏唐国之劳徒⑩,则陶狐将为首矣。"周内史兴⑪闻之曰:"晋公其霸乎! 昔者圣王先德而后力,晋公其当之矣!"

秦小主⑫夫人用奄变⑬,群贤不说自匿⑭,百姓郁怨非上⑮。公子连⑯亡在魏,闻之,欲入,因群臣与民从郑所之塞⑰。右主然⑱守塞,弗入,曰:"臣有义,不两主⑲,公子勉去⑳矣!"公子连去,入翟㉑,从焉氏塞㉒,菌改㉓入之。夫人闻之,大骇,令吏兴卒㉔。奉命曰:"寇在边。"卒与吏其始发也,皆曰:"往击寇。"中道,因变曰:"非击寇也,迎主君也。"公子连因与卒俱来,至雍㉕,围夫人,夫人自杀。公子连立,是为献公。怨右主然,而将重罪之;德菌改,而欲厚赏之。监突㉖争之曰:"不可。秦公子之在外者众,若此,则人臣争入亡公子矣,此不便主㉗。"献公以为然,故复㉘右主然之罪,而赐菌改官大夫,赐守塞者人米二十石。献公可谓能用赏罚矣。凡赏非以爱之也,罚非以恶之也,用观归㉙也。所归善,虽恶之,赏;所归不善,虽爱之,罚。此先王之所以治乱安危㉚也。

【注释】

①当赏:当,适宜,合理。本篇讲赏罚得宜,故以"当赏"为题。

②道:途径。

③以:用。

④诸生有血气之类：诸生，各种生物。有血气之类，有血液和气息的生物，古人认为毛、羽、鳞、介、人等族属为天地间有血气的生物。

⑤产：生。

⑥所加：所施加的对象。

⑦陶狐不与：陶狐不在受赏之列。陶狐，《史记》作"壶叔"，《说苑》作"陶叔狐"，跟从晋文公流亡者。

⑧爵禄三出：多次颁布爵禄封赏。

⑨拂：违背，不顺。

⑩唐国之劳徒：唐国，指晋国。劳徒，勤劳于事的人。

⑪周内史兴：周大夫内史兴，奉周王命，来赏赐晋文公，时在晋国，所以听闻此事。

⑫秦小主：即秦君出子，公元前386年至前385年在位。

⑬奄变：宦官。

⑭自匿：隐去自己的行迹。

⑮非上：非议国君。

⑯公子连：秦国公子，即位后为秦献公，公元前384年至前362年在位。

⑰从郑所之塞：从郑国之地到桃林塞。塞，桃林塞，在今河南省西部，为中原入秦要道。

⑱右主然：秦国守桃林塞的将领。

⑲两主：同时侍奉两位国君。

⑳勉去：赶快走吧。

㉑翟：即狄，晋国西部与秦国北部的少数民族部落。

㉒焉氏塞：由翟进入秦国的要道，在汉代的乌氏县，今宁夏固原市东南。

㉓菌改：秦国守焉氏塞的将领。

㉔兴卒：集结部队。

㉕雍：秦都，在今陕西省宝鸡市凤翔区西南。

㉖监突:秦国大夫。

㉗不便主:对国君不利。

㉘复:反。

㉙观归:观察其结果。

㉚治乱安危:治理祸乱,转危为安。

【译文】

四曰:百姓没有途径知道天时,他们用四季的变迁、寒暑的交替、日月星辰的运行来知道天时。四季的变迁、寒暑的交替、日月星辰的运行正常,则世上的各种生物中,有血液和气息的物种都能得到其在自然中的位置,并安定地生存下去。臣子也没有途径了解君主,臣子用君主所行的赏赐、惩罚、爵禄所施加的对象来了解君主。君主的赏赐、惩罚、爵禄所施加的对象如果适宜,则无论亲疏还是远近,贤能还是不肖,都会尽其能力而为君主所用。

晋文公回到晋国,赏赐和他一起流亡的臣子,而陶狐不在其中。左右的人说:"国君您回到了晋国,多次颁布爵禄封赏,而陶狐不在其列,敢问是什么原因。"晋文公说:"以道义来辅佐我,以礼义来引导我的人,我授予其上等赏赐;用善道教导我,以贤能之才来使我强大的人,我授予其中等赏赐;能违背我的想法,多次指出我的过错的人,我授予其下等赏赐。这三者就是我赏赐有功之臣的标准。如果要赏赐晋国的勤劳于其职务的人,我第一个就会赏赐陶狐。"周内史兴听到此事,说:"晋文公将要成为霸主啊!从前圣明的王者以德行为先,以勤力为后,晋君可以当得起这个了。"

秦小主出子的夫人任用宦官,国中众贤人不乐,纷纷隐藏自己的踪迹不出,百姓胸怀抑郁,纷纷非议其国君。公子连流亡在魏国,听到这种情况后,想借助群臣与百姓之力,进入秦国,谋求君位,他从郑国的地方到了桃林塞。右主然镇守桃林塞,不让他进入,说:"臣有臣子之义,不能同时侍奉两位国君,公子您还是赶快离开吧。"公子连离开桃林塞,进入翟族部落,从焉氏塞入秦,菌改放他进了关。秦小主夫人听闻此事,大为惊惧,命令官吏集结部队。部队接受命令,说:"敌寇在边境之上。"部队和军吏刚出发时,都说:"我们前去攻击敌寇。"等到半路上,因势而变,说:"我们不是去攻击敌寇,是去迎接我们的国君。"公子连和这些部队会合,到了雍都,围攻小主夫人,小主夫人自杀。公子连立为国君,这就是秦献公。献公怨恨右主然,将要加以重罪;感激菌改,准备重重赏赐他。监突争辩说:"不可以这样。秦公子在外流亡的还有很多,如果这样施行赏罚,则秦国的臣子将争着放这些流亡的公子入秦了,这样对国君您是不利的。"秦献公认为他说得对,所以不再追究右主然的罪,而赏赐菌改大夫的官位,赐给守塞的人每人二十石米。秦献公可说是能够行赏罚了。凡是赏赐,不是因为喜爱其人;惩罚,不是因为讨厌其人,而是要看其结果如何。其所产生的结果好,那么即使国君讨厌他,也得赏赐他;如果其所产生的结果不好,就算国君喜欢他,也得惩罚他。这就是先王用以治理祸乱、转危为安的凭借啊。

【评析】

　　本篇讲君主的赏罚之道。开篇指出赏罚之道是臣下借以观察君主的度量品德的途径,贵在适宜。下面举晋文公不赏陶狐与秦献公不治右主然之罪为例,教导君主如何执行适宜的赏罚,以及赏罚的标准,即观其所归,告诫君主不要以个人的好恶来影响赏罚的公正。

　　赏罚是重要的政治手段,它是国家行政与个人发展相结合的主要激励和惩戒方式。在封建时代,它更是君主借以团结臣下、激浊扬清的重要手段。滥赏滥罚,往往使正直的臣下寒心,百姓离德。离心离德,则国将不国。历史上有很多可作为教训的个案。如太平天国后期,洪秀全滥行封王之赏,封王达2700余人,造成太平军内宗派主义膨胀,各将领拥兵自重,各自为政,直至灭亡。而历史上最为荒诞的赏罚则由春秋时代的卫懿公完成,他喜爱鹤,于是"鹤有乘轩者",将大夫乘坐的车赏给他所养的鹤来坐。当狄人伐卫时,国人都说:"使鹤,鹤实有禄位,余焉能战?"结果狄人攻入卫都，卫懿公被杀。这就是本文中所说的"治乱安危"之事，赏罚得宜，则乱平危消；赏罚失当，则乱愈甚，危愈险。读史至此，能不戒惧？

博　　志①

五曰：先王有大务②，去其害之者，故所欲以必得，所恶以必除，此功名之所以立③也。俗主则不然，有大务而不能去其害之者，此所以无能成也。夫去害务与不能去害务，此贤不肖之所以分也。使獐疾走，马弗及至，已而得者，其时顾④也。骥一日千里，车轻也；以重载则不能数里，任⑤重也。贤者之举事也，不闻无功，然而名不大立、利不及世者，愚不肖为之任也。冬与夏不能两刑⑥，草与稼不能两成，新谷熟而陈谷亏⑦，凡有角者无上齿⑧，果实繁者木必庳⑨，用智褊⑩者无遂功，天之数也。故天子不处全，不处极，不处盈。全则必缺，极则必反，盈则必亏。先王知物之不可两大，故择务当而处之。

孔、墨、宁越⑪，皆布衣之士也，虑⑫于天下，以为无若先王之术者，故日夜学之。有便于学者，无不为也；有不便于学者，无肯为也。盖闻孔丘、墨翟，昼日讽诵习业，夜亲见文王、周公旦而问焉⑬。用志如此其精⑭也，何事而不达？何为而不成？故曰："精而熟之，鬼将告之。"非鬼告之也，精而熟之也。今有宝剑良马于此，玩之不厌，视之无倦。宝行良道⑮，一而弗复⑯，身之安也，名之章也，不亦难乎！宁越，中牟⑰之鄙人也，苦耕稼之劳，谓其友曰："何为而可以免此苦也？"其友曰："莫如学。学三十岁则可以达矣。"宁越曰："请以十五岁。人将休，吾将不敢休⑱；人将卧，吾将不敢卧。"十五岁而周威公⑲师之。矢之速也，而不过二里，止也；步之迟也，而百舍，不止也。今以宁越之材而久不止，其为诸侯师，岂不宜哉？

养由基、尹儒㉑，皆文艺㉒之人也。荆廷尝有神白猿㉒，荆之善射者莫之能中，荆王请养由基射之。养由基矫弓操矢㉓而往，未之射而括㉔中之矣，发之则猿应矢而下，则养由基有先中之者矣。尹儒学御，三年而不得焉，苦痛之，夜梦受秋驾㉕于其师。明日往朝，其师望而谓之曰："吾非爱道也，恐子之未可与也。今日将教子以秋驾。"尹儒反走，北面再拜曰："今昔㉖臣梦受之。"先为其师言所梦，所梦固秋驾已。上二士者，可谓能学矣，可谓无害之矣，此其所以观㉗后世已。

【注释】

①博志：按清人王念孙《读书杂志》的说法，此处"博"当作"搏"，同"专"，搏志即专志，指专心致志于某事。讹为"博"，当为传写之误。

②大务：宏伟的理想。

③立：成功。

④时顾：不时地回头看。

⑤任：所负载的东西。

⑥两刑：指两方面都能达到鼎盛的状况。刑，成。

⑦亏：减少。

⑧有角者无上齿：意指长有角的禽兽不长寿。头长角则好斗，好斗则易夭折，所以说寿命不长。齿，年龄。

⑨庳：音 bì，矮小。

⑩褊：指人的心胸、气量、见闻的狭小。

⑪孔、墨、宁越：孔子、墨子、宁越。宁越，战国时赵人，著名的谋士。

⑫虑：思虑。

⑬夜亲见文王、周公旦而问焉：指夜晚在梦中见到周文王和周公旦，向他们请教。文王，周文王。周公旦，周初重要大臣，辅佐武王和成王，

制礼作乐,为中国文化史早期重要人物。

⑭精:专一。

⑮宝行良道:宝贵的行为,精粹的理论。

⑯一而弗复:偶一为之,就不再关注。

⑰中牟:战国赵地,在今河南省鹤壁市西。

⑱吾将不敢休:此句中的"将"和下句"吾将不敢卧"中的"将",疑衍。当为"吾不敢休"与"吾不敢卧"。

⑲周威公:战国时西周君。周考王(公元前 440 年至前 426 在位)曾封其弟于河南(今洛阳市),以续周公之官,是为周桓公。周天子仍驻洛阳(今洛阳市东部),周桓公所封之地在战国时周王城之西,所以称西周君。周威公是周桓公的儿子,继其父为西周君。

⑳养由基、尹儒:两人均春秋时人。养由基,楚国的神射手。尹儒,以御车之术闻名于世。

㉑文艺:应为"六艺"。养由基与尹儒的射术与御术,正在六艺(礼、乐、射、御、书、数)之中。

㉒神白猿:神异的白猿。猨,即猿。

㉓矫弓操矢:举着弓,拿着箭。

㉔括:通"栝",音 kuò,箭的末端扣住弓弦处。

㉕秋驾:一种御马的技艺。

㉖昔:通"夕"。夜晚。

㉗观:示,垂范。

【译文】

五曰:先圣贤王有宏伟的理想和目标,就会将妨碍它的因素一一消除,所以他们所想做到的一定会做到,所厌恶的一定会去除,这就是他们的功业声名得以成就的原因。平庸的君主则不是这样,他们也有宏伟的理想和目标,但不能消除妨碍它的因素,这就是他们无法成功的原因。能够消除妨碍目标的因素,与不能够消除妨碍目标的因素,这就是区别贤能与不肖的君主的标准。假使獐子飞快地逃离,马都赶不上,但最终獐子为人所获,是因为它不时地回头看啊。良马一日千里,是因为它所拉的车轻;如果载重的话,则一天走不了几里路,是因为它负载的东西重啊。贤能之人做事,没听说不能奏效的,然而其名气不显,所为之事不能有利于世间,是因为愚蠢不肖的人在拖他的后腿。冬季与夏季不能同时并存;杂草与作物不能同时丰收;新谷成熟,则旧谷一定会减损;凡是头顶生角的动物,它的年寿不会长久;果实繁盛的树木,它一定长得矮小;只会耍小聪明的人,没有能够成功的,这是上天注定的规律。所以天子不让自己处在全然无缺的状态,不让自己陷入极端的境地,不让自己处于盈盛的状况。全然无缺,则一定会有缺;极端的境况,则一定会向与它相反的方向发展;过于盈盛,就一定会开始亏损。先圣贤王知道事物不可能同时达到繁盛之境,所以会给自己设立适宜的目标去完成它。

孔子、墨子和宁越都是无官无职的布衣之士,他们思虑天下之事,认为没有像先王之道那样合于世用的,所以他们日夜不辍地学习先王之道。凡是有利于他们的学习的,无所不为;凡是不利于他们的学习的,坚决不去做。曾听说孔丘和墨翟,日日夜夜诵习先王之道,夜晚还在梦中向周文王、周公旦请教。他们的学习之志是如此的精纯专一,有什么事做不到?有什么目标完不成?所以说:“专精而熟习之,鬼将会将其奥妙传授。”这并不是有鬼来告知奥妙,而是专精而熟习之的缘故。现在这里有宝剑和好马,赏玩不厌,观之不倦。可是有宝贵的行为,精良的道理,偶一为之,就不再去做了,这样的话,想求得自身的平安,名气的彰显,不是很难吗?宁越,是中牟的鄙野之人,他苦于耕种的辛劳,对他的朋友说:“怎样做才可以免除这种辛苦啊?”他的朋友说:“不如学习。学习三十年,你就可以发达了。”宁越说:“请让我用十五年来完成目标。他人将要休息,我不敢休息;他人将要睡觉,我不敢睡觉。”十五年之后,宁越成为周威公的老师。以弓箭的迅疾,其射程不过二里而停下来;以走路的迟缓,走上三千里地也不会停。现在以宁越的才能,又能久久不停下脚步,其最终当了诸侯的老师,难道不合乎事理吗?

养由基和尹儒都是掌握六艺之术的人。楚国宫廷中曾经有一头神异的白猿,楚国善射的人没有谁能射中它的,楚王请养由基来射。养由基举着弓,拿着箭就去了,他还没有射箭,箭尾就搭上了弓弦对准了它,箭发出之后,白猿应声而坠下树来。养由基之于射艺,有比射中猎物更先一步锁定它的技巧。尹儒学御车之术多年,都没有心得,心中痛苦伤悲,夜晚他做梦,梦见从老师那里得到了秋驾术的传授。第二天他去拜见老师,他的老师看见了他的样子,对他说:"我不是吝惜御车之术,是担心你的水平还接受不了。今天我就把秋驾术教给你。"尹儒小步迅速地倒退,朝着北方拜了又拜,说:"夜晚我已经在梦中学到了。"他向老师说明了他所梦到的技艺,所梦到的就是秋驾术。上面这两位士人,可说是能够学习的了,可说是没有什么东西能影响他们学习了,这就是他们垂范后世的原因。

【评析】

　　本篇讲专心致志的道理。凡事不怕难,只怕认真两字。君主的政治理想,要专心以求之;士人的人生目标,要专心以求之;六艺之人的所擅之技,也要专心以求之。文中通过对这三种情况的讨论,指出"专志"是一切理想目标得以达成的关键。

　　文中所论颇富哲理。如第一段中的"全则必缺,极则必反,盈则必亏",具有朴素的对立转换的辩证法因素。宁越立志为王者师,与悬梁刺股的苏秦正是同类人,他们所取得的成功,正是专心致志的结果。而养由基善射,乃至于他前往射白猿之时,虽未发箭,但其精神已经先一步锁定了白猿,所谓神乎技矣,无出于此。尹儒善御,乃至形于梦寐之中,这与孔子的梦见周公,虽然所学习的内容不同,但其专注的精神是并无二致的。

贵　当

　　六曰:名号大显,不可强求,必繇其道。治^①物者,不于物,于人。治人者,不于事,于君。治君者,不于君,于天子。治天子者,不于天子,于欲^②。治欲者,不于欲,于性^③。性者,万物之本也,不可长,不可短,因其固然而然之,此天地之数也。窥赤肉而鸟④鹊聚,狸⑤处堂而众鼠散,衰绖⑥陈而民知丧,竽瑟⑦陈而民知乐,汤、武修其行而天下从,桀、纣慢⑧其行而天下畔,岂待其言⑨哉? 君子审在己者⑩而已矣。

荆有善相人者,所言无遗策,闻于国。庄王见而问焉。对曰:"臣非能相人也,能观人之友也。观布衣也,其友皆孝悌纯谨畏令,如此者,其家必日益,身必日荣矣,所谓吉人也。观事君者也,其友皆诚信有行好善,如此者,事君日益,官职日进,此所谓吉臣也。观人主也,其朝臣多贤,左右多忠,主有失,皆交争证谏⑪,如此者,国日安,主日尊,天下日服,此所谓吉主也。臣非能相人也,能观人之友也。"庄王善之,于是疾收士⑫,日夜不懈,遂霸天下。故贤主之时见文艺之人也,非特具之而已也,所以就⑬大务也。夫事无大小,固相与通。田猎驰骋,弋射走狗,贤者非不为也,为之而智日得焉,不肖主为之而智日惑焉。《志》⑭曰:"骄惑之事,不亡奚待?"

齐人有好猎者,旷日持久而不得兽,入则愧其家室,出则愧其知友州里⑮。惟⑯其所以不得之故,则狗恶也。欲得良狗,则家贫无以。于是还疾耕,疾耕则家富,家富则有以求良狗,狗良则数得兽矣,田猎之获常过人矣。非独猎也,百事也尽然。霸王有不先耕⑰而成霸王者,古今无有。此贤者不肖之所以殊⑱也。贤不肖之所欲与人同,尧、桀、幽、厉皆然,所以为之异。故贤主察之,以为不可,弗为;以为可,故为之,为之必繇其道,物莫之能害。此功之所以相万⑲也。

【注释】

①治:管理,治理。

②欲:贪欲。

③性:万物的本性。

④鸟:应作"乌"。

⑤狸:狸猫。

⑥衰绖:丧服。

⑦竽瑟:竽和瑟,古代乐器名。

⑧慢:轻易,用轻慢的态度来做事。

⑨言:言说。

⑩在己者:指在上位者的行为影响及于君子自身者。

⑪交争证谏:指都争着进谏。证,谏诤。

⑫收士:取士。

⑬就:成功。

⑭《志》:先秦时的佚书。

⑮州里:家乡。

⑯惟:推究。

⑰先耕:以耕作为先。

⑱殊:不相同,相异。

⑲相万:相差万倍。

【译文】

六曰:君主想要名声美号显赫于世,不可以强力获取,一定要以适宜的途径求之。治理万物的关键,不在于万物,而在于百姓。治理百姓的关键,不在于诸事,而在于君主。约束君主的关键,不在于君主,而在于天子。使天子安定的关键,不在于天子,而在于调节他的欲望。调节欲望的关键,不在于欲望本身,而在于遵循其本性。本性,是万物的根本,不可以加长,不可以减短,因其天赋本然而如此,这是天地注定的规律。看到红色的鲜肉,乌鸦乌鹊就会聚集;狸猫在堂上,老鼠们就会逃散;丧服穿上了,百姓就知道有丧事发生;竽瑟等乐器摆出来,百姓就知道有音乐听；商汤、周武王实践仁义之行，则天下顺从；夏桀和商纣王行事轻慢，则天下背叛，难道还要等他们说出来才知道吗？君子审察这些行为影响于自己的情形，就能知道其性质了。

楚国有善于看相的人，所说从来没失误过，其名声流传于国都。楚庄王见到他，问起这回事。他回答说："臣不是能够看人的相，而是能观察他们的朋友。我观察布衣之士，他的朋友都是孝顺父母、友于兄弟、朴素谨慎、畏惧法令的人，像这样的情况，他的家庭必定会日益殷富，他自己也会欣欣向荣，这就是所说的'吉人'啊。我观察有官职在身的服事国君之人，他的朋友都是笃诚守信、行事合义、喜行善举的人，像这样的情况，他服事国君一定会每天都有所进益，他的官职也会不断升迁，这就是所说的'吉臣'啊。我观察君主，如果他的朝臣多贤能之士，他的左右之人都很忠心，君主有所过失，则争相劝谏，像这样的情况，则国家日益安定，君主日益尊崇，天下日益服其德行，这就是所说的'吉主'啊。臣不是能看人之相，而是能够观察人的朋友啊！"楚庄王认为他说得很好，于是赶快招纳贤士，日夜都不松懈，最终称霸天下。所以贤明的君主不时地拔擢习通六艺的士人，不是只注重这个形式而已，而是以此来成就其宏伟的理想和目标。不管事大还是事小，它们本来就是情理相通的。在田猎场中驰骋，用箭射飞鸟，驱使猎犬追逐猎物，贤能之君不是不做这些事，而是在做这些事后，其智慧能日有所得；不肖的君主做这些事，其智慧则日益迷惑混乱。《志》说："做骄慢昏惑的事，不灭亡还等什么！"

有喜爱田猎的齐国人，旷日持久却打不到猎物，回家面对家人，感到惭愧；出门则面对知心朋友和本乡本土的人，感到惭愧。他推寻打不到猎物的原因，是因为猎犬太差。想要得到好的猎犬，则家里贫穷，没办法买到。于是他回家后赶快专心耕作，勤于耕作，则其家变富，其家富裕，则有钱去买好猎犬，猎犬好则经常能捕到猎物，从此他田猎的所得，经常多于他人。不光是田猎如此，世间百事都是如此。想成为霸王，不重视耕种而成为霸王的，从古到今都没有。这就是贤明之君与不肖之君的不同之处。贤明之君、不肖之君的欲望与常人没有什么不同，尧、舜、周幽王、周厉王都一样，但他们的行事不同。所以贤明的君主会明察其欲望所在，认为不可以做的，就不做；认为可以做，这才去做，而且按照它的本来性质去做，没有什么能够妨碍他。这就是贤明之君与不肖之君的最终结局相差万倍的原因所在啊。

【评析】

本篇以"贵当"为题，指"为之必豁其道"，万事万物有其本性，遵循其上天赋予的本性而求之，是正确的道路，也是恰当、适宜之道，所以"贵当"，即指以这种适宜之道为贵。

文章先以层进式的议论，由万物推及天子，指出循其天赋的本性，是治理万物的根本途径。在此过程中，君主要调节其欲望，使之与万物发展的规律相合，臣下观察到君主的相关表现后，以此来判断君主所为是否适宜。其下举楚国善相者为例，指出其所谓善相，其实是观察所相之人交的朋友如何，由其友而知其人；又举齐国猎者为例，指出其猎犬不善，当循脚踏实地的方式去改变这种现状，由此引申出君主若想霸于天下，则必重视农耕。这才是正确的道路。

在这一篇中有朴素的重农思想，这与战国末期的社会现状以及秦统一六国的历史经验有关。秦人借助八百里沃野的富饶关中，积蓄了强大的国力，终于逐一灭掉六国。另外，顺遂万物本性而为政的观念，似有一定的道家思想的影响。

《不苟论》六篇，统一在"不苟论"的主题之下，举凡不苟、赞能、自知、当赏、博志、贵当，均为对处事、为人、行政、修养方面不苟且行事的要求，直到今天都还具有很深的现实意义。

似顺论第五

似　顺①

一曰：事多似倒②而顺，多似顺而倒。有知顺之为倒、倒之为顺者，则可与言化③矣。至长反短④，至短反长⑤，天之道也。

荆庄王欲伐陈，使人视之。使者曰："陈不可伐也。"庄王曰："何故？"对曰："城郭高，沟洫⑥深，蓄积多也。"宁国⑦曰："陈可伐也。夫陈，小国也，而蓄积多，赋敛重也，则民怨上矣；城郭高，沟洫深，则民力罢⑧矣。兴兵伐之，陈可取也。"庄王听之，遂取陈焉。

田成子⑨之所以得有国至今者，有兄曰完子，仁且有勇。越人兴师诛田成子，曰："奚故杀君而取国⑩？"田成子患之。完子请率士大夫以逆越师，请必战，战请必败，败请必死。田成子曰："夫必与越战可也。战必败，败必死，寡人疑焉。"完子曰："君之有国也，百姓怨上，贤良又有死之臣蒙耻⑪。以完观之也，国已惧矣。今越人起师，臣与之战，战而败，贤良尽死，不死者不敢入于国。君与诸孤⑫处于国，以臣观之，国必安矣。"完子行，田成子泣而遣之。夫死败，人之所恶也，而反以为安，岂一道哉？故人主之听者与士之学者不可不博⑬。

尹铎⑭为晋阳下⑮，有请于赵简子。简子曰："往而夷夫垒⑯。我将往，往而见垒，是见中行寅与范吉射⑰也。"铎往而增之。简子上之晋阳⑱，望见垒而怒曰："嘻⑲！铎也欺我！"于是乃舍于郊，将使人诛铎也。孙明⑳进谏曰："以臣私㉑之，铎可赏也。铎之言固曰：'见乐则淫侈，见忧则诤治㉒，此人之道也。今君见垒念忧患，而况群臣与民乎？夫便国而利于主，虽兼于罪㉓，铎为之！'夫顺令以取容者，众能之，而况铎欤？君其图之！"简子曰："微㉔子之言，寡人几过。"于是乃以免难之赏㉕赏尹铎。人主太上㉖喜怒必循理，其次不循理，必数更㉗，虽未至大贤，犹足以盖㉘浊世矣。简子当㉙此。世主之患，耻不知而矜自用，好愎过㉚而恶听谏，以至于危。耻无大乎危者。

【注释】

①似顺：貌似符合于事理。

②倒：逆，不顺。

③化：变化之道。

④至长反短：夏至日长，过此则渐短。

⑤至短反长：冬至日短，过此则渐长。

⑥沟洫：原指田间水道，这里指护城河。

⑦宁国：楚臣。

⑧罢：通"疲"，疲惫。

⑨田成子：名田常，春秋末年至战国初年齐国大夫。其祖先为陈国的公子完，他于公元前672年由陈奔齐。公子完这一系在齐国经过一百余年的发展，成为齐国最大的家族，延续到田成子这一代，于公元前485年弑齐悼公，立其子为齐简公，公元前481年又弑齐简公，立其弟为齐平公，齐国政权归于田氏，田成子成为齐国事实上的国君。公元前386年，田成子的曾孙田和被立为诸侯，正式取代了齐国。此前齐国国君为姜姓，是西周初年的吕尚之后，此后转为田姓，这就是"田氏代齐"。

⑩杀君而取国:指田成子弑齐悼公、齐简公之事。

⑪贤良又有死之臣蒙耻:"又有死"三字疑衍,当为"贤良之臣蒙耻"。

⑫诸孤:贤良所遗留的幼小的子女。

⑬博:广博。此处对应上文的"人主之听者"与"士之学者",分别指听博和学博。因为君主听闻广博,则能集思广益;学者学习范围广博,则能切合事理。

⑭尹铎:晋国赵简子的家臣。

⑮为晋阳下:意谓尹铎受命来治理晋阳附近地区。为,治理。晋阳,在今山西太原。下,用在地点之后,表示一定的地域范围。

⑯夷夫垒:推平军事工事。

⑰中行寅与范吉射:中行寅,晋国大族中行氏家主。范吉射,晋国大族范氏家主。两家联合,与智、赵、韩、魏四家对抗,在公元前497年至前490年发生内战,中行氏与范氏失败亡族。内战中,赵简子曾退保晋阳,范氏和中行氏兵锋曾达晋阳附近,所以遗留有军事工事。

⑱上之晋阳:赵简子执政,由晋都到自己的私邑晋阳,其行进方向是由南往北,所以说往上走。上表方位,向上走。之,到。

⑲嘻:叹词,这里表示惊怒和不满的情绪。

⑳孙明:赵简子家臣。

㉑私:考虑,思考。

㉒诤治:诤,当作"竫",善,好。治,治理,统治。

㉓兼于罪:指有犯罪的嫌疑。兼,当作"嫌"。

㉔微:如果没有。

㉕免难之赏:使主上免于祸难的赏格。

㉖太上:最上,最好的。

㉗更:变化。

㉘盖:超过。

㉙当:与某种情况相应。

㉚愎过:坚持过失,不加改正。愎,固执自用。

【译文】

一曰：事情有很多看似倒逆而不合事理，实际上合乎事理的；有很多看似顺达合于事理，其实却并不合乎事理的。如果有人知道顺其实是倒、倒其实是顺的道理，则可以和他讨论变化之道。夏至日长，过后反而开始变短；冬至日短，过后反而开始变长，这是自然的规律啊。

楚庄王想讨伐陈国，派人前去察看。派去的使者回报说："陈国还不可以讨伐。"楚庄王问："什么原因？"使者回答说："陈国的城墙很高，护城河很深，积蓄的物质丰富。"宁国说："陈国可以讨伐。陈国是小国，而物质积蓄丰富，是因为它对百姓的赋敛很重，则陈国百姓都怨恨他们的国君了；城墙高，护城河深，则百姓的力量已经非常疲惫了。此时发动军队讨伐它，可以拿下陈国。"楚庄王听从了他的话，于是拿下了陈国。

田成子之所以能够至今保有齐国，是因为他有个兄长，叫完子，完子为人仁义，而且勇敢。越国发兵讨伐齐国，以杀田成子为名，说："田成子你为什么要弑杀国君，占有他的国家？"田成子担心越军入侵。完子请田成子允许他率领士大夫去迎击越军，请允许他一定去打一仗，打的话则请允许他失败，失败的话则请允许他战死在军中。田成子说："一定要和越国打一仗，我可以允许。但打的话一定要失败，失败的话一定要战死，寡人对此非常疑惑。"完子说："自从您掌管国政以来，百姓怨恨他们的官长，国中贤良的臣子也蒙受了羞辱。以我的观察，国人已经害怕了。现在越国人发兵，臣和他们作战，作战而失败，贤良之臣全都战死，没战死的人也不敢回来。您和他们留下的孤儿居于齐国，按我的看法，齐国一定会安定。"完子出发时，田成子哭着派他上了战场。死和打败仗，都是人情所厌恶的事，而完子反而认为是求安之道，天下的事理难道是唯一的吗？所以君主之听闻众说，学习的士人所学的东西，不可以不广博。

尹铎治理晋阳附近地区，出发前向赵简子请示需注意的事情。赵简子说："你去到那里，把那些军事工事都推平了吧。我将去晋阳，去了后见到这些留下来的工事，就像又见到了中行寅和范吉射一样。"尹铎去晋阳后,反而增修了这些工事。赵简子往北去晋阳,望见了这些工事,愤怒地说:"呀！尹铎在骗我！"于是他在城郊住下,将要派人前去诛杀尹铎。孙明进谏说:"以臣的愚见,可以赏赐尹铎。尹铎本来就说过这样的话:'见到可快乐的事,就容易骄奢淫逸;见到可忧虑的事,则善政易于推行,这是人之常情。现在国君见到旧的战争工事,都会念及当初的忧患之时,何况群臣和百姓呢？便于国家,有利于主上的事,即使有犯错的嫌疑,我尹铎都会坚决去做！'像那种顺从上面的命令来让上司高兴的事,大家都能去做,何况尹铎这样的贤人呢？您还是好好想想这事吧。"赵简子说:"假如没有你的这番话,寡人差一点就犯错。"于是赵简子便按照使主上免于祸患的赏赐之例,赏赐了尹铎。对君主而言,最好的情况是其喜怒都遵循事理,其次虽然不遵循事理,但一定要能够多次转化其喜怒之情,这样即使不能达到贤明之境,还是足以超过这混浊世道中的多欲之人的。赵简子就是这种情况。世间君主的忧患,在于其以不知事理为耻,却又自视甚高,师心自用;喜欢固执己见,坚持错误,而厌恶听从谏言,以至于让自己陷于危险的境地。对君主来说,没有比让自身陷于危险更大的羞辱了。

【评析】

《似顺论》所论为君主的度量行事、设官分职、处事态度等方面的问题。本篇讲的则是事情的似顺而实逆,似逆而实顺的道理。

在世间万物纷繁芜杂的表象之下,蕴含着深刻的道理。这些表象有时以好的形式呈现,就像陈国的"城郭高,沟洫深,蓄积多",无论以什么标准来看,都是治理良好的国家的样板。然而,宁国就从中看到了它的实质是陈国过度剥削民力,民怨甚重的现实。这就是似顺而实逆的例子。

齐国的完子率军迎战越人,期以必败必死,看似骇人听闻,但在其不循常理的思路下,是清晰的以败求安的逻辑线索。尹铎不从赵简子之命,增修军垒,以告诫赵简子和军民,不要贪一时之欢,忘记曾经的兵凶主危的忧患。这两例,是似逆而实顺的例子。

似顺而实逆,似逆而实顺,君主若能对此做出正确的判断,洞悉其理,则对其政治军事的决策,有莫大的帮助。

别　类①

二曰:知不知②,上矣。过者之患,不知而自以为知。物多类然而不然,故亡国僇③民无已。夫草有莘有藟④,独食之则杀人,合而食之则益寿。万堇不杀⑤。漆淖水淖⑥,合两淖则为蹇⑦,湿之则为干⑧。金柔锡柔,合两柔则为刚,燔⑨之则为淖。或湿而干,或燔而淖,类固不必⑩,可推知也。小方⑪,大方之类也;小马,大马之类也;小智,非大智之类也。

鲁人有公孙绰者,告人曰:"我能起死人⑫。"人问其故,对曰:"我固能治偏枯⑬,今吾倍⑭所以为偏枯之药,则可以起死人矣。"物固有可以为小,不可以为大,可以为半,不可以为全者也。

相⑮剑者曰:"白⑯所以为坚也,黄⑰所以为牣⑱也,黄白杂则坚且牣,良剑也。"难者曰:"白所以为不牣也,黄所以为不坚也,黄白杂则不坚且不牣也。又柔则锩⑲,坚则折。剑折且锩,焉得为利剑?"剑之情未革⑳,而或以为良,或以为恶,说使之也。故有以聪明听说,则妄说者止;无以聪明听说,则尧、桀无别矣。此忠臣之所患也,贤者之所以废㉑也。

义㉒,小为之则小有福,大为之则大有福。于祸则不然,小有之不若其亡也。射招㉓者欲其中小也,射兽者欲其中大也。物固不必,安可推也?

高阳应将为室家㉔,匠对曰:"未可也。木尚生㉕,加涂㉖其上,必将挠㉗。以生为室,今虽善,后将必败。"高阳应曰:"缘㉘子之言,则室不败也。木益枯则劲,涂益干则轻,以益劲任㉙益轻,则不败。"匠人无辞而对,受令而为之。室之始成也善,其后果败。高阳应好小察,而不通乎大理也。

骥、骜、绿耳㉚背日而西走,至乎夕则日在其前矣。目固有不见也,智固有不知也,数固有不及也。不知其说所以然而然,圣人因而兴制,不事心㉛焉。

【注释】

①别类:区分类别。

②知不知:知道自己有所不知。

③僇:同"戮",杀戮。

④有莘有藟:莘,音 xīn。藟,音 lěi。均为有毒的草药之名。

⑤万堇不杀:指这两种毒合而入药,可以毒攻毒,起到治病的效果,不会杀死人。万,即虿,音 chài,蝎子类的毒虫。堇,一种有毒的草药。

⑥漆淖水淖:淖,音 nào。漆与水均为流质,故称淖。

⑦合两淖则为蹇:漆水混合,干后坚固。蹇,音 jiǎn,坚固。

⑧湿之则为干:使漆湿后,就会变干。

⑨燔:焚烧。

⑩类固不必:事物不一定表现出符合它的分类的特征。

⑪方:疑为"犬"。下同。

⑫起死人:起死回生。

⑬偏枯:半身不遂的病症。

⑭倍:加倍。

⑮相:观赏。

⑯白:锡,铸剑的原料。

⑰黄:铜,铸剑的原料。

⑱牣:通"韧",柔软而结实。

⑲锩:指刀剑的刃弯曲。

⑳革:变化。

㉑废:被废弃。

㉒义:符合道义。

㉓招:箭靶。

㉔高阳应将为室家:高阳应,宋国大夫。为室家,盖房子。

㉕生:指木头未经干燥,富含水气之时。

㉖涂:泥。古代造房,涂泥以为壁。

㉗挠:变弱弯曲。

㉘缘:按照。

㉙任:承载。

㉚骥、骜、绿耳:均为骏马名。

㉛心:主观。

【译文】

二曰:知道自己有所不知的,是高明之人。犯错的人,他们的错处就在于本来不知,却自以为知。事情多有看似顺理成章,实则不然的情况,所以国家灭亡、百姓被杀戮的悲剧没有停过。像那草吧,莘草和藟草,都有毒,单独吃的话就会死人,合起来服用则延年益寿。蝎毒和堇草都有毒,合起来服用,也不会死人。又像漆和水都是流质,但两种流质合在一起凝固后,它就会变得坚固,越让它湿润,它就越干。金和锡都是柔软的金属,两者合在一起就会变得坚硬,用火烧它们,它们就变成了流体。有的东西湿后变干,有的东西烧后化为液体,事物本来就不一定表现出符合它的分类的特征,这点我们可以推断得知。比如小狗,它和大狗的种类一样;小马,和大马的种类一样;小的智慧,却和大的智慧不是一类了。

鲁国有个叫公孙绰的人,他对人说:"我能起死回生。"听到的人问他怎么做,他回答说:"我本来是能够治疗偏瘫的,现在我把治偏瘫的药量加倍，就可以起死回生了。"事物本来就有可以在小的方面奏效，却不可以在大的方面起作用的；有的可以做到局部的精彩，却不可以在全局上起作用的。

观剑的人说："锡是用来使剑坚利的，铜是用来使剑具有韧性的，锡与铜掺杂，则剑既坚且韧，好剑啊！"质疑他的人说："锡是使剑不具有韧性的，铜是使剑不坚利的，铜与锡相杂，则剑就会既不坚利也不坚韧。又剑柔软，它的刃口就容易卷口；剑坚利，它就容易折断。容易折断和卷口的剑，哪里能够算是利剑？"剑的本身没有变，而有的人以为是好剑，有的人认为是劣剑，这是口辩之说使它出现这样的情况。所以明察事理的人来听取各种说法，而肆意乱说的人在他面前就没有逞其舌辩的机会；不明察事理的人来听取各种说法，则尧和桀在他面前都会泯然无别。这就是忠心的臣下所忧虑之事，而贤明之臣被废弃的原因啊。

符合道义的事，做得少，就会有小福；做得多，就会有大福。祸患之事则不是这样，小有祸患，不如根本没有。射靶的人，想要射中小靶；射猎的人，希望能射中大兽。事理本来就不一定一成不变，我们怎能推断出来？

高阳应将要给家里造房子，工匠对他说："还不可以动工。木头的水分还太重，再涂上一层泥的话，它一定会弯。用没干的木头来造房子，现在虽然不错，但久后一定会毁坏。"高阳应说："按你的话来说，房子不会坏的。木头越干，它就越强劲，泥越干，就越轻，用越来越强劲的木料来支撑越来越轻的泥，就不会坏。"工匠无话可说，按照高阳应的命令造起了房子。房子刚做好的时候，质量很好，之后果然毁坏了。高阳应喜欢在小处苛察，而不明白大的事理啊。

骥、骜、绿耳这样的良马，背着太阳向西奔驰，等到傍晚，太阳就走到了它们的前面。眼睛本来就有看不见的事物，智慧本来就有不能了解的道理，命运本来就是不可抓住的。我们不知道事物之所以是这样的原因，但它就是这样的，圣人因顺自然而创立制度，而不是以个人的主观臆断为根据。

【评析】

　　本篇告诉我们,事物的实质,往往并非像我们所见到的它的表象那样。物从其类的原则,在某些时候可能会失效。大智慧的人,不斤斤计较于琐细的苛察,而是通乎事物大理,因顺自然规律来制定政策和制度。故本篇以"别类"名篇,意在指出别类的另一种情况:别类并非全能,我们应探究事理,而非主观臆断。

　　文中多以类比设喻来说明相关道理。如以莘藟、蚕蠋、漆水、金锡的关系来说明"类固不必"的道理。用公孙绰夸言能起死回生、相剑者的辩论、高阳应造房的事例来说明要弃苛察而通达大道的道理,论证严密而形象。

　　小聪明永远成不了大智慧,人如果没有宽广的心胸,就只能陷于小察小慧之中。战国时代的卫国国君卫嗣君,好苛察人的隐私。他治下有个县令,垫坐的席子破了,被人看见,告知卫嗣君,他就赐席给这个县令。县令大惊,不知道他是从哪里知道的。他还派人过关市,以金贿赂守关市之吏,然后把关市之吏招来,问:"某天有人过关市,送了金子给你,你还是还给他吧。"关市之吏大为恐惧。像这样的故作明察,以在臣下面前造成无所不知的效果,无论就人品还是事理来说,都是不值一提的小察小慧,无以为训。

有　度①

　　三曰:贤主有度而听,故不过。有度而以听②,则不可欺矣,不可惶③矣,不可恐矣,不可喜矣。以凡人之知,不昏④乎其所已知,而昏乎其所未知,则人之易欺矣,可惶矣,可恐矣,可喜矣,知之不审也。

　　客有问季子⑤曰:"奚以知舜之能也?"季子曰:"尧固已治天下矣,舜言治天下而合己之符⑥,是以知其能也。""若虽知之,奚

道知其不为私?"季子曰:"诸能治天下者,固必通乎性命之情者⑦,当无私矣。"夏不衣裘⑧,非爱裘也,暖有余也。冬不用

⑨,非爱

也,清⑩有余也。圣人之不为私也,非爱费⑪也,节乎己也。节己,虽贪污⑫之心犹若止,又况乎圣人?

许由非强也,有所乎通⑬也。有所通则贪污之利外⑭矣。孔墨之弟子徒属,充满天下,皆以仁义之术教导于天下,然而无所行教者⑮。术犹不能行,又况乎所教⑯?是何也?仁义之术外也。夫以外胜内⑰,匹夫徒步不能行,又况乎人主?唯通乎性命之情,而仁义之术自行矣。

先王不能尽知,执一⑱而万物治。使人不能执一者,物感⑲之也。故曰:通意之悖⑳,解心之缪㉑,去德之累㉒,通道之塞㉓。贵、富、显、严、名、利㉔,六者悖意者也。容、动、色、理、气、意㉕,六者缪心者也。恶、欲、喜、怒、哀、乐㉖,六者累德者也。智、能、去、就、取、舍㉗,六者塞道者也。此四六者不荡㉘乎胸中则正。正则静,静则清明,清明则虚,虚则无为而无不为也。

【注释】

①有度:有法度。

②以听:以它为根据来听取言论。

③惶:迷惑。

④昏:昏聩迷乱。

⑤季子:东户季子,尧时的诸侯。

⑥合己之符:与自己的观点相符合。

⑦固必通乎性命之情者:按《吕氏春秋》文法,此句下应还有六字,全句应为"固通乎性命之情,通乎性命之情者"。性命之情,指万物的天赋与禀受的情况。

⑧裘:毛皮所制的寒衣。

⑨箑:音 shà,同"篓""箑",扇子。

⑩清:寒冷。

⑪费:财物。

⑫贪污:指贪利忘义。

⑬通:通达,明了。此处指许由通达于无为之道。

⑭外:弃。

⑮教者:所教的东西。

⑯所教:所教的弟子。

⑰以外胜内:外,外部的,后天的,这里指仁义之道。内,内在的私欲。

⑱执一:秉持一道。一道,这里指根本、本源之道。

⑲感:惑。

⑳悖:惑乱。

㉑缪:错误。

㉒累:牵连,拖累。

㉓塞:雍塞,阻塞。

㉔贵、富、显、严、名、利:尊贵、富有、显达、威严、声名、财利。

㉕容、动、色、理、气、意:容貌、举止、神色、辞理、意气、情感。

㉖恶、欲、喜、怒、哀、乐:厌恶、欲望、欢喜、愤怒、悲伤、快乐。

㉗智、能、去、就、取、舍:智慧、才能、离开、趋就、选择、舍弃。

㉘荡:动。

【译文】

三曰:贤明的君主胸有法度,听取言论,自然不会犯错。而有意识地依据法度来听取意见,就不可能被欺骗,不可能被迷惑,不可能被恐吓,不可能被取悦。而一般人的智慧,对他已知的东西不会迷惑,但往往会被未知的东西迷惑,则别人可以很容易地欺骗他,可以迷惑他,可以恐吓他,可以取悦他,这是因为他们的智慧不足以明察秋毫啊。

有人问东户季子："尧是如何知道舜的能力的?"东户季子说:"尧本已治理好了天下,舜谈论他的治理天下之道,与尧的道义相符,所以尧知道他能治理好天下。"这人又问:"这样的话,他虽然了解了舜的能力,又通过什么办法知道舜不会有私心呢?"东户季子说:"凡是有能力治理天下的人,他们本来就一定是通晓世间万物的生命本性情况的人,应该不会有私心。"夏天不穿毛皮衣物,不是吝惜毛皮衣,而是天气太暖和,穿不上。冬天不用扇子,不是爱惜扇子,而是天气太冷,用不上。圣人之所以不为一己之私,不是吝惜财物,而是节制自己。能够节制自己,就算是有贪利忘义之心的人,也应会停止,更何况圣人呢?

许由辞让天下,不是勉强而为,而是因为他有明悟通达之见。有明悟通达之见,就会舍弃贪利忘义所带来的利益。孔子和墨子的弟子随从们,充满天下,都拿仁义之术来教导天下的人,但他们没有地方去实施他们所教的仁义之术。他们的仁义之术都没法实行,更何况他们的弟子?这是什么原因? 是因为仁义之术是外在的术。以外在的术来胜过人内在的私欲,平民百姓都做不到,更何况君主? 只有大家都通晓了世间万物的生命本性的情况,仁义之术才能够自然推行开来。

先代贤王不能知道所有的世间万物的情实,于是执守根本之道,则万物治平。使人不能够坚执根本之道的原因,是外物迷惑了他。所以说:要疏通志意的惑乱,解除心灵的谬误,除去德行的牵累,疏通大道的阻塞。尊贵、富有、显达、威严、声名、财利,这六者就是惑乱志意者。容貌、举止、神色、辞理、意气、情感,这六者就是让心灵犯错者。厌恶、欲望、欢喜、愤怒、悲伤、快乐,这六者就是拖累德行者。智慧、才能、离开、趋就、选择、舍弃,这六者就是阻塞大道者。这四组各六个外物,如果不在心胸里动荡,那么人自然会正直不颇。正直不颇,则心灵平静;心灵平静,则神智清明;神智清明,则胸怀虚旷;胸怀虚旷,则虽然什么都不为,却无所不为了。

【评析】

本篇讲君主须有法度。这个法度,在文中趋向于道家的思想。与前面所讲君主治国之术不侔。本篇的最后一段，更是与《庄子·庚桑楚》中的一节基本相同，从这里可以看出《吕氏春秋》一书作为杂家著作的性质。

本篇所推崇的这个"度"，从行文看来，应该就是所谓的"执一之道"，这个"道"，是"通乎性命之情"的无为之道，这是很纯粹的道家思想。圣人之所以除去私心，是在于对大道的领悟，在具体的政治实践中来看，这终究还是偏于理想化的。《荀子·解蔽》篇说："庄子蔽于天而不知人。"这是对道家学说比较准确的评价。

分　职①

四曰：先王用非其有②，如己有之③，通乎君道者也。夫君也者，处虚素服④而无智⑤，故能使众智也；智反无能⑥，故能使众能也；能执无为，故能使众为也。无智、无能、无为，此君之所执也。人主之所惑⑦者则不然。以其智强智，以其能强能，以其为强为。此处⑧人臣之职也。处人臣之职，而欲无壅塞，虽舜不能为。

武王之佐五人⑨，武王之于五人者之事无能也，然而世皆曰：取天下者武王也。故武王取非其有如己有之，通乎君道也。通乎君道，则能令智者谋矣，能令勇者怒矣，能令辩者语矣。夫马者，伯乐相之，造父⑩御之，贤主乘之，一日千里。无御相⑪之劳而有其功，则知所乘矣。

今召客者，酒酣歌舞，鼓瑟吹竽，明日不拜乐己者而拜主人，主人使之也。先王之立功名有似于此。使众能与众贤，功名大立于世，不予佐之者，而予其主，其主使之也。譬之若为宫室，必任巧匠，奚故？曰：匠不巧则宫室不善。夫国，重物也，其不善也，岂特宫室哉！巧匠为宫室，为圆必以规，为方必以矩，为平直必以准绳。功已就，不知规矩绳墨，而赏匠巧之宫室已成⑫，不知巧匠，而皆曰："善，此某君、某王之宫室也。"此不可不察也。人主之不通主道者则不然。自为人则不能⑬，任贤者则恶之，与不肖者议之。此功名之所以伤，国家之所以危。

枣，棘之有⑭；裘，狐之有也。食棘之枣，衣狐之皮，先王固用非其有而已有之。汤武一日而尽有夏商之民，尽有夏商之地，尽有夏商之财。以其民安，而天下莫敢之危；以其地封，而天下莫敢不说；以其财赏，而天下皆竞⑮。无费乎酆与岐周⑯，而天下称大仁，称大义，通乎用非其有。

白公胜⑰得荆国，不能以其府库分人。七日，石乞⑱曰："患至矣，不能分人则焚之，毋令人以害我。"白公又不能。九日，叶公⑲入，乃发太府⑳之货予众，出高库㉑之兵以赋民㉒，因攻之。十有九日而白公死。国非其有也，而欲有之，可谓至贪矣。不能为人，又不能自为，可谓至愚矣。譬白公之啬，若枭之爱其子㉓也。

卫灵公㉔天寒凿池，宛春㉕谏曰："天寒起役，恐伤民。"公曰："天寒乎？"宛春曰："公衣狐裘，坐熊席㉖，陬隅㉗有灶，是以不寒。今民衣弊不补，履决不组㉘，君则不寒矣，民则寒矣。"公曰："善。"令罢役。左右以谏曰："君凿池，不知天之寒也，而春也知之。以春之知之也，而令罢之，福将归于春也，而怨将归于君。"公曰："不然。夫春也，鲁国之匹夫也，而我举之，夫民未有见焉。今将令民以此见之。曰春也有善于寡人有也，春之善非寡人之善欤？"灵公之论宛春，可谓知君道矣。君者固无任，而以职受任。工拙㉙，下也；赏罚，法也；君奚事哉？若是则受赏者无德，而抵诛者无怨矣，人自反㉚而已。此治之至也。

【注释】

①分职：君臣各分其职。

②用非其有：利用并非自己所有的东西，即下文所说的"众智""众能""众为"之类。

③如己有之：就像自己所有的一样。

④处虚素服：处虚，处于虚静之位。素服，按文例，当为"服素"。服素即秉持根本之道。服，持。素，原始的，根本的，本质。

⑤无智：指君主表现得像没有智慧的样子。

⑥智反无能：指智慧返回到无所能为的样子。反，返回。

⑦所惑："所"字或衍。

⑧处：处于。

⑨武王之佐五人：指周武王的辅佐周公旦、召公奭、太公望、毕公高、苏公忿生。

⑩造父：古代善御的人，周穆王的臣子。

⑪御相：驾车时集中注意力。

⑫不知规矩绳墨，而赏匠巧之宫室已成："绳墨"依上句当作"准绳"。"匠巧"当作"巧匠"。"之"字衍。本句《群书治要》引作"不知规矩准绳，而赏巧匠。宫室已成"，当从之。

⑬自为人则不能："人"当作"之"。自己来做，则没能力做好。

⑭枣，棘之有：枣是棘产的果实。棘，酸枣树。

⑮竞：趋进。

⑯无费乎郼与岐周：郼，音 yī，殷商未灭夏前的国名。岐周，周灭商前都于岐山附近，故称岐周。

⑰白公胜：楚国太子建之子，楚平王之孙。公元前 479 年，他发动叛乱，杀死令尹子西与司马子期，囚禁了楚惠王，后被叶公率国人平定。

⑱石乞：白公胜的家臣。

⑲叶公：楚叶县大夫沈诸梁。

⑳太府:官名,掌府藏会计。太府为楚国财政国库。

㉑高库:楚国武库。

㉒赋民:分发给国人。

㉓枭之爱其子:传说枭爱养其子,其子成年后吞食其母。这里以枭之爱其子来比喻白公爱财,终因为财物而死亡。枭,猫头鹰。

㉔卫灵公:春秋末期卫国国君,公元前534年至前493年在位。

㉕宛春:卫国大夫。

㉖坐熊席:坐着熊皮铺设的席子。

㉗陬隅:音 zōu yú,即隩隅,屋子的西南角。

㉘履决不组:鞋裂开了也不能补上。

㉙工拙:工巧与笨拙。

㉚自反:自省。

【译文】

四曰:先圣贤王利用不是自己的所有之物,就像自己的所有之物一样,这是通达于为君之道的表现啊。君主就应该处于虚位,秉持素朴本质,不要以智力自为,所以他能够驱使众多的智士为己所用;君主的智慧,返回到无能为的状态,所以他能够驱使众多的能人为己所用;君主能够秉持无为之道,所以他能够驱使众多的有为之士为己所用。不以智力自为,不以才能自显,持无为之道,这就是君主所秉持的立场。惑乱的君主则不是这样。他们自恃其智,而强逞其智;他们自恃才能,而强逞其能;他们自恃能干,而强行去干。这些都是自处于人臣之职啊。君主自处于人臣之职,而希望耳目不被阻塞,就算是舜也做不到。

周武王有辅佐之臣五人,武王对这五人所能做的事无能为力,然而世人都说:取天下的人,是周武王。所以周武王获取不是自己的所有之物,如同自己早已有之一样,这是通达于为君之道的表现啊。通达于为君之道,则能够让智慧的人为自己谋划,能让有武勇者为自己怒发奋起,能让善于言辞的人为自己说话。像那马一样,伯乐发现了它,造父驾御它,贤明的君主乘坐它拉的车,一天可行千里。不需要付出观察和驾车的辛劳,而获得了日行千里的好处,就可知乘马之道了。

现在有人请客,喝酒喝得酣畅,席间还有歌舞、鼓瑟、吹笙的表演,第二天客人不会感谢让自己欢乐的这些表演者,而是拜谢请客的主人,因为这些表演者是主人派他们来表演的。先圣贤王之所以立功扬名,与此类似。君主驱使众多的能干之士与贤者,使得功业名声树立于世上,这些功业名声不会给予他们的辅佐之臣,而是给予他们的君主,因为这些臣子是由君主所任用的啊。就好像如果要修宫室,一定要任用心灵手巧的巧匠,这是什么原因? 曰:工匠不心灵手巧,则所造的宫室不会好。而国家相对于宫室,是具有很重分量的东西,国家如果不好,岂只是宫室不好这么简单? 心灵手巧的匠人来造宫室,凡是需要圆的地方一定会使用圆规,需要方的地方一定会用上矩器,需要又平又直的地方,一定会使用准器与墨绳。主人赏赐之时,不会考虑规矩绳墨这样的工具,而是赏赐能工巧匠。宫室已经落成,世人不知巧匠,都会说:"真好啊! 这是某位君主或某位王者的宫室啊!"此处不可以不明察。不通达于君主之道的君主则不是这样。他们自己干不了,任命贤能之臣来干吧,他们又厌恶,于是与一些不肖之徒一起谋划。这就是他们的功业名声衰败,国家危险的原因。

枣,是棘树的果实;裘,是狐狸的皮毛。吃棘树所产的枣子,穿狐狸所产的皮毛,先圣贤王本来就是利用不是自己的所有之物,就像自己所有之物一样。商汤、周武王一天之内,就全部拥有了夏、商的百姓,全部拥有了夏、商的土地,全部拥有了夏、商的财物。因为他们使其百姓安宁,天下没有谁敢威胁他们;他们以其国土分封诸侯,天下没有谁敢不高兴;他们以其财物进行赏赐,天下的人都趋之若鹜。商和周并不花费分毫,而天下人都称颂他们的大仁大义,这就是通晓于利用不是自己的所有之物的道理啊。

白公胜得到楚国大权,不能将楚国的府库财物分赐众人。政变成功七天之后,石乞对他说:"祸患来了,对于府库财物,不能分赐众人,就烧掉它,不要让别人利用它来危害我们。"白公胜做不到。第九天,叶公进入楚都,于是将太府的财货分给众人,拿出高库的兵器散发给百姓,以此来攻击白公胜。第十九天,白公胜被杀死。楚国不是白公胜所有,而他想占有楚国,可以说是极为贪婪了。不让别人干,自己又干不了,可以说是极为愚蠢了。像白公胜这样吝啬的行为,就像猫头鹰爱护其子一样。

　　卫灵公在天气寒冷的时候开凿池塘,宛春进谏说:"天气这么冷,却兴作工程,恐怕会伤害民力。"卫灵公说:"天气很冷吗?"宛春说:"您穿着狐皮大衣,坐着熊皮铺的席子,屋子的角落里还有火炉,所以不感到冷。现在百姓衣服破了都补不了,鞋子破了也没法补,您是不冷了,百姓却很冷。"卫灵公说:"好。"命令停止工程。左右的人进谏说:"您开凿池塘,不知道天气寒冷,而宛春知道。宛春知道后进谏,您就下令停止,这样好处就都归于宛春了,而怨恨却由您承受。"卫灵公说:"不是这样。宛春是鲁国的平民百姓,我提拔了他,百姓还不知道他的德行。现在我将借此机会,让百姓明知其德行。百姓称其有善德,对我来说就像我有善德一样,宛春的善德,难道不也是寡人的善德吗?"卫灵公评论宛春,可以说是知晓为君之道了。君主本来就没有具体职责,而是按照官职的划分来授予臣子责任。任职处事的熟练与笨拙,是臣下的事;赏赐与惩罚,则有法律规定;君主还要做什么事? 如果这样的话,则接受赏赐的人不用感激谁,因罪被处死的人也就无所怨恨了,人人贵在自我反省而已。这就是治国的最高境界啊。

【评析】

　　本篇讲分职的道理。这里的分职,指君臣之间的分职,而不是具体行政上的分职。文中认为,具体的职务和责任,是臣下的本分,君主要做的,是择能而任之,垂拱而治之。因为臣下的智、能、为,最终都会归功于君主。这种政治思想,颇似"虚君"的思想,而其思想根源,依然是道家一派的理论。所谓为君之道,就在于能够放手任人。

　　为此,文中列举了正反的例证。商汤、周武王、卫灵公与宛春的例子是正例,说明君主放权任人、臣之善亦君之善的道理。白公胜的例子,是反例,说明吝啬不能任人的结果。

　　贤明的君主,要有知人善任的气度。刘邦与韩信曾在一起谈论诸将的能力,刘邦问:"如我,能将几何?"韩信说:"陛下不过能将十万。"刘邦说:"如公何如?"韩信说:"如臣,多多益善耳。"刘邦笑着说:"多多益善,何为为我禽?"韩信说:"陛下不能将兵,而善将将,此乃信之为陛下禽也。"所谓"善将将",就是本文中所说的"用非其有,如己有之"的表现。世上没有全知全能的人,主事者如果能知人善任,善于分职授能,则他的事业哪有不能成功的道理呢?

处　方[1]

　　五曰:凡为治必先定分:君臣父子夫妇。君臣父子夫妇六者当位,则下不逾节而上不苟为矣,少不悍辟[2]而长不简慢[3]矣。金木异任[4],水火殊事[5],阴阳不同,其为民利一也。故异所以安同也,同所以危异也。同异之分,贵贱之别,长少之义,此先王之所慎,而治乱之纪[6]也。

　　今夫射者仪豪而失墙[7],画者仪发而易貌[8],言审本[9]也。本不审,虽尧、舜不能以治。故凡乱也者,必始乎近而后及远[10],必始乎本而后及末[11]。治亦然。故百里奚[12]处乎虞而虞亡,处乎秦而秦霸;向挚[13]处乎商而商灭,处乎周而周王。百里奚之处乎虞,智非愚也;向挚之处乎商,典[14]非恶也,无其本[15]也。其处于秦也,智非加益也;其处于周也,典非加善也,有其本也。其本也者,定分之谓也。

　　齐令章子[16]将而与韩魏攻荆,荆令唐蔑[17]将而拒之。军相当,六月而不战。齐令周最[18]趣章子急战,其辞甚刻[19]。章子对周最曰:"杀之免之[20],残其家,王能得此于臣。不可以战而战,可以战而不战，王不能得此于臣。"与荆人夹泚水①而军。章子令人视水可绝者，荆人射之，水不可得近。有刍②水旁者，告齐候者③曰："水浅深易知。荆人所盛守④，尽其浅者也；所简守，皆其深者也。"候者载刍者与见章子。章子甚喜，因练卒以夜奄⑤荆人之所盛守，果杀唐蔑。章子可谓知将分矣。

韩昭釐侯⑥出弋，靮⑦偏缓。昭釐侯居车上，谓其仆："靮不偏缓乎？"其仆曰："然。"至舍，昭釐侯射鸟，其右摄其一靮，适之⑧。昭釐侯已射，驾而归。上车，选间⑨，曰："乡者釐偏缓，今适，何也？"其右从后对曰："今者臣适之。"昭釐侯至，诘车令⑩，各避舍⑪。故擅为妄意⑫之道，虽当，贤主不由⑬也。

今有人于此，擅矫行则兔国家⑭，利轻重则若衡石⑮，为方圜则若规矩，此则工矣巧矣，而不足法。法也者，众之所同也，贤不肖之所以其力⑯也。谋出乎不可用，事出乎不可同⑰，此为先王之所舍⑱也。

【注释】

①处方："方"疑作"分"，本篇全讲君臣之分，疑形误。处分，各处其本分的意思。

②悍辟：凶邪。

③简慢：惰慢轻易。

④任：能力。

⑤事：能力。

⑥纪：纲领，法度。

⑦仪豪而失墙：望得见毫毛，而看不见整堵的墙。仪，望。豪，毫毛。

⑧仪发而易貌：望得见头发，却忽视了面貌。

⑨审本：追究根本。此指射者需中的，画者需像人。

⑩必始乎近而后及远：乱从小处开始，蔓延至大处。

⑪必始乎本而后及末：乱从自身开始，蔓延至家国。

⑫百里奚：春秋时秦国大夫。先为虞臣，晋献公灭虞国时，百里奚被俘为奴。晋献公把女儿嫁给秦穆公时，晋又把百里奚作为陪嫁奴隶送给秦国，半路上百里奚逃亡，又沦落为楚国的奴隶。秦穆公用了五张羊皮把百里奚赎回，命其为大夫。后辅佐秦穆公称霸。

⑬向挚：殷纣王时内史，见纣昏乱，携商朝典籍奔于周。

⑭典：典籍。

⑮本：君主。

⑯章子：齐将。

⑰唐蔑：楚将。

⑱周最：齐臣。

⑲刻：急。

⑳免之：使敌人逃窜。

㉑沘水：楚水名，在今河南省西南部泌阳河及其下游唐河。

㉒刍：割草。

㉓候者：侦察兵。

㉔盛守：重兵守卫。

㉕因练卒以夜奄：练卒，精兵。奄，通"掩"，偷袭。

㉖韩昭釐侯：即韩昭侯，战国时韩国国君，公元前362年至前333年在位。釐，音 xī。

㉗靷：音 yǐn，引车前行的皮带。

㉘适之：使其调适到合适位置。

㉙选间：即"选顷"，即刻，一会儿。

㉚诘车令：责备主管车辆的官员。

㉛各避舍：各自退下。这里指让车右和车令都退下去。

㉜妄意：臆测。

㉝由：用。

㉞擅矫行则免国家：指擅自假托上级的命令而行事，使国家免于危

难。矫行，假托上级的命令行事。免，使免于。

㉟利轻重则若衡石：指衡量轻重，就好像是称量重量的工具一样。利，当为"制"之讹。制，判定，衡量。衡石，泛指衡量重量的器具。

㊱其力：其，或为"共"之误。共力，共同尽力于此。

㊲不可同：不可同一而语。此处与本篇开始时的"金木异任，水火殊事，阴阳不同"相呼应。

㊳舍：放弃不为。

【译文】

五曰：凡是治理国家，一定要先定下每人各自的本分：君、臣、父、子、夫、妇。君、臣、父、子、夫、妇这六者各当其位，则在下者不会逾越其节制，在上者不会苟且行事，年少者不会走上凶邪的道路，而年长者也不会轻易简慢。金和木的能力不一样，水和火的能力不相同，阴和阳的性质也不相同，但它们均得以为百姓所用，则完全一致。所以不同就是相同的基础，同时，相同也是危害不同的因素。同与异的分别，贵与贱的区别，长与少的道理，这是先圣贤王所慎重处理的问题，也是治平与危乱的常道啊。

现在有射箭的人，他看得见毫毛之微，却不见堵墙之大；有画像的人，他看得见头发之微，却忽略了人的面貌，这是射者和画者自己是否能明察的问题。自身不能明察，即使是尧和舜，也不能以此治理天下。所以凡是危乱之起，必定从小处开始，蔓延到大处；必定从自身开始，蔓延到家国。治平也是如此。所以百里奚在虞国为臣，而虞国灭亡，在秦国为臣，则秦国称霸；向挚在殷商为臣，而殷商灭亡，在周为臣，则周称王于天下。百里奚在虞国为臣，其智力并不愚钝；向挚在殷商为臣，其所掌典籍并不是坏东西，虞、商的灭亡，在于它们没有好的君主啊。百里奚在秦国为臣，其智慧并不加多；向挚在周为臣，其所掌典籍并不比之前更精善，秦、周的兴盛，是因为它们有好的君主。君主，就是确定各人本分的意思。

齐国命令章子率军与韩、魏联军攻打楚国,楚国命令唐蔑率军迎击。两军僵持,六个月都没进行战斗。齐国命令周最催促章子赶快作战,其言辞非常急切。章子对周最说:"杀掉敌人,迫其逃窜,残破其家,这是我能向大王保证做到的。不可以作战时作战,可以作战时却不出战,这是我不能向大王保证的。"齐、韩、魏联军与楚军夹着泚水扎营,章子派人侦察可以渡过泚水的地方,楚军向侦察兵射箭,无法靠近泚水。有在泚水边割草的人对齐国的侦察兵说:"水的浅深很容易知道啊。楚军重兵守卫的地方,都是水浅的地方;所疏于防守的地方,都是水深的地方。"侦察兵带着割草人一起回去见章子。章子非常高兴,于是用精兵在夜晚偷袭楚军重兵防守的地域,果然一举击杀唐蔑。章子可以说是知晓将领本分的了。

韩昭釐侯出去射鸟,拉车的皮带有些松。昭釐侯坐在车上,对他的仆从说:"皮带是不是有点松?"他的仆从说:"是的。"到了地方,昭釐侯前去射鸟,他的车右收住一条皮带,把两边调得一样长。昭釐侯射完鸟后,驱车而回。上车后一会儿,昭釐侯说:"刚才皮带有点松,现在好了,这是什么原因?"他的车右从后面回答说:"现在这种情况,是我把它们调齐了。"昭釐侯回到宫中,责备掌管车辆的主官,让他和车右一起退下。所以擅自揣测上意的行为,虽然能得到正确的结果,但贤明的君主不会用他。

现在有人在这里,擅自假托上级的命令,而使国家免于危难;判断事物的轻重,就像是用称量的工具称出的一样;画方画圆,就好像使用了规器和矩器一样,这可以说是很熟练很巧妙了,但是并不值得效仿。法令,就是大众所趋同的,不管是贤明者还是不肖者所共同践行的。以不可使用的方式做出的谋划,以不可同一而论的方式做成的事,这是先圣贤王舍弃而不为的啊。

【评析】

本篇名为"处方",实为"处分",讲述确定社会中各类人群本分的重要性,从脉络上来说,与上篇的分职主题是一脉相承的。但上篇主要讨论君道,本篇则君道与臣道并重。

对国君来说,要明了自己的职责是确定各种人群的角色与任务,并按照这个标准去责成其完成本职。秦穆公、周武王,就是正面的例子。韩昭釐侯明察臣下职分,也是作者所赞赏的事例。对臣下来说,完成自己的本分,可以不惧君主的干扰性命令。齐国将领章子就是正面的例子,文中叹其"可谓知将分矣",对其加以褒扬。

由于强调各种人群的本分,所以,本文对于破坏这种本分的行为,不管其结果如何,是加以抵制的,并以"法"作为其理论依据。这里体现了《吕氏春秋》杂家的色彩,重法制,是君主专制的重要手段,也是法家的基本观念。然而,这种机械式的规定,轻视了人的主观能动性,对于在非常时刻突破法的约束挽狂澜于既倒的行为,给予了不公正的评价。从这里,我们也可以看出封建统治者们对于可能会动摇他们统治基础的行为,是异常警惕和恐惧的。《吕氏春秋》完成不久,秦始皇统一六国,销天下之兵,焚书坑儒,严刑峻法,都是这种警惕和恐惧心理的表现。

慎　小

六曰:上尊下卑。卑则不得以小观①上。尊则恣②,恣则轻小物,轻小物则上无道知下,下无道知上。上下不相知,则上非下,下怨上矣。人臣之情,不能为所怨③;人主之情,不能爱所非④。此上下大⑤相失道也。故贤主谨小物以论好恶⑥。巨防容蝼⑦,而漂邑杀人;突泄一熛⑧,而焚宫烧积⑨;将失一令,而军破身死;主过一言,而国残名辱,为后世笑。

卫献公戒孙林父、宁殖食⑩。鸿集于囿⑪,虞人⑫以告,公如囿射鸿。二子待君,日晏⑬,公不来至。来,不释皮冠⑭而见二子。二子不说,逐献公,立公子黚⑮。卫庄公⑯立,欲逐石圃⑰。

登台以望，见戎州⑱而问之曰："是何为者也?"侍者曰："戎州也。"庄公曰："我姬姓也，戎人安敢居国?"使夺之宅，残其州。晋人适攻卫，戎州人因与石圃杀庄公，立公子起⑲。此小物不审⑳也。人之情，不蹶㉑于山，而蹶于垤㉒。

　　齐桓公即位，三年三言，而天下称贤，群臣皆说。去肉食之兽，去食粟之鸟，去丝罝㉓之网。

　　吴起治西河㉔，欲谕㉕其信于民，夜日置表㉖于南门之外，令于邑中曰："明日有人能偾㉗南门之外表者，仕长大夫㉘。"明日日晏矣，莫有偾表者。民相谓曰："此必不信。"有一人曰："试往偾表，不得赏而已，何伤?"往偾表，来谒吴起。吴起自见而出，仕之长大夫。夜日又复立表，又令于邑中如前。邑人守门争表，表加植㉙，不得所赏。自是之后，民信吴起之赏罚。赏罚信乎民，何事而不成，岂独兵㉚乎?

【注释】

　　①观：视。

　　②恣：音 zì，恣意，随意。

　　③为所怨：为他所怨恨者做事。

　　④爱所非：喜爱他所不认同的人。

　　⑤大：或为"交"之误。

　　⑥谨小物以论好恶：指谨慎于小事，以明其善恶的趋向。小物，小事。论，明。

　　⑦巨防容蝼：大堤有孔穴容纳蝼蛄，则渐趋败坏，终致溃堤。防，大堤。蝼，蝼蛄。

　　⑧突泄一熛：灶上烟囱泄漏了一点火焰，就容易失火。突，指灶突，灶上的烟囱。熛，火焰。

　　⑨积：积累，积蓄。

⑩卫献公戒孙林父、宁殖食:卫献公,春秋时卫国国君,公元前576年至前559年在位。戒,约。孙林父、宁殖,均为卫国大夫。

⑪鸿集于囿:鸿,大雁。囿,园囿。

⑫虞人:古代掌管山泽苑囿之官。

⑬日晏:时间很晚了。晏,晚。

⑭皮冠:古代打猎用的帽子,加于礼冠之上,用以遮蔽尘土风雪。与大夫宴饮,不脱下皮冠,是很失礼的行为。

⑮公子黚:孙林父与宁殖逐卫献公后,所立者是公孙剽,不是公子黚,此处疑误。

⑯卫庄公:春秋晚期的卫国国君,即卫灵公太子蒯聩,公元前480年至前478年在位,他与自己的儿子蒯辄(卫出公)争位,于公元前478年死于石圃与戎州的叛乱之中。

⑰石圃:卫国大夫,蒯聩流亡在外,他不欲纳其归国,故庄公回国,欲逐之。

⑱戎州:居住在卫国国都附近的戎族邑落。

⑲公子起:卫灵公之子,蒯聩之弟。

⑳审:慎。

㉑蹶:跌倒。

㉒垤:音 dié,小土堆。

㉓丝罝:指用丝制作的捕猎的网。罝,音 jū,捕猎的网。

㉔西河:魏地,在今陕西和山西交界处的黄河由北向东拐弯处之西的地域。

㉕谕:明。

㉖夜日置表:夜日,前一天。置,立。表,木柱。

㉗偾:音 fèn,倒卧,放倒。

㉘长大夫:官名。

㉙加植:埋得更深。

㉚兵:用兵,军事行动。这里指吴起守西河,秦人不敢东向来攻。

【译文】

六曰：在上位者尊崇，在下位者卑贱。卑贱者不得小视其君上。尊崇则恣意，恣意则轻视细琐之事，轻视细琐之事，则在上位者没有途径了解在下位者，在下位者没有途径了解在上位者。上下不能互相了解，则在上位者不认同在下位者，在下位者怨恨在上位者。为人臣子的情实，不能忠心为其所怨恨的君主所用；君主的情实，不能去喜爱他不认同的人。这就造成在上位者与在下位者互相失去了了解对方的途径。所以贤明的君主，在小事上特别谨慎，以向世人表明其好恶的取向。大堤有了容纳蝼蛄的孔穴，逐渐扩大，就会漂没都邑，杀死百姓；灶上的烟囱泄出一点火星，就有可能焚毁宫室，烧掉积蓄；将军发布一道错误的军令，就会导致军队失败，自身死去；君主一言之误，就可能导致国家残破，声名受辱，为后世之人所笑。

卫献公约了孙林父和宁殖一起吃饭。有大雁集于园囿，管园囿的虞人向他报告了，于是卫献公就去了园囿射雁。孙林父和宁殖两人等卫献公来，时辰很晚了，献公还没来。终于等来了之后，卫献公不解掉射猎时戴的皮冠，就直接见孙林父和宁殖。两人很不高兴，于是驱逐了卫献公，立公子黚为君。卫庄公就君位后，想驱逐石圃。庄公登上高台四处眺望，看见远处的戎人聚落，就问："这是干什么的？"随侍者说："这是戎州啊。"卫庄公说："我卫国乃是姬姓，戎人怎么敢居于国都？"派人夺取了他们的住宅，摧残了他们的邑落。晋国刚好在此时攻击卫国，戎州人于是和石圃联合，杀了卫庄公，立公子起为君。这就是在小事上不谨慎的缘故啊。人之常情，一般不会在山上摔跤，而会在小土堆前跌倒。

齐桓公即位后，三年实践了三句话，而天下都称其贤明，群臣都很高兴。即：裁掉园囿中喂养的吃肉的野兽，裁掉吃粟粒的鸟儿，舍弃用丝绳编织的捕兽网。

吴起治理西河，想取得百姓的信任，于是前一天在南门外边树了一个木柱，在城中下令说："明天有人能够放倒南门外那根木柱的，给他长大夫的官做。"第二天直到很晚,都没有去放倒木柱的人。百姓互相说:"这话一定不会兑现。"有一个人说:"我试着去放倒那根木柱,最多是不能得到赏赐,对我来说有什么损失?"他前去放倒了木柱,来告诉吴起。吴起亲自出来接见了他,授予他长大夫的官职。于是又提前一天立了根木柱,又像上次那样在城中下令。城中人守着南门,争着去放倒木柱,结果木柱埋得更深了一些,没人能拿到这个赏格了。从此之后,百姓相信了吴起会赏罚必行。赏罚为百姓所信任,什么事干不成!难道只有军事方面的作用吗?

【评析】

本篇讲述在上位者须谨慎的道理。这里的在上位者,既可指君主,也可指臣子。须谨慎的原因,在于使上下互相了解的渠道畅通,以免使自身处于不可预料的危险之中。文中举卫献公、卫庄公为反例,一言之不守信、一言之轻狂,造成两位国君一死一逐的结果,与前一段中的"主过一言,而国残名辱,为后世笑"恰好相互印证。后面又举齐桓公、吴起的例子,这两人一君一臣,相对于其下的人来说,他们都是上位者,齐桓公以三言获得人心,吴起以两表而获民信,谨于言而慎于行,所以取得了与前面两位卫君截然相反的成果。

文中所述的"慎小"之理,如欧阳修在《新五代史·伶官传序》中说"夫祸患常积于忽微,而智勇多困于所溺"也蕴含了此意。这个教训,不但适用于上位者,且适用于普通人。

士容论第六

士 容①

一曰：士不偏不党②，柔而坚③，虚而实。其状貌然不偄④，若失其一⑤。傲小物⑥而志属于大，似无勇而未可恐狼⑦，执固横敢⑧而不可辱害，临患涉难而处义不越⑨，南面称寡而不以侈大⑩，今日⑪君民而欲服海外，节物甚高而细利弗赖⑫，耳目遗俗⑬而可与定世，富贵弗就而贫贱弗朅⑭，德行尊理而羞用巧卫⑮，宽裕不訾而中心甚厉⑯，难动以物而必不妄折⑰。此国士之容也。

齐有善相狗者，其邻假⑱以买取鼠之狗。期年⑲乃得之，曰："是良狗也。"其邻畜之数年，而不取鼠，以告相者。相者曰："此良狗也，其志在獐麋豕鹿，不在鼠。欲其取鼠也则桎⑳之。"其邻桎其后足，狗乃取鼠。夫骥骜之气，鸿鹄之志，有谕㉑乎人心者，诚㉒也。人亦然，诚有之，则神应乎人矣，言岂足以谕之哉？此谓不言之言也。

客有见田骈㉓者，被服中法㉔，进退中度，趋翔㉕闲雅，辞令逊敏㉖。田骈听之毕而辞㉗之。客出，田骈送之以目。弟子谓田骈曰："客，士欤？"田骈曰："殆乎非士也。今者客所弇敛㉘，士所术施㉙也；士所弇敛，客所术施也。客殆乎非士也。"故火烛一隅，则室偏㉚无光。骨节蚤成㉛，空窍哭历㉜，身必不长。众无谋方㉝，乞谨视见㉞，多故不良㉟。志必不公㊱，不能立功。好得恶予㊲，国虽大，不为王，祸灾日至。故君子之容，纯乎其若钟山之玉㊳，桔乎其若陵上之木㊴，淳淳㊵乎慎谨畏化，而不肯自足，乾乾乎取舍不悦㊶，而心甚素朴。

唐尚敌年为史㊷，其故人谓唐尚愿㊸之，以谓唐尚。唐尚曰："吾非不得为史也，羞而不为也。"其故人不信也。及魏围邯郸，唐尚说惠王㊹而解之围，以与伯阳㊺，其故人乃信其羞为史也。居有间，其故人为其兄请㊻，唐尚曰："卫君死，吾将汝兄以代之。"其故人反兴再拜㊼而信之。夫可信而不信，不可信而信，此愚者之患也。知人情不能自遗㊽，以此为君，虽有天下，何益？故败莫大于愚。愚之患，在必自用，自用则戆陋㊾之人从而贺之。有国若此，不若无有。古之与贤㊿，从此生矣。非恶其子孙也，非徼而矜其名㉛也，反其实㉜也。

【注释】

①士容：指士的气度。容，法度，气度。

②不偏不党：公正，不偏袒。

③柔而坚：形容士的行事，既有弹性，也能坚持原则。而，能。

④朖然不儇：朖，同"朗"。朗然，指清澈明白的样子。儇，音 xuān，轻佻，浮薄。不儇，指不轻佻，不浮薄。

⑤若失其一：先秦时常语，指恍惚不定的样子。

⑥傲小物：忽略琐屑小事。

⑦恐狼："狼"当为"獇"，通"吓"。恐獇，即恐吓之意。

⑧执固横敢：执固，所秉持之道坚固不移。横敢，勇敢。

⑨不越：不背弃。

⑩侈大：奢侈广大。

⑪今日：今天，当日，引申为假如现在、一旦。

⑫节物甚高而细利弗赖：指士的行事很高，不依赖于细微之利。节物，行事。赖，依赖。

⑬耳目遗俗：耳目，指视与听。遗俗，遗弃流俗。此即非礼勿视、非礼勿听之义。

⑭揭：离弃。

⑮巧卫：卫，疑为"甈"，音 wèi，诈伪之意。巧甈，指巧佞诈伪。

⑯宽裕不訾而中心甚厉：不訾，不加诋毁。訾，毁败。厉，高远。

⑰折：屈折，妥协。

⑱假：请求。

⑲期年：一年。

⑳桎：音 zhì，束缚。

㉑谕：明。

㉒诚：真实。

㉓田骈：战国时齐人，习黄老之学。

㉔被服中法：指穿着符合法度。被服，指穿着。

㉕趋翔：即趋跄，指步趋中节，古代朝拜晋谒须依照一定的节奏和规则迈步。

㉖逊敏：恭顺敏捷。

㉗辞：遣去。

㉘弇敛：指隐藏，收敛。弇，音 yǎn。

㉙术施：术，犹"述"。述施，指申说施行。

㉚偏：一半。

㉛骨节蚤成：骨头关节很早就长成型了。蚤，通"早"。

㉜空窍哭历：空窍，孔穴。哭历，空疏。

㉝众无谋方：众，大众，常人。谋方，谋虑之道。

㉞乞谨视见：指世人只汲汲于外表的中规中矩。乞，乞求，谋求。谨，谨慎。视见，外表。

㉟多故不良：指世人多诈伪不善。故，诡诈。

㊱志必不公：指心志如果不正。必，如果。公，正。

㊲好得恶予：喜爱聚敛，讨厌施予。

㊳钟山之玉：钟山，古代神话中的山名，传说在昆仑西北。其山产美玉。

㊴桔乎其若陵上之木：指君子的容度如高山上的大树那样峻直。桔，音 jié，直木。陵，高山。

㊵淳淳：敦厚之貌。

㊶乾乾乎取舍不悦：乾乾，健进之貌。悦，同"锐"，劲疾貌。

㊷唐尚敌年为史：唐尚，战国魏人。敌年为史，指其同龄人做了史官。敌，相同。

㊸愿：愿意。

㊹惠王：即战国时代的魏惠王，公元前 369 年至前 319 年在位。

㊺伯阳：战国魏地。

㊻请：请托。

㊼反兴再拜：指起身离席，退而再拜。反，退。兴，起身。

㊽自遗：自己舍弃欲望。

㊾戆陋：愚昧浅陋。戆，音 gàng。

㊿与贤：传位与贤人。

(51)徼而矜其名：徼，通"侥"，求。矜，夸饰。

(52)其实：他的实情。指其子不肖，传于子则国亡，不如传于贤。

【译文】

一曰：士公正不偏，其行事既有弹性，也坚持原则；看似空虚，实则充实。他的样貌清澈明白，绝不浮薄轻佻，给人的感觉若即若离，恍惚不定。他不关注琐屑小事，其志在乎高远；他看似柔弱无勇，实则不可恐吓；他所秉持之道坚定不移，勇敢果决，不可侮辱伤害；面临祸患危难之时，他的处事出于道义，绝不背弃；南面称君，而不以此自我放纵奢侈；一且为百姓之君，就欲使四海之外均服属其教化；他行事高远，不汲汲于细微的利益；他非礼勿视，非礼勿听，遗弃流俗，可以和他一起安定天下；他面临富贵者，并不趋就，对于贫贱者，也并不离弃；他以德行事，尊重道理，羞于做那巧佞诈伪之事；他宽以待人，不议论人的是非，其内心甚为高远；他难以为外物所动，一定不会随便妥协。这就是国士的气度。

齐国有善于相狗的人，他的邻居请他帮忙挑一只能捕鼠的狗。过了一年才挑到一只，说："这是好狗啊！"他的邻居养了几年，这只狗从来不捉老鼠，于是告诉了这位相狗者。相狗者说："这是好狗啊，它的捕猎目标是獐子、麋子、野猪、野鹿，而不是老鼠。想要让它捉老鼠，就把它的腿捆起来。"他的邻居将这只狗的后腿绑住，狗才开始捉老鼠。像骥马和驽马的志气，大雁的志向，人们能够明白，是因为它们都真实显现在骥驽和鸿雁表现出来的气质之中。人也是一样，如果人真有志气，则神气与人心相应而显现出来，这岂是用言语所能说清楚的？这就是所谓不言之言啊。

有客去见田骈，他的衣着合乎规矩，进退合乎法度，谒见的步伐沉静雅致，辞令谦逊敏捷。田骈听他说完，就让他走了。客人出门，田骈目送他出去。弟子对田骈说："刚才的客人，是士吧？"田骈说："可能还不是士。刚才客人所竭力隐藏的，是士所申说施行的东西；士所隐藏的，就是客人申说施行的东西。这位客人可能还不是士啊。"所以火照在墙角，则整间房的一半会没有光亮。人的骨头和关节发育得过早，它的孔穴就会疏松，最终身材一定长不高。常人没有谋略之道，只求在外表上谨慎小心、中规中矩，最终多陷于诈伪不善。人的心志如果不正，就不能建功立业。君主喜欢赋敛，厌恶施予，国家虽然大，必定不能称王，灾祸将不断到来。所以君子的气度，像钟山的美玉那样纯粹，像高山上的树木那样高远；君子敦厚正直，谨慎小心，敬畏教化，不肯自我满足于一时；君子终日健进，赋取与舍予都有规度，绝不冒进，而其心灵非常朴素。

唐尚的同龄人有做了史官的，他的老朋友以为唐尚也愿意做，跟唐尚说了这件事。唐尚说："我不是做不了史官，是羞于去做，所以才不做。"他的老朋友不相信他的说法。等到魏国围困邯郸，唐尚游说魏惠王，使其解了邯郸之围，赵国人感激他，将伯阳邑送给了他，他的老朋友这才相信他是羞于为史官。过了一段时间，他的老朋友请他帮忙，让其兄出仕，唐尚开玩笑说："卫君死后，我会让你的哥哥去替代他。"他的老朋友庄重地起身离席，退后再拜行礼，完全相信了他。可信却不信，不可信却相信，这是愚蠢者的弊病。知道人之常情是追逐私利，自己却不能遗弃私利，以此来做国君，即使拥有整个天下，又有什么益处？所以没有比愚蠢更能坏事的了。愚蠢的弊病在于刚愎自用，刚愎自用则愚蠢浅陋的人跟着附和。有国家如此，不如没有。古代传位于贤人的制度，就是因此而生。不是讨厌自己的子孙，也不是为了求大名于世间，而是传位于不肖子孙则会亡国，所以不如传位于贤人的现实啊。

【评析】

本篇讲士的气度。

开篇先总述士的气度，是"不偏不党，柔而坚，虚而实。其状肫然不偫，若失其一"，随后以十二个并列子句句式，说明了真正的士所应具备的气度。这十二个分句的末尾均押韵，增加了文章的音节之美。

其后以相狗者论狗、田骈论客、唐尚戏其故友三事，来论说士的气度的表现。以狗喻者，比喻士的气度会自然而然地显现在他给人的印象中；田骈论客，指出士的气度关键在内不在外，在心不在容；唐尚戏友，指出真正的士与愚蠢者的区别。三个例子，层层递进，环环相扣，共同完成了对真正的士的气度的形容和描述。

士有情伪，历史上真正的士人史不乏书，但滥竽充数的士人也汗牛充栋。本篇提出了"士容"的高标准，颇似一面镜子，可供我们观览研判人物之用。如诸葛亮的"自比管、乐"，谢安的"矫情镇物"，都可以在这些标准中找到相应的对照。

务　大①

二曰：尝试观于上志②，三王③之佐，其名无不荣者，其实④无不安者，功大故也。俗主之佐，其欲名实也与三王之佐同，其名无不辱者，其实无不危者，无功故也。皆患其身不贵于其国也，而不患其主之不贵于天下也。此所以欲荣而逾⑤辱也，欲安而逾危也。

孔子曰："燕爵⑥争善处于一屋之下，母子相哺也，区区焉⑦相乐也，自以为安矣。灶突决⑧，上栋焚⑨，燕爵颜色不变，是何也？不知祸之将及之也，不亦愚乎！为人臣而免于燕爵之智者寡矣。夫为人臣者，进其爵禄富贵，父子兄弟相与比周⑩于一国，区区焉相乐也，而以危其社稷，其为灶突近矣，而终不知也，其与燕爵之智不异。"故曰："天下大乱，无有安国；一国尽乱，无有安家；一家尽乱，无有安身。"此之谓也。故细之安必待大，大之安必待小。细大贱贵交相为赞⑪，然后皆得其所乐⑫。

薄疑⑬说卫嗣君⑭以王术，嗣君应之曰："所有者千乘也，愿以受教。"薄疑对曰："乌获⑮举千钧，又况一斤？"杜赫⑯以安天下说周昭文君⑰，昭文君谓杜赫曰："愿学所以安周。"杜赫对曰："臣之所言者不可，则不能安周矣；臣之所言者可，则周自安矣。"此所谓以弗安而安者也。

郑君⑱问于被瞻⑲曰："闻先生之义，不死君，不亡君，信有之乎？"被瞻对曰："有之。夫言不听，道不行，则固不事君也。若言听道行，又何死亡哉？"故被瞻之不死亡也，贤乎其死亡者也。

昔有⑳舜欲服海外而不成，既足以成帝矣。禹欲帝而不成，既足以王海内矣。汤、武欲继禹而不成,既足以王通达㉑矣。五伯欲继汤、武而不成,既足以为诸侯长矣。孔、墨欲行大道于世而不成,既足以成显荣矣。夫大义之不成,既有成已,故务事大㉒。

【注释】

①务大:从事,致力于大事。

②上志:古代的记载。

③三王:指夏、商、周三代之君。一般指夏禹、商汤、周武王。

④实:与名相对,指其政治地位与人生结局。

⑤逾:更,越。

⑥燕爵:即燕雀,燕和雀,泛指小鸟。

⑦区区焉:自得的样子。

⑧灶突决:灶的烟囱失火。

⑨上栋焚:火势上扬,焚烧梁柱。

⑩比周:结党营私。

⑪赞:助。

⑫乐:愿。

⑬薄疑:战国中期的纵横家。

⑭卫嗣君:战国时卫国国君,公元前 324 年至前 283 年在位。

⑮乌获:战国时秦国力士,后用作力士的泛称。

⑯杜赫:战国中期的纵横家。

⑰周昭文君:战国中期的东周之君。

⑱郑君:当为郑穆公,春秋时郑国国君,公元前 627 年至前 606 年在位。

⑲被瞻:春秋时人,曾事郑文公、郑穆公。

⑳昔有:当为"昔者"。

㉑通达:交通工具所能到达之处。

㉒事大:做大事。

【译文】

二曰：我曾经试着读上古的记载，三王的辅佐，他们的名声没有不显荣的，他们的地位没有不安定的，其原因在于他们所建立的功业之大。平庸君王的辅佐，他们想要自己的名声和地位与三王的辅佐相同，但其名声没有不被羞辱的，其结局没有不危险的，这是因为他们没有立下大功啊。他们都以其身未能贵重于国中为忧，而根本不忧虑他们的君王不能贵重于天下。这就是他们越想获得荣耀，反而越遭到羞辱，越想获得安全，反而越危险的缘故。

孔子说："燕雀争着在屋梁之下做窝，母亲好好地来喂养孩子，情意自得，相与为欢，自以为很安全。可灶台烟囱的火飙了出来，其势上扬，烧到了屋梁，燕雀却神色不变，这是什么原因？是它不知道大祸将至啊，这难道不是太愚蠢了吗！身为人臣，而智慧能超脱于燕雀之智的很少。那些为人臣的人，其享受的爵禄和富贵日有增益，父子兄弟在朝中结党营私，情意自得，相与为欢，而这样则危害了国家社稷，灶上烟囱之火离他们已经很近了，但他们最终察觉不到，他们的智慧与燕雀之智比起来，又有什么差别？"所以说："天下大乱，没有安全的国家；一个国家全部陷于混乱，没有一个安全的家庭；一个家庭全部陷入混乱，没有一个安全的人。"就是说的这回事啊。所以细小之物的安全，一定有赖于大的事物；大的事物的安全，一定要有细小事物的扶持。细小之物与大的事物、卑贱之人与高贵之人，都是互相扶持的，其后都能遂其所愿。

薄疑用王天下之术来游说卫嗣君，卫嗣君回应他说："我所拥有的，是一个千乘之国而已，愿举国以听先生的教导。"薄疑回答说："乌获能举起千钧的重物，又何况只用举一斤？"杜赫以安天下之术游说周昭文君，周昭文君对杜赫说："愿意向您学习安定周朝之道。"杜赫回答说："臣所说的如果不可以实行，则无法使周朝安定；臣所说的如果可以实行，则周朝自然会安定。"这就是所谓的以不安而安者啊。

郑穆公问被瞻说："听说先生您的原则是不为君主效死，不随君主流亡,真的有这回事吗?"被瞻回答说:"有这回事。如果进言不为君主所采纳,所怀之道不得实行,则我本来就不会服事这个君主;如果进言被采纳,所怀之道得以实行,又哪里会出现死亡和流亡之事?"所以被瞻不效死,不流亡,比他效死和流亡要好得多。

从前舜想威服海外,但没成功,但他已经足以成就帝业。禹想称帝而不成功,但他已经足以成为海内共主。汤、武想要继承禹的功业而不成功,但他们已经足以成为舟车所至的广阔土地的王者。五伯想要继承汤、武的功业而不成功,但他们已经足以成为诸侯的首领。孔、墨想要行大道于天下而不成功,但他们已经足以成为显荣之人。大道虽然不能成功,但还是能够有所成就,所以一定要致力于做大事。

【评析】

本篇文字,与《有始览》的《谕大》一篇大部分相同。《吕氏春秋》成于众手,先后之间失于对照,故有此误。

务大的意思是做大事,立大功,以此来勉励君主和臣子。文中多用引证和例证法。《谕大》篇后已论,这里不再多论。

上 农①

三曰:古先圣王之所以导其民者,先务于农。民农非徒为地利也,贵其志也。民农则朴,朴则易用,易用则边境安,主位尊。民农则重②,重则少私义③,少私义则公法立,力专一。民农则其产复④,其产复则重徙,重徙则死其处而无二虑。民舍本而事末则不令⑤,不令则不可以守,不可以战。民舍本而事末则其产约⑥,其产约则轻迁徙,轻迁徙则国家有患皆有远志,无有居心。民舍本而事末则好智,好智则多诈,多诈则巧法令⑦,以是为非,以非为是。

后稷曰:"所以务耕织者,以为本教也。"是故天子亲率诸侯耕帝籍田,大夫、士皆有功业⑧。是故当时之务,农不见于国⑨,以教民尊地产⑩也。后妃率九嫔蚕于郊,桑于公田,是以春秋冬夏皆有麻枲⑪丝茧之功,以力妇教⑫也。是故丈夫不织而衣,妇人不耕而食,男女贸功以长生⑬。此圣人之制也。故敬时爱日,非老不休,非疾不息,非死不舍。

上田夫食九人,下田夫食五人,可以益,不可以损。一人治之,十人食之,六畜皆在其中矣。此大任地之道⑭也。故当时之务,不兴土功,不作师徒,庶人不冠弁⑮、娶妻、嫁女、享祀,不酒醴聚众⑯;农不上闻⑰,不敢私籍于庸⑱。为害于时也。然后制野禁⑲,苟非同姓,农不出御⑳,女不外嫁,以安农也。

野禁有五:地未辟易㉑,不操麻㉒,不出粪㉓;齿年未长,不敢为园囿;量力不足,不敢渠㉔地而耕;农不敢行贾;不敢为异㉕事。为害于时也。然后制四时之禁:山不敢伐材下木㉖,泽人不敢灰僇㉗,缳网罝罜㉘不敢出于门,罛罟㉙不敢入于渊,泽非舟虞不敢缘名㉚。为害其时也。

若民不力田,墨乃家畜㉛。国家难治,三疑乃极㉜。是谓背本反则,失毁其国。凡民自七尺以上,属诸三官㉝:农攻粟,工攻器,贾攻货。时事不共㉞,是谓大凶。夺之以土功,是谓稽,不绝忧唯㉟,必丧其秕㊱;夺之以水事,是谓籥㊲,丧以继乐,四邻来虚㊳;夺之以兵事,是谓厉,祸因胥岁㊴,不举铚艾㊵。数夺民时,大饥乃来。野有寝耒㊶,或谈或歌,旦则有昏㊷,丧粟甚多。皆知其末,莫知其本真。

【注释】

①上农:尊农。

②重:厚重。

③私义：义，或作"议"。私议，指私下议论政事是非。

④复：或作"后"，通"厚"，多，丰富。

⑤令：服从命令。

⑥约：少。

⑦巧法令：工巧于法令，善于钻法令的空子。

⑧功业：或作"功级"，完成某事的分级标准和规定。

⑨农不见于国：农民不出现在国都。

⑩地产：土地中所产出的嘉谷。

⑪麻枲：即麻，古代织物的原料。枲，音 xǐ，指麻类植物的纤维。

⑫力妇教：从事于女子的本分。这里指纺织。

⑬贸功以长生：贸功，交换其劳动成果。长生，指养育生命。长，音zhǎng，生长，养育。

⑭大任地之道：指充分利用土地的方法。大，完全。任，利用。

⑮冠弁：指古代男子二十岁行冠礼，代表成年，即成年礼。弁，音biàn，鹿皮冠。

⑯酒醴聚众：用饮酒来聚集众人。

⑰上闻：报告官府。

⑱私籍于庸：私自供养佃户来代替自己耕作。

⑲野禁：即下文的"野禁有五"的"野禁"。

⑳出御：出外娶妻，到外地入赘。

㉑辟易：解冻。

㉒操麻：从事于麻的种植。

㉓不出粪：不得清除污秽，因须留作粪肥。

㉔渠：沟，这里指在农田中挖出沟渠。

㉕异：其他。

㉖伐材下木：砍伐树林，折下木枝。

㉗灰僇：又作"灰戮"，古代对不按照时节来烧灰而有妨农事的人处以刑戮。

㉘缴网罝罘:缴网,绳网。罝,音 jū,捕鸟兽的网。罘,音 fú,一种捕鸟的网。

㉙罛罟:渔网。罛,音 gū。

㉚泽非舟虞不敢缘名:意指川泽之中,未经舟虞同意,不得找借口行船。舟虞,管理船的官员。缘名,借口。

㉛墨乃家畜:罚没他的家产和牲畜。墨,罚没。

㉜三疑乃极:三官交替相僭,农为工事,工为贾事,贾为农事,则民舍本而事末,国家之乱,将至于极点。三,指农、工、贾三官。疑,拟、僭之意。

㉝三官:即农、工、贾三官。

㉞共:各司其职。

㉟不绝忧唯:忧虑不断。

㊱秕:音 bǐ,不饱满的谷子。

㊲簓:当作"瀹",浸泡。

㊳四邻来虚:虚,当作"虐"。四邻交侵之意。

㊴胥岁:整年持续不断。

㊵铚艾:指收割。铚,音 zhì,短镰刀。艾,通"乂",收割。

㊶寝耒:代指闲置的农具。耒,一种农具。

㊷旦则有昏:从早到晚。

【译文】

三曰:古代的先圣贤王用来引导百姓的方法,以务农为先。使百姓务农,并不是单单为了土地的出产,而是重在培养农民的意志。百姓务农则纯朴,纯朴则易于驱使,易于驱使则国家的边境安宁,君主地位尊崇。百姓务农则厚重,厚重则很少在下面私自议论国政,很少私自论政则公家的法度确立,可以专一地致力于农事。百姓务农则其家产丰厚,其家产丰厚则不轻易移徙,不轻易移徙则百姓老死家乡,没有二心。百姓舍弃根本而从事末业,则不易接受在上位者的命令,不接受在上位者的命令，则不可以依靠他们来防卫国家，不可以依靠他们来进行战争。百姓舍弃根本而从事末业，则其家产稀少，其家产稀少则轻于移徙，轻于移徙，则一旦国家有灾患，百姓就都有抽身其外的想法，没有安于其国的心思。百姓舍弃根本而从事末业，则喜好智巧，喜好智巧则多诈伪，多诈伪则一心钻法令的漏洞，以正确为错误，以错误为正确。

　　后稷说："致力于耕作纺织的原因，是以其为根本的教化手段。"所以天子亲自率领诸侯来耕作歆享上帝的籍田，大夫、士各尽其力。所以当农耕开始的时候，在国都中见不到农夫，这是用以教化百姓而尊崇五谷啊。后妃率领九嫔在郊外饲蚕，在公田里采桑，所以春秋冬夏四季都有纺织丝麻的工作，这是致力于对妇人的教化啊。所以男子不纺织却能有衣穿，妇人不耕作却有饭吃，男女交相致力，以养育生命。这是圣人的制度啊。所以尊敬天时，珍惜时间，不到老不停止，不是重病不停止，不至死不放弃。

　　上等田，一人劳作，可供九人之食；下等田，一人劳作，可供五人之食，可以增加，不能再减少了。一人劳作，供十人之食，各种家畜的出产都算在其中。这就是充分利用地力的途径。所以当农耕之时，不兴建土木建筑工程，不征发军队打仗，老百姓除了行冠礼、娶妻、嫁女、祭祀等场合，不允许聚集在一起喝酒；农夫如果不向上报告备案，不得私自雇工佣耕。因为它们都对农时有害。然后制定野禁令，如果不是本地都是同姓的话，农夫不得到外地入赘，女子不得嫁到外地，以此安定农夫的生活。

　　野禁令有五种：田地没有解冻，不得开始纺麻，不得扫除粪秽；年纪不到，不能在园圃中劳作；度量自身力量不足，不得在田地中开挖沟渠，从事耕作；农夫不得经商；不得改做其他谋生之业。因为这些都有害于农时。然后制定四时的禁令：不得非时入山，砍材伐木；不得非时入泽，烧草木为灰，违者当定罪；捕鸟兽的网不得非时出门设猎，捕鱼的网不得非时入水捕捞；川泽之中，不经舟虞同意，不得入河行船。这些都有害于农时啊。

　　如果百姓不致力于农耕，就罚没他的家产与牲畜。国家难以治理，就是因为农、工、商三者相互混淆到了极点。这就是所谓的背弃根本,逆法度而行之,这样会失去和毁掉其国家。凡百姓身高七尺以上者,分属于农、工、商三官,农夫致力于粮食,工匠致力于制器,商人致力于货物流通。分工之事不能各司其职,这就是所说的“大凶”啊。以兴建工程来侵夺农时,这就叫延误,忧患将从此不停,谷物一定会歉收;以治理水患来侵夺农时,这就叫浸泡,丧事会随着喜事而来,四边的邻国将会前来肆虐;以军事行动来侵夺农时,这就叫暴虐,灾祸将经年不息,农具废弃不用。多次这样侵夺百姓的农时,则大饥荒必将到来。田野里到处都是闲置的农具,百姓有的聊天,有的唱歌,从早到晚都是这样,如此则会丧失大量的粮食。这种现象大家都知道,但没有谁知道其根本是失去了农时啊。

【评析】

本篇讲的是尊崇农业,认为它是根本。这与封建国家以土地为根本的性质是一脉相承的。文中明确指出,务农能使百姓厚重朴实,易于驱使。这也符合封建国家的治理思路。文中提到的“野禁”与“四时之禁”,到今天都还有其现实意义。

任　地①

四曰:后稷曰:子能以窒为突②乎?子能藏其恶而揖之以阴③乎?子能使吾土靖而甽浴土④乎?子能使保湿安地⑤而处乎?子能使藋夷毋淫⑥乎?子能使子之野尽为泠风⑦乎?子能使藁数节而茎坚⑧乎?子能使穗大而坚均⑨乎?子能使粟圜而薄糠⑩乎?子能使米多沃而食之强⑪乎?无之若何?

凡耕之大方⑫:力者欲柔⑬,柔者欲力;息者欲劳,劳者欲息;棘⑭者欲肥,肥者欲棘;急者欲缓⑮,缓者欲急;湿者欲燥,燥者欲湿。

上田弃亩⑯，下田弃畎⑰。五耕五耨⑱，必审以尽⑲。其深殖之度，阴土必得。大草不生，又无螟蜮⑳。今兹㉑美禾，来兹美麦。是以六尺之耜，所以成亩㉒也；其博㉓八寸，所以成畎㉔也；耨柄尺㉕，此其度也；其耨六寸，所以间稼㉖也。地可使肥，又可使棘。人肥㉗必以泽，使苗坚而地隙；人耨必以旱㉘，使地肥而土缓。

草諯大月㉙。冬至后五旬七日，菖㉚始生。菖者，百草之先生者也，于是始耕。孟夏之昔㉛，杀三叶㉜而获大麦。日至㉝，苦菜死而资生㉞，而树麻与菽㉟。此告民地宝尽死㊱。凡草生藏㊲，日中出，秭首㊳生而麦无叶，而从事于蓄藏。此告民究㊴也。五时见生而树生㊵，见死而获死㊶。天下时㊷，地生财，不与民谋。

有年瘗土㊸，无年瘗土㊹。无失民时，无使之治㊺。下知贫富，利器皆时至而作，渴㊻时而止。是以老弱之力可尽起，其用日半，其功可使倍。不知事者，时未至而逆之，时既往而慕之，当时而薄之，使其民而郄㊼之。民既郄，乃以良时慕，此从事之下㊽也。操事则苦㊾，不知高下，民乃逾处㊿。种稷禾㊿不为稷，种重禾㊿不为重，是以粟少而失功。

【注释】

①任地：种地。

②以窒为突：窒，通"洼"，低洼之地。突，突出，高地。

③藏其恶而揖之以阴：指除去劣土，换上湿土。藏，隐藏，除去。恶，恶土，劣土。揖，让，换，替代。阴，湿土。

④吾士靖而畎浴土：句中两"士"字均为"土"。指使我的田地整治，田间的小水沟能灌溉田地。靖，治理。畎，同"畎"，音 quǎn，田间的小

水沟。

　　⑤保湿安地：保湿，指种子保湿。安地，指使种子与田地性质相适应。

　　⑥蘆夷毋淫：指使田间杂草不要茂盛地生长。蘆，音 huán，荻草。夷，即黄，音 tí，通"稊"，田间杂草。淫，生长茂盛。

　　⑦泠风：指和风。泠，音 líng。

　　⑧藳数节而茎坚：指稻、麦的秆细密坚致。藳，音 gǎo，指稻、麦的秆。数，音 cù，细密，稠密。

　　⑨坚均：坚实均匀。

　　⑩圜而薄糠：圜，即圆。糠，指稻、麦、谷子等的籽实所脱落的壳或皮。谷粒圆满，其壳薄，是嘉谷的特征。

　　⑪米多沃而食之强：多沃，多油。强，有嚼头，有咬劲。

　　⑫大方：主要原则与方法。

　　⑬力者欲柔：土地坚硬的，使其变柔软。

　　⑭棘：贫瘠。

　　⑮缓：沙性土质。

　　⑯上田弃亩：高处之田易旱，所以弃去高处不耕。上田，高处之田。亩，田中被畖围起来的土地。

　　⑰下田弃畖：低处之田，舍弃畖沟之处不耕。下田，低处之田。

　　⑱耨：音 nòu，古代锄草农具。此指用耨除草。

　　⑲审以尽：审，仔细。尽，彻底。

　　⑳螟蟘：螟，音 míng，螟蛾的幼虫，一种蛀食稻心的害虫。蟘，或作"螣"，音 tè，一种蛀食稻叶的害虫。

　　㉑兹：年。

　　㉒成亩：可量度亩。耜长六尺，刚好是一亩之地的标准宽度。

　　㉓博：宽度。

　　㉔成畖：可量度畖。畖宽八寸，刚好是耜的宽度。

　　㉕耨柄尺：耨，这里指耨器，除草的农具。其柄长一尺。

㉖间稼：间苗。

㉗肥：当为"粗"或"耕"之讹，耕作之意。

㉘人耨必以旱：农夫锄草，须在田地干时耨草。

㉙草諯大月：这里指草在孟冬之月枯萎。諯，音 zhuān，退让。大月，孟冬之月。

㉚菖：音 chāng，即菖蒲，一种多年生水生草木，有香气。

㉛昔：通"夕"。

㉜三叶：指荠、亭历、菥蓂。这三种植物均在四月末枯死，正是大麦成熟的时候。

㉝日至：这里指夏至。

㉞苦菜死而资生：苦菜，越年生菊科植物，春夏间开花，茎叶嫩而可食，略带苦味。资，即蕡，音 zī，即白及，一种多年生草本植物，块茎可入药。

㉟菽：豆类总称。

㊱地宝尽死：地宝，种地的宝贵时令。死，为"矣"之讹。

㊲凡草生藏：凡草，众草。生藏，刚开始生长时，还潜藏在地下。

㊳日中出：指春分时众草钻出地面。

㊴豨首：豨，音 xī，药草名，即天名精。豨首为草中迟生者，至其生时，麦子都没了叶子，成熟了。

㊵告民究：告诉百姓今年的农事已经结束。

㊶五时见生而树生：五时，指五行生杀之时。见生而树生，指春夏有生意，耕种而生五谷。

㊷见死而获死：秋冬有死意，割刈收获五谷。

㊸天下时：上天降下四时。

㊹有年瘗土：收成好，要祭祀土神。

㊺无年瘗土：收成不好，也要祭祀土神。

㊻治：应为"怠"之讹，荒怠农事之意。

㊼渴：尽。

㊽郄:同“隙”,指使用民力,空阔疏落,不能充分利用民力。

㊾从事之下:事情办得不好。

㊿苦:音 gǔ,粗劣。

(51)逾处:逾,通“偷”。偷处,苟且偷安。

(52)稑禾:稑,音 lù,亦作穋,晚种而早熟的谷物。

(53)重禾:早种而晚熟的谷物。

【译文】

四曰:后稷说:你能将洼田改造为高田吗?你能将田中劣土除去,代之以湿土吗?你能使我的田地整治,田间的小水沟能够灌溉田地吗?你能让种子保湿,并和耕种的田地性质相适宜吗?你能让你的田野上都惠风和畅吗?你能让谷物的茎杆细密而坚固吗?你能让谷穗颗粒大而坚实均匀吗?你能让谷粒圆满而壳薄吗?你能让米粒多油质,吃起来有嚼头吗?如果不能,那该怎么办呢?

大凡耕作的要领:是把过分坚硬的土地变软,把过分柔软的土地变硬;休耕过的田地要及时种植,种植过的土地要进行休耕;贫瘠的土地要让它变得肥沃,过分肥沃的土地要让它变得贫瘠一些;过分坚实的土地要让它疏松一些,过分松软的土地要让它坚实一些;过于湿润的土地要让它干燥一些,过于干燥的土地要让它湿润一些。

地势高的田地,舍弃其田垄高处不种植;地势低的田地,舍弃田间水沟处不种植。播种之前耕五次田,播种之后锄五次草,一定要全面彻底。其耕种的深度,一定要到湿土之处。杂草不在田中生长,又没有螟蜮之类的害虫为祟。这样今年能收获嘉禾,明年能收获好麦子。所以六尺长的耜,可以用来量度亩的宽度;耜面有八寸宽,可以用它来量度田间水沟的宽度;耨器的柄有一尺长,这就是它们的制度;耨器一耨下去,刚好宽六寸,这就可以用来间稼。田地既可以让它增肥,也可以让它变得贫瘠。人们凡是在耕地之时,都喜欢上天降下雨泽,这样可以让禾苗坚实,而田地有空隙;凡是耨地,人们都喜欢晴朗无雨的天气,这样土地可以更肥沃,土质可以更疏松。

众草在孟冬之月枯萎。冬至后五十七天,菖蒲开始生长。菖蒲,是众草中最先生长的,于是开始耕作。孟夏之夜,荠、亭历、菥蓂开始枯死,大麦也于此时收获。夏至之时,苦菜枯死,而蒉草始生,开始种麻和豆。由此上天告诉百姓,对田耕来说,适于当年种植和收获的最宝贵的时间已经过去了。大凡众草始生,都潜藏于地下,等到春分时节,众草钻出了地面,当豨首草开始生长时,大麦已经没有了叶子,成熟了,这时就要致力于收获谷物,储藏于仓库中。由此上天告诉百姓,一年的农事已经结束。五行推行,相生相杀,春夏为生长之时,于是种植谷物;秋冬为肃杀之时,于是收获谷物。上天降下四时,大地生衍财物,这都是自然之道,不需要和人商议的啊。

丰收了要祭祀土神,歉收了也要祭祀土神。不要让百姓失去农时,不要让百姓荒怠农事。就算是愚笨的人,不管贫富,都应该知道天地间凡是有利于民生日用的器用,都是时机到来才得以兴起,时机过去就没有了。所以只要合乎时机,老弱的力量都可以发挥出来,其付出的努力比从前只有一半,而效果可以超过从前一倍。不知道事理的人,时机未到时拼命渴求,时机已逝后却空留羡慕。当时机到来时,毫不在意,役使其百姓又空阔疏落,不能尽其全力。已经耽误了时机,却又空慕良时,念念不已,这就是把事情办坏了啊。做事的方式粗劣不堪,不知道高明和愚笨的区别,百姓就会苟且偷安。种稺禾不像是在种稺禾,种重禾不像是在种重禾,所以收获少而失去农功。

【评析】

本篇主题是耕种田地的相关知识,是典型的农书。其中讲到土地的平整,谷物的播种,农具与田地的度量关系以及对农时的把握等问题。

整篇都托为后稷之言,当为古代农书的一部分,被引入《吕氏春秋》书中,其中充满着对农时的关注,指出"天下时,地生财,不与民谋",有朴素的自然主义观念。我国先民发源于黄河、长江等河流两岸,为古老的农业文明。农业文明的特点就是靠天吃饭，按照自然发展的规律来耕作，由此获得赖以维生的食物，所以对天时和土地的敬畏，充满于重农主义的农书之中，从本篇中的"有年瘗土，无年瘗土"就可见一斑。

辩　土^①

五曰：凡耕之道，必始于垆^②，为其寡泽而后枯。必厚其靹^③，为其唯厚而及^④。饱者荏之^⑤，坚者耕之，泽其靹而后之^⑥。上田则被其处^⑦，下田则尽其污^⑧。无与三盗^⑨任地。夫四序参发^⑩，大甽小亩^⑪，为青鱼胠^⑫，苗若直猎^⑬，地窃之也；既种而无行^⑭，耕而不长，则苗相窃也；弗除则芜^⑮，除之则虚^⑯，则草窃之也。故去此三盗者，而后粟可多也。

所谓今之耕也，营^⑰而无获者，其蚤者先时，晚者不及时，寒暑不节，稼乃多蓄实^⑱。其为亩也，高而危则泽夺^⑲，陂则埒^⑳，见风则偾^㉑，高培则拔^㉒，寒则雕^㉓，热则脩^㉔，一时而五六死，故不能为来^㉕。不俱生而俱死^㉖，虚稼先死，众盗乃窃，望之似有余，就之则虚。农夫知其田之易^㉗也，不知其稼之疏而不适也；知其田之际^㉘也，不知其稼居地之虚也。不除则芜，除之则虚，此事之伤^㉙也。故亩欲广以平，甽欲小以深，下得阴，上得阳，然后咸^㉚生。

稼欲生于尘^㉛而殖于坚者，慎其种，勿使数，亦无使疏。于其施土，无使不足，亦无使有余。熟有樱^㉜也，必务其培。其樱也植^㉝，植者其生也必先。其施土也均，均者其生也必坚。是以亩广以平，则不丧本茎。生于地者，五分之以地^㉞。茎生有行，故遬^㉟长；弱不相害^㊱，故遬大。衡^㊲行必得，纵行必术^㊳。正其行，通其风，央心中央^㊴，帅^㊵为泠风。苗，其弱也欲孤^㊶，其长也欲相与居,其熟也欲相扶。是故三以为族㊸,乃多粟。

凡禾之患,不俱生而俱死。是以先生者美㊹米,后生者为秕㊺。是故其耨也,长其兄而去其弟㊻。树肥㊼无使扶疏,树墝㊽不欲专生㊾而族居。肥而扶疏则多秕,墝而专居则多死。不知稼者,其耨也,去其兄而养其弟,不收其粟而收其秕。上下不安,则禾多死。厚土则孽不通㊿,薄土则蕃轓㉛而不发。垆埴冥色㉒,刚土柔种,免耕杀匿㉓,使农事得。

【注释】

①辩土:辨别土性。

②垆:黑色或黄黑色的坚硬而质地粗而不粘的土壤。

③必厚其靹:指柔软的土地后耕。厚,当为"后",放在后面耕作。靹,当为"靹",音 nà,柔软。

④唯厚而及:指柔土虽后耕,但生长迅速。唯,当为"虽"。及,当为"急"。

⑤饱者荏之:将含水量过大的土壤中的水分排出。饱者,指含水量大的土壤。"荏"字音义未详,当为排水之意。

⑥泽其靹而后之:指将柔软田地放在后面再耕。泽,当作"释"。

⑦被其处:指将土翻松,覆盖于田地表面。被,音 pī,覆盖。

⑧尽其污:指排干净田地中的积水。污,小水坑。

⑨三盗:指下文的地窃、苗窃、草窃。

⑩四序参发:指四时交替,催发生机。四序,四时。参,交错。发,催发生机。

⑪大晦小亩:田间的沟洫大,而被其围住的田地反而小。

⑫青鱼胠:胠,通"阹",音 qū,指建造围栏。大晦小亩,就像青鱼搁浅被围在围栏之中一样。晦为围栏,亩为青鱼。

⑬苗若直猎:指禾苗像直竖起来的头发一样。猎,通"鬣",音 liè,头

发上指。

⑭行：禾苗整齐种植的竖行。

⑮芜：荒芜，芜秽。

⑯虚：禾苗的根被松动。

⑰营：耕作。

⑱菑实：禾稼不收，是谓"菑实"。菑，同"灾"。

⑲高而危则泽夺：田地高而陡，则水易流失。夺，损失。

⑳陂则埒：田地过于倾斜，则水易流失。陂，倾危。埒，音 liè，山上水流。

㉑僵：音 jué，仆倒。

㉒高培则拔：培土过高，则连根拔起。培，培土于田边。

㉓雕：通"凋"，凋落，凋零。

㉔脩：因热而失去水分，因而干缩。

㉕一时而五六死：一时，同时。五六死，五六种使禾稼死去的途径。

㉖来：指收成好。

㉗不俱生而俱死：不是一起出土，却同时成熟。

㉘易：治。

㉙际：当为"除"之误。"除也"是治的意思，管理、打理得好。

㉚伤：败。

㉛咸：皆，都。

㉜尘：即细土。

㉝熟有櫌：指播种后用櫌平土、覆盖种子。熟，仔细，精审。有，为，从事。櫌是古代农具，用来击碎土块，平整土地。

㉞植：行列平直。

㉟五分之以地：把地分成五等份。

㊱邀：快，疾。

㊲弱不相害：作物幼小时不相互妨害。

㊳衡：横。

㊴术:通"遂",顺畅。

㊵夬心中央:意为一定要注意田地的中央部分。夬,坚决。心,或为"必"之讹,一定。中央,田地的中央。

㊶帅:率,都,全部。

㊷孤:单独。

㊸三以为族:多棵禾苗集聚在一起成为一簇。三,概数,多。族,聚。

㊹美:或作"为"。

㊺秕:音 bǐ,瘪谷,谷粒中空而不饱满。

㊻长其兄而去其弟:留下先生长的壮苗,去掉后生长的弱苗。

㊼肥:肥沃的土壤。

㊽垆:音 qiāo,坚硬贫瘠的土壤。

㊾专生:集聚而生。专,即抟,音 tuán,集聚。

㊿蘖不通:指禾苗发的芽钻不出土面。蘖,通"蘖",音 niè,萌芽。通,或作"达"。

(51)蕃轓:蕃,通"藩",遮蔽。"轓"字或衍。

(52)垆埴冥色:垆埴,黑色或黄黑色粘硬的土壤。冥色,暗色,浅黑色。

(53)免耕杀匿:免,勉力,勤于。匿,即慝,音 tè,污秽,祸害,这里指田间的害虫杂草之类。

【译文】

五曰:农耕的规律,一定要从垆土这种黑色的粗硬土开始,因为垆土少水分,能保湿,灌溉后不易干枯。一定要把柔软的土地放在后面再耕,因为它就算后耕,生长速度也能跟上。把含水量过大的土壤中的水分排出来,坚硬土壤的田地要先耕,把柔软的土地放在后面再耕。上等田地,则细细翻土,覆盖其地表;下等田地,则排干其中的积水。不要让地窃、苗窃、草窃这三盗来破坏土地。四时交替,催发生机,田间的沟洫大,而被其围住的田地反而小,就像青鱼搁浅被围在围栏之中一样,禾苗像直竖起来的头发一样,这就是地窃啊;已经种下禾苗,禾苗却不成行列,虽然耕了田,但禾苗就是不长,这就是禾苗交相侵害的苗窃啊;不除草则荒秽,除草却动了禾苗的根,这就是草窃啊。所以除去这三盗,然后收获的粟米才能多起来。

现在所谓的农耕,有耕作却无收获的,其早耕者先于农时而耕,晚耕者错过了农时才耕,冷与热不调适,禾稼就多不能收获。其整治田亩,如果田地高而陡,则水易流失;田地过于倾斜,则其水也易流失;禾苗遇到风就会倒株;在田边培土过高,则禾苗易连根拔起;遇寒就会凋零;遇热就会失去水分而干枯,同时有五六种可以让禾稼死去的因素,所以不能有好收成。庄稼不会同时出土,却同时收获,根被翻动的禾苗会先死去,地窃、苗窃、草窃就会发生,这种庄稼看似生长茂盛,走近了看就会发觉它虽然结了籽,籽却不饱满。农夫知道他的田整治过,但不知道他的庄稼稀疏而生长不适;农夫知道他的田除过了草,但不知道他的庄稼在地下的根是动过的。不除草田就会荒秽,除了草庄稼的根就被松动,这就是农活做得不好啊。所以田亩要求广阔平坦,田间沟洫要求既小且深,下有水分,上有阳光,然后庄稼才能都长得好。

习性喜欢生于细土而长于坚土之中的作物,就要慎重地选择它的种子,不要过于细密的,也不要过于空疏的。在田里播种的时候,不要播得过密而导致种子不够,也不要过于稀疏而导致种子多出来。要认真做好覆土盖种的环节,一定要培好土。覆土盖种时做到行列平直,行列平直则禾苗发芽快。覆土盖种时盖的土一定要均匀,均匀的话禾苗的根基就牢。所以田亩广阔平坦,禾苗的根茎就不会受到伤害。作物在田畦中生长,把田畦均分为五等份。禾苗按行排列,就长得快;禾苗幼小时不互相妨害,所以能够快速生长。横行一定要得宜,纵行一定要顺直。使行列端正,通风顺畅,一定要注意田地的中心部分,要让禾苗之间惠风和畅。禾苗在幼小时需要单独生长,在长大后要使其相邻而成簇地生长,在成熟时要让它们互相扶持。所以三四株禾苗聚合成一簇,这样就能多收获粟米。

大凡农作的难处,在于禾苗并不一起出芽,而在一起收获。所以先发芽生长的可以最终成米,而后生长的就成了秕。所以在除草之时,要注意扶助先生长的禾苗,去除后生长的禾苗。在肥沃的田地里耕作,不要将禾苗种得过于稀疏;在瘠薄的田地里耕作,不要让禾苗聚集丛生在一起。在肥沃的田中种得过于稀疏,禾苗就多结出秕子;在瘠薄的田里种得过于密集,则禾苗多死。不知道怎么种地的人,在除草时除去壮苗,留下弱苗,所以收获不了粟米,而只能收到秕谷。土地和作物不相宜,则禾苗多死。覆种的土太厚,则禾苗发的芽钻不出土面;覆种的土太薄,则禾苗被种子外壳遮蔽,发不出芽。垆埴土的颜色是暗黑色,这种刚性的土壤要让它柔熟一些后才能耕种,要勤力于耕作,除去杂草和害虫,使农事顺遂。

【评析】

本篇纯为农书,讲分辨土性,以达到土地与作物性质相合,从而得到好的收成的效果。

文中进行了细密的阐述,从什么土开始,谁先耕,谁后耕,地窃、苗窃、草窃这三盗各是什么,对田地有什么危害,到治田、覆种、培土、禾苗疏密等方面的知识,这些都是先秦时代尤其是战国时期农业生产知识的总结,弥足珍贵。

审 时①

六曰:凡农之道,厚之为宝②。斩木不时,不折必穗③;稼就④而不获,必遇天菑。夫稼,为⑤之者人也,生之者地也,养之者天也。是以人稼之容足⑥,耨之容耨⑦,据之容手⑧。此之谓耕道。

是以得时之禾,长稺⑨长穗,大本而茎杀⑩,疏穊⑪而穗大,其粟圆而薄糠,其米多沃而食之强。如此者不风⑫。先时者,茎叶带芒以短衡⑬,穗钜而芳夺⑭,秮米⑮而不香。后时者,茎叶带芒而末衡⑯，穗阅而青零⑰，多秕而不满。

得时之黍，芒茎而徼下⑱，穗芒以长，抟⑲米而薄糠，舂之易，而食之不嚘⑳而香。如此者不饴㉑。先时者，大本而华，茎杀而不遂，叶藁短穗。后时者，小茎而麻㉒长，短穗而厚糠，小米钳㉓而不香。

得时之稻，大本而茎葆㉔，长秱疏機，穗如马尾，大粒无芒，抟米而薄糠，舂之易，而食之香。如此者不益㉕。先时者，大本而茎叶格对㉖，短秱短穗，多秕厚糠，薄米多芒。后时者，纤茎而不滋，厚糠多秕，庮辟米㉗，不得恃定熟㉘，卬天㉙而死。

得时之麻，必芒以长，疏节而色阳㉚，小本而茎坚，厚枲㉛以均，后熟多荣，日夜分复生。如此者不蝗。

得时之菽，长茎而短足，其荚二七以为族㉜，多枝数节，竞叶蕃实㉝，大菽则圆，小菽则抟以芳，称之重，食之息以香。如此者不虫。先时者，必长以蔓，浮叶疏节，小荚不实。后时者，短茎疏节，本虚不实。

得时之麦，秱长而颈黑，二七以为行，而服薄糪㉞而赤色，称之重，食之致香以息，使人肌泽且有力。如此者不蚼蛆㉟。先时者，暑雨未至，胕动蚼蛆㊱而多疾，其次羊以节㊲。后时者，弱苗而穗苍狼㊳，薄色而美芒。

是故得时之稼兴，失时之稼约㊴。茎相若，称之，得时者重，粟之多。量粟相若而舂之，得时者多米。量米相若而食之，得时者忍饥㊵。是故得时之稼，其臭香，其味甘，其气章㊶，百日食之，耳目聪明，心意睿㊷智，四卫㊸变强，殄气㊹不入，身无苛殃㊺。黄帝曰："四时之不正也，正五谷而已矣。"

【注释】

①审时：明察天时。

②厚之为宝：意为以重视天时为贵。厚，重视。之，代指天时。宝，贵，珍贵。

③不折必穗：指非时所伐之木，不坚固，易弯曲。折，坚固。穗，疑为"桡"之误。桡，弯曲。

④就：成熟。

⑤为：这里指农耕。

⑥容足：容下一只脚的空间。这里指禾苗之间的距离。

⑦耨之容耨：前一个"耨"是动词，后一个"耨"是名词，指除草时禾苗之间的距离能够容下耨的宽度。

⑧据之容手：指收获时禾稼间可容一手。据，抓，握。

⑨稠：禾的总花梗。

⑩杀：小。

⑪疏穖：穖，音 jǐ，指禾籽如珠玑相连成串，指小穗。小穗疏，上面的禾籽能充分生长，共同构成大穗。

⑫风：被风吹落。

⑬茎叶带芒以短衡：秸秆和叶子上布满短毛，其总花梗也短。芒，细毛。衡，即稠。

⑭穗钜而芳夺：穗虽然大，但其子房容易脱落。钜，大。芳，通"房"，指草木的子房。夺，脱，掉。

⑮秳米：秳，当为"秮"之讹。秮，音 huó，指舂不破的米或麦。

⑯末衡：末，或作"小"。总花梗短小。

⑰阅而青零：阅，通"锐"，末端尖细。青零，即后文中的苍狼，指禾麦后于天时，呈青色而不黄。

⑱徼下：指其根茎没有分枝。下，根部。徼，通"橄"，指树木高削无枝叶。

⑲抟：音 tuán，圆形。

⑳嚘：通"馈"，音 yuàn，厌饱。

㉑不饴：不腻人。饴，甜。

㉒麻：表面不平，不光滑。

㉓钳：恶，不好。

㉔葆：枝芽丛生。

㉕益：当作"嗌"，音 ài，堵塞咽喉，噎。

㉖茎叶格对：指茎与叶互相纠缠在一起，像格斗放对时贴身肉搏一样。格，格斗。对，放对。

㉗庱辟米：庱，其字无考。辟，小。

㉘不得恃定熟：意为等不到成熟之时。恃，或作"待"。

㉙卬天：仰面朝天。

㉚色阳：颜色明亮。

㉛枲：音 xǐ，指大麻的雄株，泛指大麻的纤维。

㉜二七以为族：两排豆荚，每排七个，簇生在一起。

㉝竞叶蕃实：叶子茂盛，籽实众多。

㉞服薄穋：指麦皮薄。服，指谷物的外皮。穋，音 zhuó，也是谷皮。

㉟蚼蛆：音 qú qū，一种害禾稼的虫。

㊱胕动蚼蛆：胕动，即疛动。疛，音 zhǒu，腹病、腹水之病。此处指腹心之病。"蚼蛆"为衍文。

㊲其次羊以节：次，疑为"粢"。羊，疑为"嬴"。粢为谷粒，嬴为瘦弱，节为小。

㊳苍狼：同前注之"青零"，青色。

㊴约：小而少。

㊵忍饥：耐饥。

㊶章：盛。

㊷睿：明。

㊸四卫：四肢。

㊹殃气：凶气。殃，即"凶"之通假。

㊺苛殃：病害灾殃。

【译文】

六曰：凡是农耕之道，以重视天时为贵。不按天时所伐之木，不坚固，易弯曲；庄稼成熟却不收割，一定会遭到天灾。从事农耕的是人，生长作物的是地，养育庄稼的是天。所以农夫播种时，农田里要能站得住脚，除草时田里要能容得下除草的耨，收获时田里要能容得下握住作物的手。这就是所说的农耕之道。

所以顺应天时而种的禾，它的总花梗修长，结的穗也长，根部大，秸秆矮，小穗疏落而共同形成大穗，它结的谷粒呈圆形，糠皮很薄，它的米多油性，吃起来有嚼头。像这样的禾穗就不会被风吹落。先于天时而种的禾，其秸秆和叶子表面布满细毛，总花梗也短，结的穗很大，但其子房很容易脱落，它结的米舂不破，吃起来也不香。后于天时而种的禾，它的秸秆和叶子表面布满细毛，总花梗短小，结的穗末端尖锐，颜色青而不黄，所结的米多瘪壳的秕米，不饱满。

顺应天时而种的黍，秸秆上布满细毛，根茎没有分枝，穗生芒刺而长，米粒呈圆形，糠皮很薄，舂起来容易，吃起来吃不厌，还很香。像这样的米吃起来就不腻人。先于天时而种的黍，根很大，叶子阔大，其秸秆低矮而不顺畅，叶子肥厚，结的穗短小。后于天时而种的黍，秸秆矮小纤细，表面有斑点，结的穗也短小，谷皮很厚，结的米既小且差，没有香味。

顺应天时而种的稻子，根部大，秸秆的枝芽丛生，它的总花梗修长，小穗疏落，穗结得像马尾巴一样，大粒的稻谷没有细毛，米呈圆形，糠皮很薄，舂起来容易，吃起来香。像这样的米就不会噎着人。先于天时而种的稻子，它的根部大，秸秆和叶子交互纠缠，总花梗短，结的穗短，多空壳米，糠皮很厚，籽粒少而稻芒多。后于天时种的稻子，秸秆细又不分枝，糠皮很厚，秕子多，米小，还等不到完全成熟，就倒株了，仰面朝天枯死。

顺应天时而种的麻，表面一定覆盖着细毛，其体修长，关节疏朗，而颜色鲜明，根较小，秸秆较粗，其纤维粗而均匀，晚成熟的开花多，秋分时生长。像这样的就不会遭受蝗虫之灾。

顺应天时而种的豆子,分枝长而总干短,它的荚排成两列,每列七个荚,相聚簇生,它的分枝多,茎节细密,叶子茂盛,籽实众多,大豆呈鼓胀的圆形,小豆则既饱满且有芳香,称起来压秤,吃起来有嚼头并且香。像这样的豆子也不生虫。先于天时而种的豆子,一定茎秆较长,分枝蔓衍,叶子虚浮,关节空疏,豆荚小,空壳的多。后于天时而种的豆子,茎秆短,关节空疏,本根虚弱,荚不生粒。

顺应天时而种的小麦,总花穗长,穗色呈深绿,其穗分两排,每排七个,成行成对,它的麦皮薄,呈红色,称起来压秤,吃起来又香又有嚼头,吃后可让人们的肌肉有光泽,而且有力量。像这样的小麦不生蚼蛆的虫害。先于天时而种的小麦,当夏天雨季未到之时,其茎内就发生病变,多生疾病,它的谷粒又瘦弱又小。后于天时而种的小麦,禾苗弱小,其所结的穗青而不黄,色泽暗,就只有麦芒长得不错。

所以顺应天时所种的庄稼长得好,不顺天时所种的庄稼长得差。秸秆大小相似,称一下的话,顺应天时的重,产粟也多。差不多数量的粟,把它们舂之后,顺应天时的粟所出的米多。差不多数量的米,吃起来的话,顺应天时所得的米更耐饿。所以顺应天时所种的庄稼,它的气味芳香,它的味道甘甜,它带给人的气力强,连着吃上一百天,就会耳聪目明,心灵明智,四肢增强,凶邪之气不侵,身体没有疾病灾咎。黄帝说:"四时之气如果不正,只要吃的五谷是正的就好了。"

【评析】

本篇接上一篇而来,同为纯粹的农书性质,也是关于先秦时代农业知识的进一步申说。

本篇所论为对天时的明察。为了强调顺应天时对农业生产的重要性,文中不厌其烦,列举了禾、黍、稻、麻、豆、麦等作物的顺应天时、先于天时、后于天时而耕种的不同情况,指出顺应天时而种的谷物美且善,不顺应天时的谷物则粗且劣。其中所论,为先秦时代劳动人民对于农业生产知识精细的观察所得出的宝贵经验。

　　《吕氏春秋》全书的最后几篇以重农为本，与其为封建时代的政书性质有关，更与其为秦国丞相吕不韦召集门客编集的性质有关。农家在战国时代是重要的一家，秦国就是"上农"的最大受益者。商鞅在秦国变法，重农事，尚首功，将纯朴的农民征发为军人，以严厉的纪律约束他们，锻造出战国时代第一流的强军，究其根本，是关中八百里的沃野养活了秦国的军队和贵族们，使他们能以雄厚的国力，征服六国。

　　韩国人郑国为减缓秦国对韩国的压力，入秦游说秦王修造水利工程，希望借此耗费秦国国力，减少其对外扩张的力度，延缓韩国的灭亡。水渠还在修建，有人告发郑国的奸谋，但秦人并未降罪郑国，而是让他继续主持修渠，完成了该工程，这就是后世著名的"郑国渠"。秦国最终在郑国渠的帮助下，提升了农业产量，为统一六国奠定了坚实的物质基础。有此历史经验，出于秦国丞相吕不韦名下的《吕氏春秋》以重农作结，也是题中应有之义了。

图书在版编目（CIP）数据

吕氏春秋译注评 / 黄鸣等评注 . -- 武汉 ： 崇文书局， 2024.2

（中华经典全本译注评）

ISBN 978-7-5403-7533-1

Ⅰ．①吕… Ⅱ．①黄… Ⅲ．①《吕氏春秋》－译文② 《吕氏春秋》－注释 Ⅳ．① B229.2

中国国家版本馆 CIP 数据核字 (2024) 第 006797 号

选题策划：王重阳
丛书统筹：郑小华
责任编辑：何　丹
封面设计：杨　艳
责任校对：董　颖
责任印刷：李佳超

吕氏春秋译注评
LÜSHICHUNQIU YI ZHU PING

出版发行： 长江出版传媒｜崇文书局
地　　址：武汉市雄楚大街 268 号 C 座 11 层
电　　话：(027)87677133　 邮政编码：430070
印　　刷：中印南方印刷有限公司
开　　本：880 mm×1230 mm　　 1/32
印　　张：23.5
字　　数：600 千
版　　次：2024 年 2 月第 1 版
印　　次：2024 年 2 月第 1 次印刷
定　　价：98.00 元